개정2판

한권으로 끝내는

운전면허 취소·정지구제 행정심판

법학박사·행정사 김 동 근 저
변호사 정 동 근 감수

법률출판사

개정2판 머리말

음주운전으로 인한 비극적인 사고가 끊이지 않으면서 음주운전의 폐해에 대한 인식이 전보다 높아졌고, 이에 따라 이른바 '윤창호법'이 통과되기도 했습니다. 하지만 음주운전의 처벌 수위를 높인 일명 '윤창호법' 시행에도 불구하고 여전히 음주운전은 끊이지 않고 있는 실정입니다. 음주운전 처벌을 강화하는 일명 '윤창호법'으로 불리는 특정범죄가중처벌에 관한 법률에 따르면 음주운전 2회 이상 적발 시 징역 2~5년, 벌금 1,000만~2,000만원을 부과하며, 음주운전으로 사람을 숨지게 한 경우, 최저 3년 이상에서 최고 무기징역에 처해질 수 있습니다. 개정법은 소주 한 잔만 마셔도 음주운전으로 처벌할 수 있도록 운전면허 자격정지 기준인 혈중알코올농도를 0.03~0.08% 미만으로 엄격히 바꿔었고, 이와 같이 기존의 기준보다 약 2배 가량 강화된 개정법은 2019년 6월 25일부터 시행되고 있습니다.

이에 따라서 본서는 위와 같은 개정된 내용에 맞추어 음주운전면허정지기준 및 면허취소기준, 벌점기준, 재취득기간 등의 내용을 모두 수정 반영함으로써 내용상의 최신성을 유지함은 물론 그러한 내용들을 모두 도표화함으로써 가독성을 높이는 데 주안점을 두었습니다. 더불어 소장 및 반성문 양식, 이의신청서 작성방법 등의 내용 또한 추가 보강함으로써 전 판에서 부족했던 내용들을 보완하였습니다.

아무쪼록 본서가 음주운전으로 인하여 어려움에 처해 있는 독자 분들 그리고 로펌 및 행정사 등의 실무가, 그 외 운전면허 취소·정지구제에 관한 행정심판에 관심이 있는 분들에게 최적의 길라잡이 역할을 해낼 수 있기를 바라고, 다만, 다소 미흡하거나 부족한 점에 대하여는 독자 분들의 지도편달을 바라며, 계속 판을 거듭하면서 이를 보완해 나가고자 합니다.

마지막으로 본서의 출간을 위하여 여러 모로 아낌없이 조언 및 도움을 주신 여러분들께 이면을 빌어 고마움을 표하며, 어려운 가운데서도 본서의 출간을 위하여 불철주야 노력하신 법률출판사 김용성 사장님을 비롯하여 법률출판사의 편집자 및 여러 임직원들에게도 깊은 감사를 드리는 바입니다.

2020. 10.

저자 김동근 씀

초판 머리말

사회가 복잡다변화 되어감에 따라 행정의 기능과 역할은 날로 확대되어 가고 있다. 그 만큼 행정청의 처분과 관련된 법적분쟁도 점차 늘어가고 있는 현실이기도 하다. 하지만 이러한 현실을 반영하여 행정청과의 분쟁 즉 행정심판이나 행정소송을 유효적절하게 수행케 할 길라잡이 역할을 하는 실무서적을 찾아보기 어려운 것이 현실이다. 이러한 연유로 본 저자는 행정심판실무를 담당하는 분들에게 행정심판에 관한 이론 및 절차 등을 체계적이고 쉽게 이해할 수 있도록 하는 실무서를 집필하고자 하는 마음에 이 책을 저술하게 되었다.

이에 따라 본서는 행정심판에 대한 기본적인 이론을 모두 개관함은 물론 실제 행정심판신청 중 특히 운전면허취소나 정지처분의 취소심판 기재례 및 나아가 관련 소장들 그리고 관련 법령을 통합하여 서술함으로써 누구라도 손쉽게 행정심판의 준비 및 진행을 할 수 있도록 이론 및 절차에 대한 이해도를 높이는데 중점을 두었다.

또한 필수적으로 알아야할 중요한 사항에 대하여는 Q&A 형태로 내용을 정리하여 보다 쉽게 이해할 수 있도록 정리를 하였고, 복잡한 내용에 대하여도 해당 사안을 표로 정리하여 그 내용을 한 눈에 확인할 수 있도록 하여 이해도를 높였다는 것이 그 특징이기도 하다.

나아가 운전면허정지 및 취소처분 취소 등과 관련된 대법원의 핵심판례들을 정리하였음은 물론 그와 관련된 중앙행정심판위원회의 행정심판 재결례도 함께 수록함으로써 사건의 내용별로 법원 및 행정심판위원회의 판단은 어떻게 내려지고 있는지를 파악할 수 있도록 하였는데, 이는 실무를 담당하는 분들이 소송의뢰인과의 상담을 통해 대처방안을 모색하는데 보다 유용하게 사용될 수 있을 뿐만 아니라 실제 행정심판신청 등의 방향 및 준비를 위한 핵심 내용으로 사용될 수 있으리라 기대했기 때문이다.

아무쪼록 행정분쟁 특히 운전면허 정지 및 취소처분과 관련된 분쟁에 놓인 소송당사자나 관련 실무종사자 또는 행정법 실무를 연구하려는 독자분들께 본서가 길라잡이 역할을 충분히 해낼 수 있기를 바라고, 다만 혹시라도 다소 미흡하거나 부족한 부분들에 대하여는 독자분들의 계속된 지도편달을 바라며, 판을 거듭하면서 이를 보완해 나가고자 한다.

끝으로 여러 어려운 여건 속에서도 본서의 출판을 위하여 불철주야 노력하신 법률출판사 김용성 사장님을 비롯하여 편집자 및 여러 임직원들에게도 깊은 감사를 드리는 바이다.

2017. 3.

차 례

제2장 자동차운전면허취소 및 정지취소 심판청구 _ 149

서식차례

한권으로 끝내는

운전면허 취소 · 정지구제 행정심판

제1장 행정심판이론 일반

Ⅰ. 개 설

1. 의 의

행정심판은 위법 또는 부당한 처분 기타 공권력의 행사·불행사 등으로 인하여 권리나 이익을 침해당한 자가 행정기관에 대하여 그 시정을 구하는 절차를 말한다(법 제1조). 행정심판법에 의한 행정심판 이외에 이의신청, 심사청구, 불복신청, 심판청구 등 개별 법률에서 다양한 명칭과 형태로 운영되고 있다.

2. 행정심판과 유사한 제도와의 구별

가. 이의신청과의 구별

행정심판과 이의신청은 그 심판기관과 대상이 다르다. 즉 행정심판은 ① 원칙적으로 처분청의 직근 상급행정청에 제기하는 쟁송이지만, 이의신청은 처분청 자체에 제기하는 쟁송이다. ② 행정심판은 원칙적으로 모든 위법 또는 부당한 처분에 대하여 인정되지만 이의신청은 각 개별법에서 정하고 있는 처분에 대해서만 인정된다. ③ 동일한 처분에 대하여 행정심판과 이의신청이 함께 인정되는 경우에 보통 양자가 전심(이의신청), 후심(행정심판)의 관계에 있다. 그러나 양자 중 하나만 허용되는 경우도 있다.

나. 청원과의 구별

청원도 행정청에 대하여 자기반성을 촉구하고 피해의 구제를 도모하기 위한 제도라는 점에서 행정심판과 공통성을 갖는다. 그러나 행정심판은 기본적으로 권리구제를 위한 쟁송제도이지만 청원은 쟁송수단이라기 보다는 국정에 대한 국민의 정치적 의사표시를 보장하기 위한 제도라는 점에서 양자는 그 본질적인 기능면에서 차이를 갖는다.

다. 진정과의 구별

진정도 행정청에 대하여 자기반성을 촉구하고 피해의 구제를 도모하기 위한 제도라는 점에서 공통성을 갖는다. 그러나 진정은 법정의 형식과 절차가 아니라 행정청에 대하여 일정한 희망을 진술하는 행위로서 법의 구속력이나 효과를 발생시키지 않는 사실행위이다. 진정은 행정기관의 회답이 별다른 법적 의미를 가지지 못한다는 점에서 행정심판과 구별된다. 다만 진정이라는 표제를 사용하고 있더라도 그 내용이 일정한 행정행위의 시정을 구하는 것이면 행정심판으로 보아야 한다.

라. 직권재심사와의 구별

직권재심사도 행정작용에 대한 통제수단이라는 점에서 행정심판과 공통성을 갖는다. 그러나 직권재심사는 특별한 법적 근거가 없어도 가능하고 기간의 제약도 받지 않지만, 행정심판은 행정심판법에 의해 여러 가지 법적 제한과 기간의 제약을 받는다. 또한 직권재심사는 행정청 스스로의 판단에 따라 개시되고 불가변력이 발생한 행위에 대해서는 원칙적으로 허용되지 않지만, 행정심판은 개인이 이의제기에 의하여 절차가 개시되고 불가변력이 발생한 처분도 그 대상이 된다는 점에서 양자의 차이가 있다.

마. 국민고충처리와의 구별

국민고충처리제도는 국무총리 소속하에 설치된 국민고충처리위원회가 행정과 관련된 국민의 고충민원에 대하여 상담, 조사 및 처리를 하는 제도이다. 행정심판과는 제기권자, 재기기간, 대상, 절차 및 법적 효과에 있어서 차이가 있다. 국민고충처리절차는 행정소송의 전치절차로서 요구되는 행정심판청구에 해당하는 것으로 볼 수 없다.

바. 행정소송과의 구별

(1) 공통점

행정심판과 행정소송의 공통점으로 ① 권리구제 수단으로서의 성질을 갖는 점 ② 일정한 요건을 갖춘 당사자의 신청을 전제로 하여 절차가 개시되는 점 ③ 양당사자가 대등한 입장에서는 대심구조의 형식을 취하고 있는 점 ④ 쟁송사항이 쟁송 제기자와 구별되는 제3

자의 기관에 의하여 판정된다는 점 ⑤ 적법한 쟁송의 제기가 있는 한 판정기관은 이를 심리할 의무가 있다는 점 ⑥ 청구의 변경이 인정되고 처분의 집행부정지원칙이 채택되고 있는 점 ⑦ 심리절차에 있어서 직권심리주의, 구술심리, 불이익변경금지의 원칙이 적용되는 점 ⑧ 사정재결, 사정판결이 인정되는 점 ⑨ 쟁송의 원리에 이해관계인의 참여가 인정되는 점 ⑩ 쟁송의 판정행위인 재결, 판결에 일정한 효력이 부여된다는 점 등이 있다.

(2) 차이점

그러나 행정심판과 행정소송에 있어서 행정심판은 약식쟁송이지만 행정소송은 정식쟁송이라는 점, 행정심판은 행정소송보다 행정통제적 측면이 강하다는 점에서 차이가 있다. 이러한 기본적인 차이에서 구체적으로 판정기관, 쟁송사항, 쟁송종류, 쟁송절차 및 심리절차 등에 차이가 있다. 행정심판과 행정소송의 관계는 종래 행정심판을 거치지 않으면 행정소송을 제기할 수 없도록 하는 행정심판전치주의를 취하고 있었으나 임의적 선택주의로 바뀌었다.

3. 행정심판의 법적근거

가. 헌법적 근거

(1) 헌법 제107조 제3항은 '재판의 전심절차로서 행정심판을 할 수 있다. 행정심판의 절차는 법률로 정하되, 사법절차가 준용되어야 한다.'라고 사법절차를 준용하도록 명시하고 있을 뿐만 아니라 행정심판절차의 헌법에 근거를 규정하고 있다. 따라서 이 규정에 의해 행정심판에 관한 일반법으로서 행정심판법이 제정되었다.

(2) 위 헌법 조항은 행정심판절차의 구체적 형성을 입법자에게 맡기고 있지만, 헌법이 직접 행정심판은 재판의 전심절차로서만 기능해야 하고, 행정심판절차에 사법절차가 준용되어야 한다고 규정하고 있으므로 여기에 입법적형성의 한계가 있다. 따라서 ① 입법자가 행정심판을 전심절차가 아니라 종심절차로 규정함으로써 정식재판의 기회를 배제하거나, ② 어떤 행정심판을 필요적전심절차로 규정하면서도 그 절차에 사법절차가 준용되지 않는다면 이는 헌법 제107조 제3항에 위반된다고 할 것이다.

나. 행정심판법

행정심판에 대한 일반법으로서 행정심판법이 헌법의 근거 하에 제정되어 있다. 행정심판법은 행정심판에 대한 일반법이므로 다른 법률에서 특별행정심판이나 행정심판절차에 대한 특례를 정한 경우에도 그 법률에서 규정하지 아니한 사항에 관하여는 행정심판법에서 정하는 바에 따라야 한다.

다. 특별행정심판

사안의 전문성과 특수성을 살리기 위하여 특히 필요한 경우에는 행정심판에 갈음하는 특별한 행정 불복절차의 경우에는 그 범위 안에서 행정심판법의 적용이 배제된다. 각 개별 법률에서 특별한 절차와 방법을 규정하고 있는 경우에는 특별법으로서 그에 따라야 하기 때문이다. 이러한 특별행정심판에는 해양사고심판, 특허심판, 국세심판, 소청심사청구 등이 있다.

4. 행정심판의 존재이유와 문제점

가. 행정심판의 존재이유

(1) 행정의 자기 통제

행정심판은 행정법관계에 대한 법적 분쟁에 대하여 행정청 스스로가 판정기관이 됨으로써 행정의 자기통제 내지 행정감독의 기회를 부여하는데 그 존재 이유가 있다. 이는 행정작용에 대한 제1차적 통제권은 행정의 자율에 맡기는 것이 합리적이라는 것에 그 의미가 있다.

(2) 사법기능보충

현대 산업사회의 새로운 기술, 경제적인 문제에 대해 일반법은 그 전문성이 부족하고 소송에 있어서도 경제적으로 그 분쟁해결에 많은 시간과 비용이 드는 것이 보통이다. 그러므로 이러한 보완책으로 행정쟁송의 전 단계에서라도 전문적, 기술적 문제의 처리에 적합하게 조직된 행정기관으로 하여금 그 분쟁을 심판하도록 할 필요가 있다.

(3) 행정기능의 보장

사법절차에 의한 행정상의 분쟁심판은 심리와 절차가 공정하고 신중하게 이루어지므로 개인의 권리구제에 충실할 수 있다. 그러나 상당한 시일을 요하기 때문에 행정능률에 배치되는 일이 발생한다. 따라서 오늘날과 같이 신속을 요하는 행정의 수행을 위해서는 사법절차에 앞서 신속, 간편한 행정심판을 인정함으로써 행정법관계에 관한 분쟁의 신속한 해결을 도모할 필요가 있다.

나. 현행 행정심판제도의 문제점

(1) 심판기관의 객관성 보장

행정심판법은 위원회의 객관적 지위확보에도 문제를 안고 있다. 따라서 행정심판절차의 사법화를 도모하는 관점에서 본다면 위원회를 개관적인 공정성이 보장되는 제3기관으로 하는 것이 바람직하다.

(2) 청구인적격의 엄격성

행정쟁송에 있어 행정심판의 경우에는 적법성 및 합목적성이 심판대상이 되지만 행정소송의 경우에는 적법성만이 그 심판대상이 된다. 그럼에도 행정심판의 청구인적격을 행정소송의 원고적격과 같이 법률상 이익이 있는 자로 한정함으로써 실제로 행정심판을 통한 행정구제의 기회를 제한하는 결과를 가져올 우려가 있다.

(3) 사정재결

행정심판법은 청구인의 주장이 이유가 있더라도 이를 적용하는 것이 현저히 공공복리에 반하는 경우에는 그 심판청구를 기각하는 재결을 할 수 있도록 하였다. 이러한 사정재결은 공익의 확보를 위하여 인정되는 수단이라고 하더라도 ① 행정쟁송제도의 극히 예외적 조치로서 법치국가에 반하는 성질을 가진다는 점 ② 공공복리 자체가 극히 불확정한 개념으로서 남용될 가능성이 있다는 점 ③ 권리구제를 위한 행정심판제도에서 지나치게 공익을 강조한다는 점 ④ 행정소송법상 이미 인정되고 있는 사정판결을 생각할 때 따로 행정심판절차에서 인정한다는 점들은 문제가 되고 있다.

(4) 집행부정지 원칙

행정심판법은 원칙적으로 집행부정지의 원칙을 채택하면서 예외적으로 집행정지를 할 수 있는 경우를 규정하고 있다. 그러나 이러한 집행정지를 예외적으로 인정하면서 ① 그 요건에 불확정개념인 '회복하기 어려운' 또는 '공공복리' 등으로 규정하여 행정청의 자의에 맡겨 놓고 있다는 점 ② 공공복리에 중대한 영향을 미칠 우려가 있는 경우에는 집행정지를 인정하지 않아 지나치게 제한 하였다는 점, ③ 이미 내린 집행정지결정도 취소할 수 있도록 하였다는 점에서 실질적으로 국민의 권익에 장애가 되는 경우가 많다고 한다.

(5) 청구인의 자료 요구권

행정심판법은 당사자의 대립구조를 취하면서 청구인의 자료 요구권을 인정하고 있지 않다는 점이다.

5. 행정심판의 성격

가. 행정처분의 성질

행정심판은 일정한 행정적 의사의 발현으로서 행정법관계의 분쟁을 규율하고 일정한 행정질서를 형성, 유지, 소멸시킴으로서 행정목적의 실현을 도모하는 행정작용에 해당한다. 따라서 행정심판의 재결은 행정처분의 성질을 가지며 행정행위가 갖는 일반적 성질인 공정력, 불가변력, 불가쟁력 등을 갖는다.

나. 이중성

행정심판은 행정행위로서의 성질과 준 사법작용으로서 판단작용으로서의 성질을 갖는다. 행정심판작용과 행정행위로서의 이중성 중에서 어느 편에 더 중점을 둘 것인가는 결국 입법정책문제라 하겠다. 우리 헌법은 '재판의 전심절차로서 행정심판을 할 수 있다. 행정심판의 절차는 법률로서 정하되, 사법절차가 준용되어야 한다'고 규정하고 있어 심판 작용으로서의 성격이 강조되고 있다.

Ⅱ. 행정심판의 종류

1. 행정심판제도의 유형

가. 대륙형

대륙형 행정심판은 행정청의 작용에 대한 개인의 권익구제제도로서의 의의를 가지면서도 행정의 합목적성 및 적법성을 행정권 스스로의 기관에 의하여 보장함으로써 행정목적을 효과적으로 달성하려는 행정의 자율적 통제내지 감독제도로서의 의의가 강조된 제도이다. 따라서 국민의 권리구제를 위한 판단 작용이라기보다는 원 처분을 상호 보완하는 제2차적인 행정행위로서의 성격을 강하게 가진다. 그 결과 ① 쟁송절차가 소송절차만큼 엄격하지 못하고 ② 서면심리 또는 구술심리를 취하며 ③ 직권주의가 원칙이고 ④ 심판기관의 독립이나 제3자적지위의 요청도 없었다. 그러나 대륙형 행정심판도 세계 제2차 대전 이후에는 영·미의 예에 따라 행정심판의 권리구제기능을 높이기 위하여 행정심판사항의 확대 및 심리절차의 객관화 등을 위한 입법적 노력을 하였다.

나. 영·미형

영·미형의 행정심판은 사회·경제 상태가 변화됨에 따라 행정 분쟁에 대해 간섭·규제적 작용인 사법절차에 의해서 해결함이 적당하지 않게 되자 이를 대신하기 위해 발달된 제도로서 행정기관의 전문지식을 활용하여 행정상의 분쟁을 저렴하고 신속하게 해결함으로써 보다 실효성 있는 행정구제 제도를 확보하는 사법보완적 기능에 중점이 있는 것이었다. 그 결과 ① 심판기관은 각종 행정위원회로서 통상의 행정조직으로부터 독립성이 보장되고 ② 심리절차가 사법절차와 유사하고 ③ 증거조사 등에 관해 상세한 규정이 있고 ④ 그 사실인정에 종국성을 인정하는 등 국민의 권리를 절차적으로 보장하는 준사법적 절차의 성격을 갖는다.

2. 행정심판의 분류 방법

가. 일반적 분류

행정심판의 종류를 분류할 때 일반적으로 쟁송의 목적에 따라 ① 주관적 쟁송과 객관적 쟁송, 쟁송단계에 따라 ② 시심적 쟁송과 복심적 쟁송, 분쟁의 전제여부에 따라 ③ 실질적 쟁송과 형식적 쟁송, 쟁송주체에 따라 ④ 민중쟁송과 기관쟁송, 형태에 따라 ⑤ 일반행정심판과 특별행정심판, 쟁송의 성질에 따라 ⑥ 항고심판과 당사자심판으로 분류한다.

쟁송성질에 의한 분류

1. 항고 행정심판

이미 시행된 행정처분의 위법·부당을 이유로 그 시정을 구하는 행정심판이다.

행정심판법에서는 행정심판, 개별법에서는 이의신청, 심사청구, 심판청구, 재심청구, 심사청구, 불복신청, 재결신청, 재조사청구 등으로 불리고 있다. 이들은 일괄하여 행정심판이라고도 한다. 모두 복심적 쟁송이다. 이들 행정심판에는 일반행정심판과 특별행정심판이 있다.

2. 당사자 행정심판

가. 의의

당사자심판이란 공권력을 전제로 하지 않고 양 당사자의 대등한 입장에서 행정법관계의 형성 또는 존부에 관하여 다툼이 있는 경우, 일방당사자의 신청에 의하여 권한이 있는 행정기관이 재결을 구하는 행정심판으로 처음부터 소송절차로 행정청의 유권적 판단을 구하는 제도로 시심적 쟁송에 해당한다. 따라서 이는 이미 행하여진 행정처분의 위법 또는 부당을 이유로 그 시정을 구하는 항고심판과는 구별된다.

나. 법적 근거

당사자심판에 있어서 재결신청에 대한 일반법은 없고 개별법에 근거가 존재한다. 그러나 재결의 신청도 행정기관에 심리, 판단의무를 부과하는 것이므로 법적 근거를 필요로 하는 바, 개별법에 근거가 없는 이상 재결신청은 불가능하다.

다. 재결기관

일반행정청이 되는 것이 보통이나 오늘날에는 재결의 신중·공정을 기하기 위하여 특별한 행정위원회를 설치하여 일정한 행정절차를 거치게 하는 경우가 많고, 또 일반행정청이 일정한 심의위원회 또는 조정위원회 등의 의결 또는 심의를 거치는 경우가 있다.

라. 재결의 종류 및 불복

재결에는 확인재결과 형성재결이 있고, 이에 대한 불복은 개별법에서 정한 불복기간 내에 행정소송(당사자소송)을 제기할 수 있다.

마. 민중행정심판과 기관행정심판

민중행정심판은 공익 또는 법규적용의 적정을 도모하기 위하여 선거인 등 일반국민 또는 주민 등이 제기하는 행정심판을 말하며 기관행정심판은 국가 또는 공공단체의 기관 상호간의 분쟁을 해결하기 위해 기관이 당사자가 되어 제기하는 행정심판을 말한다.

나. 우리 행정심판법상 분류

행정심판법 제5조는 ① 취소심판 ② 무효 등 확인심판 ③ 의무이행심판의 3종류를 인정하고 있다. 이들은 모두 항고행정심판에 속한다.

3. 취소심판

가. 의 의

취소심판은 행정청의 위법 또는 부당한 공권력 행사나 거부 그 밖에 이에 준하는 행정작용으로 인하여 권익을 침해당한 자가 그 취소 또는 변경을 구하는 행정심판이다(법 제4조 1항). 취소심판은 공정력 있는 처분의 효력을 다투는 것이므로 일정한 기간 내에 심판청구를 제기하여야 한다.

행정심판법은 행정심판 중 가장 대표적 유형인 취소심판을 중심으로 각 절차적 규정을 마련하고 있다.

나. 성 질

(1) 확인적 쟁송설

취소심판의 성질은 행정행위의 위법성 또는 부당성을 확인하는 확인적 쟁송으로 보는 견해가 있다.

(2) 형성적 쟁송설

취소심판은 일정한 법률관계를 성립시킨 행정행위의 효력을 다툼으로써 당해 행정행위의 취소 또는 변경을 통하여 그 법률관계를 소멸·변경시키는 형성적 쟁송으로 보는 견해가 있다.

(3) 통설 및 판례

형성적 쟁송으로 보는 견해가 통설·판례이다.

다. 재 결

(1) 의 의

재결이란 행정심판청구사건에 대하여 행정심판위원회가 심리의 결과를 판단하는 행위를 말한다.

(2) 성 질

재결은 특정한 처분이나 부작위 등에 관한 분쟁의 제기인 심판청구를 전제로 한 것일 뿐만 아니라 판단의 작용이라는 점에서 준사법행위이고, 준법률행위적 행정행위이며 기속행위이다.

(3) 종 류

1) 각하 또는 기각

취소심판의 청구가 적법하지 않거나 이유 없다고 인정한 때에는 당해 심판청구를 각하(부적법) 또는 기각(이유 없음)하는 재결을 한다. 이는 다른 유형의 행정심판과 같다.

2) 취소심판 인용

그러나 심판청구가 이유 있다고 인정한 때에는 그 심판청구를 인용하는 재결로서 그 심판청구의 대상이 된 처분을 취소변경 하거나(형성적 재결), 처분청에게 취소, 변경을 할 것을 명할 수도 있다(이행적 재결). 따라서 취소심판인용재결에는 ① 처분취소재결 ② 처분변경재결 ③ 처분취소명령재결 ④ 처분변경명령재결이 있게 된다. 변경재결은 단순히 일부취소재결 뿐만 아니라, 처분내용을 적극적으로 변경하는 재결도 가능하다. 다만 심판청구가 이유 있다고 인정하는 경우에도 이를 인용하는 것이 현저히 공익에 적합하지 않다고 인정할 때에는 그 심판청구를 기각하는 사정재결을 할 수 있다.

라. 취소심판의 특수성

취소심판에는 ① 심판청구기간의 제한(원처분이 있음을 안날부터 90일, 처분이 있은날부터 180일 이내에 청구) ② 집행부정지원칙 ③ 집행정지 외에 임시처분제도 도입 등의 특수성을 가진다.

4. 무효 등 확인 심판

가. 의 의

무효 등 확인심판이란 행정청의 처분의 효력 유무 또는 존재 여부에 대한 확인을 구하는 행정심판이다(법제4조 2호). 무효 등 확인심판은 실제로 처분이 무효인지 취소할 수 있는 것인지를 식별한다는 것이 어렵고 처분으로서의 외형이 존재하거나 존재하는 것처럼 오인됨으로써 행정청에 의하여 집행될 우려도 있으며 또한 반대로 유효하게 존재하는 처분을 무효 또는 부존재라 하여 그것을 부인함으로써 상대방의 법률상의 이익을 침해할 수도 있기 때문이다. 무효등 확인심판에는 구체적으로 ① 무효확인심판 ② 유효확인심판 ③ 실효확인심판 ④ 존재확인심판 ⑤ 부존재확인심판이 포함된다.

나. 적용법규

무효 등 확인심판은 취소심판에서 인정되는 ① 청구기간(제18조 7항) ② 사정재결에 관한 규정(제33조 3항)이 적용되지 아니한다.

다. 성 질

무효 등 확인심판의 성질에 관하여는 확인적 쟁송설, 형성적 쟁송설, 준형적 쟁송설 등으로 견해가 대립하나, 통설적견해는 확인적 쟁송의 성질과 형성적 재송의 성질을 함께 갖는 것으로 본다.

학설	내 용
확인적 쟁송설	무효 등 확인심판은 적극적으로 처분의 효력을 소멸시키거나 발생시키는 것이 아니라 처분의 효력 유무나 존재 여부를 공적으로 확인, 선언하는데 그친다고 보는 견해이다.
형성적 쟁송설	무효와 취소의 상대화 이론을 전제로 무효등확인심판도 결국 행정권에 의한 작용의 효력관계를 다투는 것으로서 본질적으로 형성적 쟁송으로서의 성질도 갖는 것으로 본다.
준형성적 쟁송설	무효 등 확인심판은 실질적으로 확인적 쟁송이나 형식적으로는 처분의 효력 유무 등을 직접 소송의 대상으로 한다는 점에서 형성적 쟁송으로서의 성질 갖는 것으로 본다. 준형성적 쟁송설이 현재의 통설적인 견해이다.

라. 재결의 효력

무효 등 확인심판에 있어서 심판청구가 이유 있다고 인정하는 경우에는 심판청구의 대상이 되는 처분의 유효, 무효 또는 존재, 부존재를 확인하는 재결을 하므로 인용재결에는 ① 처분무효확인재결 ② 처분유효확인재결 ③ 처분실효확인재결 ④ 처분존재확인재결 ⑤ 처분부존재확인재결이 있다.

확인재결은 그 대상인 처분의 성질상 사인간의 법률관계를 확인의 대상으로 하는 것과는 달리 당해 행정심판의 당사자는 물론 제3자에게도 그 효력이 미친다고 할 것이다. 판례도 같은 입장이다(민사관계의 확인판결은 당해 소송당사자 및 관계인에게만 효력이 발생하는 점과 다르다).

5. 의무이행심판

가. 의 의

의무이행심판이란 당사자의 신청에 대한 행정청의 위법 또는 부당한 거부처분이나 부작위에 대하여 일정한 처분을 하도록 하는 행정심판을 말한다. 행정심판법은 행정소송과 달리 소극적인 행정작용으로 인한 국민의 권익침해에 대한 구제수단으로서의 의무이행심판을 규정하고 있다. 이는 행정심판기관이 처분청 또는 상급 감독청이므로 사법권의 권력분립상의 한계에서 자유로울 수 있기 때문이다.

나. 법적 성질

의무이행의 법적성질에 관하여는 행정청에 일정한 처분을 명할 것을 구하는 이행쟁송의 성질을 갖는 다는 견해와 신청에 따른 처분을 하는 형성재결과 처분할 것을 명하는 이행재결의 성질을 동시에 갖는 다는 견해가 대립하나 의무이행심판이 일정한 처분을 하도록 하는 심판이라는 점에서 이행쟁송적성질을 갖는다는 것이 통설적 견해이다.

학설	내용
이행쟁송설	행정청에 대하여 일정한 처분을 할 것을 명하는 재결을 구하는 행정심판이므로 이행쟁송의 성질을 가진다고 한다(통설).
이행적쟁송과 형성적 쟁송설	신청에 따른 처분을 하는 재결은 형성재결이고 처분할 것을 명하는 재결은 이행재결이라고 하여 이행적 쟁송과 형성적 쟁송의 성질을 갖는다고 한다(소수설).

다. 장래의 의무이행심판의 가부

의무이행심판은 행정청으로 하여금 일정한 처분을 할 것을 구하는 심판이다. 따라서 의무이행심판은 현재 법률상 의무 있는 행위가 이루어지고 있지 아니한 경우에 적용되는 것이 원칙이다. 그러나 이에 대하여 현재의 의무불이행 뿐만 아니라 장래에 이행하여야 할 법률상 의무있는 행위에 대하여도 의무이행심판을 인정해야 한다는 견해가 있기도 하지만 통설은 이를 부정한다.

학설	내용
통설	의무이행심판은 당사자의 신청에 대하여 피청구인이 일정한 처분을 해야 할 법률상 의무의 이행기가 도래하면서 현실화된 경우에 그 이행의무의 존재를 주장하는 행정심판만이 가능하고 장래의 이행쟁송은 허용되지 않는다는 견해이다.
소수설	민사소송법 제229조의 미리 청구할 필요가 있을 경우에 장래의 의무이행심판이 가능하다는 견해이다.

라. 심판청구의 대상

의무이행심판청구의 대상은 행정청의 위법 또는 부당한 거부처분 및 부작위 이다. 거부처분은 개인이 행정청에 대하여 일정한 처분을 신청한 경우 그 신청에 따른 처분을 거부하는 행위로서 소극적 행정행위의 하나이다. 의무이행심판의 대상으로서의 부작위란 행정청이 당사자의 신청에 대하여 일정한 기간 내에 일정한 처분을 하여야 할 법률상 의무가 있음에도 불구하고 이를 하지 아니하는 것을 말한다.

마. 심판청구의 제기

(1) 청구인

의무이행심판청구는 행정청의 거부처분, 또는 부작위에 대하여 일정한 처분을 구할 법률상 이익이 있는 자가 할 수 있다. 여기서의 법률상 이익이란 법률상 보호되는 이익으로 보는 것이 다수설의 입장이다.

(2) 심판청구기간

거부처분에 대한 의무이행심판은 거부처분이 있음을 안날로부터 90일 이내에 제기하여야 하고 처분이 있은 날부터 180일 이내에 제기하여야 한다. 그러나 부작위에 대한 의무이행심판은 처분이 존재하지 아니하므로 그 성질에 비추어 청구기간의 제한이 배제된다.

(3) 문서제출

의무이행심판의 제기는 문서로서 재결청 또는 피청구인 행정청에 제출한다.

(4) 집행정지

의무이행심판의 경우에는 그 성질상 집행정지가 인정되지 않는다.

바. 재 결

(1) 각하재결, 기각재결, 사정재결

위원회는 의무이행심판청구의 제기요건을 결한 경우에는 각하재결, 본안심리의 결과 이유 없다고 인정되는 경우에는 기각재결, 심판청구가 이유가 있다고 인정되는 경우에도 처분을 취소, 변경시에 사정재결을 하게 된다.

(2) 인용재결

위원회는 심판청구가 이유 있다고 인정할 때에는 지체 없이 신청에 따른 재결을 하는데 의무이행심판에서 재결은 재결시를 기준으로 내려진다.

1) 처분재결

가) 의의

의무이행심판에서 위원회는 심판청구가 이유 있다고 인정할 때에는 지체 없이 신청에 따른 처분을 하는데 이를 처분재결이라 한다.

나) 성 질

처분재결은 위원회가 스스로 처분을 하는 것이므로 형성재결이다.

2) 처분명령재결

가) 의의

의무이행심판에서 위원회가 심판청구가 이유 있다고 인정하여 처분청에 처분할 것을 명하는 재결을 처분명령재결이라 한다. 처분명령재결에는 청구인의 신청대로 처분할 것을 명하는 ① 특정처분명령재결과 신청을 방치하지 말고 어떠한 처분이든 하도록 명하는 ② 일정처분명령재결로 구분된다.

나) 성질

처분명령재결은 처분청에게 처분을 명하는 재결이므로 이행재결이다.

다) 처분이 재량행위인 경우

이행적 재결에서 주의할 것은 처분행위가 기속행위인 경우에는 청구인의 신청대로 처분을 할 것을 명하는 특정처분명령재결을 할 수 있지만, 재량행위인 경우에는 성질상 어떤 처분을 할 것을 명하는 일정처분명령재결을 할 수 있을 뿐이다.

라) 직접처분권

처분명령재결의 경우에는 당해 행정청은 지체 없이 재결의 취지에 따라 원신청에 대한 처분을 할 의무를 진다. 이 경우 위원회는 당해 행정청이 처분을 하지 아니하는 때에는 당사자의 신청에 따라 그 기간을 정하여 서면으로 시정을 명하고 그 기간에 이행하지 아니하면 직접 처분을 할 수 있다고 하여 보충적으로 위원회의 직접처분권을 인정하였다.

(3) 재결에 대한 불복

심판청구에 대해 재결이 있는 경우에는 당해 재결 및 동일한 처분 또는 부작위에 대하여 다시 심판청구를 제기할 수 없고(행정심판법 제39조), 다만 거부처분에 대해서는 부작위 위법확인소송 또는 재결자체에 고유한 위법이 있으면 재결소송(행정심판법 제19조단서)으로 다툴 수 있다.

Ⅲ. 행정심판의 대상

1. 행정심판 대상에 관한 입법주의

가. 개괄주의

행정심판대상을 개별화하여 제한하지 아니하고 하자있는 행정행위를 모두 일반적으로 행정심판사항으로 인정하는 주의이다. 남용의 가능성과 운영상의 어려움이 있다.

나. 열기주의

행정심판대상을 개별화하여 열기하고 그 열기된 사항만을 행정심판사항으로 인정하는 주의이다. 개괄주의는 사법제도 국가에서, 열기주의는 행정제도국가에서 채택한 바 있으나, 제2차 세계대전 이후에는 개괄주의를 채택하는 것이 일반적 경향이다.

다. 우리행정심판법의 개괄주의 채택

행정심판법 제1조 1항은 행정청의 처분 또는 부작위에 대하여 다른 법률에 특별한 규정이 있는 경우를 제외하고는 이 법에 의하여 행정심판을 제기할 수 있다고 규정하여 모든 처분 또는 부작위에 대하여 행정심판을 제기할 수 있는 개괄주의를 채택하고 있다.

2. 행정청

가. 의 의

행정청이란 처분 또는 부작위를 할 수 있는 권한을 가진 행정기관을 말하는데 행정청에는 행정조직법적 의미의 행정관청뿐만 아니라 널리 국가 또는 지방자치단체의 행정에 관한 의사를 외부에 결정, 표시할 수 있는 권한을 가진 행정기관이 모두 포함된다. 따라서 공기업 및 공공시설기관도 그 권한의 범위 내에서는 행정청이 될 수 있다. 예를 들어 한국토지공사는 공공용지의 취득 및 손실보상에 관한 특례법에 따라 실시하는 이주대책 대상자 선정행위에서 행정청의 지위를 가진다. 또한 법원이나 국회도 행정처분을 하는 범위 내에서는 행정청에 포함된다. 예를 들어 국회 또는 법원의 직원에 대한 징계, 법원장의 법무사 합동법인설립인가 등에 있어서는 법원이나 국회도 행정청의 지위를 가지는 것이다.

행정청이라 함은 국가 또는 공공단체에 관한 의사를 결정, 표시할 수 있는 권한을 가진 행정기관을 말하는데 세종대학교총장은 사립대학교 총장으로 행정청이 아니므로 행정청이 공권력의 주체로서 행하는 공법상 행위가 아니므로 이 건 심판청구는 행정심판의 대상이 아닌 사항을 대상으로 하여 제기 된 부적법한 청구라 할 것이다(국행심01-4139)

나. 권한 위임 등에 의한 행정청

(1) 권한의 위임

권한의 위임이란 행정청이 그 권한의 일부를 하급행정청 또는 보조기관이나 지방자치단체의 장에게 이전하여 수임자의 권한으로 행사하도록 하는 것을 말하는데 권한의 위임에 있어서는 그 권한의 위임의 범위 내에서 당해 권한은 수임기관의 것이 되며 수임기관은 그것을 자기의 권한으로서 그의 명의와 책임으로 행사하게 되는 것이므로 수임기관은 그 수임권한에 관한 행정청이 된다.

(2) 권한의 위탁

권한의 위탁이란 행정청이 그 권한의 일부를 그의 보조기관이나 하급행정청이 아닌 다른 행정기관의 장에게 이전하여 수탁자의 권한으로 행사하도록 하는 것을 말하는데 민간위탁이란 행정사무의 수탁자가 행정기관이 아닌 공공법인, 단체 또는 그 기관이나 사인이 되는 것을 말한다. 이러한 권한의 위탁을 받은 행정기관, 공공단체 및 사인의 처분, 부작위도 행정심판의 대상이 된다. 행정심판법은 해석상 의문을 없애기 위하여 이 법을 적용함에 있어서 행정청에는 법령에 의하여 '행정권한의 위임 또는 위탁을 받은 행정기관, 공공단체 및 그 기관 또는 사인이 포함된다.' 라고 명시하고 있다.

다. 권한을 승계한 행정청

행정심판에 있어서의 행정청은 당해 처분 또는 부작위를 한 행정청을 가리키는 것이 원칙이나 처분이나 부작위가 있은 뒤에 그 처분이나 부작위에 관한 권한이 다른 행정청에 승계된 때에는 새로이 그 권한을 승계한 행정청이 처분청 또는 부작위청이 된다(법 17조 1항).

3. 처 분

가. 의의

'처분'이란 행정청이 행하는 구체적 사실에 관한 법집행으로서의 공권력의 행사 또는 그 거부, 그 밖에 이에 준하는 행정작용을 말한다(법2조 1항).

나. 처분의 요소

처분은 ① 공권력 발동으로서의 행위(공권력성) ② 국민에 대하여 권리설정 또는 의무의 부담을 명하며, 기타 법률상의 효과를 발생하게 하는 행위(법적 효과성) ③ 국민의 권리의무에 직접 관계가 있는 행위 즉 행정의사를 구체화하기 위한 일련의 행정과정을 구성하는 행위 중에서 최종적으로 직접적 효과를 발생시키는 행위이고 당해 행위에 의하여 일반적, 추상적인 법상태의 변동이 있는 것만으로는 부족하다는 것(분쟁의 성숙성)을 요소로 들고 있다.

다. 처분의 구체적 내용

(1) 공권력의 행사

1) 의의

구체적 사실에 대한 법집행으로서의 공권력행사란 행정청에 의한 공법행위 내지 우월한 일반적의사의 발동으로 행하는 단독행위를 말한다. 따라서 행정청이 상대방과 대등한 지위에서 하는 공법상계약이나, 행정입법, 공법상합동행위, 행정청의 사법상행위, 대외적으로 아무런 법적효과도 발생하지 않는 내부적 행위, 알선·권유·장려·권장 등 행정지도나 단순한 사실행위 등은 처분적 행위에 해당하지 않는다.

2) 그러나 용도지역변경행위나 개별지가 고시 또는 도시관리계획 결정으로 인하여 특정인의 권리의무에 직접 관계 되는 행정계획, 그리고 일반적·구체적 규율인 일반처분, 또는 다른 집행행위를 기다릴 것 없이 직접 그 자체로서 개인의 권익을 침해하는 결과를 발생케 하는 처분적 법규 및 권력적 사실행위는 행정심판의 대상인 공권력행위에 해당한다.

> 국유재산법 제51조 제1항은 국유재산의 무단점유자에 대하여는 변상금부과처분은 순전히 사경제주체로서 행하는 사법상의 법률행위라 할 수 없고 이는 관리청이 공권력을 가진 우월적 지위에서 행한 것으로서 행정소송의 대상이 되는 행정처분이라고 보아야 한다(대법원 1988. 2. 23. 선고 87누1047).
>
> 적법한 청원에 대하여 국가기관이 이를 수리, 심사하여 그 결과를 청원인에게 통보하였다면 이로서 당해 국가기관은 헌법 및 청원법상의 의무이행을 다한 것이고 그 통보 자체에 의하여 청구인의 권리의무나 법률관계가 직접 무슨 영향을 받는 것은 아니므로 비록 그 통보 내용이 청원인이 기대하는 바에는 미치지 못한다고 하더라도 그러한 통보조치가 헌법소원의 대상이 되는 구체적인 공권력의 행사 내지 불행사라고볼 수는 없다(헌재 2000. 10. 25. 선고 99헌마458 결정)

(2) 거부처분

1) 의의

거부처분은 현재의 법률상태를 변동시키지 않는 의사의 표현으로서 소극적 공권력 행사를 말한다. 소극적 행정행위로서 일정한 적극적 행정행위의 신청이 있는 경우에 그 신청에 따르는 처분을 할 것을 거부하는 내용의 행정행위이다. 거부처분은 신청에 대한 명시적 기각결정은 물론이고, 신청에 대하여 일정기간 내에 처분을 하지 않으면 이를 거부처분으로 본다고 규정하고 있는 경우, 즉 '간주거부'도 이에 포함한다(예를 들어 공공기관의 정보공개에 관한 법률 제9조 제4항). 행정청의 부작위와 구별된다.

2) 처분성 여부

국민의 신청에 대한 행정청의 거부처분이 행정심판의 대상이 되는 행정처분이 되기 위해서는 국민이 행정청에 대하여 그 신청에 따른 행정행위를 해줄 것을 요구할 수 있는 법규상 또는 조리상의 권리가 있어야 한다. 국민이 법령의 규정에 의하여 수익적 처분을 요구하는 경우에 행정청이 신청내용의 당부를 판단하여 신청을 거부하는 처분은 신청자의 권리 이익을 침해하는 것이므로 처분성이 인정된다. 또한 신청내용의 당부를 판단함이 없이 신청절차, 형식 등의 불비를 이유로 신청을 거부하는 절차적 거부처분에 대해서도 행정청의 심사행위를 요구하는 절차적인 신청권이 있는데 불과하지만 그 거부는 신청자의 절차적 이익을 침해하는 것이므로 처분성이 인정된다.

3) 성립시기

거부처분은 행정청이 국민의 처분신청에 대하여 거절의 의사표시를 함으로써 성립되고 그 이후 동일한 내용의 신청에 대하여 다시 거절의 의사표시를 명백히 한 경우에는 새로이 처분이 있는 것으로 보아야 할 것이며 이 경우 행정심판 및 행정소송의 제기기간은 각 처분을 기준으로 진행된다.

(3) 그 밖에 이에 준하는 행정작용

이는 행정작용 중 공권력 행위작용 또는 거부처분에 해당하지 아니하면서 개인의 권익에 구체적으로 영향을 미치는 행정청의 대외적작용으로 행정구제의 필요성이 인식되는 포괄적 개념이다. 주로 취소심판 및 취소소송의 구제기능의 확대를 중시하여 일정한 행정작용이 엄격한 의미에서 공권력 행사로서의 실체를 갖추지 아니한 것이라고 하더라도 그에 대한 다른 실효적 구제수단이 없는 경우에는 당해 행정작용을 공권력 행사에 준하는 작용으로 보아 그에 대하여는 행정심판의 대상으로 인정하는 것을 말한다. 여기에는 법령이지만 처분적 성질을 갖는 처분적 법령, 권력적 사실행위도 포함된다.

1) 처분적 법령

행정입법은 구체적 사실에 관한 법 집행행위가 아니므로 처분에 해당되지 않지만 다른 행정행위를 기다릴 필요 없이 법규명령 그 자체로서 직접 개인의 권익을 침해하는 효과를 발생시키는 경우에는 그 법규명령, 처분적 법령은 처분으로서 행정쟁송의 대상이 된다.

> 행정청의 위법한 처분 등의 취소 또는 변경을 구하는 취소소송의 대상이 될 수 있는 것은 구체적인 권리의무에 관한 분쟁이어야 하고 일반적, 추상적인 법령이나 규칙 등은 그 자체로서 국민의 구체적인 권리의무에 직접적 변동을 초래케 하는 것이 아니므로 그 대상이 될 수 없다 (대법원 1992. 3. 10 91누12639 판결).

2) 일반처분, 고시

가) 일반처분

일반처분은 구체적인 사실에 관하여 불특정 다수인을 대상으로 하는 하나의 구체적인 명령을 내용으로 하는 것으로 법의 집행이라는 점에서 행정행위의 일종이라고 할 수 있다. 일반처분의 예로는 도로통행금지, 입산금지, 도로의 공용개시 및 공용폐지 등을 들 수 있다. 일반처분의 내용이 행정청의 우월적인 의사의 발동을 내포하고 있고 또한 대외적으로 영향력을 가진 최종적인 국가의사의 표시행위이기만 하면 그 형식이 일반처분 내지는 법령형식의 행위일지라도 취소송의 대상으로서의 적격성이 인정된다.

나) 고시

고시는 행정청이 그가 결정한 사항 기타 일정한 사항을 일반에게 알리는 것인데, 원칙적으로 일반국민을 구속하는 것은 아니므로 행정심판의 대상이 되지 않는다. 그러나 고시의 형식으로 일반처분의 성질을 가진 행위가 있을 경우에는 행정심판의 대상이 될 수 있을 것이다.

3) 행정계획

가) 의의

행정계획은 특정한 행정목적의 달성을 실현하기 위해 미래에 있게 될 행위에 대한 체계적인 사전준비과정을 거쳐 나타나는 산물로서 행정활동의 기준을 의미한다.

나) 구속적 행정계획

대부분의 행정계획은 행정기관의 구상 또는 행정의 지침에 불과하며 대외적으로 국민에 대하여 혹은 대내적으로 행정기관에 대하여 법적구속력을 갖지 않는다. 다만 행정행위의 성격을 띠어 법적구속력을 갖는 것이 있는 바 이를 구속적 행정계획이라 한다. 이러한 구속적 행정계획의 수립에 대해서는 처분성을 인정하여 행정쟁송을 할 수 있게 하고 있다. 그러나 도시계획과 같은 구속적 행정계획이 일단 확정된 후에는 장기성, 종합성이 요구되는 행정계획의 성질상 국민에게 일일이 그 계획의 변경을 청구할 권리를 인정해 줄 순 없고 따라서 이미 확정된 도시계획등과 같은 행정계획을 변경해 달라는 신청은 이를 법규상 조리상의 권리로서 인정할 수 없다고 하여 이를 변경 내지 폐지해 달라는 청구는 행정쟁송의 대상으로 인정하지 않고 있다.

> 토지구획정리사업법 제57조 제62조 등의 규정상 환지예정지 지정이나 환지처분은 그에 의하여 직접 토지소유자 등의 권리의무가 변동되므로 이를 항고소송의 대상이 되는 처분이라고 볼 수 있으나 환지계획은 이와 같은 환지 예정지 지정이나 환지처분의 근거가 될 뿐 그 자체가 직접 토지소유자 등의 법률상의 지위를 변동시키거나 또는 환지예정지 지정이나 환지처분과는 다른 고유한 법률효과를 수반하는 것이 아니어서 이를 항고소송의 대상이 되는 처분에 해당한다고 할 수 없다(대법원 1999. 8. 20. 선고 97누6889 판결).

4) 사실행위

가) 의의

사실행위란 일정한 법률효과의 발생을 목적으로 하는 것이 아니라 직접적으로 사실상의 결과만을 가져오는 행정주체의 행위형식의 전체를 말하며 원칙적으로 행정심판의 대상이 되지 아니한다. 공공시설(도로, 공공건물)등의 설치 유지행위, 예방접종행위, 행정조사, 보고, 경고, 행정지도, 관용차의 운전 등이 이에 해당된다.

나) 권력적 사실행위

그러나 대집행실행행위, 전염병환자의 강제격리, 위법한 관세물품의 영치행위 등은 권력적 사실행위로서 처분성이 인정되므로 행정상 쟁송이 가능하다. 권력적 사실행위는 실제에 있어서는 단기간 내에 행위가 완료되는 경우가 많으므로 행정상 쟁송이 사실상 불가능한 경우가 많다. 그러나 계속적인 권력적 사실행위의 경우에는 행정상 쟁송이 가능하며 계속성이 없는 사실행위라도 집행정지결정을 위한 행정상 쟁송은 가능하다 할 것이다. 행정심판법에는 행정청의 사실행위에 대한 행정심판을 인정하는 명문규정이 없다.

> 이 건에 있어서 피청구인이 당산철교를 철거하기로 결정한 행위는 일종의 사실행위에 불과한 것으로서 청구인이나 기타 이해관계인들의 권리의무 내지는 법률상의 지위에 직접적인 변동을 가져오는 행정처분이라고는 할 수 없다(국행심 1997. 5. 16. 의결 97-2029).

4. 부작위

가. 의 의

부작위란 행정청이 당사자의 신청에 대하여 상당한 기간 내에 일정한 처분을 하여야 할 법률상의무가 있는데도 처분을 하지 아니하는 것을 말한다. 즉 부작위가 성립하기 위해서는 적법한 신청의 존재, 상당한 기간의 경과, 처분하여야 할 의무의 존재, 아무런 처분도 하지 않을 것이 있어야 한다.

나. 부작위의 성립요건

(1) 당사자의 적법한 신청의 존재

1) 행정청의 부작위가 성립되기 위해서는 먼저 당사자의 적법한 신청이 있어야 한다. 적법한 신청이 존재해야 하므로 '신청'에는 신청권이 법령에 명문으로 규정한 경우뿐만 아니라, 법해석상 특정인에게 신청이 인정되는 경우도 포함된다. 그러므로 쌍방적 행정행위나 특히 제3자효행정행위(복효적 행정행위)에서 중요한 의미를 갖는다.

2) 예컨대 일정한 건축물을 건축 하고자 하는 경우에는 건축허가를 받아야 한다는 건축법 제8조의 규정은 해석상 건축허가신청권의 근거가 된다. 그러나 단순히 행정청의

직권발동을 촉구하는 당사자의 신청, 예를 들어 독점규제및공정거래에 관한 법률 제
49조제2항의 규정에 의한 공정거래위원회에 대한 위반행위의 신고 등은 이에 해당
되지 아니한다. 또한 오로지 행정청의 판단에 따라 그의 책임아래 이루어지는 일방
적 행정행위(예를 들어 대집행을 할 것인지의 여부 또는 도시계획결정을 할 것인지
의 여부 등)에 대하여는 설혹 그에 대한 신청이 있더라도 그것은 법령에 의거한 적
법한 신청이라고는 할 수 없다

(2) 상당한 기간이 경과

1) 부작위가 성립되기 위해서는 당사자의 신청이 있은 후 행정청이 상당한 기간이 지나
도록 아무런 처분을 하지 아니하여야 한다. 상당한 기간이란 사회통념상 당해 신청
에 대한 처분을 하는데 필요한 것으로 인정되는 기간을 말한다. 응답행위가 지연되
는데 대하여 객관적인 정당한 이유가 있으면 이를 참작해야 하지만, 사무량 폭주나
인력부족, 처분결정과 무관한 타사고려를 위한 시일경과는 참작사유가 될 수 없다.

2) 민원사무처리에 관한 법률 제9조에서 민원인의 편의를 위하여 법령, 훈령, 예규, 고
시 등에 규정되어 있는 민원사항의 처리기간, 구비서류, 처리절차, 신청방법 등에
관한 사항을 종합한 민원사무처리기준표의 처리기간은 상당한 기간을 판정하는 일
응의 기준이 될 수 있을 것이다. 부작위에 대한 의무이행심판을 인정한 현행법 제도
하에서는 이들 법정처리기간이 경과된 후에는 특별한 사정이 없는 한 원칙적으로 위
법한 부작위가 성립한다고 해야 할 것이다.

(3) 행정청에 일정한 처분을 해야 할 법률상 의무의 존재

1) 처분을 해야 할 법률상 의무
① 법령이 일정요건을 갖춘 때에는 일정한 처분을 할 것을 명하는 뜻의 명문규정이 있
는 경우 ② 법령의 취지나 당해 처분의 성질로 보아 기속행위에 해당하는 경우 ③ 재량
권이 영으로 수축되는 경우도 포함된다.

2) 의무의 존재

처분을 해야 할 법률상 의무란 처분행위의 성질이 기속적인가 재량적인가를 불문하고 상당한 기간 내에 인용 또는 처분을 내려야 할 의무만 존재하면 충분하다고 본다. 이렇게 해석해야만 재량행위의 부작위에 대하여 가부간에 조속히 어떤 처분을 내려 달라는 취지의 의무이행심판이 인정되는 것을 올바르게 설명할 수 있게 된다. 따라서 처분을 할 의무를 신청에 대하여 적극적인 인용처분을 할 의무, 즉 기속의무로 해석하여서는 아니 된다. 그러나 일정한 처분을 할 것인지 여부가 오로지 행정청의 판단에 맡겨져 있거나 행정청에게 어떠한 처분을 할 수 있는 권한이 있을 뿐 의무는 없는 재량행위의 경우(예를 들어 행정대집행, 도시계획결정)에는 부작위가 성립되지 아니 한다.

(4) 처분의 부존재

1) 처분

적극적, 소극적 처분을 불문하고 부작위는 행정청이 어떠한 처분도 하지 않는 상태를 말한다.

2) 부존재

따라서 처분이 존재하지 아니한다 함은 인용처분 또는 거부처분이 있었다고 볼만한 행위자체가 외부적으로 없는 것을 말한다. 처분의 부존재와 구별하여야 할 것으로 처분의 무효와 의제거부(간주거부)가 있다 즉 처분이 무효인 경우에는 처분은 당초부터 당연히 효력이 없는 것이기는 하지만 처분은 일단 행하여졌고 행위의 외관은 존재한다고 할 것이기 때문에 부작위와 구별된다. 또한 의제거부(사실상으로는 아무런 처분도 존재하지 아니하는 부작위인 때에도 법령이 일정한 상태에서의 부작위를 거부처분으로 의제한 경우)는 법적으로 거부처분이라는 소극적 처분이 있는 것으로 되므로 부작위가 성립되지 아니한다. 따라서 ① 협의의 행정행위의 부존재 ② 무효인행정행위 ③ 거부처분 및 부작위를 거부처분으로 의제한 때(間柱)에는 부작위가 아니다.

> 토지구획정리사업법 제40조 제1항은 사업시행자에게 필요한 경우 건축물 등을 이전하거나 제거할 수 있는 권능을 부여한 규정에 지나지 아니할 뿐 사업시행자에게 그러한 의무가 있음을 규정한 것은 아니므로 이 규정을 들어 제자리 환지처분을 받은 토지소유자에게 사업시행자로 하여금 종전 토지위의 건축물 등에 대한 이전 또는 처분철거를 이행하도록 요구 할 수 있는 신청권이 있다고 볼 수 없고 따라서 사업시행자가 토지소유자의 위와 같은 신청을 받아들이지 아니하였다고 하여 항고소송의 대상인 위법한 부작위에 해당한다고 할 수 없는 것이다 (대법원 1990. 5. 25. 89누5768).

5. 처분 또는 부작위가 위법 또는 부당한 것이어야 한다.

행정청의 처분 또는 부작위가 「위법 또는 부당」한 것이어야 행정심판을 제기할 수 있다. 여기서 '위법'이란 근거법규 위반뿐만 아니라 행정의 일반법원칙 내지 조리에 위반한 경우를 포함하며, 재량권 일탈·남용의 경우에도 위법이 된다. 행정소송은 권력분립상 오직 위법한 처분만을 대상으로 하지만, 행정심판은 같은 행정부 내의 상급감독청이 행하는 자기 통제적 심판이므로 행정행위의 합법성이 아닌 '합목적성'까지 심판할 수 있도록 한 것이다. 타당성·합목적성까지 심판할 수 있다는 점에서 행정소송에 대한 행정심판의 제도적 가치도 여기에서 찾을 수 있을 것이다.

6. 심판청구에서 제외되는 내용

가. 대통령의 처분이나 부작위

대통령의 처분이나 부작위에 대하여는 다른 법률에서 행정심판을 청구할 수 있도록 정한 경우 외에는 행정심판을 청구할 수 없다(법 제3조 제2항). 이는 대통령의 처분과 부작위는 대통령이 행정부의 수반인 점을 감안하여 다른 법률에 특별규정이 있는 경우를 제외하고는 행정심판의 실익이 없다고 보아 직접 행정소송을 제기하도록 하였다.

나. 행정심판의 재결

심판청구에 대한 재결이 있으면 그 재결 및 같은 처분 또는 부작위에 대하여 다시 행정심판을 청구할 수 없다고 하여 행정심판재청구의 금지를 규정하고 있다(법 제39조).

행정심판의 재결에 대한 불복이 있는 경우에는 원처분의 위법을 이유로 원처분의 취소·변경 청구소송을 제기하거나, 재결자체의 위법을 이유로 직접 재결취소소송을 제기해야 한다. 따라서 종전에 있었던 심판청구에 대한 재결에 대하여 다시 심판청구가 제기된 경우에는 이 심판청구는 부적법한 심판청구로서 각하된다.

다. 다른 법률에 의한 절차

다른 법률에서 특별한 불복절차를 규정하고 있는 경우 예를 들어 통고처분, 검사의 불기소처분, 공무원에 대한 징계처분, 특허처분 등 행정구제에 관하여 특별규정이 있는 처분은 행정심판대상이 되지 않는 예외사항이다(법 제3조 제1항).

Ⅳ. 행정심판기관

1. 서 설

가. 의 의

행정심판기관이란 행정심판의 청구를 수리하여 이를 심리 재결할 수 있는 권한을 가진 행정기관을 말한다. 행정심판기관을 어떻게 설치할 것인가는 행정조직과 행정심판제도의 취지를 감안하여 결정할 문제이다. 종전에는 행정심판의 객관적인 공정성을 도모함으로서 행정심판의 권리구제제도로서의 실효성을 확보하기 위하여 심리 의결기능과 재결기능을 분리시켜 심리 의결기능은 행정심판위원회에 부여하고 재결기능은 재결청에 부여하고 있었다. 그러나 현재는 행정심판위원회가 행정심판사건에 직접 재결토록하여 재결청의 개념을 없애고 처분청에서 답변서를 행정심판위원회에 바로 송부하도록 하는 등 절차를 간소화하고 창구 일원화의 효과를 극대화하여 신속한 권리구제에 기여할 수 있도록 하고 있다.

나. 행정심판기관의 법적지위

(1) 합의제의결기관

위원회는 심리, 재결의 공정성을 확보하기 위해 합의제의결기관으로 운영된다.

(2) 준 사법절차

헌법 제107조 제3항은 행정심판의 절차에서 사법절차가 준용되어야 한다고 규정하고 있다. 즉 사법절차로서 심판기관의 독립성과 제3기관성이 보장되어야 한다.

2. 행정심판위원회

가. 의 의

행정심판위원회란 행정청의 처분 또는 부작위에 대한 행정심판청구사건을 심리·재결하는 기관이다. 행정심판위원회는 행정심판청구사건의 심리·재결에 대한 중추적 기능을 담당하는 합의체 행정청으로서 심리기관과 재결기관의 성격을 동시에 가진다. 행정심판위원회에는 ① 행정심판위원회와 ② 중앙행정심판위원회가 있다.

나. 행정심판법상의 행정심판위원회

구행정심판법상 행정심판기관은 심판청구사건에 대하여 심리, 의결하는 권한을 가진 행정심판위원회와 행정심판위원회의 심리, 의결에 따라 재결하는 재결청의 2원적 구조였다. 그러나 2008년 2월 29일 법개정에 따라 재결청 제도를 폐지하고 행정심판위원회가 심리, 의결과 재결을 모두 하도록 하는 1원적 구조를 취하고 있다.

(1) 위원회의 설치

행정심판법상 아래 표의 각 기관들은 행정심판위원회를 설치하고 행정심판을 심리, 의결할 수 있다.

		설치
1	해당 행정청소속의 행정심판위원회(법6조 1항)	1. 감사원, 국가정보원장, 그 밖에 대통령령으로 정하는 대통령 소속기관의 장 2. 국회사무총장 · 법원행정처장 · 헌법재판소사무처장 및 중앙선거관리위원회사무총장 3. 국가인권위원회, 그 밖에 지위 · 성격의 독립성과 특수성 등이 인정되어 대통령령으로 정하는 행정청
2	국민권익위원회에 두는 중앙행정심판위원회	1. 제1항에 따른 행정청 외의 국가행정기관의 장 또는 그 소속 행정청 2. 특별시장 · 광역시장 · 특별자치시장 · 도지사 · 특별자치도지사(특별시 · 광역시 · 특별자치시 · 도 또는 특별자치도의 교육감을 포함한다. 이하 "시 · 도지사"라 한다) 또는 특별시 · 광역시 · 특별자치시 · 도 · 특별자치도(이하 "시 · 도"라 한다)의 의회(의장, 위원회의 위원장, 사무처장 등 의회 소속 모든 행정청을 포함한다) 3. 「지방자치법」에 따른 지방자치단체조합 등 관계 법률에 따라 국가 · 지방자치단체 · 공공법인 등이 공동으로 설립한 행정청. 다만, 제3항제3호에 해당하는 행정청은 제외한다.
3	시·도지사 소속으로 두는 행정심판위원회(법6조 3항)	1. 시 · 도 소속 행정청 2. 시 · 도의 관할구역에 있는 시 · 군 · 자치구의 장, 소속 행정청 또는 시 · 군 · 자치구의 의회(의장, 위원회의 위원장, 사무국장, 사무과장 등 의회 소속 모든 행정청을 포함한다) 3. 시 · 도의 관할구역에 있는 둘 이상의 지방자치단체(시 · 군 · 자치구를 말한다) · 공공법인 등이 공동으로 설립한 행정청
4	해당 행정기관의 직근상급행정기	제2항제1호에도 불구하고 대통령령으로 정하는 국가행정기관 소속 특별지방행정기관의 장의 처분 또는 부작위에 대한 심판청구에 대하여는 해당

관에 두는 행정심판위원회(법6조 4항)	행정청의 직근 상급행정기관에 두는 행정심판위원회에서 심리·재결한다.여기서 대통령령으로 정하는 국가행정기관 소속 특별지방행정기관"이란 법무부 및 대검찰청 소속 특별지방행정기관(직근 상급행정기관이나 소관 감독행정기관이 중앙행정기관인 경우는 제외한다)을 말한다.

(2) 위원회의 구성

	구성
일반행정심판위원 회(§7)	① 행정심판위원회(중앙행정심판위원회는 제외한다. 이하 이 조에서 같다)는 위원장 1명을 포함하여 50명 이내의 위원으로 구성한다. ② 행정심판위원회의 위원장은 그 행정심판위원회가 소속된 행정청이 되며, 위 원장이 없거나 부득이한 사유로 직무를 수행할 수 없거나 위원장이 필요하 고 인정하는 경우에는 1. 위원장이 사전에 지명한 위원 2. 제4항에 따라 지명 된 공무원인 위원(2명 이상인 경우에는 직급 또는 고위공무원단에 속하는 공 무원의 직무등급이 높은 위원 순서로, 직급 또는 직무등급도 같은 경우에는 위원 재직기간이 긴 위원 순서로, 재직기간도 같은 경우에는 연장자 순서로 한다)의 순서에 따라 위원이 위원장의 직무를 대행한다. 다만 시·도지사 소 속으로 두는 행정심판위원회의 경우에는 해당 지방자치단체의 조례로 정하 는 바에 따라 공무원이 아닌 위원을 위원장으로 정할 수 있다. 이 경우 위원 장은 비상임으로 한다. ③ 행정심판위원회의 위원은 해당 행정심판위원회가 소속된 행정청이 다음 각 호의 어느 하나에 해당하는 사람 중에서 성별을 고려하여 위촉하거나 그 소 속 공무원 중에서 지명한다.
중앙행정심판위원 회(§8)	① 중앙행정심판위원회는 위원장 1명을 포함하여 70명 이내의 위원으로 구성하 되, 위원 중 상임위원은 4명 이내로 한다. ② 중앙행정심판위원회의 위원장은 국민권익위원회의 부위원장 중 1명이 되며, 위원장이 없거나 부득이한 사유로 직무를 수행할 수 없거나 위원장이 필요하 다고 인정하는 경우에는 상임위원(상임으로 재직한 기간이 긴 위원 순서로, 재직기간이 같은 경우에는 연장자 순서로 한다)이 위원장의 직무를 대행한 다. ③ 중앙행정심판위원회의 상임위원은 일반직공무원으로서 「국가공무원 법」 제26조의5에 따른 임기제공무원으로 임명하되, 3급 이상 공무원 또는 고 위공무원단에 속하는 일반직공무원으로 3년 이상 근무한 사람이나 그 밖에 행정심판에 관한 지식과 경험이 풍부한 사람 중에서 중앙행정심판위원회 위 원장의 제청으로 국무총리를 거쳐 대통령이 임명한다. ④ 중앙행정심판위원회의 비상임위원은 제7조제4항 각 호의 어느 하나에 해당 하는 사람 중에서 중앙행정심판위원회 위원장의 제청으로 국무총리가 성별 을 고려하여 위촉한다. ⑥ 중앙행정심판위원회는 심판청구사건중 「도로교통법」에 따른 자동차운전면 허 행정처분에 관한 사건(소위원회가 중앙행정심판위원회에서 심리·의결 하도록 결정한 사건은 제외한다)을 심리·의결하게 하기 위하여 4명의 위원 으로 구성하는 소위원회를 둘 수 있다.

(3) 위원회의 운영

구분	운영
행정 심판 위원회	① 행정심판위원회의 회의는 위원장과 위원장이 회의마다 지정하는 8명의 위원(그중 제4항에 따른 위촉위원은 6명 이상으로 하되, 제3항에 따라 위원장이 공무원이 아닌 경우에는 5명 이상으로 한다)으로 구성한다. 다만, 국회규칙, 대법원규칙, 헌법 재판소규칙, 중앙선거관리위원회규칙 또는 대통령령(제6조제3항에 따라 시·도지 사 소속으로 두는 행정심판위원회의 경우에는 해당 지방자치단체의 조례)으로 정 하는 바에 따라 위원장과 위원장이 회의마다 지정하는 6명의 위원(그중 제4항에 따른 위촉위원은 5명 이상으로 하되, 제3항에 따라 공무원이 아닌 위원이 위원장인 경우에는 4명 이상으로 한다)으로 구성할 수 있다. ② 행정심판위원회는 제5항에 따른 구성원 과반수의 출석과 출석위원 과반수의 찬성 으로 의결한다. ③ 행정심판위원회의 조직과 운영, 그 밖에 필요한 사항은 국회규칙, 대법원규칙, 헌 법재판소규칙, 중앙선거관리위원회규칙 또는 대통령령으로 정한다.
중앙 행정 심판 위원회	① 중앙행정심판위원회의 회의(제6항에 따른 소위원회 회의는 제외한다)는 위원장, 상임위원 및 위원장이 회의마다 지정하는 비상임위원을 포함하여 총 9명으로 구성 한다. ② 중앙행정심판위원회 및 소위원회는 구성원 과반수의 출석과 출석위원 과반수의 찬성으로 의결한다. ⑧ 중앙행정심판위원회는 위원장이 지정하는 사건을 미리 검토하도록 필요한 경우에 는 전문위원회를 둘 수 있다. ③ 중앙행정심판위원회, 소위원회 및 전문위원회의 조직과 운영 등에 필요한 사항은 대통령령으로 정한다.

다. 행정심판법상 위원

(1) 위원의 자격

대한민국 국민이 아닌 사람, 국가공무원법 제33조 각호의 어느 하나에 해당하는 사람 은 제6조에 따른 행정심판위원회의 위원이 될 수 없으며, 위원이 이에 해당하게 된 때 에는 당연히 퇴직한다(법제9조 4항).

(2) 위원의 임기

1) 행정심판위원회 위원

가) 행정심판위원회의 위원(해당 행정심판위원회가 소속된 행정청이 성별을 고려하여 위촉하거나, 그 소속 공무원 중에서 지명한)의 경우는 그 직에 있는 동안 재임한다 (법제9조 1항).

나) 위촉된 위원(해당 행정심판위원회가 소속된 행정청이 위촉하거나, 중앙행정심판위원회 위원장의 제청으로 국무총리가 성별을 고려하여 위촉한)의 임기는 2년으로 하되, 2차에 한하여 연임할 수 있다. 다만, 제6조제1항제2호에 규정된 기관에 두는 행정심판위원회의 위촉위원의 경우에는 각각 국회규칙, 대법원규칙, 헌법재판소규칙 또는 중앙선거관리위원회규칙으로 정하는 바에 따른다(법제9조 3항).

다) 위촉된 위원은 금고(禁錮) 이상의 형을 선고받거나 부득이한 사유로 장기간 직무를 수행할 수 없게 되는 경우 외에는 임기 중 그의 의사와 다르게 해촉(解囑)되지 아니한다(법제9조 5항).

2) 중앙행정심판위원회 위원

중앙행정심판위원회 상임위원위원(중앙행정심판위원회의 상임위원은 일반직공무원으로서「국가공무원법」 제26조의5에 따른 임기제공무원으로 임명하되, 3급 이상 공무원 또는 고위공무원단에 속하는 일반직공무원으로 3년 이상 근무한 사람이나 그 밖에 행정심판에 관한 지식과 경험이 풍부한 사람 중에서 중앙행정심판위원회 위원장의 제청으로 국무총리를 거쳐 대통령이 임명한다)의 임기는 3년으로 하며, 1차에 한하여 연임할 수 있다(법제9조 3항).

(3) 위원의 제척·기피·회피

1) 개 설

행정심판법은 위원에 대한 제척, 기피, 회피 제도를 두고 있다. 이는 행정심판청구사건에 대한 위원회의 심판청구사건을 심리·재결함에 있어서 그 공정성을 보장하기 위한 것이다. 민사소송법과 형사소송법의 경우와 같이 행정심판위원회 및 중앙행정심판위원회의 위원에 제척·기피·회피 제도를 두고 있을 뿐만 아니라 위원회의 심리·재결에 관한 사무에 관하여는 '직원'에게도 이를 준용하고 있다(법제10조 7항)

2) 제척

가) 의의

제척이란 위원 등이 당사자 또는 사건의 내용과 특수 관계가 있는 경우에 그 사건에 관하여 그 직무집행을 할 수 없도록 하는 것을 말한다.

나) 제척사유

행정심판법은 제척사유로 ① 위원 또는 그 배우자나 배우자이었던 사람이 사건의 당사자이거나 사건에 관하여 공동 권리자 또는 의무자인 경우 ② 위원이 사건의 당사자와 친족이거나 친족이었던 경우 ③ 위원이 사건에 관하여 증언이나 감정(鑑定)을 한 경우 ④ 위원이 당사자의 대리인으로서 사건에 관여하거나 관여하였던 경우 ⑤ 위원이 사건의 대상이 된 처분 또는 부작위에 관여한 경우를 규정하고 있다(법 10조 1항).

다) 제척신청

위원에 대한 제척신청이나 기피신청은 그 사유를 소명(疏明)한 문서로 하여야 한다. 다만, 불가피한 경우에는 신청한 날부터 3일 이내에 신청 사유를 소명할 수 있는 자료를 제출하여야 한다. 제척신청이나 기피신청이 제3항을 위반하였을 때에는 위원장은 결정으로 이를 각하한다(법제10조 3항, 4항).

라) 효과

제척사유가 있는 위원이 관여한 심리, 의결은 본질적인 절차상의 하자가 있으므로 무효가 된다. 제척의 효과는 당사자의 주장 여부나 행정심판위원회의 결정 여부에 관계없이 법률상 당연히 발생한다.

3) 기피

가) 의의

기피란 위원에게 법률상 정하여진 제척원인 이외의 심리·의결의 공정을 기대하기 어려운 사정이 있는 경우에 당사자의 신청을 기다려 위원회의 위원장은 위원회의 의결을 거치지 아니하고 결정하여 위원이 심리·재결에서 배제되는 것을 말한다(법10조 2항).

나) 공정을 기대하기 어려운 사정

위원회에게 심리, 의결의 공정을 기대하기 어려운 사정이란 통상인의 판단으로서 위원과 사건과의 관계에서 편파적이고 불공정한 심리, 의결을 하지 않을까 하는 염려를 일으킬 수 있는 객관적 사정을 의미하므로 주관적인 의혹만으로는 기피사유에 해당하지 않는다.

다) 기피신청

위원회에 대한 기피신청은 그 사유를 소명한 문서로 하여야 하며, 위원장은 기피신청의 대상이 된 위원에게서 그에 대한 의견을 받을 수 있다(법제10조 3항, 4항)

라) 효과

위원장이 위원회의 의결을 거치지 아니하고 행하는 기피의 결정은 제척과 는 달리 형성적이다.

4) 회피

가) 의의

회피란 위원이 스스로 제척 또는 기피의 사유가 있다고 인정하여 자발적으로 당해 사건의 심리·재결을 회피하는 것을 말한다(법제10조 6항).

나) 사유소명

위원장에게 사유소명회의에 참석하는 위원이 회피하고자 하는 위원은 위원장에게 그 사유를 소명하여야 한다(법제10조 6항).

5) 준 용

사건의 심리·의결에 관한 사무에 관하여는 위원 아닌 직원에게도 제척·기피·회피에 관한 규정이 준용된다(법10조 7항).

라. 행정심판위원회의 권한

(1) 개 설

행정심판위원회의 권한으로 중심적인 것은 심판청구사건에 대하여 심리하고 의결하는 권한이다. 그 밖에 심리권에 부수된 권한, 시정조치권, 진술권 등이 있다.

(2) 심리권

1) 의의

위원회는 행정청으로부터 송부되거나 제출된 행정심판청구사건에 대한 심리권을 가진다.

2) 심리의 방식

행정심판의 심리는 구술심리나 서면심리로 한다. 다만, 당사자가 구술심리를 신청한 경우에는 서면심리만으로 결정할 수 있다고 인정되는 경우 외에는 구술심리를 하여야 한다(법제40조 1항). 심리는 각 심판청구사건을 단위로 하는 것이 원칙이다. 그러나 필요하다고 인정할 때에는 청구를 병합하거나 분리하여 심리할 수 있다. 이는 심리의 능률성과 합리성을 확보하기 위한 것이다.

(3) 심리권에 부수된 권한

행정심판위원회는 심판청구사건에 대한 심리권을 효율적으로 행사하기 위해 여러 부수적인 권한을 갖는다. 이러한 부수적 권한으로 ① 대표자 선정권고(청구인들이 선정대표자를 선정하지 아니한 경우에 위원회는 필요하다고 인정하면 청구인들에게 선정대표자를 선정할 것을 권고할 수 있다. 법제15조 1항) ② 청구인의 지위 승계허가권(심판청구의 대상과 관계되는 권리나 이익을 양수한 자는 위원회의 허가를 받아 청구인의 지위를 승계할 수 있다. 법제16조 5항) ③ 대리인허가권(청구인은 법정대리인 외에 위원회의 허가를 받은 자를 대리인으로 선임할 수 있다. 법제18조1항 5호) ④ 심판참가허가 및 요구권(위원회는 참가신청을 받으면 허가 여부를 결정한다. 법제20조 5항, 위원회는 필요하다고 인정하면 그 행정심판 결과에 이해관계가 있는 제3자나 행정청에 그 사건 심판에 참가할 것을 요구할 수 있다. 법제21조) ⑤청구변경불허가권(위원회는 청구변경 신청에 대하여 허가할 것인지 여부를 결정한다. 법제29조 6항) ⑥ 보정명령권(위원회는 심판청구가 적법하지 아니하나 보정(補正)할 수 있다고 인정하면 기간을 정하여 청구인에게 보정할 것을 요구할 수 있다. 법제32조 1항)등이 있다.

(4) 의결권

1) 재결할 내용을 의결할 권한

행정심판위원회는 심판청구사건에 대한 심리를 마치면 그 심판청구에 대하여 재결한 내용을 의결할 권한을 갖는다. 따라서 부적합한 것인 때에는 각하재결, 이유가 없는 것인 때에는 기각재결, 이유가 있는 것인 때에는 인용재결을 한다. 그리고 취소심판청구의 경우는 취소·변경재결, 무효확인 심판청구의 경우는 무효확인재결, 의무이행심판청구의 경우는 의무이행재결을 한다(법제43조).

2) 그 밖의 의결권

행정심판위원회는 그 밖에 ① 사정재결(위원회는 심판청구가 이유가 있다고 인정하는 경우에도 이를 인용(認容)하는 것이 공공복리에 크게 위배된다고 인정하면 그 심판청구를 기각하는 재결을 할 수 있다. 법제44조) ②집행정지결정권(위원회는 처분, 처분의 집행 또는 절차의 속행 때문에 중대한 손해가 생기는 것을 예방할 필요성이 긴급하다고 인정할 때에는 직권으로 또는 당사자의 신청에 의하여 처분의 효력, 처분의 집행 또는 절차의 속행의 전부 또는 일부의 정지를 결정할 수 있다. 법제30조 2항) ③ 취소권(법위원회는 집행정지를 결정한 후에 집행정지가 공공복리에 중대한 영향을 미치거나 그 정지사유가 없어진 경우에는 직권으로 또는 당사자의 신청에 의하여 집행정지 결정을 취소할 수 있다. 제30조 4항)을 결정할 수 있다 ④ 임시처분권(위원회는 처분 또는 부작위가 위법·부당하다고 상당히 의심되는 경우로서 처분 또는 부작위 때문에 당사자가 받을 우려가 있는 중대한 불이익이나 당사자에게 생길 급박한 위험을 막기 위하여 임시지위를 정하여야 할 필요가 있는 경우에는 직권으로 또는 당사자의 신청에 의하여 임시처분을 결정할 수 있다. 법제31조)을 갖는다.

(5) 시정조치요구권

중앙행정심판위원회는 심판청구를 심리·재결함에 있어서 처분 또는 부작위의 근거가 되는 명령 등이 법령에 근거가 없거나 상위법령에 위배되거나 국민에게 과도한 부담을 주는 등 현저하게 불합리하다고 인정되는 경우에는 관계행정기관에 대하여 당해 명령 등의 개정·폐지 등 적절한 시정조치를 요청할 수 있다. 시정요청을 받은 관계행정기관은 정당한 사유가 없는 한 이에 따라야 한다.

(6) 증거조사권

행정심판위원회는 심판청구 사건에 대한 심리를 위하여 필요하다고 인정할 때에는 당사자의 신청이나 직권에 의하여 증거조사를 할 수 있는 권한을 가진다. 위원회는 필요하다고 인정할 때에는 위원회가 소속된 행정청의 직원 또는 다른 행정기관에 촉탁하여 증거조사를 하게 할 수 있고(법제36조 2항), 관계행정기관에 대하여 필요한 서류의 제출 또는 의견을 진술할 것을 요구하거나 의견서를 제출할 것을 요구할 수 있다.

(7) 의견제출·진술권

중앙행정심판위원회에서 심리·재결하는 심판청구의 경우는 소관중앙행정기관의 장은 의견서를 제출하거나 위원회에 출석하여 의견을 진술할 수 있다(법제35조 4항).

V. 행정심판의 당사자 및 관계인

1. 행정심판의 당사자

가. 개념

(1) 행정심판도 쟁송이므로 기본적으로 두 당사자의 대립되는 이해관계에 의한다. 행정심판법은 헌법 제107조 3항의 취지에 따라 행정심판절차의 사법화를 도모하기 위하여 대심구조를 취함을 원칙으로 하고 있으므로 행정심판의 절차는 청구인과 피청구인을 당사자로 하여 이들이 어느 정도 대등한 지위에서 심리를 진행한다.

(2) 당사자 적격

특정의 심판사건에서 당사자가 될 수 있는 자격을 말하는 것으로서 유효하게 심판을 수행하고 재결을 받기 위해서는 청구인적격과 피청구인적격이 있어야 한다.

나. 청구인

(1) 의 의

행정심판의 청구인은 심판청구의 대상인 처분 또는 부작위에 불복하여 그의 취소 또는 변경 등을 구하는 심판청구를 제기하는 자를 말한다. 즉, 행정청의 처분 등에 불복하여 그의 취소 또는 변경을, 처분의 효력유무 또는 존재여부에 대한 확인을 , 그리고 거부처분이나 부작위에 대하여는 일정한 처분을 각각 구할 '법률상 이익 있는자'가 청구할 수 있다.

(2) 청구인 능력

청구인은 처분의 상대방 또는 제3자에 관계없이 자연인 또는 법인이어야 한다. 그러나 법인격 없는 사단 또는 재단으로서 대표자나 관리인이 있을 때에는 그 이름으로 청구인이 될 수 있다.

(3) 청구인 적격

1) 의 의
청구인 적격이란 구체적사건의 행정심판절차에서 자신의 권리를 주장하고 심판을 받을 수 있는 정당한 자격을 말한다.

2) 취소심판의 청구인 적격
가) 법률상 이익이 있는 자
취소심판은 처분의 취소 또는 변경을 구할 법률상 이익이 있는 자가 청구인적격을 가진다.

① 학설
여기에서 말하는 '법률상 이익'이 무엇을 의미하는 가에 관하여는 견해가 나뉘고 있다.

㉠ 법률상 보호이익설
실정법규의 해석상 청구인이 주장하는 이익이 당해 법규에 의하여 보호되고 있는 것으로 인정되는 경우라고 보는 견해이다.

㉡ 보호할 가치있는 이익설
청구인이 주장하는 이익이 처분의 근거가 된 실체법규에 의해 보호되는 이익이 아니라도 쟁송절차에 의하여 보호할 만한 이익이 있으면 법률상 이익이 있다고 보는 견해이다.

② 소결
현재는 법률상보호이익설이 통설·판례이나 점차로 보호가치이익설 방향으로 확장추세에 있다. 따라서 법률상 이익이 없는 자가 제기한 취소심판은 부적법한 것으로 그 심판청구는 각하된다.

나) 처분의 효과가 소멸될 때

행정심판법은 처분의 효과가 기간의 경과, 처분의 집행, 그 밖의 사유로 소멸된 뒤에도 그 처분의 취소로 인하여 회복되는 법률상이익이 있는 자에게도 청구인 적격을 인정하고 있다.

따라서 처분의 효과 자체는 이미 소멸되었어도 그 처분의 취소로 인해 회복되는 법률상이익이 있는 경우에는(예컨대 전에 영업정지처분을 받은 경우에는 추후에 다시 위반행위를 하면 가중사유로 작용하게 된다고 할 경우) 청구인 적격이 인정된다. 다만, 그러한 청구인적격의 인정은 특별한 경우에 해당하므로 청구인이 주장·입증하여야 한다.

3) 무효 등 확인심판의 청구인 적격

가) 확인을 구할 법률상 이익

① 무효등확인심판은 처분의 효력 유무 또는 존재 여부의 확인을 구할 법률상 이익이 있는 자가 청구할 수 있다(법제13조 2항).

② 여기에서 말하는 확인을 구할 법률상 이익이라 함은 처분의 효력 유무 또는 존재 여부에 관하여 당사자 사이에 다툼이 있어서 재결로 공권적인 확정을 하는 것이 청구인의 법적 지위의 불안정상태를 제거하기위해 필요한 경우에 인정된다.

나) 성질

행정심판으로서의 무효 등 확인심판은 민사소송에 있어서의 확인의소와는 달리 항고쟁송의 성질을 갖는다. 그러므로 무효 등 확인심판의 법률상 이익은 그 재결의 결과로서 얻어지는 법적 이익까지 포함하여 종합적 입체적으로 판단하여야 한다는 견해가 있다.

4) 의무이행 심판의 청구인적격

가) 처분을 구할 법률상 이익

의무이행심판은 처분을 신청한 자로서 행정청의 거부처분 또는 부작위에 대하여 일정한 처분을 구할 법률상 이익이 있는 자가 청구할 수 있다(법제13조 3항).

나) 관계법규 및 헌법규정

① 관계법규

이때의 법률상의 이익이 인정되기 위해서는 청구인이 권리로서 일정한 내용의 행정작용을 신청할 수 있는 것이 관계법규에 의해 보장되어야 한다. 그러나 이 경우에도 개인은 행정청에 대하여 특정처분을 구할 수 있는 것은 아니다. 그 신청의 대상행위가 기속행위인 때에는 특정한 처분을 구할 권리가 인정되지만, 재량행위인 경우에는 행정기관의 재량권이 영으로 수축되는 경우 이외에는 단지 어떠한 내용이든 재량행위를 행할 것을 청구할 수 있기 때문이다.

② 헌법규정

이러한 처분을 구할 법률상 이익은 헌법의 기본권규정에서도 도출될 수 있다는 견해도 있다.

(4) 청구인의 지위승계

1) 당연승계

가) 행정심판을 제기한 후에 청구인이 사망한 경우에는 상속인이나 그 밖에 법령에 따라 심판청구의 대상에 관계되는 권리나 이익을 승계한 자가 청구인의 지위를 승계한다(법제16조 1항).

나) 법인 또는 법인격 없는 사단이나 재단인 청구인이 다른 법인등과 합병한 때에는 합병후 존속하는 법인 등이나 또는 합병에 의하여 설립된 법인 등이 청구인의 지위를 승계한다(법제16조 2항). 이 경우 승계인의 지위를 승계한자는 위원회에 사망 등에 의한 권리·이익의 승계 또는 합병사실을 증명하는 서면을 첨부하여 관계행정심판위원회에 제출하여야 한다(법제16조 3항).

2) 지위승계의 허가

가) 행정심판을 제기한 뒤에 당해 심판청구의 대상인 처분에 관계되는 권리·이익을 양

수한자는 관계행정심판위원회의 허가를 받아 청구인의 지위를 승계할 수 있다(법제 16조 5항).

나) 위원회는 허가여부를 결정하고, 지체 없이 신청인에게는 결정서정본을, 당사자와 참가인에게는 결정서 등본을 송달하여야 한다.(법제16조 7항).

다) 지위승계에 대한 이의신청

① 지위승계를 허가하지 아니하면 신청인은 결정서 정본을 받은 날부터 7일 이내에 위원회에 이의신청을 할 수 있다(법제16조 8항).

② 이의신청은 그 사유를 소명하여 서면으로 하여야 한다.

③ 위원회가 이의신청을 받은 때에는 이를 지체 없이 위원회의 회의에 상정하여야 한다.

④ 위원회는 이의신청에 대한 결정을 한 후 그 결과를 신청인, 당사자 및 참가인에게 각각 통지하여야 한다(규칙 제13조).

다. 피청구인

(1) 의의

피청구인은 심판청구를 제기 받은 당사자를 말한다. 피청구인인 행정청은 답변서제출, 답변서에 대한 보충서면 제출, 증거서류 기타 증거물의 제출, 증거조사나, 구술심리의 신청을 할 수 있다.

(2) 피청구인 적격

1) 행정심판은 처분을 한 행정청(의무이행심판의 경우에는 청구인의 신청을 받은 행정청)을 피청구인으로 하여 청구하여야 한다. 다만, 심판청구의 대상과 관계되는 권한이 다른 행정청에 승계된 경우에는 권한을 승계한 행정청을 피청구인으로 하여야 한다(법제17조 1항).

2) 행정청은 국가나 지방자치단체의 기관이므로 원칙적으로 국가나 지방자치단체 등이

피청구인이 되어야 하지만, 행정소송과 마찬가지로 소송기술상의 편의에서 행정청을 피청구인으로 한 것이다.

(3) 피청구인의 경정

1) 의 의

청구인이 피청구인을 잘못 지정한 경우 또는 행정심판이 청구된 후에 심판청구의 대상과 관계되는 권한이 다른 행정청에 승계된 경우 당사자의 신청에 의하여 또는 직권으로 위원회는 결정으로써 피청구인을 경정(更正)할 수 있다(법제17조 2항, 5항).

2) 절 차

가) 위원회는 직권으로 또는 당사자의 신청에 의하여 결정으로써 피청구인을 경정(更正)한다.

나) 위원회는 피청구인을 경정하는 결정을 하면 결정서 정본을 당사자(종전의 피청구인과 새로운 피청구인을 포함한다다)에게 송달하여야 한다(법제17조 3항).

3) 효 과

이러한 결정이 있으면 종전의 피청구인에 대한 심판청구는 취하되고 새피청구인에 대한 심판청구가 처음에 심판청구를 한때에 소급하여 제기된 것으로 간주된다. 피청구인의 경정제도는 행정조직의 복잡성으로 정당한 피청구인을 명확히 판단할 수 없는 경우가 많음을 고려하여 청구인의 권리구제의 길을 확보하는데 그 의의가 있다.

4) 이의신청

당사자는 결정서 정본을 받은 날부터 7일 이내에 위원회에 이의신청을 할 수 있다(법제17조 6항). 이의신청의 처리에 관하여는 제13조, 제14조의 규정을 준용한다(규칙 제14조).

2. 행정심판의 관계인

가. 참가인

(1) 의 의

참가인이란 계속 진행 중인 행정심판절차에 당사자 이외의 제3자가 자기의 권리와 이익을 보호하기 위해 참가하는 것을 말한다. 이때 참가인으로서 참가할 수 있는 자는 심판결과에 대하여 이해관계 있는 제3자 또는 행정청이다.

1) 이해관계 있는 제3자

이해관계가 있는 제3자란 당해 처분 자체에 대하여 이해관계가 있는 자뿐만 아니라(예컨대 체납처분으로서의 공매처분의 목적물인 재산의 소유자) 재결내용에 따라서 불이익을 받게 될 자(예컨대 공매처분의 취소를 구하는 심판청구가 제기된 경우의 당해 공매재산의 매수자)도 포함된다.

> 소송사건에서 당사자의 일방을 보조하기 위하여 보조참가를 하려면 당해 소송의 결과에 대하여 이해관계가 있어야 할 것인 바, 여기서 말하는 이해관계란 사실, 경제상 또는 감정상의 이해관계가 아니라 법률상의 이해관계를 말한다(대법원 1997. 12. 26. 96다51714 판결).

2) 행정청

심판청구에 참가할 수 있는 행정청은 당해 처분이나 부작위에 대한 관계행정청을 말한다.

(2) 참가의 방법

1) 신청에 의한 참가

가) 행정심판의 결과에 대하여 이해관계 있는 제3자 또는 행정청은 해당 심판 청구에 대한 위원회나 소위원회의 의결이 있기 전까지 그 사건에 대하여 심판참가를 할 수 있다(법제20조 1항).

나) 심판 참가를 하려는 자는 참가의 취지와 이유를 적은 참가 신청서를 위원회에 제출하여야 한다. 참가 신청서를 받은 위원회는 참가신청서 부본을 당사자에게 송달하고 참가신청허가여부를 결정해서, 지체없이 신청인에게는 결정서정본을, 당사자와 다른 참가인에게는 결정서등본을 송달하여야 한다(법제20조 2항, 3항).

다) 위원회는 기간을 정하여 당사자와 다른 참가인에게 제3자의 참가신청에 대한 의견을 제출하도록 할 수 있으며, 당사자와 다른 참가인이 그 기간에 의견을 제출하지 아니하면 의견이 없는 것으로 본다(법제20조 4항).

라) 위원회는 참가신청을 받으면 허가 여부를 결정하고, 지체 없이 신청인에게는 결정서 정본을, 당사자와 다른 참가인에게는 결정서 등본을 송달하여야 한다(법제20조 5항).

마) 이의신청

신청인은 참가허가여부결정에 대하여 송달받은 날부터 7일 이내에 이의 신청을 할 수 있다(법제20조 6항).

2) 요구에 의한 참가

이해관계인의 신청이 없는 경우에도 관계행정심판위원회는 직권으로 이해관계인에 대하여 당해 심판청구에 참가할 것을 요구할 수 있다. 이때 그 요구를 받은 이해관계인은 당연히 참가인이 되는 것이 아니라 참가 여부를 스스로 결정할 수 있으며 그 참가 여부의 의사를 관계행정심판위원회에 통지하여야 한다(법16조 3항).

(3) 참가인의 지위

행정심판절차에서 당사자가 할 수 있는 심판절차상의 행위를 참가인도 할 수 있으므로, 당사자가 위원회에 서류를 제출하거나 위원회가 당사자에게 통지를 할 때에는 참가인에게도 송달되고 통지되어야 한다.

나. 행정심판의 대리인

(1) 의 의

심판청구의 당사자인 청구인이나 피청구인은 대리인을 선임하여 심판청구에 관한 행위를 하게 할 수 있다. 이때 그 대리인을 행정심판의 대리인이라 한다.

(2) 대리인으로 선임할 수 있는 자

1) 청구인의 경우(법제18조 1항)

가) 법정대리인

나) 청구인의 배우자, 청구인 또는 배우자의 사촌이내의 혈족

다) 청구인이 법인이거나 청구인능력 있는 법인 아닌 사단 또는 재단인 경우 그 소속임원직

라) 변호사

마) 다른 법률에 따라 심판청구를 대리할 수 있는 자

바) 그 밖에 위원회의 허가를 받은 자

2) 피청구인의 경우(법제18조 2항)

피청구인은 그 소속직원 또는 변호사, 다른 법률에 따라 심판청구를 대리할 수 있는 자, 그 밖에 위원회의 허가를 받은 자의 어느 하나에 해당하는 자를 대리인으로 선임할 수 있다.

(3) 대리인의 권한

대리인은 심판청구의 취하를 제외하고는 본인을 위하여 당해사건에 관한 모든 행위를 할 수 있다. 다만 심판청구를 취하하려면 다른 청구인들의 동의를 받아야 하며, 이 경우 동의 받은 사실을 서면으로 소명하여야 한다(법제18조 3항).

Ⅵ. 행정심판청구의 제기

1. 의 의

행정심판의 제기는 ① 청구인 적격이 있는 자가 처분청 등을 피청구인으로 하여 ② 심판청구사항인 구체적인 처분이나 부작위를 대상으로 ③ 청구기간 내에 ④ 소정의 방식을 갖추어 ⑤ 처분청 또는 관할 행정심판위원회에 제기하여야 한다.

2. 행정심판의 제기요건

행정심판의 제기요건은 본안심리를 받기 위한 요건으로 이러한 심판청구의 제기요건들은 행정심판을 청구하는 데에 필요한 형식적 요건으로서 요건심리 결과 그 요건들이 충족되지 않는 심판청구는 부적법한 심판청구로서 각하를 받게 된다.

가. 청구인

심판청구의 청구인이 될 수 있는 것은 당해 심판청구에 대하여 법률상 이익이 있는 자로서, 청구인은 당해 심판청구의 대상인 처분이나 부작위의 상대방 또는 제3자에 관계없이 자연인 또는 법인을 모두 포함한다.

나. 심판청구의 대상

(1) 행정청의 위법 또는 부당한 처분

행정청의 처분 또는 부작위에 대하여는 다른 법률에 특별한 규정이 있는 경우 외에는 이 법에 따라 행정심판을 청구할 수 있다. 대통령의 처분 또는 부작위에 대하여는 다른 법률에서 행정심판을 청구할 수 있도록 정한 경우 외에는 행정심판을 청구할 수 없다 (법제3조 1항, 2항).

(2) 행정청의 처분

행정청의 처분이란 행정청이 행하는 구체적 사실에 관한 법집행으로서의 공권력행사를 의미하고, 공권력행사란 행정청에 의한 공법행위 내지 우월한 일반적의사의 발동으로 행하는 단독행위를 말하므로 행정청이 상대방과 대등한 지위에서 하는 공법상계약이나, 행정입법, 공법상합동행위, 행정청의 사법상행위, 대외적으로 아무런 법적효과도 발생하지 않는 내부적 행위, 알선·권유·장려·권장 등 행정지도나 단순한 사실행위 등은 행정심판의 대상에 포함되지 않는다.

다. 심판청구기간

(1) 개 설

1) 의 의

행정심판의 청구는 소정의 청구기간 내에 제기하여야 한다. 심판청구기간에 관한 문제는 '취소심판청구'와 '거부처분에 대한 의무이행심판청구'에만 해당된다. 무효등확인심판과 부작위에 대한 의무이행심판청구는 그 성질에 비추어 청구기간의 제한이 배제되기 때문이다.

2) 입법 취지

행정심판법이 처분을 다투는 심판청구에 기간의 제한을 두는 것은 처분은 그 상대방뿐만 아니라 일반대중과 이해관계가 크기 때문에 처분의 효과 등 법률관계를 가능한 빨리 안정시키기 위해서이다.

(2) 원칙적인 심판청구기간

1) 행정심판은 처분이 있음을 알게 된 날부터 90일 이내에 청구하여야 하고(법제27조 1항), 처분이 있었던 날부터 180일이 지나면 청구하지 못한다. 다만, 정당한 사유가 있는 경우에는 그러하지 아니하다(법제27조 3항). 위 90일의 청구기간은 불변기간(不變期間)으로 한다(법제27조 4항). 따라서 직권조사사항이다. 이들 두 기간 중 어느 하나라도 기간이 지나면 행정심판청구를 제기하지 못한다.

2) 처분이 있음을 알게 된 날

가) '처분이 있음을 알게 된 날'이란 통지·공고 기타의 방법에 의하여 그 처분이 있었던
사실을 현실적으로 안 날을 의미 한다.

나) 처분을 서면으로 하는 경우에는 그 서면이 상대방에게 도달한 날, 공시송달의 경우
는 서면이 상대방에게 도달한 것으로 간주되는 날을 말한다. 그러나 처분이 공고
또는 고시의 방법으로 통지하는 경우에 상대방이 이러한 처분 또는 공고를 보지 못
한 경우라도 고시를 보지 못한 경우에는 행정업무의 효율적 운영에 관한 규정 제6
조 3항에서 '특별규정이 있는 경우를 제외하고는 고시 또는 공고가 있은 후에 5일
이 경과한 날부터 효력이 발생한다고' 하고 있고, 판례 또한 고시 또는 공고의 효력
발생일에 관한 명문규정이 없는 경우에는 사무관리규정이 적용되어 공고·고시에
의한 행정처분은 5일이 경과한 후 알았다고 보아야 한다고 하고 있다.

3) 처분이 있은 날

상대방이 있는 행정처분에 있어서는 달리 특별한 규정이 없는 한 그 처분을 하였음을
상대방에게 고지하여야 그 효력이 발생한다 할 것이다. 따라서 '처분이 있은 날'이란 처
분이 법적으로서 효력을 발생한 날을 말한다(대판1977. 11. 22. 77누195 판결).

(3) 예외적인 심판청구기간

1) 불가항력의 경우

청구인이 천재지변, 전쟁, 사변, 그 밖의 불가항력으로 인하여 90일의 기간내에 심
판청구를 할 수 없었을 때에는 그 사유가 소멸한 날부터 14일(국외에서는 30일) 이
내에 행정심판을 청구할 수 있다(법제18조 2항). 이기간은 불변기간이다.

2) 정당한 사유가 있는 경우

정당한 사유가 있으면 처분이 있은 날로부터 180일을 경과한 뒤에도 심판청구를 제
기할 수 있다(법제18조 3항). 이때의 정당한 사유란 처분이 있었던 날부터 180일 이

내에 심판청구를 하지 못함을 정당화할만한 객관적 사유를 말하며, 불가항력보다 넓은 개념을 의미한다.

3) 오고지·불고지의 경우

　행정청이 서면에 의하여 처분을 하는 경우에 그 처분의 상대방에게 행정심판청구에 관한 사항을 고지하도록 되어 있는데, 행정청이 심판청구기간을 처분이 있음을 알게 된 날부터 90일보다 긴 기간으로 잘못 알려줘서 그로인해 청구인이 잘못 알린 기간에 심판청구를 하게되면 그 심판청구는 90일 내에 제기된 것으로 본다(법제27조 5항).

행정청의 잘못된 고지 또는 불고지

행정청이 서면에 의하여 처분을 하는 경우에는 그 처분의 상대방에게 처분에 대하여 행정심판을 청구할 수 있는지, 행정심판을 청구하는 경우의 심판청구절차 및 심판청구기간을 알려주도록 규정하고 있다. 그럼에도 불구하고 행정청이 이러한 고지를 하지 않거나 잘못 알려서 청구인이 심판청구서를 다른 행정기관에 제출한때에는 당해 행정기관은 그 심판청구서를 지체없이 정당한 권한 있는 피청구인에게 송부하여야 한다($\frac{§23}{②}$). 이 경우에는 처음의 제출기관에 심판청구서가 제출된 때에 심판청구가 제기된 것으로 본다($\frac{§23}{④}$). 문제는 고지의 대상이 아닌자($\frac{제3자효행정행위로 인하}{여 권리가 침해되는 제3자}$)가 다른 행정기관에 심판청구서를 제출한 경우에 대하여는 명문규정이 없다. 그러나 이러한 경우에도 당해 행정기관은 지체없이 정당한 권한 있는 행정기관에 심판청구서를 송부하여야 할 것이고, 그 경우에는 처음의 행정기관에 심판청구서가 제출된 때에 심판청구가 제기된 것으로 보아야 한다($\frac{대판1975.12.24.}{74누134}$).

---

(4) 복효적행정행위의 심판청구기간

1) 복효적 행정행위에 있어서 처분의 직접상대방이 아닌 제3자가 행정심판을 제기한 경우에도 심판제기기간은 원칙적으로 처분이 있음을 안 날로부터 90일 이내, 처분이 있은 날로부터 180일 이내로 한다. 따라서 제3자가 처분이 있었음을 안 경우에는 90일의 기간 제한이 적용된다.

2) 그러나 현행법은 처분을 제3자에게 통지하도록 규정하고 있지 않기 때문에 통상적

인 경우에는 제3자가 처분이 있었음을 알 수 없다. 따라서 이 경우 행정심판제기기간은 '처분이 있은 날로부터 180일 이내'가 기준이 된다.

3) 행정처분의 직접 상대방이 아닌 제3자는 일반적으로 처분이 있는 것을 바로 알 수 없는 처지에 있으므로 심판청구기간 내에 심판청구를 제기하지 아니하였다고 하더라도 그 기간 내에 처분이 있는 것을 알았거나 쉽게 알 수 있었기 때문에 심판청구를 제기 할 수 있었다고 볼만한 특별한 사정이 없는 한 위 법조항 본문의 적용을 배제할 '정당한 사유가' 있는 경우에 해당한다(대법원 1992. 7. 28. 91누12844 판결).

(5) 특별법상의 심판청구기간
특별법에서는 심판청구기간에 관하여 특별규정을 두는 경우가 많다(국세기본법 등) 이들 특례규정은 행정심판법에 우선한다.

1) 조세소송
필요적 전치주의가 적용되는 국세와 관세의 부과처분에 대한 소송에는 원칙적으로 국세기본법, 관세법이 정한 특별 행정심판절차를 거쳐야 하고, 행정소송은 최종 행정심판 결정을 받은 때부터 90일 이내(법정 결정기간 내에 결정통지를 받지 못한 경우에는 통지를 받기 전이라도 제소 가능)에 제기하여야 한다(국세기본법 56조 3항, 관세법 120조 3항). 감사원법상의 심사청구를 거쳐 바로 소를 제기하는 경우에도 심사청구에 대한 결정통지를 받는 날부터 90일 이내에 행정소송을 제기하여야 한다(국세기본법 56조 4항, 관세법 119조 4항).
감사원법상의 심사청구를 거쳐 비로 소를 제기하는 경우에도 심사청구에 대한 결정통지를 받은 날부터 90일 이내에 행정소송을 제기하여야 한다(국세기본법 56조 4항, 관세법 119조 4항). 위 90일의 기간은 불변기간이다.

2) 토지수용위원회의 수용·사용재결에 대한 소
공익사업을 위한 토지 등의 취득 및 보상에 관한 법률에 의한 지방토지수용위원회나 지방토지수용위원회의 수용·사용재결에 대하여 불복이 있으면, 그 재결서를 받은 날부터 30일 내에 중앙토지수용위원회에 이의를 신청할 수 있고, 이의신청을 거친 경우에는 이의재결서를 받은 날부터 30일 내에, 그렇지 않는 경우에는 수용·사용재결서를 받은 날부터 60일 내에 각 수용·사용재결의 취소를 구하는 행정소송을 제기하여야 한다(공익사업을 위한 토지 등의 취득 및 보상에 관한 법률 83조, 84, 85조).

3) 중앙노동위원회의 처분 및 재심판정에 대한 소
중앙노동위원회가 한 처분이나 재심판정에 대한 소는 처분의 통지 또는 재심판정서의 송달을 받은 날부터 15일 이내에 소를 제기하여야 한다(노동위원회법 27조 1항, 노동조합 및 노동관계조정법 85조 2항).

4) 교원징계에 대한 소
교원소청심사위원회의 결정에 대한 소는 그 결정서를 송달받은 날부터 90일 이내에 소를 제기하여야 한다(교원의 지위 향상 및 교육활동 보호를 위한 특별법 10조 3항). 교원 이외의 다른 공무원에 대하여는 소청심사위원회의 필요적 전치를 거쳐야 하나 제소기간에 관하여는 특별한 규정이 없으므로 행정소송법에 따른다.

5) 해난심판재결에 대한 소
중앙해양안전심판원의 재결에 대한 소는 재결서 정본을 송달받은 날부터 30일 이내에 중앙해양안전심판원의 소재를 관할하는 고등법원에 제기하여야 한다(해양사고의 조사 및 심판에 관한 법률 74조 1, 2항).

라. 심판청구의 방식
(1) 서면주의
1) 의 의
행정심판청구는 일정한 사항을 기재한 서면(심판청구서)으로 한다. 심판청구를 서면으로만 하게 한 것은 청구의 내용을 명확하게 하고 구술로 하는 경우에 생길 수 있는 지체와 복잡을 피하는데 있다. 따라서 일정사항을 기재하여 서면으로 하는 요식행위이며, 서면심리주의이다. 입법론적으로는 심판청구인의 편의를 위하여 일정한 경우에 구술로 제기하는 특례가 검토되어야 한다는 의견도 있다.

2) 전자정보처리조직을 통한 방식(법제52조)

행정심판 절차를 밟는 자는 심판청구서와 그 밖의 서류를 전자문서화 하고 이를 정보통신망을 이용하여 위원회에서 지정·운영하는 전자정보처리조직(행정심판 절차에 필요한 전자문서를 작성·제출·송달할 수 있도록 하는 하드웨어, 소프트웨어, 데이터베이스, 네트워크, 보안요소 등을 결합하여 구축한 정보처리능력을 갖춘 전자적 장치를 말한다. 이하 같다)을 통하여 제출할 수 있다. 제출된 전자문서는 제출된 것으로 보며, 부본을 제출할 의무는 면제된다. 제출된 전자문서는 그 문서를 제출한 사람이 정보통신망을 통하여 전자정보처리조직에서 제공하는 접수번호를 확인하였을 때에 전자정보처리조직에 기록된 내용으로 접수된 것으로 본다.

3) 기재사항

가) 필요적 기재사항

	내용	비고
필요적 기재 사항	① 청구인의 이름 및 주소 또는 사무소 ② 피청구인과 위원회, ③ 심판청구의 대상이 되는 처분의 내용, ④ 처분이 있음을 안게된 날, ⑤ 심판청구의 취지와 이유, ⑥ 피청구인의 행정심판 고지 유무와 그 내용,	부작위에 대한 심판청구의 경우에는 위의 ①②⑤의 사항과 그 부작위의 전제가 되는 신청의 내용과 날짜를 적어야 하며(법제28조3항), 청구인이 법인이거나 능력 있는 비법인사단 또는 재단이거나 행정심판이 선정대표자나 대리인에 의하여 청구되는 것일 때에는 필요적 기재 사항과 함께 그 대표자·관리인·선정대표자 또는 대리인의 이름과 주소를 적어야 한다(법28조4항). 심판청구서에는 청구인·대표자·관리인·선정대표자 또는 대리인이 서명하거나 날인하여야 한다(법28조5항)

① 행정심판 청구서에 비록 행정심판청구서라는 명칭을 사용하지 아니하고 이의 신청 등의 다른 용어를 사용했더라도 적법한 행정심판청구로 보아야 한다. 그리고 심판 청구서의 기재사항 등에 결함이 있는 경우에는 행정심판위원회는 상당한 기간을 정

하여 그 보정을 요구하거나 직권으로 보정할 수 있다. 그러나 보정명령에 따르지 아니하거나 보정이 불가능한 경우에는 이를 각하 하여야 한다.

② 행정심판청구의 방식은 행정심판법 시행규칙 별지 제30호 서식에 규정되어 있지만, 엄격한 형식을 요하지 아니하는 서면행위이므로 행정청의 위법·부당한 처분으로 인하여 권익을 침해당한 사람이 당해 행정청에 그 처분의 취소나 변경을 구하는 취지의 서면을 제출하였다면 서면의 표제나 형식여하에 불구하고 행정심판청구로 봄이 타당하다(대법원 1999. 6. 22. 99두2772 판결).

나) 임의적 기재사항

필요적 기재사항 외의 사항은 청구인에게 유리한 사유나 증거가 있으면 기재할 수 있으나 이를 기재하지 않더라도 문제가 되지 않는다.

마. 심판청구의 제출절차

(1) 제출기관

행정심판을 청구하려는 자는 심판청구서를 작성하여 피청구인이나 위원회에 제출하여야 한다. 이 경우 피청구인의 수만큼 심판청구서 부본을 함께 제출하여야 한다(법제23조). 심판청구 기간을 계산할 때에는 피청구인이나 위원회에 심판청구서가 제출되었을 때에 행정심판이 청구된 것으로 본다.

(2) 피청구인에게 심판청구서가 제출된 경우의 처리

1) 위원회에 답변서 제출

피청구인이 심판청구서를 접수하거나 송부 받으면 10일 이내에 심판청구서와 답변서를 위원회에 보내야 한다. 다만, 청구인이 심판청구를 취하한 경우에는 그러하지 아니하다. 피청구인이 심판청구서를 보낼 때에는 심판청구서에 위원회가 표시되지 아니하였거나 잘못 표시된 경우에도 정당한 권한이 있는 위원회에 보내야 한다. 답변서를 보낼 때에는 청구인의 수만큼 답변서 부본을 함께 보내되, 답변서에는 처분이나 부작위의 근거와 이유, 심판청구의 취지와 이유에 대응하는 답변 사항을 명확하게 적어야 한다(법제24조).

2) 처분의 상대방에게 송달

피청구인은 처분의 상대방이 아닌 제3자가 심판청구를 한 경우에는 지체 없이 처분의 상대방에게 그 사실을 알려야 한다. 이 경우 심판청구서 사본을 함께 송달하여야 한다. 이 경우에 피청구인은 송부 사실을 지체 없이 청구인에게 알려야 한다(법제24조).

3) 중앙행정심판위원회에서 심판하는 경우

중앙행정심판위원회에서 심리·재결하는 사건인 경우 피청구인은 심판청구서를 접수하거나 송부받으면 10일 이내에 심판청구서와 답변서를 위원회에 보내야 하는데, 심판위원회에 심판청구서 또는 답변서를 보낼 때에는 소관 중앙행정기관의장에게도 그 심판청구·답변의 내용을 알려야 한다.

4) 피청구인의 직권취소 등

피청구인이 청구인이나 위원회로부터 심판청구서를 받은 때에 그 심판청구서가 이유 있다고 인정하면 심판청구의 취지에 따라 직권으로 처분을 취소·변경하거나 확인을 하거나 신청에 따른 처분을 할 수 있다. 이 경우 서면으로 청구인에게 알려야 한다. 피청구인이 직권취소 등을 하였을 때에는 청구인이 심판청구를 취하한 경우가 아니면 심판청구서·답변서를 보낼 때 직권취소 등의 사실을 증명하는 서류를 위원회에 함께 제출하여야 한다.

(3) 위원회에게 심판청구서가 제출된 경우의 처리

1) 심판청구서 부본을 피청구인에게 송부

위원회가 심판청구서를 받으면 지체 없이 피청구인에게 심판청구서 부본을 보내야 한다(법제26조 1항).

2) 답변서 부본을 청구인에게 송달

위원회는 피청구인으로부터 답변서가 제출되면 답변서 부본을 청구인에게 송달하여야 한다(법제26조 2항).

(4) 제3자가 심판청구를 한 경우

위원회는 처분의 상대방이 아닌 제3자가 심판청구를 한 경우에는 지체 없이 처분의 상대방에 알려야 하고 이 경우 심판청구서 사본을 함께 송달해야 하며, 위원회는 송부사실을 지체 없이 청구인에게 알려야 한다.

3. 심판청구의 변경 및 취하

가. 심판청구의 변경

(1) 의 의

심판청구의 변경이란 심판청구의 계속 중에 청구인이 당초에 청구한 심판사항을 변경하는 것을 말한다. 행정심판법은 심판청구인은 청구의 기초에 변경이 없는 범위 안에서 청구의 취지 또는 이유를 변경할 수 있으며, 심판청구 후에 처분청인 피청구인이 그 심판 대상인 처분을 변경한 경우에는 청구인은 변경된 처분에 맞추어 청구의 취지 또는 취지를 변경할 수 있도록 규정하고 있다. 이는 당사자 간의 분쟁해결의 편의를 도모하기 위한 것으로 여기에서 청구의 기초에 변경이 없는 범위란 청구한 사건의 동일성을 깨뜨리지 않는 범위를 의미한다.

(2) 청구변경의 형태

청구의 변경에는 추가적 변경과 교환적 변경의 두 가지 형태가 있다. 추가적 변경은 종전의 청구를 유지하면서 거기에 별개의 청구를 추가, 병합하는 것을 말하고 교환적 변경은 종전의 청구 대신에 신규 청구에 관한 심판을 구하는 것으로 이는 추가적 변경과 종전의 청구취소와의 결합 형태이다.

(3) 청구변경의 요건

청구의 변경이 있으면 그 변경의 범위 내에서 신 청구가 생기게 되는 것이므로 그 신청구에 대하여 심판청구의 일반적 요건을 갖추어야 한다. 그리고 신, 구 청구 사이에는 ① 청구의 기초에 변경이 없는 범위 내에서 하여야 하고, ② 심판청구가 계속 중이고, ③ 행정심판위원회의 의결 전이어야 하고 ④ 위원회의 허가를 얻어야 하는데 위원회는 청구의 변경이 이유 없다고 인정할 때에는 상대방인 당사자의 신청이나 직권에 의하여 결정함으로써 그 변경을 허가하지 아니할 수 있다.

(4) 청구변경의 절차 등

청구의 변경은 서면으로 신청하여야 하며 그 부본을 상대방인 당사자에게 송달하여야 한다. 청구의 변경은 행정심판위원회가 그 허가권을 가지는 점을 고려할 경우 명문의 규정은 없지만 청구변경의 신청은 행정심판위원회에 제기하여야 한다. 위원회는 청구 변경 신청에 대하여 허가할 것인지 여부를 결정하고, 지체 없이 신청인에게는 결정서 정본을, 당사자 및 참가자에게는 결정서 등본을 송달하여야 한다. 행정심판위원회는 청구의 변경이 이유 없다고 인정할 때에는 상대방인 당사자의 신청이나 직권에 의해 그 청구의 변경을 불허 할 수 있다. 이 경우에는 피청구인이 답변서를 제출한 후에도 그의 동의를 필요로 하지 않는다. 신청인은 송달받은 날부터 7일 이내에 이의신청을 할 수 있다.

(5) 변경의 효과

청구의 변경결정이 있으면 처음 행정심판이 청구되었을 때부터 변경된 청구의 취지나 이유로 행정심판이 청구된 것으로 본다(법제29조 8항).

(6) 새로운 처분 또는 처분변경으로 인한 변경

행정심판이 청구된 후에 피청구인이 새로운 처분을 하거나 심판청구의 대상인 처분을 변경한 경우에는 청구인은 새로운 처분이나 변경된 처분에 맞추어 청구의 취지나 이유를 변경할 수 있다(법제29조 2항).

나. 심판청구의 취하

(1) 의 의

심판청구의 취하란 청구인과 참가인이 심판청구에 대한 의결이 있을 때까지 심판청구 또는 참가신청을 일방적으로 철회하는 의사표시를 말한다.

참가인은 심판청구에 대하여 제7조제6항 또는 제8조제7항에 따른 의결이 있을 때까지 서면으로 참가신청을 취하할 수 있다(법제42조 2항).

(2) 요건

심판청구의 취하는 ① 위원회의 의결이 있을 때까지는 언제든지 서면으로 심판청구를 취하할 수 있고, ② 피청구인이 답변서를 제출한 후에도 그의 동의를 요하지 않고 취하할 수 있다. 이점이 민사소송에서의 소의 취하와 다르다. ③ 취하서에는 청구인이나 참가인이 서명하거나 날인하여야 한다(법제42조 3항).

(3) 절 차(법제42조)

1) 서면신청

참가인은 심판청구에 대하여 위원회의 의결이 있을 때까지 서면으로 참가신청을 취하할 수 있다.

2) 서명 또는 날인

취하서에는 청구인이나 참가인이 서명하거나 날인하여야 한다.

다) 피청구인 또는 위원회에 제출

청구인 또는 참가인은 취하서를 피청구인 또는 위원회에 제출하여야 한다.

3) 사실 통보

피청구인 또는 위원회는 계속 중인 사건에 대하여 취하서를 받으면 지체 없이 다른 관계 기관, 청구인, 참가인에게 취하 사실을 알려야 한다.

(4) 효과

심판청구는 취하로 인해 소급적으로 소멸한다.

4. 행정심판청구의 효과

가. 처분청 및 행정심판위원회에 대한 효과

(1) 처분청의 심판청구서 등 송부의무

1) 피청구인인 처분청은 심판청구가 이유 있다고 인정되는 때를 제외하고 심판청구서를 접수하거나 송부 받으면 10일 이내에 심판청구서(제23조제1항·제2항의 경우만 해당된다)와 답변서를 위원회에 보내야 한다. 다만, 청구인이 심판청구를 취하한 경우에는 그러하지 아니하다(법제24저 1항).

2) 피청구인은 처분의 상대방이 아닌 제3자가 심판청구를 한 경우에는 지체 없이 처분의 상대방에게 그 사실을 알려야 한다. 이 경우 심판청구서 사본을 함께 송달하여야 한다(법제24조 2항).

(2) 위원회의 심리 · 재결의무

위원회는 제출받은 행정심판청구사건에 대하여 심리·재결할 의무를 진다.

나. 처분에 대한 효과

(1) 행정심판법상 규정

행정심판법은 행정의 신속성과 국민의 권리구제 중 행정의 신속성을 중시하여 집행부정지를 원칙으로 하고 예외적으로 국민의 권리보호를 위할 필요가 있는 경우에 집행정지 및 임시처분을 결정할 수 있도록 하고 있다(법제30조).

(2) 집행부정지의 원칙

행정심판법은 원칙적으로 행정소송법과 마찬가지로 '심판청구는 처분의 효력이나 그 집행 또는 절차의 속행(續行)에 영향을 주지 아니한다.'라고 규정하여(법제30조 1항), 집행부정지를 원칙으로 하고 있다.

(3) 집행정지

1) 의 의

행정심판법은 원칙적으로 행정심판이 제기되어도 처분의 효력 등을 정지시키는 효력은 없으나 그 처분의 집행 등으로 인하여 중대한 손해가 생기는 것을 예방할 필요성이 긴급하다고 인정할 때에는 당사자의 권리·이익을 보전하기 위하여 예외적으로 위원회가 처분의 효력이나 그 집행 또는 절차의 속행의 전부 또는 일부를 잠정적으로 정지할 수 있게 하였는데 이를 집행정지라 한다.

2) 정지요건

가) 적극적 요건

① 집행정지대상인 처분의 존재

집행정지의 대상인 처분이 존재해야 한다. 왜냐하면 처분의 집행이 이미 완료되었거나 그 목적이 달성된 경우에는 집행정지 대상인 처분의 실체가 없으므로 집행정지는 불가능하기 때문이다.

② 심판청구의 계속

처분에 대한 집행정지는 취소심판 등 본안 행정심판이 계속 중에 있어야 한다.

③ 회복하기 어려운 손해발생의 가능성

회복하기 어려운 손해발생의 우려가 있어야 한다. 회복하기 어려운 손해란 금전보상이 불능인 경우뿐만 아니라 금전보상으로는 사회통념상 당사자가 참고 견디기 현저히 곤란한 손해를 의미한다.

④ 긴급한 필요의 존재

회복하기 어려운 손해의 발생이 시간적으로 절박하거나 이미 시작되어서 본안 재결을 기다릴 만한 시간적 여유가 없어야 한다.

위와 같은 요건을 갖춘 경우 당사자의 신청 또는 직권에 의하여 위원회가 집행정지결정을 할 수 있다.

나) 소극적 요건

① 공공복리에 중대한 영향을 미칠 우려가 있는 경우

처분의 집행정지는 공공복리에 중대한 영향을 미칠 우려가 있는 경우에는 허용되지 않는다. 공공복리에 대한 영향이 중대한 것인지의 여부는 일반적인 공익개념에 따라 추상적으로 판단할 것이 아니라 공공복리와 청구인의 손해를 비교 형량하여 개별 구체적으로 판단하여야 한다.

② 본안 청구가 이유 없음이 명백한 경우

본안 소송에서의 처분의 취소 가능성이 없음에도 처분의 효력이나 집행의 정지를 인정한다는 것은 제도의 취지에 반하기 때문이다.

3) 집행정지 결정의 절차

가) 행정심판위원회에 서면제출

집행정지신청을 하려는 당사자는 심판청구와 동시에 또는 심판청구에 대한 위원회나 소위원회의 의결이 있기 전까지, 신청의 취지와 원인을 적은 서면을 위원회에 제출하여야 한다. 다만, 심판청구서를 피청구인에게 제출한 경우로서 심판청구와 동시에 집행정지 신청을 할 때에는 심판청구서 사본과 접수증명서를 함께 제출하여야 한다(법제30조 5항).

나) 행정심판위원회의 집행정지 결정

위원회는 처분, 처분의 집행 또는 절차의 속행 때문에 중대한 손해가 생기는 것을 예방할 필요성이 긴급하다고 인정할 때에는 직권으로 또는 당사자의 신청에 의하여 처분의 효력, 처분의 집행 또는 절차의 속행의 전부 또는 일부의 정지를 결정할 수 있다. 다만, 처분의 효력정지는 처분의 집행 또는 절차의 속행을 정지함으로써 그 목적을 달성할 수 있을 때에는 허용되지 아니한다(법제30조 2항).

다) 위원장의 갈음 결정

그러나 위원회의 심리·결정을 기다릴 경우 중대한 손해가 생길 우려가 있다고 인정되면 위원장은 직권으로 위원회의 심리·결정을 갈음하는 결정을 할 수 있다. 이 경우 위원장은 지체 없이 위원회에 그 사실을 보고하고 추인(追認)을 받아야 하며, 위원회의 추인을 받지 못하면 위원장은 집행정지 또는 집행정지 취소에 관한 결정을 취소하여야 한다(법제30조 6항).

4) 집행정지의 내용과 대상

집행정지결정의 내용은 처분의 효력이나 그 집행 또는 절차의 속행의 전부 또는 일부의 정지이다.

가) 처분의 효력정지

처분의 효력정지란 처분의 효력을 잠시 정지시킴으로서 이후로부터 처분 자체가 존재하지 않은 상태에 두는 것을 말한다(예를 들어 영업허가의 취소나 정지처분에 대한 처분의 효력정지 결정이 있으면 본안 재결시까지 잠정적으로 영업을 계속할 수 있게 된다). 다만 처분의 효력정지는 처분의 집행 또는 절차의 속행을 정지함으로써 집행정지의 목적을 달성할 수 있는 경우에는 허용되지 않는다.

나) 처분의 집행정지

처분의 집행정지란 예컨대 강제퇴거명령에 집행정지결정이 이루어지면 강제퇴거를 시킬 수 없는 경우와 같이 처분의 집행을 정지시킴으로써 처분의 내용이 실현되지 않는 상태로 두는 것을 말한다.

다) 절차의 집행정지

절차의 집행정지란 당해 처분이 유효함을 전제로 하여 법률관계가 이어질 경우에 그 전제가 되는 처분의 효력을 박탈하여 후속되는 법률관계의 진행을 정지시키는 것을 말한다. 예컨대 행정대집행절차 중 대집행의 계고처분의 효력은 유지시키되 후속절차인 대집행영장의 통지를 정지시키는 것이다.

5) 정지결정의 효력

가) 형성력

처분의 효력정지는 처분의 여러 구속력을 우선 정지시킴으로써 당해 처분이 없던 것과 같은 상태를 실현 시키는 것이다. 그러므로 그 범위 내에서 형성력을 가지는 것을 볼 수 있다.

나) 대인적 효력

집행정지 결정은 당사뿐만 아니라 관계행정청과 제3자에게도 효력을 미친다고 보아야 한다.

다) 시간적 효력

집행정지결정의 효력은 당해 결정의 주문에 정해진 시기까지 존속한다.

라) 적용영역

집행정지결정의 적용영역은 처분을 그 대상으로 하는 취소심판·무효 등확인 심판에서 인정되고, 거부처분이나 부작위를 그 대상으로 하는 의무이행 심판에는 적용되지 않는다.

6) 집행정지결정의 취소

위원회는 집행정지를 결정한 후에 집행정지가 공공복리에 중대한 영향을 미치거나 그 정지사유가 없어진 경우에는 직권으로 또는 당사자의 신청에 의하여 집행정지 결정을 취소할 수 있다(법제30조 4항). 위원회는 집행정지 또는 집행정지의 취소에 관하여 심리·결정하면 지체 없이 당사자에게 결정서 정본을 송달하여야 한다(법제30조 7항).

7) 집행정지신청례

가) 신청취지 기재례

> 피신청인이 2008. 8. 14. 자로 신청인에 대하여 한 자동차운전면허취소처분은 이 법원 2010누0000호 자동차운전면허취소처분취소청구사건의 판결 선고시까지 그 효력을 정지한다.
> 라는 결정을 구합니다.

나) 신청서

[서식] 행정처분집행정지신청

행정처분집행정지신청

신청인 : 한 0 0

　　　　경기도 광명시 00동 000-00

송달장소 : 서울 00구 00동 0000-00 00빌딩 1층
(우:137-885, 전화:500-5000, 팩스:500-5000)

피신청인 :　경기지방경찰청장

　자동차운전면허취소처분효력정지 신청

신 청 취 지

피신청인이 2008. 8. 14. 자로 신청인에 대하여 한 자동차운전면허취소처분은 이 법원 2010누0000호 자동차운전면허취소처분취소청구사건의 판결 선고시까지 그 효력을 정지한다.

라는 결정을 구합니다.

신 청 원 인

1. 피신청인의 신청인에 대한 운전면허취소처분

가. 피신청인은 2008.8.14.신청인에 대하여 신청인이 2008.7.2802:30경에 도로교통법 제93조 제1항 5호 소정의 '인피사고야기 후 조치 및 신고의무불이행(이하 '이 사건 사고'라 합니다)'을 이유로 도로교통법 제93조에 따라 4년간의 운전면허를 취소하는 처분(이하 '이 사건처분'이라 합니다)을 하였습니다.

나. 그러나 피신청인의 이러한 행정처분은 신청인의 위법성에 비하여 지나치게 무거운 것으로 이 사건 처분은 과잉금지의 원칙 또는 비례의 원칙을 위반한 위법한 처분이므로 마땅히 취소되어야 합니다.

2. 이 사건 사고의 경위와 피해의 경미성

가. 신청인은 2000. 18년간 다니던 상장기업인 00시멘트 주식회사에서 부장으로 명예퇴직을 하고, 부동산중개업, 조그만 음식점등을 개업하였으나 여의치 않아 현재는 전에 다니던 00시멘트의 자회사인 채권추심회사인 00파이낸셜 주식회사에서 계약직으로 법인추심업무를 하고 있습니다. 신청인이 00파이낸셜에서 관리하고 있는 업체는 약 300여개로 전국에 산재해 있습니다. 신청인은 매일 전국에 있는 2-5개의 거래업체를 찾아 다니며 채무자 회사의 자금상황에 따른 변제계획을 협의하고, 계획에 따른 추심이 여의치 않을 경우 법적 절차를 진행 후 손실처리를 하고 있습니다.

나. 신청인은 이 사건 사고가 난 2008. 7. 28.의 전일이 일요일임에도 불구하고 경인지역에 있는 여러 거래업체를 찾아가 면담을 하고 늦은 시간에 귀가를 하다가 졸음으로 교통신호를 잘못 보아 신호대기 중이던 택시를 들이 받아 일어난 것입니다.

다. 이 사건 사고 난 즉시 신청인은 차에서 내려 신청인의 과실을 인정한 후 피해차량의 운전자인 신청외 이00의 부상여부를 확인하였습니다. 그러자 이00은 특별한 이상은 없지만 차량이 파손되었으니 그냥 보험처리 하는 것보다는 확실하게 경찰에 신고 후에 보험처리를 하자며 경찰에 연락을 하였고, 신청인은 이00의 차량 옆에 서서 경찰이 오기를 기다렸습니다. 그렇게 한 20분을 기다리는 동안에 견인차가 먼저 도착을 하였습니다. 이에 신청인은 견인차 운전자에게 차를 어디로 견인하려고 하는냐고 물으니, 견인차 운전자는 고양경찰서로 가지고 간다는 것이었습니다. 당시 신청인의 차 안에는 거래업체와 관련된 서류가 있었고, 차의 전면 유리창에는 신청인의 휴대폰 연락처가 기재되어 있었습니다. 이에 신청인은 차에 휴대폰연락처와 서류봉투가 있으니 나중에 경찰서에서 연락이 올 테니 별 문제는 없겠지 하는 마음에 몸도 피곤하고 사지가 쑤시는 느낌이 들어 인근의 연세정형외과 응급실을 찾았으나, 문이 닫혀 있어 근처 찜질방에서 잤습니다.

라. 신청인은 사고 당일 아침 6: 30.경에 보험회사에 사고 신고를 접수하고, 집에서 쉬면서 경찰에서 연락이 오기를 기다리던 중 상사가 신청인에게 전화를 하여 뺑소니범으로 수배가 내려졌으니 빨리 고양경찰서에 연락을 하라는 것이었습니다. 신청인은 평소 뺑소니는 사고 후 사고를 은폐하기 위해서 차량을 가지고 도주하는 것으로 알고 있었는데, 이 사건 사고 당시 신청인은 피해자의 피해현황을 점검하고 경찰서로 견인된 신청인의 차량에 휴대폰 연락처, 회사 서류 봉투까지 있었는데 뺑소니라니 어이가 없었고, 사건이 신청인이 생각한 것보다 커지는 것 같아 황망한 마음에 사고 당일 9:00에 고양경찰서에 전화를 하니. 일단 경찰서로 들어와서 진술서를 쓰라는 것이었습니다.

마. 신청인은 집에서 5분 거리에 있는 경찰서에 출두하여 간단한 진술서를 쓰고, 자세한 진술서는 다음 날 피해자와 같이 작성하자고 하여 다음 날 진술서를 작성하였습니다. 신청인이 조사 경찰관에게 차에 서류와 연락처가 있는데 표현조차 거북한 뺑소니라니 억울하다고 호소하자, 경찰관은 신청인의 차량에 연락처가 있다는 것을 인정하면서도 피해자에게 응급조치를 취하지 아니하고 경찰에 신고를 하지 않았으니 뺑소니는 틀림없지만 죄질이 경미하여 구속은 되지 않을 것이라는 것이었습니다.

바. 신청인은 뺑소니라는 말도 소름이 끼치는데 구속여부까지 문제가 된다니 앞이 깜깜하였습니다. 경찰진술을 마치고 견인차 주차장에 가보니 신청인의 차만 있고, 피해 택시는 없었습니다. 이에 택시회사를 방문하여 피해자가 입원한 병원을 방문하여 피해자에게 사죄를 하고, 신청인이 사는 형편을 말하니, 피해자 이00은 아무 조건 없이 흔쾌히 합의를 하여 주었습니다. 그리고 이00은 피해보상과 관련하여서는 신청인이 보험을 가입하여 놓았으니 보험회사와 합의하면 되니 걱정하지 말라는 것이었습니다. 신청인이 후에 확인하여 보니 이00은 보험회사와 대물피해에 대하여는 1,974,000원, 대인손해 1,437,760원에 합의 후 사고 5일후인 2008.8.2.에 퇴원을 하였습니다.

사. 위와 같이 이 사건 사고로 인한 피해자의 손해가 경미할 뿐 아니라 이 사건 사고의 경위를 통하여 신청인의 준법의식이 낮지 않음을 알 수 있습니다.

3. 신청인에게는 운전면허가 생계 수단입니다.

가. 신청인은 2000. 18년간 근무하였던 00시멘트 주식회사에서 관리직으로 근무하다 명예퇴직 후 부동산중개사 사무실, 일반음식점 등을 개업하였으나, 세상물정에 어두워 결국 실패하고, 2005. 전에 근무하던 회사의 자회사에서 1년마다 계약이 갱신되는 계약직 직원으로 일하고 있습니다.

나. 신청인은 거래처인 300여개의 법인사업체를 관리하는 바, 수도권인 경우 하루 평균 3-5곳 300km, 지방인 경우 1-2 곳 300km에서 심지어 500km까지 자동차로 거래업체를 방문하고 있습니다.

다. 신청인이 관리하는 거래업체는 제1금융권에 담보를 제공하여 대출을 받은 후, 연체가 되면 제1금융권에서 담보권을 실행 후 담보가 없는 잔여 대출금채권을 신청인이 근무하는 회사에 채권양도를 하면 신청인의 회사가 나머지 잔액채권을 추심하는 방법으로 회수를 하게 됩니다. 따라서 신청인이 관리하는 업체는 부도직전의 회사가 아니라 대부분 정상적으로 영업을 하고 있으나, 자금이 모자라 대출금 채무를 하고 갚지 못하는 경우가 대부분이어서 신청인이 채권추심을 하기 위해서는 채무자 회사 관계자를 만나 회사의 자금사정과 이에 바탕한 변제계획을 듣고 이에 따라 채권을 추심하기 때문에 거래업체를 방문하는 것이 필수입니다.

라. 신청인의 거래처가 신규이든 그 동안 관리하는 업체이든 거래처 방문이 필수여서 자동차운전면허는 신청인이 직장에 근무하기 위한 필수 불가결한 조건이고, 회사에서도 직원을 선발할 경우 기업체에서 자금관리 또는 영업을 한 사람으로 운전면허소지를 필수로 하고 있습니다. 신청인이 운전면허를 취소당할 경우 직장에서의 퇴직은 명약관화한 것이고, 더욱이 신청인이 계약직 근로자여서 더욱 그렇습니다.

마. 신청인이 생존에 필수인 운전면허를 취소 당함으로 인하여 직장에서 재계약이 거부당할 경우 모아 놓은 돈도 사업실패로 모두 탕진하고, 마땅한 기술도 없는 상태라 생계가 막막하고, 현재 부인과 이혼소송 중인데다가 잦은 치료를 요하는 병약한 아들이 있어 자칫 낙망하여 노숙자로 전락할 위험도 있습니다.

바. 한마디로 현재 신청인의 입장에서 운전면허는 생계 뿐아니라 생존의 필수요소입니다.

4. 신청인에게는 별다른 교통관련 전과가 없습니다.

가. 신청인에게는 유일하게 약 15년 전인 1994. 직장에서 회식을 하고 운전한 낮은 수치의 음주운전전과만 있을 뿐 다른 교통관련 전과는 없습니다. 또한 교통사고를 야기하여 사람을 다치게 하였다는 등의 전과도 없습니다.

나. 또한 신청인은 이번 일을 계기로 준법의식을 한층 더 고양시킬 것을 다짐하고 있습니다.

5. 신청인에게는 잦은 치료를 요하는 병약한 아들이 있습니다.

가. 신청인에게는 가족으로 처 김00, 두 아들 한00와 한00이 있습니다. 처와는 처가 외도 후 가출을 하였음에도 도리어 신청인이 폭행을 하였다는 이유로 의정부지방법원 고양지원 2007드단 8734호로 이혼소송 중이고, 큰 아들 한00는 군복무중에 있으며, 작은 아들 한00은 중학교 3학년에 재학 중에 있어 신청인은 현재 작은 아들과 단 둘이 생활을 하고 있습니다.

나. 그런데 작은 아들 한00은 선천성 심장기형이어서 수술만 해도 태어난 지 한 달반 만인 며칠 안된 1993.3.8.1회, 1998.11.26.2회, 2003.7.24.3회 2008.4.4.4회, 총 4회의 심장수술을 받았고, 경미한 심장경련으로 병원치료를 받은 것은 한 두번이 아니어서 이루 셀 수도 없습니다.

다. 그런데 신청인이 처와 이혼소송을 하는 처지라서 처의 부조를 받기 힘든 상태에서 이 사건 처분으로 신청인의 운전면허가 취소되면 신청인이 직장생활을 할 수 없게 되어 생계가 막연하게 될 뿐 아니라 아들인 한00의 건강도 위협받을 처지에 놓이게 됩니다.

6. 이 사건 처분의 취소

가. 이처럼 신청인의 직업상, 생계상 승용차 운전면허가 필수적인 데다가 이 사건 사고로 인한 피해가 경미한 상태에서 신청인이 차량안에 연락처와 연락이 가능한 서류까지 놓고 온 상태에서 피해자의 안위를 살핀 후 잠시 자리를 떴다는 이유만으

로 신청인의 운전면허를 그 것도 4년간이나 면허를 취소하는 것은 도로교통법이 보호하고자 하는 공익보다는 신청인이 입게 되는 손해가 지나치게 크다고 하지 않을 수 없습니다. 따라서 이 사건 처분은 행정상 비례의 원칙 내지 과잉금지의 원칙에 위배되는 위법한 처분입니다.

나. 위와 같이 이 사건 처분은 행정상 비례의 원칙 내지 과잉금지의 원칙에 위배되는 하자 있는 행정행위이나, 하자 있는 행정행위가 무효냐, 아니면 단순 취소 사유냐에 관하여 대법원의 기준인 중대 · 명백설에 의할 때 이 사건 처분의 하자는 중대하기는 하지만 객관적으로 명백한 것은 아니므로 취소사유에 불과 하다 할 것이므로 이 사건 처분은 마땅히 취소되어야 할 것입니다.

7. 집행정지의 필요성과 긴급성

가. 이에 신청인은 귀 원에 피신청인을 상대로 자동차운전면허취소처분 취소청구소송을 제기중이나 이 본안사건이 종결되려면 얼마의 기간이 소요될지 예상할 수 없고, 어쩌면 이 소송이 끝나기도 전에 신청인이 운전면허가 없음으로 인하여 현재 재직하는 00파이낸셜에서 재계약을 거부하여 직장을 잃을 수도 있습니다. 그리고 무엇보다도 신청인의 실직으로 인한 생계의 어려움으로 병약한 둘째 아들의 건강과 안위도 장담할 수 없어 신청인이 승소하더라도 무위로 끝날 지도 모릅니다.

나. 위와 같은 손해는 당장 재산상으로도 손해이지만 현재 15세로 한창 자라나는 둘째 아들의 건강에 미치는 위협은 금전적으로 보상이 불가능하여 회복할 수 없는 손해를 입게 될 것이므로 뻔하므로 이의 방지를 위하여 이 사건 처분의 효력정지는 필요하고도 시급하다 할 것입니다.

8. 결 론

위와 같은 이유로 이 사건 청구에 이르렀으니 저간의 사정과 관련자료를 면밀히 검토하시고, 더불어 신청인의 여러 딱한 사정을 참작하여 신청인의 신청을 인용하여 주시기 바랍니다.

소 명 자 료

1. 소갑 제1호증		자동차운전면허취소결정통지서
1. 소갑 제2호증의	1	형사사건기록 표지
	2	의견서
	3	범죄인지보고서
	4	교통사고실황조사서
	5	수사보고서
	6	교통사고관련자 진술서(피해자)
	7	수사보고서
	8	교통사고관련자 진술서(신청인)
	9	참고인진술조서
	10	피의자진술조서
	11	수사과정확인서
	12	합의서
	13	진단서
	14	수사결과보고
	15	수사지휘건의서
	16	탄원서(피해자)
	17	진술서
	18	공소장
1. 소갑 제3호증		업무대행위촉증명서
1. 소갑 제4호증의	1	자동차사고보상처리결과안내서
	2	물차손해사정내역서
1. 소갑 제5호증		주민등록표 등본
1. 소갑 제6호증		소송사건인터넷 출력물

1. 소갑 제7호증   각서
1. 소갑 제8호증   약식명령서
1. 소갑 제9호증   관리업체 내역서
1. 소갑 제10호증의 1   의료기록사본 증명서
　　　　　　　　2   의료기록사본
1. 소갑 제11호증의 1, 2   사실확인서
1. 소갑 제12호증   탄원서
1. 소갑 제13호증의 1내지 10   사진

첨 부 서 류

1. 신청서 부본
1. 위 입증방법   각 1 부
1. 위임장   1 부
1. 담당변호사지정서   1 부

2010. 7. .
위 신청인 한 ○ ○

서울고등법원　　귀중

행정처분 집행정지 신청

신 청 인   나   0 0(000000-0000000)

서울 00구 00동 100-00 00타운 000-00

소송대리인 법무법인 00

담당변호사 김00

서울 00구 00동 0000-00 00빌딩 1층

(전화 : 02-500-5000 / 팩스 : 02-500-5000)

피신청인   서울지방경찰청

서울 종로구 내자동길 20 (내자동202-11)

신 청 취 지

1. 피신청인이 2008.12.10.신청인에 대하여 한 자동차운전면허(경기 86-00000-12)
   의 최소처분(취소일자 : 2009.1.11.)은 이 법원   호 자동차운전면허취소처분 취
   소 사건의 판결선고시까지 그 효력을 정지한다.
라는 재판을 구합니다.

1. 피신청인의 행정처분 및 그 경위

신청인은 2008. 10. 3. 17:50경 00머0000 아반테 에스디 승용차(이하 '이 사건 차량'
이라고만 합니다)을 운전하여 000시 00면 00리 409번지 00주공아파트 302동 앞 단
지 내에서 같은 아파트 303동 방면에서 정문 방면으로 시속 약 10㎞로 좌회전 진행함

에 있어 전방 좌우를 잘 살피고 안전하게 진행하여야 함에도 불구하고 이를 위반한 채 그대로 좌회전 진행한 업무상 과실로 마주 오던 피해자 이00(당6세) 운전의 자전거 전면 부분을 이 사건 차량 좌측전면 부분으로 들이받아 피해자에게 약 2주간의 치료를 요하는 우측하퇴부 좌상 등을 입게 함과 동시에 피해 자전거 수리비 금 115,000원 상당이 들도록 손괴하고 피해자를 구호하는 등 필요한 조치 없이 도주하였다는 이유로 공소가 제기되었습니다.

피신청인은 2008.12.10.경 신청인에게 자동차운전면허(경기 86-000000-12)를 2009.1.11.자로 취소한다는 내용의 자동차운전면허 취소결정통지서를 발송하여 2008.12.16.경 송달되게 함으로써 운전면허취소 처분(이하 '이 사건 처분'이라 합니다)을 하였습니다(소갑 제1호증 : 자동차운전면허 취소결정통지서 참조).

신청인은 경기지방경찰청장으로부터 2008.12.2.부터 2009.1.10.까지 운전할 수 있다는 내용의 임시운전증명서를 발급받아 현재 운전을 하고 있습니다(소갑 제2호증 : 임시운전증명서 참조)

2. 이 사건의 경위 등
가. 이 사건의 경위
신청인은 이 사건 당시 서울 00구 00동소재에 서'컴 000'라는 상호로 컴퓨터 주변기기 도소매 및 컴퓨터설치 및 수리서비스업을 영위하면서 가족들을(처 이00, 38세 주부, 자 000 15세 00중학교 재학, 자 000 8세 초등학교 재학)부양하고, 연로하신 노부모님들의 생계비를 지원하며 성실히 생활해 온 한집안의 가장입니다(소갑 제3호증 : 사업자등록증, 소갑 제4호증 : 주민등록등본 참조).

한편, 신청인이 운영하고 있는 '컴 000'는, 사업자등록증상에는 사업장소재지가 서울 00구 00동 0000-24 00벤처빌딩 000호로 등록되어 있지만, 그 곳은 신청인이 사업자등록을 할 당시 잠시 임차하여 사용하였던 곳이고, 실제는 경제적 여건 때문에 점포

없이 114안내 전화에 매월 광고비를 내고 그곳을 통하여 연결된 소비자의 가정과 매장 등을 직접 방문하여 수리하는 출장수리를 전문으로 운영되는 형태입니다(소갑 제5호증 : 전화요금납부 고지서 참조).

신청인은 이 사건 당일도 평소와 같이 114 안내전화를 통하여 연결된 고객의 전화를 받고서 고장 난 컴퓨터의 출장수리를 위하여 남양주시 별내면 청학리 소재의 00주공 아파트를 방문하였던 것이고, 그 곳에서 출장수리를 모두 마친 후에는 계속해서 서울 성북구 길음동에 다음 출장수리가 예정된 상태였습니다.

그래서 신청인은 그 곳에서 예정된 출장수리를 모두 마친 후 다음 출장 수리가 예정된 서울로 돌아가고자 이 사건 차량이 주차되어 있었던 위 아파트 302동 앞 단지 내에서 위 차량을 운전하여 같은 아파트 303동 방면을 지나 정문 방면으로 향하였습니다.

그런데 신청인이 위 아파트 303동에서 정문방면으로 나가기 위해서는 에스자 모양으로 굽어있는 단지 내 길을 돌아서 나가야만 하였기에 그 곳을 약 시속 10㎞로 정도로 좌회전 진행하여 에스자 모양의 도로 끝을 막 지나 정문방향 직선 길로 접어든 순간 신청인의 진행방향 정면에서 자전거를 타고 달려오던 피해자를 미처 발견치 못하고 이 사건 사고가 발생하였습니다.

당시 신청인은 전혀 예상치 못하였던 사고라 다소 놀라고 경황도 없었지만, 곧바로 피해자의 구호조치를 위하여 이 사건 차량에서 하차한 후 추가적인 위험방지 등을 위하여 자전거와 함께 넘어져 있던 피해자를 일으켜 세운 다음 길 가장자리로 나갔습니다.

그리고 그 곳에서 우선 피해자를 안정시킨 후, 피해자에게 "어디 아픈 데는 없느냐"고 물어 보면서 외관을 살펴보기도 하였지만 아무런 이상이 없어 보이기에 곧바로 피해자의 팔과 다리부분도 직접 손으로 만져 보았고, 혹 눈에 보이지 않는 상처가 있을까 싶어 상의와 하의를 올려 팔과 다리부분을 살펴 보기도 하였지만 아무런 상처도 확인할 수가 없었습니다.

이에 신청인은 다시 한 번 피해자에게 "어디 아픈 데는 없느냐, 정말 괜찮냐"고 물어보았지만 피해자는 여전히 "괜찮다, 아픈 데가 없다"고 하였고, 신청인이 보기에도 피해자의 거동에 아무런 문제도 없을 정도로 외관상으로는 굳이 치료가 필요치 아니한 아주 경미한 사고로 생각되었습니다. 그래서 신청인은 사고로 인하여 피해자의 자전거 체인이 빠져 있는 것을 보고 이를 고쳐주기까지 한 후 다음 출장수리가 예정된 서울로 향하였던 것이 결국 이 사건에까지 이르게 된 것입니다{피해자가 사고 당시 아픈데 없이 괜찮다고 진술한 사실은 수사기록에 그대로 나타나 있습니다(소갑 제6호증 : 진술조서 참조)}.

나. 신청인은 이 사건 사고 후 도주의 이유가 전혀 없었습니다
신청인은 앞서 말씀 드린 바와 사고 후 곧바로 피해자의 구호조치를 위하여 이 사건 차량을 정차한 후 피해자의 상태를 직접 확인하였고, 심지어는 사고로 인하여 피해자의 자전거 체인이 빠져 있는 것을 확인하고 이를 고쳐주기까지 하였을 정도로 처음부터 도주하려는 의사는 전혀 없었습니다.

그렇다면 이 사건은 결국 신청인이 약 12년이 넘는 기간 동안 업무상 차량을 운전해 왔지만 여태껏 방어적이고 안전한 운전만을 한 결과 교통사고를 단 한 건도 내지 않았던 탓에, 그에 따른 사고처리의 미숙 및 법률의 무지에서 비롯된 것일 뿐입니다.

이를 뒷받침해줄 구체적인 근거로는 아래와 같습니다.

① 우선 이 사건 사고는 10개 항목 위반 사고도 아닌 단순 안전운전의무 불이행 사고이고, ② 가해차량이 종합보험에 가입되어 있어 사고접수만 되면 공소권 없음 처분을 받을만한 사항이며, ③ 신청인이 사고 장소 아파트 주차장에 차량을 주차한 후 그 곳에서 컴퓨터 출장수리를 하였기 때문에 아파트단지 내 CCTV에 신청인의 인상 및 가

해차량 차종 등이 모두 녹화되어 있는 상태였고, ④ 사고 당시 인근에 있던 노부부가 사고현장을 모두 목격한 사실이 있으며, ⑤ 사고 시간이 일몰 전으로 노부부 외에도 다른 아파트주민들이 사고를 충분히 목격할 수 있었던 상황이었던 점 등의 사유 때문에 만일 신청인이 도주를 하였더라도 곧바로 검거될 수밖에 없는 상황이었습니다.

그와 같은 상황에서 신청인이 사고 후 도주하려는 의사가 있었다고 하는 것은 일반의 경험과 상식에도 반하는 것입니다.

3. 신청인은 생계를 위하여 운전면허증이 반드시 필요합니다

위 제2항에서 말씀 드린 바와 같이 신청인은 경제적인 여건 때문에 점포도없이 114 안내 전화에 광고비를 내고 그곳에서 안내해준 고객들을 대상으로 출장수리를 전문적으로하고 있습니다.

그렇기 때문에 신청인의 업무는 차량이 없이는 전혀 불가능 한 것이고, 특히 점포 없이 이를 운영하다 보니, 이 사건 차량은 신청인이 그 곳에서 대기하며 114 안내를 통하여 걸려 온 전화를 받는 사무실의 역할 및 컴퓨터수리와 관련 된 모든 부품들을 쌓아둔 창고 역할까지 하다 보니 신청인의 업무상 차량의 필요성은 절대적입니다.

위와 같은 상황에서 만에 하나 신청인이 생계의 근간인 운전면허를 잃게 된다면 그 것은 곧 직장을 잃는 것을 의미합니다.

그렇게 된다면 그 것은 비단 신청인 개인만의 문제로 그치지 않고, 그 동안 생계의 모든 것을 전적으로 신청인에게 의존하며 살아온 가족들의 생계에도 많은 영향을 미칠 수 밖에 없는 것이고, 자칫 한 가정이 경제적인 이유 때문에 파탄에 까지 이르게 할 수도 있는 중대한 사유가 되기도 합니다.

그러한 연유로 신청인의 가족들 및 주변지인들은 신청인이 처한 현 상황을 매우 안타

까워하면서 신청인에 대한 선처를 호소하고 있는 실정입니다(소갑 제7호증의 1,2 : 각 탄원서 각 참조).

이렇듯 신청인은 전형적인 '생계형 운전자'에 해당하기에 이번 사건을 겪은 신청인의 운명은 풍전등화와 같은 상황입니다.

4. 신청인은 피해자와 원만한 합의를 이루었을 뿐만 아니라, 피해자는 신청인이 가입한 보험회사로부터도 사고인한 피해상당의 손해배상금을 수령하여 그 손해가 충분히 보전된 상태입니다

가. 피해자와의 합의 및 피해자의 처벌불원의 의사표시
신청인은 이 사건의 경위야 어찌되었던 피해자와의 합의가 최선이라는 것을 잘 알기에, 이 사건 직후부터 피해자의 부모님을 찾아가 자신의 잘못을 머리 숙여 백배사죄하는 등 합의를 위한 최선을 노력을 다하였고, 그러한 노력의 결과 2008.12.7.피해자측과 원만한 합의를 도출하였습니다.

그와 같이 신청인이 합의를 위하여 최선을 다하는 모습을 보이자, 피해자측은 그러한 신청인의 처벌을 원치 않는다며 관련 수사기관에 탄원을 하기도 하였습니다.

나. 피해자의 보험금 수령
신청인 소유의 이 사건 차량은 신청인이 이를 소유, 사용, 관리하는 동안 생긴 교통사고로 발생한 모든 손해를 배상하여 주기로 하는 자동차종합보험(현대하이카다이렉트 보험)에 가입되어 있습니다.

그렇기 때문에 피해자는 위 보험사의 지급보증에 의하여 이 사건 사고로 인한 온전한 치료 및 손해배상이 보장된 상태였습니다.

실제로 피해자는 이 사건 사고 후 2008.10.29. 위 보험사로부터 손해배상금으로 명목으로 금 800,000원을 수령하여, 그 피해가 모두 보전된 상태입니다(소갑 제8호증 : 합의서 참조).

5. 피해자는 이 사건 사고로 어떠한 치료도 필요치 아니할 정도의 아주 경미한 부상을 당하였습니다

피해자는 이 사건 사고로 인하여 약 2주간의 치료를 요하는 우측하퇴부 좌상 등을 입은 것으로 되어있습니다.

그러나 피해자는 사고 당시 스스로 "괜찮다"고 말하였고 이는 수사기록에 나타나 있습니다. 또한 피해자는 이 사건 사고 후 병원에서 단순 검진만 받고 단 하루 입원치료를 받지 아니하였을 만큼 실제로는 어떠한 치료도 필요치 아니할 정도의 아주 경미한 부상을 당한 사고였습니다.

참고로, 이 사건과 같은 아주 경미한 사고의 경우, 교통사고가경위에비추어극히경미하고, 피해자들이 입었다는 통증은 굳이 치료를 받지 않더라도 일상생활을 하는데 아무런 지장이 없고 시일이 경과함에 따라 자연적으로 치유될 수 있는 정도라고 보이며, 그와 같은 통증으로 인하여 신경체의 완전성이 손상되고 생활기능에 장애가 왔다거나 건강상태가 불량하게 변경되었다고 보기는 어렵다면 이를 형법성 '상해'에 해당한다고 할 수 없다.

피고인이 비록 사고 후 피해자에 대한 구호조치를 취하지 않은 채 사고현장을 이탈하였다고 하더라도 위와 같이 형법상 '상해'가 발생하지 아니하였다면 그러한 행위는 도주운전죄에 해당하지 않는다(전주지방법원 2008. 9. 19. 선고 2008고정000호 특정범죄가중처벌 등에 관한 법률위반(도주차량) 사건)는 이유로 무죄를 선고한 선례도 있습니다(소갑 제9호증 : 판결문 참조).

6. 이 사건 처분은 재량권의 한계를 일탈하였거나 재량권을 남용한 것으로 위법합니다. 그 이유는 다음과 같습니다.

통상, 피신청인과 같은 행정청은 신청인에게 이 사건과 같은 행정처분을 하기로 결정하기에 앞서 신청인이 도주운전을 하게 된 경위, 위반의 정도와 내용, 신청인의 위반행위 전력 유무, 그 처분으로 인한 신청인이 입게 될 불이익 등을 그 처분으로 달성하고자 하는 공익목적과 충분히 비교형량하여 결정하여야 합니다.

위에서 말씀드린 것처럼 신청인은 약 12년이 넘는 오랜 기간 동안 운전을 해오면서 단한 차례의 교통사고를 낸 적도 없고, 특히 이 사건 사고와 같은 인적 사고는 난생처음 겪는 일입니다.

또한, 신청인은 이 사건 사고 후 곧바로 피해자의 구호조치를 위하여 이 사건 차량을 정차한 후 피해자의 상태를 직접 확인하였고, 심지어는 사고로 인하여 피해자의 자전거 체인이 빠져 있는 것을 확인하고 이를 고쳐주기까지 하였을 정도로 처음부터 도주하려는 의사는 전혀 없었을 만큼, 이 사건 사고는 신청인의 사고처리의 미숙 및 법률의 무지에서 비롯된 것일 뿐입니다.

이러한 신청인이 단 한 번의 실수로 인해 운전면허를 잃게 된다는 것은 아주 부당한 일입니다.

그 밖에도 신청인이 피해자와 원만한 합의를 이루었고, 이와 별도로 피해자는 신청인이 가입한 보험회사로부터도 사고로 인한 피해상당의 손해배상금을 수령하여 그 손해가 모두 보전된 점, 피해자가 신청인의 처벌을 불원하는 점, 피해자의 부상의 정도가 사고 후 단순 검진만 받고 단 하루도 입원치료를 받지 아니하였을 만큼 아주 경미한 사고였던 점, 신청인이 현재의 직업을 계속 유지하기 위해서는 자동차운전이 필수적인 점, 신청인이 생계의 근간인 운전면허를 잃게 된다면 신청인의 가족들 모두가 막대한 타격을 입게 되고 생계마저 위협받게 되는 점 등 기타 이 사건에 나타난 여러 사정들을 종합적으로 고려할 때,

신청인에 대한 이 사건 처분은 그에 의하여 실현하고자 하는 공익적 목적을 감안하더라도 제반 사정에 비추어 지나치게 가혹하여 행정법상의 비례의 원칙이나 과잉금지의 원칙에 반하는 것으로 볼 수 밖에 없습니다.

따라서 신청인은 피신청인의 이 사건 처분이 재량권의 한계를 일탈하였거나 재량권을 남용한 것으로 위법함을 이유로 그 취소를 구하기 위하여 본안의 소를 제기하게 된 것입니다.

7. 이 사건 처분의 집행으로 인해 신청인에게 생길 회복하기 어려운 손해를 예방하기 위한 집행정지의 긴급한 필요가 있습니다.
이 사건 처분에 따른 운전면허취소의 시점은 2009.1.11.로 위 날짜까지 며칠 남지 않은 상태입니다.

신청인은 피신청인을 피고로 하여 귀원에 이 사건 처분의 취소를 구하는 본안소송을 제기해 둔 상태이나(아래 첨부하는 소장접수증명 참조), 위 본안 소송이 종결될 때가지는 최소한 수개월이 소요될 것임이 분명합니다.

그러므로 신청인이 위 본안소송에서 승소하여 이 사건 처분이 취소된다고 할 지라도 그 때까지 신청인은 이 사건 처분의 집행으로 인해 자동차운전을 할 수 없는 상태로 수개월을 보내게 될 것이고, 위에서 상세히 말씀드린 것처럼 이는 곧 신청인이 직장을 잃게 됨을 의미합니다. 그럴 경우 신청인은 승소판결을 얻기 전에 이미 경제적인 면에서 회복할 수 없는 타격을 입게 될 것이고, 본안사건을 통해 이 사건 처분의 적법성 여부를 심사 받을 이익도 실질적으로는 크게 줄어들 수밖에 없습니다.

위와 같이 이 사건 처분이 집행될 경우 신청인에게 회복하기 어려운 손해가 생길 것임이 분명하고 본안사건이 완결되기까지 상당한 기간이 소요된다는 점 등을 고려하면 그러한 손해를 예방하기 위해 이 사건 처분의 효력을 정지할 긴급한 필요한 있다고 할 것입니다.

8. 결 론

위에서 본 것처럼 피신청인의 위 운전면허취소처분의 집행으로 인하여 신청인에게 생길 회복하기 어려운 손해를 예방하기 위하여 긴급한 필요가 있으며, 이 사건 처분의 취소를 구하는 본안소송도 제기되어 있으므로 이 사건 신청을 인용하여 행정소송법 제23조에 의하여 이 사건 처분의 효력을 정지하여 주시기 바랍니다.

소 명 방 법

1. 소갑 제1호증	자동차운전면허 취소결정통지서
1. 소갑 제2호증	임시운전증명서
1. 소갑 제3호증	사업자등록증,
1. 소갑 제4호증	주민등록등본
1. 소갑 제5호증	전화요금납부고지서
1. 소갑 제6호증	진술조서
1. 소갑 제7호증의 1,2	각 탄원서
1. 소갑 제8호증	합의서
1. 소갑 제9호증	판결문
1. 소갑 제10호증	반성문

첨 부 서 류

1. 위 각 소명방법	각 1부

1. 소장접수증명   1부

1. 소송위임장   1부

1. 담당변호사지정서   1부

2008. 12. .

신청인의 변호인

법무법인 00

담당변호사 김 00

서울행정법원   귀중

[서식] 반성문 샘플

반성문(음주운전)

우선 저의 부주의로 인하여 여러 불편을 끼쳐드려 송구하게 생각합니다.

그리고 이 사건 음주운전에 대하여는 무어라 변명의 여지없이 깊이 반성하고 또 반성하며 어떠한 처벌도 달게 받을 각오가 되어 있습니다.

저는 2020년 1월 1일 01시경 서울대입구역 사거리근방에서 음주 단속으로 면허취소가된 xxx입니다.

당시 음주운전의 경위는 ──────── 어떻습니다. 그 경위야 어찌되었든 짧았던 저의 행동으로 인하여 결과에는 어떠한 처벌도 달게 받을 각오에는 변함이 없습니다.

또한 차후로는 어떠한 경우든 음주운전을 하지 않으려는 각오로 자동차 처분, ─────
──── 등의 행위를 하는 등 재발방지를 위한 최선의 노력도 다하고 있습니다.

그럼에도 제가 이렇게 글을 쓰는 이유는 저의 과오로 인한 운전면허취소처분을 받게
될 경우 ──────── 등의 저의 어려운 사정을 두루 살피시어 이 반성문으로나마
조금이라도 선처를 받고자 하는 마음에 염치없게도 이렇게 선처를 바라는 글을 쓰게
되었습니다.

저는 현 나이 45에 면허 취득한지 7년정도 되었습니다. 그 동안 단한건의 도로교통
법 위반 사실이 없이 운전을 해왔고, 평소에도 간혹 술을 마시게 되었을 경우 대리운
전을 불러 귀가를 하였을 만큼 관련 법규를 철저히 준수하며 생활해 왔습니다.

한편, 저는 지금 ───── 소재 아파트 공사현장에서 건설자재 운반하는 일을 주로
하고 있으며 위 일은 운전면허가 반드시 필요한 업무이며, 만일 운전면허를 취소당
할 경우 어쩔 수 없이 퇴사를 하여야 하는 사정이기도 합니다.

저는 위 일을 하면서 적은 월급이지만 한 가정의 가장으로서 슬하에 2남 1녀의 자녀
들은 물론 시골에 계신 홀어머니까지 부양하고 있는 실정이기에 이 사건 음주운전으
로 많은 벌금이 선고될 경우 간신히 한 달 벌어 한 달 먹고사는 형편에 당장 생계조
차 곤란해 질 우려가 심대한 상황이기도 합니다.

저는 한 가정의 가장으로서 정말 열심히 살아보려고 성실히 생활해 왔지만 뜻하지
않게 이 사건 사안으로 이렇게 물의를 일으켜서 정말 죄송할 따름입니다.

한 번의 실수로 제 삶이 이렇게 어렵게 되어버렸습니다.

다시는 이 같은 실수는 저지르지 않겠습니다.

정말 진심으로 반성하고 있습니다.

부디 선처 부탁드립니다.

[서식] 행정처분집행정지신청서

행정처분집행정지신청

신 청 인   ○   ○   ○ (○○○○○○─○○○○○○○)

           ○○시 ○○구 ○○동 ○○

           신청대리인 변호사 ○ ○ ○   (전화:)

           ○○시 ○○구 ○○동 ○○   (우:)

피신청인   ○○지방경찰청장

           ○○시 ○○구 ○○동 ○○   (우:)

자동차운전면허취소처분 집행정지신청

신 청 취 지

피신청인이 20○○. ○. ○자로 신청인에 대하여 한 자동차운전면허취소처분은 신청
인과 피신청인 사이의 귀원 20○○구 1234호 자동차운전면허취소처분취소 청구사건

의 본안판결 확정시까지 이를 정지한다.

라는 재판을 구합니다.

신 청 원 인

1. 신청인은 20○○년도 ○○도지사로부터 면허번호 2345-32호로 운전면허를 취득하여 ○년여 동안 오직 운전만을 하여 왔습니다.

2. 운전면허가 없으면 생계의 공란 등 기타 적절한 내용을 기재
   - 생 략-

3. 이 사건 처분의 경위

가. 신청인은 20○○. 6. 24. 제1종 보통, 20○○. 6. 22. 제1종 대형, 같은 해 11. 29. 제2종 소형, 20○○. 12. 13. 제1종 특수의 각 자동차운전면허(면허면호 : 경기 ○○-○○○○○-○○)를 취득하여 차량을 운전하여 오던 중 20○○. 7. 26. 21:40경 ○○시 ○○구 ○○동 ○○○ 소재 농협중앙회 ○○지점 앞 편도 1차선 도로 상에서 신청인 소유의 경기 3고○○○○ 그랜져 승용차를 운전하여 ○○쪽에서 ○○광장 쪽으로 가다가 교차로에서 신호를 받기 위하여 서행중이던 신청외 이○○ 운전의 경기 3가○○○○호 소나타 승용차와 신청외 김○○ 운전의 경기 3가○○○○ 세피아 승용자를 연쇄충돌하여 위 이○○과 김○○ 및 위 이○○의 차량에 동승하고 있던 신청외 홍○○으로 하여금 각 2주간의 치료를 상해를 입게 하였고, 위 사고 후 3시간 각 2주간의 치료를 요하는 상해를 입게 하였고, 위 사고 후 3시간가량이 지난 다음 날 00:50경 음주측정 결과 혈중알코올농도가 0.1%로 측정되어 여기에 시간의 경과에 따른 감소량을 합산하면 사고 당시의 혈중알코올농도는 0.14%로 추정되었습니다.

나. 피신청인은 신청인의 주취 정도가 0.1%인 상태에서 운전하여 고의 또는 과실로 교

통사고를 일으켰음을 이유로 20○○. 8. 8. 도로교통법 제44조 제1항, 제4항, 제9
3조 제1항 제1호의 규정 등을 적용하여 청구인에 대하여 위 각 자동차운전면허를
취소하는 처분(그 중 제1종 특수면허를 취소하는 처분만을 "이 사건 처분"이라 한
다)을 하였습니다.

4. 이 사건 처분의 적법 여부

피신청인은 이 사건 처분은 위 처분사유와 관계 법령에 따라 이루어진 것으로서 적법
하다고 주장함에 대하여, 신청인은 첫째 신청인이 제1종 특수 자동차운전면허를 취득
한 것은 20○○. 12. 13.로서 당시 위 면허로 운전할 수 있는 트레일러 및 레커뿐이었
으므로 승용자동차를 음주운전한 행위는 제1종 대형 및 보통, 제2종 보통면허의 취소
사유에 해당할 뿐 제1종 제1종 특수면허의 취소사유는 아님에도 불구하고 피신청인이
20○○. 7. 1. 제2종 보통면허로 운전할 수 있는 차량도 제1종 특수면허로 운행할 수
있도록 개정한 도로교통법시행규칙 제26조 및 [별표 14]의 규정을 잘못 적용하여 신청
인의 제1종 특수면허까지 취소한 것은 위법하고, 둘째 가사 그렇지 않더라도 이 사건
사건의 발생 및 음주운전을 하게 된 경위, 그 위반 정도, 청구인의 직업과 이 사건 처
분으로 인하여 신청인이 입게될 불이익 및 그 동안 아무런 사고 없이 모범적으로 운전
업무에 종사해온 점 등에 비추어 보면 피신청인의 이 사건 처분은 재량권을 남용하거
나 재량권의 한계를 일탈한 것으로서 위법한 처분이므로 이 건 청구에 이른 것입니다.

입 증 방 법

1. 소갑 제1호증	접수증(행정심판청구서)
1. 소갑 제2호증	자동차운전면허취소통지서 사본
1. 소갑 제3호증	자동차등록증 사본
1. 소갑 제4호증	표창장

첨 부 서 류

1. 위 입증서류   각 1통

1. 주민등록초본   1통

1. 소송위임장   1통

20○○. ○. ○.

신청인 대리인 변호사 ○ ○ ○ (인)

○○행정법원 귀중

(4) 임시처분

1) 개설

가) 의 의

위원회는 처분 또는 부작위가 위법, 부당하다고 상당히 의심되는 경우로서 처분 또는 부작위 때문에 당사자가 받을 우려가 있는 중대한 불이익이나 당사자에게 생길 급박한 위험을 막기 위하여 임시지위를 정하여야 할 필요가 있는 경우에는 직권으로 또는 당사자의 신청에 의하여 임시처분을 결정할 수 있다.

나) 법적 성격

임시처분은 보전의 필요성이 인정되는 범위 내에서 임시지위를 정하는 것으로 가처분의 일종에 해당한다. 민사집행법은 계쟁물에 관한 가처분과 다툼이 있는 권리관계에 대하여 임시지위를 정하기 위한 가처분을 인정하고 있다. 행정심판법은 이러한 임시처분 제도를 도입함으로써 집행정지에 비해 보다 적극적으로 당사자의 임시적 권익보호에 기여할 수 있게 되었다.

2) 임시처분 요건

가) 적극적 요건

처분 또는 부작위가 위법·부당하다고 상당히 의심되는 경우로서 처분 또는 부작위 때문에 당사자가 받을 우려가 있는 중대한 불이익이나 당사자에게 생길 급박한 위험을 막기 위하여 임시지위를 정하여야 할 필요가 있는 경우여야 한다.

나) 소극적 요건

임시처분은 집행정지로 목적을 달성할 수 있는 경우에는 허용되지 아니한다.

3) 임시처분결정절차(법제31조)

가) 위원회가 직권 또는 당사자의 신청에 의하여 심리·결정한다.

나) 위원회는 지체 없이 결정서를 당사자에게 송달하여야 한다.

다) 임시처분결정의 절차에는 집행정지결정의 절차에 관한 규정이 준용된다.

4) 임시처분결정의 효력

가) 임시의 지위를 정하는 가처분

임시의 지위를 정하는 가처분은 당사자 간에 현재 다툼이 있는 권리관계 또는 법률관계가 존재하고 그에 대한 확정판결이 있기까지 현상의 진행을 그대로 방치한다면 권리자에게 뚜렷한 손해 또는 급박한 위험 등 불안한 상태가 발생될 수 있는 경우에 권리자에게 임시의 지위를 주어 그와 같은 손해나 위험을 피할 수 있게 하는 보전처분이다.

나) 청구인과 피청구인뿐만 아니라 관계 행정청과 제3자에게도 미치는 대인적 효력과 결정의 주문에 정한 시기까지 임시처분의 효력이 존속하는 시간적 효력이 있다.

다) 임시처분결정의 적용영역은 처분을 대상으로 하는 취소심판·무효 등 확인심판뿐만 아니라 거부처분이나 부작위를 대상으로 하는 의무이행심판 등 모두 적용되지만, 집행정지로 목적을 달성할 수 있는 경우에는 허용되지 아니한다.

5) 임시처분결정의 취소

위원회는 임시처분을 결정한 후에 임시처분이 공공복리에 중대한 영향을 미치거나 그 정지사유가 없어진 경우에는 직권으로 또는 당사자의 신청에 의하여 임시처분 결정을 취소할 수 있다.

Ⅶ. 행정심판의 심리

1. 개 설

가. 의의

행정심판의 심리란 재결의 기초가 될 사실관계 및 법률관계를 명백히 하기위하여 당사자 및 관계인의 주장과 반박을 듣고 증거 그 밖의 자료를 수집·조사하는 일련의 절차를 말한다. 이러한 행정심판의 심리는 행정심판위원회의 권한에 속하고 있다.

나. 심리절차의 사법화 등

행정심판법은 헌법규정에 따라 행정심판위원회가 제3자적 입장에서 심리를 진행하게 함으로써 심리절차의 사법화를 도모하고 있다.

(1) 헌법규정

헌법 제107조 제3항은 '심판의 전심 절차로서 행정심판을 할 수 있다. 행정심판의 절차는 법률로 정하되 사법절차가 준용되어야 한다.'라고 규정하여 심리·재결 과정에서 공정성과 권리구제를 요구하고 있다.

(2) 행정심판법규정

헌법 제107조 제3항에 따라 행정심판법은 심리 및 재결기관의 공정성을 확보하기 위해 청구인과 피청구인인 행정청을 대립되는 양당사자로 대치시킨 다음, 이들이 각각 공격·방어방법으로 의견진술과 증거 등을 제출할 수 있도록 함으로써 심리·재결절차의 사법화를 도모하였을 뿐만 아니라, 신속한 권리구제를 위해 행정심판위원회가 행정심판사건에 대하여 직접 재결하도록 하고, 행정청의 직근 상급행정기관 등 소속으로 심리·재결기관인 행정심판위원회를 두어 절차간소화를 통해 신속한 권리구제를 구하고 있다.

2. 심리의 내용과 범위

가. 심리의 내용

(1) 요건심리

1) 의 의

요건심리란 행정심판을 제기하는데 필요한 요건을 충족하고 있는가에 관한 심리를 의미한다. '형식적 심리' 또는 '본안전 심리'라고도 한다.

2) 심리 사항

요건심리 사항으로는 행정심판의 대상인 처분 또는 부작위의 존재 여부, 권한 있는 재결청에의 제기여부, 필요한 절차의 경유여부, 심판청구기간의 준수 여부 및 심판청구기재사항의 구비 여부 등이 있다.

3) 보 정

위원회는 심판청구가 적법하지 아니하거나 보정할 수 있다고 인정하면 기간을 정하여 청구인에게 보정을 요구할 수 있다. 다만, 경미한 사항은 직권으로 보정할 수 있다. 청구인은 보정요구를 받으면 서면으로 보정하여야 한다. 이 경우 다른 당사자의 수만큼 보정서 부본을 함께 제출하여야 하고 위원회는 제출된 보정서 부본을 지체 없이 다른 당사자에게 송달하여야 한다. 이와 같이 보정을 한 경우에는 처음부터 적법하게 행정심판이 청구된 것으로 보며 보정기간은 재결 기간에 산입하지 아니한다.

라) 결 정

요건심리는 본안재결 전까지는 언제든지 가능한데 위원회는 심판청구가 적법하지 아니하면 그 심판청구를 재결로 각하한다. 다만 보정을 요구할 수 있다.

(2) 본안심리

1) 의 의

본안심리란 심판청구인의 청구가 옳은 것인지 그른 것인지에 관하여 심리하는 것으로 요건심리 결과 심판청구를 적법한 것으로 수리한 것을 전제로 당해 심판청구의 취지를 인용할 것인지 아니면 기각할 것인지 판단하기 위한 심리를 말한다.

2) 결 정

위원회는 심판청구가 이유가 없다고 인정하면 그 심판청구를 기각하고, 심판청구가 이유가 있다고 인정하면 그 심판청구를 인용한다. 본안심리는 요건심리의 결과 당해 심판청구가 형식적 요건을 갖추었음을 전제로 하는 것이 원칙이다. 그러나 요건심리가 항상 본안심리보다 시간적으로 선행되어야 하는 것은 아니며 본안심리 도중에도 형식적 요건을 갖추지 못한 것이 판명되는 경우에는 언제든지 각하 할 수 있다.

나. 심리의 범위

(1) 불고불리 및 불이익변경금지 적용여부

행정심판의 심리·재결에 불고불리의 원칙 및 불이익변경금지 원칙이 적용되는가의 여부에 대해 행정심판법은 행정심판의 행정구제적 기능을 살리기 위하여 행정심판의 재결에 이 원칙들의 적용을 인정하였다 따라서 행정심판위원회는 소제기가 없는 사건에 대해 심리할 수 없으며, 소제기가 있는 사건에 대해서도 당사자의 청구범위를 넘어서 심리·재결할 수 없다. 또한 심판청구의 대상이 되는 처분보다 청구인에게 불이익한 재결을 할 수 없다. 다만, 예외적으로 위원회는 필요하면 당사자가 주장하지 아니한 사실에 대하여도 심리할 수 있다.

(2) 법률문제와 사실문제

행정심판의 심리에 있어서 심판청구의 대상인 처분이나 부작위에 관한 적법, 위법의 판단인 법률문제뿐만 아니라 당·부당의 재량문제를 포함한 사실문제도 심리할 수 있다. 따라서 행정심판은 당·부당의 문제까지 심리할 수 있다는 점에서 행정소송보다 국민의 권리구제에 더 효과적이다.

(3) 불합리한 법령 등의 시정조치요청

중앙행정심판위원회는 심판청구를 심리·재결할 때에 처분 또는 부작위의 근거가 되는 명령 등이 법령에 근거가 없거나 상위법령에 위반되거나 국민에게 과도한 부담을 주는 등 크게 불합리하면 관계행정기관에 그 명령 등의 개정·폐지 등 적절한 시정조치를 요청할 수 있다. 시정조치요청을 받은 관계행정기관은 정당한 사유가 없으면 이에 따라야 한다.

3. 심리의 절차

가. 심리절차상의 기본원칙

(1) 대심주의

1) 의의

대심주의는 서로 대립되는 당사자 쌍방에게 대등한 공격, 방어방법을 제출할 수 있는 기회를 보장하는 제도를 말한다. 행정심판법은 행정심판절차에 사법절차가 준용되어야 한다는 헌법의 취지에 따라 심판청구의 당사자를 청구인과 피청구인의 대립관계로 정립한 다음 서로 대등한 입장에서 공격 방어 방법을 제출할 수 있게 하고 행정심판위원회가 제3자적 입장에서 심리를 하도록 하는 대심주의를 채택하고 있다.

2) 구체적 내용

가) 자료제출 요구권

위원회는 사건 심리에 필요하면 관계행정기관이 보관중인 관련 문서, 장부, 그밖에 필요한 자료를 제출할 것을 요구할 수 있다.

나) 의견진술 및 의견서제출 요구권

위원회는 필요하다고 인정하면 사건과 관련된 법령을 주관하는 행정기관이나 그 밖의 행정기관의장 또는 그 소속 공무원에게 위원회회의에 참석하여 의견을 진술할 것을 요구하거나 의견서를 제출할 것을 요구할 수 있으며, 관계행정기관의장은 특별한 사정이 없으면 위원회의 요구에 따라야 한다. 그리고 중앙행정심판위원회에서 심리·재결하는 심판청구의 경우 소관중앙행정기관의장은 의견서를 제출하거나 위원회에 출석하여 의견을 진술할 수 있다.

(2) 서면심리주의와 구술심리주의

1) 의 의

행정심판의 심리방식에는 서면심리주의와 구술심리주의가 있다. 행정심판법은 "행정심판의 심리는 구술심리나 서면심리로 한다. 다만, 당사자가 구술심리를 신청한 경우에는 서면심리만으로 결정할 수 있다고 인정되는 경우 외에는 구술심리를 하여야 한다."고 규정 하고 있다(법제40조).

2) 양자의 관계

이 규정의 의미에 대해 구술심리가 서면심리의 보충적인 것이라고 보는 견해(서면심리 우선설)와 구술심리가 서면심리에 우선하는 것이라는 견해(구술심리 우선설)가 대립하고 있는데 현행 행정심판법은 서면심리의 단점을 보완하기 위해 심판절차에 구술심리를 적극적으로 활용하기 위한 것으로 구술심리를 확대한 것으로 보아야 한다는 견해가 타당하다.

(3) 직권심리주의

행정심판법은 당사자주의를 원칙으로 하면서도 심판청구의 심리를 위하여 필요하다고 인정되는 경우에는 심리기관인 행정심판위원회로 하여금 당사자가 주장하지 않은 사실에 대해서도 심리하고 증거조사를 할 수 있도록 하고 있다. 그러나 행정심판법은 동시에 불고불리의 원칙도 채택하고 있으므로 직권심리라 하더라도 심판청구의 대상이 되는 처분 또는 부작위 이외의 사항에 대하여는 미칠 수 없다 할 것이다.

(4) 비공개주의

비공개주의란 심판청구의 심리·재결을 일반인이 방청할 수 없는 상태에서 행하는 것을 말한다. 행정심판법에는 이에 관한 명문의 규정은 없으나 서면심리주의, 직권심리주의 등을 채택한 동법의 구조로 보아 비공개주의를 원칙으로 한다. 이에 대해서 행정심판이 구술심리를 우선시킨 것으로 보아 공개주의를 채택하고 있다는 입장도 있다.

나. 당사자의 절차적 권리

(1) 답변서 제출권

피청구인은 심판청구서를 접수하거나 위원회로부터 심판청구서부본을 송부 받으면 10일 이내에 심판청구서와 답변서를 위원회에 보내야 한다. 다만, 청구인이 심판청구를 취하한 경우에는 그러하지 아니하다(법제24조 1항).

피청구인은 답변서를 보낼 때에는 청구인의 수만큼 답변서 부본을 함께 보내되, 답변서에는 ① 처분이나 부작위의 근거와 이유, ② 심판청구의 취지와 이유 ③ 처분의 상대방의 이름·주소·연락처와 의무 이행 여부의 답변사항을 명확하게 적어야 한다.

중앙행정심판위원회에서 심리·재결하는 사건인 경우 피청구인은 위원회에 심판청구서 또는 답변서를 보낼 때에는 소관 중앙행정기관의 장에게도 그 심판청구·답변의 내용을 알려야 한다. 위원회는 피청구인으로부터 답변서가 제출되면 답변서부본을 청구인에게 송달하여야 한다.

(2) 위원·직원에 대한 기피신청권(법제10조)

당사자는 위원에게 공정한 심리·의결을 기대하기 어려운 사정이 있으면 위원장에게 기피신청을 할 수 있다. 위원에 대한 제척신청이나 기피신청은 그 사유를 소명(疏明)한 문서로 하여야 한다. 다만, 불가피한 경우에는 신청한 날부터 3일 이내에 신청 사유를 소명할 수 있는 자료를 제출하여야 한다. 위원장은 제척신청이나 기피신청의 대상이 된 위원에게서 그에 대한 의견을 받을 수 있다. 위원장은 제척신청이나 기피신청을 받으면 제척 또는 기피 여부에 대한 결정을 하고, 지체 없이 신청인에게 결정서 정본(正本)을 송달하여야 한다. 사건의 심의·의결에 관한 사무에 관하여는 위원 아닌 직원에게도 규정을 준용한다.

(3) 구술심리 신청권

행정심판의 심리는 구술심리나 서면심리로 한다. 다만, 당사자가 구술심리를 신청한 경우에는 서면심리만으로 결정할 수 있다고 인정되는 경우 외에는 구술심리를 하여야 한다. 위원회는 구술심리 신청을 받으면 그 허가 여부를 결정하여 신청인에게 알려야 하고 그 통지는 간이통지방법으로 할 수 있다(법제40조).

(4) 보충서면제출권

당사자는 심판청구서·보정서·답변서·참가신청서 등에서 주장한 사실을 보충하고 다른 당사자의 주장을 다시 반박하기 위하여 필요하면 위원회에 보충서면을 제출할 수 있다. 이 경우 다른 당사자의 수만큼 보충서면 부본을 함께 제출하여야 한다. 위원회는 필요하다고 인정하면 보충서면의 제출기한을 정할 수 있다. 위원회는 보충서면을 받으면 지체 없이 다른 당사자에게 그 부본을 송달하여야 한다(법제33조).

(5) 물적 증거 제출권

당사자는 심판청구서·보정서·답변서·참가신청서·보충서면 등에 덧붙여 그 주장을 뒷받침하는 증거서류나 증거물을 제출할 수 있다. 증거서류에는 다른 당사자의 수만큼 증거서류 부본을 함께 제출하여야 한다. 위원회는 당사자가 제출한 증거서류의 부본을 지체 없이 다른 당사자에게 송달하여야 한다(법제34조).

(6) 증거조사 신청권(법제36조)

1) 위원회는 사건을 심리하기 위하여 필요하면 직권으로 또는 당사자의 신청에 의하여 ① 당사자나 관계인(관계 행정기관 소속 공무원을 포함한다. 이하 같다)을 위원회의 회의에 출석하게 하여 신문(訊問)하는 방법 ② 당사자나 관계인이 가지고 있는 문서·장부·물건 또는 그 밖의 증거자료의 제출을 요구하고 영치(領置)하는 방법 ③ 특별한 학식과 경험을 가진 제3자에게 감정을 요구하는 방법 ④ 당사자 또는 관계인의 주소·거소·사업장이나 그 밖의 필요한 장소에 출입하여 당사자 또는 관계인에게 질문하거나 서류·물건 등을 조사·검증하는 방법에 따라 증거조사를 할 수 있다.

2) 위원회는 필요하면 위원회가 소속된 행정청의 직원이나 다른 행정기관에 촉탁하여 증거조사를 하게 할 수 있다.

3) 증거조사를 수행하는 사람은 그 신분을 나타내는 증표를 지니고 이를 당사자나 관계 인에게 내보여야 한다.

4) 당사자 등은 위원회의 조사나 요구 등에 성실하게 협조하여야 한다.

다. 심리의 병합과 분리

행정심판법은 행정심판사건에 대한 심리의 신속성과 경제성을 도모하기 위하여 심리의 병합과 분리를 인정하고 있다. 행정심판위원회는 필요하면 관련되는 심판청구를 병합하여 심리하거나 병합된 관련청구를 분리하여 심리할 수 있고, 행정심판위원회는 필요하다고 인정할 때에는 병합된 관련청구를 분리하여 심리할 수 있다(법제37조).

Ⅷ. 행정심판의 재결 및 효력

1. 개설

가. 의의

재결이란 행정심판청구사건에 대하여 행정심판위원회가 심리, 의결한 개요에 따라 행정심판위원회가 행하는 종국적 판단인 의사표시를 말한다.

나. 성질

(1) 확인행위

재결은 행정법상 법률관계에 관한 분쟁에 대하여 위원회가 일정한 절차를 거쳐서 판단, 확정하는 행위이므로 확인행위로서의 성질을 갖는다.

(2) 준사법행위

또한 심판청구를 전제로 한 것일 뿐만 아니라 판단의 작용이라는 점에서 판결과 성질이 비슷하므로 준사법행위에 해당한다고 볼 수 있다. 재결도 하나의 처분이고 행정심판법 제2조 제3호에서 "재결이란 행정심판의 청구에 대하여 제6조에 따른 행정심판위원회가 행하는 판단을 말한다."라고 정의하고 있으므로 재결자체에 고유한 위법이 있으면 취소소송의 대상이 된다.

2. 재결의 절차

가. 재결기간

재결은 피청구인 또는 위원회가 심판청구서를 받은 날부터 60일 이내에 하여야 한다. 다만, 부득이한 사정이 있는 경우에는 위원장이 직권으로 30일을 연장할 수 있다. 다만 연장할 경우에는 재결 기간이 끝나기 7일 전까지 당사자에게 알려야 한다(법제45조). 위의 재결기간에 보정기간은 산입되지 않는다.

행정심판법이 재결기간을 명문으로 규정한 것은 행정법관계의 조속한 확정과 신속한 심리, 재결을 도모하기 위한 것이다. 그러나 이러한 재결기간은 훈시규정으로 보기 때문에 기간이 경과한 후에 재결이 이루어지더라도 효력을 갖는다.

나. 재결의 형식

재결은 서면으로 하여야 하고 재결서에는 ① 사건번호와 사건명 ② 당사자·대표자 또는 대리인의 이름과 주소 ③ 주문 ④ 청구의 취지 ⑤ 이유 ⑥ 재결한 날짜 등이 포함되어야 하고, 재결서에 적는 이유에는 주문 내용이 정당하다는 것을 인정할 수 있는 정도의 판단을 표시하여야 한다(법제46조). 즉 재결의 기초가 되는 사실자료를 기초로 증거에 의하여 사실관계를 인정하고 그에 관한 법률의 해석, 적용을 명백히 하고 주문에 나타난 판단의 경로를 구체적으로 표시하여야 한다.

다. 재결의 범위

(1) 불고불리 및 불이익변경금지의 원칙

행정심판법은 불고불리의 원칙과 불이익변경금지의 원칙을 명문화하여 행정심판의 권리구제의 기능을 높였다. 위원회는 심판청구의 대상이 되는 처분 또는 부작위 외의 사항에 대하여는 재결하지 못하고, 위원회는 심판청구의 대상이 되는 처분보다 청구인에게 불리한 재결을 하지 못한다. 다만 여기에 대하여 행정의 자기 통제적 시각에서 적법한 행위를 보장하기 위해서는 청구인에게 불이익한 처분도 가능할 필요가 있음을 지적하는 입장도 있다.

(2) 재량기간에 대한 판단

행정심판은 행정소송과 달리 위법한 처분이나 부작위뿐만 아니라 부당한 처분이나 부작위도 그 대상이 된다. 따라서 위원회는 재량행위와 관련하여 재량의 일탈, 남용 등과 같은 재량권 행사의 위법 여부뿐만 아니라 재량 한계 내에서의 재량권 행사의 당부(當否)에 대해서도 판단할 수 있다.

라. 재결의 송달과 공고 등

(1) 재결의 송달과 효력발생

1) 위원회가 재결을 한 때에는 위원회는 지체 없이 당사자에게 재결서의 정본을 송달하여야 한다. 이 경우 중앙행정심판위원회는 재결 결과를 소관 중앙행정기관의 장에게도 알려야 한다(법제46조 1항).

2) 위원회는 재결서의 등본을 지체 없이 참가인에게 송달하여야 한다(법제46조3항).

3) 처분의 상대방이 아닌 제3자가 심판청구를 한 경우 위원회는 재결서의 등본을 지체 없이 피청구인을 거쳐 처분의 상대방에게 송달하여야 한다(법제46조 4항).

4) 법령의 규정에 따라 공고·고시한 처분이 재결로써 취소되거나 변경되면 처분을 한 행정청은 지체없이 그 처분이 취소 또는 변경되었다는 것을 공고하거나 고시하여야 한다(법제49조 4항)

5) 법령의 규정에 따라 처분의 상대방 외의 이해관계인에게 통지된 처분이 재결로써 취소되거나 변경되면 처분을 한 행정청은 지체없이 그 이해관계인에게 그 처분이 취소 또는 변경되었다는 것을 알려야 한다(법제49조 5항).

6) 재결은 청구인에게 송달되었을 때에 그 효력이 생긴다(법제46조 2항).

(2) 공고

법령의 규정에 따라 공고하거나 고시한 처분이 재결로써 취소되거나 변경되면 처분을 한 행정청은 지체 없이 그 처분이 취소 또는 변경되었다는 것을 공고하거나 고시하여야 한다(법제49조 4항). 법령의 규정에 따라 처분의 상대방 외의 이해관계인에게 통지된 처분이 재결로써 취소되거나 변경되면 처분을 한 행정청은 지체 없이 그 이해관계인에게 그 처분이 취소 또는 변경되었다는 것을 알려야 한다(법제49조 5항).

3. 재결의 종류

가. 각하재결

(1) 의 의

각하재결이란 위원회가 요건심리의 결과 심판청구의 제기요건을 결여(예를 들어 청구인 적격이 없는 자가 행정심판을 청구한 경우)한 부적법한 심판청구라 하여 본안에 대한 심리를 거절하는 재결을 말한다. 흔히 요건 재결이라고도 한다.

(2) 구체적인 예

부적법한 심판청구에 해당하는 경우는 ① 청구인적격 또는 법률상이익이 없는 자가 행정심판을 제기한 경우, ② 법정기간 경과 후에 제기한 경우, ③ 청구의 대상인 행정처분 또는 부작위가 없는 경우, ④ 처분이 소멸한 경우, ⑤ 대통령의 처분·부작위에 관한 심판청구, ⑥ 재심판청구 즉, 행정심판재청구등이다. 다만, 처분이 소멸한 뒤에도 그 처분의 취소로 인하여 회복되는 법률상이익이 있는 경우에는 본안심리를 해야 한다. 본안심리에 들어간 후에도 심판청구의 제기요건이 결여된 것이 인정된 때에는 각하재결을 할 수 있다.

나. 기각재결

이는 본안심리의 결과 그 심판청구가 이유 없다고 인정하여 청구를 배척하고 원처분을 지지하는 재결을 말한다(법제43조 2항). 기각재결은 원처분을 시인하는 것일 뿐 그 효력을 확정하거나 강화하는 것은 아니므로 기각재결이 있은 후에도 위원회는 직권으로 원래의 처분을 취소 변경할 수 있다. 따라서 재결의 기속력은 기각재결에는 인정되지 않는다.

다. 사정재결

(1) 의의

위원회는 심판청구가 이유가 있다고 인정하는 경우에도 이를 인용(認容)하는 것이 공공복리에 크게 위배된다고 인정하면 그 심판청구를 기각하는 재결을 할 수 있는데 이를 사정재결이라 한다. 이 경우 위원회는 재결의 주문(主文)에서 그 처분 또는 부작위가 위법하거나 부당하다는 것을 구체적으로 밝혀야 한다(법제44조 1항). 정책적인 입장에서 공익과 사익의 조절제도로 기능하는데 예를 들어 댐건설을 위한 하천점용허가처분에 대하여 어업권자로부터 취소심판이 제기된 경우가 그 예에 해당한다.

(2) 요 건

1) 심판청구의 이유가 인정됨에도 공공복리에 부적합한 경우

사정재결은 심판청구가 이유 있다고 인정됨에도 불구하고, 당해 행정심판청구를 인용하는 것이 현저히 공공복리에 적합하지 않다고 인정되는 경우여야 한다.

2) 피청구인의 청구 또는 위원회의 직권

사정재결은 피청구인의 청구가 있는 경우는 물론 위원회는 직권으로도 할 수 있다.

3) 재결의 주문에 위법·부당의 명시

사정재결을 할 때에는 재결의 주문에 그 처분 또는 부작위가 위법 또는 부당함을 구체적으로 밝혀야 한다. 이는 사정재결을 하더라도 위법 또는 부당한 처분이 적법처분으로 전환되는 것은 아니라는 것을 명백히 하기 위한 것이다. 동시에 원래의 처분에 대하여 행정소송을 제기하거나 국가배상청구소송을 제기하는 경우에 의미를 갖게 된다.

(3) 구제방법

사정재결을 하는 경우에는 위원회는 청구인에 대하여 상당한 구제방법을 취하거나 상당한 구제방법을 취할 것을 피청구인에게 명할 수 있다(법제44조 2항). 이때의 '명할 수 있다'는 것은 '명하여야 한다.'는 취지로 본다. 따라서 위원회는 재결의 하나로 손해배상·재해시설의 설치 기타의 구제방법을 직접 강구할 수 있고, 일정한 구제방법을 하도록 처분청이나 부작위행정청에 명할 수도 있다. 청구인은 사정재결에 대하여 행정소송을 제기할 수 있음은 물론이다.

(4) 적용범위

사정재결은 취소심판 및 의무이행심판에만 적용되고 무효 등 확인심판에는 인정되지 않는다(법제44조3항).

라. 인용재결

인용재결은 본안심리의 결과 심판청구가 이유 있고, 원처분이나 부작위가 위법 또는 부당하다고 인정하여 청구취지를 받아들이는 내용의 재결이다.

(1) 취소·변경재결

1) 의 의

취소심판의 청구가 이유 있다고 인정하여 당해 처분의 취소나 변경을 위원회가 직접 하거나(처분재결), 피청구인 처분청에게 그 취소 또는 변경을 명하는 내용의 재결(처분명령재결)을 한다.

2) 성 질

취소 변경재결에는 처분취소재결, 처분변경재결과 처분취소명령재결, 처분변경명령재결이 있다. 이 중 처분취소재결, 처분변경재결은 형성적 재결이고, 처분취소명령재결, 처분변경명령재결은 이행적 재결이라 할 수 있다.

3) 내 용

가) 처분을 취소하거나 취소를 명하는 재결은 당해 처분의 전부취소와 일부취소에 관한 것이다.

나) 변경재결은 단순히 소극적인 일부취소는 물론이고, 원처분에 갈음하여 새로운 처분으로 대체한다는 적극적의미의 변경도 포함된다(예컨대 면허취소처분을 면허정지 처분으로 변경). 이러한 해석은 '취소'와 함께 '변경'을 따로 인정함과 아울러 의무이행재결을 인정하고 있는 행정심판법의 취지에 근거한 것이다.

(2) 확인재결

1) 의 의

확인재결이란 처분의 효력유무 또는 존재여부를 확인하는 재결을 말한다. 이러한 확인재결에는 처분유효확인재결, 처분무효확인재결, 처분존재확인재결, 처분부존재확인재결, 처분실효확인재결이 있다.

2) 효력

확인재결은 행정행위의 무효나 부존재 등을 확인하는 것이므로 형성적 효과는 발생하지 않는다.

(3) 이행재결

1) 의무이행재결

가) 의의

의무이행재결이란 의무이행심판의 청구가 이유가 있다고 인정할 때에 신청에 따른 처분을 위원회가 직접 하거나 처분할 것을 피청구인에게 명하는 재결을 말한다(법43조 5항).

나) 종 류

① 처분재결

신청에 따른 처분을 하는 처분재결은 형성적 성질을 가진 이행재결이다. 통설은 신청에 따른 처분은 반드시 청구인의 신청내용대로의 처분이라고 해석하지 않는다.

② 처분명령재결

처분명령재결은 처분청에 처분할 것을 명하는 재결로서 행정청은 지체 없이 그 재결의 취지에 따라 원신청에 대한 처분을 하여야 한다. 처분명령재결에는 특정처분명령재결과 일정처분명령재결이 있다.

2) 처분재결과 처분명령재결 중 어느 것에 의해야 하는지 여부

가) 문제의 소재

당사자의 신청을 거부한 처분이나 부작위로 방치한 처분에 대해 의무이행심판이 청구된 경우에 위원회가 형성적 성질을 가진 처분재결과 이행적 성질을 가진 처분명령재결 중 어떠한 재결을 하여야 하는지에 대하여 견해 대립이 있다.

나) 학 설

학설은 이에 대하여

① 재결청에 재량이 부여되어 있으나 당사자의 신속한 권리구제의 측면에서 재결청이 구체적인 처분을 할 수 있을 정도로 충분한 심사를 한 경우에는 처분재결을 원칙으로 함이 타당하다는 견해와

② 처분청의 처분권을 존중해야 하므로 재결청은 원칙적으로 처분명령재결을 하고 처분청이 동 재결을 따르지 않는 경우에만 예외적으로 처분재결을 해야 한다는 견해

③ 재결청은 법적으로 처분재결과 처분명령재결의 선택에 있어서 재량권을 가지지만 재량행위의 경우에는 처분명령재결을 하여 처분청이 부관을 붙일 수 있는 여지를 주는 것이 타당하다는 견해가 있다.

다) 소 결

처분재결과 처분명령재결 중 어떠한 재결을 하여야 하는가에 관하여는 견해가 대립 되고 있으나 실무상으로는 대부분 처분명령재결을 하고 있고, 처분재결을 하는 예는 극히 드물다.

3) 재결의 내용이 특정한 행위를 대상으로 하는지 여부

가) 문제의 소재

재결청이 특정한 처분을 직접 하거나 처분청에 대하여 특정한 처분을 명하는 경우와 신청을 방치하지 말고 어떠한 처분을 할 것을 명하는 경우가 있는데 재결청이 이 가운데 어느 것을 택할 것인지 문제된다. 특히 청구대상의 행위가 재량행위인 경우에 견해가 대립한다.

나) 기속처분인 경우

청구대상의 행위가 기속행위인 경우에는 위원회는 재결로 청구인의 내용대로 처분을 하거나 처분할 것을 명하여야 한다. 다만, 피청구인이 관계법령에서 정하고 있는 일정한 절차를 거치지 아니한 경우나 또는 예외적으로 위원회가 쟁점에 관한 해명을 한정적으로 정하고 처분청으로 하여금 다시 관련법규의 구체적인 적용을 행하도록 하는 재결이 불가능한 것은 아니라 할 것이다.

다) 재량처분인 겨우

청구의 대상이 행정청의 행위가 재량행위인 경우 학설은 견해가 나뉘고 있다

① 일정처분명령재결설

재량행위의 경우에는 신청을 방치하지 말고 지체 없이 어떤 처분을 하도록 명하는 재결을 해야 한다는 견해이다.

② 위법·부당 구별설

위법, 부당의 경우를 구별하여 위원회는 행정청의 거부처분 또는 부작위의 위법을 이유로는 청구인의 청구내용대로 처분을 하거나 하도록 명할 수는 없고 부당을 이유로 하는 경우는 청구내용대로의 처분을 하거나 하도록 명할 수 있다고 보는 견해이다.

③ 재량권존중설

재결시를 기준으로 특정처분을 해야 할 것이 명백한 경우에는 신청에 따른 적극적 처분을 하거나 하도록 명하고 명백하지 않다면 처분청의 재량권을 존중하여 재량의 일탈 남용 및 부당을 명시하여 하자 없는 재량행사를 명하는 재결을 해야 한다는 견해이다.

④ 결어

행정청의 거부처분 또는 부작위에 대하여 원칙적으로 일정처분 명령재결을 함이 타당하다. 행정심판의 대상인 재량행위에 대하여 처분청에게 고유의 판단권이 있기 때문이다.

4. 재결의 효력

가. 의의

재결은 위원회가 청구인에게 재결서 정본이 송달되었을 때 효력이 생긴다. 재결의 효력은 당해 심판청구의 대상인 처분이나 부작위에 대하여 발생한다. 행정심판법에 규정된 취소재결, 변경재결 및 처분재결에는 형성력이 발생하고, 재결은 행정행위이므로 재결 일반에 대하여 행정행위에 특수한 효력인 공정력, 불가변력, 불가쟁력 등이 인정된다.

나. 형성력

(1) 형성력의 의의

재결의 형성력이란 재결의 내용에 따라 기존의 법률관계에 변동을 가져오는 효력을 말한다. 처분을 취소하는 내용의 재결이 있으면 처분의 효력은 처분청의 별도의 행위를 기다릴 것 없이 처분시에 소급하여 소멸되고, 변경재결에 의하여 원래의 처분은 취소되고 이를 대신하는 별도의 처분이 이루어진 뒤에도 새로운 처분의 효력을 즉시 발생하게 되는 것은 모두 재결의 형성력의 효과인 것이다. 판례도 형성적 재결이 있은 경우에는 그 대상이 행정처분은 재결자체에 의하여 당연히 취소되어 소멸된다(대법원 1999. 12. 16. 98두18619)고 한다. 형성력에 의한 법률관계는 제3자에게도 미친다. 그러므로 형성력은 대세적 효력이 있다.

(2) 형성력 있는 재결의 종류

형성력 있는 재결에는 취소재결, 변경재결, 처분재결이 있다.

1) 처분취소재결

원처분청에 의한 별도의 취소, 처분 변경 없이 처분시에 소급하여 취소된 처분의 효력이 소멸되고 그에 따른 기존 법률관계가 변동되는 것을 말한다.

2) 변경재결

변경재결로 인한 새로운 처분은 제3자 권익을 침해하지 않는 한 소급하여 효력을 발생하고 원처분은 효력을 상실한다.

3) 의무이행재결 중 처분재결
의무이행재결 중 처분재결은 성질상 소급하지 않기 때문에 장래에 향하여 재처분의 효
력이 발생한다.

4) 일부취소재결
 취소된 부분에 한하여 소급적으로 효력을 상실하고 취소되지 않은 부분은 효력을 유지
한다.

5) 처분취소명령재결, 처분변경명령재결, 처분명령재결
취소·변경명령재결 또는 의무이행명령재결은 형성력은 없고 기속력에 의하여 목적이
달성된다.

(3) 대세적 효력
형성력에 의한 법률관계의 변동은 심판청구의 당사자뿐만 아니라 제3자 등 모든 자에게
효력이 있는바, 이를 대세적 효력이라 한다.

(4) 인용재결에만 인정
형성력 있는 재결은 취소처분·변경처분·의무이행심판에 있어서의 처분재결이다. 따라
서 각하·기각재결이 있은 후에도 정당한 사유가 있으면 처분청은 직권으로 원처분을
취소·변경·철회할 수 있다.

다. 불가쟁력과 불가변력
(1) 불가쟁력
재결이 있으면 그 재결 및 같은 처분 또는 부작위에 대하여 다시 행정심판을 청구할 수
없다. 재결에 고유한 위법이 있는 경우에 한하여 행정소송의 제기가 가능하지만(행정소

송법 제19조), 그 경우에도 제소기간이 경과하면 더 이상 그 효력을 다툴 수 없게 되는데 이를 재결의 불가쟁력이라 한다.

(2) 불가변력

재결은 다른 일반 행정행위와는 달리 쟁송절차에 의해 이루어진 판단행위이므로 분쟁을 종국적으로 해결하는 효과를 가져야 한다. 따라서 재결이 일단 이루어진 경우에는 그것이 위법 또는 부당하다고 생각되는 때에도 오산, 오기, 기타 이와 유사한 형식상의 오류가 있는 경우를 제외하고는 재결청 자신도 임의로 취소·변경할 수 없는 효력이 발생한다. 이를 재결의 불가변력이라 한다.

라. 기속력

(1) 의 의

심판청구를 인용하는 재결은 피청구인과 그 밖의 관계 행정청을 기속(羈束)한다(법제49조 1항). 재결의 기속력은 이와 같이 피청구인인 행정청이나 관계행정청으로 하여금 재결의 취지에 따라 행동할 의무를 발생시키는 효력을 말한다. 따라서 재결의 기속력을 재결의 구속력이라 부르기도 한다. 기각재결은 청구인의 심판청구를 배척하는데 그치고, 관계행정청에 원처분을 유지할 의무를 부과하는 것은 아니기 때문에 재결의 기속력은 인용재결에 한하고 기각 또는 각하재결에는 인정되지 않는다.

(2) 내 용

1) 반복금지의무(소극적 의무)

청구인용재결이 있게 되면 행정청은 그 재결을 준수해야한다. 그러므로 그 재결에 저촉되는 행위를 할 수 없다. 즉 관계행정청은 당해재결의 내용에 모순되는 내용의 동일한 처분을 동일한 사실관계에 하에 반복할 수 없다는 것이다.

2) 재처분의무(적극적 의무)

가) 내 용

당사자의 신청을 거부하거나 부작위로 방치한 처분의 이행을 명하는 재결이 있으면 행정청은 지체 없이 이전의 신청에 대하여 재결의 취지에 따라 처분을 하여야 한다(법제49조 2항). 이때 기속행위 또는 영으로 수축되는 재량행위의 경우에는 신청한 대로 처분을 하여야 한다. 그러나 일반적으로 재량행위의 경우에는 청구인이 신청한 대로 처분할 필요는 없고, 다시 하자 없는 내용의 재량행위를 발령하는 것이 그 내용이 된다.

나) 거부처분에 대한 재처분의무 문제

① 문제의 소재

현행 행정심판법은 재처분의무를 의무이행심판의 경우에 한정하여 규정하나 거부처분에 대하여는 의무이행심판과 거부처분취소심판을 제기할 수 있다는 점에서, 만약 거부처분에 대하여 의무이행심판을 제기하지 않고 거부처분취소심판을 제기하여 그것이 인용되어 거부처분취소재결이 있는 경우에 처분청의 재처분의무를 인정하는 명시적 규정이 없어서 과연 이를 인정할 수 있는가가 문제된다.

② 긍정설

행정심판법 제49조 제1항은 재결의 기속력에 관한 일반적 규정이고, 재처분의무는 기속력의 일부를 이루는 것으로 볼 수 있으므로, 취소심판에서 거부처분이 취소된 경우에도 처분청은 재결의 취지에 따른 재처분의무를 진다고 보는 견해이다.

③ 부정설

행정심판법 제5조 제3호, 제49조 제2항 및 제3항에서 이행재결, 절차의 위법 또는 부당을 이유로 한 취소재결에 한하여 처분의 의무를 규정하고 있으므로 반대해석에 의해 그 이외의 인용재결의 경우에는 처분의무를 인정할 수 없으며 행정청에게 적극적인 의무를 인정하기 위하여는 명문의 근거가 필요하다는 견해이다.

④ 위법설

행정심판법상 거부처분은 의무이행심판의 대상이지 취소심판의 대상이 아니기 때문에 청구인이 거부처분에 대하여 취소심판을 청구한다면, 위원회는 청구인에게 의무이행심판으로 변경하여 청구하도록 해야 할 것이고 만약 거부처분에 대한 취소심판청구가 있고, 이에 대해 인용재결이 이루어진다면 그러한 인용재결은 위법하다는 견해이다.

3) 직접처분제도

가) 의의

직접처분이란 위원회가 피청구인인 행정청이 처분의 이행을 명하는 재결에도 불구하고 처분을 하지 아니하는 경우에는 당사자가 신청하면 기간을 정하여 서면으로 시정을 명하고 그 기간에 이행하지 아니하면 직접 처분을 할 수 있는 것을 말한다. 다만, 그 처분의 성질이나 그 밖의 불가피한 사유로 위원회가 직접 처분을 할 수 없는 경우에는 그러하지 아니하다(법제50조 1항).

나) 직접처분과 처분재결의 구별

직접처분은 처분청이 이행명령재결을 이행하지 않는 경우에 그 실효성을 확보하기 위하여 위원회가 처분청이 행할 처분을 직접 행하는 것이고, 처분재결은 의무이행심판에 대하여 처음부터 위원회가 재결로써 처분을 행하는 것이다.

다) 요 건

① 처분명령재결이 있었을 것
② 위원회가 당사자의 신청에 따라 기간을 정하여 시정을 명령하였을 것
③ 당해 행정청이 그 기간 내에 시정명령을 이행하지 아니하였을 것

라) 효 과

직접처분을 할 수 있는 범위는 처분청이 의무이행재결 취지에 따라 처분을 하지 않는 모든 경우에 인정된다. 그러나 처분청의 모든 사항을 확인 할 수 없으므로 직접처분에

도 내적인 한계가 있다 예컨대 당해 행정청만이 보유하고 있는 정보의 공개청구에 대해 이행재결 등 당해 처분의 성질 기타 불가피한 사유로 재결청이 처분할 수 없는 경우에는 지체 없이 당사자에게 그 사실 및 사유를 각각 통지하여야 한다.

마) 자치사무의 직접처분에 대한 불복 문제
지방자치단체가 자치권침해를 이유로 자치사무에 관한 직접처분의 취소를 구할 원고적격이 있는가에 대하여 견해가 나뉘고 있다.

① 부정설
직접처분은 성질상 처분재결이므로 지방자차단체가 불복할 수 없다는 견해와

② 긍정설
지방자치단체의 자치권을 지방자치단체의 법률상 이익으로 볼 수 있고, 지방자치단체는 독립된 법주체이기 때문에 자치권의 침해를 이유로 직접처분의 취소를 구할 수 있다는 견해가 있다.

(3) 기속력의 범위
1) 주관적 범위
재결은 청구인, 참가인, 피청구인과 그 밖의 관계 행정청을 기속(羈束)한다.

2) 객관적 범위
기속력의 객관적 범위는 재결의 주문 및 재결이유 중 그 전제가 된 요건사실의 인정과 처분의 효력의 판단에 미치고, 이와 직접 관계없는 다른 처분에는 영향을 주지 않는다.

3) 기속력의 시간적 범위
통설 판례는 처분의 위법성판단의 기준 시점을 처분 시로 보고 있기 때문에 기속력은 처분 시까지의 사유를 판단의 대상으로 한다. 따라서 처분시 이후의 새로운 법률관계나

사실관계는 재결의 기속력이 미치지 않는다.

5. 재결에 대한 불복

가. 재심판청구의 금지

행정심판법은 심판청구에 대한 재결이 있으면 그 재결 및 같은 처분 또는 부작위에 대하여 다시 행정심판을 청구할 수 없다(법제51조 1항)라고 규정하여 행정심판의 단계를 단일화하였다. 따라서 재결에 불복이 있는 경우에는 행정소송에 의한다. 다만, 국세기본법과 같이 각 개별법에서 다단계의 행정심판이 인정되고 있는 경우는 그에 의한다.

나. 재결에 대한 행정소송

재결도 행정행위의 일종인 이상 재결자체에 고유한 위법이 있음을 이유로 재결의 취소, 변경을 구하거나 재결에 무효사유가 있음을 이유로 무효확인을 구하는 행정소송을 제기할 수 있다(행소법 19조). 행정심판 재결에 대하여 불복하는 자는 행정소송을 제기할 수 있는데, 이때 행정소송의 대상은 재결이 아니라 원처분을 대상으로 제기하여야 한다. 재결내용에 불복이 있더라도 원처분의 위법성을 가지고 행정소송에서 다투어야 한다.

Ⅸ. 고지제도

1. 개 설

가. 의 의

고지제도란 행정청이 처분을 함에 있어서 그 상대방에게 당해 처분에 대하여 행정심판을 제기할 경우 필요한 사항(청구절차, 청구기간, 불복여부 등)을 아울러 고지할 의무를 지우는 제도를 말한다.

나. 제도의 취지

고지제도는 다분히 계몽적인 의의를 가진다. 이는 직접적으로는 관계인에게 행정심판을 제기하는 것에 대한 지식과 정보를 제공함으로서 행정심판청구의 기회를 보장하고 행정의 신중, 적정화를 도모하기 위한 제도로서 의미가 클 뿐만 아니라 행정심판제도의 활성화에도 이바지하는 기능을 갖는다.

다. 성 질

(1) 사실행위

고지는 사실행위이다. 이는 행정청의 일정한 개념이나 의사를 알리는 것이 아니라 기존 법규의 내용을 구체적으로 알리는 비권력적 사실행위로서 그 자체로서 아무런 법적 효력도 수반하지 않는다. 따라서 고지 그 자체는 행정소송의 대상이 되지 않는다.

(2) 강행규정, 의무규정

한편 행정심판법상의 고지에 관한 규정은 강행규정이나 의무규정의 성질을 갖는다고 보는 것이 일반적 견해이다. 따라서 불고지나 오고지인 경우에도 당해 처분의 효력에는 영향이 없지만 절차법상 제재적 효과가 따르며, 불복고지 또는 오고지로 손해가 발생한 경우는 국가배상청구를 할 수 있다.

(3) 고지요청을 거부하는 행위

당사자로부터 행정심판에 관련된 사항에 대한 고지요청을 받은 경우 이를 거부하는 행위는 거부처분으로서 행정행위의 성질을 갖는다고 보아 행정쟁송의 대상이 된다.

라. 법적근거와 입법례

현재 우리나라의 고지제도는 행정심판법 제58조 이외에 행정절차법 제26조, 공공기관의 정보공개에 관한 법률(동법13조)에서 규정하고 있다.

2. 고지의 종류

가. 직권에 의한 고지

행정청이 처분을 할 때에는 처분의 상대방에게 ① 해당 처분에 대하여 행정심판을 청구할 수 있는지 ② 행정심판을 청구하는 경우의 심판청구 절차 및 심판청구 기간에 관한 사항을 알려야 한다(법제58조 1항).

(1) 고지의 주체

고지의 주체는 국가나 지방자차단체의 행정청이다. 이때의 행정청에는 법령에 의하여 행정권한의 위임 또는 위임을 받은 행정기관, 공공단체 및 그 기관 또는 사인도 포함된다.

(2) 고지의 상대방

고지의 상대방은 처분의 직접 상대방에 대하여 고지하여야 한다. 복효적행정행위에는 침해받는 제3자가 있는 때에는 그 제3자에게도 직권으로 고지하는 것이 바람직하다.

(3) 고지의 방법 및 시기

고지방법에는 명시적 규정이 없으나 고지의 유무·내용에 분쟁을 방지하기 위해서는 서면으로 함이 원칙이고, 고지 시기는 원칙으로 처분 시에 행해야한다. 다만, 처분 시에 하지 않고 처분 후에 고지한 경우에는 불고지의 하자가 치유되고, 그 고지의 효과에는 영향이 없다고 본다.

(4) 고지의 대상
1) 서면에 의한 처분
고지의 대상은 서면에 의한 처분이다. 따라서 구술에 의한 처분은 고지의 대상이 아니다.

2) 처 분
고지의 대상이 되는 처분은 행정심판법상의 심판청구의 대상이 되는 처분에 국한 되는 것이 아니라 다른 법률에 의한 행정심판의 대상이 되는 서면에 의한 처분도 포함된다고 보는 것이 통설이다. 상대방에게 부담을 주는 처분의 경우는 원칙으로 고지를 요한다. 신청을 거부하는 거부처분이나 수익적처분이라도 부관부행정행위는 고지해야 한다. 그러나 처분이 아닌 사경제적작용은 처분이 아니므로 고지할 필요가 없고, 처분의 내용이 당사자에게 수익적인 경우, 신청대로 행한 처분, 행정심판의 재결에는 고지를 요하지 않는다.

(5) 고지의 내용
행정심판 처분의 상대방에게 해당 처분에 대하여 행정심판을 청구할 수 있는지, 행정심판을 청구하는 경우의 심판청구 절차 및 심판청구 기간, 기타 필요한 사항을 고지해야 한다.

나. 청구에 의한 고지
처분의 이해관계인이 고지를 요청하면 당해 행정청은 지체 없이 고지를 하여야 한다(법 제58조 4항).

(1) 고지의 청구권자
고지의 청구권자는 당해 처분에 대한 이해관계인이다. 여기서 이해관계인이란 당해 처분에 의하여 직접 자기의 법률상의 이익이 침해되었다고 주장하는 제3자가 보통이지만 처분의 상대방으로서 고지를 받아야 함에도 불구하고 고지를 받지 못한 자도 포함된다. 고지를 청구한 자는 당해 처분에 대하여 이해관계가 있음을 밝혀야 한다.

(2) 고지의 대상

청구에 의한 고지의 대상은 직권에 의한 경우와 달리 서면에 의한 처분에 한하지 않고 모든 처분이 그 대상이 될 수 있다.

(3) 고지의 내용

고지의 내용은 당해 처분이 행정심판의 대상이 되는 처분인지, 행정심판의 대상이 되는 경우 소관위원회 및 심판청구기산을 알려주어야 한다.

(4) 고지의 방법 및 시기

고지의 방법에서 구두로도 가능하나, 서면으로 알려줄 것을 요구받은 때에는 서면으로 알려주어야 한다. 고지의 요구를 받은 행정청은 지체 없이 고지하여야 한다.

	직권고지	신청에 의한 고지
주체	행정청	행정청
상대방	처분의 직접 상대방	이해관계인
신청여부	불요	이해관계인의 신청을 요함
대상	서면처분	모든 처분
내용	심판제기 가부, 심판청구절차, 청구기간	심판대상 여부, 청구기간
방법	서면	서면요구시 서면
시기	처분시	신청받고 지체 없이

3. 불고지 · 오고지의 효과

행정청이 고지를 하지 않거나 잘못 고지한 경우에는 고지의무를 위반한 것이 되며 행정심판법상 일정한 효과가 발생하게 된다. 이때의 고지의무위반에 대하여 행정심판법은 제출기관과 청구기간에 미치는 효과를 다음과 같이 정하고 있다.

가. 불고지의 효과

(1) 제출기관

행정청이 고지를 하지 아니하여 청구인이 심판청구서를 다른 행정기관에 제출한 때에는 그 행정기관은 그 심판청구서를 지체 없이 정당한 권한 있는 피청구인에게 보내야 한다. 심판청구서를 보낸 행정기관은 지체 없이 그 사실을 청구인에게 알려야 한다. 이 경우 심판청구기간계산은 다른 행정기관에 제출된 때에 심판청구가 제기된 것으로 본다(법제23조 2항, 3항).

(2) 청구기간

원래 심판청구는 처분이 있음을 안 날로부터 90일 이내에 제기하여야 한다. 그러나 행정청이 청구기간을 고지하지 아니한 때에는 처분이 있었던 날부터 180일 이내에 행정심판청구를 하면 된다(법제27조 6항). 이 경우에는 청구인이 처분이 있은 것을 알았는지의 여부와 심판청구기간에 관하여 알고 있었는지 여부는 문제되지 않는다.

나. 오고지의 효과

(1) 제출기관

고지를 한 행정청이 잘못 고지하여 청구인이 그 고지에 따라 심판청구서를 다른 행정기관에 잘못 고지한 경우는 위의 불고지의 경우와 같이 그 심판청구서를 접수한 그 행정기관은 그 심판청구서를 지체 없이 정당한 권한이 있는 피청구인에게 보내야 하고(법제23조 2항) 그 사실을 청구인에게 통지하여야 한다.

(2) 청구기간

행정청이 심판청구기간을 소정의 심판기관보다 긴 기간으로 잘못 알린 경우 그 잘못 알린 기간에 심판청구가 있으면 소정의 심판기간에 청구된 것으로 본다(법제27조 5항).

다. 불고지, 오고지 경우의 당해 처분의 효력

불고지나 오고지가 당해 처분에 영향을 미치는지 문제되나 고지의무 위반의 효과는 불고지, 오고지라는 의사 그 자체의 흠결에 기인한 것이 아니라 고지제도의 실효성 확보를 위하여 행정심판법에서 특별히 규정한 것으로서 당해 처분 자체의 효력에 직접 영향을 미치지 않는다고 본다.

X. 행정심판에 대한 특별절차

1. 행정심판법의 일반법적 지위

일반적 심판절차로서의 행정심판법상의 행정심판에 대하여 광범위한 행정 분야에서 특례규정을 두고 있다. 이에 대해서 행정심판법 4조는 '사안(事案)의 전문성과 특수성을 살리기 위하여 특히 필요한 경우 외에는 이 법에 따른 행정심판을 갈음하는 특별한 행정 불복절차(이하 "특별행정심판"이라 한다)나 이 법에 따른 행정심판 절차에 대한 특례를 다른 법률로 정할 수 없다.'라고 하여 특별절차의 남설 금지조항을 두고 있음에도 불구하고 행정의 다양한 분야에서 특례절차가 광범위하게 인정되고 있는 것은 그 타당성을 인정하기 어렵다고 보고 시급히 이들 특례절차를 정비 내지 개혁하여야 한다고 한다.

2. 특별행정심판

가. 특별행정심판의 의의

특별행정심판이란 사안의 전문성과 특수성을 살리기 위하여 필요한 경우에 개별 법률에서 행정심판법에 따른 행정심판을 갈음하는 특별한 절차와 방법을 규정하고 있는 경우에는 특별법으로서 그에 따라야 하며 이를 총칭하여 특별행정심판이라 한다.

나. 유형

(1) 특별행정심판절차

특별행정심판은 심판사항의 기술성·전문성·특수성을 고려하여 예외적으로 채택된 제도로서 특수형태적인 행정심판을 말하는바, 국세심판, 소청심사청구, 특허심판, 해양사고심판, 중앙노동위원회의 재심, 감사원에의 심사청구, 보험급여결정 등에 대한 근로복지공단에의 심사청구 등을 들 수 있다.

(2) 약식절차(이의신청)

토지거래불허가처분에 대한 이의신청, 지방자치단체의 사용료 등의 부과처분에 대한 이의신청 등이 이에 해당한다.

다. 심 급

(1) 대법원 관할

해양사고심판의 재결에 대한 소송은 대법원의 관할에 전속시키고 있다.

(2) 2심제

그리고 특허심판은 특허법원 및 대법원에서 재판하도록 2심제를 취하고 있다.

(3) 3심제

그러나 특별행정심판은 사안의 전문성과 특수성을 살리기 위해 필요한 경우에 개별 법률에서 행정심판법에 따른 행정심판을 갈음하는 특별한 심판이기 때문에 국세심판, 소청심사청구, 중앙노동위원회의 처분, 감사원에의 심사청구 및 보험급여결정 등에 대한 근로복지공단에의 심사청구의 재결 등에 대한 소는 모두 3심제를 채택하고 있다.

라. 특별행정심판과 행정심판과의 관계

개별 법률에서 특별행정심판을 규정하고 있는 경우 일반적으로는 행정심판을 갈음하는 것이 통상적이지만, 개별 법률에서 이의신청을 규정하고 있는 경우 그 이의신청과 행정심판과의 관계가 문제되는데 이의신청이 인정되는 경우에는 그 이의신청은 임의절차화되어 있는 것이 보통이며 따라서 이의신청의 결정에 대하여 불복하는 자는 다시 행정심판을 제기할 수도 있고, 또한 다시 행정심판을 제기함이 없이 바로 행정소송을 제기할 수 있다.

마. 행정소송과의 관계

행정심판을 갈음하는 특별행정심판의 경우는 사법절차가 준용되어야 하고, 일반적으로 필요적 전치주의를 취하고, 소의 대상은 재결주의를 취하는 경우가 있다. 예컨대 노동위원회의 처분에 대한 재심의 판정, 감사원의 변상판정에 대한 재심의 판정, 특허의 심결에 대한 소, 해양심판의 재결, 교원 소청심사위원회에 대한 사립학교 교원이 신청한 재심결정을 들 수 있다.

제2장
자동차운전면허취소 및 정지취소 심판청구

I. 운전면허구제 행정심판의 준비

1. 행정심판의 대상 및 종류

행정심판이란 행정청의 위법·부당한 처분으로 권리를 침해받은 국민을 위한 권리구제 절차이다(행정심판법 제1조). 국민들이 행정청의 위법·부당한 처분이나 부작위로 인하여 피해를 입은 경우 그 취소·변경을 구하는 취소심판, 처분이 무효임을 확인해 줄 것을 요구하는 무효등확인심판, 일정한 처분을 해 줄 것을 요구하는 의무이행심판 등을 제기할 수 있다. 이중 실제로는 어떤 처분의 취소나 변경을 구하는 취소심판 이외에는 거의 사용되지 않으므로 행정심판의 주된 것은 처분의 취소나 변경을 구하는 취소심판이 대부분이다.

[행정소송과의 차이]

비 교	행정심판	행정소송
쟁송목적의 중점	약식쟁송으로서 행정조직내부에 있어서의 행정통제에 중점.	정식쟁송으로서 독립한 사법권에 의한 행정구제에 중점
쟁송사항 (대상)	법률문제(적법·위법)외에 당·부당(공익)문제도 대상이 된다.	법률문제(적법성·위법성)만 쟁송대상이 된다.
판정기관	행정기관(행정심판위원회)	법원(사법기관)
판정절차	약식절차로서 구술심리주의 또는 서면심리주의가 병행적용, 직권심리주의, 비공개주의가 원칙	정식절차로서 구두변론(구술심리)주의, 당사자주의, 공개주의가 원칙
종 류	취소심판, 무효 등 확인심판, 의무이행심판	취소소송, 무효 등 확인소송, 부작위위법확인소송
제기기간	처분있음을 안 날부터 90일 처분있은 날부터 180일	처분있음을 안날부터90일 처분있은 날부터 1년

적극적 변경문제	적극적변경가능	적극적변경불가능(취소소송에서 '변경' 문제)
가구제제도	집행정지외에도 임시처분인정	집행정지만 인정, 가처분제도는 명문규정없음
거부처분에 대한쟁송 형태	의무이행심판+취소심판	의무이행소송규정없으므로 거부처분 취소소송
의무이행확보수단	위원회의 직접처분권인정	간접강제제도 인정
고지규정	규정있음	규정없음

2. 용어의 정의

행정심판법에서 사용하는 "처분"이란 행정청이 행하는 구체적 사실에 관한 법집행으로서의 공권력의 행사 또는 그 거부, 그 밖에 이에 준하는 행정작용을 말하며, "부작위"란 행정청이 당사자의 신청에 대하여 상당한 기간 내에 일정한 처분을 하여야 할 법률상 의무가 있는데도 처분을 하지 아니하는 것을 말하고, "재결(裁決)"이란 행정심판의 청구에 대하여 행정심판위원회가 행하는 판단을 말한다. 그 외 "행정청"이란 행정에 관한 의사를 결정하여 표시하는 국가 또는 지방자치단체의 기관, 그 밖에 법령 또는 자치법규에 따라 행정권한을 가지고 있거나 위탁을 받은 공공단체나 그 기관 또는 사인(私人)을 말한다(법 제2조).

3. 행정심판 기관 – 행정심판위원회

종래 행정심판법은 행정심판을 심리·의결하는 기관인 행정심판위원회와 재결하는 기관인 재결청을 분리하고 있었다. 그러나 2008. 2. 29. 개정된 행정심판법에서는 행정심판위원회가 행정심판사건에 직접 재결토록하여 재결청의 개념을 없애고 처분청에서 답변서를 행정심판위원회에 바로 송부하도록 하는 등 절차간소화를 통하여 사건처리기간을 대폭 단축함으로써 청구일원화의 효과를 극대화하고 행정심판제도의 본래 취지인 신속한 권리구제에 기여하게 되었다.

가. 처분청 소속 행정심판위원회

감사원, 국가정보원장, 그 밖에 대통령령으로 정하는 대통령 소속기관의 장, 국회사무총장·법원행정처장·헌법재판소사무처장 및 중앙선거관리위원회사무총장, 국가인권위원회, 진실·화해를위한과거사정리위원회, 그 밖에 지위·성격의 독립성과 특수성 등이 인정되어 대통령령으로 정하는 행정청의 처분 또는 부작위에 대한 행정심판의 청구에 대하여는 해당 행정청에 두는 행정심판위원회에서 심리·재결한다(법 제6조).

나. 중앙행정심판위원회

가. 항에 따른 행정청 외의 국가행정기관의 장 또는 그 소속 행정청, 특별시장·광역시장·특별자치시장·도지사·특별자치도지사(특별시·광역시·특별자치시·도 또는 특별자치도의 교육감을 포함한다. 이하 "시·도지사"라 한다) 또는 특별시·광역시·특별자치시·도·특별자치도의 의회(의장, 위원회의 위원장, 사무처장 등 의회 소속 모든 행정청을 포함한다),「지방자치법」에 따른 지방자치단체조합 등 관계 법률에 따라 국가·지방자치단체·공공법인 등이 공동으로 설립한 행정청(다만, 제3항제3호에 해당하는 행정청은 제외한다.)의 처분 또는 부작위에 대한 심판청구에 대하여는「부패방지 및 국민권익위원회의 설치와 운영에 관한 법률」에 따른 국민권익위원회(이하 "국민권익위원회"라 한다)에 두는 중앙행정심판위원회에서 심리·재결한다.

▶ 중앙행정심판위원회는 심판청구사건 중 도로교통법에 따른 자동차운전면허 행정처분에 관한 사건을 심리·의결하기 위하여 4명의 소위원회를 둘 수 있다. 한편 중앙행정심판위원회의 회의는 위원장, 상임위원 및 위원장이 회의마다 지정하는 비상임위원을 포함하여 총 9명으로 구성하며, 구성원 과반수의 출석과 출석위원 과반수의 찬성으로 의결한다.

다. 시·도지사 소속 행정심판위원회

시·도 소속 행정청, 시·도의 관할구역에 있는 시·군·자치구의 장, 소속 행정청 또는 시·군·자치구의 의회(의장, 위원회의 위원장, 사무국장, 사무과장 등 의회 소속 모든 행정청을 포함한다), 시·도의 관할구역에 있는 둘 이상의 지방자치단체(시·군·

자치구를 말한다) · 공공법인 등이 공동으로 설립한 행정청의 처분 또는 부작위에 대한 심판청구에 대하여는 시 · 도지사 소속으로 두는 행정심판위원회에서 심리 · 재결한다.

라. 직근 상급행정기관에 두는 행정심판위원회

법무부 및 대검찰청 소속 특별지방행정기관(직근 상급행정기관이나 소관 감독행정기관이 중앙행정기관인 경우는 제외한다)의 장의 처분 또는 부작위에 대한 심판청구에 대하여는 해당 행정청의 직근 상급행정기관에 두는 행정심판위원회에서 심리 · 재결한다.

■ 행정심판위원회 전화번호

구분		전화번호	구분		전화번호
중앙행정심판위원회		지역번호 없이 110		강원도	(033) 258-5348
시·도 행정심판위원회	서울특별시	(02) 120		충청북도	(043) 290-2000
	부산광역시	(051) 120		충청남도	(041) 640-7777
	대구광역시	(053) 803-0114	시·도 교육청 행정심판위원회	전라북도	(063) 239-3114
	인천광역시	(032) 120		전라남도	(061) 260-0607
	대전광역시	(042) 270-3114		경상북도	(053) 603-3673
	광주광역시	(062) 120		경상남도	(055) 268-1100
	울산광역시	(052) 229-2000		제주특별자치도	(064) 710-0342
	세종특별자치시	(044) 300-3114		서울	(02) 530-3114
	경기도	(031) 120		대전	(042) 470-3900
	강원도	(033) 254-2011	고등검찰청 행정심판위원회	광주	(062) 231-3114
	충청북도	(043) 220-2114		대구	(053) 740-3300
	충청남도	(041) 635-2000		부산	(051) 606-3300
	전라북도	(063) 280-2114		서울	(031) 476-0716
	전라남도	(061) 247-0011	지방교정청 행정심판위원회	대전	(042) 543-7100
	경상북도	(053) 959-0114		광주	(062) 975-5900
	경상남도	(055) 211-2114		대구	(053) 654-5811
	제주특별자치도	(064) 120	감사원 행정심판위원회		(02) 2011-2281
시·도 교육청 행정심판위원회	서울특별시	(02) 399-9186	국가정보원 행정심판위원회		지역번호 없이 111
	경기도	(031) 249-0114	대통령비서실 행정심판위원회		(02) 730-5800
	강원도	(033) 258-5348	방송통신위원회 행정심판위원회		(02) 2110-1317
	충청북도	(043) 290-2000	국가인권위원회 행정심판위원회		(02) 2125-9773
	충청남도	(041) 640-7777	국회사무처 행정심판위원회		(02) 788-2114
	전라북도	(063) 239-3114	법원행정처 행정심판위원회		(02) 3480-1246
	전라남도	(061) 260-0607	헌법재판소 사무처 행정심판위원회		(02) 2075-2253.4
	경상북도	(053) 603-3673	중앙선거관리위원회 행정심판위원회		(02) 503-2190
	경상남도	(055) 268-1100	기타		
	제주특별자치도	(064) 710-0342			

4. 행정심판의 청구인

행정심판의 청구인은 보통 처분의 상대방이겠지만, 제3자라도 어떤 처분으로 인하여 권리가 침해당하였다는 등 행정심판을 청구할 법적이익이 있다면 청구할 수 있다.

가. 청구인 적격

취소심판은 처분의 취소 또는 변경을 구할 법률상 이익이 있는 자가 청구할 수 있다. 처분의 효과가 기간의 경과, 처분의 집행, 그 밖의 사유로 소멸된 뒤에도 그 처분의 취소로 회복되는 법률상 이익이 있는 자의 경우에도 또한 같다. 그 외 무효등확인심판은 처분의 효력 유무 또는 존재 여부의 확인을 구할 법률상 이익이 있는 자가 청구할 수 있으며, 의무이행심판은 처분을 신청한 자로서 행정청의 거부처분 또는 부작위에 대하여 일정한 처분을 구할 법률상 이익이 있는 자가 청구할 수 있다(법 제13조). 한편, 법률상 보호되는 이익인지의 여부는 행정청에 당해 처분의무를 부과한 관계법의 취지가 공익뿐만 아니라 관계 제3자의 이익까지도 보호하고자 하는 취지인지의 여부를 기준으로 판단하여야 한다.

나. 법인이 아닌 사단 또는 재단

법인이 아닌 사단 또는 재단으로서 대표자나 관리인이 정하여져 있는 경우에는 그 사단이나 재단의 이름으로 심판청구를 할 수 있다(법 제14조).

다. 선정대표자

(1) 선정

여러 명의 청구인이 공동으로 심판청구를 할 때에는 청구인들 중에서 3명 이하의 선정대표자를 선정할 수 있으며, 청구인들이 선정대표자를 선정하지 아니한 경우에 위원회는 필요하다고 인정하면 청구인들에게 선정대표자를 선정할 것을 권고할 수 있다.

(2) 권한

선정대표자는 다른 청구인들을 위하여 그 사건에 관한 모든 행위를 할 수 있다. 다만, 심판청구를 취하하려면 다른 청구인들의 동의를 받아야 하며, 이 경우 동의받은 사실을 서면으로 소명하여야 한다. 또한 선정대표자가 선정되면 다른 청구인들은 그 선정대표자를 통해서만 그 사건에 관한 행위를 할 수 있다.

(3) 해임·변경

선정대표자를 선정한 청구인들은 필요하다고 인정하면 선정대표자를 해임하거나 변경할 수 있다. 이 경우 청구인들은 그 사실을 지체 없이 위원회에 서면으로 알려야 한다 (법 제15조).

라. 대리인에 의한 청구

변호사법에 따르면 변호사는 행정심판을 대리할 수 있고, 변리사법에 따르면 특허 등 산업재산권 사건에 관하여는 변리사가 특허청에, 세무사법에 따르면 조세에 관한 행정심판에 대하여는 세무사가, 공인노무사법에 의하면 노동관계법률에 기한 행정심판에 대하여는 노무사가 행정심판을 대리할 수 있도록 규정하고 있다(18조).
반면, 행정심판법은 위 각 내용보다 확대하여 다음의 어느 하나에 해당하는 자까지 확대하여 대리인으로 선임할 수 있도록 하였다.

(1) 청구인의 배우자, 청구인 또는 배우자의 사촌 이내의 혈족
(2) 청구인이 법인이거나 제14조에 따른 청구인 능력이 있는 법인이 아닌 사단 또는 재단인 경우 그 소속 임직원
(3) 변호사
(4) 다른 법률에 따라 심판청구를 대리할 수 있는 자
(5) 그 밖에 위원회의 허가를 받은 자

5. 행정심판의 제기기간

행정청의 어떠한 처분에 대하여 장기간이 경과한 후에도 행정심판을 제기할 수 있도록 한다면 장기간 미확정 상태로 있게 되는 처분으로 인하여 행정은 상당히 불안정하게 된다. 따라서 행정심판법은 행정의 안정성 확보 및 국민의 신속한 권리구제 등을 이유로 일정기간 내에 행정심판을 제기하도록 정하고 있다.

가. 제기요건

① 청구인 적격 있는 자가, ② 심판청구사항인 구체적인 처분이나 부작위를 대상으로, ③ 청구기간 내에, ④ 법정형식과 절차를 갖추어, ⑤ 피청구인인 행정청 또는 위원회에 제기해야 한다.

나. 제기기간

(1) 원칙

행정심판법은 행정심판은 처분이 있음을 알게 된 날[1]부터 90일 이내에, 처분이 있었던 날부터 180일 이내에 제기하여야 한다(법 제27조). 위 기간은 불변기간(不變期間)이며, 직권조사 사항이다.

그러므로 행정처분이 있음을 알고 처분에 대하여 곧바로 취소소송을 제기하는 방법을 선택한 때에는 처분이 있음을 안 날부터 90일 이내에 취소소송을 제기하여야 하고, 행정심판을 청구하는 방법을 선택한 때에는 처분이 있음을 안 날부터 90일 이내에 행정심판을 청구하고 행정심판의 재결서를 송달받은 날부터 90일 이내에 취소소송을 제기하여야 한다. 따라서 처분이 있음을 안 날부터 90일 이내에 행정심판을 청구하지도 않고 취소소송을 제기하지도 않은 경우에는 그 후 제기된 취소소송은 제소기간을 경과한 것으로서 부적법하고, 처분이 있음을 안 날부터 90일을 넘겨 청구한 부적법한 행정심판청구에 대한 재결이 있은 후 재결서를 송달받은 날부터 90일 이내에 원래의 처분에 대하여 취소소송을 제기하였다고 하여 취소소송이 다시 제소기간을 준수한 것으로 되

---

1) 처분에 위법이 있음을 안 때, 라는 의미가 아니라 처분이 공고 또는 고시의 방법에 의하여 통지되는 경우에는 처분의 상대방이 실제로 공고 또는 고시를 보았으면 당해 공고 또는 고시를 본 날이 '처분이 있음을 알게 된 날'이 될 것이다.

는 것은 아니다.[2]

(2) 예외

(가) 90일에 대한 예외

다만, 청구인이 천재지변, 전쟁, 사변(事變), 그 밖의 불가항력으로 인하여 90일 내에 심판청구를 할 수 없었을 때에는 그 사유가 소멸한 날부터 14일 이내에 행정심판을 청구할 수 있다. 다만, 국외에서 행정심판을 청구하는 경우에는 그 기간을 30일로 한다.

(나) 180일에 대한 예외

행정심판은 처분이 있었던 날부터 180일이 지나면 청구하지 못한다. 다만, 정당한 사유가 있는 경우에는 그러하지 아니하다. 정당한 사유란 처분이 있었던 날부터 180일 이내에 심판청구를 하지 못함을 정당화할만한 객관적 사유를 말하며, 이는 앞서의 불가항력보다 넓은 개념이다. 정당한 사유 역시 처분이 있음을 알게 된 날부터 90일 이내, 처분이 있었던 날부터 180일 이내에 시작되어야 한다. 정당한 사유가 있는 경우에는 180일의 기간은 불변기간이 아니다

여기서 '정당한 사유'에 관하여 판례는 "행정소송법 제20조 제2항 소정의 '정당한 사유'란 불확정 개념으로서 그 존부는 사안에 따라 개별적 · 구체적으로 판단하여야 하나 민사소송법 제160조(현행 민사소송법 제173조)의 '당사자가 그 책임을 질 수 없는 사유'나 행정심판법 제27조 제2항 소정의 '천재지변, 전쟁, 사변 그밖에 불가항력적인 사유'보다는 넓은 개념이라고 풀이되므로, 제소기간도과의 원인 등 여러 사정을 종합하여 지연된 제소를 허용하는 것이 사회통념상 상당하다고 할 수 있는가에 의하여 판단하여야 한다."라고 하였다(대법원 1991. 6. 28. 선고 90누6521 판결).

---

2) 대법원 2011. 11. 24. 선고 2011두18786 판결.

(다) 불고지, 오고지

행정청이 심판청구 기간을 긴 기간으로 잘못 알린 경우 그 잘못 알린 기간에 심판청구가 있으면 그 행정심판은 (1)에 규정된 기간에 청구된 것으로 보며, 심판청구 기간을 알리지 아니한 경우에는 (2)에 규정된 기간에 심판청구를 할 수 있다.

다. 무효등확인심판의 경우

행정심판의 제기기간 규정은 무효등확인심판청구와 부작위에 대한 의무이행심판청구에는 적용하지 아니한다.

Ⅱ. 행정심판청구서의 작성

1. 행정심판청구서 작성 – 서면청구주의

행정심판청구는 행정관청에 비치된 양식을 사용하는 것이 편리하다. 이는 비치된 양식을 사용하지 아니하였다고 하여 청구서로서의 효력이 없는 것은 아니지만 양식을 사용할 경우 아래에서 설명하는 필수적 기재사항을 빠뜨릴 위험성이 적기 때문이다.

▶ 행정심판청구서를 2부 작성하여 처분청(처분을 한 행정기관)이나 국민권익위원회(서울종합민원사무소 또는 세종청사 종합민원상담센터)에 제출하면 된다. 행정심판청구서는 본 사이트의 행정심판 관련 서식란(위원회 자료/행정심판)에서 다운받아 작성하시거나 처분청이나 국민권익위원회(서울종합민원사무소 또는 세종청사 종합민원상담센터)에서 교부받아 작성하면 된다.

가. 필요적 기재사항

행정심판 청구서에는 ⅰ) 청구인의 이름과 주소 또는 사무소, ⅱ) 피청구인과 위원회, ⅲ) 심판청구의 대상이 되는 처분의 내용, ⅳ) 처분이 있었음을 알게 된 날, ⅴ)심판청구의 취지와 이유, ⅶ) 심판청구인의 행정심판고지 유무와 그 내용을 반드시 기재하여야 한다. 부작위에 대한 심판청구의 경우에는 위의 ⅰ)·ⅱ)·ⅴ)의 사항과 그 부작위의 전제가 되는 신청의 내용과 날짜를 적어야 하며 청구인이 법인이거나 능력 있는 비법인 사단 또는 재단이거나 행정심판이 선정대표자나 대리인에 의하여 청구되는 것일 때에는 위 사항과 함께 그 대표자·관리인·선정대표자 또는 대리인의 이름과 주소를 적어야 한다. 또한, 심판청구서에는 청구인·대표자·관리인·선정대표자 또는 대리인이 서명하거나 날인하여야 한다. 이들을 결한 경우 보정을 명할 수 있고, 그렇지 않은 경우에는 각하하게 된다(법 제28조). 비록 행정심판청구서라는 명칭을 사용하지 아니하고 이의신청 등의 용어를 사용한 경우에도 이들 적법한 행정심판청구로 보아야 하며, 기타 내용에 미비한 사항이 있더라도 보정이 가능한 때에는 보정을 명하여야 하며, 보정명령에 따르지 아니하거나 보정이 불가능한 경우에 한하여 이를 각하 하여야 한다.[3]

제목	처분에 대한 심판청구	부작위에 대한 심판청구
당사자	– 청구인의 이름과 주소 또는 사무소 – 피청구인인 행정청과 행정심판위원회	
본문	– 심판청구의 대상이 되는 처분의 내용 – 처분이 있은 것을 안날 – 심판청구의 취지와 이유 – 행정청의 행정심판 고지유무와 그 내용	– 심판청구의 취지와 이유 – 부작위의 전제가 되는 신청의 내용과 날짜
서명날인	청구인, 대표자, 관리, 선정대표자 또는 대리인이 서명날인	

나. 임의적 기재사항

청구인에게 유리한 증거가 있으면 이를 기재할 것이나, 없으면 기재하지 않아도 상관없다.

다. 정보통신망에 의한 청구

행정심판법에 따른 행정심판절차를 밟는 자는 심판청구서와 그 밖의 서류를 전자문서화 하고 이를 정보통신망을 이용하여 위원회에서 지정·운영하는 전자정보처리조직을 통하여 제출할 수 있다. 이 경우 부본을 제출할 의무가 없으며, 전자정보처리조직에서 제공하는 접수번호를 확인하였을 때 접수되고 행정심판이 청구된 것으로 본다. 다만, 위원회는 전자정보처리조직을 통하여 절차를 밟으려는 자에게 본인임을 확인할 수 있는 '전자서명법'에 따른 공인전자서명이나 그 밖의 인증을 요구할 수 있다.

---

3) 대법원 1993. 6. 29. 선고 92누19194 판결.

2. 행정심판청구서의 기재방법

[서식] 행정심판청구서

■ 행정심판법 시행규칙 [별지 제30호서식] 〈개정 2012.9.20〉

행정심판 청구서

접수번호	접수일	

청구인	성명
	주소
	주민등록번호(외국인등록번호)
	전화번호
[ ] 대표자 [ ] 관리인 [ ] 선정대표자 [ ] 대리인	성명
	주소
	주민등록번호(외국인등록번호)
	전화번호
피청구인	서울지방경찰청장
소관 행정심판위원회	[ ] 중앙행정심판위원회 [ ] ○○시·도행정심판위원회 [ ] 기타

처분 내용 또는 부작위 내용	자동차운전면허취소 심판청구
처분이 있음을 안 날	2016. 11. 19.
청구 취지 및 청구 이유	별지로 작성

처분청의 불복절차 고지 유무	2016. 11. 25. 통지받음
처분청의 불복절차 고지 내용	
증거 서류	

「행정심판법」 제28조 및 같은 법 시행령 제20조에 따라 위와 같이 행정심판을 청구
합니다.

년　　월　　일

청구인　　　　　　　　(서명 또는 인)

○○행정심판위원회 귀중

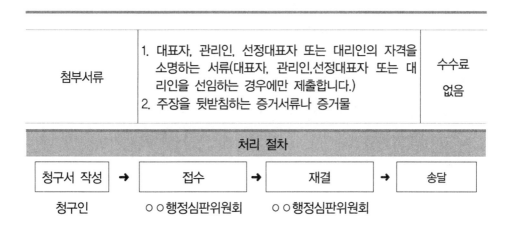

첨부서류	1. 대표자, 관리인, 선정대표자 또는 대리인의 자격을 소명하는 서류(대표자, 관리인,선정대표자 또는 대 리인을 선임하는 경우에만 제출합니다.) 2. 주장을 뒷받침하는 증거서류나 증거물	수수료 없음

처리 절차						
청구서 작성	→	접수	→	재결	→	송달
청구인		○○행정심판위원회		○○행정심판위원회		

210mm×297mm[백상지 80g/㎡]

가. 당사자의 표시

일반적으로 소송에서의 당사자의 표시는 서로 대립관계에 있는 원고와 피고로 표기를
하지만, 행정심판청구에서는 당사자를 청구인과 피청구인으로 표기하며, 여기서 피청
구인은 처분청이 된다. 이는 필수적 기재사항이므로 반드시를 기재를 하여야 한다.
만일, 청구인이 미성년자일 경우에는 변론능력이 없으므로 그의 법정대리인(통상 부모
가 된다)를 기재하여야 하며, 법인이 경우에는 그 기관인 대표자 또는 대표이사 등의
인적사항을 함께 기재를 하여야 한다. 이때 피청구인은 통상 명칭만 표기하면 충분하고

그 외 주소 등을 기재할 필요는 없다.

나. 심판청구 대상인 처분

행정심판청구서에는 어떠한 처분에 대하여 불복하여 취소 또는 변경을 구하는지 특정하여 표시를 하여야 한다. 구체적인 처분의 내용은 나중에 표기를 하여도 되므로 심판청구서에는 간략하게 제목 정도를 표기하여도 충분한데, 쉽게 생각하면 행정소송의 소장을 작성할 때 쓰는 사건명과 동일한 정도의 표기(예를 들어, 운전면허처분 취소를 구하는 경우 – 자동차운전면허 취소처분)면 된다.

다. 심판청구의 취지 기재

심판청구의 취지는 소장의 청구취지와 마찬가지로 청구인이 궁극적으로 심판청구를 통하여 얻고자 하는 내용을 기재하는 것이라 보면된다. 일반적으로 원하는 재결의 결론을 간략하게 표기하고 그러한 재결을 구한다는 취지로 표기하면 된다.

따라서 심판청구의 취지는 재결의 취지를 그대로 기재를 하면 되는데, 예를 들어, "피청구인이 2016. 1. 1. 청구인에 대하여 한 자동차운전면허(서울 제1종 보통 0-000000-00호)의 취소처분을 취소하라."는 내용을 기재를 하고 덧붙여 "~라는 재결을 구합니다."라고 기재를 한다.

[기재례–신청취지]

> 피청구인이 2016. 1. 1. 청구인에 대하여 한 자동차운전면허의 취소처분을 취소하라.
> 라는 재결을 구합니다.

라. 심판청구의 이유

심판청구의 이유는 통상 소송의 청구원인을 기재하는 것이라 보면 된다. 즉, 심판청구의 취지가 상당히 추상적으로 기재되기 때문에, 무슨 이유로 처분의 취소 또는 변경을 구하는 것인지 그 이유를 구체적으로 밝히는 것으로 보면 된다. 결국 심판청구의 취지와 심판청구의 이유가 합쳐서 청구인의 신청하는 내용이 구체적으로 특정되어지는 것이다. 그런데 심판청구의 이유를 기재하는 방법에 대하여는 별도의 형식이 정해져 있는 것은 아니다. 통상 어떠한 경위로 행정청의 처분이 있었는지를 그 경위를 간단히 기재하고, 청구인이 그 처분에 대하여 어떠한 점이 부당하고 위법한 것인지 각 사항별로 그 이유를 설득력있고 논리적으로 기재를 하여야 한다.

대부분 심판청구서의 이유를 기재하는 난은 협소하여 위와 같은 내용을 모두 기재하는 것이 불가능하기 때문에 별지에 따로 이유를 기재하고, 이 부분 양식의 란에는 "별지와 같음"이라고 표기를 한다.

[기재례—신청이유] 자동차운전면허정지처분 취소심판 청구

1. 청구인은 2000. 11. 11. 제1종 보통운전면허를 취득하여 운전해오다가 2016. 1. 1. 서울시장으로부터 개인택시 운송사업면허를 발급받아 운전으로 생계를 이어가고 있는 개인택시 운전자입니다.

2. 청구인은 2016. 11. 18. 친구 아들의 결혼식에 참석했다가 친구들과 식사를 하면서 약간의 술을 마시고 있던 중 당시 예식장 주차장에 공간이 없어 골목에 주차를 해두었는데 안쪽에 있던 차량의 소유자가 차를 빼달라고 요구하여 골목길이고 약간만 움직이면 될 것 같아 약 7미터정도 운전하여 차를 빼주게 되었는데 그때 마침 골목 바깥을 지나던 승용차와 접촉하게 되어 음주측정을 하게 된 것이고 전혀 운행을 하기 위한 운전이 아니었습니다.

3. 이와 같이 청구인은 단지 주차중인 차를 다른 차량의 운행을 위하여 비켜주는 과정이었지 결코 차를 운행하기 위한 운전이 아니었으며, 평생 운전으로 생계를 유지해오고 있어 ○○○일간의 운전면허정지처분은 당장 생계를 위협하고 있는 바, 청구인이 음주하게 된 동기 기타 제반 정상을 참작할 때 피청구인으로부터의 행정처분은 부당하므로 2016. 11. 19. 정지한 운전면허 행정처분을 취소하여 주시기 바라와 이 사건 신청에 이른 것입니다.

마. 처분을 한 행정청의 고지의 유무 및 내용

고지제도란, 행정청이 처분을 함에 있어 그 상대방 또는 이해관계인에게 해당 처분에 대해 불복청구의 가능성 및 그에 필요한 사항을 알려주는 제도를 말한다. 행정심판법은 처분의 상대방 또는 이해관계인에 대한 처분청의 직권 또는 청구에 기한 고지의무를 규정하고, 그 불고지 또는 오고지에 대한 구제수단을 마련하고 있다. 대개는 서면으로 알려주는 것이 보통이며, 심판청구서의 이 부분 란에는 통지를 받은 경우 그 날짜를 기재하면 되고, 통지를 받은 바 없다면 처분이 있은 것을 안날을 기재하면 된다. 이 날짜는 행정심판을 행정심판의 제기기간 기산점으로 하여 제기기간 준수여부를 판단하는 자료가 되므로 주의하여 기재를 하여야 한다.

[고지내용]

> 행정청이 한 해당처분에 대해 행정심판을 청구할 수 있는지의 여부
> 행정심판을 청구하는 경우 다음의 사항
> - 심판청구의 절차
> - 심판청구의 기간
> - 심판청구서를 제출해야 할 행정기관

바. 첨부서류

행정심판의 이유 부분에서 청구인이 행정청의 처분이 위법 또는 부당함을 이유로 그 취소를 구하는 주장을 하였다면, 그러한 주장이 맞다고 인정할 증거를 제출하여야 한다. 첨부서류를 기재하는 란에는 바로 청구인의 청구를 입증할 증거서류와 제출하는 서류의 제목을 적으면 된다. 행정심판청구서에 이러한 증거를 첨부하여 제출할 경우에는 그 사본을 첨부하는 것으로 충분하다. 마지막으로 재결청을 표시하면 심판청구의 필요적 기재사항과 임의적 기재사항을 모두 기재하게 되는 것이며, 이러한 완성된 심판청구서에 간인을 하여 제출하면 된다.

사. 기타

위와 같은 사항들을 모두 기재한 후 그 아래에 심판청구서를 제출하는 일자와 청구인의 성명을 쓰고 날인하면 되고, 만일 대리인에 의하여 제출되는 경우라는 대리인의 성명을 쓰고 날인하면 된다.

아. 심판청구서 작성 부수

행정심판청구의 경우 심판청구서는 피청구인의 수에 따른 부본을 한부 더 제출하면 된다. 그러므로 피청구인이 1인이면 부본을 1부 더 작성하여 제출하여야 한다. 만일 원본에 증거서류가 첨부되어 있으면 부본에도 이를 복사하여 원본과 같이 첨부하여야 한다.

Ⅲ. 행정심판청구의 제기

1. 심판청구서 제출기관 및 심판청구 기산일

가. 심판청구 제출기관

행정심판을 청구하려는 자는 심판청구서를 작성하여 피청구인이나 위원회에 제출하여야 한다. 이 경우 피청구인의 수만큼 심판청구서 부본을 함께 제출하여야 하며, 심판청구서는 피청구인인 행정청(처분청)에 제출할 수도 있고 또는 위원회에 제출할 수도 있다.

나. 심판청구기간의 기산일

심판청구기간을 계산함에 있어서는 ⅰ) 제27조에 따른 심판청구기간을 계산할 때에는 피청구인이나 위원회에 제출되었을 때 ⅱ)오고지나 불고지로 청구인이 다른 행정기관에 제출한 경우에는 다른 행정기관에 심판청구서가 제출되었을 때에 행정 심판이 청구된 것으로 본다(법 제23조 제4항).

2. 심판청구서의 접수 및 처리

가. 심판청구가 피청구인에 제출된 경우

(1) 위원회에 답변서 제출

피청구인이 청구인이나 위원회로부터 심판청구서를 받은 때에는 피청구인의 직권취소나 청구인의 심판청구를 취하하는 경우를 제외하고는 심판청구서를 접수하거나 송부받으면 10일 이내에 심판청구서와 답변서를 위원회에 보내야한다. 피청구인이 심판청구서를 보낼 때에는 심판청구서에 위원회가 표시되지 아니하였거나 잘못 표시된 경우에도 정당한 권한 있는 위원회에 보내야한다.

▶ 답변서 기재사항

피청구인이 답변서를 보낼 때에는 청구인의 수만큼 답변서부본을 함께 보내되, 답변서에는 ⅰ) 처분이나 부작위의 근거나 이유 ⅱ) 심판청구의 취지와 이유에 대응하는 답변 ⅲ) 처분의 상대방이 제3자인 경우에는 처분의 상대방의 이름·주소·연락처와 의무이행 여부를 명확하게 적어야 한다.

(2) 피청구인의 직권취소 등

피청구인이 청구인이나 위원회로부터 심판청구서를 받은 때에 그 심판청구서가 이유 있다고 인정하면 심판청구의 취지에 따라 직권으로 처분을 취소·변경하거나 확인을 하거나 신청에 따른 처분을 할 수 있다. 이 경우 서면으로 청구인에게 알려야 한다. 피청구인이 직권취소 등을 하였을 때에는 청구인이 심판청구를 취하한 경우가 아니면 제24조 제1항 본문에 따라 심판청구서·답변서를 보낼 때 직권취소 등의 사실을 증명하는 서류를 위원회에 함께 제출하여야 한다(법 제25조).

나. 심판청구가 위원회에 제출된 경우

(1) 피청구인에 심판청구서 부본 송부

위원회가 심판청구서를 받으면 지체없이 피청구인에게 심판청구서 부본을 보내야 한다.

(2) 청구인에 답변서 부본 송부

위원회는 피청구인으로부터 답변서가 제출되면 답변서 부본을 청구인에게 송달하여야 한다.

3. 심판청구의 변경·취하

가. 심판청구의 변경

(1) 청구의 변경

청구인이 행정심판청구를 한 후에 청구의 기초에 변경이 없는 범위에서 청구의 취지나 이유를 변경하는 것을 말하며, 이는 분쟁해결의 간편을 도모한 제도이다.

(가) 요 건

청구의 변경이 있으면 그 변경의 범위 내에서 신청구가 생기게 되는 것이므로 그 신청구에 대하여 심판청구의 일반적 요건을 갖추어야 하고 구청구와의 관계에 있어서는 ⅰ) 청구의 기초에 변경이 없어야하고 ⅱ) 심판청구가 계속 중이고 위원회의 결정전이어야 하고 ⅲ) 위원회의 허가를 얻어야 한다. 위원회는 청구의 변경이 이유 없다고 인정할 때에는 상대방인 당사자의 신청이나 직권에 의하여 결정함으로써 그 변경을 허가하지 아니할 수 있다.

(나) 방식 및 절차

심판청구의 변경은 서면으로 신청하여야 하며, 피청구인과 참가인의 수만큼 청구변경 신청서부본을 함께 제출해야 한다. 위원회는 청구변경서 부본을 피청구인과 참가인에게 송달하여야 한다. 위원회는 청구변경 신청에 대하여 허가할 것인지 여부를 결정하고, 지체없이 신청인에게는 결정서 정본을, 당사자 및 참가자에게는 결정서 등본을 송달하여야 한다. 이 경우 신청인은 송달받은 날부터 7일 이내에 이의신청을 할 수 있다(법 제29조).

(다) 효과

청구의 변경결정이 있으면 처음 행정심판이 청구되었을 때부터 변경된 청구의 취지나 이유로 행정심판이 청구된 것으로 본다(법 제29조 제5항).

(2) 새로운 처분이나 처분변경으로 인한 청구의 변경

행정심판이 청구된 후에 피청구인이 새로운 처분을 하거나 심판청구의 대상인 처분을 변경한 경우에는 청구인은 새로운 처분이나 변경된 처분에 맞추어 청구의 취지나 이유를 변경할 수 있다.

(3) 심판청구의 취하

심판청구의 취하란 청구인은 위원회의 의결이 있을 때까지 서면으로 심판청구를 철회하는 일방적 의사표시를 말한다.

(가) 요 건

심판청구의 취하는 ⅰ) 위원회의 의결이 있을 때까지는 언제든지 서면으로 심판청구를 취하할 수 있고 ⅱ) 피청구인이 답변서를 제출한 후에도 그의 동의를 요하지 않고 취하할 수 있다. 이점이 민사소송에서의 소의 취하와 다르다. ⅲ) 취하서에는 청구인이 서명하거나 날인하여야 한다.

(나) 방식 및 절차

참가인은 심판청구에 대하여 위원회의 의결이 있을 때까지 서면으로 참가신청을 취하할 수 있다. 피청구인 또는 위원회는 계속 중인 사건에 대하여 취하서를 받으면 지체없이 다른 관계기관, 청구인, 참가자에게 취하 사실을 알려야 한다.

(다) 효 과

취하에 의하여 심판청구는 소급적으로 소멸한다.

[서식] 심판청구 취하서

■ 행정심판법 시행규칙 [별지 제40호서식] 〈개정 2012.9.20〉

심판청구 취하서

접수번호	접수일	
사건명		

청구인	성명
	주소

피청구인	
청구인과의 관계	[ ] 본인　　[ ] 대표자　　[ ] 관리인　　[ ] 선정대표자　　[ ] 대리인

취하 취지	
취하 이유	

「행정심판법」 제15조제3항, 제42조제1항·3항 및 같은 법 시행령 제30조에 따라 위와 같이 심판청구를 취하합니다.

년　월　일

취하인　　　　　　　　　(서명 또는 인)

○○행정심판위원회 귀중

첨부서류	선정대표자가 취하하는 경우에는 다른 청구인들의 취하 동의서	수수료 없음

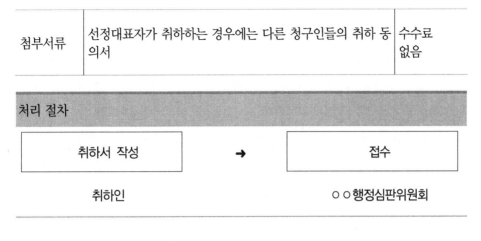

210mm×297mm[백상지 80g/㎡]

4. 행정심판제기의 효과

가. 처분청 및 행정심판위원회에 대한 효과

처분청은 심판청구가 이유 있다고 인정되는 때를 제외하고 심판청구서를 받은 날부터 10일 이내에 심판청구서와 답변서를 위원회에 보내야 한다. 피청구인은 처분의 상대방이 아닌 제3자가 심판청구를 한 경우에는 지체 없이 처분의 상대방에게 그 사실을 알림과 동시 심판청구서 사본을 함께 송달하여야 한다. 위원회는 제출받은 행정심판청구사건에 대하여 심리·재결할 의무를 진다.

나. 행정처분에 대한 효과

이는 행정의 신속성·실효성과 국민의 권리구제 중 어느 것을 더 중시하는가에 따른 입법정책상의 문제이다. 행정심판법은 전자를 중시하여 집행부정지 원칙을 취함과 동시에 예외적으로 국민의 권리구제를 위해 집행정지 및 임시처분을 인정하고 있다. 국민의 임시구제 내지 가구제를 위해서 집행정지와 임시처분을 인정한 것이다.

5. 자동차운전면허구제관련 소송 - 행정심판 필요적 전치주의 등

가. 개관

운전면허에 관한 소송은 운전면허취소처분 취소소송이 대부분이며, 도로교통법 제93조 제1항은 운전면허 취소·정지의 개별 사유를 정하고 있다. 또한 같은 조 제2항은 취소·정지처분의 기준이 되는 벌점에 관하여 정하고 있다. 특히, 운전면허의 취소가 직업유지, 생계에 막대한 지장을 주는 경우에 더욱 구제율이 높아지며, 행정처분대상자가 입게될 불이익과 행정처분으로 실현하고자 하는 공익 실현에 따른 비교형량에 따라 구제의 가능성이 높아지게 된다.

> **【판시사항】**
> 운전면허 행정처분처리대장상 벌점의 배점이 행정처분인지 여부(대법원 1994. 8. 12. 선고 94누2190 판결)
>
> **【판결요지】**
> 운전면허 행정처분처리대장상 벌점의 배점은 도로교통법규 위반행위를 단속하는 기관이 도로교통법시행규칙 별표 16의 정하는 바에 의하여 도로교통법규 위반의 경중, 피해의 정도 등에 따라 배정하는 점수를 말하는 것으로 자동차운전면허의 취소, 정지처분의 기초자료로 제공하기 위한 것이고 그 배점 자체만으로는 아직 국민에 대하여 구체적으로 어떤 권리를 제한하거나 의무를 명하는 등 법률적 규제를 하는 효과를 발생하는 요건을 갖춘 것이 아니어서 그 무효확인 또는 취소를 구하는 소송의 대상이 되는 행정처분이라고 할 수 없다.

한편, 도로교통법 시행규칙 [별표 28]은 벌점의 기준을 포함하여 취소·정지처분의 구체적 기준을 정하고 있는데, 위 기준은 행정청 내부의 재량준칙에 불과한 것으로서 대외적으로 국민이나 법원을 기속하는 효력은 없으므로 처분의 적법 여부는 위 기준만으로 판단할 것이 아니라 도로교통법의 규정 내용과 취지에 따라 판단하여야 한다.[4]

---

4) 대법원 2004. 12. 23. 선고 2003두3017 판결.

[음주운전 구제기준]

- 생계형(특히 ,이의신청은 생계를 가장 중요)

- 부당성과 가혹성

- 정상참작성 등을 감안하여 심리하고 있으며 그 요소는 아래와 같다.

아 래

1. 음주수치(혈중알코올 농도가 면허취소인 경우라도 너무 높지 않은 경우)

2. 생계성(운전을 하지 못하면 생계에 지장이 있는지, 직업과 밀접성)

3. 음주운전의 동기 및 당시 정황(피치 못할 사정이 있는지)

4. 음주운전의 거리

5. 음주운전적발전력, 사고, 교통법규위반으로 받은 벌점 등

6. 운전경력(과거 운전 당시 법 준수여부)

7. 가정경제(재산의 유무, 부양의 의무, 부채의 정도, 생계비 등)

8. 사회공헌도(표창, 상장, 사회봉사 등)

9. 가족 중 병원에 입원하거나 통원진료 하는 사람이나 병석에 있는 사람 유무

10. 경찰의 행정처분의 하자(행정절차상 하자나 결격 사유)

11. 기타 정상참작의 여지 등을 중점적으로 판단한다.

[음주운전 구제가 불가능한 경우]

행정심판에서 법적으로 구제신청을 할 수 있는 요건은 혈중알코올농도 수치 0.125%를 초과해서는 아니 되고, 직업상 제한은 없지만 직업상·생활상·출퇴근 상 운전이 필요해야 한다.

다만,　 - 혈중알코올농도가 0.1% 초과한 경우

　　　 - 혈중알코올농도 0.100% 이상이면서 인적피해가 접수된 경우

　　　 - 이진아웃, 측정거부, 청구인의 법규위반 정도가 중대한 경우

　　　 - 고의의 뺑소니, 고의의 무면허운전

등은 도로교통법 제93조 제1항에 따라 반드시 취소하도록 되어 있어, 행정심판을 통한

구제가 불가능하다.

다만, 위법한 처분이거나 특수한 사례(도로외 구역인 주차장이나 아파트구역 내 이동, 긴급피난, 호흡측정이 어려운 경우 등)는 위와 같은 경우와 무관하게 수치가 높아도 구제대상이 된다.

그 외

∥ 이진아웃에 해당 하는 자

∥ 음주측정 불응자

∥ 결격자가 운전면허를 취득한 경우

∥ 허위 또는 부정한 방법으로 운전면허를 취득한 자

∥ 정지기간 중 운전면허증 또는 운전면허증을 갈음하는 증명서를 발급받은 자

∥ 수시 또는 정기 적성검사 미필 또는 불합격

∥ 자동차나 원동기 장치 자전거를 훔치거나 빼앗은 자

∥ 단속 중인 경찰공무원 등을 폭행한 자

∥ 미등록 자동차를 운전한 자

∥ 연습운전면허의 취소사유가 있었던 자

∥ 다른 법률에 따라 다른 행정기관의 장이 운전면허의 취소처분을 요청한 자

등도 사실상 구제가 쉽지 않다.

나. 행정심판 전치주의

도로교통법은 운전면허취소·정지처분에 대한 행정소송은 전심절차로서 행정심판의 재결(裁決)을 거치지 아니하면 제기할 수 없다고 규정하여, 행정심판 전치주의를 취하고 있다(도로교통법 제142조). 행정심판 재결의 존재는 소송요건이므로 행정심판 재결이 있기 전에 소를 제기하면 부적법 소로서 각하하여야 하지만, 소송요건의 충족 여부는 변론종결시를 기준으로 하는 것이므로 실무상 바로 각하하지 아니하고 재결이 있을 때까지 기다리는 등 흠의 치유를 기다려 본안판단을 함이 일반적이다.

Q 행정소송을 제기하기 전에 행정심판을 꼭 거쳐야 하는지?

A 종전에는 행정소송을 제기하려면 반드시 먼저 행정심판을 거치도록 되어 있었으나(필요적 전치주의) 1998년 3월 1일부터(개정 1994.7.27.)는 개정된 행정소송법에 따라 원칙적으로 당해 법률에 다른 규정이 있는 경우를 제외하고는 행정심판 제기의 유·무 및 그 전·후에 관계없이 행정소송을 제기할 수 있습니다(행정소송법 제18조 제1항 : 임의적 전치주의).

그러므로 당사자의 선택에 따라 행정심판을 청구한 후에 그 결과를 보고 행정소송을 제기하거나 또는 행정심판과 행정소송을 동시에 청구할 수 있으며, 아니면 처음부터 아예 행정심판을 거치지 않고 바로 행정소송을 제기할 수도 있습니다.

또한, 필요적으로 행정심판을 거치도록 되어 있는 종류의 소송이라도 변론종결 시까지 전치의 요건을 충족하면 그 하자는 치유됩니다.

여기서 말하는 행정심판은 실정법상 행정심판, 이의신청, 심사청구, 심판청구 등으로 불리는 모든 경우를 포괄하는 개념입니다.

임의적 전치주의 하에서 굳이 행정심판을 거칠 실익이 있는지 의문을 가질 수도 있으나, 행정심판에서는 행정처분의 위법뿐만 아니라 부당을 주장할 수도 있고, 그 절차가 비교적 간편하며 설사 행정심판으로 권리의 구제를 받지 못하더라도 이후 소송에서 행정심판기록 제출명령제도를 이용하여 간편하게 소송자료를 얻을 수 있는 장점이 있습니다.

현행법상 반드시 선행적으로 행정심판을 거쳐야 하는 대표적인 경우로는 크게 네 가지 경우가 있습니다. 다만 이 경우에도 취소소송 및 부작위위법확인소송이 아닌 무효확인소송이나 당사자소송의 경우에는 애당초 전치절차를 거칠 필요가 없습니다.

첫째, 「국세기본법」, 「관세법」은 '행정소송법' 제18조 제1항 본문의 적용을 배제하고 행정소송의 제기에 앞서 필요적으로 각 해당 법률이 정한 특별행정심판절차를 거칠 것을 요구하고 있습니다(국세기본법 제56조 제2항, 관세법 제120조 제2항).

이에는 세가지 방법이 있는바, 임의적 이의신청절차를 거쳐 세무서장(세관장)을 거쳐 국세청장(관세청장)에게 심사청구를 하거나, 국세심판원장에게 심판청구를 하여 결정을 받거나, 또는 별도로 「감사원법」 제3장에 규정된 심사청구절차를 이용할 수 있습니다. 다만, 이와 같은 행정심판 절차는 중복적으로 진행할 수는 없습니다.

둘째, 공무원에 대한 징계 기타 불이익처분의 경우가 있는바, 일반 공무원의 경우 30일 이내에 소청심사위원회에 심사청구를 하여 이를 거친 후 90일 이내에 행정소송을 제기할 수 있고(국가공무원법 제16조 제1항, 지방공무원법 제20조의2), 교원인 공무원의 경우는 30일 이내에 교원징계재심위원회에 재심청구를 하여 이를 거친 후 90일 이내에 행정소송을 제기할 수 있습니다(교육공무원법 제53조 제1항, 제57조 제1항).

셋째, 노동위원회의 결정에 대한 불복의 경우가 있는바, 이 경우는 10일 이내에 중앙노동위원회에 재심신청을 거친 후 15일 이내에 행정소송을 제기할 수 있습니다(노동위원회법 제26조, 제27조, 노동조합및노동관계조정법 제85조).

넷째, 도로교통법상의 처분(운전면허정지, 운전면허의 취소 등)에 대한 불복으로서 행정소송을 제기하기 위해서는 행정심판재결을 거치지 아니하면 이를 제기할 수 없습니다(도로교통법 제142조).

다. 법령확인

도로교통법상 필요적 취소사유로 되어 있음에도 이를 간과하고 재량권 일탈·남용의 주장을 하는 당사자가 상당수 있다. 운전면허취소의 경우 필요적 취소사유로 되어 있다가 임의적 취소사유로 변경되기도 하고, 그 반대로 변경되기도 하는 등 수시로 법이 개정되고 있으므로 심판청구를 제기하기에 앞서 이러한 점을 정확히 확인할 필요가 있다.

6. 도로 및 자동차 운전의 개념

가. 도로

도로교통법 제2조 제1호는 "도로란 다음 각 목에 해당하는 곳을 말한다.

(1) 「도로법」에 따른 도로

(2) 「유료도로법」에 따른 유료도로

(4) 「농어촌도로 정비법」에 따른 농어촌도로

(5) 그 밖에 '현실적으로 불특정 다수의 사람 또는 차마(車馬)가 통행할 수 있도록 공개된 장소로서 안전하고 원활한 교통을 확보할 필요가 있는 장소'라고 규정하고 있으며, 같은 법 제2조 제26호에서 운전의 정의에 관하여 '운전'이란 도로에서 차마를 그 본래의 사용방법에 따라 사용하는 것(조종을 포함)을 말한다.라고 규정하고 있다. 따라서 특정된 장소인 아파트단지와 대학구내 통행로의 관리 및 이용 상황에 비추어 불특정 다수의 사람이나 차량의 통행을 위하여 공개된 장소로서 일반교통에 사용되는 곳으로 볼 여지가 있지만, 위 장소는 도로교통법상의 도로에 해당하지 않는다.[5]

Q 甲은 택시를 운전하는 자로서 택시영업을 마치고 주거지 아파트 단지 내 상가에서 술을 마시고 혈중알콜농도 0.13% 상태에서 택시를 운전하여 위 아파트 주차장 사이의 통행로 진입하던 중 주차구획선 내에 주차되어 있던 승용차를 들이받는 사고를 일으켰습니다. 甲이 운전한 장소는 위 아파트 단지 내 통행로인바, 이 경우에도 위 아파트 단지 내 통행로가 「도로교통법」제2조 제1호 소정의 '도로'에 해당되어 음주운전으로 운전면허취소처분을 받게 되는지요?

A 「도로교통법」제2조 제1호는 "도로란 다음 각 목에 해당하는 곳을 말한다. 가. 「도로법」에 따른 도로, 나. 「유료도로법」에 따른 유료도로, 다. 「농어촌도로 정비법」에 따른 농어촌도로, 라. 그 밖에 현실적으로 불특정 다수의 사람 또는 차마(車馬)가 통행할 수 있도록 공개된 장소로서 안전하고 원활한 교통을 확보할 필요가 있는 장소"라고 규정하고 있으며, 같은 법 제2조 제26호에서 운전의 정의에 관하여 '운전'이란 '도로에서 차마를 그 본래의 사용방법에 따라 사용하는 것(조종을 포함)을

---

5) 대법원 2006. 1. 13. 선고 2005도6986 판결.

말한다.'고 규정하고 있습니다.

그리고 같은 법 제44조 제1항은 "누구든지 술에 취한 상태에서 자동차 등(『건설기계관리법』 제26조제1항 단서에 따른 건설기계 외의 건설기계를 포함한다. 이하 이 조, 제45조, 제47조, 제93조제1항제1호부터 제4호까지 및 제148조의2에서 같다.) 을 운전하여서는 아니 된다."라고 규정하고 있고, 같은 법 제93조 제1항 제1호에서는 "지방경찰청장은 운전면허를 받은 사람이 제44조 제1항의 규정에 위반하여 술에 취한 상태에서 운전을 한 때에는 행정자치부령이 정하는 기준에 의하여 운전면허를 취소하거나 1년의 범위 안에서 그 운전면허의 효력을 정지시킬 수 있다."라고 규정하고 있습니다.

그런데 『도로교통법』은 도로에서 일어나는 교통상의 모든 위험과 장해를 방지·제거하여 안전하고 원활한 교통을 확보함을 목적으로 하므로(같은 법 제1조), 같은 법 제93조 제1항 제1호 소정의 행정처분대상자에 해당하기 위해서는 운전한 장소가 같은 법 제2조 제1호 소정의 도로이어야 합니다.

구 『도로교통법』 제2조 제1호에 의하면 '도로'는 "도로법에 의한 도로, 유료도로법에 의한 유료도로, 그 밖의 일반교통에 사용되는 모든 곳을 말한다"라고 규정하고 있었는바, 여기서 말하는 '일반교통에 사용되는 곳'에 대한 해석과 관련하여 판례는, "구 도로교통법(1999. 1. 29. 법률 제5712호로 개정되기 전의 것) 제2조 제1호, 제19호에 의하면 '운전'이라 함은 도로에서 차를 본래의 사용방법에 따라 사용하는 것을 말하고, '도로'라 함은 도로법에 의한 도로, 유료도로법에 의한 유료도로 그 밖의 일반교통에 사용되는 모든 곳을 말한다고 규정하고 있는데, 여기서 '일반교통에 사용되는 모든 곳'이라 함은 현실적으로 불특정 다수의 사람 또는 차량의 통행을 위하여 공개된 장소로서 교통질서유지 등을 목적으로 하는 일반 교통경찰권이 미치는 공공성이 있는 곳을 의미하고, 특정인들 또는 그들과 관련된 특정한 용건이 있는 자들만이 사용할 수 있고 자주적으로 관리되는 장소는 이에 포함되지 않는다."라고 하였으나, "아파트 단지가 상당히 넓은 구역이고, 여러 곳에 경비실이 설치되어 있어 경비원들이 아파트 주민 이외의 차량에 스티커를 발부해왔으나 외부차량

출입통제용이 아닌 주민들의 주차공간확보 차원에서 이루어진 것일 뿐이며, 현실적으로 불특정 다수의 사람이나 차량의 통행이 허용된다는 이유로 아파트 단지 내의 통행로가 공개된 장소로서 교통질서유지 등을 목적으로 하는 일반교통경찰권이 미치는 공공성이 있는 곳으로 구 도로교통법(1999. 1. 29. 법률 제5712호로 개정되기 전의 것) 제2조 제1호 소정의 '도로'에 해당한다."라고 한 바 있습니다(대법원 2001. 7. 13. 선고 2000두6909 판결).

위 판례는 구 「도로교통법」(1999. 1. 29. 법률 제5712호로 개정되기 전의 것)하에서 발생된 사건에 관한 판례이지만, 위 판례 등의 취지를 반영하여 개정된 현행 「도로교통법」에서도 동일하게 적용될 것으로 보입니다.

따라서 위 사안에 있어서도 위 아파트 단지 내의 통행로의 관리상태가 위 판례 사안과 유사한 경우라면 공개된 장소로서 교통질서유지 등을 목적으로 하는 일반교통경찰권이 미치는 공공성이 있는 「도로교통법」상의 도로에 해당되므로 甲의 운전면허가 취소될 수 있을 것으로 보입니다.

나. 자동차운전

(1) 개념

도로교통법 제2조 제19호는 '운전'이라 함은 도로에서 차를 그 본래의 사용 방법에 따라 사용하는 것을 말한다고 규정하고 있는바, 여기에서 말하는 운전의 개념은 그 규정의 내용에 비추어 목적적 요소를 포함하는 것이므로 고의의 운전행위만을 의미하고 자동차 안에 있는 사람의 의지나 관여 없이 자동차가 움직인 경우에는 운전에 해당하지 않는다.

(2) 운전할 목적 없이 시동을 건 경우

가) 어떤 사람이 자동차를 움직이게 할 의도 없이 다른 목적을 위하여 자동차의 원동기(모터)의 시동을 걸었는데, 실수로 기어 등 자동차의 발진에 필요한 장치를 건드려 원동기의 추진력에 의하여 자동차가 움직이거나 또는 불안전한 주차상태나 도로여건

등으로 인하여 자동차가 움직이게 된 경우는 자동차의 운전에 해당하지 아니한다.[6]

최근 1차로에 있는 차량을 도로 가장자리로 옮기기 위해 음주상태에서 약 3m 가량 운전한 행위에 대해 법원이 형법상 '긴급피난'에 해당한다며 무죄를 선고한 사례가 있기도 하다. 그 논거는 교통방해와 사고 위험을 줄이기 위해 편도 1차로의 우측 가장자리로 3m가량 차를 이동시켰을 뿐 더 이상 차량을 운전할 의사는 없었던 것으로 보인다는 이유에서 이다.

나) 또한, 단지 자동차의 히터를 가동하기 위하여 자동차의 원동기의 시동을 거는 순간 위 자동차에 후진기어가 들어간 상태이어서 탑승자의 의사와 관계없이 위 자동차가 약 1.5m 가량 후진하게 되었다면, 탑승자가 그 당시 자동차를 운전하였다고 볼 수 없어 도로교통법상 음주운전에 해당하지 않는다.[7]

그러나 이유여하를 불문하고 술에 취한 상태에서 차량에 탑승한 경우 음주운전자로 강한 의심을 받거나 음주운전자로 속칭 말하는 엮일 수 있다는 점을 유의하여 어떠한 경우에도 술에 취한 상태에서는 의심스러운 행위를 지양하여야 할 것이다.

7. 형사재판과의 관계

가. 형사재판과의 관계

운전면허취소·정지 사유가 음주운전이나 무면허운전인 경우와 같이 형사처벌의 대상도 되어 행정처분과 별도로 형사절차가 진행되는 경우가 있다. 시행규칙 [별표 28] 1. 마. 에 따르면 형사재판에서 무죄판결이 확정되는 경우 운전면허 행정처분을 취소하게 되어 있으므로 처분 사유의 존부에 관하여 다툼이 있는 경우 형사판결 선고시까지 기다리는 경우가 일반적인데, 취소처분의 효력이 정지되어 있는 경우 소송의 지연으로 처분의 실효성이 없게 될 수 있음을 주의하여야 한다. 따라서 관련 형사사건 때문에 행정사건 본안기일을 추정한 경우에도 수시로 관련 형사사건을 검색하여 소송지연의도가 있다고 보일 경우에는 행정사건 본안기일을 지정하여 형사사건 지연사유를 확인한 후 경우에

---

6) 대법원 2004. 4. 23. 선고 2004도1109 판결.
7) 대구지방법원 2005. 9. 21. 선고 2004노4281 판결: 상고.

따라 집행정지를 취소하는 등의 조취를 취하는 것이 바람직하다.[8]

[형사처벌을 받을 가능성이 높은 음주운전의 유형]

1. 2회 이상의 음주, 무면허 운전

2. 5년 안으로 3번, 3년 안으로 2번의 음주전력

3. 혈중알코올농도 0.200 이상 및 측정거부, 무면허시

4. 혈중알코올농도 0.36% 이상인 음주 운전

5. 음주운전에 위험운전치사상죄(대인사고) 성립시

6. 음주운전에 교통사고처리특례법상(도주차량: 일명 뺑소니)

7. 음주집행유예기간 중 음주 또는 과거 집행유예 이력

8. 누범기간인 자

9. 자신의 범행에 대해 반성의 자세가 없는 자

▶ 우리가 흔히 말하는 이른바 '음주운전 삼진아웃제'는 2019. 6. 25.부터 이진아 웃으로 강화됐다. 종래 음주운전 3회 이상 적발시 징역 1년 또는 3년, 벌금 500 만 원에서 1000만 원으로 처벌되던 것이, 음주운전 3회 이상 적발 시 징역 2년 또는 5년, 벌금 1000만 원에서 2000만 원으로 강화됐다. 즉 음주운전은 2번 적 발될 때부터 재판부에서 최대한 선처를 내려준다 해도 1000만 원의 벌금이 부 과될 수 있는 등 처벌수위가 높아진다는 점을 유념해야 한다.

▶ 이진아웃의 기준, 이진아웃은 2001. 6. 30. 이후 음주운전으로 그것이 정지수치 든 취소수취든 두 번 이상 단속에 적발될 경우 무조건 이진아웃으로 운전면허가 취소됨에 유의하여야 한다.

특히, 이진아웃의 시작점은 윤창호법 시행 이후가 아니라 단순음주운전 과거전 력의 경우 2001. 7. 24일부터이며, 음주운전으로 사고가 발생할 경우에는 2001. 6. 30.부터로 기간점이 다르므로 특별히 기산점 산정에 유의할 필요가 있다.

---

8) 사법발전재단, 행정소송의 이론 및 실무, 2014. 1. 15, 740면.

나. 음주운전단속불응 경찰관폭행 등

(1) 개관

간혹 술에 취한 상태에서 음주단속까지 당하게 되면 술김에 단속 현장에서 애꿎은 경찰관에게 화를 내며, 음주운전단속까지 불응하고 욕설을 하거나 폭행을 하는 경우를 심심치 않게 뉴스나 신문지상에서 볼 수 있다. 아무리 술김에 우발적인 행위라 할지라도 단순히 음주운전으로 끝날 사안을 그 행위로 인하여 도로교통법법위반(음주측정불응죄)과 공무집행방해죄, 모욕죄 등으로 더 큰 죄로 처벌을 받을 수 있음을 주의하여야 한다.

【판시사항】

구 도로교통법 제107조의2 제2호, 제41조 제2항 소정의 음주측정불응죄의 성립요건 (대법원 1999. 12. 28. 선고 99도2899 판결)

【판결요지】

구 도로교통법(1999. 1. 29. 법률 제5712호로 개정되기 전의 것) 제107조의2 제2호, 제41조 제2항의 해석상 교통안전과 위험방지를 위하여 필요한 경우가 아니라고 하더라도 음주측정 요구 당시의 객관적 사정을 종합하여 볼 때 운전자가 술에 취한 상태에서 자동차 등을 운전하였다고 인정할 만한 상당한 이유가 있고 운전자의 음주운전 여부를 확인하기 위하여 필요한 경우에는 사후의 음주측정에 의하여 음주운전 여부를 확인할 수 없음이 명백하지 않는 한 경찰공무원은 당해 운전자에 대하여 음주측정을 요구할 수 있고, 당해 운전자가 이에 불응한 경우에는 위 법 소정의 음주측정불응죄가 성립하는바, 운전자가 술에 취한 상태에서 자동차 등을 운전하였다고 인정할 만한 상당한 이유가 있는지의 여부는 음주측정 요구 당시 개별 운전자마다 그의 외관·태도·운전 행태 등 객관적 사정을 종합하여 판단하여야 할 것이고, 특히 운전자의 운전이 종료한 후에는 운전자의 외관·태도 및 기왕의 운전 행태, 운전자가 마신 술의 종류 및 양, 음주운전의 종료로부터 음주측정의 요구까지의 시간적·장소적 근접성 등 객관적 사정을 종합하여 신중하게 판단할 것이 요구된다.

(2) 불법음주측정 거부 폭행

적법한 절차를 준수하지 아니한 채 음주측정을 요구하는 경찰관을 상대로 저항하는 과정에서 경찰관을 폭행하여 경미한 상해를 가한 경우 그 폭행행위는 경찰관의 불법체포 및 그에 따른 위법한 음주측정요구 등 자신의 신체에 대한 현재의 부당한 침해에서 벗어나기 위한 행위로서 위법성이 조각된다는 이유로, 공무집행방해죄의 성립을 부정한다.9)

(3) 동승자가 교통단속 경찰관 폭행, 면허취소 여부

도로교통법 제78조 제1항 제9호, 같은법시행규칙 제53조 제1항 [별표 16] 운전면허행정처분기준 제2의 취소기준 개별기준 일련번호 제9-4호의 취지는 자동차를 직접 운전하는 운전자가 도로교통법에 의한 교통단속임무를 수행하는 경찰공무원등 및 시·군·구 공무원을 폭행한 때에 그 운전면허를 취소함으로써 경찰공무원 등의 교통단속임무의 수행을 확보하려는 것이고, 자동차를 직접 운전하지 않고 동승한 사람이 운전자와는 별도로 교통단속임무를 수행하는 경찰공무원 등을 폭행한 경우까지 그 운전면허를 취소하려는 것은 아니라고 할 것이다(그렇지 않고 교통단속임무를 수행하는 경찰공무원 등을 폭행한 모든 경우에 운전면허를 취소할 수 있다고 본다면, 폭행한 사람이 자동차를 직접 운전하지 않는 사람일 경우에 그가 운전면허를 가지고 있을 때에는 운전면허가 취소되어 도로교통법 제70조 제2항 제6호에 의하여 취소된 날로부터 1년 동안 운전면허를 받을 수 없게 되는 불이익을 받게 되나, 그가 운전면허를 가지고 있지 않을 경우에는 운전면허가 취소되지도 않을 뿐만 아니라 일정한 기간 동안 운전면허를 받을 수 없게 되는 불이익도 받지 않게 되어 불합리한 결과에 이르게 된다).10)

(4) 불법연행, 경찰관 폭행

피고인이 교통단속 경찰관의 면허증 제시 요구에 응하지 않고 교통경찰관을 폭행한 사안에 대하여 경찰관의 면허증 제시 요구에 순순히 응하지 않은 것은 잘못이라고 하겠으나, 피고인이 위 경찰관에게 먼저 폭행 또는 협박을 가한 것이 아니라면 경찰관의 오만

---

9) 대구지방법원 2009. 9. 29. 선고 2009고단1743 판결 : 항소.
10) 대구고등법원 1998. 7. 3. 선고 97구11387 판결 : 확정.

한 단속 태도에 항의한다고 하여 피고인을 그 의사에 반하여 교통초소로 연행해 갈 권한은 경찰관에게 없는 것이므로, 이러한 강제연행에 항거하는 와중에서 경찰관의 멱살을 잡는 등 폭행을 가하였다고 하여도 공무집행방해죄가 성립되지 않는다.[11]

【판시사항】

음주측정을 위해 운전자를 강제로 연행하기 위하여 따라야 하는 절차 및 위법한 체포 상태에서 이루어진 음주측정요구에 불응한 행위를 처벌할 수 있는지 여부(대법원 2006. 11. 9. 선고 2004도8404 판결)

【판결요지】

교통안전과 위험방지를 위한 필요가 없음에도 주취운전을 하였다고 인정할 만한 상당한 이유가 있다는 이유만으로 이루어지는 음주측정은 이미 행하여진 주취운전이라는 범죄행위에 대한 증거 수집을 위한 수사절차로서의 의미를 가지는 것인데, 구 도로교통법(2005. 5. 31. 법률 제7545호로 전문 개정되기 전의 것)상의 규정들이 음주측정을 위한 강제처분의 근거가 될 수 없으므로 위와 같은 음주측정을 위하여 당해 운전자를 강제로 연행하기 위해서는 수사상의 강제처분에 관한 형사소송법상의 절차에 따라야 하고, 이러한 절차를 무시한 채 이루어진 강제연행은 위법한 체포에 해당한다. 이와 같은 위법한 체포 상태에서 음주측정요구가 이루어진 경우, 음주측정요구를 위한 위법한 체포와 그에 이은 음주측정요구는 주취운전이라는 범죄행위에 대한 증거 수집을 위하여 연속하여 이루어진 것으로서 개별적으로 그 적법 여부를 평가하는 것은 적절하지 않으므로 그 일련의 과정을 전체적으로 보아 위법한 음주측정요구가 있었던 것으로 볼 수밖에 없고, 운전자가 주취운전을 하였다고 인정할 만한 상당한 이유가 있다 하더라도 그 운전자에게 경찰공무원의 이와 같은 위법한 음주측정요구에 대해서까지 그에 응할 의무가 있다고 보아 이를 강제하는 것은 부당하므로 그에 불응하였다고 하여 음주측정거부에 관한 도로교통법 위반죄로 처벌할 수 없다.

---

11) 대법원 1992. 2. 11. 선고 91도2797 판결.

다. 단속현장에서 도주

(1) 개관

현행법상 음주단속에 불응하여 도주하는 경우 그 행위 자체를 처벌하는 규정은 없다. 다만, 도주과정에서 일반적으로 발생하는 차선위반, 신호위반, 중앙선침범 및 그 과정에서 발생하는 각종 사고에 대한 처벌은 별론으로 하며, 또한 음주단속을 회피할 목적으로 도로에 차를 방치하고 도주하고 경우가 있는데 이 또한 일반교통방해죄로 10년 이하의 징역 또는 1,500만원 이하의 벌금에 처해질 수 있음에 주의하여야 한다.

(2) 정지신호를 무시·진행으로 인한 경찰관 상해시, 운전자의 업무상 과실여부

음주운전을 단속하는 경찰관이 약 10미터 전방에서 음주운전자가 운행하는 것으로 의심되는 차량이 동료 경찰관의 정지신호를 무시하고 계속 진행하여 오는 것을 보고 그 차량에 대하여 다시 정지신호를 하여도 이에 계속 불응하면서 도주하려 하는 경우 그 차량의 진로를 가로막고 서거나 차량의 차체 일부를 붙잡아 정차하도록 하거나 정차를 강력히 요구하는 표시로 차체를 두드려 주의를 환기시키거나 경각심을 일으키는 등 차량에 접근하는 행동을 하는 경우가 있을 수 있음은 충분히 예상할 수 있으므로, 정지신호를 보내오고 있는 경찰관을 발견한 운전자로서는 마땅히 차량을 정차시켜야 하고, 만일 계속 진행하더라도 속도를 줄이고 경찰관의 동태를 잘 살펴 안전하게 진행하여야 할 업무상 주의의무가 있다고 할 것인데, 그럼에도 불구하고 이에 위배하여 상당한 속도로 계속 진행함으로써 정차를 시키기 위하여 차체를 치는 경찰관으로 하여금 상해를 입게 한 운전자에게는 업무상 주의의무를 다하지 못한 과실이 있다는 이유로 특정범죄가중처벌등에관한법률위반(도주차량),도로교통법위반 등의 죄로 처벌받은 사례가 있다.[12]

(3) 운전면허증 제시불응, 차량을 진행이 경찰관에 대한 폭행에 해당하는 여부

차량을 일단 정차한 다음 경찰관의 운전면허증 제시요구에 불응하고 다시 출발하는 과정에서 경찰관이 잡고 있던 운전석 쪽의 열린 유리창 윗부분을 놓지 않은 채 어느 정도 진행하다가 차량속도가 빨라지자 더 이상 따라가지 못하고 손을 놓아버렸다면 이러한

---

12) 대법원 1994. 10. 14. 선고 94도2165 판결.

사실만으로는 피고인의 행위가 공무집행방해죄에 있어서의 폭행에 해당한다고 할 수 없다.[13]

라. 주차조정을 위하여 짧은 거리 운행

원고는 음주운전을 하지 않기 위하여 인천에서 대리운전기사를 불러 차를 운전하여 자택 앞까지 운전하여 온 점, 원고가 음주운전을 하게 된 것은 거주자 우선주차구역 안에 차를 주차하기 위하여 부득이 하게 한 것으로 보이는 점, 그 운전거리도 불과 2-3m에 불과한 점, 원고는 ○○○ 회에서 운영하고 있는 조명기구사업소 소장으로 근무하면서 각 거래처에 직접 배달을 하여야 하고 나아가 오랜 기간 위 차량을 이용하여 고엽제 환자를 후송하는 봉사활동을 수행하여 왔던바, 그의 업무수행과 위와 같은 봉사활동을 지속하기 위하여는 차량운전이 필요한 점, 원고가 비록 이전에 음주로 인하여 운전면허가 취소된 적이 있지만 이는 이미 10여 전(1997. 4. 12.)의 일에 불과한 점 등을 고려하면, 원고의 운전면허를 취소함으로써 달성하려는 공익에 비하여 그로 인하여 원고가 입게 될 불이익이 막대하여 원고에게 지나치게 가혹하다고 보인다. 따라서 피고의 이 사건 처분은 운전면허취소에 관한 재량권을 남용한 위법이 있다.[14]

마. 음주운전 중 도로에서 잠든 경우

(1) 처리절차

간혹 음주운전 중 취기가 올라 도로에서 잠이든 상태로 적발되는 경우가 발생한다. 이 경우 경찰은 주취운전자의 부주위에 의한 추가사고의 방지를 위하여 바로 운전자에 대한 음주측정을 지양하고 일단 운전자에 대한 안전구호조치를 취하여야 한다. 안전조치를 취한 후에는 경찰관이 운전석의 문을 열고 시동을 끈 뒤 운전자를 운전석 밖으로 나오게 하여 음주측정을 하거나 지구대 등으로 임의동행을 하게 되는데, 만일, 운전자에게서 술 냄새가 짙게 나고, 운전자의 혈색이 붉으며, 운전자의 혀가 심하게 꼬여 발음이 정확치 못하거나, 비틀거리며 걷는 등 술에 취한 것이 확정적일 경우 현장에서 음주

---

13) 대법원 1996. 4. 26. 선고 96도281 판결.
14) 서울행정법원 2009. 11. 26. 선고 2009구단5438 판결.

측정도 가능하다. 이 때 운전자는 음주 후 일정시간이 지났을 경우 '혈중알코올농도 상승기'에 유의해야 하는데, 이는 술에 취해 잠을 자는 동안에도 혈중알코올농도가 계속 승강하는 까닭에 시간대를 제대로 진술하지 못하면 후에 위드마크 공식이 적용될 소지가 크기 때문이다.

【판시사항】

임의동행의 적법 요건(대구지방법원 2009. 9. 29. 선고 2009고단1743 판결 : 항소).

【판결요지】

형사소송법 제199조 제1항은 "수사에 관하여 그 목적을 달성하기 위하여 필요한 조사를 할 수 있다. 다만, 강제처분은 이 법률에 특별한 규정이 있는 경우에 한하며, 필요한 최소한도의 범위 안에서만 하여야 한다."고 규정하여 임의수사의 원칙을 명시하고 있는바, 수사관이 수사 과정에서 당사자의 동의를 받는 형식으로 피의자를 수사관서 등에 동행하는 것은, 상대방의 신체의 자유가 현실적으로 제한되어 실질적으로 체포와 유사한 상태에 놓이게 됨에도, 영장에 의하지 아니하고 그 밖에 강제성을 띤 동행을 억제할 방법도 없어서 제도적으로는 물론 현실적으로도 임의성이 보장되지 않을 뿐만 아니라, 아직 정식의 체포 · 구속단계 이전이라는 이유로 상대방에게 헌법 및 형사소송법이 체포 · 구속된 피의자에게 부여하는 각종의 권리보장 장치가 제공되지 않는 등 형사소송법의 원리에 반하는 결과를 초래할 가능성이 크다. 그러므로 수사관이 동행에 앞서 피의자에게 동행을 거부할 수 있음을 알려 주었거나 동행한 피의자가 언제든지 자유로이 동행 과정에서 이탈 또는 동행 장소로부터 퇴거할 수 있었음이 인정되는 등 오로지 피의자의 자발적인 의사에 의하여 수사관서 등에의 동행이 이루어졌음이 객관적인 사정에 의하여 명백하게 입증된 경우에 한하여, 그 적법성이 인정되는 것으로 봄이 상당하다. 형사소송법 제200조 제1항에 의하여 검사 또는 사법경찰관이 피의자에 대하여 임의적 출석을 요구할 수는 있겠으나, 그 경우에도 수사관이 단순히 출석을 요구함에 그치지 않고 일정 장소로의 동행을 요구하여 실행한다면 위에서 본 법리가 적용되어야 할 것이고 한편, 행정경찰 목적의 경찰활동으로 행하여지는 경찰관직무집행법 제3조 제2항에 정한 질문을 위한 동행요구도 형사소송법의 규율을 받는 수사로 이어지는 경우에는 역시 위에서 본 법리가 적용되어야 한다.

(2) 경찰관의 보호조치를 필요로 하는 피구호자에 대한 판단기준

경찰관직무집행법 제4조 제1항 제1호(이하 '이 사건 조항'이라 한다)에서 규정하는 술에 취한 상태로 인하여 자기 또는 타인의 생명·신체와 재산에 위해를 미칠 우려가 있는 피구호자에 대한 보호조치는 경찰 행정상 즉시강제에 해당하므로, 그 조치가 불가피한 최소한도 내에서만 행사되도록 발동·행사 요건을 신중하고 엄격하게 해석하여야 한다. 따라서 이 사건 조항의 '술에 취한 상태'란 피구호자가 술에 만취하여 정상적인 판단능력이나 의사능력을 상실할 정도에 이른 것을 말하고, 이 사건 조항에 따른 보호조치를 필요로 하는 피구호자에 해당하는지는 구체적인 상황을 고려하여 경찰관 평균인을 기준으로 판단하되, 그 판단은 보호조치의 취지와 목적에 비추어 현저하게 불합리하여서는 아니 되며, 피구호자의 가족 등에게 피구호자를 인계할 수 있다면 특별한 사정이 없는 한 경찰관서에서 피구호자를 보호하는 것은 허용되지 않는다.[15]

(3) 음주측정을 위해 운전자를 강제로 연행하기 위하여 따라야 하는 절차 등

도로교통법 제44조 제2항, 제150조 제2호 등의 규정을 살펴볼 때, 교통의 안전과 위험 방지를 위한 필요가 없음에도 주취운전을 하였다고 인정할 만한 상당한 이유가 있다는 이유만으로 이루어지는 음주측정은 이미 행하여진 주취운전이라는 범죄행위에 대한 증거 수집을 위한 수사절차로서의 의미를 가지는 것이고, 도로교통법상의 규정들이 음주측정을 위한 강제처분의 근거가 될 수 없다. 따라서 음주측정을 위하여 당해 운전자를 강제로 연행하기 위해서는 수사상의 강제처분에 관한 형사소송법상의 절차에 따라야 하고, 이러한 절차를 무시한 채 이루어진 강제연행은 위법한 체포에 해당한다. 이와 같은 위법한 체포 상태에서 음주측정요구가 이루어진 경우, 음주측정요구를 위한 위법한 체포와 그에 이은 음주측정요구는 주취운전이라는 범죄행위에 대한 증거 수집을 위하

---

15) 대법원 2012. 12. 13. 선고 2012도11162 판결.

여 연속하여 이루어진 것으로서 개별적으로 그 적법 여부를 평가하는 것은 적절하지 않으므로, 그 일련의 과정을 전체적으로 보아 위법한 음주측정요구가 있었던 것으로 볼 수밖에 없다. 그렇다면 운전자가 주취운전을 하였다고 인정할 만한 상당한 이유가 있다 하더라도 그 운전자에게 경찰공무원의 이와 같은 위법한 음주측정요구에 대해서까지 그에 응할 의무가 있다고 보아 이를 강제하는 것은 부당하므로, 그에 불응하였다고 하여 음주측정거부에 관한 도로교통법 위반죄로 처벌할 수 없다.[16)

8. 운전면허의 정지 및 취소처분 절차

행정청은 운전면허취소 등 행정청이 의무를 과하거나 권익을 제한하는 처분을 하는 경우 당사자에게 일정한 내용을 알려야 한다. 이를 사건통지라 하는데, 행정청이 침익적 행정 처분을 하면서 당사자에게 사전 통지나 의견 제출의 기회를 부여하지 않았다면 예외적인 경우에 해당하지 아니하는 한 그 처분은 위법하다.

가. 운전면허정지 · 취소처분사전통지서 발급 등

지방경찰청장 또는 경찰서장이 운전면허의 취소 또는 정지처분을 하려는 때에는 별지 제81호서식의 운전면허정지 · 취소처분사전통지서를 그 대상자에게 발송 또는 발급하여야 한다. 다만, 그 대상자의 주소 등을 통상적인 방법으로 확인할 수 없거나 발송이 불가능한 경우에는 운전면허대장에 기재된 그 대상자의 주소지를 관할하는 경찰관서의 게시판에 14일간 이를 공고함으로써 통지를 대신할 수 있다(법 시행규칙 제91조 제1항). 따라서 처분결정통지서에 의하지 아니하고 임의로 출석한 상대방에게 구두로 면허정지사실을 알린 경우에는 면허정지의 효력이 발생할 수 없으므로 처분 대상자가 면허정지기간에 운전을 하였더라도 무면허운전에 해당하지 아니한다.[17)

---

16) 대구지방법원 2009. 9. 29. 선고 2009고단1743 판결 : 항소.
17) 대법원 1996. 6. 14. 선고 95누17823 판결.

■ 도로교통법 시행규칙 [별지 제81호서식] 〈개정 2010.12.31〉

우체국

보내는 사람   요금후납

받는 사람

행정
우편

------------------------------- 접 는 선 -------------------------------

년   호

운전면허([ ]정지 · [ ]취소)처분 사전통지서

주소

성명(회사명)

출석요구일   년   월   일

-------------------- 접 는 선 --------------------

 귀하가 아래와 같이 운전면허 정지대상(취소대상)이 된 사실에 대하여 확인하고자
하오니   년   월   일까지 ○○○경찰서(교통관리계 · 민원실)로 운전면허 정지
 · 취소처분 사전통지서, 운전면허증 및 도장을 지참하시고 출석해 주시기 바랍니다.

확인내용 : 운전면허 취소		
운전면허 정지	일간	

 ※ 일 · 공휴일은 휴무입니다

년   월   일

 ○○**경찰서장**   직인

안내전화: 담당자 ○○○

210mm×297mm[일반용지 60g/㎡(재활용품)]

나. 생계형운전자의 구제절차 – 이의신청 등

(1) 이의제기

운전면허 이의신청제도는 운전이 필수 생계수단인 서민들에게 한 번 더 기회를 주고자 하는 제도로서, 통지를 받은 처분의 상대방 또는 그 대리인은 지정된 일시에 출석하거나 서면으로 이의를 제기할 수 있다. 이 경우 지정된 기일까지 이의를 제기하지 아니한 때에는 이의가 없는 것으로 본다(같은 조 제2항). 도로교통법상 이의신청 청구 대상자에 대한 자격요건 중 생계형운전만 신청할 수 있다는 조건이 있어, 운전면허구제를 위한 이의신청을 두고 생계형면허구제제도, 생계형이의신청제도라고도 불린다.

따라서 차량이 업무에 밀접한 생계형 운전자의 경우 우선적으로 생계형 운전자가 구제대상인 이의신청제도를 활용해 보는 것이 좋다. 다만, 이러한 이의신청은 음주수치 및 음주단속의 전력, 업무와 운전면허의 관련성, 생계의 어려움, 사고발생 유무 등 여러 제약이 존재하며, 관련 기준을 충족하지 못할 경우 실제 검토 및 구제대상이 되지 아니함에 유의하여 준비하여야 한다.

(2) 이의제기 자격 및 기간

가) 자격

이의신청은 최근 5년 내 음주운전 전력 3회 이상 인명피해교통사고 전력 및 운전면허정지처분을 받은 전력이 없는 생계형운전자여야 한다.

나) 기간

운전면허취소 처분을 받은 자 중 생계형 운전자가 면허취소에 이의가 있는 경우 이에 대하여 운전면허 취소처분을 행한 처분청(지방경찰청)에 이의신청을 제기할 수 있는데, 이의신청의 기간은 운전면허 행정처분을 받은 날부터(통상 취소결정통지서를 받은 날) 60일 이내이고, 지방경찰청의 운전면허행정처분심의위원회에서 이의신청에 대하여 검토하여 심의결과를 우편으로 통지해 주게 되며, 심의결과에 불복할 경우 위 통지를 받은 날로부터 90일 이내에 행정심판을 제기할 수 있다. 이의신청 기회는 1회로 종결되며 행정심판과 동시에 할 수도 있고 이의신청을 생략하고 행정심판을 바로 제기할 수도 있다. 이의신청 결과는 신청일로부터 30일 이내에 심의를 하여 가부를 결정한다.

(3) 이의신청서 제출시 첨부서류

이의신청시 제출시에는 이의신청서 외에 아래의 서류들을 추가로 제출하어야 한다.

> ‖ 주민등록등본1통
> ‖ 부동산등기부등본(소유부동산이 없는 경우 전월세·임대주택계약서사본)
> ‖ 본인 및 배우자 세목별과세증명서
> ‖ 의료보험증 사본
> ‖ 장애인의 경우 장애인증명서
> ‖ 기타 행정심판청구 신청사유를 증명할 수 있는 서류가 있으면 됩니다.

다만, 직장인의 경우,

> ‖ 재직증명서(원본)
> ‖ 급여증명서(3개월분)또는 근로소득원천징수 영수증
> 이 필요하며 기타 행정심판청구 사유를 증명할 수 있는 서류를 준비하시면 됩니다.

(4) 이의제기 및 이의제기 불가사유

가) 이의제기 사유

① 일반적인 이의신청의 사유

- 혈중알코올농동 0.100% 이하로 측정된 생계형운전자

- 음주단속 전력이 없는 운전자

- 운전이 아니고는 생계가 어려운자

- 직무집행을 하는 경찰관에 대한 위력의 행사가 없을 것

- 과거 5년 이내 3회 이상 인적피해 교통사고 전력이 없을 것

- 대리운전기사를 부르는 등 음주운전을 피하기위한 노력을 하였을 것

- 음주사유가 어쩔 수 없는 사유일 것

- 가정에 병든 가족 및 봉양할 부모가 있을 것

- 음주거리가 짧을 것

- 가정경제가 어려워 공과금조차 밀려 있을 것

② 생계형 이의신청의 사유

- 음주운전 행정처분 대상자 중 과거 5년 이상 음주전력이 없는 경우

- 모범운전자로서 3년 이상 교통봉사활동에 종사한 경력이 있는 자

- 뺑소니범(도주차량)을 검거하여 경찰서장의 표창을 받은 전력이 있는 자

- 영업사원, 배달사원, 운전을 필요로 하는 자영업자, 운전기사, 벌점 초과자

[이의신청의 대상]

구분	내용
음주운전	취소처분 : 혈중알콜농도 0.100% 이상(교통사고 포함) 정지처분 : 혈중알콜농도 0.050% 이상(교통사고 포함) ※ 인적 피해 사고는 피해자와 합의하여 진단서를 제출하지 않는 하에 가능
벌점초과	1년간 : 121점 이상 2년간 : 201점 이상 3년간 : 271점 이상 ※ 음주운전으로 면허정지 + 벌점으로 누산점수 초과자
적성검사 기간 경과	적성검사(면허증 갱신) 경과 후 유예기간마저 경과한 자
경찰의 부당하고 위법한 행위	경찰의 잘못이 있거나 오해를 받아 억울하게 취소된 경우

나) 불가사유

이 제도를 이용하는데 있어 제외사유가 있는데, 음주운전으로 운전면허가 취소된 경우에는 알콜농도가 0.1%를 초과한 자, 음주운전으로 인적 피해 교통사고를 발생시킨 자, 음주측정에 불응한 자, 교통사고를 일으킨 후 도주한 자, 단속경찰관을 폭행한 자, 과거 5년 이내에 3회 이상의 인적피해 교통사고를 발생시킨 전력이 있는 자, 과거 5년 이내에 음주운전 전력이 있는 자는 이 제도를 이용할 수 없으며, 벌점이나 누산점수의 초과로 운전면허가 취소된 경우는 과거 5년 이내에 운전면허 취소처분 전력이 있는 자, 과거 5년 이내 3회 이상 인적피해 교통사고를 일으킨 자, 과거 5년 이내에 3회 이상 운전면허 정지처분을 받은 전력이 있는 자, 과거 5년 이내에 운전면허 행정처분심의위원회의 심의 또는 행정심판, 행정소송을 통해 감경된 자는 이 제도를 이용할 수 없다(도로교통법 시행규칙 제91조). 또한, 동거가족에게 충분한 생활능력이 있는 경우 또한 구제가 불가능하다.

[이의신청 불가요건]

개정법 시행 전	개정법 시행 후
‖ 혈중알코올농도가 0.12퍼센트를 초과 하지　아니한 경우 ‖ 음주운전 중 인적피해 교통사고를 일으킨 경우 ‖ 경찰관의 음주측정요구에 불응하거나 도주한 때 ‖ 단속경찰관을 폭행한 경우 ‖ 과거 5년 이내에 3회 이상의 인적피해 교통사고의 전력이 있는 경우 ‖ 과거 5년 이내에 음주운전의 전력이 있는 경우	‖ 혈중알코올농도가 0.1퍼센트를 초과하여 운전한 경우 ‖ 음주운전 중 인적피해 교통사고를 일으킨 경우 ‖ 경찰관의 음주측정요구에 불응하거나 도주한 때 ‖ 단속경찰관을 폭행한 경우 ‖ 과거 5년 이내에 3회 이상의 인적피해 교통사고의 전력이 있는 경우 ‖ 과거 5년 이내에 음주운전의 전력이 있는 경우

Q 저는 이삿짐센터 운전기사로서 혈중알콜농도 0.103%로 음주운전을 하여 운전면허취소처분을 받게 되어 고민하던 중 주위에서 들으니 행정심판이나 행정소송을 하지 않고도 경찰청에 운전면허취소처분에 대하여 이의신청을 하는 제도가 있다고 하던데, 그것이 어떠한 절차이고 어떻게 신청할 수 있는지요?

A 운전면허 취소처분에 대하여 불복할 수 있는 제도로서 행정심판과 행정소송 외에 경찰청에서 심사하는 운전면허 행정처분 이의신청제도가 있습니다.

위 제도는 「도로교통법」제94조, 같은 법 시행규칙 제95조에 의해서 시행되고 있는 것으로서, 각 지방경찰청에 제기할 수 있으며 이의신청에 대한 판단도 지방경찰청에서 자체적으로 하게 됩니다. 이 점은 국무총리 행정심판위원회에서 행정심판을 담당하는 것과는 다른 점으로서 경찰청 자체에서 운전면허취소처분에 대하여 다시 판단하는 간편하고 신속한 구제책이라고 할 것입니다.

다만, 이 제도를 이용하는데 있어 제외사유가 있는데, 음주운전으로 운전면허가 취소된 경우에는 알콜농도가 0.12%를 초과한 자, 음주운전으로 인적 피해 교통사고를 발생시킨 자, 음주측정에 불응한 자, 교통사고를 일으킨 후 도주한 자, 단속경찰관을 폭행한 자, 과거 5년 이내에 3회 이상의 인적피해 교통사고를 발생시킨 전력이 있는 자, 과거 5년 이내에 음주운전 전력이 있는 자는 이 제도를 이용할 수 없으며, 벌점이나 누산점수의 초과로 운전면허가 취소된 경우는 과거 5년 이내에 운전면허 취소처분 전력이 있는 자, 과거 5년 이내 3회 이상 인적피해 교통사고를 일으킨 자, 과거 5년 이내에 3회 이상 운전면허 정지처분을 받은 전력이 있는 자, 과거 5년 이내에 운전면허 행정처분심의위원회의 심의 또는 행정심판, 행정소송을 통해 감경된 자는 이 제도를 이용할 수 없습니다(도로교통법 시행규칙 제91조).

이의신청의 기간은 운전면허 행정처분을 받은 날부터 60일 이내이고, 지방경찰청의 운전면허행정처분심의위원회에서 이의신청에 대하여 검토하여 심의결과를 우편으로 통지해 주게 되며, 심의결과에 불복할 경우 위 통지를 받은 날로부터 90일 이내에 행정심판을 제기할 수 있습니다(도로교통법 제94조 제1항, 제3항).

이의신청에 대한 심의에 있어서는 행정심판에서와 같이 혈중알콜농도, 음주운전을 하게 된 경위, 운전을 생업으로 하는 사정 등을 고려해서 판단하게 되며, 이의신청이 인용될 경우 운전면허 취소처분이 100일의 운전면허정지처분으로 감경되게 됩니다.

따라서 귀하의 경우 이삿짐센터의 운전기사로서 운전이 생업이고, 혈중알콜농도가 0.103%로 비교적 낮은바, 이의신청제도에서 구제될 가능성도 있으므로 이의신청을 청구해볼 수 있을 것입니다.

(5) 감경의 범위

이의신청에 대한 심의에 있어서는 행정심판에서와 같이 혈중알콜농도, 음주운전을 하게 된 경위, 운전을 생업으로 하는 사정 등을 고려해서 판단하게 된다. 만일, 이의신청이 인용될 경우, ⅰ) 운전면허 취소처분일 경우 기준일자(임지운전면허증 종료일)로부터 110일 감경(벌점 110점) 감경되고, ⅱ) 운전면허의 정지처분에 해당하는 경우에는 정지일로부터 집행일수가 2분의 1로 감경 된다.

다만, 면허취소로 구제신청당시 기존 벌점이 11점 이상 누적되어 있을 경우 면허취소가 벌점 110점으로 감경되더라도 기존 벌점 11점 이상을 합산할 경우 면허취소 수치인 1년 121점을 초과하게 결국 벌점초과로 또 다시 면허취소를 받게 되는 상황에 놓이게 되므로 이러한 경우에는 구제가능성이 희박하다.

[서식] 이의신청서

■ 도로교통법 시행규칙 [별지 제87호서식] 〈개정 2014.12.31.〉

운전면허처분 이의 신청서

접수번호	접수일자	처리기간	30일 (30일 연장가능)

신청인	성 명		주민등록번호	
	주 소 (전화번호 :)			

면허종별 및 번호	지방경찰청	종별	번호

이의 신청 사유	

「도로교통법」 제94조제1항 및 같은 법 시행규칙 제95조에 따라 위와 같이 운전면허처분 이의신청을 합니다.

년   월   일

신청인   (서명 또는 인)

○○지방경찰청장 귀하

첨부서류	운전면허처분서	수수료 없음

처리절차

신청서 작성	→	민원실 접수	→	심의위원회 결정	→	심의결과 통지
(신청인)		(지방경찰청장)		(지방경찰청장)		(신청인)

210mm×297mm[백상지 80g/㎡(재활용품)]

이 의 신 청 이 유 서

1. 운전면허 취소 경위
신청인은 이사건 당일인 2009. 0. 00. 00:00에 회사동료인 000의 모친상 조문을 갔다가 소주 6잔을 마시고 3시간 정도 잠을 자고나서 귀가하기 위해 신청인 소유 강원oo가0000호 자동차를 운전하고 가다가 원주시 중앙동 소재 00빌딩앞 도로변에서 음주단속중이던 경찰관에게 적발되어 음주측정을 한 결과 0.111%로 판정되어 2009. 0. 00.자로 운전면허가 취소되었습니다.

2. 운전면허의 필요성(직업 등을 구체적으로 기재)
신청인은 00년 0월 0일 춘천 후평동 소재 00라는 회사의 버스운전기사로 입사 후, 회사 소유 강원00바0000호 00번 시내버스를 운전하여 00에서 00까지 일 0회 왕복하며 승객을 운송하는 운전기사로 근무하며 가족의 생계를 유지하고 있습니다.(운전이 생계의 수단임을 구체적 서술)

3. 생계곤란 정도
  (1) 신청인은 아파트 전세집에 거주하고 가족 3명을 부양하고 있는 가장으로
     위 회사에서 근무하며 월 100만원의 급여로 생활하고 있습니다.
  (2) 가족관계
    - 처 김00(50세)는 00식당에서 종업원으로 근무(월급여 60만원)
    - 자 박00(28세)는 00회사에서 근무(월급여 100만원)
    - 자 박00(20세)는 00대학교 1학년 재학중(수입 없음)
  (3) 재산관계
    - 아파트 전세(20평, 보증금 2천만원)
    - 토지 200평(대지, 시가 1500만원)
    - 자동차 1대(아반떼, 04년식, 시가 500만원)
    - 부채 3천만원(00은행 주택담보대출)

4. 그 외 신청인이 주장하는 이유를 구체적 서술

※ 공간 부족 시 덧붙임으로 작성 가능

구분	제출서류
공통	- 자동차운전면허 취소 및 정지처분 결정통지서 1부 - 주민등록등본, 가족관계증명원 - 현 거주지 등기부등본 또는 전·월세계약서 - 지방세세목별 과세증명서(주소지 동사무소) . 기혼자 : 본인, 처 부모등 18세 이상 동거인 명의 각 1통 . 미혼자 : 본인, 부모등 18세 이상 동거인 명의 각 1통 * 재산관련 납부자료 없어도 제출 - 자동차등록증 - 국민기초생활보장법에 의한 수급자 증명원(기초수급자만 제출) - 경력증명서(버스, 택시, 화물 등 생계운전경력 증명이 필요한 자) - 기타 이의신청 사유를 증명할 수 있는 본인에게 유리한 서류
직장인	- 근로소득 원천징수영수증 - 재직증명서 * 재직증명서 발급이 불가능한 영세사업장 근무시 근무장소, 직책, 담당업 무, 급여 (상여금)을 기재한 대표자(인적사항, 전화번호 명기) 확인서 제 출
자영업자	- 사업자등록증 사본 - 사업장 부동산 임대차계약서(해당자만 제출) - 세무서 발행 사업장별 "소득금액증명원(연말정산용 – 납세사실 증명 원)", 매출 매입 부가세신고증명원 * 차량이용 행상 등 개인 영업자 추가 제출서류 영업사실을 증명할 수 있는 사진, 차량등록증 사본, 각종 사실확인서 등 제출
적성검사 미필자	- 불가피한 사유에 대한 증명서 (출입국사실증명서, 입퇴원확인서, 출소증명서 등)

(6) 행정심판

가) 개설

행정청의 운전면허 취소(정지)처분에 대하여 국무총리행정심판위원회에 시정을 요구하는 제도로서, 이는 그 처분이 있음을 안날(통상 취소결정통지서를 받은 날)로부터 90일 이내에 청구를 하여야 하며, 행정심판의 결과는 청구한 날로부터 빠르면 60일 이내 늦어도 90일 이내에 재결서가 통지된다.

나) 생계형운전자의 경우

만일, 생계형 운전자가 지방경찰청의 심의결과를 통보받고 그에 불복할 경우에는 심의결과 통지를 받은 날로부터 90일 이내 그에 불복하여 행정심판청구를 할 수 있다. 행정심판의 접수기관은 처분청(운전면허 취소 처분 지방경찰청) 또는 중앙행정심판위원회이며 인터넷 온라인 행정심판 (http://www.simpan.go.kr/) 에서도 신청이 가능하다. 또한 처분청(운전면허 취소처분 지방경찰청) 민원실로 등기우편접수도 가능하다.

다) 진행절차

행정심판 청구인이 운전면허취소를 구하는 행정심판을 청구하면 피청구인(처분청)은 행정심판위원회로 답변서를 제출 하는데, 보통 피청구인은 행정심판청구서를 송달받은 날로부터 10일 이내에 답변서 제출하게 되며, 행정심판위원회는 접수된 답변서를 청구인에게 송부하게 된다[답변서는 청구인의 주장에 대한 피청구인(처분청)의 변론임]. 청구인은 피청구인으로부터 답변서를 수령한 경우 피청구인의 답변서에 대한 반박이나 이전의 주장을 보완하기 위하여 보충서면을 제출할 수 있고, 그 외 집행정지 신청도 할 수 있으며, 진정서 등 여러 소명자료 제출이 가능하다.

통상, 행정심판 청구는 1회로 종결되며 결과 불복 시에는 행정소송을 제기할 수 있다.

라) 행정심판의 재결

행정심판의 재결은 피청구인 또는 행정심판위원회가 행정심판청구서를 받은 날로부터 60일 이내에 하여야 하며, 부득이한 사정이 있는 경우에는 위원장이 직권으로 30일을 연장할 수 있다.

마) 구제의 범위

행정심판위원에서는 운전자의 혈중알콜농도, 음주운전을 하게 된 경위, 운전을 생업으로 하는 사정 등을 고려해서 판단하게 됩니다. 만일, 행정심판이 인용될 경우, ⅰ) 운전면허 취소처분이 110일(벌점 110점)의 운전면허정지처분으로 감경되고, ⅱ) 운전면허의 정지처분에 해당하는 경우에는 처분 집행일수의 2분의 1로 감경 된다.

바) 이의신청과 행정심판의 차이점

이의신청제도는, 대상이 특정되며 대체로 생계형 운전자 등이 이를 활용한다고 보면 되고 이에 반해 행정심판제도는 생계형 운전자를 포함한 모든 사람을 그 대상으로 한다고 보면 된다. 즉 대상에서 명확한 차이가 있다.

(7) 행정소송

행정심판을 통해 구제가 되지 않을 경우 마지막으로 행정소송의 방법이 있는데 행정소송은 반드시 행정심판을 거쳐야 제기할 수 있으며(필요적 전치주의), 피고(당해 지방경찰청)의 소재지를 관할하는 행정법원에 제기하여야 하며 행정심판 재결서의 정본을 송달받은 날로부터 90일 이내에, 재결이 있은 날로부터 1년 이내에 제기하면 된다.

다. 운전면허정지 · 취소처분결정통지서 발급 등

지방경찰청장 또는 경찰서장은 운전면허의 정지 또는 취소처분을 결정한 때에는 별지 제82호서식의 운전면허정지 · 취소처분결정통지서를 그 처분의 대상자에게 발송 또는 발급하여야 한다. 다만, 그 처분의 대상자가 소재불명으로 통지를 할 수 없는 때에는 운전면허대장에 기재된 그 대상자의 주소지를 관할하는 경찰관서의 게시판에 14일간 이를 공고함으로써 통지를 대신할 수 있다(같은 조 제3항).

[서식] 운전면허정지 · 취소처분결정통지서

■ 도로교통법 시행규칙 [별지 제82호서식] 〈개정 2014.12.31.〉

(앞쪽)

우체국

보내는 사람   요금후납

받는 사람

행정우편

------------------------------- 접 는 선 -------------------------------

제   호

운전면허 (□정지 · □취소)처분 결정통지서

① 성명		② 생년월일	
③ 주소			
④ 면허번호			
⑤ 행정처분	정지처분	년 월 일 ~ 년 월 일(일간)	
결정내용	취소처분	년 월 일	
⑥ 사유			
⑦ 특별교통안전교육	[ ]반		

「도로교통법」 제93조에 따라 위와 같이 운전면허 행정처분(정지 · 취소)이 결정되어 통지하오니,   년   월   일까지 ○○지방경찰청(경찰서) 교통(면허)계로 운전면허증을 반납하시기 바랍니다.

년   월   일

지방경찰청장 또는 경찰서장   인

※ 이의신청방법 안내

1. 위 운전면허 행정처분에 이의가 있는 사람은 처분 결정통지를 받은 날부터 60일 이내에 별지 제87호서식의 이의신청서에 처분결정통지서를 첨부하여 해당 지방경찰청(경찰서)에 이의를 신청할 수 있습니다.

2. 위 이의신청에 관계없이 「행정심판법」에 따라 행정처분이 있음을 안 날부터 90일(위 이의신청을 한 경우에는 이의신청 결과를 통보 받은 날부터 90일) 이내에 해당 지방경찰청(경찰서)을 경유하여 행정심판을 청구하거나, 행정심판 포털(www.simpan.go.kr)을 통하여 온라인으로 청구할 수 있습니다.

3. 다만, 위 운전면허 행정처분에 대한 행정소송은 행정심판의 재결을 거치지 아니하면 제기할 수 없습니다.

210mm×297mm[일반용지 60g/㎡(재활용품)]

특별교통안전교육에 대한 안내

1. 운전면허 취소처분을 받은 사람은 도로교통공단이 실시하는 특별교통안전교육(6시간. 단, 음주운전 2회 위반자는 8시간, 3회 이상 위반자는 16시간)을 받지 아니하면 운전면허를 재취득할 수 없습니다.

2. 다음에 해당하는 사람은 도로교통공단이 실시하는 특별교통안전교육(4~6시간)을 받아야 하며, 이를 받지 아니하면 범칙금(4만원. 단, 음주운전을 2회 위반하여 정지처분을 받은 사람이 특별교통안전교육을 받지 않으면 6만원)이 부과됩니다.
   1) 음주운전, 교통사고, 공동위험행위로 면허 정지처분을 받게 되거나 받은 사람
   2) 초보운전자(최초 면허 취득 후 2년 이내인 자)로서 1) 외의 사유로 면허 정지처분을 받게 되거나 받은 사람

3. 위 2에 해당하는 사람을 포함하여 운전면허 정지처분을 받게 되거나 받은 사람이 특별교통안전교육을 받으면 정지처분기간에서 20일이 감경되고, 도로교통공단에서 실시하는 교통참여교육(총 8시간)을 받으면 30일이 추가 감경됩니다.

4. 특별교통안전교육은 다음 구분에 따라 실시되며, 교육일정·장소 및 수강료 등은 도로교통공단(www.koroad.or.kr)으로 문의 바랍니다.

교육과정	교육대상		교육시간	혜 택
교통소양교육 (취소처분자반)	음주운전으로 운전면허가 취소된 후 운전면허를 재취득하고자 하는 사람(의무교육)	1회 위반자	6시간	운전면허 재취득 허용
		2회 위반자	8시간	
		3회 이상 위반자	16시간	
	음주운전 외의 사유로 운전면허가 취소된 후 운전면허를 재취득하고자 하는 사람(의무교육)		6시간	
교통소양교육 (정지처분자반)	음주운전으로 운전면허 정지처분을 받게 되거나 받은 사람(의무교육)	1회 위반자	6시간	정지기간 20일 감경
		2회 위반자	8시간	
	교통사고 야기 또는 공동위험행위로 운전면허 정지처분을 받게 되거나 받은 사람(의무교육)		6시간	
	음주운전·교통사고·공동위험행위 외의 사유로 운전면허 정지처분을 받게 되거나 받은 사람	초보운전자 (의무교육)	4시간	
		일반운전자 (희망자에 한함)	4시간	
교통참여교육	운전면허 정지처분을 받게 되거나 받은 사람으로서 위 교통소양교육을 받은 후 추가로 교육을 받고자 하는 사람(희망자에 한함)		8시간	정지기간 30일 추가 감경
교통법규교육	교통법규 위반으로 벌점을 받아 운전면허 정지처분을 받을 가능성이 있는 사람(희망자에 한함)		4시간	벌점 20점 감경

라. 단속현장 등에서의 구술 또는 서면에 의한 의의제기

운전면허의 취소대상자 또는 정지대상자(1회의 법규위반 또는 교통사고로 운전면허가 정지되는 사람에 한한다)로서 법 제138조에 따라 법규위반의 단속현장이나 교통사고의 조사과정에서 국가경찰공무원 또는 제주특별자치도의 자치경찰공무원으로부터 운전면허증의 제출을 요구받은 사람은 구술 또는 서면으로 이의를 제기할 수 있다. 다만, 운전면허의 취소 또는 정지처분이 결정된 사람의 경우에는 그러하지 아니하다(같은 조 제4항).

이 경우 국가경찰공무원 또는 자치경찰공무원은 제2항 및 제4항에 따라 처분의 상대방 또는 그 대리인이 구두로 이의를 제기하는 때에는 그 내용을 별지 제83호서식의 진술서에 기재하고, 처분의 상대방 등으로 하여금 확인하게 한 후 서명 또는 날인하게 하여야 한다. 다만, 법 제44조의 규정을 위반하여 운전면허의 취소 또는 정지처분을 받아야 하는 사람이 이의를 제기하는 때에는 별지 제84호서식의 주취운전자정황진술보고서에 기재한 후 서명 또는 날인하게 하여야 한다(같은 조 제5항).

[서식] 진술서

[별지 제83호서식] 〈개정 2009.11.27〉

진 술 서

본인은 운전면허 취소처분 대상자로서 다음과 같이 임의로 허위없이 진술합니다.

취소대상자	성명		소속 또는 직업	
	주소		주민등록번호	–
	면허번호		연락처	
취소·정지사유고지	(구체적으로 기록)			
진술	일시		장소	
	내용			

위 진술내용이 틀림없음을 확인합니다.

년   월   일

진술자 성명   서명 또는 인

입회자 성명   서명 또는 인

소속   계급   성명   서명 또는 인

○ ○ 지방경찰청장
(경찰서장) ^{귀하}

210mm×297mm[일반용지 60g/㎡(재활용품)]

[서식] 주취운전자정황진술보고서

■ 도로교통법 시행규칙 [별지 제84호서식] 〈개정 2015.6.30.〉

주취운전자 정황진술보고서		적발보고서 No	
성 명		주민등록번호	–

적 발 일시 · 장소	20 . . . :		측 정 일시 · 장소	20 . . . :

측정결과	%	측정전 조 치	구강청정제 사용여부 및 조치	음주후 20분경과 여부	입행굼 여부

음 주 경 위	음 주 동 기		술의 종류 및 음주량		운 전 동 기

음 주 운 전 거 리	출 발 지 점	목 적 지 점	단 속 지 점	단속지까지의 거리

적 발 당 시 정 황	언 행 상 태		보 행 상 태		운전자 혈색

측정거부 시 운전자 태 도	

임시운전증명서 발급여부		운전면허증 소지여부		
발급(유효기간)	미발급	소 지	미소지	분 실

면허취소 · 정지사유 고지	운전자 의견진술
귀하는 혈중알콜농도 % 상태로 운전하였으며 운전면허가 (취소 · 정지)됨을 고지합니다.	본인은 위 기재사항이 사실임을 확인하고, 주취운전으로 면허가 (취소 · 정지)됨을 고지받았으며, 측정결과를 인정하고 혈액채취는 고지 받았으나 원하지 않습니다. (운전자 별도진술)
작 성 자	
경찰서 과 계(파출소) 제주특별도지사 자치경찰단 20 . . . 계 급: 성 명: (인)	20 . . . 성 명: (인)

○ ○ 경 찰 서 장(제 주 특 별 자 치 도 지 사) 귀하

마. 임시운전면허증 교부 및 유효기간

(1) 임시운전면허증 교부 및 유효기간

운전면허의 취소·정지처분에 따른 임시운전증명서는 별지 제79호서식에 의하며, 이에 따른 임시운전증명서의 유효기간은 20일 이내로 하되, 운전면허의 취소 또는 정지처분 대상자의 경우에는 40일 이내로 할 수 있다. 다만, 경찰서장이 필요하다고 인정하는 경우에는 그 유효기간을 1회에 한하여 20일의 범위에서 연장할 수 있다(법 제88조).

(2) 면허취소 기산점

예를 들어, 2016. 4. 10. 음주운전으로 적발되었다면 임시운전면허기간은 40일 후인 2016. 5. 21.까지이며, 이때부터 면허취소가 시작되며, 그 이후의 운전은 무면허운전이 된다.

[서식] 임시운전증명서

■ 도로교통법 시행규칙 [별지 제79호서식] 〈개정 2010.12.31〉

(앞쪽)

제 호

임시운전증명서

이 증명서는 「도로교통법」 제91조에 따라 유효기간 중 운전면허증과 같은 효력이 있음을 증명합니다.

년 월 일

경 찰 서 장　　　　(직인)

························· 접 는 선 ·························

(운전자용)

성명		주민등록번호	－
주소			
면허종별			

및 번호		
유효기간	일간	

발급사유	[ ] 재교부	[ ] 적성검사	[ ] 기재사항변경	[ ] 행정처분집행
면허조건				

-------------------------------------- 접 는 선 --------------------------------------

임시운전 증명서 발급확인서

(경찰서용)   (뒤쪽)

성명		주민등록번호		–
주소				
면허종별 및 번호				
유효기간	일간			
발급사유	[ ] 재교부	[ ] 적성검사	[ ] 기재사항변경	[ ] 행정처분집행
면허조건				
발급자	계급		성명	

210mm×297mm(인쇄용지(특급) 34g/㎡)

바. 무혐의 불기소처분을 받거나 무죄의 확정판결시 처분

지방경찰청장은 운전면허가 취소된 사람이 그 처분의 원인이 된 교통사고 또는 법규위반에 대하여 무혐의 불기소처분을 받거나 무죄의 확정판결을 받은 경우 도로교통공단에 즉시 그 내용을 통보하고, 도로교통공단은 즉시 취소당시의 정기적성검사기간, 운전면허증 갱신기간 또는 연습운전면허의 잔여기간을 유효기간으로 하는 운전면허증을 새로이 발급하여야 한다(같은 조 제6항).

9. 혈중알코올농도의 측정

도로교통법상 운전이 금지되는 술에 취한 상태의 기준은 운전자의 혈중알코올농도가 0.03퍼센트 이상인 경우로 한다. 경찰공무원은 술에 취한 상태에서 자동차등을 운전하였다고 인정할 만한 상당한 이유가 있는 경우에는 운전자가 술에 취하였는지를 호흡조사로 측정할 수 있으며, 이에 따른 측정 결과에 불복하는 운전자에 대하여는 그 운전자의 동의를 받아 혈액 채취 등의 방법으로 다시 측정할 수 있다(법 제44조). 호흡측정은 혈중알코올농도 측정으로 인한 소요시간 등을 감안, 호흡측정 불복시에 혈액측정을 하도록 하고 있다.

【판시사항】
운전 시점과 혈중알코올농도 측정 시점 사이에 시간 간격이 있고 그때가 혈중알코올농도의 상승기인 경우, 운전 당시에도 혈중알코올농도가 처벌기준치 이상이었다고 볼 수 있는지 판단하는 기준(대법원 2014. 6. 12. 선고 2014도3360 판결)

【판결요지】
운전 시점과 혈중알코올농도의 측정 시점 사이에 시간 간격이 있고 그때가 혈중알코올농도의 상승기로 보이는 경우라 하더라도, 그러한 사정만으로 실제 운전 시점의 혈중알코올농도가 처벌기준치를 초과한다는 점에 대한 입증이 불가능하다고 볼 수는 없다. 이러한 경우 운전 당시에도 처벌기준치 이상이었다고 볼 수 있는지 여부는 운전과 측정 사이의 시간 간격, 측정된 혈중알코올농도의 수치와 처벌기준치의 차이, 음주를 지속한 시간 및 음주량, 단속 및 측정 당시 운전자의 행동 양상, 교통사고가 있었다면 그 사고의 경위 및 정황 등 증거에 의하여 인정되는 여러 사정을 종합적으로 고려하여 논리와 경험칙에 따라 합리적으로 판단하여야 한다.

가. 호흡측정

(1) 호흡측정 방법

호흡측정은 혈액속에 분포되어 있는 알코올성분이 호흡으로 인해 폐에서 체외로 방출되면서 측정기에 알코올농도가 감지되도록 하고 있다. 이때에는 구강내 잔류 알코올성분이 남아 있다면 수치는 더 올라가게 되므로 음주 후 20분이 경과하지 않았을 경우에는 물로 입안을 헹구도록 하고 있다. 이에 대하여 교통단속처리지침 제38조 또한 "음주측정자는 음주측정 시에 운전자에게 초종음주시각 및 구강청정제 등 유사 알코올 사용 여부를 확인하여 구강내 잔류 알코올(음주 시부터 구강 내 잔류 알코올 소거에 20분 소거)에 의한 과대 측정을 방지하여야 한다"고 명시하고 있는데, 이는 결국 호흡측정시 구강내 잔류하고 있을지 모를 알코올 제거하여 호흡측정의 신빙성을 높이기 위한 목적이다. 따라서 만일, 호흡측정시 입을 헹구지 않은 경우에는 구강 내 잔류 알코올로 인해 과다 측정되었을 가능성을 배제할 수 없어 유죄의 증거로 삼을 수 없다할 것이다.[18]

【판시사항】

[1] 피측정자가 물로 입 안을 헹구지 아니한 상태에서 호흡측정기로 측정한 혈중알코올 농도 수치의 신빙성

[2] 음주종료 후 4시간 정도 지난 시점에서 물로 입 안을 헹구지 아니한 채 호흡측정기로 측정한 혈중알코올 농도 수치가 0.05%로 나타난 사안에서, 위 증거만으로는 피고인이 혈중알코올 농도 0.05% 이상의 술에 취한 상태에서 자동차를 운전하였다고 인정하기 부족하다고 한 사례(대법원 2010. 6. 24. 선고 2009도1856 판결)

【판결요지】

[1] 호흡측정기에 의한 혈중알코올 농도의 측정은 장에서 흡수되어 혈액 중에 용해되어 있는 알코올이 폐를 통과하면서 증발하여 호흡공기로 배출되는 것을 측정하는 것이므로, 최종 음주시로부터 상당한 시간이 경과하지 아니하였거나, 트림, 구토, 치아보철, 구강청정제 사용 등으로 인하여 입 안에 남아 있는 알코올, 알코올 성분이 있는 구강 내 타액, 상처부위

---

18) 대법원 2014. 2. 27. 선고 2013도15968 판결.

의 혈액 등이 폐에서 배출된 호흡공기와 함께 측정될 경우에는 실제 혈중알코올의 농도보다 수치가 높게 나타나는 수가 있어, 피측정자가 물로 입 안 헹구기를 하지 아니한 상태에서 한 호흡측정기에 의한 혈중알코올 농도의 측정 결과만으로는 혈중알코올 농도가 반드시 그와 같다고 단정할 수 없고, 오히려 호흡측정기에 의한 측정수치가 혈중알코올 농도보다 높을 수 있다는 의심을 배제할 수 없다.

[2] 음주종료 후 4시간 정도 지난 시점에서 물로 입 안을 헹구지 아니한 채 호흡측정기로 측정한 혈중알코올 농도 수치가 0.03%로 나타난 사안에서, 위 증거만으로는 피고인이 혈중알코올 농도 0.03% 이상의 술에 취한 상태에서 자동차를 운전하였다고 인정하기 부족하다고 한 사례.

[교통단속처리지침상 음주운전적발을 위한 음주측정요령]

1. 음주측정시에는 기기의 정상작동상태를 확인·점검한 후 이상이 없는 때 측정하여야 한다.
2. 음주측정기용 볼대(mouth piece)는 1인 1회 사용함을 원칙으로 한다.
3. 운전장에게 최종음주시간 및 구강청정제 등 유사 알콜 사용여부를 확인하여 구강내 잔류 알콜(음주시부터 구강내 잔류알콜 소거에 20분 소요)에 의한 과대측정을 방지하여한다.
4. 측정결과 혈중알코올농도 0.35% 이상으로 주취운전자 적발보고서를 작성해야 할 때에는 피측정자에게 측정결과와 채혈에 의한 측정방법이 있음을 고지해야 하며, 체포시에는 미란다원칙을 명확히 고지하고 이의없음을 확인하여야 한다.
5. 피측정자가 채혈을 요구하거나 측정결과에 불복하는 때에는 주취운전자적발보고서를 작성한 후 즉시 피측정자의 동의를 얻어 가장 가까운 병원 등에서 채혈한 후 그 혈액을 국립과학수사연구소에 감정의뢰하여야 한다.
6. 음주측정에 불응한 운전자에게는 음주측정불응에 따른 불이익을 10분 간격으로 3회 이상 명확히 고지하여야 한다.

위와 같은 측정요령에 따라 보통 음주단속시 최종음주후 20분 이상을 기다려 측정하였음을 적발보고서에 적고 있으며 음주후 많은 시간이 경과하지 않았고 피측정자가 원할 경우 입을 헹굴 기회를 주는 것이 보통이다. 따라서 음주단속 현장에서 입을 헹군 경우에는, 입 헹굼 여부에 표기되기 때문에 이를 확인하여야 한다.

(2) 호흡조사 측정을 위한 동행요구 거부시 음주측정거부죄 성부

도로교통법 제148조의2 제1항 제2호의 음주측정거부죄는 술에 취한 상태에 있다고 인정할 만한 상당한 이유가 있는 사람이 같은 법 제44조 제2항에 따른 경찰공무원의 측정에 응하지 아니한 경우 성립하고, 같은 법 제44조 제2항은 교통의 안전과 위험방지를 위하여 필요하다고 인정되거나 술에 취한 상태에서 자동차 등을 운전하였다고 인정할 만한 상당한 이유가 있는 경우 운전자는 경찰공무원의 호흡조사 측정에 응하여야 함을 규정하고 있으므로, 음주측정거부죄가 성립하기 위하여는 경찰공무원의 적법한 호흡조사 측정 요구가 있어야 한다. 그런데 술에 취한 상태에서 자동차 등을 운전하였다고 인정할 만한 상당한 이유가 있는 경우의 호흡조사 측정 요구는 수사의 일종으로, 음주운전을 하였다고 의심되는 사람의 행동의 자유를 제한하는 것이지만, 음주운전으로 인한 폐해의 심각성, 수사의 시급성에 비하여 호흡조사 측정이 운전자의 자유를 침해하는 정도가 약한 점에 비추어 영장주의의 예외로서 운전자에게 수인의무가 부과되고, 그 간접강제의 방법으로 측정 요구에 불응하는 경우 처벌하는 것이므로 그 적법요건을 엄격히 해석하여야 한다. 이에 더하여, 수사절차로서 동행 또는 특정한 장소에의 출두를 의무화하는 것은 체포·구금에 있어서의 영장주의(헌법 제12조) 및 강제수사는 형사소송법에 특별한 규정이 있는 경우에 한하여 필요한 최소한도 내에서만 가능하다는 강제수사 법정주의(형사소송법 제199조)에 반할 소지가 큰 점을 감안하면, 호흡조사 측정을 위한 동행 또는 특정한 장소에의 출두 요구는 음주측정을 위한 준비의 요구일 뿐 도로교통법 제44조 제2항에서 규정한 적법한 호흡조사 측정의 요구로 볼 수 없다.[19]

(3) 호흡측정 후 호흡측정 결과의 오류 시 다시 혈액채취에 의한 측정 허용여부

음주운전에 대한 수사 과정에서 음주운전 혐의가 있는 운전자에 대하여 구 도로교통법(2014. 12. 30. 법률 제12917호로 개정되기 전의 것) 제44조 제2항에 따른 호흡측정이 이루어진 경우에는 그에 따라 과학적이고 중립적인 호흡측정 수치가 도출된 이상 다시 음주측정을 할 필요성은 사라졌으므로 운전자의 불복이 없는 한 다시 음주측정을 하는 것은 원칙적으로 허용되지 아니한다. 그러나 운전자의 태도와 외관, 운전 행태 등에서

---

19) 대전지방법원서산지원 2013. 6. 13. 선고 2012고합182 판결 : 항소.

드러나는 주취 정도, 운전자가 마신 술의 종류와 양, 운전자가 사고를 야기하였다면 경위와 피해 정도, 목격자들의 진술 등 호흡측정 당시의 구체적 상황에 비추어 호흡측정기의 오작동 등으로 인하여 호흡측정 결과에 오류가 있다고 인정할 만한 객관적이고 합리적인 사정이 있는 경우라면 그러한 호흡측정 수치를 얻은 것만으로는 수사의 목적을 달성하였다고 할 수 없어 추가로 음주측정을 할 필요성이 있으므로, 경찰관이 음주운전 혐의를 제대로 밝히기 위하여 운전자의 자발적인 동의를 얻어 혈액 채취에 의한 측정의 방법으로 다시 음주측정을 하는 것을 위법하다고 볼 수는 없다. 이 경우 운전자가 일단 호흡측정에 응한 이상 재차 음주측정에 응할 의무까지 당연히 있다고 할 수는 없으므로, 운전자의 혈액 채취에 대한 동의의 임의성을 담보하기 위하여는 경찰관이 미리 운전자에게 혈액 채취를 거부할 수 있음을 알려주었거나 운전자가 언제든지 자유로이 혈액 채취에 응하지 아니할 수 있었음이 인정되는 등 운전자의 자발적인 의사에 의하여 혈액 채취가 이루어졌다는 것이 객관적인 사정에 의하여 명백한 경우에 한하여 혈액 채취에 의한 측정의 적법성이 인정된다.[20]

(4) 호흡측정 후 수치의 미달로 귀가 후, 위드마크공식에 의한 역추산한 혈중알코올농도로 공소제기

담당 경찰관이 호흡측정기에 의한 음주측정 결과 혈중알코올농도가 음주운전한계수치에 미달하자 운전자를 귀가시킨 후 뒤늦게 위드마크공식에 의한 역추산 방식을 이용하여 산출한 혈중알코올농도가 처벌기준치를 초과한다는 이유로 공소제기된 경우, 결과적으로 운전자로부터 혈액채취 방법에 의한 측정의 기회를 박탈한 것이라고 할 것이고, 이러한 경우에도 채취한 혈액이 감정불능된 때와 마찬가지로 음주측정기에 의한 측정 결과가 특히 신빙할 수 있다고 볼 수 있는 때에 한하여 음주측정기에 의한 측정결과에 대하여 증명력을 인정할 수 있다고 할 것이나, 이를 인정할 만한 자료가 없어 그 증명력을 긍정할 수 없다는 이유로, 운전자가 사고 당시 주취상태에서 운전하였다고 단정하기 어렵다.[21]

---

20) 대법원 2015. 7. 9. 선고 2014도16051 판결.
21) 서울지방법원서부지원 2003. 6. 5. 선고 2002고단3245 판결 : 확정.

나. 위드마크공식에 의한 측정

(1) 위드마크 공식이란

위드마크(Widmark) 공식은 음주운전시 사고가 난 후 시간이 많이 경과되어 운전자가 술이 깨어 버렸거나 한계 수치 이하인 경우 등에 음주운전 당시의 혈중 알코올 농도를 계산하는 기법이다. 시간당 알코올 분해값이 개인에 따라 0.008%~0.030%에 분포하는 점에 착안, 뺑소니 등으로 음주운전자의 호흡이나 혈액으로 음주정도를 곧바로 잴 수 없을 때 혈중알코올 농도가 평균치인 시간당 0.015%씩 감소하는 것으로 역추산해 범행이나 사고 당시의 음주상태를 추정하게 된다. 이 공식은 1914년에 독일계인 위드마크씨가 창안한 계산방법으로 운전자가 사고전 섭취한 술의 종류와 음주한량, 체중, 성별을 조사하여 사고당시 주취상태를 계산하며, 우리나라는 경찰이 96년 6월 음주 뺑소니 운전자 처벌을 위해 도입했다.

(2) 사용방법

범행 직후에 행위자의 혈액이나 호흡으로 혈중 알코올농도를 측정할 수 있는 경우가 아니라면 위드마크 공식을 사용하여 그 계산결과로 특정 시점의 혈중 알코올농도를 추정할 수도 있다. 이는 교통사고 후 측정, 운전자의 도주 등의 이유로 운전 직후 또는 그 무렵의 혈중알코올농도를 측정할 수 없는 경우 운전 당시 혈중알코올농도를 추산하는 데 사용되어 지기도 한다.

[위드마크 공식]

$$\cdot C = A /(P \times R) = mg/10 = \%$$

$\cdot C$ = 혈중알코올농도 최고치(%)

A = 운전자가 섭취한 알코올의 양(음주량 × 술의 농도% × 0.7984)

P = 사람의 체중(kg)

R = 성별에 대한 계수 (남자는 0.7 , 여자는 0.6)

이때 계산공식에 의해 계산된 수치는 음주 후 30분 경과 되었을 때의 최고수치이므로 경과한 시간에 따라 혈중알코올농도를 빼주어야 한다.

예를 들어 체중 60kg인 성인남자가 25도짜리 소주 180㎖를 마시고 2시간30분후에 사고를 냈을 때

C = 180×0.25×0.7984 / 60×0.7 = 0.85mg/10 = 0.085%

사고 당시 주취 상태는 사고 경과후 2시간30분이 지났으므로
0.085 − (0.015%×2H) = 0.055%

그러나 범죄구성요건사실의 존부를 알아내기 위해 과학공식 등의 경험칙을 이용하는 경우에는 그 법칙 적용의 전제가 되는 개별적이고 구체적인 사실에 대하여는 엄격한 증명을 요한다 할 것이고, 위드마크 공식의 경우 그 적용을 위한 자료로는 음주량, 음주시각, 체중, 평소의 음주정도 등이 필요하므로 그런 전제사실을 인정하기 위해서는 엄격한 증명이 필요하다.[22]

[수정된 위드마크 공식]

C = A×0.7(체내흡수율)/(P×R)−βt

C = 혈중 알코올농도 최고치(%)
A = 운전자가 섭취한 알코올의 양
　　(음주량(ml)×술의 농도(%)×0.7894)
P = 사람의 체중(kg)
R = 성별에 대한 계수(남자 0.86, 여자 0.64)
　※ 대법원 판례에 의해 피고인에게 가장 유리한 최고치 적용

음주운전 당시 혈중알코올
= 최고혈중알코올농도−(경과시간×0.015%)

---

22) 대법원 2000.06.27. 선고 99도128 판결.

※ 대법원 판례에 의해 추산할 때는 0.03%, 역추산할 때는 0.008%으로 적용하는 경우가 많음. 단, 피고인에게 가장 유리한 수치를 적용.

Q 체중 70kg 남성이 20도 소주 2병(720ml)을 전날 저녁 22:00 까지 마시고 3시간 30분 후인 새벽 01시30분에 음주운전을 하다가 교통사고를 내고 현장을 도주하였다. 이때 교통사고 당시 혈중알코올농도는?
(음주종료시점 22:00, 상승기 90분 이후 시점 23:30, 실제음주운전시간 01:30)

A 혈중알코올농도 최고치를 계산하면,

C = {720ml(음주량)×0.20(알코올도수)×0.7894(알코올의비중)×0.7}

    {70kg×0.86(남자계수)×10}

    = 0.132%(혈중알코올농도최고치)

교통사고 당시 혈중알코올농도를 계산하면,

  0.132%-(0.03%×2시간) = 0.072%

  ※ 피고인에게 가장 유리한 수치인 0.03%를 적용

(3) 위드마크 확장공식

실제 음주운전시간과 단속시점이 다를 경우, 단속 당시 호흡측정 또는 채혈수치가 있을 경우, 그 당시 혈중알코올농도를 기초로 음주 운전 시까지 시간당 혈중알코올농도 감소치를 가산하여 역추산하는 방식이다. 이러한 경우 시간당 분해량은 대법원 판례에 의해서 피고인에게 가장 유리한 0.008%를 적용한다. 이때 음주상승기 안에 운전했을 경우 음주상승기인 30분에서 90분인 시간을 제외하고 계산한다. 음주 상승기 시간을 제외할 때는 음주운전시점이 아닌 음주종료시점으로 기준으로 한다.

[위드마크 확장 공식]

혈중알코올농도(Ct) = 측정 혈중알코올농도 + B(시간당 알콜분해량) × T(시간)

Q 술집에서 저녁 23:00 까지 술을 마시고 24:00 에 음주운전 상태로 집에 귀가하였다. 그러나 술집사장의 신고로 새벽 3:30분에 음주운전으로 자택에서 경찰에 적발되어 음주측정수치는 0.03%로 측정되었다. 이때 실제 운전당시 혈중알코올농도는 얼마일까요?

(음주종료시간 23:00, 상승기 90분 이후 시점 24:30, 실제음주운전시간 24:00, 음주단속시점 익일 03:30)

A

C = 0.03%(측정 혈중알코올농도)+(0.008%(시간당 알코올분해량)×3시간(상승기 제외한 시간))

※ 23시 음주종료시점에서 음주상승기 90분을 제외하고 3시간으로 계산

　실제 음주운전 당시 수치를 측정하면

　= 0.03%+0.024 = 0.054%

(4) 위드마크 공식에 따른 술의 종류에 따른 알코올 분해시간

에탄올인 술에는 0.1% 미만으로 매탄올이 함량되어 있다. 에탄올은 몸에 들어오자 마자 분해를 시작하지만, 매탄올은 에탄올이 다 분해될 즈음에 이어서 대사가 진행된다. 이러한 상대적으로 늦은 매탄올의 분해 과정에서 숙취가 오는 것이라는 설이 있다. 음주를 통하여 체내에 섭취된 알코올은 특별한 소화작용을 거치지 않는 위에서 20%, 소장에서 80% 정도가 그대로 체내에 흡수된다. 흡수속도는 일반적으로 알콜농도가 높을수록 빠르며, 특히 장이 비어 있는 공복시에 빠르며, 20% 농도에서 가장 흡수가 잘된다. 위와 장에서 흡수된 알콜은 혈액을 따라 몸전체로 퍼지게 되는데 도중에 간장을 통과하게 된다. 간에서는 알콜을 산화분해시키는데, 흡수된 알코올의 80~90%가 분해된다. 나머지 10~20%의 알콜은 역시 간장의 에타놀산화계 효소(MEOS)에 의해 아세트알데히드로 분해된다. 여기서 흥미로운 사실은 MEOS는 음주량이나 음주빈도에 따라 활성이 강화된다는 사실이다. 술에 약한 사람이 자주 술을 마심에 따라 점차 술에 강해지는 것은 바로 이 MEOS계통의 효소활성이 강해지기 때문이다. 최근 밝혀진 바에

따르면 MEOS가 생산되지 않거나 또는 그 양이 적은 사람이 있다고 하는데, 술을 전혀 마시지 못하는 것은 이 때문인 것으로 보인다. 간장에서의 알콜처리능력은 사람에 따라 차이가 많으나 보통은 체중 60~70kg인 사람이면 한 시간에 순수한 알콜 7g정도를 처리할 수 있으며, 경우에 따라서는 10~15g정도 가능하다. 따라서 25도짜리 소주 2홉을 마셨을 경우, 그 알콜이 체내에서 완전히 분해되는 데는 약 8시간이 걸린다는 계산이 나온다. 하지만 사람마다 다 체질이 다르고 성질이 다르므로 정확한 통계는 아니다.[23)]

1. 소주

소주 1병(알코올 도수 19%)		
성별	체중	소요시간
남	60kg	4시간 47분
	70kg	4시간 6분
	80kg	3시간 34분
	90kg	3시간 9분
여	50kg	7시간 12분
	60kg	6시간
	70kg	5시간 9분

2. 맥주

생맥주 2000cc(4.5%)		
성별	체중	소요시간
남	60kg	6시간 18분
	70kg	5시간 22분
	80kg	4시간 44분
	90kg	4시간 12분
여	50kg	9시간 28분
	60kg	7시간 53분
	70kg	6시간 47분

23) 경찰청페이스북

3. 막걸리

막걸리 1병(6%)		
성별	체중	소요시간
남	60kg	3시간 9분
	70kg	2시간 41분
	80kg	2시간 22분
	90kg	2시간 6분
여	50kg	4시간 44분
	60kg	3시간 56분
	70kg	3시간 22분

4. 양주

양주 4잔(45%)		
성별	체중	소요시간
남	60kg	7시간 34분
	70kg	6시간 28분
	80kg	5시간 41분
	90kg	5시간 3분
여	50kg	11시간 25분
	60kg	9시간 28분
	70kg	8시간 9분

5. 와인

와인 1병(13%)		
성별	체중	소요시간
남	60kg	6시간 50분
	70kg	5시간 50분
	80kg	5시간 6분
	90kg	4시간 31분
여	50kg	10시간 15분
	60kg	8시간 34분
	70kg	7시간 18분

[자료 : 경찰청]

【판결요지】

음주운전을 이유로 한 운전면허취소처분에 있어서 운전종료시로부터 어느 정도 시간이 지난 후에 운전자의 혈액이나 호흡 등 표본을 검사하여 혈중알코올농도를 측정한 경우 소위 위드마 크 공식을 사용하여 역산한 결과로 운전 당시의 혈중알코올농도를 추정할 수 있으며, 비록 평 소의 음주정도, 체질, 음주속도 등에 따라 특정인의 시간당 알코올분해량이 다를 수 있으나 이 미 알려진 신빙성 있는 통계자료 중 운전자에게 가장 유리한 수치를 대입하여 위드마크 공식에 따라 산출하여도 운전 당시의 혈중알코올농도가 0.05%를 초과하는 것으로 계산된다면, 시간 당 알코올분해량의 수치에 관한 새로운 자료가 있다든가 운전자가 유별난 특이체질이어서 이 미 알려진 통계자료에서 제시된 폭을 넘을 수 있다는 점에 대한 운전자의 입증이 없는 한, 위 위드마크 공식의 적용결과에 기하여 운전 당시 혈중알코올농도가 0.05%를 초과하는 상태에 있었다고 인정할 수 있다.

(5) 위드마크 공식에 의하여 운전시점의 혈중 알코올농도를 추정함에 있어서 피고인에 게 가장 유리한 시간당 감소치를 적용하여 산출된 결과의 증명력

음주운전에 있어서 운전 직후에 운전자의 혈액이나 호흡 등 표본을 검사하여 혈중 알코 올농도를 측정할 수 있는 경우가 아니라면 소위 위드마크 공식을 사용하여 수학적 방법 에 따른 결과로 운전 당시의 혈중 알코올농도를 추정할 수 있고, 이 때 위드마크 공식 에 의한 역추산 방식을 이용하여 특정 운전시점으로부터 일정한 시간이 지난 후에 측정 한 혈중 알코올농도를 기초로 하고 여기에 시간당 혈중 알코올의 분해소멸에 따른 감소 치에 따라 계산된 운전시점 이후의 혈중 알코올분해량을 가산하여 운전시점의 혈중 알 코올농도를 추정함에 있어서는, 피검사자의 평소 음주정도, 체질, 음주속도, 음주 후 신체활동의 정도 등 다양한 요소들이 시간당 혈중 알코올의 감소치에 영향을 미칠 수 있으나 그 시간당 감소치는 대체로 0.03%에서 0.008% 사이라는 것은 이미 알려진 신빙성 있는 통계자료에 의하여 인정되는바, 위와 같은 역추산 방식에 의하여 운전시점 이후의 혈중 알코올분해량을 가산함에 있어서 시간당 0.008%는 피고인에게 가장 유리한 수치이므로 특별한 사정이 없는 한 이 수치를 적용하여 산출된 결과는 운전 당시의 혈중 알코올농도를 증명하는 자료로서 증명력이 충분하다.[24)

(6) 사용한계

위드마크 공식은 알콜이 체내에 모두 흡수된 다음 소거되는 단계에 이르렀음을 전제로 하는 것이므로, 그 적용을 위해서는 음주운전 시점이 혈중알콜농도가 하강하는 국면에 진입하였음이 증명되어야 한다. 판례에 의하면 통상 음주 후 30분~90분이 경과하면 혈중알코올농도가 최고치에 이르고 이후에는 하강하게 된다고 보고 90분을 운전자에게 가장 유리한 최고시점으로 간주하여 역추산한 사례가 많다. 그러나 만일 혈중알코올농도가 최고치를 향하여 상승하고 있는 기간이라면 위 방식의 적용은 허용될 수 없다.[25)

한편, 혈중알코올농도가 상승국에 있었는지, 하강국면에 있었는지 여부의 판단은 음주 시점과 음주운전 시점을 기준으로 하는 것이고, 혈중알코올농도 측정 시점을 기준으로 하는 것은 아니다.

Q 저는 음주운전으로 적발되어 음주측정기로 수치를 측정하였으나 이에 불복하여 혈액채취를 요구하였고 경찰관과 함께 병원으로 가서 채혈을 하였습니다. 그러나 경찰관이 실수로 혈액 샘플을 분실하였고, 그 후 음주측정기 수치를 기초로 그대로 운전면허 취소처분이 나왔습니다. 음주측정기 수치에 불복하여 혈액채취를 요구하였으나 경찰관의 과실로 이를 분실해 놓고도 면허를 취소하는 처분은 부당한 것이 아닌지요?

A 「도로교통법」규정에 의하면, 술에 취하였는지의 여부를 측정한 결과에 불복하는 운전자에 대하여는 그 운전자의 동의를 얻어 혈액채취 등의 방법으로 다시 측정할 수 있도록 되어 있고, 경찰청의 교통단속처리지침에 의하면, 피측정자가 측정 결과에 불

---

24) 대법원 2005. 2. 25. 선고 2004도8387 판결.
25) 대법원 2007. 1. 11. 선고 2006두15035 판결.

복하는 때에는 즉시 동일한 음주측정기로 재측정토록 하는 등 불신이나 오해의 소지가 없도록 공정성을 확보하여야 하며, 피측정자가 2차 측정 결과나 3차 측정 결과에도 불복하는 때에는 즉시 피측정자의 동의를 얻어 가장 가까운 병원 등 의료기관에서 채혈한 혈액을 반드시 국립과학수사연구소에 감정 의뢰하여야 하고, 그 감정결과는 음주측정기 측정 결과에 우선하도록 되어 있습니다.

따라서 운전자가 음주측정기에 의한 측정 결과에 불복하면서 혈액채취 방법에 의한 측정을 요구한 때에는 경찰공무원은 반드시 가까운 병원 등에서 혈액을 채취하여 감정을 의뢰하여야 하고, 이를 위하여 채취한 혈액에 대한 보존 및 관리 등을 철저히 하여야 할 의무가 있습니다.

하지만 만일 채취한 혈액이 분실되거나 오염되는 등의 사유로 감정이 불능으로 된 때에는 음주측정기에 의한 측정 결과가 특히 신빙할 수 있다고 볼 수 있는 때에 한하여 음주측정기에 의한 측정 결과만으로 음주운전 사실 및 그 주취 정도를 증명할 수도 있다는 것이 판례의 입장이기도 합니다(대법원 2002. 10. 11. 선고 2002두6300 판결). 이 때 음주측정기에 의한 측정 결과를 특히 신빙할 수 있다고 볼 수 있는지 여부가 관건인바, 이는 음주측정기 측정 횟수, 측정 결과 나온 수치의 분포 범위 등 모든 제반 사정을 고려하여 판단되어야 할 것이므로 일률적으로 말할 수는 없습니다.

참고로 위 판례는 "음주운전자를 적발하여 음주측정기에 의하여 음주측정을 한 결과, 혈중알코올농도 0.115%의 측정수치가 나오자 이를 원고에게 확인시킨 다음 주취운전자 적발보고서 등에 원고의 서명을 받기까지 하였으나, 그 직후 원고가 혈액채취의 방법에 의한 측정을 요구하자, 원고를 인근 병원으로 데리고 가 혈액을 채취하고도 그 보관을 소홀히 한 나머지 이를 분실하여 그 감정이 불가능하게 된 경우, 이와 같은 음주측정 후의 사정, 음주측정기에 의한 측정 결과가 허용오차범위 ± 0.005%인 점 등을 모두 감안하여 운전자의 혈중알콜농도가 0.1%를 초과하였으리라고 단정하기는 어려우므로, 이에 대한 운전면허 취소처분은 재량권의 범위를 벗어나 위법한 처분이다."라고 하였습니다.

다. 혈액측정

(1) 혈액채취

음주운전으로 단속된 후 호흡측정 수치에 불복할 경우 단속 경찰관에게 채혈하겠다고 하면 채혈동의서 작성 후 가까운 병원에서 채혈을 하게 된다. 단, 채혈시 알코올 솜을 사용하는 경우가 수사기관의 절차적 실무상 상당히 많기 때문에 채혈담당 간호사나 의사가 무알콜 솜을 사용하였는지 확인이 필요하며, 대부분 채혈동의서 작성시 무알콜솜 사용란에 채혈자가 자필기재하도록 되어있다. 이때에 채혈을 담당한 간호사나 의사도 서명날인한다. 이는 통상 음주단속에 불복해 즉, 호흡측정에 불복해 채혈측정을 받게 될 경우에는 측정의 신빙성을 높이기 위하여 무알콜 소독제로 소독한 채혈 세트를 사용하게 되어 있기 때문이다. 따라서 만일 채혈측정시 알코올 솜을 사용하여 채혈과정에 문제가 있을 경우 무죄가 선고될 가능성도 있다.

【판시사항】
음주측정을 위한 목적이 아닌 진료를 위해 채혈하였던 혈액을 감정한 결과 혈중알코올농도 수치가 0.269%로 나온 사안에서, 여러 가지 정황에 비추어 합리적 의심의 여지가 없이 피고인이 술이 취한 상태에서 운전하였다고 단정할 수는 없다고 한 사례(광주지방법원 2007. 3. 22. 선고 2006노1642 판결 : 상고)

【판결요지】
음주측정을 위한 채혈이 아닌 진료를 위해 채혈하였던 혈액을 감정한 결과 혈중알코올농도 수치가 0.269%로 나온 사안에서, 혈액 채취 전에 피부를 소독하기 위해 사용한 70% 알코올솜의 영향을 배제할 수 없는 점, 감정 의뢰한 혈액 샘플이 음주측정용 세트를 사용하여 채혈된 것이 아닌 점, 진료를 담당한 의사의 진술 및 피고인의 운전 경력 등에 비추어 합리적 의심의 여지가 없이 피고인이 술이 취한 상태에서 운전하였다고 단정할 수는 없다고 한 사례.

(2) 채혈요구시기

채혈측정에 대한 요구는 정당한 사유가 없는 한 호흡측정 종료 후 30분 안에 해야 한다. 혈중알코올농도는 일정한 시간이 지나면 상승기를 거쳐 최대치에 이른 후 회복되는 하강기에 이르게 되는데, 하강기가 이루어진 상태에서는 음주운전 당시의 혈중알코올 농도를 산출할 수 없기 때문이다. 따라서 채혈측정시 호흡측정 이후 30분이 지나면 채혈을 할 수 없음을 주의하여야 한다.

【판시사항】
운전자가 혈액채취 방법에 의한 혈중알콜농도 측정을 요구할 수 있는 시한(대법원 2008. 5. 8. 선고 2008도2170 판결)

【판결요지】
운전자가 경찰공무원에 대하여 호흡측정기에 의한 측정 결과에 불복하여 그 즉시, 또는 2차, 3차 호흡측정을 실시하여 그 재측정 결과에도 불복하면서 혈액채취의 방법에 의한 측정을 요구할 수 있는 것은 경찰공무원이 운전자에게 호흡측정의 결과를 제시하여 확인을 구하는 때로부터 상당한 정도로 근접한 시점에 한정된다 할 것이고, 운전자가 정당한 이유 없이 위 시점으로부터 상당한 시간이 경과한 후에야 호흡측정 결과에 이의를 제기하면서 2차 호흡측정 또는 혈액채취의 방법에 의한 측정을 요구하는 경우에는 이를 정당한 요구라고 할 수 없으므로, 이와 같은 경우에는 경찰공무원이 2차 호흡측정 또는 혈액채취의 방법에 의한 측정을 실시하지 않았다고 하더라도 1차 호흡측정기에 의한 측정의 결과만으로 음주운전 사실을 증명할 수 있다.

(3) 채혈에 대한 감정

음주운전자가 호흡측정에 불복하여 채혈을 한 경우 채혈이 든 무색 플라스틱병에든 혈액을 감정물로 국립과학수사연구원으로 보내며, 이를 받은 국립과학수사연구원에서는 보통 2주 이내에 감정하여 그 분석결과를 해당 경찰서로 보낸다. 국립과학수사연구원의 혈중 알콜농도 감정 후 이를 인정할 수 없어 불복하는 재측정은 허용되지 않고 있다.

(4) 음주측정거부 후 상당 시간이 흐른 후 채혈

음주측정을 요구받을 당시 운전이 이미 종료된 상태로서 그 후 교통안전이나 위험 방지의 필요성이 있었다고는 할 수 없더라도, 음주측정거부시로부터 상당 시간이 경과된 이후에서야 채혈에 의한 방법의 음주측정에 동의하여 이를 측정한 결과 운전자에게 0.08%의 혈중알코올농도가 나타난 점에 비추어 보면, 경찰관으로서는 적어도 그 운전자가 음주운전을 하였으리라는 상당한 이유가 있어 그 측정을 요구하였던 것이므로 그 운전자는 측정 요구에 응할 의무가 있었음에도 이를 거부한 경우에 해당한다는 이유로, 당초의 음주측정거부를 이유로 한 운전면허취소처분은 정당하다.[26]

(5) 본인허락 없는 채혈 - 위법

음주운전 여부에 관한 조사방법 중 혈액 채취는 상대방의 신체에 대한 직접적인 침해를 수반하는 방법으로서, 이에 관하여 도로교통법은 호흡조사와 달리 운전자에게 조사에 응할 의무를 부과하는 규정을 두지 아니할 뿐만 아니라, 측정에 앞서 운전자의 동의를 받도록 규정하고 있으므로(제44조 제3항), 운전자의 동의 없이 임의로 채혈조사를 하는 것은 허용되지 아니한다.

그리고 수사기관이 범죄 증거를 수집할 목적으로 운전자의 동의 없이 그 혈액을 취득·보관하는 행위는 형사소송법상 '감정에 필요한 처분' 또는 '압수'로서 법원의 감정처분허가장이나 압수영장이 있어야 가능하고, 다만 음주운전 중 교통사고를 야기한 후 운전자가 의식불명 상태에 빠져 있는 등으로 호흡조사에 의한 음주측정이 불가능하고 채혈에 대한 동의를 받을 수도 없으며 법원으로부터 감정처분허가장이나 사전 압수영장을 발부받을 시간적 여유도 없는 긴급한 상황이 발생한 경우에는 수사기관은 예외적인 요건 하에 음주운전 범죄의 증거 수집을 위하여 운전자의 동의나 사전 영장 없이 혈액을 채취하여 압수할 수 있으나 이 경우에도 형사소송법에 따라 사후에 지체 없이 법원으로부터 압수영장을 받아야 한다(대법원 2012. 11. 15. 선고 2011도15258 판결 참조). 따라서 음주운전 여부에 대한 조사 과정에서 운전자 본인의 동의를 받지 아니하고 또한 법원의 영장도 없이 채혈조사를 한 결과를 근거로 한 운전면허 정지·취소 처분은 도로

---

26) 서울고등법원 1996. 4. 3. 선고 95구33667 판결 : 확정.

교통법 제44조 제3항을 위반한 것으로서 특별한 사정이 없는 한 위법한 처분으로 볼 수밖에 없다.

라. 음주측정불응죄

(1) 음주측정불응죄

음주운전자가 음주측정에 불응한 경우 도로교통법 제148조의2 제1항에 의거, 1년 이상 3년 이하의 징역이나, 500만 원 이상 1천만 원 이하의 벌금에 처해지며, 같은 법 제93조에 의거하여 면허취소(결격기간 1년)가 된다.

【판시사항】

도로교통법 제148조의2 제1항 제2호에서 말하는 '경찰공무원의 측정에 응하지 아니한 경우'의 의미 및 측정거부가 일시적인 것에 불과한 경우, 음주측정불응죄가 성립하는지 여부(소극) / 음주측정불응죄가 성립하는 시기 및 운전자의 측정불응의사가 객관적으로 명백한지 판단하는 방법(대법원 2015. 12. 24. 선고 2013도8481 판결)

【판결요지】

도로교통법 제148조의2 제1항 제2호(이하 '처벌조항'이라 한다)의 주된 목적은 음주측정을 간접적으로 강제함으로써 교통의 안전을 도모함과 동시에 음주운전에 대한 입증과 처벌을 용이하게 하려는 데 있는 것이지, 측정불응행위 자체의 불법성을 처벌하려는 데 있는 것은 아닌 점, 한편 처벌조항의 음주측정불응죄는 주취운전죄 중에서도 불법성이 가장 큰 유형인 3회 이상 또는 혈중알코올농도 0.2% 이상의 주취운전죄와 동일한 법정형으로 규율되고 있는 점, 경찰청의 교통단속처리지침 제38조 제11항은 처벌조항의 입법 취지 등을 참작하여 "음주측정 요구에 불응하는 운전자에 대하여는 음주측정 불응에 따른 불이익을 10분 간격으로 3회 이상 명확히 고지하고, 고지에도 불구하고 측정을 거부한 때(최초 측정 요구 시로부터 30분 경과)에는 측정결과란에 ☐측 ☐정 ☐거 ☐부 ☐× 로 기재하여 주취운전자 적발보고서를 작성한다."고 규정하고 있는 점 등을 고려해 볼 때, 처벌조항에서 말하는 '경찰공무원의 측정에 응하지 아니한 경우'란 전체적인 사건의 경과에 비추어 술에 취한 상태에 있다고 인정할 만한 상당한 이유가 있는 운전자가 음주측정에 응할 의사가 없음이 객관적으로 명백하다고 인정되는 때를 의미하고, 운전자가 경찰공무원의 1차 측정에만 불응하였을 뿐 곧이어 이어진 2차 측정에 응한 경우와 같이 측정거부가 일시적인 것에 불과한 경우까지 측정불응행위가 있었다고 보아 처벌조항의 음주측정불응죄가 성립한다고 볼 것은 아니다.

따라서 술에 취한 상태에 있다고 인정할 만한 상당한 이유가 있는 운전자가 호흡측정기에 숨을 내쉬는 시늉만 하는 등으로 음주측정을 소극적으로 거부한 경우라면, 소극적 거부행위가 일정 시간 계속적으로 반복되어 운전자의 측정불응의사가 객관적으로 명백하다고 인정되는 때에 비로소 음주측정불응죄가 성립하고, 반면 운전자가 명시적이고도 적극적으로 음주측정을 거부하겠다는 의사를 표명한 것이라면 즉시 음주측정불응죄가 성립할 수 있으나, 그 경우 운전자의 측정불응의사가 객관적으로 명백하였는지는 음주측정을 요구받을 당시의 운전자의 언행이나 태도 등을 비롯하여 경찰공무원이 음주측정을 요구하게 된 경위 및 측정요구의 방법과 정도, 주취운전자 적발보고서 등 측정불응에 따른 관련 서류의 작성 여부 및 운전자가 음주측정을 거부한 사유와 태양 및 거부시간 등 전체적 경과를 종합적으로 고려하여 신중하게 판단하여야 한다.

(2) 음주측정불응죄의 성립 요건 및 술에 취한 상태에 있다고 인정할 만한 상당한 이유가 있는지 여부의 판단 기준

도로교통법 제107조의2 제2호의 음주측정불응죄는 술에 취한 상태에 있다고 인정할 만한 상당한 이유가 있는 사람이 같은 법 제41조 제2항의 규정에 의한 경찰공무원의 측정에 응하지 아니한 경우에 성립하는 것인바, 같은 법 제41조 제2항의 규정에 비추어 보면 음주측정 요구 당시의 객관적 사정을 종합하여 볼 때 운전자가 술에 취한 상태에서 자동차 등을 운전하였다고 인정할 만한 상당한 이유가 있고 운전자의 음주운전 여부를 확인하기 위하여 필요한 경우에는 사후의 음주측정에 의하여 음주운전 여부를 확인할 수 없음이 명백하지 않는 한 경찰공무원은 당해 운전자에 대하여 음주측정을 요구할 수 있고, 당해 운전자가 이에 불응한 경우에는 같은 법 제107조의2 제2호 소정의 음주측정불응죄가 성립한다.[27] 결국 음주측정불응죄가 성립하기 위하여는 음주측정 요구 당시 운전자가 반드시 혈중알코올농도 0.05% 이상의 상태에 있어야 하는 것은 아니지만 적어도 혈중알코올농도 0.05%이상의 상태에 있다고 인정할 만한 상당한 이유가 있어야 하는 것이고, 나아가 술에 취한 상태에 있다고 인정할 만한 상당한 이유가 있는지 여부는 음주측정 요구 당시 개별 운전자마다 그의 외관·태도·운전 행태 등 객관적 사

---

27) 대법원 2001. 8. 24. 선고 2000도6026 판결.

정을 종합하여 판단하여야 한다.[28]

(3) 음주측정이 '진술'에 해당하는지 여부 등

헌법 제12조 제2항은 "모든 국민은 고문을 받지 아니하며, 형사상 자기에게 불리한 진술을 강요당하지 아니한다."고 규정하여 형사책임에 관하여 자신에게 불이익한 진술을 강요당하지 아니할 것을 국민의 기본권으로 보장하고 있고, 헌법이 진술거부권을 기본적 권리로 보장하는 것은 형사 피의자나 피고인의 인권을 형사소송의 목적인 실체적 진실발견이나 구체적 사회정의의 실현이라는 국가이익보다 우선적으로 보호함으로써 인간의 존엄성과 가치를 보장하고, 나아가 비인간적인 자백의 강요와 고문을 근절하려는 데 있고, 여기서 "진술"이라 함은 생각이나 지식, 경험사실을 정신작용의 일환인 언어를 통하여 표출하는 것을 의미하는데 반해, 도로교통법 제44조 제2항에 규정된 음주측정은 호흡측정기에 입을 대고 호흡을 불어 넣음으로써 신체의 물리적, 사실적 상태를 그대로 드러내는 행위에 불과하므로 이를 두고 "진술"이라 할 수 없으며, 따라서 주취운전의 혐의자에게 호흡측정기에 의한 주취 여부의 측정에 응할 것을 요구하고 이에 불응할 경우에는 같은 법 제150조 제2호에 따라 처벌한다고 하여도 이를 형사상 불리한 "진술"을 비인간적으로 강요하는 것에 해당한다고 볼 수는 없으므로, 도로교통법의 위 조항들이 자기부죄금지의 원칙을 규정한 헌법 제12조 제2항에 위반된다고 할 수 없다.[29]

(4) 음주측정거부를 이유로 운전면허취소를 함에 있어서 행정청의 재량여지

도로교통법 제78조 제1항 단서 제8호의 규정에 의하면, 술에 취한 상태에 있다고 인정할 만한 상당한 이유가 있음에도 불구하고 경찰공무원의 측정에 응하지 아니한 때에는 필요적으로 운전면허를 취소하도록 되어 있어 처분청이 그 취소 여부를 선택할 수 있는 재량의 여지가 없음이 그 법문상 명백하므로, 위 법조의 요건에 해당하였음을 이유로 한 운전면허취소처분에 있어서 재량권의 일탈 또는 남용의 문제는 생길 수 없다.[30]

---

28) 대법원 2004. 10. 14. 선고 2004도5249 판결.
29) 대법원 2009. 9. 24. 선고 2009도7924 판결.
30) 대법원 2004. 11. 12. 선고 2003두12042 판결.

(5) 운전자가 신체 이상 등의 사유로 호흡측정에 응하지 못한 경우, 음주측정불응죄 성부

도로교통법(2005. 5. 31. 법률 제7545호로 전문 개정되기 전의 것) 제41조 제2항, 제3항의 해석상, 술에 취한 상태에서 자동차 등을 운전하였다고 인정할 만한 상당한 이유가 있는 경우에 경찰공무원은 운전자가 술에 취하였는지 여부를 호흡측정기에 의하여 측정할 수 있고 운전자는 그 측정에 응할 의무가 있으나, 운전자의 신체 이상 등의 사유로 호흡측정기에 의한 측정이 불가능 내지 심히 곤란한 경우에까지 그와 같은 방식의 측정을 요구할 수는 없으며(이와 같은 상황이라면 경찰공무원으로서는 호흡측정기에 의한 측정의 절차를 생략하고 운전자의 동의를 얻거나 판사로부터 영장을 발부받아 혈액채취에 의한 측정으로 나아가야 할 것이다), 이와 같은 경우 경찰공무원이 운전자의 신체 이상에도 불구하고 호흡측정기에 의한 음주측정을 요구하여 운전자가 음주측정수치가 나타날 정도로 숨을 불어넣지 못한 결과 호흡측정기에 의한 음주측정이 제대로 되지 아니하였다고 하더라도 음주측정에 불응한 것으로 볼 수는 없다.[31]

10. 이진아웃제도

가. 개념

음주운전 이진아웃제도는 상습적인 음주운전자 예방하고 가중처벌하기 위해 만들어진 제도이다. 2019년 6월 25일부터 기존 삼진아웃제도에서 이진아웃제도로 강화되었다. 음주운전 이진아웃제도는 상습 음주운전자에 대한 행정처분을 강화하기 위해 만들어진 제도로 보면 된다. 음주운전으로 운전면허 행정처분(정지 또는 취소)을 받은 사람이 다시 음주운전(혈중알코올농도 0.03%이상)으로 적발되면 운전면허를 취소하고 2년간 운전면허 시험에 응시할 자격을 박탈하는 제도이다.

나. 기준시점

도로교통법 개정에 따라 2019. 6. 25. 이후 발생한 음주운전에 대한 행정처분 시 과거의 전력이 포함되기 때문에 2019. 6. 24. 이전 음주운전 전력이 1회 이상이라면 음주운전 2회 이상으로 취소된다. 음주운전으로 취소 시 단순 음주운전 2회째 이상 운전면허

---

31) 대법원 2006. 1. 13. 선고 2005도7125 판결.

취소에 따른 결격기간이 2년이며 음주사고가 2회 이상이면 결격기간이 3년이다. 단순, 음주운전 과거전력은 2001. 7. 24. 이후 발생한 건부터, 음주사고 과거전력은 2001. 6. 30. 이후 발생한 건부터 산정하게 된다.

11. 운전면허의 취소 · 정지처분 사유

지방경찰청장은 운전면허(연습운전면허는 제외한다.)를 받은 사람이 다음의 어느 하나에 해당하면 행정자치부령으로 정하는 기준에 따라 운전면허(운전자가 받은 모든 범위의 운전면허를 포함한다.)를 취소하거나 1년 이내의 범위에서 운전면허의 효력을 정지시킬 수 있다.

다만, 2), 3), 7)부터 9)까지(정기 적성검사 기간이 지난 경우는 제외한다), 12), 14), 16)부터 18)까지, 20)의 규정에 해당하는 경우에는 운전면허를 취소하여야 한다(법 제93조).

1) 제44조제1항(술에 취한 상태에서의 운전 금지)을 위반하여 술에 취한 상태에서 자동차등을 운전한 경우

2) 제44조제1항 또는 제2항 후단을 2회 이상 위반한 사람이 다시 같은 조 제1항을 위반하여 운전면허 정지 사유에 해당된 경우

3) 제44조제2항 후단을 위반하여 술에 취한 상태에 있다고 인정할 만한 상당한 이유가 있음에도 불구하고 경찰공무원의 측정에 응하지 아니한 경우

4) 제45조(과로한 때 등의 운전 금지)를 위반하여 약물의 영향으로 인하여 정상적으로 운전하지 못할 우려가 있는 상태에서 자동차등을 운전한 경우

5) 제46조제1항(공동 위험행위의 금지)을 위반하여 공동 위험행위를 한 경우

5의2) 제46조의3을 위반하여 난폭운전을 한 경우

6) 교통사고로 사람을 사상한 후 제54조제1항 또는 제2항에 따른 필요한 조치 또는 신고를 하지 아니한 경우

7) 제82조제1항제2호부터 제5호까지의 규정(운전면허의 결격사유[32]))에 따른 운전면허

---

32) *제82조* (운전면허의 결격사유)
① 다음 각 호의 어느 하나에 해당하는 사람은 운전면허를 받을 수 없다.
1. 18세 미만(원동기장치자전거의 경우에는 16세 미만)인 사람

를 받을 수 없는 사람에 해당된 경우

8) 제82조에 따라 운전면허를 받을 수 없는 사람이 운전면허를 받거나 거짓이나 그 밖

---

2. 교통상의 위험과 장해를 일으킬 수 있는 정신질환자 또는 뇌전증 환자로서 대통령령으로 정하는 사람
3. 듣지 못하는 사람(제1종 운전면허 중 대형면허·특수면허만 해당한다), 앞을 보지 못하는 사람(한쪽 눈만 보지 못하는 사람의 경우에는 제1종 운전면허 중 대형면허·특수면허만 해당한다)이나 그 밖에 대통령령으로 정하는 신체장애인
4. 양쪽 팔의 팔꿈치관절 이상을 잃은 사람이나 양쪽 팔을 전혀 쓸 수 없는 사람. 다만, 본인의 신체장애 정도에 적합하게 제작된 자동차를 이용하여 정상적인 운전을 할 수 있는 경우에는 그러하지 아니하다.
5. 교통상의 위험과 장해를 일으킬 수 있는 마약·대마·향정신성의약품 또는 알코올 중독자로서 대통령령으로 정하는 사람
6. 제1종 대형면허 또는 제1종 특수면허를 받으려는 경우로서 19세 미만이거나 자동차(이륜자동차는 제외한다)의 운전경험이 1년 미만인 사람
② 다음 각 호의 어느 하나의 경우에 해당하는 사람은 해당 각 호에 규정된 기간이 지나지 아니하면 운전면허를 받을 수 없다. 다만, 다음 각 호의 사유로 인하여 벌금 미만의 형이 확정되거나 선고유예의 판결이 확정된 경우 또는 기소유예나 「소년법」 제32조에 따른 보호처분의 결정이 있는 경우에는 각 호에 규정된 기간 내라도 운전면허를 받을 수 있다. [개정 2015.8.11.]
1. 제43조 또는 제96조제3항을 위반하여 자동차등을 운전한 경우에는 그 위반한 날(운전면허효력 정지기간에 운전하여 취소된 경우에는 그 취소된 날을 말하며, 이하 이 조에서 같다)부터 1년(원동기장치자전거면허를 받으려는 경우에는 6개월로 하되, 제46조를 위반한 경우에는 그 위반한 날부터 1년). 다만, 사람을 사상한 후 제54조제1항에 따른 필요한 조치 및 제2항에 따른 신고를 하지 아니한 경우에는 그 위반한 날부터 5년으로 한다.
2. 제43조 또는 제96조제3항을 3회 이상 위반하여 자동차등을 운전한 경우에는 그 위반한 날부터 2년
3. 제44조, 제45조 또는 제46조를 위반하여 사람을 사상한 후 제54조제1항 및 제2항에 따른 필요한 조치 및 신고를 하지 아니한 경우에는 운전면허가 취소된 날부터 5년
4. 제43조부터 제46조까지의 규정에 따른 사유가 아닌 다른 사유로 사람을 사상한 후 제54조제1항 및 제2항에 따른 필요한 조치 및 신고를 하지 아니한 경우에는 운전면허가 취소된 날부터 4년
5. 제44조제1항 또는 제2항을 위반(제43조 또는 제96조제3항을 함께 위반한 경우도 포함한다)하여 운전을 하다가 3회 이상 교통사고를 일으킨 경우에는 운전면허가 취소된 날(제43조 또는 제96조제3항을 함께 위반한 경우에는 그 위반한 날을 말한다)부터 3년, 자동차등을 이용하여 범죄행위를 하거나 다른 사람의 자동차등을 훔치거나 빼앗은 사람이 제43조를 위반하여 그 자동차등을 운전한 경우에는 그 위반한 날부터 3년
6. 제44조제1항 또는 제2항을 3회 이상 위반(제43조 또는 제96조제3항을 함께 위반한 경우도 포함한다) 또는 제46조를 2회 이상 위반(제43조 또는 제96조제3항을 함께 위반한 경우도 포함한다)한 경우나 제93조제1항제8호·제12호 또는 제13호의 사유로 운전면허가 취소된 경우에는 운전면허가 취소된 날(제43조 또는 제96조제3항을 함께 위반한 경우에는 그 위반한 날을 말한다)부터 2년
7. 제1호부터 제6호까지의 규정에 따른 경우가 아닌 다른 사유로 운전면허가 취소된 경우에는 운전면허가 취소된 날부터 1년(원동기장치자전거면허를 받으려는 경우에는 6개월로 하되, 제46조를 위반하여 운전면허가 취소된 경우에는 1년). 다만, 제93조제1항제9호의 사유로 운전면허가 취소된 사람 또는 제1종 운전면허를 받은 사람이 적성검사에 불합격되어 다시 제2종 운전면허를 받으려는 경우에는 그러하지 아니하다.
8. 운전면허효력 정지처분을 받고 있는 경우에는 그 정지기간
③ 제93조에 따라 운전면허 취소처분을 받은 사람은 제2항에 따른 운전면허 결격기간이 끝났다 하여도 그 취소처분을 받은 이후에 제73조제2항에 따른 특별한 교통안전교육을 받지 아니하면 운전면허를 받을 수 없다.

의 부정한 수단으로 운전면허를 받은 경우 또는 운전면허효력의 정지기간 중 운전면허증 또는 운전면허증을 갈음하는 증명서를 발급받은 사실이 드러난 경우

9) 제87조제2항(운전면허증의 갱신과 정기 적성검사) 또는 제88조제1항에(수시적성검사) 따른 적성검사를 받지 아니하거나 그 적성검사에 불합격한 경우

10) 운전 중 고의 또는 과실로 교통사고를 일으킨 경우

10의2) 운전면허를 받은 사람이 자동차등을 이용하여 「형법」 제258조의2(특수상해)·제261조(특수폭행)·제284조(특수협박) 또는 제369조(특수손괴)를 위반하는 행위를 한 경우

11) 운전면허를 받은 사람이 자동차등을 이용하여 살인 또는 강간 등 행정자치부령으로 정하는 범죄행위를 한 경우

12) 다른 사람의 자동차등을 훔치거나 빼앗은 경우

13) 다른 사람이 부정하게 운전면허를 받도록 하기 위하여 제83조(운전면허시험 등)에 따른 운전면허시험에 대신 응시한 경우

14) 이 법에 따른 교통단속 임무를 수행하는 경찰공무원등 및 시·군공무원을 폭행한 경우

15) 운전면허증을 다른 사람에게 빌려주어 운전하게 하거나 다른 사람의 운전면허증을 빌려서 사용한 경우

16) 「자동차관리법」에 따라 등록되지 아니하거나 임시운행허가를 받지 아니한 자동차(이륜자동차는 제외한다)를 운전한 경우

17) 제1종 보통면허 및 제2종 보통면허를 받기 전에 연습운전면허의 취소 사유가 있었던 경우

18) 다른 법률에 따라 관계 행정기관의 장이 운전면허의 취소처분 또는 정지처분을 요청한 경우

18의2) 제39조제1항 또는 제4항을 위반하여 화물자동차를 운전한 경우

19) 이 법이나 이 법에 따른 명령 또는 처분을 위반한 경우

20) 운전면허를 받은 사람이 자신의 운전면허를 실효(失效)시킬 목적으로 지방경찰청장에게 자진하여 운전면허를 반납하는 경우. 다만, 실효시키려는 운전면허가 취소처분 또는 정지처분의 대상이거나 효력정지 기간 중인 경우는 제외한다.

Q 저는 지난 달 오랜만에 동창회에 나갔다가 친구들의 강권에 견디다 못하여 소주 몇 잔을 마시고 차를 몰고 집으로 귀가하던 중 음주운전단속에 적발되어 혈중알콜농도가 0.18%로 나와 운전면허취소처분을 받았습니다. 영업사원인 저의 경우 운전면허가 취소되면 가정의 생계가 곤란하여 운전면허취소처분에 대하여 불복하고자 합니다. 운전면허취소처분의 기준 및 불복절차는 어떻게 되는지요?

A 「도로교통법 시행규칙」제91조 제1항 [별표28]에 의한 취소처분개별기준을 보면, 혈중알콜농도 0.1% 이상에서 운전한 경우에는 사고를 야기(惹起)시키지 않았어도 면허취소가 가능하도록 되어 있습니다.

운전면허를 받은 사람이 음주운전을 하다가 적발된 경우 운전면허의 취소 또는 정지여부는 행정청의 재량행위라 할 것인데, 그 기준은 일률적으로 정할 수 없으나 보통 음주운전의 동기, 음주정도, 무사고운전경력, 음주 후의 운전거리 및 사고 여부, 운전면허의 취소로 입게 될 불이익(생계수단 등)등을 참작하여 판단하고 있습니다.

다만, 위 운전면허행정처분기준은 그 규정의 성질과 내용이 운전면허의 취소처분 등에 관한 행정청 내부의 사무처리기준준칙을 규정한 것에 지나지 아니하여 대외적으로 법원이나 국민을 기속(羈束)하는 효력은 없습니다(대법원 1991. 6. 11. 선고 91누2083 판결).

위와 같은 행정처분에 대한 불복방법과 관련하여 「도로교통법」제142조는 "이 법에 의한 처분으로서 해당 처분에 대한 행정소송은 행정심판의 재결을 거치지 아니하면 이를 제기할 수 없다."라고 규정하고 있습니다.

행정심판청구는 처분이 있음을 안 날부터 90일 이내에 제기하여야 하고, 처분이 있은 날로부터 180일을 경과하면 제기하지 못합니다(행정심판법 제27조 제1항 및 제3항). 그리고 행정심판의 재결에 불복할 경우에는 행정심판재결서정본을 송달 받은 날로부터 90일, 재결이 있는 날로부터 1년 내에 소를 제기하여야 합니다(행정소송법 제20조 제1항 및 제2항).

한편, 운전면허취소처분과 관련하여 판례는 "가구점 운전기사가 자신의 집에 도착하여 주차할 장소를 찾기 위하여 돌아다니다가 경찰관에게 적발되었고 음주운전으로 인하여 아무런 사고를 일으키지 아니한 경우, 자동차운전면허가 취소되면 그의 생계에 막대한 지장을 입게 되는데 주취운전이 운전면허행정처분의 기준에 해당한다는 점만을 내세워 그 운전면허를 취소까지 한 것은 도로교통법에 의하여 달성하고자 하는 공익목적의 실현보다는 그로 인하여 운전기사가 입게 될 불이익이 너무 커서 이익교량의 원칙에 위배된다."라고 한 판례(대법원 1995. 9. 29. 선고 95누9686 판결)가 있는 반면, "음주운전으로 인한 교통사고를 방지할 공익상의 필요가 크고 운전면허 취소에 있어서는 일반의 수익적 행정행위의 취소와는 달리 그로 인한 당사자의 불이익보다는 교통사고 등을 방지하여야 하는 일반 예방적 측면이 더욱 강조되어야 하는바, 특히 운전자가 자동차운전을 생업으로 삼고 있는 경우에는 더욱 더 그러하다."라고 한 판례(대법원 1996. 2. 27. 선고 95누16523 판결)도 있습니다.

그러므로 귀하의 경우 운전면허취소처분이 정당한지 여부는 위 처분기준을 고려하여 구체적으로 법원의 판단에 달려있다고 할 것이나, 최근의 판례는 "화물운송업에 종사하며 가족의 생계를 책임지고 있는 장애인운전자가 음주운전으로 적발된 전력이 없다고 하더라도 음주운전으로 인한 교통사고를 방지할 공익상의 필요가 크므로 행정청의 운전면허취소 처분은 정당하다."라고 하였습니다(2006. 2. 9. 선고 2005두13087 판결). 따라서 공익상 필요를 특히 강조하고 있는 최근의 경향에 비추어 보면 귀하는 구제받기 어려울 것으로 보입니다.

12. 운전면허의 취소 · 정지처분 기준 등

가. 운전면허 취소, 정지 기준

운전면허를 취소 또는 정지시킬 수 있는 기준(교통법규를 위반하거나 교통사고를 일으킨 경우 그 위반 및 피해의 정도 등에 따라 부과하는 벌점의 기준을 포함한다)과 법 제97조제1항에 따라 자동차등의 운전을 금지시킬 수 있는 기준은 별표 28과 같다(같은 법 시행규칙 제91조).

사람의 체질에 따라 주량 및 알콜올 분해능력에 차이가 있을 수 있지만 개정 도로교통법 시행 전에는 단속기준인 혈중알콜농도 0.05% 일 때는 소주 한두잔, 맥주 한두잔 마시고 운전을 하더라도 훈방이 되어 처벌을 받지 아니하는 경우가 많았는데, 음주단속기준이 혈중알콜농도 0.03%로 하향되면서 이제는 소주 한잔, 맥주 한잔만 마셔도 단속에 적발되어 처벌될 수 있으니 각별한 주의가 필요한 상황이다.

	종전 혈중알콜농도 (2019년 6월 25일 전)	현재 혈중알콜농도 (2019년 6월 25일)
운전면허취소	0.1 % 이상	0.08% 이상
운전면허정지	0.05% 이상 ~ 0.1% 미만	0.03% 이상 ~ 0.08% 미만
면허정지 수치라도 취소대상 음주횟수	3회(삼진아웃)	2회(투스트라이크 아웃)
	음주운전 횟수는 운전자의 최초 운전면허 취득시 부터의 음주운전전력	

나. 벌금기준 및 납부

(1) 벌금기준

제2 윤창호법 시행 이후 아래 기준에 따라 음주운전으로 적발될 경우 500만원 전후의 벌금형이 선고될 가능성이 매우 높아진 상태이다(도로교통법 제148조의2). 전반적으로 처벌기준이 이전보다 2배 이상 상향되었다고 보면 된다. 따라서 종전에 혈중알콜농도 및 음주전력 등에 따라 벌금형으로 처벌을 받을 수 있었던 경우에도 징역형의 집행유예를, 종전에 집행유예를 받을 수 있었던 사건도 실형을 선고받을 있게 되었음에 유의하여야 한다.

[벌금기준]

혈중알콜농도	벌금
0.03% ~ 0.08%	500만원 이하 벌금 1년 이하의 징역
0.08% ~ 0.2%	500만원 ~ 1,000만원 1년~2년 이하 징역
0.2% 이상	1,000만원 ~ 2,000만원 2년 ~ 5년 이하 징역
2회 이상 위반	1,000만원 ~ 2,000만원 2년 ~ 5년 이하 징역

위 기준에 따라 음주운전으로 적발될 경우 500만원 전후의 벌금형이 선고될 가능성이 매우 높아진 상태이다(도로교통법 제148조의2).

(2) 납부

벌금은 확정된 날로부터 1개월(30일) 이내에 집행기관인 검찰청에 납부해야 한다. 다만, 벌금을 경제적 사정상 일시에 납부하는 것이 어려울 경우 검찰청의 승인을 받아 3개월의 범위 내(2회 연장 가능)에서 분납이나 신용카드 할부가 가능하기도 하니 이를 활용하는 것이 좋다.

그러나 현금으로 분할 납부를 하려는 경우 근거자료를 첨부(기초생활수급자 등 일정한 요건을 충족하여야 함)하여 해당 검찰청에 '분납허가신청'을 하여 검찰청으로부터 승인을 받아야 가능하며, 모두가 다 분할납부가 가능한 것은 아님에 유의하여야 한다.

다. 민사적 책임

음주음전 적발 시 10%~20% 보험료 할증되며, 종합보험에 가입되어 있더라도 대인사고의 경우 300만원, 대물사고 100원의 자기부담금 부담한다.

할증	대상	할증율	기간
법규위반별 보험할증	무면허, 도주	20%	2년
	음주운전 1회	10%	
	음주운전2회	20%	

신호위반	5%(2~3회)	
속도위반	10%(4회 이상)	
중앙선침범		

라. 음주운전 행정처분의 기준

음주운전으로 적발될 경우 그에 따른 행정처분을 받게 되는데 음주운전 기준에 따라 면허가 일정기간 정지되거나 면허가 취소되기 한다.

한편, 음주운전으로 적발된 후 음주측정결과 혈중알콜농도가 0.1% 이상일 경우 운전면허 취소처분을 받게 되며, 이 경우 2년이 지난 뒤에야 운전면허 시험에 응시할 수 있는데, 만일 위 기간 중 운전을 하다가 단속에 적발될 경우 이는 무면허운전에 해당하니 특별한 주의를 요한다.

따라서 음주운전으로 적발되어 면허가 취소된 경우 당장은 임시운전면허증을 교부받아 40일 간은 종전과 같이 운전을 하면서, 곧바로 이에 불복하는 이의신청 또는 행정심판을 준비하면서 동시에 운전면허취소처분에 대한 집행정지신청을 하여 그 결정은 받은 후 운전면허는 그대로 유지하면서 행정심판 등의 절차를 진행하는 것이 좋다.

[음주운전시 운전면허 행정처분 기준]

구분		단순음주	대물사고	대인사고
1회	0.03~0.08%미만	벌점 100점	벌점 100점 (벌점110점)	면허취소 (결격기간 2년)
	0.08~0.2%미만	면허취소 (결격기간 1년)	면허취소 (결격기간 2년)	
	0.2% 이상			
	음주측정거부			
2회 이상		면허취소 (결격기간 2년)	면허취소 (결격기간 3년)	
음주운전 인사사고 후 도주				면허취소 (결격기간 5년)
사망사고				

한편, 음주운전으로 적발된 운전자는 위와 같은 처분이외에도 도로교통법에 따라 도로교통공단에서 제공하는 특별안전교육을 의무적으로 받아야 한다. 음주운전으로 1회 적발된 경우에는 6시간, 2회 적발된 경우는 8시간, 3회 적발은 16시간입니다. 교육은 강의, 시청각, 상담프로그램 등으로 구성되며 적발 횟수에 따라 교육 내용도 달라진다.

Q 저는 제1종 보통면허, 제1종 대형면허를 소지한 자로서 음주 후 대형승합자동차를 운전하다가 적발되었으나, 음주측정을 거부하여 제1종 대형면허와 제1종 보통면허가 모두 취소되었습니다. 그런데 이 경우 제1종 보통면허까지 취소되는 것이 정당한지요?

A 「도로교통법 시행규칙」 제53조와 관련된 [별표 18] 운전할 수 있는 차의 종류를 보면, '제1종 대형면허'로 운전할 수 있는 차량은 승용자동차, 승합자동차, 화물자동차, 긴급자동차, 건설기계(덤프트럭, 아스팔트살포기, 노상안전기, 콘크리트믹서트럭, 콘크리트펌프, 천공기(트럭적재식), 도로를 운행하는 3톤 미만의 지게차), 특수자동차(트레일러, 레커는 제외), 원동기장치자전거이고, '제1종 보통면허'로 운전할 수 있는 차량은 승용자동차, 15인 이하 승합자동차, 12인 이하 긴급자동차(승용 및 승합자동차에 한함), 적재중량 12톤 미만 화물자동차, 건설기계(도로를 운행하는 3톤 미만의 지게차에 한함), 원동기장치자전거이며, '특수면허'로 운전할 수 있는 차량은 트레일러, 레커, 제2종 보통면허로 운전할 수 있는 차량으로 규정하고 있습니다.

그런데 판례는 "한 사람이 여러 종류의 자동차운전면허를 취득하는 경우뿐 아니라 이를 취소 또는 정지하는 경우에 있어서도 서로 별개의 것으로 취급하는 것이 원칙이고, 제1종 대형면허를 가진 사람만이 운전할 수 있는 대형승합자동차는 제1종 보통면허를 가지고 운전할 수 없는 것이기는 하지만, 자동차운전면허는 그 성질이 대인적 면허일 뿐만 아니라 도로교통법시행규칙 제26조 별표 14(현행 도로교통법시행규칙 제53조 별표 18)에 의하면, 제1종 대형면허 소지자는 제1종 보통면허 소지자가 운전할 수 있는 차량을 모두 운전할 수 있는 것으로 규정하고 있어, 제1종 대형면허의 취소에는 당연히 제1종 보통면허 소지자가 운전할 수 있는 차량의 운전까지 금지하는 취지가 포함된 것이어서 이들 차량의 운전면허는 서로 관련된 것이라고 할 것이므로, 제1종 대형면허로 운전할 수 있는 차량을 음주운전하거나 그 제재를 위한 음주측정의 요구를 거부한 경우에는 그와 관련된 제1종 보통면허까지 취소할 수 있다."라고 하였습니다(대법원 1997. 2. 28. 선고 96누17578 판결, 1997. 5. 16. 선고 96누18106 판결, 2005. 3. 11. 선고 2004두12452 판결).

따라서 위 사안에서 귀하가 대형승합자동차를 음주운전하고 음주측정을 거부하여 제1종 대형면허가 취소될 경우 제1종 보통면허도 취소될 것으로 보입니다.

Q 저는 개인택시운송사업자로서 음주운전을 하다가 적발되어 음주측정요구를 받았으나 음주측정기에 의한 음주측정을 믿을 수 없다면서 측정에 응하지 않아 음주측정거부로 인하여 자동차운전면허가 취소되었습니다. 그런데 저의 음주정도가 측정에 응하였다면 혈중알콜농도 0.1%에 이르지 못하였을 것으로 생각되는바, 음주측정거부를 이유로 자동차운전면허를 취소하는 경우에 혈중알콜농도 0.1% 이상의 만취한 상태에서 운전하였다는 객관적인 근거를 필요로 하는 것은 아닌지요?

A 「도로교통법」 제93조 제1항 제3호에 의하면, 제44조 제2항 후단의 규정을 위반하여 술에 취한 상태에 있다고 인정할만한 상당한 이유가 있음에도 불구하고 경찰공무원의 측정에 응하지 아니한 때에는 지방경찰청장이 운전면허를 취소시킬 수 있도록 규정하고 있으며, 같은 법 시행규칙 제91조 제1항에 의한 별표28 취소처분개별기준은 혈중알콜농도 0.1%이상에서 운전한 경우에는 사고를 야기시키지 않았어도 면허취소가 가능하도록 규정하고 있습니다.

그런데 운전면허취소처분의 재량권남용에 관한 판단기준에 관하여 판례는 "오늘날 자동차가 대중적인 교통수단이고 그에 따라 대량으로 자동차운전면허가 발급되고 있는 상황이나 음주운전으로 인한 교통사고의 증가경향 및 그 결과가 극히 비참한 점 등에 비추어 볼 때, 음주운전으로 인한 교통사고를 방지할 공익상의 필요는 매우 크다고 할 수밖에 없으므로, 음주운전을 이유로 한 자동차운전면허의 취소에 있어서는 일반의 수익적 행정행위의 취소와는 달리 그 취소로 인하여 입게 될 당사자의 불이익보다는 이를 방지하여야 하는 일반 예방적 측면이 더욱 강조되어야 할 것이다."라고 하였습니다(대법원 1997. 12. 26. 선고 97누17216 판결, 2002. 2. 22. 선고 2001두9998 판결).

그리고 음주측정거부를 이유로 자동차운전면허를 취소하는 경우, 혈중알콜농도 0.1% 이상의 상태에서 운전하였다는 객관적인 근거를 필요로 하는지에 관하여 판례는 "음주측정거부를 이유로 자동차운전면허를 취소하는 경우에 반드시 그 운전자가 혈중알콜농도 0.1% 이상의 만취한 상태에서 운전하였다는 객관적인 근거를 필요로 하는 것은 아니다."라고 하였으며, 개인택시운전자에 대한 운전면허취소처분에 대하여 "음주운전 내지 그 제재를 위한 음주측정요구의 거부 등을 이유로 한 자동차운전면허의 취소에 있어서는 일반의 수익적 행정행위의 취소와는 달리 그 취소로 인하여 입게 될 당사자의 개인적인 불이익보다는 이를 방지하여야 하는 일반예방적인 측면이 더욱 강조되어야 하고, 특히 그 운전자가 개인택시운송사업자 등과 같이 자동차운전을 업(業)으로 삼고 있는 자인 경우에는 더욱 그러하다."라고 하였습니다(대법원 1995. 3. 24. 선고 94누13947 판결).

또한, 음주측정기의 신뢰성을 문제삼아 음주측정을 거부한 운전자에 대한 운전면허취소처분에 관하여 "운전자에게 음주측정을 요구한 경찰공무원이 가지고 있던 바로 그 음주측정기가 고장이 났거나 이상이 있다는 구체적인 사정이 있었다면 그 음주측정기에 의한 측정을 거부하고 정상적으로 작동되는 다른 음주측정기로 측정하여 줄 것을 요구할 수 있지만, 그러한 구체적인 사정이 없는데도 불구하고 일반적으로 음주측정기에 의한 음주측정을 믿을 수 없다면서 음주측정을 거부할 수 없고, 또한 운전자가 술을 거의 마시지 않았다면 오히려 적극적으로 음주측정을 하여 자신이 법에서 금하고 있는 정도의 혈중알콜농도의 상태에 있지 않았다는 것을 입증할 수도 있으므로, 마신 술의 양이 적다는 사유는 음주측정을 거부할 합리적인 사유에 해당한다고 볼 수 없다."라고 하였습니다(대법원 1995. 7. 28. 선고 95누3602 판결).

따라서 위 사안의 경우 귀하가 개인택시 운전자로서 자동차운전을 업(業)으로 삼고 있다거나, 혈중알콜농도 0.1% 이상의 만취한 상태에서 운전하였다는 객관적인 근거가 없었다는 등의 사유로 위 운전면허취소처분에 대하여 다투기는 어려울 것으로 보입니다.

■ 도로교통법 시행규칙 [별표 28] 〈개정 2019. 6. 14.〉

운전면허 취소·정지처분 기준(제91조제1항관련)

1. 일반기준

가. 용어의 정의

(1) "벌점"이라 함은, 행정처분의 기초자료로 활용하기 위하여 법규위반 또는 사고야기에 대하여 그 위반의 경중, 피해의 정도 등에 따라 배점되는 점수를 말한다.

(2) "누산점수"라 함은, 위반·사고시의 벌점을 누적하여 합산한 점수에서 상계치(무위반·무사고 기간 경과 시에 부여되는 점수 등)를 뺀 점수를 말한다. 다만, 제3호가목의 7란에 의한 벌점은 누산점수에 이를 산입하지 아니하되, 범칙금 미납 벌점을 받은 날을 기준으로 과거 3년간 2회 이상 범칙금을 납부하지 아니하여 벌점을 받은 사실이 있는 경우에는 누산점수에 산입한다.

[누산점수=매 위반·사고 시 벌점의 누적 합산치-상계치]

(3) "처분벌점"이라 함은, 구체적인 법규위반·사고야기에 대하여 앞으로 정지처분기준을 적용하는데 필요한 벌점으로서, 누산점수에서 이미 정지처분이 집행된 벌점의 합계치를 뺀 점수를 말한다.

처분벌점 = 누산점수 - 이미 처분이 집행된 벌점의 합계치

= 매 위반·사고 시 벌점의 누적 합산치 - 상계치

- 이미 처분이 집행된 벌점의 합계치

나. 벌점의 종합관리

(1) 누산점수의 관리

법규위반 또는 교통사고로 인한 벌점은 행정처분기준을 적용하고자 하는 당해 위반 또는 사고가 있었던 날을 기준으로 하여 과거 3년간의 모든 벌점을 누산하여 관리한다.

(2) 무위반·무사고기간 경과로 인한 벌점 소멸

처분벌점이 40점 미만인 경우에, 최종의 위반일 또는 사고일로부터 위반 및 사고 없이 1년이 경과한 때에는 그 처분벌점은 소멸한다.

(3) 벌점 공제

(가) 인적 피해 있는 교통사고를 야기하고 도주한 차량의 운전자를 검거하거나 신고하여 검거하게 한 운전자(교통사고의 피해자가 아닌 경우로 한정한다)에게는 검거 또는 신고할 때마다 40점의 특혜점수를 부여하여 기간에 관계없이 그 운전자가 정지 또는 취소처분을 받게 될 경우 누산점수에서 이를 공제한다. 이 경우 공제되는 점수는 40점 단위로 한다.

(나) 경찰청장이 정하여 고시하는 바에 따라 무위반·무사고 서약을 하고 1년간 이를 실천한 운전자에게는 실천할 때마다 10점의 특혜점수를 부여하여 기간에 관계없이 그 운전자가 정지처분을 받게 될 경우 누산점수에서 이를 공제하되, 공제되는 점수는 10점 단위로 한다. 다만, 교통사고로 사람을 사망에 이르게 하거나 법 제93조제1항제1호·제5호의2 및 제10호의2 중 어느 하나에 해당하는 사유로 정지처분을 받게 될 경우에는 공제할 수 없다.

(4) 개별기준 적용에 있어서의 벌점 합산(법규위반으로 교통사고를 야기한 경우)

법규위반으로 교통사고를 야기한 경우에는 3. 정지처분 개별기준 중 다음의 각 벌점을 모두 합산한다.

① 가. 이 법이나 이 법에 의한 명령을 위반한 때(교통사고의 원인이 된 법규위반이 둘 이상인 경우에는 그 중 가장 중한 것 하나만 적용한다.)

② 나. 교통사고를 일으킨 때 (1) 사고결과에 따른 벌점

③ 나. 교통사고를 일으킨 때 (2) 조치 등 불이행에 따른 벌점

(5) 정지처분 대상자의 임시운전 증명서

경찰서장은 면허 정지처분 대상자가 면허증을 반납한 경우에는 본인이 희망하는 기간을 참작하여 40일 이내의 유효기간을 정하여 별지 제79호서식의 임시운전증명서를 발급하고, 동 증명서의 유효기간 만료일 다음 날부터 소정의 정지처분을 집행하며, 당해 면허 정지처분 대상자가 정지처분을 즉시 받고자 하는 경우에는 임시운전 증명서를 발급하지 않고 즉시 운전면허 정지처분을 집행할 수 있다.

다. 벌점 등 초과로 인한 운전면허의 취소·정지

(1) 벌점·누산점수 초과로 인한 면허 취소

1회의 위반·사고로 인한 벌점 또는 연간 누산점수가 다음 표의 벌점 또는 누산점수에 도달한 때에는 그 운전면허를 취소한다.

기간	벌점 또는 누산점수
1년간	121점 이상
2년간	201점 이상
3년간	271점 이상

(2) 벌점·처분벌점 초과로 인한 면허 정지

운전면허 정지처분은 1회의 위반·사고로 인한 벌점 또는 처분벌점이 40점 이상이 된 때부터 결정하여 집행하되, 원칙적으로 1점을 1일로 계산하여 집행한다.

라. 처분벌점 및 정지처분 집행일수의 감경

(1) 특별교통안전교육에 따른 처분벌점 및 정지처분집행일수의 감경

(가) 처분벌점이 40점 미만인 사람이 특별교통안전 권장교육 중 벌점감경교육을 마친 경우에는 경찰서장에게 교육필증을 제출한 날부터 처분벌점에서 20점을 감경한다.

(나) 운전면허 정지처분을 받게 되거나 받은 사람이 특별교통안전 의무교육이나 특별교통안전 권장교육 중 법규준수교육(권장)을 마친 경우에는 경찰서장에게 교육필증을 제출한 날부터 정지처분기간에서 20일을 감경한다. 다만, 해당 위반행위에 대하여 운전면허행정처분 이의심의위원회의 심의를 거치거나 행정심판 또는 행정소송을 통하여 행정처분이 감경된 경우에는 정지처분기간을 추가로 감경하지 아니하고, 정지처분이 감경된 때에 한정하여 누산점수를 20점 감경한다.

(다) 운전면허 정지처분을 받게 되거나 받은 사람이 특별교통안전 의무교육이나 특별교통안전 권장교육 중 법규준수교육(권장)을 마친 후에 특별교통안전 권장교육 중 현장참여교육을 마친 경우에는 경찰서장에게 교육필증을 제출한 날부터 정지처분기간에서 30일을 추가로 감경한다. 다만, 해당 위반행위에 대하여 운전면허행정처분 이의심의위원회의 심의를 거치거나 행정심판 또는 행정소송을 통하여 행정처분이 감경된 경우에는 그러하지 아니하다.

(2) 모범운전자에 대한 처분집행일수 감경

모범운전자(법 제146조에 따라 무사고운전자 또는 유공운전자의 표시장을 받은 사람으로서 교통안전 봉사활동에 종사하는 사람을 말한다.)에 대하여는 면허 정지처분의 집행기간을 2

분의 1로 감경한다. 다만, 처분벌점에 교통사고 야기로 인한 벌점이 포함된 경우에는 감경하지 아니한다.

(3) 정지처분 집행일수의 계산에 있어서 단수의 불산입 등

정지처분 집행일수의 계산에 있어서 단수는 이를 산입하지 아니하며, 본래의 정지처분 기간과 가산일수의 합계는 1년을 초과할 수 없다.

마. 행정처분의 취소

교통사고(법규위반을 포함한다)가 법원의 판결로 무죄확정(혐의가 없거나 죄가 되지 아니하여 불기소처분된 경우를 포함한다. 이하 이 목에서 같다)된 경우에는 즉시 그 운전면허 행정처분을 취소하고 당해 사고 또는 위반으로 인한 벌점을 삭제한다. 다만, 법 제82조제1항제2호 또는 제5호에 따른 사유로 무죄가 확정된 경우에는 그러하지 아니하다.

바. 처분기준의 감경

(1) 감경사유

(가) 음주운전으로 운전면허 취소처분 또는 정지처분을 받은 경우

운전이 가족의 생계를 유지할 중요한 수단이 되거나, 모범운전자로서 처분당시 3년 이상 교통봉사활동에 종사하고 있거나, 교통사고를 일으키고 도주한 운전자를 검거하여 경찰서장 이상의 표창을 받은 사람으로서 다음의 어느 하나에 해당되는 경우가 없어야 한다.

1) 혈중알코올농도가 0.1퍼센트를 초과하여 운전한 경우

2) 음주운전 중 인적피해 교통사고를 일으킨 경우

3) 경찰관의 음주측정요구에 불응하거나 도주한 때 또는 단속경찰관을 폭행한 경우

4) 과거 5년 이내에 3회 이상의 인적피해 교통사고의 전력이 있는 경우

5) 과거 5년 이내에 음주운전의 전력이 있는 경우

(나) 벌점·누산점수 초과로 인하여 운전면허 취소처분을 받은 경우

운전이 가족의 생계를 유지할 중요한 수단이 되거나, 모범운전자로서 처분당시 3년 이상 교통봉사활동에 종사하고 있거나, 교통사고를 일으키고 도주한 운전자를 검거하여 경찰서장 이상의 표창을 받은 사람으로서 다음의 어느 하나에 해당되는 경우가 없어야 한다.

1) 과거 5년 이내에 운전면허 취소처분을 받은 전력이 있는 경우

2) 과거 5년 이내에 3회 이상 인적피해 교통사고를 일으킨 경우

3) 과거 5년 이내에 3회 이상 운전면허 정지처분을 받은 전력이 있는 경우

4) 과거 5년 이내에 운전면허행정처분 이의심의위원회의 심의를 거치거나 행정심판 또는 행정소송을 통하여 행정처분이 감경된 경우

(다) 그 밖에 정기 적성검사에 대한 연기신청을 할 수 없었던 불가피한 사유가 있는 등으로 취

소처분 개별기준 및 정지처분 개별기준을 적용하는 것이 현저히 불합리하다고 인정되는 경우

(2) 감경기준

위반행위에 대한 처분기준이 운전면허의 취소처분에 해당하는 경우에는 해당 위반행위에 대한 처분벌점을 110점으로 하고, 운전면허의 정지처분에 해당하는 경우에는 처분 집행일수의 2분의 1로 감경한다. 다만, 다목(1)에 따른 벌점·누산점수 초과로 인한 면허취소에 해당하는 경우에는 면허가 취소되기 전의 누산점수 및 처분벌점을 모두 합산하여 처분벌점을 110점으로 한다.

(3) 처리절차

(1)의 감경사유에 해당하는 사람은 행정처분을 받은 날(정기 적성검사를 받지 아니하여 운전면허가 취소된 경우에는 행정처분이 있음을 안 날)부터 60일 이내에 그 행정처분에 관하여 주소지를 관할하는 지방경찰청장에게 이의신청을 하여야 하며, 이의신청을 받은 지방경찰청장은 제96조에 따른 운전면허행정처분 이의심의위원회의 심의·의결을 거쳐 처분을 감경할 수 있다.

2. 취소처분 개별기준

일련 번호	위반사항	적용법조 (도로교통 법)	내용
1	교통사고를 일으키고 구호조치를 하지 아니한 때	제93조	○교통사고로 사람을 죽게 하거나 다치게 하고, 구호조치를 하지 아니한 때
2	술에 취한 상태에서 운전한 때	제93조	○술에 취한 상태의 기준(혈중알코올농도 0.03퍼센트 이상)을 넘어서 운전을 하다가 교통사고로 사람을 죽게 하거나 다치게 한 때 ○혈중알코올농도 0.08퍼센트 이상의 상태에서 운전한 때 ○술에 취한 상태의 기준을 넘어 운전하거나 술에 취한 상태의 측정에 불응한 사람이 다시 술에 취한 상태(혈중알코올농도 0.03퍼센트 이상)에서 운전한 때
3	술에 취한 상태의 측정에 불응한 때	제93조	○술에 취한 상태에서 운전하거나 술에 취한 상태에서 운전하였다고 인정할 만한 상당한 이유가 있음에도 불구하고 경찰공무원의 측정 요구에 불응한 때
4	다른 사람에게	제93조	○면허증 소지자가 다른 사람에게 면허증을 대여하여 운전

			하게 한 때
	운전면허증 대여(도난, 분실 제외)		○면허 취득자가 다른 사람의 면허증을 대여 받거나 그 밖에 부정한 방법으로 입수한 면허증으로 운전한 때
5	결격사유에 해당	제93조	○교통상의 위험과 장해를 일으킬 수 있는 정신질환자 또는 뇌전증환자로서 영 제42조제1항에 해당하는 사람 ○앞을 보지 못하는 사람(한쪽 눈만 보지 못하는 사람의 경우에는 제1종 운전면허 중 대형면허·특수면허로 한정한다) ○듣지 못하는 사람(제1종 운전면허 중 대형면허·특수면허로 한정한다) ○양 팔의 팔꿈치 관절 이상을 잃은 사람, 또는 양팔을 전혀 쓸 수 없는 사람. 다만, 본인의 신체장애 정도에 적합하게 제작된 자동차를 이용하여 정상적으로 운전할 수 있는 경우는 제외한다. ○다리, 머리, 척추 그 밖의 신체장애로 인하여 앉아 있을 수 없는 사람 ○교통상의 위험과 장해를 일으킬 수 있는 마약, 대마, 향정신성 의약품 또는 알코올 중독자로서 영 제42조제3항에 해당하는 사람
6	약물을 사용한 상태에서 자동차 등을 운전한 때	제93조	○약물(마약·대마·향정신성 의약품 및 「유해화학물질 관리법 시행령」 제25조에 따른 환각물질)의 투약·흡연·섭취·주사 등으로 정상적인 운전을 하지 못할 염려가 있는 상태에서 자동차 등을 운전한 때
6의2	공동위험행위	제93조	○법 제46조제1항을 위반하여 공동위험행위로 구속된 때
6의3	난폭운전	제93조	○법 제46조의3을 위반하여 난폭운전으로 구속된 때
7	정기적성검사 불합격 또는 정기적성검사 기간 1년경과	제93조	○정기적성검사에 불합격하거나 적성검사기간 만료일 다음 날부터 적성검사를 받지 아니하고 1년을 초과한 때
8	수시적성검사 불합격 또는 수시적성검사 기간 경과	제93조	○수시적성검사에 불합격하거나 수시적성검사 기간을 초과한 때
9	삭제 〈2011.12.9〉		
10	운전면허 행정처분기간중 운전행위	제93조	○운전면허 행정처분 기간중에 운전한 때
11	허위 또는 부정한 수단으로 운전면허를 받은 경우	제93조	○허위·부정한 수단으로 운전면허를 받은 때 ○법 제82조에 따른 결격사유에 해당하여 운전면허를 받을 자격이 없는 사람이 운전면허를 받은 때 ○운전면허 효력의 정지기간중에 면허증 또는 운전면허증에 갈음하는 증명서를 교부받은 사실이 드러난 때

12	등록 또는 임시운행 허가를 받지 아니한 자동차를 운전한 때	제93조	○「자동차관리법」에 따라 등록되지 아니하거나 임시운행 허가를 받지 아니한 자동차(이륜자동차를 제외한다)를 운전한 때
12의 2	자동차 등을 이용하여 형법상 특수상해 등을 행한 때(보복운전)	제93조	○자동차 등을 이용하여 형법상 특수상해, 특수폭행, 특수협박, 특수손괴를 행하여 구속된 때
13	삭제 〈2018. 9. 28.〉		
14	삭제 〈2018. 9. 28.〉		
15	다른 사람을 위하여 운전면허시험에 응시한 때	제93조	○운전면허를 가진 사람이 다른 사람을 부정하게 합격시키기 위하여 운전면허 시험에 응시한 때
16	운전자가 단속 경찰공무원 등에 대한 폭행	제93조	○단속하는 경찰공무원 등 및 시·군·구 공무원을 폭행하여 형사입건된 때
17	연습면허 취소사유가 있었던 경우	제93조	○제1종 보통 및 제2종 보통면허를 받기 이전에 연습면허의 취소사유가 있었던 때(연습면허에 대한 취소절차 진행중 제1종 보통 및 제2종 보통면허를 받은 경우를 포함한다)

3. 정지처분 개별기준

가. 이 법이나 이 법에 의한 명령을 위반한 때

위반사항	적용법조 (도로교통법)	벌점
1. 삭제 〈2011.12.9〉		
2. 술에 취한 상태의 기준을 넘어서 운전한 때(혈중알코올농도 0.03퍼센트 이상 0.08퍼센트 미만)	제44조제1항	
2의2. 자동차 등을 이용하여 형법상 특수상해 등(보복운전)을 하여 입건된 때	제93조	100
3. 속도위반(60㎞/h 초과)	제17조제3항	60
4. 정차·주차위반에 대한 조치불응(단체에 소속되거나 다수인에 포함되어 경찰공무원의 3회이상의 이동명령에 따르지 아니하고 교통을 방해한 경우에 한한다)	제35조제1항	
4의2. 공동위험행위로 형사입건된 때	제46조제1항	40
4의3. 난폭운전으로 형사입건된 때	제46조의3	
5. 안전운전의무위반(단체에 소속되거나 다수인에 포함되어 경찰공무	제48조	

원의 3회 이상의 안전운전 지시에 따르지 아니하고 타인에게 위험과 장해를 주는 속도나 방법으로 운전한 경우에 한한다)		
6. 승객의 차내 소란행위 방치운전	제49조제1항제9호	
7. 출석기간 또는 범칙금 납부기간 만료일부터 60일이 경과될 때까지 즉결심판을 받지 아니한 때	제138조 및 제165조	
8. 통행구분 위반(중앙선 침범에 한함)	제13조제3항	30
9. 속도위반(40km/h 초과 60km/h 이하)	제17조제3항	
10. 철길건널목 통과방법위반	제24조	
10의2. 어린이통학버스 특별보호 위반	제51조	
10의3. 어린이통학버스 운전자의 의무위반(좌석안전띠를 매도록 하지 아니한 운전자는 제외한다)	제53조제1항·제2항·제4항 및 제5항	
11. 고속도로·자동차전용도로 갓길통행	제60조제1항	
12. 고속도로 버스전용차로·다인승전용차로 통행위반	제61조제2항	
13. 운전면허증 등의 제시의무위반 또는 운전자 신원확인을 위한 경찰공무원의 질문에 불응	제92조제2항	
14. 신호·지시위반	제5조	15
15. 속도위반(20km/h 초과 40km/h 이하)	제17조제3항	
15의2. 속도위반(어린이보호구역 안에서 오전 8시부터 오후 8시까지 사이에 제한속도를 20km/h 이내에서 초과한 경우에 한정한다)	제17조제3항	
16. 앞지르기 금지시기·장소위반	제22조	
16의2. 적재 제한 위반 또는 적재물 추락 방지 위반	제39조제1항·제4항	
17. 운전 중 휴대용 전화 사용	제49조제1항제10호	
17의2. 운전 중 운전자가 볼 수 있는 위치에 영상 표시	제49조제1항제11호	
17의3. 운전 중 영상표시장치 조작	제49조제1항제11호의2	
18. 운행기록계 미설치 자동차 운전금지 등의 위반	제50조제5항	
19. 삭제 〈2014.12.31.〉		
20. 통행구분 위반(보도침범, 보도 횡단방법 위반)	제13조제1항·제2항	10
21. 지정차로 통행위반(진로변경 금지장소에서의 진로변경 포함)	제14조제2항·제5항, 제60조제1항	
22. 일반도로 전용차로 통행위반	제15조제3항	
23. 안전거리 미확보(진로변경 방법위반 포함)	제19조제1항·제3항·제4항	
24. 앞지르기 방법위반	제21조제1항·제3항, 제60조제2항	

25. 보행자 보호 불이행(정지선위반 포함)	제27조	
26. 승객 또는 승하차자 추락방지조치위반	제39조제3항	
27. 안전운전 의무 위반	제48조	
28. 노상 시비 · 다툼 등으로 차마의 통행 방해행위	제49조제1항제5호	
29. 삭제 〈2014.12.31.〉		
30. 돌 · 유리병 · 쇳조각이나 그 밖에 도로에 있는 사람이나 차마를 손상 시킬 우려가 있는 물건을 던지거나 발사하는 행위	제68조제3항제4호	
31. 도로를 통행하고 있는 차마에서 밖으로 물건을 던지는 행위	제68조제3항제5호	

(주)

1. 삭제 〈2011.12.9〉
2. 범칙금 납부기간 만료일부터 60일이 경과될 때까지 즉결심판을 받지 아니하여 정지처분 대상자가 되었거나, 정지처분을 받고 정지처분 기간중에 있는 사람이 위반 당시 통고받은 범칙금액에 그 100분의 50을 더한 금액을 납부하고 증빙서류를 제출한 때에는 정지처분을 하지 아니하거나 그 잔여기간의 집행을 면제한다. 다만, 다른 위반행위로 인한 벌점이 합산되어 정지처분을 받은 경우 그 다른 위반행위로 인한 정지처분 기간에 대하여는 집행을 면제하지 아니한다.
3. 제7호, 제8호, 제10호, 제12호, 제14호, 제16호, 제20호부터 제27호까지 및 제29호부터 제31호까지의 위반행위에 대한 벌점은 자동차등을 운전한 경우에 한하여 부과한다.
4. 어린이보호구역 및 노인 · 장애인보호구역 안에서 오전 8시부터 오후 8시까지 사이에 제3호, 제9호, 제14호, 제15호 또는 제25호의 어느 하나에 해당하는 위반행위를 한 운전자에 대해서는 위 표에 따른 벌점의 2배에 해당하는 벌점을 부과한다.

나. 자동차등의 운전 중 교통사고를 일으킨 때

(1) 사고결과에 따른 벌점기준

구분		벌점	내용
인적 피해 교통 사고	사망 1명마다	90	사고발생 시부터 72시간 이내에 사망한 때
	중상 1명마다	15	3주 이상의 치료를 요하는 의사의 진단이 있는 사고
	경상 1명마다	5	3주 미만 5일 이상의 치료를 요하는 의사의 진단이 있는 사고
	부상신고 1명마다	2	5일 미만의 치료를 요하는 의사의 진단이 있는 사고

(비고)

1. 교통사고 발생 원인이 불가항력이거나 피해자의 명백한 과실인 때에는 행정처분을 하지 아니한다.
2. 자동차등 대 사람 교통사고의 경우 쌍방과실인 때에는 그 벌점을 2분의 1로 감경한다.
3. 자동차등 대 자동차등 교통사고의 경우에는 그 사고원인 중 중한 위반행위를 한 운전자만 적용한다.
4. 교통사고로 인한 벌점산정에 있어서 처분 받을 운전자 본인의 피해에 대하여는 벌점을 산정하지 아니한다.

(2) 조치 등 불이행에 따른 벌점기준

불이행사항	적용법조 (도로교통법)	벌점	내용
교통사고 야기시 조치 불이행	제54조제1항	15	1. 물적 피해가 발생한 교통사고를 일으킨 후 도주한 때 2. 교통사고를 일으킨 즉시(그때, 그 자리에서 곧)사상자를 구호하는 등의 조치를 하지 아니하였으나 그 후 자진신고를 한 때
		30	가. 고속도로, 특별시·광역시 및 시의 관할구역과 군(광역시의 군을 제외한다)의 관할구역 중 경찰관서가 위치하는 리 또는 동 지역에서 3시간(그 밖의 지역에서는 12시간) 이내에 자진신고를 한 때
		60	나. 가목에 따른 시간 후 48시간 이내에 자진신고를 한 때

4. 자동차 등 이용 범죄 및 자동차 등 강도·절도 시의 운전면허 행정처분 기준

가. 취소처분 기준

일련 번호	위반사항	적용법조 (도로교통법)	내용
1	자동차 등을 다음 범죄의 도구나 장소로 이용한 경우 ㅇ 「국가보안법」 중 제4조부터 제9조까지의 죄 및 같은 법 제12조 중 증거를 날조·인멸·은닉한 죄 ㅇ 「형법」 중 다음 어느 하나의 범죄 · 살인, 사체유기, 방화 · 강도, 강간, 강제추행 · 약취·유인·감금 · 상습절도(절취한 물건을 운반한 경우에 한정한다) · 교통방해(단체 또는 다중의 위력으로써 위반한 경우에 한정한다)	제93조제1항 제11호	ㅇ 자동차 등을 법정형 상한이 유기징역 10년을 초과하는 범죄의 도구나 장소로 이용한 경우 ㅇ 자동차 등을 범죄의 도구나 장소로 이용하여 운전면허 취소·정지 처분을 받은 사실이 있는 사람이 다시 자동차 등을 범죄의 도구나 장소로 이용한 경우. 다만, 일반교통방해죄의 경우는 제외한다.
2	다른 사람의 자동차 등을 훔치거나 빼앗은 경우	제93조제1항 제12호	ㅇ 다른 사람의 자동차 등을 빼앗아 이를 운전한 경우 ㅇ 다른 사람의 자동차 등을 훔치거나 빼앗아 이를 운전하여 운전면허 취소·정지 처분을 받은 사실이 있는 사람이 다시 자동차 등을 훔치고 이를 운전한 경우

나. 정지처분 기준

일련 번호	위반사항	적용법조 (도로교통 법)	내용	벌점
1	자동차 등을 다음 범죄의 도구나 장소로 이용한 경우 ○「국가보안법」중 제5조, 제6조, 제8조, 제9조 및 같은 법 제12조 중 증거를 날조·인멸·은닉한 죄 ○「형법」중 다음 어느 하나의 범죄 · 살인, 사체유기, 방화 · 강간·강제추행 · 약취·유인·감금 · 상습절도(절취한 물건을 운반한 경우에 한정한다) · 교통방해(단체 또는 다중의 위력으로써 위반한 경우에 한정한다)	제93조제1항제11호	○ 자동차 등을 법정형 상한이 유기징역 10년 이하인 범죄의 도구나 장소로 이용한 경우	100
2	다른 사람의 자동차 등을 훔친 경우	제93조제1항제12호	○ 다른 사람의 자동차 등을 훔치고 이를 운전한 경우	100

(비고)

가. 행정처분의 대상이 되는 범죄행위가 2개 이상의 죄에 해당하는 경우, 실체적 경합관계에 있으면 각각의 범죄행위의 법정형 상한을 기준으로 행정처분을 하고, 상상적 경합관계에 있으면 가장 중한 죄에서 정한 법정형 상한을 기준으로 행정처분을 한다.

나. 범죄행위가 예비·음모에 그치거나 과실로 인한 경우에는 행정처분을 하지 아니한다.

다. 범죄행위가 미수에 그친 경우 위반행위에 대한 처분기준이 운전면허의 취소처분에 해당하면 해당 위반행위에 대한 처분벌점을 110점으로 하고, 운전면허의 정지처분에 해당하면 처분 집행일수의 2분의 1로 감경한다.

연습운전면허 취소처분기준(제91조제2항관련)

일련 번호	위반사항	적용법조 (도로교통법)	내용
1	교통사고	제93조	○도로에서 자동차등의 운행으로 인한 교통사고(다만, 물적 피해만 발생한 경우를 제외한다)를 일으킨 때
2	술에 취한 상태에서의 운전	제93조	○술에 취한 상태의 기준(혈중알코올농도 0.03퍼센트 이상)을 넘어서 운전한 때
3	술에 취한 상태의 측정에 불응한 때	제93조	○술에 취한 상태에서 운전하거나 술에 취한 상태에서 운전하였다고 인정할 만한 상당한 이유가 있음에도 불구하고 경찰공무원의 측정요구에 불응한 때
4	다른 사람에게 연습운전면허증 대여 (도난, 분실 제외)	제93조	○다른 사람에게 연습운전면허증을 대여하여 운전하게 한 때 ○다른 사람의 면허증을 대여받거나 그 밖에 부정한 방법으로 입수한 면허증으로 운전한 때
5	결격사유에 해당	제93조	○교통상의 위험과 장해를 일으킬 수 있는 정신질환자 또는 뇌전증환자로서 영 제42조제1항에 해당하는 사람 ○앞을 보지 못하는 사람, 듣지 못하는 사람(제1종 보통 연습면허에 한한다.) ○양 팔의 팔꿈치 관절 이상을 잃은 사람 또는 양 팔을 전혀 쓸 수 없는 사람. 다만, 본인의 신체장애 정도에 적합하게 제작된 자동차를 이용하여 정상적으로 운전 할 수 있는 경우에는 그러하지 아니하다. ○다리, 머리, 척추 그 밖의 신체장애로 인하여 앉아 있을 수 없는 사람 ○교통상의 위험과 장해를 일으킬 수 있는 마약, 대마, 향정신성 의약품 또는 알코올 중독자로서 영 제42조제3항에 해당하는 사람
6	약물을 사용한 상태에서 자동차 등을 운전한 때	제93조	○약물(마약 · 대마 · 향정신성의약품 및 「유해화학물질 관리법 시행령」제25조에 따른 환각물질)의 투약 · 흡연 · 섭취 · 주사 등으로 정상적인 운전을 하지 못할 염려가 있는 상태에서 자동차 등을 운전한 때
7	허위 · 부정수단으로 연습운전면허를 취득한 경우	제93조	○허위 또는 부정한 수단으로 연습운전면허를 받은 사실이 드러난 때

8	등록 또는 임시운행 허가를 받지 아니한 자동차 운전	제93조	ㅇ「자동차관리법」에 따라 등록되지 아니하거나 임시운행 허가를 받지 아니한 자동차(이륜자동차를 제외한다)를 운전한 때
9	자동차를 이용하여 범죄행위를 한 때	제93조	ㅇ국가보안법을 위반한 범죄에 이용된 때 ㅇ형법을 위반한 다음 범죄에 이용된 때 · 살인, 사체유기 또는 방화 · 강도, 강간 또는 강제추행 · 약취 · 유괴 또는 감금 · 상습절도(절취한 물건을 운반한 경우에 한한다) · 교통방해(단체에 소속되거나 다수인에 포함되어 교통을 방해한 경우에 한한다)
10	다른 사람의 자동차 등을 훔치거나 빼앗은 때	제93조	ㅇ다른 사람의 자동차 등을 훔치거나 빼앗아 이를 운전한 때
11	다른 사람을 위하여 운전면허 시험에 응시한 때	제93조	ㅇ다른 사람을 부정하게 합격시키기 위하여 운전면허 시험에 응시한 때
12	단속 경찰공무원 등에 대한 폭행	제93조	ㅇ단속하는 경찰공무원등 및 시 · 군 · 구 공무원을 폭행한 때
13	준수사항을 위반한 때	제93조	ㅇ연습운전면허로 운전할 수 없는 자동차등을 운전한 때 ㅇ제55조제1호 내지 제3호 어느 하나의 규정을 위반한 때
14	이 법이나 이 법에 따른 명령을 위반한 때	제93조	ㅇ연습운전면허 유효기간에 별표 28 제3호가목 중 제4호부터 제17호까지, 제17호의2, 제17호의3 및 제20호부터 제31호까지의 위반사항 중 어느 하나에 해당하는 사항을 3회 이상 위반한 때

마. 복수의 운전면허 취소·정지에 관한 기준

(1) 운전면허의 종류 등

운전면허는 제1종 운전면허(대형, 보통, 소형, 특수), 제2종 운전면허(보통, 소형, 원동기장치자전거)로 구분되고, 각 그 면허의 종류에 따라 운전가능한 차종, 면허의 취득자격이나, 요건, 시험의 내용 등이 다르다.

(2) 복수의 운전면허의 취소·정지할 수 있는 면허의 범위

(가) 원칙

복수의 운전면허의 경우 취소·정지할 수 있는 면허의 범위에 관하여는 도로교통법령상 명문의 구정은 없다. 하지만 한 사람이 여러 종류의 자동차운전면허를 취득하는 경우뿐 아니라 이를 취소 또는 정지하는 경우에 있어서도 서로 별개의 것으로 취급하는 것이 원칙이다.[33)]

【판시사항】
한 사람이 여러 종류의 자동차 운전면허를 취득한 경우, 이를 취소·정지함에 있어서 서로 별개의 것으로 취급하여야 하는지 여부(대법원 1995. 11. 16. 선고 95누8850 전원합의체 판결)

【판결요지】
한 사람이 여러 종류의 자동차 운전면허를 취득하는 경우뿐 아니라 이를 취소 또는 정지함에 있어서도 서로 별개의 것으로 취급하는 것이 원칙이고, 한 사람이 여러 종류의 자동차 운전면허를 취득하는 경우 1개의 운전면허증을 발급하고 그 운전면허증의 면허번호는 최초로 부여한 면허번호로 하여 이를 통합관리하고 있다고 하더라도, 이는 자동차 운전면허증 및 그 면허번호 관리상의 편의를 위한 것에 불과할 뿐 그렇다고 하여 여러 종류의 면허를 서로 별개의 것으로 취급할 수 없다거나 각 면허의 개별적인 취소 또는 정지를 분리하여 집행할 수 없는 것은 아니다.

---

33) 대법원 1995. 11. 16. 선고 95누8850 판결.

따라서 복수 운전면허 취득자에게 운전면허 취소·정지사유가 있는 경우 취소·정지사유와 관련되는 운전면허만 취소·정지하여야 하고 모든 운전면허를 일괄하여 취소하여서는 안되며, 1개의 취소처분으로 복수의 운전면허를 취소하였어도 그 위법을 다투는 행정소송에서는 위법한 부분만 일부 취소하여야 한다.

(나) 예외

자동차운전면허는 그 성질이 대인적 면허뿐만 아니라 도로교통법시행규칙 제26조 별표 14에 의하면, 제1종 대형면허 소지자는 제1종 보통면허로 운전할 수 있는 자동차와 원동기장치자전거를, 제1종 보통면허 소지자는 원동기장치자전거까지 운전할 수 있도록 규정하고 있어서 제1종 보통면허로 운전할 수 있는 차량의 음주운전은 당해 운전면허뿐만 아니라 제1종 대형면허로도 가능하고, 또한 제1종 대형면허나 제1종 보통면허의 취소에는 당연히 원동기장치자전거의 운전까지 금지하는 취지가 포함된 것이어서 이들 세 종류의 운전면허는 서로 관련된 것이라고 할 것이므로 제1종 보통면허로 운전할 수 있는 차량을 음주운전한 경우에 이와 관련된 면허인 제1종 대형면허와 원동기장치자전거면허까지 취소할 수 있는 것으로 보아야 한다.[34]

1) 위반행위시 운전한 차량을 운전할 수 있는 다른 면허의 경우

위반행위당시 운전한 차량을 기준으로 하여 그 차량을 운전할 수 있는 면허는 모두 취소하고 당해 차량 운전과 관련이 없는 운전면허는 취수할 수 없다는 것이다. 운전자가 그 차량을 운전할 때에는 그 차량을 운전할 수 있는 운전면허를 가지고 운전한 것으로 만일 이를 인정하지 않으면 같은 차량을 다시 운전할 수 있게 되기 때문이다.[35]

【판시사항】

이륜자동차를 음주운전한 사유만으로 제1종 대형면허나 보통면허의 취소나 정지를 할 수 있는지 여부(소극)(대법원 1992. 9. 22. 선고 91누8289 판결)

---

34) 대법원 1994.11.25. 선고 94누9672 판결.
35) 대법원 1997. 3. 11. 선고 96누15176 판결.

【판결요지】

한 사람이 여러 종류의 자동차운전면허를 취득하는 경우뿐 아니라 이를 취소 또는 정지함에 있어서도 서로 별개의 것으로 취급하는 것이 원칙이라 할 것이고 그 취소나 정지의 사유가 특정의 면허에 관한 것이 아니고 다른 면허와 공통된 것이거나 운전면허를 받은 사람에 관한 경우에는 여러 운전면허 전부를 취소 또는 정지할 수도 있다고 보는 것이 상당할 것이지만, 이륜자동차로서 제2종 소형면허를 가진 사람만이 운전할 수 있는 오토바이는 제1종 대형면허나 보통면허를 가지고서도 이를 운전할 수 없는 것이어서 이와 같은 이륜자동차의 운전은 제1종 대형면허나 보통면허와는 아무런 관련이 없는 것이므로 이륜자동차를 음주운전한 사유만 가지고서는 제1종 대형면허나 보통면허의 취소나 정지를 할 수 없다.

【판시사항】

가. 한 사람이 여러 종류의 자동차 운전면허를 취득한 경우, 이를 취소·정지함에 있어서 서로 별개의 것으로 취급하여야 하는지 여부

나. 외형상 하나의 행정처분이라 하더라도 가분성이 있거나 그 처분대상의 일부가 특정될 수 있는 경우, 일부 취소의 가능성

다. 제1종 보통, 대형 및 특수면허를 가지고 있는 자가 레이카크레인을 음주운전한 행위는 위 특수면허의 취소사유에 해당될 뿐 위 보통 및 대형 면허의 취소사유는 아니라고 하여 3종의 면허를 모두 취소한 처분 전체를 취소한 원심판결 중 특수면허에 대한 부분은 위법하다는 이유로 파기환송한 사례(대법원 1995. 11. 16. 선고 95누8850 전원합의체 판결)

【판결요지】

가. 한 사람이 여러 종류의 자동차 운전면허를 취득하는 경우뿐 아니라 이를 취소 또는 정지함에 있어서도 서로 별개의 것으로 취급하는 것이 원칙이고, 한 사람이 여러 종류의 자동차 운전면허를 취득하는 경우 1개의 운전면허증을 발급하고 그 운전면허증의 면허번호는 최초로 부여한 면허번호로 하여 이를 통합관리하고 있다고 하더라도, 이는 자동차 운전면허증 및 그 면허번호 관리상의 편의를 위한 것에 불과할 뿐 그렇다고 하여 여러 종류의 면허를 서로 별개의 것으로 취급할 수 없다거나 각 면허의 개별적인 취소 또는 정지를 분리하여 집행할

수 없는 것은 아니다.

나. 외형상 하나의 행정처분이라 하더라도 가분성이 있거나 그 처분대상의 일부가 특정될 수 있다면 그 일부만의 취소도 가능하고 그 일부의 취소는 당해 취소부분에 관하여 효력이 생긴다고 할 것인바, 이는 한 사람이 여러 종류의 자동차 운전면허를 취득한 경우 그 각 운전면허를 취소하거나 그 운전면허의 효력을 정지함에 있어서도 마찬가지이다.

다. 제1종 보통, 대형 및 특수 면허를 가지고 있는 자가 레이카크레인을 음주운전한 행위는 제1종 특수면허의 취소사유에 해당될 뿐 제1종 보통 및 대형 면허의 취소사유는 아니므로, 3종의 면허를 모두 취소한 처분 중 제1종 보통 및 대형 면허에 대한 부분은 이를 이유로 취소하면 될 것이나, 제1종 특수면허에 대한 부분은 원고가 재량권의 일탈 · 남용하여 위법하다는 주장을 하고 있음에도, 원심이 그 점에 대하여 심리 · 판단하지 아니한 채 처분 전체를 취소한 조치는 위법하다고 하여 원심판결 중 제1종 특수면허에 대한 부분을 파기환송한 사례.

【판시사항】

[1] 한 사람이 여러 종류의 자동차운전면허를 취득하는 경우, 이를 취소 또는 정지함에 있어서도 서로 별개의 것으로 취급하여야 하는지 여부

[2] 1995. 7. 1. 도로교통법 시행규칙이 개정된 이후 택시를 음주운전한 것이 제1종 특수면허의 취소사유가 되는지 여부(적극)(대법원 1996. 6. 28. 선고 96누4992 판결)

【판결요지】

[1] 한 사람이 여러 종류의 자동차운전면허를 취득하는 경우뿐 아니라 이를 취소 또는 정지함에 있어서도 서로 별개의 것으로 취급하는 것이 원칙이나, 그 취소나 정지의 사유가 특정의 면허에 관한 것이 아니고 다른 면허와 공통된 것이거나 운전면허를 받은 사람에 관한 경우에는 여러 운전면허 전부를 취소 또는 정지할 수도 있다.

[2] 도로교통법시행규칙(1995. 7. 1. 내무부령 제651호) 제26조 [별표 14]에 제1종 특수면허로 운전할 수 있는 차량의 한 종류로 규정된 '제2종 보통면허로 운전할 수 있는 차량'이라 함은 같은 별표에 제2종 보통면허로 운전할 수 있는 차량으로 규정된 '승용자동차, 승차정원 9인 이하 승합자동차, 적재중량 4톤 이하 화물자동차, 원동기장치자전거' 등을 의미하는 것일 뿐 비사업용자동차를 의미하는 것은 아니라 할 것이고, 특수면허가 제1종 운전면허의 하나

인 이상 특수면허 소지자는 승용자동차로서 자동차운수사업법, 같은법시행령, 사업용자동차구조등의기준에관한규칙 등에 규정된 사업용자동차인 택시를 운전할 수 있다. 따라서 택시의 운전은 제1종 보통면허 및 특수면허 모두로 운전한 것이 되므로 택시의 음주운전을 이유로 위 두 가지 운전면허 모두를 취소할 수 있다.

2) 취소되는 면허의 부분집합이 되는 면허의 경우

취소하여야 할 운전면허(大)를 가지고 운전할 수 있는 차량의 범위가 넓어서 다른 운전면허(小)를 가지고 운전할 수 있는 차량이 완전히 포함되는 경우에는 다른 운전면허도 취소할 수 있다. 취소하여야 할 면허(大)의 취소에는 당연히 다른 운전면허(小)의 소지자가 운전할 수 있는 차량의 운전까지 금지하는 취지가 포함되어 있기 때문이다.[36]

【판시사항】

가. 음주운전으로 인한 자동차운전면허취소처분이 재량권의 한계를 일탈한것이 아니라고 본 사례

나. 제1종 보통면허로 운전할 수 있는 차량을 음주운전한 경우에 이와 관련된 면허인 제1종 대형면허와 원동기장치자전거면허까지 취소할 수 있는지 여부(대법원 1994. 11. 25. 선고 94누9672 판결)

【판결요지】

가. 누이의 시어머니 문상을 갔다가 소주를 마시고 혈중알콜농도 0.22%의 주취상태에서 처 소유의 승용차를 운전하여 귀가하다가 음주사실을 확인한 경찰관의 지시에 불응하고 음주측정을 피하기 위해 도주하다가 붙잡힌 운전자에 대한 자동차운전면허취소처분이 재량권의 한계를 일탈한 것이 아니라고 본 사례.

나. 한 사람이 여러 종류의 자동차운전면허를 취득하는 경우뿐 아니라 이를 취소 또는 정지하는 경우에 있어서도 서로 별개의 것으로 취급하는 것이 원칙이기는 하나, 자동차운전면허는 그 성질이 대인적 면허일뿐만 아니라 도로교통법시행규칙 제26조 별표 14에 의하면, 제1종

---

36) 사법발전재단, 앞의 책, 747면.

대형면허 소지자는 제1종 보통면허로 운전할 수 있는 자동차와 원동기장치자전거를, 제1종 보통면허 소지자는 원동기장치자전거까지 운전할 수 있도록 규정하고 있어서 제1종 보통면 허로 운전할 수 있는 차량의 음주운전은 당해 운전면허뿐만 아니라 제1종 대형면허로도 가능하고, 또한 제1종 대형면허나 제1종 보통면허의 취소에는 당연히 원동기장치자전거의 운전까지 금지하는 취지가 포함된 것이어서 이들 세 종류의 운전면허는 서로 관련된 것이라고 할 것이므로 제1종 보통면허로 운전할 수 있는 차량을 음주운전한 경우에 이와 관련된 면허인 제1종 대형면허와 원동기장치자전거면허까지 취소할 수 있는 것으로 보아야 한다.

【판시사항】

한 사람이 여러 종류의 자동차운전면허를 소지한 경우, 제1종 대형면허를 취소할 때에 제1종 보통면허까지 취소할 수 있는지 여부(적극)(대법원 1997. 2. 28. 선고 96누17578 판결)

【판결요지】

한 사람이 여러 종류의 자동차운전면허를 취득하는 경우뿐 아니라 이를 취소 또는 정지하는 경우에 있어서도 서로 별개의 것으로 취급하는 것이 원칙이고, 제1종 대형면허를 가진 사람만이 운전할 수 있는 대형승합자동차는 제1종 보통면허를 가지고 운전할 수 없는 것이기는 하지만, 자동차운전면허는 그 성질이 대인적 면허일 뿐만 아니라 도로교통법시행규칙 제26조 [별표 14]에 의하면, 제1종 대형면허 소지자는 제1종 보통면허 소지자가 운전할 수 있는 차량을 모두 운전할 수 있는 것으로 규정하고 있어, 제1종 대형면허의 취소에는 당연히 제1종 보통면허 소지자가 운전할 수 있는 차량의 운전까지 금지하는 취지가 포함된 것이어서 이들 차량의 운전면허는 서로 관련된 것이라고 할 것이므로, 제1종 대형면허로 운전할 수 있는 차량을 음주운전하거나 그 제재를 위한 음주측정의 요구를 거부한 경우에는 그와 관련된 제1종 보통면허까지 취소할 수 있다.

【판시사항】

[1] 한 사람이 여러 종의 자동차운전면허를 취득한 경우, 이를 취소함에 있어서 서로 별개로 취

급하여야 하는지 여부(적극) 및 취소사유가 다른 면허와 공통된 것이거나 운전면허를 받은 사람에 관한 것일 경우, 여러 면허의 전부 취소 가부(적극)

[2] 제1종보통·대형·특수면허를 가진 자가 제1종보통·대형면허만으로 운전할 수 있는 12인승 승합자동차를 운전하다 운전면허취소 사유가 발생한 경우, 제1종특수면허도 취소할 수 있는지 여부(소극)(대법원 1998. 3. 24. 선고 98두1031 판결)

【판결요지】

[1] 한 사람이 여러 자동차운전면허를 취득한 경우 이를 취소함에 있어서 서로 별개로 취급하는 것이 원칙이나, 취소사유가 특정의 면허에 관한 것이 아니고 다른 면허와 공통된 것이거나 운전면허를 받은 사람에 관한 것일 경우에는 여러 면허를 전부 취소할 수도 있다.

[2] 도로교통법 제68조 제6항의 위임에 따라 운전면허를 받은 사람이 운전할 수 있는 자동차 등의 종류를 규정하고 있는 도로교통법시행규칙 제26조 [별표 14]에 의하면 제1종보통, 제1종대형, 제1종특수자동차운전면허소유자가 운전한 12인승 승합자동차는 제1종보통 및 제1종대형자동차운전면허로는 운전이 가능하나 제1종특수자동차운전면허로는 운전할 수 없으므로, 위 운전자는 자신이 소지하고 있는 자동차운전면허 중 제1종보통 및 제1종대형자동차운전면허만으로 운전한 것이 되어, 제1종특수자동차운전면허는 위 승합자동차의 운전과는 아무런 관련이 없고, 또한 위 [별표 14]에 의하면 추레라와 레이카는 제1종특수자동차운전면허를 받은 자만이 운전할 수 있어 제1종보통이나 제1종대형자동차운전면허의 취소에 제1종특수자동차운전면허로 운전할 수 있는 자동차의 운전까지 금지하는 취지가 당연히 포함되어 있는 것은 아니다.

라. 운전면허 재취득 결격기간

(1) 결격기간

면허정지 벌점 기준은 벌점이 부과되는 상황에 따라 다소 달라질 수 있다. 즉, 한번에 40점 이상이 초과된 경우에는 1점을 1일씩 계산해서 면허정지가 이루어지고 1년간 121점 이상인 경우에는 벌점이나 누산점수일수 만큼 면허정지 기간이 적용된다. 그 결과 운전면허 재취득 결격기간도 상황에 따라 다르게 나타나, 짧게는 즉시 운전면허를 재취득할 수도 있고, 길게는 5년까지도 재취득할 수 없게 되는 경우도 있다. 면허정지 기간은 벌점과 비례하며, 통상 벌점 1점당 하루가 적용된다. 또한, 무면허 운전으로 적발되면 면허 결격기간도 당연히 연장된다.

[벌점계산표]

항목	내용		비고
면허정지	1회의 위반, 사고로 민한 벌점 또는 처분벌점이 40점 이상이 된 때		1점을 1일씩 계산 집행
벌점-누산점수초과로 인한 면허취소기준	기간	벌점 또는 누산점수	3년간 관리(당해 위반 또는 사고가 있었던 날을 기준으로 함)
	1년간 2년간 3년간	121점 이상 201점 이상 271점 이상 기간	
처분벌점의 소멸 (무위반 및 무사고자 기간경과)	처분 벌점이 40점 미만일 경우에 최종 위반일 또는 사고일로부터 위반 및 사고 없이 1년이 경과한 때		누산점수에서 공제
모범운전자 정지처분집행일수 감경	모범운전자(법 제146조에 따라 무사고운전자 또는 유공운전자의 표시장를 받은 사람으로서 교통만전 봉사활동에 종사하는 사람에 대하며 면허정지처분 집행기간을 1/2로 감경		교통사고 야기로 인한 벌점이 포함된 경우 제외
교통소양교육을 이수한 때 정지처분 집행일수감경	경찰서장에게 교육필증을 제출한 날부터 정지처분 기간에서 20일 감경		해당 위반행위에 대하며 운전면허행정처분 이의심의위원회의 심의를 거치거나 행정심판 또는 행정소송을 통하여 행정처분이 감경된 경우에는 정지처분기간을 추가로 감경하지 않고, 정지처분이 감경된 때에 한정하여 누산점수를 20점 감경
운전면허취소 개별기준	술에 취한 상태의 인명사고(혈중알콜농도 0.03% 이상)		전체 16개 항목 중에 특히 주요항목
	술에 만취된 상태의 운전(혈중알콜농도 0.08% 이상)		
	교통사고 야기도주		
	단속 공무원 등 폭행(구속된 때) 외 12건		

37) 제82조(운전면허의 결격기간)

② 다음 각 호의 어느 하나의 경우에 해당하는 사람은 해당 각 호에 규정된 기간이 지나지 아니하면 운전면허를 받을 수 없다. 다만, 다음 각 호의 사유로 인하여 벌금 미만의 형이 확정되거나 선고유예의 판결이 확정된 경우 또는 기소유예나 「소년법」 제32조에 따른 보호처분의 결정이 있는 경우에는 각 호에 규정된 기간 내라도 운전면허를 받을 수 있다.

1. 제43조 또는 제96조제3항을 위반하여 자동차등(개인형 이동장치는 제외한다. 이하 이 조에서 같다)을 운전한 경우에는 그 위반한 날(운전면허효력 정지기간에 운전하여 취소된 경우에는 그 취소된 날을 말하며, 이하 이 조에서 같다)부터 1년(원동기장치자전거면허를 받으려는 경우에는 6개월로 하되, 제46조를 위반한 경우에는 그 위반한 날부터 1년). 다만, 사람을 사상한 후 제54조제1항에 따른 필요한 조치 및 제2항에 따른 신고를 하지 아니한 경우에는 그 위반한 날부터 5년으로 한다.

2. 제43조 또는 제96조제3항을 3회 이상 위반하여 자동차등을 운전한 경우에는 그 위반한 날부터 2년

3. 다음 각 목의 경우에는 운전면허가 취소된 날(제43조 또는 제96조제3항을 함께 위반한 경우에는 그 위반한 날을 말한다)부터 5년

　가. 제44조, 제45조 또는 제46조를 위반(제43조 또는 제96조제3항을 함께 위반한 경우도 포함한다)하여 운전을 하다가 사람을 사상한 후 제54조제1항 및 제2항에 따른 필요한 조치 및 신고를 하지 아니한 경우

　나. 제44조를 위반(제43조 또는 제96조제3항을 함께 위반한 경우도 포함한다)하여 운전을 하다가 사람을 사망에 이르게 한 경우

4. 제43조부터 제46조까지의 규정에 따른 사유가 아닌 다른 사유로 사람을 사상한 후 제54조제1항 및 제2항에 따른 필요한 조치 및 신고를 하지 아니한 경우에는 운전면허가 취소된 날부터 4년

5. 제44조제1항 또는 제2항을 위반(제43조 또는 제96조제3항을 함께 위반한 경우도 포함한다)하여 운전을 하다가 2회 이상 교통사고를 일으킨 경우에는 운전면허가 취소된 날(제43조 또는 제96조제3항을 함께 위반한 경우에는 그 위반한 날을 말한다)부터 3년, 자동차등을 이용하여 범죄행위를 하거나 다른 사람의 자동차등을 훔치거나 빼앗은 사람이 제43조를 위반하여 그 자동차등을 운전한 경우에는 그 위반한 날부터 3년

6. 다음 각 목의 경우에는 운전면허가 취소된 날(제43조 또는 제96조제3항을 함께 위반한 경우에는 그 위반한 날을 말한다)부터 2년

　가. 제44조제1항 또는 제2항을 2회 이상 위반(제43조 또는 제96조제3항을 함께 위반한 경우도 포함한다)한 경우

　나. 제44조제1항 또는 제2항을 위반(제43조 또는 제96조제3항을 함께 위반한 경우도 포함한다)하여 운전을 하다가 교통사고를 일으킨 경우

　다. 제46조를 2회 이상 위반(제43조 또는 제96조제3항을 함께 위반한 경우도 포함한다)한 경우

　라. 제93조제1항제8호·제12호 또는 제13호의 사유로 운전면허가 취소된 경우

7. 제1호부터 제6호까지의 규정에 따른 경우가 아닌 다른 사유로 운전면허가 취소된 경우에는 운전면허가 취소된 날부터 1년(원동기장치자전거면허를 받으려는 경우에는 6개월로 하되, 제46조를 위반하여 운전면허가 취소된 경우에는 1년). 다만, 제93조제1항제9호의 사유로 운전면허가 취소된 사람 또는 제1종 운전면허를 받은 사람이 적성검사에 불합격되어 다시 제2종 운전면허를 받으려는 경우에는 그러하지 아니하다.

8. 운전면허효력 정지처분을 받고 있는 경우에는 그 정지기간

③ 제93조에 따라 운전면허 취소처분을 받은 사람은 제2항에 따른 운전면허 결격기간이 끝났다 하여도 그 취소처분을 받은 이후에 제73조제2항에 따른 특별교통안전 의무교육을 받지 아니하면 운전면허를 받을 수 없다.

음주운전의 횟수와 수치에 따라 그리고 사고 유무에 따라 결격기간은 조금씩 차이가 있다. 보통 일반 음주운전으로 처음 운전면허가 취소되면 그 사유별로 일정기간(결격기간) 동안 운전면허를 취득할 수 없습니다. 운전면허를 다시 취득하려면 운전면허 결격기간이 지나야 합니다(「도로교통법」 제82조제2항 본문). 다만, 벌금 미만의 형이 확정되거나 선고유예의 판결이 확정된 경우 또는 기소유예나 「소년법」 제32조에 따른 보호처분의 결정이 있는 경우에는 위 기간 내라도 운전면허를 받을 수 있습니다(「도로교통법」 제82조제2항 단서).

결격기간	위반행위	비고
준영구	정신병자, 정신미약자, 간질병자, 맹자, 농자, 알콜중독자, 마약 대마 향정신성의약품 중독자	
5년	① 음주운전+뺑소니 ② 과로, 질병, 약물+뺑소니 ③ 공동위험행위+뺑소니 ④ 정지기간 중 인피뺑소니 ⑤ 무면허 인피뺑소니	
4년	일반 뺑소니(사상사고 야기 후 도주)	
3년	① 음주사고 3회 이상(누산기간 95. 7. 1일 신설적용) ② (자동차등을 이용범죄)또는 (자동차 절도,강도)+무면허	
2년	① 음주운전 또는 음주측정거부 2회이상 ② 음주운전 또는 음주측정거부한자가 교통사고 유발한 경우 ③ 공동위험행위 2회 이상 ④ 부정면허취득, 자동차 절도·강도, 면허시험대리응시	
1년	① 공동위험행위 취소(오토바이도 포함) ② 무면허운전 정지기간 중 운전 ③ 음주운전, 음주측정거부 취소 ④ 벌점초과 취소 ⑤ 무적차량운전으로 인한 취소 ⑥ 단속경찰관 폭행으로 입건만 되어도 취소 등(2011.12.07.변경) ⑦ 본 면허 받기전 연습면허 취소사유 있을 때(2001. 6.30신설)	도교법 제82조 2항 7호에 그 외는 결격기간 1년이라고 명시함.
6개월	원동기장치자전거를 취득하고자 하는 경우(단순음주, 단순무면허인 경우)	
0년	적성검사 미필로 취소, 1종 적성검가 불합격으로 2종 운전면허 받을 때	

(2) 결격기간 변경청구 가부

운전면허 결격기간은 그 효과가 행정청의 의사에 따라 발생하는 것이 아니라 법령의 규정에 따라 당연히 발생하는 것이므로, 피청구인이 교통전산망에 청구인의 운전면허 결격기간을 등재한 행위는 법령의 규정에 따른 운전면허 행정사무 집행의 편의를 위한 것을 뿐 공권력의 행사나 그에 준하는 행정작용으로서 행한 것이 아니고, 그로 인하여 청구이의 구체적인 권리·의무에 직접적인 변동이 초래되는 것도 아니어서 이를 행정심판의 대상이 되는 처분으로 볼 수 없다. 따라서 결격기간 변경은 행정심판의 대상이 되지 못한다.

하지만 이러한 결격기간은 벌금형 이상의 형이 확정된 경우에 부여되는 것으로, 만일 검찰로부터 기소유예처분을 받게되면 결격기간이 소멸되어 바로 운전면허를 취득할 수 있다.

마. 벌점 감경받는 방법

(1) 교통법규교육수강

운전을 하다 보면 이러저런 이유로 교통법규를 위반하게 된다. 바빠서 그럴 수도 있고 법규를 잘 몰라서 어기기도 한다. 대부분의 운전자는 운전을 하면서 한번쯤은 법규를 어긴다. 법규 위반으로 걸리면 반드시 따라오는 것이 있다. 범칙금과 과태료와 벌점이다. 범칙금과 과태료는 돈을 내면 해결되지만 벌점은 그렇지 않다. 1년간 누적 벌점이 40점을 넘기면 운전면허가 정지된다. 121점을 넘기면 면허취소다.

주요 벌점을 알아보면, 혈중알코올농도 0.05~0.1%로 음주운전을 하다 걸리면 가장 높은 수준인 100점이 부과된다. 동시에 운전면허가 100일 동안 정지된다. 혈중알코올농도 0.1%를 넘기면 형사입건 및 면허취소처분을 받는다.

규정속도 60km/h를 초과한 속도위반은 두번째로 높은 벌점 60점이다. 면허정지 기준인 40점에 해당하는 위반행위는 주정차 위반으로 경찰공무원의 이동명령을 3회 이상 거부한 경우, 승객의 차내 소란행위 방치 운전, 출석기간 또는 납부기간 만료일 40일이 지날 때까지 즉결심판을 받지 않았을 때 등이다.

벌점 30점은 중앙선 침범, 40~60km/h 속도위반, 고속도로 및 자동차 전용도로 갓길

통행 등이다. 그밖에 신호위반이나 20~40km/h 속도위반, 운전 중 휴대전화 사용 등은 벌점 15점이다. 지정차로 통행위반, 안전거리 미확보, 앞지르기 방법 위반, 자동차 밖으로 물건을 던지는 행위에 대한 벌점은 10점이다.

벌점 40점이 한 번에 부과되었거나 1년 동안 교통법규를 여러차례 위반해 40점이 쌓이면 운전면허가 정지된다. 40점 미만일 경우 여러 방법을 통해 벌점을 경감 받을 수 있다. 합법적으로 새롭게 시작하는 기회다.

벌점을 경감 받을 수 있는 대표적인 방법은 '교통법규교육' 수강이다. 교육을 받으면 한 번에 20점을 감해준다. 벌점이 운전면허 취소기준인 121점을 넘어도 교통법규교육 수강을 통해 벌점을 내리면 면허취소를 피할 수 있다. 방법은 간단하다. 해당지역 도로교통공단 교육장에서 교육일정과 시간을 확인하고 교육을 받으면 된다. 준비물은 신분증과 수강료 2,000원뿐이다. 교육시간도 4시간으로 그리 길지 않으니 아슬아슬하게 벌점이 걸려 있는 사람은 한번 시도해보기 바란다. 단 교통법규교육은 1년에 한번만 수강할 수 있다.

벌점 40점 미만인 운전자는 최종 벌점을 받은 시점에서 1년 무사고 · 무위반으로 지내면 벌점이 공제된다. 정직하게 살고 있으면 경찰서에서 알아서 없앤다.

한번에 벌점 40점을 줄이는 방법도 있다. 뺑소니 운전자 검거에 기여하면 된다. 경찰서 뺑소니 운전자 전담반을 통해 뺑소니 운전자 검거에 기여한 사실을 인정받으면 표창 · 감사장 · 포상금과 함께 벌점 40점을 경감 받는다. 물론 벌점이 있을 때만 해당된다. 뺑소니 운전자 검거에 기여하는 일이 쉬운 일은 아니지만 블랙박스 같은 영상기기를 적극적으로 활용하면 그렇게 어려운 일도 아니다.[38]

---

38) 김준혁, 인터넷 게시글 참조

■ 도로교통법 시행규칙 [별표 39] 〈개정 2019. 3. 28.〉

과태료의 감경기준(제146조 관련)

위반행위	해당 법조문 (도로교통법)	감경 전 과태료 금액(원)		감경 율 (%)	감경 후 금액(원)
1. 법 제49조제1항제1호를 위반하여 고 인 물 등을 튀게 하여 다른 사람에게 피 해를 준 운전자	제160조 제2항제1호	승합자동차등 승용자동차등	20,000	20	16,000
		이륜자동차등	10,000	20	8,000
2. 법 제49조제1항제3호를 위반하여 창 유리의 암도기준을 위반한 차의 운전 자	제160조 제2항제1호	20,000		20	16,000
3. 법 제50조제1항을 위반하여 동승자에 게 좌석안전띠를 매도록 하지 않은 운 전자	제160조제2항 제2호				
가. 동승자가 13세 미만인 경우		60,000		20	48,000
나. 동승자가 13세 이상인 경우		30,000		20	24,000
4. 법 제50조제3항을 위반하여 승차자로 하여금 인명보호장구를 착용하도록 하지 아니한 운전자	제160조 제2항제3호	20,000		20	16,000
5. 법 제52조제2항을 위반하여 어린이통 학버스 안에 신고필증을 갖추지 아니 한 어린이통학버스 의 운행자	제160조 제2항제4호	30,000		20	24,000
5의2. 법 제53조제2항을 위반하여 어린 이통학버스에 탑승한 어린이나 유아 의 좌석안전띠를 매도록 하지 아니한 운전자	제160조 제2항제4호의 2	60,000		20	48,000
5의3. 법 제53조의3제1항을 위반하여 어 린이통학버스 안전교육을 받지 아니 한 사람	제160조 제2항제4호의 3	80,000		20	64,000
5의4. 법 제53조의3제3항을 위반하여 어 린이통학버스 안전교육을 받지 아니 한 사람에게 어린이통학버스를 운전 하게 한 어린이통학버스의 운영자	제160조 제2항제4호의 4	80,000		20	64,000
6. 법 제67조제2항에 따른 고속도로등에 서의 준수사항을 위반한 운전자	제160조 제2항제5호	승합자동차등 승용자동차등	20,000	20	16,000
		이륜자동차등	10,000	20	8,000
6의2. 법 제73조제4항을 위반하여 긴급	제160조제2항	80,000		20	64,000

자동차의 안전운전 등에 관한 교육을 받지 않은 사람	제6호				
7. 법 제87조제1항을 위반하여 운전면허증 갱신기간에 운전면허를 갱신하지 않은 사람	제160조제2항 제7호	20,000		20	16,000
8. 법 제87조제2항 또는 제88조제1항을 위반하여 정기 적성검사 또는 수시 적성검사를 받지 않은 사람	제160조제2항 제8호	30,000		20	24,000
9. 어린이 보호구역 및 노인·장애인 보호구역에서 오전 8시부터 오후 8시까지에 법 제17조제3항을 위반하여 제한속도를 20km/h 이하로 위반한 차 또는 노면전차의 고용주등	제160조 제3항	승합자동차등 승용자동차등	70,000	20	56,000
		이륜자동차등	50,000	20	40,000
10. 제9호의 경우 외에 법 제17조제3항을 위반하여 제한속도 보다 20km/h 이하로 위반한 차 또는 노면전차의 고용주등	제160조 제3항	승합자동차등 승용자동차등	40,000	20	32,000
		이륜자동차등	30,000	20	24,000
11. 어린이 보호구역 및 노인·장애인 보호구역에서 오전 8시부터 오후 8시까지에 법 제32조부터 법 제34조까지의 규정을 위반하여 주차 또는 정차를 한 차의 고용주등	제160조 제3항	승합자동차등	90,000 (100,000)	20	72,000 (80,000)
		승용자동차등	80,000 (90,000)	20	64,000 (72,000)
12. 제11호의 경우 외에 법 제32조부터 법 제34조까지의 규정을 위반하여 주차 또는 정차를 한 차의 고용주등	제160조 제3항	승합자동차등	50,000 (60,000)	20	40,000 (48,000)
		승용자동차등	40,000 (50,000)	20	32,000 (40,000)

(주)
1. 법 제160조의 위반행위 중 위 표 이외에 위반행위에 대해서는 과태료를 감경하지 아니한다.
2. 제11호와 제12호의 과태료 금액 중 괄호 안의 것은 같은 장소에서 2시간 이상 주·정차위반을 하는 경우의 과태료 금액을 말한다.

(2) 착한 운전 마일리지

착한 운전 마일리지는 2013. 8. 1.부터 시행된 제도이며 국민 누구라도 경찰청 교통민원 24(이파인)에서 신청이 가능하며, 이는 1년간 무위반, 무사고 운전을 하겠다는 서약을 하고 서약 내용을 준수하게 되면 서약자에게 10점이라는 특혜 점수를 부여하는 것을 말한다.

자동차운전을 하다보며 본의 아니게 안전벨트 미착용, 운전 중 휴대폰 사용, 과속, 신호위반, 불법유턴, 음주운전 등 다양한 교통법규를 위반하게 되고 그 결과 벌금 또는 벌점을 받는 일이 생길 수 있다. 이러한 경우 이 점수로 벌점 또는 면허정지 일수에서 경감받을 있다는 장점이 있으며, 1년간 조건을 충족할 시 자동으로 재신청되어 연장되고 사용하지 않는 이상 계속 남아 있게 되는 점수이다.

착한운전 마일리지제도를 신청하기 이해서는 운전면허증을 지참한 상태에서 거주지에 가까운 파출소, 지구대, 경찰서 민원실을 방문하여 서약서를 작성하면 된다. 그러한 방문이 번거로울 경우에는 경찰청교통민원 24(www.efine.go.kr) 홈페이지로 접속하여 신청하여도 무방하다.

13. 음주운전에 대한 형사처벌 기준

가. 형사입건

음주운전으로 인한 음주운전자의 형사입건의 기준은 혈중알콜농도가 0.03% 이상이다. 따라서 음주운전자가 위의 수치를 넘게 되면 모두 형사입건이 된다. 도로교통법 제148조의 2에 의거 **단순음주의 경우 5년 이하의 징역이나 2000만원 이하의 벌금**, 음주운전으로 사람이 다치는 **교통사고를 야기한 경우는 「특정범죄 가중처벌 등에 관한 법률」에 의해 부상사고인 경우 1년 이상 15년 이하의 징역 또는 1,000만원 이상 3,000만원 이하의 벌금, 사망사고인 경우 무기 또는 3년 이상의 징역형**을 처벌받는다. 2019년 06월 25일부터 음주운전의 위험성과 상습 음주운전에 대한 경각심을 높이기 위해 음주운전 처벌 기준을 강화하였다.

[음주운전 처벌기준 강화 내용 – 도로교통법 제148조의2]

위반횟수	처벌기준	
1회	0.2% 이상	2년 ~ 5년 이하 징역 / 1,000만원 ~ 2,000만원 이하 벌금
	0.08%~0.2% 이상	1년 ~ 2년 이하 징역 / 500만원 ~ 1,000만원 이하 벌금
	0.03% 이상 ~ 0.08%	1년 이하 징역 / 500만원 이하 벌금
측정거부	1년 ~ 5년 이하 징역 / 500만원 ~ 2,000만원 이하 벌금	
2회 이상 위반	2년 ~ 5년 이하 징역 / 1,000만원 ~ 2,000만원 이하 벌금	

나. 구속기준(검찰과 법원의 구속 기준은 이와 다를 수 있습니다)

(1) 단순음주운전의 경우

가) 혈중알콜농도(이하동일) 0.365 이상인 자

나) 3회이상 주취운전 처벌전력자(주취정도 불문)

다) 무면허 경합, 2회 음주운전 처벌전력자로서 0.26% 이상인 자 등은 음주운전 등으로 인하여 구속될 수 있다.

(2) 대인사고의 경우

가) 0.265% 이상인 자는 치료기간, 보험가입, 합의불문

나) 합의시 0.15% 이상인 자로서 6주 이상 상해 (다만, 교차로 신호위반, 신호기 설치, 횡단보호, 고의적 중앙선 침범, 과속이 경합되면 3주 이상)

다) 보험가입시 0.16% 이상인자로서 3주 이상 상해 등을 발생케 한자 등은 음주운전으로 인하여 구속될 수 있다.

(3) 대물사고의 경우

대물사고의 경우는 0.31% 이상인 자로서 피해액 80만 원 이상인 자는 음주운전으로 인하여 구속될 수 있다.

다. 양형기준

형량범위는 특별양형인자를 고려하여 결정한다. 다만, 복수의 특별양형인자가 있는 경우에는 아래와 같은 원칙에 따라 평가한 후 그 평가 결과에 따라 형량범위의 변동 여부를 결정한다.

- 같은 숫자의 행위인자는 같은 숫자의 행위자/기타인자보다 중하게 고려한다. 다만, 처벌을 원하지 않는 피해자 또는 유족의 의사는 행위인자와 동등하게 평가할 수 있다.
- 같은 숫자의 행위인자 상호간 또는 행위자/기타인자 상호간은 동등한 것으로 본다.
- 위 두 원칙에 의하여도 형량범위가 확정되지 않는 사건에 대하여는 법관이 위 두 원칙에 기초하여 특별양형인자를 종합적으로 비교·평가함으로써 형량범위의 변동 여부를 결정한다.
- 양형인자에 대한 평가 결과 가중요소가 큰 경우에는 가중적 형량범위를, 감경요소가 큰 경우에는 감경적 형량범위를, 그 밖의 경우에는 기본적 형량범위를 선택할 것을 권고한다.

(1) 양형인자의 정의

(가) 일반 교통사고/위험운전 교통사고

1) 피해자에게도 교통사고 발생 또는 피해 확대에 상당한 과실이 있는 경우

다음 요소 중 하나 이상에 해당하는 경우를 의미한다.

- 피해자가 무단 횡단 보행자인 경우 도로 상황, 주변 환경, 사고시각 등 제반 사정에 비추어 일반적인 운전자로서는

  피해자의 무단횡단을 쉽게 예상하기 어려운 사정이 있었던 경우
- 피해자 측 차량의 신호위반 등 과실이 사고 발생에 일부 기여한 경우
- 그 밖에 이에 준하는 경우

2) 처벌불원(피해 회복을 위한 진지한 노력 포함)

- 피고인이 자신의 범행에 대하여 뉘우치고, 피해자 또는 유족이 이를 받아들여 피고인의 처벌을 원하지 않는 경우를 의미한다.

- 피해자 또는 유족과 계속적으로 피해 회복 및 합의를 위한 최대한의 노력을 다하였으나 합의가 결렬됨으로써 피해자 또는 유족과의 합의에 준할 정도의 상당한 금액을 공탁한 경우(자동차 종합보험에 미가입한 경우에도 종합보험에 의한 피해 회복에 준할 정도의 금액을 공탁한 경우도 포함)도 포함한다.

3) 경미한 상해가 발생한 경우(제1유형)
- 치료기간이 약 2주 이하로서 상해부위가 부분적이고, 일상적인 생활에 크게 지장을 초래하지 아니하며, 회복을 위하여 봉합수술 등 특별한 의료적 처치를 필요로 하지 않는 상해를 의미한다.
- 라. 중상해가 발생한 경우(제1유형)
- 피해자가 신체의 상해로 인하여 생명에 대한 위험이 발생하거나 불구 또는 불치나 난치의 질병에 이르게 된 경우를
  의미한다.

4) 음주운전 등의 경우
- 다음 요소 중 하나 이상에 해당하는 경우를 의미한다.
- 교통사고처리 특례법 제3조 제2항 제8호
- 음주측정요구에 불응한 경우
위 사유에 해당하는 경우에는 다수범죄로 취급하지 아니하고 양형인자로만 취급한다.

5) 교통사고처리 특례법 제3조 제2항 단서(8호 제외) 중 위법성이 중한 경우 또는 난폭운전의 경우
- 다음 요소 중 하나 이상에 해당하는 경우를 의미한다. 단, 단서 사유 중 '도로교통법 제54조 제1항의 조치를 하지 않고 도주하거나 유기 도주한 경우'는 제외한다.
- 2개 이상의 단서 사유에 해당하는 경우
- 도로교통법 제46조의3 난폭운전에 해당하는 경우
- 그 밖에 1개의 단서 사유에 해당하는 경우로서 이에 준하는 경우
위 사유에 해당하는 경우에는 다수범죄로 취급하지 아니하고 양형인자로만 취급한다.

6) 중상해가 아닌 중한 상해가 발생한 경우(제1유형)
• 치료기간이 약 4~5주 이상인 경우를 기준으로 하되, 후유장애 또는 심한 추상장애가 남거나 위험한 부위의 상해에
해당하거나, 추가 상해가 예상되는 경우를 의미한다.

7) 그 밖의 교통사고처리 특례법 제3조 제2항 단서에 해당하는 경우
• 교통사고처리 특례법 제3조 제2항 단서 중 '도로교통법 제54조 제1항의 조치를 하지 않고 도주하거나 유기 도주한 경우', '음주측정요구에 불응한 경우' 및 제8호를 제외한 나머지 단서 사유 중 어느 1개에 해당하는 경우를 의미한다.
• 이미 '교통사고처리 특례법 제3조 제2항 단서 중 위법성이 중한 경우 또는 난폭운전의 경우'를 적용한 경우에는 별도로 일반가중인자로 고려하지 아니한다.
위 사유에 해당하는 경우에는 다수범죄로 취급하지 아니하고 양형인자로만 취급한다.

8) 동종 전과
• 양형기준이 설정된 교통범죄로 인한 전과를 의미한다.
• 다만, 교통사고처리 특례법 제3조 제2항 단서 제8호 또는 음주측정요구에 불응한 경우에는 음주운전(음주측정요구 불응 포함)으로 인한 도로교통법 위반죄의 전과를 포함한다.
• 위험운전 교통사고의 경우에는 도로교통법 제148조의2 위반범죄를 포함한다.

(나) 교통사고 후 도주
1) 범행동기에 특히 참작할 사유가 있는 경우(제1유형)
• 다음 요소 중 하나 이상에 해당하는 경우를 의미한다.
• 교통사고의 경위와 정황, 피해의 태양과 정도, 외상의 유무, 피해자의 연령, 피해자의 통증이나 진료의 호소 여부 등 제반 사정에 비추어 객관적인 구호의 필요성이 적었던 경우
• 그 밖에 이에 준하는 경우

2) 중상해가 발생한 경우 또는 도주로 인하여 생명에 대한 현저한 위험이 초래된 경우 (제1, 2유형)

• 다음 요소 중 하나 이상에 해당하는 경우를 의미한다.

• 피해자가 신체의 상해로 인하여 생명에 대한 위험이 발생하거나 불구 또는 불치나 난 치의 질병에 이르게 된 경우(제1, 2유형)

• 교통사고로 인하여 교통량이 많은 도로 위에 쓰러진 피해자를 방치하는 등 도주로 인 하여 생명에 대한 현저한 위험이 초래된 경우(제1유형)

• 그 밖에 이에 준하는 경우

(2) 유형의 정의

(가) 일반 교통사고

1) 제1유형(교통하고 치상)

차의 운전자가 교통사고로 인하여 업무상 과실·중과실 치상죄를 범한 경우(교통사고 처리 특례법 제3조 제1항).

2) 제2유형(교통사고 치사)

차의 운전자가 교통사고로 인하여 업무상 과실·중과실 치사죄를 범한 경우(교통사고 처리 특례법 제3조 제1항).

(나) 위험운전 교통사고

1) 제1유형(위험운전 치상)

음주 또는 약물의 영향으로 정상적인 운전이 곤란한 상태에서 자동차를 운전하여 치상 죄를 범한 경우(특정범죄가중법 제5조의11).

2) 제2유형(위험운전 치사)

음주 또는 약물의 영향으로 정상적인 운전이 곤란한 상태에서 자동차를 운전하여 치사 죄를 범한 경우(특정범죄가중법 제5조의11)

(다) 교통사고 후 도주

1) 제1유형(치상 후 도주)

교통사고 치상죄를 범한 자가 도주한 경우(특정범죄가중법 제5조의3
제1항 제2호)

2) 제2유형(치상 후 유기 도주)

교통사고 치상죄를 범한 자가 피해자를 유기하고 도주한 경우(특정범죄가중법 제5조의
3 제2항 제2호)

3) 제3유형(치사 후 도주 또는 도주 후 치사)

교통사고 치사죄를 범한 자가 도주하거나 도주 후 피해자가 사망한 경우(특정범죄가중
법 제5조의3 제1항 제1호)

4) 제4유형(치사 후 유기 도주 또는 유기 도주 후 치사)

교통사고 치사죄를 범한 자가 피해자를 유기하고 도주하거나 유기하고 도주 후
피해자가 사망한 경우(특정범죄가중법 제5조의3 제2항 제1호)

(3) 양형기준

(가) 일반 교통사고

유형	구분	감경	기본	가중
1	교통사고 치상	~ 8월	4월~1년	8월~2년
2	교통사고 치사	4월 ~1년	8월~2년	1년~3년

구분		감경요소	가중요소
특별 양형인자	행위	• 피해자에게도 교통사고 발생 또는 피해 확대에 상당한 과실이 있는 경 우 • 경미한 상해가 발생한 경우(1유 형) • 자전거를 운행하다가 일으킨 사고	• 중상해가 발생한 경우(1유형) • 음주운전 등의 경우 • 교통사고처리 특례법 제3조 제2항 단서(8호 제외) 중 위법성이 중한 경우 또는 난폭운전의 경우
	행위자	• 농아자	• 동종 누범

	기타	• 심신미약(본인 책임 없음) • 처벌불원(피해 회복을 위한 진지한 노력 포함)	
일반 양형인자	행위	• 호의에 의한 무상동승자인 경우	• 중상해가 아닌 중한 상해가 발생한 경우(1유형) • 그 밖의 교통사고처리 특례법 제3조 제2항 단서에 해당하는 경우
	행위자 기타	• 상당 금액 공탁 • 자동차종합보험 가입 • 진지한 반성 • 형사처벌 전력 없음	• 범행 후 증거은폐 또는 은폐 시도 • 이종 누범, 누범에 해당하지 않는 동종 전과

(나) 위험운전

유형	구분	감경	기본	가중
1	교통사고 치상	6월~ 1년6월	10월~2년6월	2년~5년
2	교통사고 치사	1년6월 ~3년	2년~5년	4년~8년

구분		감경요소	가중요소
특별 양형인자	행위	• 피해자에게도 교통사고 발생 또는 피해 확대에 상당한 과실이 있는 경우 • 경미한 상해가 발생한 경우(1유형)	• 중상해가 발생한 경우(1유형) • 교통사고처리 특례법 제3조 제2항 단서(8호 제외) 중 위법성이 중한 경우 또는 난폭운전의 경우
	행위자 기타	• 농아자 • 심신미약(본인 책임 없음) • 처벌불원(피해 회복을 위한 진지한 노력 포함)	• 동종 누범(도로교통법 제148조의2 위반범죄 포함)
일반 양형인자	행위	• 호의에 의한 무상동승자인 경우	• 중상해가 아닌 중한 상해가 발생한 경우(1유형) • 그 밖의 교통사고처리 특례법 제3조 제2항 단서에 해당하는 경우
	행위자 기타	• 상당 금액 공탁 • 자동차종합보험 가입 • 진지한 반성 • 형사처벌 전력 없음	• 범행 후 증거은폐 또는 은폐 시도 • 이종 누범, 누범에 해당하지 않는 동종 전과(도로교통법 제148조의2 위반범죄 포함)

(다) 교통사고 후 도주

유형	구분	감경	기본	가중
1	치상 후 도주	6월 ~ 1년6월	8월~2년6월	1년~5년
2	치상후 유기도주	1년6월~2년6월	2년~4년	3년~7년
3	치사 후 도주 도주 후 치사	2년6월~4년	3년~5년	4년~8년
4	치사후 유기도주	3년~5년	4년~6년	5년~10년

구분		감경요소	가중요소
특별 양형인자	행위	• 피해자에게도 교통사고 발생 또는 피해 확대에 상당한 과실이 있는 경우 • 범행동기에 특히 참작할 사유가 있는 경우(1유형) • 경미한 상해가 발생한 경우(1, 2유형)	• 중상해가 발생한 경우 또는 도주로 인하여 생명에 대한 현저한 위험이 초래된 경우(1, 2유형) • 음주운전 등의 경우 • 교통사고처리 특례법 제3조 제2항 단서(8호 제외) 중 위법성이 중한 경우 또는 난폭운전의 경우
	행위자 기타	• 농아자 • 심신미약(본인 책임 없음) • 자수 • 처벌불원(피해 회복을 위한 진지한 노력 포함)	• 동종 누범
일반 양형인자	행위		• 중상해가 아닌 중한 상해가 발생한 경우(1, 2유형) • 그 밖의 교통사고처리 특례법 제3조 제2항 단서에 해당하는 경우
	행위자 기타	• 상당 금액 공탁 • 자동차종합보험 가입 • 진지한 반성 • 형사처벌 전력 없음	• 이종 누범, 누범에 해당하지 않는 동종 전과

14. 조정권고제도

도로교통법 시행규칙에서는 교통사고가 발생하지 않은 경우 혈중알코올농도 0.1%를 운전면허취소의 기준으로 하고 있다. 서울행정법원은 과거 0.12%를 기준으로 하여 그 이하인 경우에는 운전면허의 생계관련성, 음주운전전력 유무, 음주운전으로 인한 구체적 위험성 정도, 음주운전의 불가피성 여부 등 여러 요소를 참작하여 운전면허취소처분을 취소한 사례도 있었다.[39]

그러나 근래 음주운전을 이유로 한 자동차운전면허의 취소에 있어서는 일반의 수익적 행정행위의 취소와는 달리 그 취소로 인하여 입게될 당사자의 개인적인 불이익보다 이를 방지하여야 할 일반예방적 측면이 더욱 강조되어야 한다는 취지에서[40] 비록 혈중알콜농도가 0.12% 이하에 해당한다 하더라도 극히 예외적인 경우가 아닌한 재량권의 일탈 남용을 인정하고 있지 아니하고 있다.

다만 도로교통법 시행규칙이 혈중알콜농도가 0.12% 이하인 경우 운전면허의 생계관련성, 음주운전전력 유무 등의 사정을 감안하여 처분을 감경할 수 있다고 규정하고 있는 점을 고려하여, 혈중알콜농도가 0.12%를 초과하지 아니하는 단순 운전면허취소처분취소사건의 경우에는, 음주전력이 있는 등의 특별한 사정이 없는 한 운전면허취소처분을 운전면허정지 110일의 처분으로 변경하는 내용의 조정권고를 행하고 있고, 그와 아울러 음주운전의 경우, 운전거리, 개인의 특별한 사정(예를 들면, 운전기능직 공무원, 개인택시기사 등)등을 고려하여 혈중알콜농도가 0.12%를 초과하더라도 0.15%정도까지는 조정권고를 시도하고 있다.

15. 운전면허증의 반납

가. 운전면허증 반납

운전면허증을 받은 사람이 다음 각 호의 어느 하나에 해당하면 그 사유가 발생한 날부터 7일 이내(제4호 및 제5호의 경우 새로운 운전면허증을 받기 위하여 운전면허증을 제출한 때)에 주소지를 관할하는 지방경찰청장에게 운전면허증을 반납하여야 한다(법 제95조).

---

39) 도로교통법 시행규칙 제91조 제1항 별표 28 참조.
40) 대법원 1995. 3. 24. 선고 94누13947 판결, 대법원 1996. 10. 11. 선고 96누10812 판결.

1) 운전면허 취소처분을 받은 경우

2) 운전면허효력 정지처분을 받은 경우

3) 운전면허증을 잃어버리고 다시 발급받은 후 그 잃어버린 운전면허증을 찾은 경우

4) 연습운전면허증을 받은 사람이 제1종 보통면허증 또는 제2종 보통면허증을 받은 경우

5) 운전면허증 갱신을 받은 경우

나. 운전면허증 직접회수

경찰공무원은 운전면허증을 반납하지 아니한 사람이 소지한 운전면허증을 직접 회수할 수 있다.

다. 운전면허증 반환

지방경찰청장이 운전면허증을 반납받았거나 운전면허증을 회수하였을 때에는 이를 보관하였다가 정지기간이 끝난 즉시 돌려주어야 한다.

16. 음주운전 사고시 처리방법

가. 음주운전 가해자

교통사고 후 두려운 나머지 피해자에 대한 구호조치를 취하지 아니한 채 무조건 사고 현장에서 도주하여서는 아니 된다. 음주운전 사실이 무서워서 사고 후 현장에서 도주하는 경우가 종종 발생하는데 음주사고와 도주사고의 처벌수위는 음주사고보다 도주(뺑소니)사고가 더 무겁다. 따라서 사고가 발생하면 순순히 음주사실을 인정하고 피해자 구호조치를 신속히 취한 후 현장에서 피해자와 합의하는 것이 최선이다. 이에 따라 피해자와의 원만한 합의가 도출되어 피해자가 병원에서 진단서를 발급받지도 않고 단순 대물사고로 처리해 줄 경우 교통사고처리특례법이 아닌 도로교통법으로 적용되므로 처벌수위가 낮아지게 된다. 그러나 단순 타방상이라도 피해자가 합의를 거부하고 병원에서 진단서를 발급받는 순간 교통사고처리특례법이 적용되어 처불수위가 한층 강화됨에 유념하여야 한다. 만약 경찰이 출동할 경우에는 순순히 음주사실을 인정하고 사고 접수 하는 것이 유리하며, 나아가 피해자가 음주운전을 미끼로 무리한 합의금을 요구할 경우 보험처리를 하는 것이 보다 유리한 방법이다.

합 의 서(대인사고)

갑 피 해 자   성 명:

                      주 소:

                      연락처:

을 가 해 자   성 명:

                      주 소:

                      연락처:

- 합의 내용 -

1. 가해자와 피해자는 20 년 월 일 시 경 _____ 앞길에서 을 소유의 _____ 차량이 야기한 교통사고로 인하여 갑이 피해를 입은 사실을 인정하며, 을은 일체의 치료비와 손해배상금 및 위자료 조로 일금 _____ 원을 지급하며, 피해자는 상기 금원을 확실히 수령하고, 상호 원만히 합의하였음을 확인합니다.

2. 위 합의에 따라 피해자는 향후 민·형사상 일체의 소송이나 이의를 제기하지 않을 것임을 확약하고, 후일의 증거로서 본 이 합의서에 서명 날인합니다.

20 년 월 일

위   피해자   ㉑

           가해자   ㉑

           입회인   ㉑

합 의 서(대물사고)

갑 피 해 자   성 명:

                   주 소:

                   연락처:

을 가 해 자   성 명:

                   주 소:

                   연락처:

--- 합의 내용 ---

1. 가해자와 피해자는 20 년 월 일 시 경 _____ 에서 발생한 교통사고로 입은 피해(물적피해)에 대하여 을은 아래와 같은 합의조건으로 상호 원만히 합의하였음을 확인합니다.

2. 위 합의에 따라 피해자는 이후 민·형사상 일체의 소송이나 이의를 제기하지 않을 것임을 확약하고, 후일의 증거로서 본 이 합의서에 서명 날인합니다.

- 아 래 -

과실비율은 갑이 (   )%, 을이 (   )%임을 인정한다.

갑과 을은 위 과실비율에 따라 수리비 기타 일체의 배상을 하기로 약속한다.

20 년 월 일

위   피해자   ㉑

          가해자   ㉑

나. 음주운전사고의 피해자

음주운전사고의 피해자인 경우에는 무조건 경찰서 신고하는 것이 좋다. 가해자의 구두상 음주운전 진술은 추후 법적효력이 없으므로, 무조건 112에 신고하여서 가해자의 음주사실을 확인 받아야 한다. 사고 초기에 가해자는 형사합의를 희망하지만 피해자와의 절충이 어려워 형사합의를 포기하게 되면 결국 증거수집 태만으로 인한 손실은 피해자가 떠안게 될 수 있기 때문이다. 법대로 처리하고 상대방이 형사합의를 희망할 경우에만 형사합의금을 받을 수 있다는 점을 숙지하여야 한다. 그 외 경황이 없이 사고처리가 미숙할 경우 보험회사의 긴급출동서비스나 교통사고나 보험회사의 보상담당 직원의 도움을 받아 처리하는 것이 좋다.

17. 교통범칙금 통고처분

가. 통고처분의 개념

범칙금 통고처분이란 경미한 교통법규 위반자에 대하여 일일이 즉결심판에 회부하는 번잡성을 피하고 신속하고 간편한 행정적 제재절차를 취함으로서 즉결심판을 받은 것과 같은 동일한 효과를 부여하기 위하여 경찰관이 직접 위반 장소에서 위반자에게 범칙금을 납부할 것을 통고하고 운전을 계속하게 하는 것이다.

[범칙금 부과 및 이의신청 현황]   (처리건수 기준, 단위 : 건수)

연도	범칙금 부과	이의신청	이의신청사건 법원 인용건수
2013	2,885,126	1,546	53
2014	3,666,196	2,005	85
2015	4,979,875	2,914	101

출처 : 국민권익위원회

나. 성격

범칙금 통고처분은 형사처벌인 벌금과 행정처벌인 과태료의 중간적 성질을 가지며, 범칙금 납부는 범죄인명부나 운전자기록카드에 기록되지는 않는다. 다만, 이는 도로교통 법규 위반행위에 대하여 범칙금 통고처분에 의해 같은 법 시행령에서 규정하고 있는 일정액을 납부하는 것과 병행하여 벌점이 부과되어 운전면허정지·취소 등 처분의 기초자료가 된다는 점에 의미가 있다.

다. 대상행위 및 범칙자

(1) 대상행위

도로교통법 제156조[41] 및 157조[42]에 해당하는 운전자 또는 보행자 등이 법에 위반하여 20만 원 이하의 벌금 등에 처할 수 있는 도로교통법 위반행위가 교통범칙금 통고처분의 대상이다.

---

41) *제156조* (벌칙)
다음 각 호의 어느 하나에 해당하는 사람은 20만원 이하의 벌금이나 구류 또는 과료(科料)에 처한다.
1. 제5조, 제13조제1항부터 제3항(제13조제3항의 경우 고속도로, 자동차전용도로, 중앙분리대가 있는 도로에서 고의로 위반하여 운전한 사람은 제외한다)까지 및 제5항, 제14조제2항·제3항·제5항, 제15조제3항(제61조제2항에서 준용하는 경우를 포함한다), 제15조의2제3항, 제17조제3항, 제18조, 제19조제1항·제3항 및 제4항, 제21조제1항·제3항 및 제4항, 제24조, 제25조 부터 제28조까지, 제32조, 제33조, 제37조(제1항제2호는 제외한다), 제38조제1항, 제39조제1항·제3항·제4항·제5항, 제48조제1항, 제49조(같은 조 제1항제1호·제3호를 위반하여 차를 운전한 사람과 같은 항 제4호의 위반행위 중 교통단속용 장비의 기능을 방해하는 장치를 한 차를 운전한 사람은 제외한다), 제50조제5항부터 제7항까지, 제51조, 제53조제1항 및 제2항(좌석안전띠를 매도록 하지 아니한 운전자는 제외한다), 제62조 또는 제73조제2항(같은 항 제2호 및 제3호만 해당한다)을 위반한 차마의 운전자
2. 제6조제1항·제2항·제4항 또는 제7조에 따른 금지·제한 또는 조치를 위반한 차의 운전자
3. 제22조, 제23조, 제29조제4항부터 제6항까지, 제53조의2, 제60조, 제64조, 제65조 또는 제66조를 위반한 사람
4. 제31조, 제34조 또는 제52조제4항을 위반하거나 제35조제1항에 따른 명령을 위반한 사람
5. 제39조제6항에 따른 지방경찰청장의 제한을 위반한 사람
6. 제50조제1항 및 제3항을 위반하여 좌석안전띠를 매지 아니하거나 인명보호 장구를 착용하지 아니한 운전자
7. 제95조제2항에 따른 경찰공무원의 운전면허증 회수를 거부하거나 방해한 사람
8. 제53조제3항을 위반하여 보호자를 태우지 아니하고 어린이통학버스를 운행한 운영자
9. 제53조제4항을 위반하여 어린이나 영유아가 하차하였는지를 확인하지 아니한 운전자
10. 주·정차된 차만 손괴한 것이 분명한 경우에 제54조제1항제2호에 따라 피해자에게 인적 사항을 제공하지 아니한 사람
42) *제157조* (벌칙)
다음 각 호의 어느 하나에 해당하는 사람은 20만원 이하의 벌금이나 구류 또는 과료에 처한다.
1. 제5조, 제8조제1항, 제10조제2항부터 제5항까지의 규정을 위반한 보행자
2. 제6조제1항·제2항·제4항 또는 제7조에 따른 금지·제한 또는 조치를 위반한 보행자
3. 제9조제1항을 위반하거나 같은 조 제3항에 따른 경찰공무원의 조치를 위반한 행렬등의 보행자나 지휘자
4. 제68조제3항을 위반하여 도로에서의 금지행위를 한 사람

(2) 범칙자

이 법에서 말하는 범칙자는 범칙행위를 한 자로서, 범칙행위 당시 운전면허증을 제시하지 못한 자동차 등의 운전자, 범칙행위로 교통사고를 일으킨 사람[다만 교통사고처리특례법 제3조 제2항 및 제4조 규정에 의하여(피해자의 처벌의사가 없거나/종합보험 등에의 가입으로 가해자를 처벌하지 않게 되는 경우) 업무상과실치상죄, 중과실치상죄에 대한 벌을 받지 아니하게 된 사람과, 도로교통법 151조(차의 운전자가 다른 사람의 건조물이나 그 밖의 재물을 손괴한 죄)에 대한 벌을 받지 아니하게 된 사람은 제외한다], 제80조 규정에 의한 국제운전면허증을 가진 사람에 해당하지 아니하는 사람을 말한다.

라. 구체적인 범칙행위 및 범칙금액

(1) 운전자 −범칙행위 및 범칙금액

[별표 8] 〈개정 2016. 7. 26.〉

범칙행위 및 범칙금액(운전자)(제93조제1항 관련)

범칙행위	근거 법조문 (도로교통법)	차량 종류별 범칙금액
1. 속도위반(60km/h 초과)	제17조제3항	1) 승합자동차등: 13만원 2) 승용자동차등: 12만원 3) 이륜자동차등: 8만원
1의2. 어린이통학버스 운전자의 의무 위반 (좌석안전띠를 매도록 하지 않은 경우는 제외한다)	제53조제1항 · 제2항, 제53조의2	
1의3. 어린이통학버스 운영자의 의무 위반	제53조제3항	
2. 속도위반(40km/h 초과 60km/h 이하) 3. 승객의 차 안 소란행위 방치 운전	제17조제3항 제49조제1항제9호	1) 승합자동차등: 10만원 2) 승용자동차등: 9만원 3) 이륜자동차등: 6만원
3의2. 어린이통학버스 특별보호 위반	제51조	
4. 신호 · 지시 위반 5. 중앙선 침범, 통행구분 위반 6. 속도위반(20km/h 초과 40km/h 이하) 7. 횡단 · 유턴 · 후진 위반 8. 앞지르기 방법 위반	제5조 제13조제1항부터 제3항까지 및 제5항 제17조제3항 제18조 제21조제1항 · 제3항, 제60	1) 승합자동차등: 7만원 2) 승용자동차등: 6만원 3) 이륜자동차등: 4만원 4) 자전거등: 3만원

9. 앞지르기 금지 시기 · 장소 위반	조제2항 제22조	
10. 철길건널목 통과방법 위반	제24조	
11. 횡단보도 보행자 횡단 방해(신호 또는 지시에 따라 도로를 횡단하는 보행자 의 통행 방해를 포함한다)	제27조제1항 · 제2항	
12. 보행자전용도로 통행 위반(보행자전용 도로 통행방법 위반을 포함한다)	제28조제2항 · 제3항	
12의2. 긴급자동차에 대한 양보 · 일시정 지 위반	제29조제4항 · 제5항	
12의3. 긴급한 용도나 그 밖에 허용된 사항 외에 경광등이나 사이렌 사용	제29조제6항	
13. 승차 인원 초과, 승객 또는 승하차자 추 락 방지조치 위반	제39조제1항 · 제3항 · 제6항	
14. 어린이 · 앞을 보지 못하는 사람 등의 보호 위반	제49조제1항제2호	
15. 운전 중 휴대용 전화 사용	제49조제1항제10호	
15의2. 운전 중 운전자가 볼 수 있는 위치 에 영상 표시	제49조제1항제11호	
15의3. 운전 중 영상표시장치 조작	제49조제1항제11호의2	
16. 운행기록계 미설치 자동차 운전 금지 등의 위반	제50조제5항제1호 · 제2호	
17. 삭제 〈2014.12.31.〉 18. 삭제 〈2014.12.31.〉		
19. 고속도로 · 자동차전용도로 갓길 통행	제60조제1항	
20. 고속도로버스전용차로 · 다인승 전용차로 통행 위반	제61조제2항	
21. 통행 금지 · 제한 위반	제6조제1항 · 제2항 · 제4항	1) 승합자동차등: 5만원
		2) 승용자동차등: 4만원
22. 일반도로 전용차로 통행 위반	제15조제3항	3) 이륜자동차등: 3만원
23. 고속도로 · 자동차전용도로 안전거리 미확보	제19조제1항	4) 자전거등: 2만원
24. 앞지르기의 방해 금지 위반	제21조제4항	
25. 교차로 통행방법 위반	제25조	
26. 교차로에서의 양보운전 위반	제26조	
27. 보행자의 통행 방해 또는 보호 불이행	제27조제3항부터 제5항까지	
28. 삭제 〈2016.2.11.〉 29. 정차 · 주차 금지 위반	제32조	
30. 주차금지 위반	제33조	
31. 정차 · 주차방법 위반	제34조	
32. 정차 · 주차 위반에 대한 조치 불응	제35조제1항	

33. 적재 제한 위반, 적재물 추락 방지 위반 또는 영유아나 동물을 안고 운전하는 행위	제39조제1항 및 제4항부터 제6항까지	
34. 안전운전의무 위반	제48조제1항	
35. 도로에서의 시비·다툼 등으로 인한 차마의 통행 방해 행위	제49조제1항제5호	
36. 급발진, 급가속, 엔진 공회전 또는 반복적·연속적인 경음기 울림으로 인한 소음 발생 행위	제49조제1항제8호	
37. 화물 적재함에의 승객 탑승 운행 행위	제49조제1항제12호	
38. 삭제 〈2014.12.31.〉		
39. 고속도로 지정차로 통행 위반	제60조제1항	
40. 고속도로·자동차전용도로 횡단·유턴·후진 위반	제62조	
41. 고속도로·자동차전용도로 정차·주차 금지 위반	제64조	
42. 고속도로 진입 위반	제65조	
43. 고속도로·자동차전용도로에서의 고장 등의 경우 조치 불이행	제66조	
44. 혼잡 완화조치 위반	제7조	1) 승합자동차등: 3만원
45. 지정차로 통행 위반, 차로 너비보다 넓은 차 통행 금지 위반(진로 변경 금지 장소에서의 진로 변경을 포함한다)	제14조제2항·제3항·제5항	2) 승용자동차등: 3만원 3) 이륜자동차등: 2만원 4) 자전거등: 1만원
46. 속도위반(20km/h 이하)	제17조제3항	
47. 진로 변경방법 위반	제19조제3항	
48. 급제동 금지 위반	제19조제4항	
49. 끼어들기 금지 위반	제23조	
50. 서행의무 위반	제31조제1항	
51. 일시정지 위반	제31조제2항	
52. 방향전환·진로변경 시 신호 불이행	제38조제1항	
53. 운전석 이탈 시 안전 확보 불이행	제49조제1항제6호 제49조제1항제7호	
54. 동승자 등의 안전을 위한 조치 위반	제49조제1항제13호	
55. 지방경찰청 지정·공고 사항 위반	제50조제1항	
56. 좌석안전띠 미착용	제50조제3항	
57. 이륜자동차·원동기장치자전거 인명 보호 장구 미착용	제52조제4항	
58. 어린이통학버스와 비슷한 도색·표지 금지 위반		
59. 최저속도 위반	제17조제3항	1) 승합자동차등: 2만원
60. 일반도로 안전거리 미확보	제19조제1항	2) 승용자동차등: 2만원
61. 등화 점등·조작 불이행(안개가 끼거나 비 또는 눈이 올 때는 제외한다)	제37조제1항제1호·제3호	3) 이륜자동차등: 1만원 4) 자전거등: 1만원
62. 불법부착장치 차 운전(교통단속용 장	제49조제1항제4호	

비의 기능을 방해하는 장치를 한 차의 운전은 제외한다)		
62의2. 사업용 승합자동차의 승차 거부	제50조제5항제3호	
63. 택시의 합승(장기 주차·정차하여 승객을 유치하는 경우로 한정한다)·승차거부·부당요금징수행위	제50조제6항	
64. 운전이 금지된 위험한 자전거의 운전	제50조제7항	
65. 돌, 유리병, 쇳조각, 그 밖에 도로에 있는 사람이나 차마를 손상시킬 우려가 있는 물건을 던지거나 발사하는 행위	제68조제3항제4호	모든 차마: 5만원
66. 도로를 통행하고 있는 차마에서 밖으로 물건을 던지는 행위	제68조제3항제5호	
67. 특별교통안전교육의 미이수 가. 과거 5년 이내에 법 제44조를 1회 이상 위반하였던 사람으로서 다시 같은 조를 위반하여 운전면허효력 정지처분을 받게 되거나 받은 사람이 그 처분기간이 끝나기 전에 특별교통안전교육을 받지 않은 경우 나. 가목 외의 경우	제73조제2항	차종 구분 없음: 6만원 4만원
68. 경찰관의 실효된 면허증 회수에 대한 거부 또는 방해	제95조제2항	차종 구분 없음: 3만원

비고
  1. 위 표에서 "승합자동차등"이란 승합자동차, 4톤 초과 화물자동차, 특수자동차 및 건설기계를 말한다.
  2. 위 표에서 "승용자동차등"이란 승용자동차 및 4톤 이하 화물자동차를 말한다.
  3. 위 표에서 "이륜자동차등"이란 이륜자동차 및 원동기장치자전거를 말한다.
  4. 위 표에서 "자전거등"이란 자전거, 손수레, 경운기 및 우마차를 말한다.
  5. 위 표 제65호 및 제66호의 경우 동승자를 포함한다.

(2) 보행자 -범칙행위 및 범칙금액범칙금액

[별표 9] 〈개정 2013.6.28〉

범칙행위 및 범칙금액(보행자)(제93조제1항 관련)

범칙행위	근거 법조문 (도로교통법)	범칙금 액
1. 돌, 유리병, 쇳조각, 그 밖에 도로에 있는 사람이나 차마를 손상시킬 우려가 있는 물건을 던지거나 발사하는 행위	제68조제3항제4호	5만원
2. 신호 또는 지시 위반 3. 차도 통행 4. 육교 바로 밑 또는 지하도 바로 위로의 횡단 5. 횡단이 금지되어 있는 도로부분의 횡단 6. 술에 취하여 도로에서 갈팡질팡하는 행위 7. 도로에서 교통에 방해되는 방법으로 눕거나 앉거나 서있는 행위 8. 교통이 빈번한 도로에서 공놀이 또는 썰매타기 등의 놀이를 하는 행위 9. 도로를 통행하고 있는 차마에 뛰어오르거나 매달리거나 차마에서 뛰어내리는 행위	제5조 제8조제1항 본문 제10조제2항 본문 제10조제5항 제68조제3항제1호 제68조제3항제2호 제68조제3항제3호 제68조제3항제6호	3만원
10. 통행 금지 또는 제한의 위반 11. 도로 횡단시설이 아닌 곳으로의 횡단(제4호의 행위는 제외한다) 12. 차의 바로 앞이나 뒤로의 횡단	제6조 제10조제2항 본문 제10조제4항	2만원
13. 교통혼잡을 완화시키기 위한 조치 위반 14. 행렬등의 차도 우측통행 의무 위반(지휘자를 포함한다)	제7조 제9조제1항 후단	1만원

(3) 통고처분

가) 원칙

경찰서장이나 제주특별자치도지사[43]는 범칙자로 인정하는 사람에 대하여는 이유를 분명하게 밝힌 범칙금 납부통고서로 범칙금을 낼 것을 통고할 수 있다(법 163조). 제주특별자치도지사가 이에 따라 통고처분을 한 경우에는 관할 경찰서장에게 그 사실을 통보하여야 한다.

---

43) 제주특별자치도지사의 경우에는 제6조제1항·제2항, 제61조제2항에 따라 준용되는 제15조제3항, 제39조제6항, 제60조, 제62조, 제64조 부터 제66조까지, 제73조제2항제2호·제3호 및 제95조제1항의 위반행위는 제외한다.

나) 예외

다만, 다음의 어느 하나에 해당하는 사람에 대하여는 그러하지 아니하다. [

1) 성명이나 주소가 확실하지 아니한 사람

2) 달아날 우려가 있는 사람

3) 범칙금 납부통고서 받기를 거부한 사람

(4) 범칙금납부절차

가) 범칙금 납부고지서 교부

교통을 단속하는 경찰공무원은 경미한 도로교통법을 위반한 운전자 또는 보행자 그리고 교통사로를 낸 운전자에게 범칙금 납부통고서(교통범칙금 납부통고서는 3매를 1조로 하여 동시에 기록하여 발부 – 범칙금 영수증서, 범칙금 납부통고서, 범칙금 납부고지서)인 속칭 스티커 또는 딱지를 발부한다.

나) 범칙금의 납부

a) 1차 납부기한

범칙금납부통고서를 받은 범칙자는 10일 이내에 국고 수납기관인 한국은행 본점 또는 지점 우체국에 소정을 금액을 납부하여야 한다. 다만, 천재지변 그 밖의 부득이한 사유로 말미암아 그 기간 내에 범칙금을 납부할 수 없을 때에는 그 사유가 소멸한 날로부터 5일 이내에 납부하여야 한다. 수납기관은 범칙금영수증서를 교부한 때에는 지체없이 그 범칙금 납부통고서를 발행한 경찰서장에게 범칙금영수필통지서를 송달하여야 한다.

b) 2차 납부기한

납부기한 내에 범칙금을 납부하지 아니한 자는 납부기간이 만료되는 날의 다음날부터 20일 이내에 통고받은 범칙금에 100분의 20(20%)를 더한 금액을 납부하여야 한다.

c) 분할납부 가능성 및 기간산정

범칙금은 분할하여 납부할 수 없으며, 범칙금은 통고당일은 산정치 아니하고 그 익일부터 기산한다(초일불산입).

다) 범칙금 미납부에 대한 조치

범칙금을 기한 내에 납부하지 아니한 때에는 납부기한을 20일 연장하여 당초 통고받은 범칙금액에 20%를 가산한 금액을 납부하여야 한다. 그럼에도 범칙금 2차 납부 기한 내에 이를 납부치 아니하는 경우에는 즉결심판에 회부되며 또한 범칙금 납부기한 만료일로부터 60일까지 즉결심판을 받지 아니하거나 범칙금에 100분의 50을 더한 금액을 납부하지 아니한 경우에는 운전면허를 정지시킬 수 있다. 범칙자가 즉격심판에 불복할 경우 7일 이내에 정식재판을 청구할 수 있다.

(5) 범칙금 납부와 형사처벌

범칙금을 납부한 자는 그 범칙행위에 대하여 다시 처벌을 받지 아니한다. 다만, 운전자가 도로교통법규 위반행위로 범칙금을 납부했더라도 사고를 내어 사람을 사상케 했거나 타인의 재물을 손괴한 경우에는 형사처벌이 될 수 있는데, 이는 특정사건에 대하여 재차 처벌되지 아니한다는 일사부재리의 원칙 또는 이중처벌금지의 원칙에 어긋나는 것은 아니다.

[서식] 범칙금 납부통고서

■ 도로교통법 시행규칙 [별지 제159호의2서식] 〈개정 2016.2.12.〉

(앞쪽)

범칙금 납부통고서

통고서(고지서)번호:

납부기한(1차)	년 월 일		금액		원
납부기한(2차)	년 월 일		가산금액		원
적용법조		위 반 내 용	벌점 (처분벌점)	( )	
위반자	성명		주민등록번호	_ *******	
	면허번호		전화		
	주소				
위반행위	일시	20 년 월 일 시 분			
	장소				
차량번호			차종		

위 사실이 틀림없음을 확인하고 서명합니다. (범칙자)　　　(서명)

1) 「도로교통법」 제163조에 따라 위와 같이 범칙금 납부를 통고하오니 기한 내 납부하시기 바랍니다.
2) 「경범죄처벌법」 제7조에 따라 위와 같이 범칙금 납부를 통고하오니 기한 내 납부하시기 바랍니다.

년　　월　　일

경찰서장(제주특별자치도지사) [직인]

범칙금영수증서

통고서(고지서) 번호		회계	경찰청 소관 (제주특별자치도 소관)	수입징수관 서	경찰서 (제주특별자치도)
납부고지일	년 월 일		계좌번호		
납부기한(1차)	년 월 일		금액		원
납부기한(2차)	년 월 일		가산금액		원
성명			주민등록번호	_ *******	
인터넷 · 폰뱅킹 등 입금계좌:					

※ 인터넷ㆍ폰뱅킹 등 납부 시 수수료가 발생할 수 있습니다.

위 금액을 정히 영수합니다.   년   월   일

은행 본ㆍ지점(국고대리점 및 국고수납대리점), 우체국 또는 한국은행 본ㆍ지점
[제주특별자치도지사가 지정하는 금융기관이나 그 지점]

은행   지점

(적색)

수납자인	취급점영수인

- 〈절취선〉 -

범칙금 납부통고서
(은행용)

통고서(고지서) 번호		회계	경찰청 소관 (제주특별자치도 소관)	수입징수관 서	경찰서 (제주특별자치도)
납부고지일	년 월 일		계좌번호		
납부기한(1차)	년 월 일		금액		원
납부기한(2차)	년 월 일		가산금액		원
성명			주민등록번호		_ *******

위 금액을 정히 영수합니다.
년   월   일

경찰서장(제주특별자치도지사) 직인

은행 본ㆍ지점(국고대리점 및 국고수납대리점), 우체국 또는 한국은행 본ㆍ지점
[제주특별자치도지사가 지정하는 금융기관이나 그 지점]

수납자인

은행   지점   118mm×85mm(특수감열지)

범칙금 부과처분 안내

□ 운전자

1. 1차 납부기한 내에 범칙금을 납부하지 아니한 때에는 그 기한이 만료되는 날의 다음 날부터 20일 이내에 통고받은 범칙금에 그 100분의 20을 더한 금액을 납부하셔야 하며, 납부기한이 지난 때에는 수납을 하지 않습니다.

2. 만약 2차 납부기한까지 납부하지 아니한 때에는 납부기한 만료일 다음 날부터 60일 이내에 경찰서에 출석하셔서 즉결심판을 받거나 통고받은 범칙금에 그 100분의 50을 더한 금액을 납부하셔야 하며, 그렇지 아니한 때에는 40일간의 운전면허 정지처분을 받게 됩니다.

3. 「주민등록법」에 따른 주소지와 실제 거주지가 다른 때에는 운전면허증 관련 통지서가 귀하에게 도달되지 않아 불이익을 받을 수도 있으므로 「주민등록법」 제10조에 따라 실제 거주지를 신고하시기 바랍니다.

4. 범칙금납부통고서를 잃어버린 때에는 가까운 경찰서(교통계)[자치경찰대]에 가셔서 재발급 받으실 수 있습니다.

5. 단속 내용에 이의가 있으시면 이 통고서를 받은 날부터 10일 이내에 단속지 경찰서의 교통계[단속지 자치경찰대]에 이의를 제기하실 수 있으며, 이 경우에는 즉결심판을 받게 됩니다.

6. 운전면허 처분벌점이 40점에 이르기 전에 도로교통공단에서 특별교통안전교육을 이수하면 벌점 20점을 감경받을 수 있습니다(과거 1년 이내 동 교육 이수자 제외).

7. 범칙금영수증서는 3년간 보관하시기 바랍니다.

8. 벌점은 위반행위에 따른 벌점을, 처분벌점은 향후 정지처분 기준을 적용하는데 필요한 벌점(위반 당시 기준으로, 벌점 공제·추가 여부에 따라 변경될 수 있음)이며, 처분벌점이 40점 이상인 경우 운전면허 정치처분을 받게 됩니다.

□ 보행자

1. 1차 납부기한 내에 범칙금을 납부하지 아니한 때에는 그 기한이 만료되는 날의 다음 날부터 20일 이내에 통고받은 범칙금액에 그 100분의 20을 더한 금액을 납부하셔야 하며, 납부기한이 지난 때에는 수납을 하지 않습니다.

2. 만약 2차 납부기한까지 납부하지 아니한 때에는 납부기한 만료일 다음 날부터 60일 이내에 경찰서에 출석하셔서 즉결심판을 받아야 합니다. 다만, 즉결심판 선고 전까지 통고받은 범칙금에 그 100분의 50을 더한 금액을 납부하시면 즉결심판이 면제 또는 취소됩니다.

3. 「주민등록법」에 따른 주소지와 실제 거주지가 다른 때에는 통고처분 관련 통지서가 귀하에게 도달되지 않아 불이익을 받을 수도 있으므로 「주민등록법」 제10조에 따라 실제 거주지를 신고하시기 바랍니다.

4. 범칙금납부통고서를 잃어버린 때에는 가까운 경찰서(교통계)[자치경찰대]에 가셔서 재발급 받으실 수 있습니다.

5. 단속 내용에 이의가 있으시면 이 통고서를 받은 날부터 10일 이내에 단속지 경찰서의 교통계[단속지 자치경찰대]에 이의를 제기하실 수 있으며, 이 경우에는 즉결심판을 받게 됩니다.

6. 범칙금영수증서는 3년간 보관하시기 바랍니다.

□ 경범죄

1. 1차 납부기한 내에 범칙금을 납부하지 아니한 때에는 그 기한이 만료되는 날의 다음 날부터 20일 이내에 통고받은 범칙금액에 그 100분의 20을 더한 금액을 납부하셔야 합니다.

2. 2차 납부기한이 지난 때에는 「경범죄 처벌법」 제9조제1항 및 같은 법 시행령 제6조제2항에 따라 통고받은 범칙금에 그 100분의 50을 더한 금액을 납부하시면 즉결심판이 면제 또는 취소됩니다.

3. 범칙금납부통고서를 잃어버린 때에는 단속지 경찰서(생활질서계)[단속지 자치경찰대]에 가셔서 재발급 받으시기 바랍니다.

4. 범칙금영수증서는 3년간 보관하시기 바랍니다.

Ⅳ. 운전면허취소·정지와 관련된 기타쟁점

1. 정기적성검사기간이 경과한 후의 운전이 무면허 운전에 해당하는지

Q : 운전면허증에 기재되어 있는 정기적성검사기간을 경과하여 계속 운전을 하다가 신호위반으로 적발되었는데 뜻밖에도 단속경찰관이 면허증이 이미 취소되었다고 하면서 무면허운전으로 입건하였습니다. 저는 면허증을 받은 때로부터 지금까지 같은 주소에서 계속 살고 있는데, 경찰청에서는 적성검사기간 경과로 인해 취소통지서를 제 주소로 보냈다가 반송되자 바로 공고를 하고 면허를 취소하였다고 하고 있습니다. 이 경우 제가 무면허운전이 되는 것인지요.

A : 무면허운전에 해당하지 않습니다.

면허취소가 적법하기 위해서는 면허취소 사유가 있고(정기적성검사기간의 경과), 면허관청의 운전면허 취소처분이 있으며, 이 처분이 적법하게 통지 또는 공고되었을 것을 요합니다.

이 중 하나의 요건이 결여되어도 취소처분이 적법하다고 볼 수 없어, 면허는 그대로 효력을 유지합니다.

사안의 경우 주소지의 변경이 없음에도 종전주소지에 취소통지서를 발송하고, 1회 반송되어 왔다는 사정만으로 공고절차로 들어간 위법이 있으므로, 공고기간이 경과하였다고 해도 운전면허 취소처분이 적법하다고 할 수 없어 여전히 면허를 유지하게 됩니다. 따라서 이 경우 무면허 운전에 해당하지 않고, 인신사고를 낸 경우도 피해자와 합의 내지 종합보험에 가입되어 있으면 공소권의 소멸사유가 되는 것입니다.

다만 적성검사기간의 만료일 전에 적성검사를 받지 않으면 운전면허가 취소된다는 사실의 조건부 통지를 하면 위 통지절차를 갈음할 수 있는 것으로 하였습니다(도로교통법 제93조 제4항).

2. 면허취소 후 재취득기간

Q : 음주운전으로 사고를 낸 후 교통면허를 취소당했는데, 운전면허 시험은 언제쯤부터 다시 볼 수 있을까요?

A : 도로교통법은 다음과 같이 규정하고 있습니다(도로교통법 제82조 제2항제2호, 제4호, 제5호, 제6호). 1. 음주운전으로 사상사고를 내고 구호조치를 취하지 아니한 경우 면허취소가 된 날로부터 5년 2. 음주운전으로 교통사고를 낸 전과가 3회이상 있는 경우(이 경우 벌금이상의 형을 선고받았어야 합니다), 운전면허가 취소된 날로부터 3년 3. 음주운전 사실이 3회이상 적발되어 운전면허가 취소된 경우는 취소된 날로부터 2년 4. 위 1내지 3 이외의 사유(음주운전 적발 1회 등)로 운전면허가 취소된 경우는 취소된 날로부터 1년

혈중 알코올농도 0.05%의 음주운전으로 사람을 다치게 하거나 죽게 하는 교통사고를 낸 경우나 혈중 알코올농도 0.1% 이상인 상태로 음준 운전을 한 경우, 술에 취한 상태로 운전하다가 음주측정에 불응한 경우 등에는 운전면허취소의 행정처분을 받게 됩니다. 0.05%의 혈중 알코올농도는 보통 65kg 성인 남자 기준으로 소주 1잔 반 정도입니다. 음주운전 중 사고가 나면 자동차종합보험에 가입하고 있더라도 보험금이 지급되지 않습니다. 오히려 피보험자등은 음주운전 사고 분담금을 보험회사에 지급하여야 합니다(자동차종합보험표준약관 제15조).

운전면허취소 처분이 있으면 당사자에게 통지되며 취소된 날로부터 7일 이내에 운전면허증을 반납해야 하고 반납하지 않으면 20만원 이하의 벌금이나 구류 또는 과료에 처해집니다.

운전면허가 한번 취소되면, 이를 다시 취득하기 위해서는 최소한 1년(요구되는 경과기간은 위 답변에 기재된 내용과 같습니다)이 경과해야 합니다.

3. 여러 종류의 자동차운전면허를 한꺼번에 취소한 경우

Q : 저는 제1종 보통면허, 대형면허, 특수면허를 각 취득, 보유하고 있는데 특수면허의 대상인 레이카크레인을 음주운전을 하다가 교통사고를 일으켰으며 음주측정수치도 면허취소대상이어서 특수면허뿐만 아니라 대형면허와 보통면허까지도 취소되었습니다. 이에 대해 행정소송을 통해 구제될 수 있습니까?

A : 특수면허만을 취소하지 않고 제1종 보통면허와 대형면허까지 취소하였다면 이는 위법한 행정처분으로서 취소소송을 통해 다툴 수가 있습니다.

자동차를 운전하는 사람이 음주상태에서 운전한 경우엔 지방경찰청장이 자동차운전면허를 취소하거나 1년의 범위 내에서 운전면허의 효력을 정지시킬 수 있습니다(도로교통법 제44조, 제93조).

다만 한 사람이 여러 종류의 자동차 운전면허를 취득한 경우에는 면허를 취소 또는 정지함에 있어서 서로 별개의 것으로 취급하는 것이 원칙입니다. 대법원 판례도 위 레이카크레인은 특수면허로는 운전이 가능하나 제1종 보통면허나 대형면허로는 운전할 수 없는 것이므로, 음주운전자는 자신이 가지고 있는 면허 중 특수면허만으로 위 레이카크레인을 운전한 것이 되고, 제1종 보통면허나 대형면허는 위 레이카크레인 운전과는 아무런 관련이 없다고 보았습니다. 설사 여러 종류의 자동차운전면허에 대해 1개의 운전면허증을 교부하고 면허번호도 최초 발부한 면허번호로 통합관리하고 있다고 해도 이것은 단지 관리상의 편의를 위한 것일뿐 이것이 각 면허를 별개로 관리하는 것이 불가능하거나 취소, 정지처분시 가분하여 하나의 면허에 대해서만 처분하는 것이 불가능하다는 것을 의마하는 것은 아니라고 하고 있습니다.

따라서 음주운전행위는 특수면허에 대한 취소의 사유가 될 수 있을 뿐 제1종 보통면허나 대형면허에 대한 취소의 사유는 되지 않음에도 불구하고, 3종의 운전면허를 모두 취소한 처분은 위법하다고 판단하였습니다. 이에 따라 취소소송 등의 행정소송을 제기하여 구제될 수 있다고 봅니다.

4. 자동차운전면허의 취소(복수운전면허 소지)

Q : 제1종 대형면허를 가진 사람이 승용차를 음주운전하여 제1종 보통면허뿐만 아니라 제1종 대형면허까지 취소된 것이 적법합니까?

A : 제1종 대형면허를 가진 사람은 제1종 보통면허로 운전할 수 있는 차량과 오토바이도 운전할 수 있습니다. 운전면허는 대인적 면허로서 이들 세 종류의 운전면허는 서로 관련된 것이어서 제1종 보통면허로 운전할 수 있는 차량을 음주운전한 경우 이와 관련된 대형면허까지 취소할 수 있습니다.

도로교통법 제44조는 누구든지 술에 취한 상태에서 자동차를 운전하여서는 안 된다고 규정하고 이에 위반한 경우엔 제93조에 따라 지방경찰청장은 운전면허를 취소하거나 1년 이내의 범위에서 운전면허의 효력을 정지할 수 있습니다. 자동차운전면허는 제1종 면허와 제2종 면허로 나뉘며, 제1종 운전면허는 대형면허, 보통면허, 소형면허, 특수면허로 나뉩니다. 제1종 대형면허를 가진 사람은 제1종 보통면허로 운전할 수 있는 차량과 원동기장치자전거(오토바이)도 운전할 수 있습니다. 이렇게 한 사람이 여러 자동차운전면허를 소지한 때에는 운전면허의 취소 또는 정지에 있어서 서로 별개의 것으로 취급하는 것이 원칙입니다.

판례는 자동차운전면허는 대인적 면허로서 제1종 보통면허로 운전할 수 있는 차량의 음주운전은 당해 운전면허뿐만 아니라 제1종 대형면허로도 가능하고, 또한 제1종 대형면허나 제1종 보통면허의 취소에는 당연히 원동기장치자전거의 운전까지 금지하는 취지가 포함된 것이어서 이들 세 종류의 운전면허는 서로 관련된 것이라고 할 것이므로 제1종 보통면허로 운전할 수 있는 차량을 음주운전한 경우에 이와 관련된 면허인 제1종 대형면허와 원동기장치자전거면허까지 취소할 수 있다고 합니다.

그러나 제1종 특수·대형·보통면허를 가진 자가 트레일러를 운전하다가 운전면허취소사유가 발생한 경우에는 그 운전자가 가지고 있는 면허 중 특수면허에 대한 취소사유가 될 수 있을 뿐 제1종 보통면허나 대형면허에 대한 취소사유는 되지 아니한다고 합니다.

같은 취지로 제1종 대형·보통면허를 가진 자가 대형면허로만 운전할 수 있는 대형화물자동차를 운전하다가 교통사고를 낸 경우 행정청이 정지되는 면허를 특정하지 아니하고 운전면허정지 처분을 했더라도 당해 운전면허 정지처분은 제1종 대형면허에 국한되므로, 제1종 보통면허의 효력은 정지되지 않는다는 판례가 있습니다(대법원 2000. 9.26. 선고 2000두5425).

5. 운전면허취소(복수운전면허 소지)

Q : 1종 보통면허와 2종소형면허가 있는 상태에서 오토바이를 음주한 채 몰다가 교통사고를 내었습니다. 1종 보통면허도 취소되게 됩니까?

A : 1종 보통면허는 취소되지 않습니다. 2종소형면허만 취소됩니다.

도로교통법에는 각 운전면허마다 운전할 수 있는 차량이 정해져 있는데 상위의 면허는 하위의 면허차량을 포함하는 것이 일반적입니다. 다만, 이륜자동차는 2종소형면허가 있어야만 이를 운전할 수 있고 이에 위반하여 운전하면 무면허 운전이 됩니다. 한 사람이 여러 종류의 자동차운전면허를 취득하는 경우뿐 아니라 이를 취소 또는 정지함에 있어서도 서로 별개의 것으로 취급하는 것이 원칙입니다. 물론 그 취소나 정지의 사유가 특정의 면허에 관한 것이 아니고 다른 면허와 공통된 것이거나 운전면허를 받은 사람에 관한 경우에는 여러 운전면허 전부를 취소 또는 정지할 수도 있다고 보는 것이 타당할 것입니다. 그러나 이륜자동차로서 제2종 소형면허를 가진 사람만이 운전할 수 있는 오토바이(125cc미만인 원동기장치 자전거 제외)는 제1종 대형면허나 보통면허를 가지고서도 이를 운전할 수 없는 것이기 때문에 이와 같은 이륜자동차의 운전은 제1종 대형면허나 보통면허와는 아무런 관련이 없다고 할 수 있습니다. 따라서 이륜자동차를 음주운전한 사유만 가지고서는 제1종 대형면허나 보통면허의 취소나 정지를 할 수 없다는 것이 판례의 입장입니다.

6. 운전 당시 운전면허가 취소되어 무면허 상태임을 알았다고 단정하기 어려운 사유

피고인이 운전면허 없이 자동차를 운전하였다고 하여 도로교통법 위반(무면허운전)으로 기소된 사안에서, 피고인은 원래 자동차운전면허를 보유하고 있었으나 미등록차량을 운전하였다는 사유로 운전면허취소처분이 이루어진 다음, 지방경찰청장이 위 처분을 피고인에게 통지하고자 하였으나 폐문부재로 통지가 이루어지지 아니하자 운전면허

취소의 공고를 하였는데, 자동차관리법을 위반한 경우 운전면허가 취소될 수 있다는 것은 일반인이 당연히 알 수 있는 사항으로 보기 어려운 점 등에 비추어, 피고인이 운전할 당시 자신의 운전면허가 취소되어 무면허 상태인 사실을 알았다고 단정하기 어렵다는 이유로 무죄를 선고하였다.[44]

7. 오토바이를 훔쳤다는 사유만으로 제1종 대형면허나 보통면허를 취소할 수 있는지 여부

제1종 대형, 제1종 보통 자동차운전면허를 가지고 있는 甲이 배기량 400cc의 오토바이를 절취하였다는 이유로 지방경찰청장이 도로교통법 제93조 제1항 제12호 에 따라 甲의 제1종 대형, 제1종 보통 자동차운전면허를 모두 취소한 사안에서, 도로교통법 제93조 제1항 제12호 , 도로교통법 시행규칙 제91조 제1항 [별표 28] 규정에 따르면 그 취소 사유가 훔치거나 빼앗은 해당 자동차 등을 운전할 수 있는 특정 면허에 관한 것이며, 제2종 소형면허 이외의 다른 운전면허를 가지고는 위 오토바이를 운전할 수 없어 취소 사유가 다른 면허와 공통된 것도 아니므로, 甲이 위 오토바이를 훔친 것은 제1종 대형면허나 보통면허와는 아무런 관련이 없어 위 오토바이를 훔쳤다는 사유만으로 제1종 대형면허나 보통면허를 취소할 수 없다고 본 원심판단을 정당하다고 판시하였다.[45]

8. 여중생 승객 추행, 필요적 운전면허 취소사유 해당 여부

강제추행만을 규정하고 있는 도로교통법 시행규칙은 운전면허의 취소처분 등에 관한 행정청 내의 사무처리준칙을 정한 것으로서 법원이나 국민을 기속하는 효력은 없으므로, 운전면허의 필요적 취소사유가 되는 범죄행위에 해당하느냐는 위 시행규칙에 규정된 범죄행위인지 여부를 기준으로 판단할 것이 아니라 이 사건 법 조항의 내용 및 취지에 적합한지 여부에 따라 판단하여야 한다. 이 사건 법조항에서 자동차 등을 이용한 범죄행위를 한 경우 운전면허를 취소하도록 한 취지는 엄격한 의미의 살인, 강간이나 강제추행 등의 범죄에 한하여 그 범죄행위자의 운전면허를 취소한다는 뜻이 아니라 범죄

---

44) 울산지방법원 2013. 8. 29. 선고 2013고정551 결정.
45) 대법원 2012. 5. 24. 선고 2012두1891 판결.

에 이르게 된 경위, 상황, 운전자와 피해자의 관계, 재범의 위험성 등을 종합하여 해당 범죄자에 대하여 운전을 금지할 필요가 있을 경우 운전면허를 취소한다는 취지로 보아야 할 것이다.

원고는 일반시민의 교통편의를 담당하는 개인택시운전자로서 판단능력이 미숙한 여중생에게 전화번호를 알려주어 자신의 택시를 타도록 유도한 다음 위력으로 추행하는 범행을 저지른 점 등에 비추어 볼 때 원고에게 계속 운전을 허용할 경우 동종의 범행을 저지를 위험성이 상당히 크므로 이 사건의 경우 이 사건 법조항에 따라 운전면허를 취소하여야 한다.[46]

9. 운전면허 정지처분의 적법한 통지 등이 없는 동안 운전이 무면허운전에 해당하는지 여부

면허관청이 운전면허를 정지하였다고 하더라도 구 도로교통법(2005. 5. 31. 법률 제7545호로 전문 개정되기 전의 것) 제78조 제3항 , 구 도로교통법 시행규칙(2006. 5. 30. 행정자치부령 제329호로 전문 개정되기 전의 것) 제53조의2 제3항 의 규정에 따른 적법한 통지 또는 공고가 없으면 그 효력을 발생할 수 없으므로, 운전면허 정지처분 이후 위 규정에 따른 적법한 통지 또는 공고가 없는 동안의 자동차 운전은 무면허운전이라고 할 수 없다.[47]

10. 음주 후 상당한 시간이 경과한 후 측정한 혈중알코올농도를 기초로 위드마크 공식만을 적용하여 산출한 혈중알코올농도 수치가 운전면허취소 등 행정처분의 기준이 될 수 있는지 여부

음주운전 시각이 혈중알코올농도가 최고치를 향하여 상승하고 있는 상황에 속하는지 아니면 최고치에 이른 후 하강하고 있는 상황에 속하는지 확정할 수 없고 오히려 상승하는 상황에 있을 가능성이 농후한 경우에는, 그 음주운전 시점으로부터 상당한 시간이 경과한 후 측정한 혈중알코올농도를 기초로 이른바 위드마크 공식 중 시간경과에 따른 분해소멸에 관한 부분만을 적용하여 혈중알코올농도 측정시점으로부터 역추산하여 음주운전 시점의 혈중알코올농도를 확인할 수는 없으므로, 위와 같은 경우 그러한 위드마

---

46) 춘천지방법원 2007. 6. 21. 선고 2007구합472 판결.
47) 서울서부지방법원 2007. 5. 1. 선고 2007노38 판결.

크 공식만을 적용한 역추산 방식에 의하여 산출해 낸 혈중알코올농도 수치는 해당 운전자에 대한 운전면허취소 등 행정처분의 기준이 될 수 없다.

음주운전 시각이 혈중알코올농도가 최고치를 향하여 상승하고 있는 상황에 속하는지 아니면 최고치에 이른 후 하강하고 있는 상황에 속하는지 확정할 수 없고 오히려 상승하는 상황에 있을 가능성이 농후한 경우에는, 그 음주운전 시점으로부터 상당한 시간이 경과한 후 측정한 혈중알코올농도를 기초로 이른바 위드마크 공식 중 시간경과에 따른 분해소멸에 관한 부분만을 적용하여 혈중알코올농도 측정시점으로부터 역추산하여 음주운전 시점의 혈중알코올농도를 확인할 수는 없으므로, 위와 같은 경우 그러한 위드마크 공식만을 적용한 역추산 방식에 의하여 산출해 낸 혈중알코올농도 수치는 해당 운전자에 대한 운전면허취소 등 행정처분의 기준이 될 수 없다.[48]

11. 교통사고 불기소처분 시 무사고운전경력이 될 수 있는지

「여객자동차 운수사업법 시행규칙」제19조 제1항 제1호에 의하면 ㉮면허신청공고일부터 기산하여 과거 6년간 국내에서 여객자동차운송사업용 자동차, 「화물자동차 운수사업법 시행규칙」제3조의 규정에 의한 화물자동차로서 화물자동차운수사업에 사용되는 화물자동차 또는 「건설기계관리법 시행규칙」제73조 제1항의 규정에 의한 건설기계로서 건설기계대여업에 사용되는 건설기계를 운전한 경력이 5년 이상인 자로서 면허신청공고일 이전의 최종 운전종사일부터 기산하여 5년 이상 무사고로 운전한 경력이 있는 자, ㉯면허신청공고일부터 기산하여 과거 11년간 국내에서 다른 사람에게 고용되어 자가용 자동차·자가용 화물자동차 또는 자가용 건설기계를 운전한 경력이 10년 이상인 자로서 면허신청공고일 이전의 최종 운전종사일부터 기산하여 10년 이상 무사고로 운전한 경력이 있는 자, ㉰국내에서 가목의 규정에 의한 운전경력과 나목의 규정에 의한 운전한 경력이 있는 자로서 면허신청공고일 이전의 최종 운전종사일부터 기산하여 과거 5년 이상 무사고로 운전한 경력(자가용 자동차·자가용 화물자동차 및 자가용 건설기계의 무사고운전경력은 그 기간을 2분의 1로 환산하여 합산함)이 있고, 합산한 무사고운전경력의 최초 운전종사일부터 면허신청공고일까지의 기간중 운전업무에 종사하지 아니한

---

48) 대법원 2007. 1. 11. 선고 2006두15035 판결

기간이 1년을 초과하지 아니하는 자는 개인택시운송사업면허를 신청할 수 있다.

그런데 판례는 "자동차운송사업면허에 관한 특례를 규정하고 있는 자동차운수사업법시행규칙 제15조 제1항 제1호(현행 여객자동차 운수사업법 시행규칙 제19조 제1항 제1호) 소정의 무사고운전경력이라 함은, 처벌사실의 유무를 불구하고 운전자의 책임 있는 사유에 의한 사고가 없었다는 운전경력을 말하고, 운전자에게 귀책하는 사고는 있으면서 피해자와의 합의 등으로 교통사고처리특례법 제3조 제2항에 의하여 피해자가 운전자의 처벌을 바라지 않아 불기소 처분이 된 경우는 물론 교통사고를 일으킨 차가 교통사고처리특례법 제4조 소정의 보험 또는 공제에 가입된 사실이 증명되어 공소를 제기할 수 없어 불기소처분을 받은 경우 등은 이를 무사고운전경력에 포함시킬 수 없다."라고 하였으며(대법원 1992. 2. 14. 선고 91누8838 판결, 2005. 7. 22. 선고 2005두999 판결), 또한 "무사고운전경력과 관련하여 수사기관 등에 의하여 운전자의 과실 또는 무과실에 의한 사고로 종결처리 되었다고 하더라도 법원이 그에 구속될 이유는 없는 것이므로 법원으로서는 독자적으로 운전자의 과실유무를 판단하여야 한다."라고 하였다(대법원 1997. 8. 22. 선고 97누5923 판결). 그러므로 귀하가 위 교통사고로 불기소처분되어 형사처벌을 받지 않았다고 하여 그 사유만으로 바로 무사고운전경력자에 해당된다고는 할 수 없고, 이에 대한 해당 여부는 위 교통사고가 귀하의 귀책사유(고의 또는 과실)에 의하여 발생되었는지의 여부에 따라 결정될 것이다.

따라서 위 교통사고 발생 당시 귀하가 운전자로서의 주의의무를 다하였다는 사실이 인정되는 경우에 귀하는 무사고운전경력자로서 개인택시운송사업면허신청을 할 수 있을 것이다.

12. 피해자과실로 인한 교통사고로 개인택시사업면허가 취소된 경우

「여객자동차 운수사업법」제85조 제1항 제3호는 여객자동차운수사업자가 중대한 교통사고 또는 빈번한 교통사고로 인하여 많은 사람을 죽거나 다치게 한 때는 국토교통부장관 또는 시·도지사는 면허, 등록, 허가 또는 인가를 취소하거나 6개월 이내의 기간을 정하여 사업의 전부 또는 일부의 정지를 명하거나 노선폐지, 감차(減車) 등이 따르는 사업계획의 변경을 명할 수 있다고 규정하고 있고, 같은 법 제75조, 같은 법 시행령 제37

조 제1항 제14호는 운행형태가 광역급행형인 시내버스운송사업 및 고속형인 시외버스운송사업의 경우를 제외하고 위 권한을 시·도지사에게 위임하도록 규정하고 있다.

여기서 말하는 '중대한 교통사고'의 의미 및 판단기준과 관련하여, 기존의 판례는 "교통사고가 자동차운수사업법 제31조 제1항 제5호(현행 여객자동차 운수사업법 제85조 제1항 제3호) 소정의 '중대한 교통사고'에 해당하는지의 여부는 그 교통사고를 일으킨 사람의 과실의 정도, 피해상황 그 사고가 일반사회에 미치는 영향 등 교통사고의 내용과 결과를 두루 살펴보아 그와 같은 교통사고가 통상 발생할 수 있는 것이 아니라 자동차운송사업자(현행 여객자동차운수사업자)로 하여금 운송사업을 계속하게 하거나, 면허나 등록을 보유하게 하는 것이 자동차운수사업법(현행 여객자동차 운수사업법)이 달성하려고 하는 공익목적에 비추어 부적당하다고 인정될 정도로 중대한 것인지의 여부에 따라 판단하여야 하고(대법원 1996. 1. 26. 선고 95누14084 판결), 단순히 사상자의 숫자만을 기준으로 하여 판단할 것은 아니다(대법원 1990. 4. 24. 선고 90누1267 판결)."라고 하였으나, 현행 여객자동차 운수사업법 제85조 제2항은 중대한 교통사고를 1건의 교통사고로 대통령령으로 정하는 수 이상의 사상자가 발생한 경우를 말하는 것으로 규정하고 있고, 위 대통령령으로 정하는 수 이상의 사상자란 같은 법 시행령 제41조 제2항 및 같은 법 시행령 제11조 각 호에서 사망자 2명 이상인 경우, 사망자 1명과 중상자 3명 이상인 경우 또는 중상자 6명 이상 발생한 경우로 규정하고 있다. 당해 사고의 사상자가 위 대통령령에 규정된 숫자에 미치지 못하고 피해자가 신호를 무시하고 오토바이를 운행하다가 이 사건 사고가 발생하였다면 일응 처분청의 위법한 처분이 아닌가 생각된다.

따라서 시·도지사를 상대로 개인택시사업면허취소에 대한 취소를 구하는 행정심판청구를 하거나, 관할법원에 정식으로 행정소송을 제기할 수도 있을 것으로 보인다.

13. 아파트단지의 주차구역도 도로교통법상의 도로에 해당되는지

구「도로교통법」(2005. 5. 31. 법률 제7545호로 전문개정되기 전의 것) 제2조 제1호는 '도로'라 함은 도로법에 의한 도로, 유료도로법에 의한 유료도로, 그 밖의 일반교통에 사용되는 모든 곳을 말한다고 도로의 정의에 관하여 규정하고 있었다.

여기서 말하는 '일반교통에 사용되는 곳'에 관하여 판례는 "현실적으로 불특정·다수의 사람 또는 차량의 통행을 위하여 공개된 장소로서 교통질서유지 등을 목적으로 하는 일반교통경찰권이 미치는 공공성이 있는 곳을 의미하는 것이고, 특정인들 또는 그들과 관련된 특정한 용건이 있는 자들만이 사용할 수 있고 자주적으로 관리되는 장소는 이에 포함되지 않는다고 할 것이며, 외부차량이 경비원의 통제 없이 자유롭게 출입할 수 있는 아파트단지 내 통행로는 도로교통법 소정의 도로에 해당한다."라고 하였다(대법원 1997. 9. 30. 선고 97누7585 판결).

그러나 또 다른 판례는 "아파트단지 내 건물 사이의 통로 한 쪽에 주차구획선을 그어 차량이 주차할 수 있는 주차구역을 만들었다면 이는 주차장법 및 주택건설촉진법 등의 관계 규정에 의하여 설치된 아파트부설주차장이라고 보아야 하고, 주차구획선 밖의 통로부분이 일반교통에 사용되는 곳으로서 도로교통법 제2조 제1호 소정의 도로에 해당하는지의 여부는 아파트의 관리 및 이용상황에 비추어 그 부분이 현실적으로 불특정 다수의 사람이나 차량의 통행을 위하여 공개된 장소로서 교통질서유지 등을 목적으로 하는 일반경찰권이 미치는 곳으로 볼 것인가 혹은 특정인들 또는 그들과 관련된 특정한 용건이 있는 자들만이 사용할 수 있고 자주적으로 관리되는 장소로 볼 것인가에 따라 결정할 것이나, 주차구획선 내의 주차구역은 도로와 주차장의 두 가지 성격을 함께 가지는 곳으로서 주차장법과 주택건설촉진법 등의 관계 규정이 우선 적용되므로 이를 도로교통법 소정의 도로라고 할 수는 없다."라고 하였다(대법원 1995. 7. 28. 선고 94누9566 판결, 2001. 7. 13. 선고 2000두6909 판결).

한편, 현행 「도로교통법」 제2조 제1호 '라'목에서는 구 「도로교통법」에서 "그 밖의 일반교통에 사용되는 모든 곳"이라는 표현을 "그 밖에 현실적으로 불특정 다수의 사람 또는 차마가 통행할 수 있도록 공개된 장소로서 안전하고 원활한 교통을 확보할 필요가 있는 장소"로 개정하였는바, 위 판례 등의 취지를 반영한 입법으로 보인다.

따라서 귀하가 아파트단지 내 주차장의 주차구획선 밖의 통로부분에서 운전을 한 것이라면 그 통로부분이 위 아파트 주민들 또는 그들과 관련된 특정한 용건이 있는 자들만이 사용할 수 있으면서 위 아파트 주민들이 자주적으로 관리하는 장소인지, 불특정 다수의 사람이나 차량 등의 통행을 위하여 공개된 장소로서 교통질서유지 등을 목적으로 하는 일반경찰권이 미치는 공공성이 있는 장소로 인정될 수 있는 곳인지에 따라 음주운전여부가 결정될 것으로 보이고, 귀하가 주차구획선 내의 주차구역에서 위와 같이 운전하였다면 음주운전으로 문제되지는 않을 것으로 보인다.

14. 운전면허 행정처분처리대장상 벌점의 배점이 행정처분인지

행정소송은 구체적인 권리의무에 관한 분쟁을 전제로 하여 제기하는 것인바, 행정소송의 대상이 되는 행정처분은 행정청의 공법상의 행위로서 특정사항에 대하여 법규에 국민의 권리의무에 직접관계가 있는 행위를 말한다고 해석하여야 할 것이므로, 특별한 사정이 없는 한 행정권내부에 있어서의 행위라든가, 알선, 권유, 사실상의 통지 등과 같이 상대방 또는 기타 관계자들의 법률상 지위에 직접적으로 법률적 변동을 일으키지 않는 행위 등은 행정소송을 제기할 수 없다고 할 것이다.

그런데 판례는 "운전면허행정처분처리대장상 벌점의 배점은 도로교통법규위반행위를 단속하는 기관이 도로교통법시행규칙 [별표16](현행 도로교통법시행규칙 제91조 제1항 관련 별표 28)에 정하는 바에 의하여 도로교통법위반의 경중, 피해의 정도 등에 따라 배정하는 점수를 말하는 것으로, 자동차운전면허의 취소·정지처분의 기초자료로 제공하기 위한 것이고, 그 배점자체만으로는 아직 국민에 대하여 구체적으로 어떤 권리를 제한하거나 의무를 명하는 등 법률적 규제를 하는 효과를 발생하는 요건을 갖춘 것이 아니어서 그 무효확인 또는 취소를 구하는 소송의 대상이 되는 행정처분이라고 할 수 없다."라고 하였다(대법원 1994. 8. 12. 선고 94누2190 판결, 1998. 3. 27. 선고 97누20236 판결).

따라서 위 사안에서 잘못된 운전면허행정처분처리대장상의 벌점으로 인하여 운전면허가 취소될 경우 그 취소를 구하는 경우는 별론으로 하고, 운전면허행정처분처리대장상의 기재내용만의 변경을 구하는 것은 행정소송의 대상이 되지 아니한다 할 것이다.

15. 경찰관의 혈액채취샘플 분실로 불복한 음주측정기에 근거한 면허취소처분의 적법 여부

「도로교통법」규정에 의하면, 술에 취하였는지의 여부를 측정한 결과에 불복하는 운전자에 대하여는 그 운전자의 동의를 얻어 혈액채취 등의 방법으로 다시 측정할 수 있도록 되어 있고, 경찰청의 교통단속처리지침에 의하면, 피측정자가 측정 결과에 불복하는 때에는 즉시 동일한 음주측정기로 재측정토록 하는 등 불신이나 오해의 소지가 없도록 공정성을 확보하여야 하며, 피측정자가 2차 측정 결과나 3차 측정 결과에도 불복하는 때에는 즉시 피측정자의 동의를 얻어 가장 가까운 병원 등 의료기관에서 채혈한 혈액을 반드시 국립과학수사연구소에 감정 의뢰하여야 하고, 그 감정결과는 음주측정기 측정결과에 우선하도록 되어 있습니다.

따라서 운전자가 음주측정기에 의한 측정 결과에 불복하면서 혈액채취 방법에 의한 측정을 요구한 때에는 경찰공무원은 반드시 가까운 병원 등에서 혈액을 채취하여 감정을 의뢰하여야 하고, 이를 위하여 채취한 혈액에 대한 보존 및 관리 등을 철저히 하여야 할 의무가 있다.

하지만 만일 채취한 혈액이 분실되거나 오염되는 등의 사유로 감정이 불능으로 된 때에는 음주측정기에 의한 측정 결과가 특히 신빙할 수 있다고 볼 수 있는 때에 한하여 음주측정기에 의한 측정 결과만으로 음주운전 사실 및 그 주취 정도를 증명할 수도 있다는 것이 판례의 입장이기도 하다(대법원 2002. 10. 11. 선고 2002두6300 판결).

이 때 음주측정기에 의한 측정 결과를 특히 신빙할 수 있다고 볼 수 있는지 여부가 관건인바, 이는 음주측정기 측정 횟수, 측정 결과 나온 수치의 분포 범위 등 모든 제반 사정을 고려하여 판단되어야 할 것이므로 일률적으로 말할 수는 없다.

참고로 위 판례는 "음주운전자를 적발하여 음주측정기에 의하여 음주측정을 한 결과, 혈중알코올농도 0.115%의 측정수치가 나오자 이를 원고에게 확인시킨 다음 주취운전자 적발보고서 등에 원고의 서명을 받기까지 하였으나, 그 직후 원고가 혈액채취의 방법에 의한 측정을 요구하자, 원고를 인근 병원으로 데리고 가 혈액을 채취하고도 그 보관을 소홀히 한 나머지 이를 분실하여 그 감정이 불가능하게 된 경우, 이와 같은 음주측정 후의 사정, 음주측정기에 의한 측정 결과가 허용오차범위 ± 0.005%인 점 등을 모두 감안하여 운전자의 혈중알콜농도가 0.1%를 초과하였으리라고 단정하기는 어려우므로, 이에 대한 운전면허 취소처분은 재량권의 범위를 벗어나 위법한 처분이다."라고 하였다.

16. 개인택시업자에 대한 운전면허취소 시 그 근거의 객관성 정도

「도로교통법」제93조 제1항 제3호에 의하면, 제44조 제2항 후단의 규정을 위반하여 술에 취한 상태에 있다고 인정할만한 상당한 이유가 있음에도 불구하고 경찰공무원의 측정에 응하지 아니한 때에는 지방경찰청장이 운전면허를 취소시킬 수 있도록 규정하고 있으며, 같은 법 시행규칙 제91조 제1항에 의한 별표28 취소처분개별기준은 혈중알콜농도 0.1%이상에서 운전한 경우에는 사고를 야기시키지 않았어도 면허취소가 가능하도록 규정하고 있습니다.

그런데 운전면허취소처분의 재량권남용에 관한 판단기준에 관하여 판례는 "오늘날 자동차가 대중적인 교통수단이고 그에 따라 대량으로 자동차운전면허가 발급되고 있는 상황이나 음주운전으로 인한 교통사고의 증가경향 및 그 결과가 극히 비참한 점 등에 비추어 볼 때, 음주운전으로 인한 교통사고를 방지할 공익상의 필요는 매우 크다고 할 수밖에 없으므로, 음주운전을 이유로 한 자동차운전면허의 취소에 있어서는 일반의 수익적 행정행위의 취소와는 달리 그 취소로 인하여 입게 될 당사자의 불이익보다는 이를 방지하여야 하는 일반 예방적 측면이 더욱 강조되어야 할 것이다."라고 하였다(대법원 1997. 12. 26. 선고 97누17216 판결, 2002. 2. 22. 선고 2001두9998 판결).

그리고 음주측정거부를 이유로 자동차운전면허를 취소하는 경우, 혈중알콜농도 0.1% 이상의 상태에서 운전하였다는 객관적인 근거를 필요로 하는지에 관하여 판례는 "음주측정거부를 이유로 자동차운전면허를 취소하는 경우에 반드시 그 운전자가 혈중알콜농도 0.1% 이상의 만취한 상태에서 운전하였다는 객관적인 근거를 필요로 하는 것은 아니다."라고 하였으며, 개인택시운전자에 대한 운전면허취소처분에 대하여 "음주운전 내지 그 제재를 위한 음주측정요구의 거부 등을 이유로 한 자동차운전면허의 취소에 있어서는 일반의 수익적 행정행위의 취소와는 달리 그 취소로 인하여 입게 될 당사자의 개인적인 불이익보다는 이를 방지하여야 하는 일반예방적인 측면이 더욱 강조되어야 하고, 특히 그 운전자가 개인택시운송사업자 등과 같이 자동차운전을 업(業)으로 삼고 있는 자인 경우에는 더욱 그러하다."라고 하였다(대법원 1995. 3. 24. 선고 94누13947 판결).

또한, 음주측정기의 신뢰성을 문제삼아 음주측정을 거부한 운전자에 대한 운전면허취소처분에 관하여 "운전자에게 음주측정을 요구한 경찰공무원이 가지고 있던 바로 그 음주측정기가 고장이 났거나 이상이 있다는 구체적인 사정이 있었다면 그 음주측정기에 의한 측정을 거부하고 정상적으로 작동되는 다른 음주측정기로 측정하여 줄 것을 요구할 수 있지만, 그러한 구체적인 사정이 없는데도 불구하고 일반적으로 음주측정기에 의한 음주측정을 믿을 수 없다면서 음주측정을 거부할 수 없고, 또한 운전자가 술을 거의 마시지 않았다면 오히려 적극적으로 음주측정을 하여 자신이 법에서 금하고 있는 정도의 혈중알콜농도의 상태에 있지 않았다는 것을 입증할 수도 있으므로, 마신 술의 양이 적다는 사유는 음주측정을 거부할 합리적인 사유에 해당한다고 볼 수 없다."라고 하였다(대법원 1995. 7. 28. 선고 95누3602 판결).

17. 연습운전면허자의 주행연습 외의 목적으로 운전이 무면허운전에 해당하는지 여부

구 도로교통법(2013. 3. 23. 법률 제11690호로 개정되기 전의 것) 제80조 제2항은 "지방경찰청장은 운전을 할 수 있는 차의 종류를 기준으로 다음 각 호와 같이 운전면허의 범위를 구분하고 관리하여야 한다. 이 경우 운전면허의 범위에 따라 운전할 수 있는 차의 종류는 행정안전부령으로 정한다."라고 규정하면서 운전면허의 종류를 제1종 운전면허(대형면허, 보통면허, 소형면허, 특수면허), 제2종 운전면허(보통면허, 소형면허, 원동기장치자전거면허), 연습운전면허(제1종 보통연습면허, 제2종 보통연습면허)로 구분하고 있고, 그 위임에 따라 도로교통법 시행규칙 제53조 [별표 18]에서는 각 운전면허별로 운전할 수 있는 차의 종류를 구분하여 나열하고 있다. 또한 도로교통법 제43조는 "누구든지 제80조에 따라 지방경찰청장으로부터 운전면허를 받지 아니하거나 운전면허의 효력이 정지된 경우에는 자동차 등을 운전하여서는 아니 된다."고 규정하고, 도로교통법 제152조 제1호는 '제43조를 위반하여 제80조에 따른 운전면허를 받지 아니하고 자동차를 운전한 사람'을 무면허운전으로 처벌한다고 규정하고 있다.

한편 도로교통법 시행규칙 제55조는 연습운전면허를 받은 사람이 도로에서 주행연습을 할 때에 지켜야 할 준수사항을 규정하면서 제1호에서는 운전면허를 받은 날부터 2년이 경과한 사람이 함께 타서 그의 지도를 받아야 하고, 제2호에서는 사업용 자동차를 운전하는 등 주행연습 외의 목적으로 운전하여서는 아니되며, 제3호에서는 주행연습 중인 사실을 다른 차의 운전자가 알 수 있도록 표지를 붙여야 한다고 규정하고 있다. 또한 도로교통법 제93조 제3항은 "지방경찰청장은 연습운전면허를 발급받은 사람이 운전 중 고의 또는 과실로 교통사고를 일으키거나 이 법이나 이 법에 따른 명령 또는 처분을 위반한 경우에는 연습운전면허를 취소하여야 한다."고 규정하고 있고, 도로교통법 시행규칙 제91조 제2항 [별표 29] 일련번호 제13번에서는 연습운전면허를 받은 사람이 지켜야 할 위 준수사항 중 하나라도 위반한 경우를 연습운전면허 취소처분요건에 해당하는 것으로 규정하고 있다.

이러한 규정들을 종합하여 볼 때, 운전을 할 수 있는 차의 종류를 기준으로 운전면허의 범위가 정해지게 되고, 해당 차종을 운전할 수 있는 운전면허를 받지 아니하고 운전한 경우가 무면허운전에 해당된다고 할 것이므로 실제 운전의 목적을 기준으로 운전면허의 유효범위나 무면허운전 여부가 결정된다고 볼 수는 없다. 따라서 연습운전면허를 받은 사람이 운전을 함에 있어 주행연습 외의 목적으로 운전하여서는 아니된다는 준수사항을 지키지 않았다고 하더라도 준수사항을 지키지 않은 것에 대하여 연습운전면허의 취소 등 제재를 가할 수 있음은 별론으로 하고 그 운전을 무면허운전이라고 보아 처벌할 수는 없다(대법원 2001. 4. 10. 선고 2000도5540 판결 참조).[49]

18. 운전면허를 받지 아니하고'라는 법률문언의 통상적 의미에 '운전면허를 받았으나 그 후 운전면허의 효력이 정지된 경우'가 당연히 포함되는지 여부

도로교통법 제43조는 무면허운전 등을 금지하면서 "누구든지 제80조의 규정에 의하여 지방경찰청장으로부터 운전면허를 받지 아니하거나 운전면허의 효력이 정지된 경우에는 자동차 등을 운전하여서는 아니된다"고 정하여, 운전자의 금지사항으로 운전면허를 받지 아니한 경우와 운전면허의 효력이 정지된 경우를 구별하여 대등하게 나열하고 있다. 그렇다면 '운전면허를 받지 아니하고'라는 법률문언의 통상적인 의미에 '운전면허를 받았으나 그 후 운전면허의 효력이 정지된 경우'가 당연히 포함된다고는 해석할 수 없다.[50]

---

49) 대법원 2015. 6. 24. 선고 2013도15031 판결.
50) 대법원 2011. 8. 25. 선고 2011도7725 판결.

19. 개인택시운송사업면허와 관련한 운전경력 인정방법에 관한 기준 설정행위의 법적 성질 및 행정청의 재량권

 구 여객자동차 운수사업법(2005. 12. 7. 법률 제7712호로 개정되기 전의 것)에 의한 개인택시운송사업면허는 특정인에게 권리나 이익을 부여하는 이른바 수익적 행정행위로서 법령에 특별한 규정이 없는 한 재량행위이고, 그 면허를 위하여 정하여진 순위 내에서 운전경력 인정방법에 관한 기준을 설정하거나 변경하는 것 역시 행정청의 재량에 속하는 것이므로, 그 기준의 설정이나 변경이 객관적으로 합리적이 아니라거나 타당하지 않다고 보이지 아니하는 이상 행정청의 의사는 가능한 한 존중되어야 하며, 설령 그 기준의 해석상 불명확한 점이 생길 수 있다고 하더라도 이를 합리적으로 해석하여 통일을 기함으로써 모든 면허신청자에게 동일하게 적용된다면 객관적으로 합리적이 아니라고 할 수 없다.[51]

20. 음주운전 시점으로부터 상당한 시간이 경과한 후 측정한 혈중알코올농도를 기초로 위드마크 공식만을 적용하여 산출한 혈중알코올농도 수치가 운전면허취소 등 행정처분의 기준이 될 수 있는지 여부

음주운전 시각이 혈중알코올농도가 최고치를 향하여 상승하고 있는 상황에 속하는지 아니면 최고치에 이른 후 하강하고 있는 상황에 속하는지 확정할 수 없고 오히려 상승하는 상황에 있을 가능성이 농후한 경우에는, 그 음주운전 시점으로부터 상당한 시간이 경과한 후 측정한 혈중알코올농도를 기초로 이른바 위드마크 공식 중 시간경과에 따른 분해소멸에 관한 부분만을 적용하여 혈중알코올농도 측정시점으로부터 역추산하여 음주운전 시점의 혈중알코올농도를 확인할 수는 없으므로, 위와 같은 경우 그러한 위드마크 공식만을 적용한 역추산 방식에 의하여 산출해 낸 혈중알코올농도 수치는 해당 운전자에 대한 운전면허취소 등 행정처분의 기준이 될 수 없다.[52]

---

51) 대법원 2007. 3. 15. 선고 2006두15783 판결.
52) 대법원 2007. 1. 11. 선고 2006두15035 판결.

21. 음주측정 결과를 유죄의 증거로 삼기 위한 요건

구 도로교통법(2005. 5. 31. 법률 제7545호로 전문 개정되기 전의 것) 제41조 제2항의 규정에 의하여 실시한 음주측정 결과는 그 결과에 따라서는 운전면허를 취소하거나 정지하는 등 당해 운전자에게 불이익한 처분을 내리게 되는 근거가 될 수 있고 향후 수사와 재판에 있어 중요한 증거로 사용될 수 있는 것이므로, 음주측정을 함에 있어서는 음주측정 기계나 운전자의 구강 내에 남아 있는 잔류 알코올로 인하여 잘못된 결과가 나오지 않도록 미리 필요한 조치를 취하는 등 음주측정은 그 측정결과의 정확성과 객관성이 담보될 수 있는 공정한 방법과 절차에 따라 이루어져야 하고, 만약 당해 음주측정 결과가 이러한 방법과 절차에 의하여 얻어진 것이 아니라면 이를 쉽사리 유죄의 증거로 삼아서는 아니 될 것이다.[53]

22. 도로교통법 제78조 제3항의 '소재불명'의 의미

도로교통법 제78조 제3항의 '소재불명'이라 함은 그 처분의 대상자가 주소지에 거주하고 있으면서 일시 외출 등으로 주소지를 비운 경우를 말하는 것이 아니고, 같은법시행규칙 제53조의2 제1항 소정의 '운전면허정지·취소 사전통지서'의 송달에서와 같이 '대상자의 주소 등을 통상적인 방법으로 확인할 수 없거나 발송이 불가능한 경우'를 말하는 것으로서, 그 대상자가 운전면허대장에 기재된 주소지에 거주하지 아니함이 확인되었음에도 주민등록은 같은 주소지로 되어 있는 등의 사정으로 통상적인 방법으로 그 대상자의 주소 등을 확인할 수 없는 경우를 지칭하는 것으로 해석함이 상당하다. 따라서 피고인이 운전면허대장기재 주소지에 거주하지 아니하면서도 주민등록은 같은 주소지로 되어 있는 경우, 피고인에 대한 통지에 갈음하여 행해진 면허관청의 운전면허정지처분의 공고가 적법하므로, 그 정지기간 중의 자동차 운전행위는 무면허운전에 해당한다.[54]

---

53) 대법원 2006. 5. 26. 선고 2005도7528 판결.
54) 대법원 2005. 6. 10. 선고 2004도8508 판결.

23. 제1종 대형면허로 운전할 수 있는 차량을 운전면허정지기간 중에 운전한 경우, 이와 관련된 제1종 보통면허까지 취소할 수 있는지 여부

한 사람이 여러 종류의 자동차운전면허를 취득하는 경우뿐 아니라, 이를 취소 또는 정지하는 경우에 있어서도 서로 별개의 것으로 취급하는 것이 원칙이고, 제1종 대형면허를 가진 사람만이 운전할 수 있는 대형승합자동차는 제1종 보통면허를 가지고 운전할 수 없는 것이기는 하지만, 자동차운전면허는 그 성질이 대인적 면허일 뿐만 아니라, 도로교통법시행규칙 제26조 [별표 13의6]에 의하면, 제1종 대형면허 소지자는 제1종 보통면허 소지자가 운전할 수 있는 차량을 모두 운전할 수 있는 것으로 규정하고 있어, 제1종 대형면허의 취소에는 당연히 제1종 보통면허소지자가 운전할 수 있는 차량의 운전까지 금지하는 취지가 포함된 것이어서 이들 차량의 운전면허는 서로 관련된 것이라고 할 것이므로, 제1종 대형면허로 운전할 수 있는 차량을 운전면허정지기간 중에 운전한 경우에는 이와 관련된 제1종 보통면허까지 취소할 수 있다.[55]

24. 무면허운전에 의한 도로교통법위반죄가 고의범인지 여부 및 그 범의의 인정기준

도로교통법 제109조 제1호, 제40조 제1항 위반의 죄는 유효한 운전면허가 없음을 알면서도 자동차를 운전하는 경우에만 성립하는, 이른바 고의범이므로, 기존의 운전면허가 취소된 상태에서 자동차를 운전하였더라도 운전자가 면허취소사실을 인식하지 못한 이상 도로교통법위반(무면허운전)죄에 해당한다고 볼 수 없고, 관할 경찰당국이 운전면허 취소처분의 통지에 갈음하는 적법한 공고를 거쳤다 하더라도, 그것만으로 운전자가 면허가 취소된 사실을 알게 되었다고 단정할 수는 없으며, 이 경우 운전자가 그러한 사정을 알았는지는 각각의 사안에서 면허취소의 사유와 취소사유가 된 위법행위의 경중, 같은 사유로 면허취소를 당한 전력의 유무, 면허취소처분 통지를 받지 못한 이유, 면허취소 후 문제된 운전행위까지의 기간의 장단, 운전자가 면허를 보유하는 동안 관련 법령이나 제도가 어떻게 변동하였는지 등을 두루 참작하여 구체적·개별적으로 판단하여야 한다. 따라서 운전면허증 앞면에 적성검사기간이 기재되어 있고, 뒷면 하단에 경고 문구가 있다는 점만으로 피고인이 정기적성검사 미필로 면허가 취소된 사실을 미필

---

55) 대법원 2005. 3. 11. 선고 2004두12452 판결.

적으로나마 인식하였다고 추단하기 어렵다.[56]

25. 음주측정거부를 이유로 운전면허취소를 함에 있어서 행정청이 그 취소 여부를 선택할 수 있는 재량의 여지가 있는지 여부

도로교통법 제78조 제1항 단서 제8호의 규정에 의하면, 술에 취한 상태에 있다고 인정할 만한 상당한 이유가 있음에도 불구하고 경찰공무원의 측정에 응하지 아니한 때에는 필요적으로 운전면허를 취소하도록 되어 있어 처분청이 그 취소 여부를 선택할 수 있는 재량의 여지가 없음이 그 법문상 명백하므로, 위 법조의 요건에 해당하였음을 이유로 한 운전면허취소처분에 있어서 재량권의 일탈 또는 남용의 문제는 생길 수 없다.[57]

26. 운전자가 음주측정기에 의한 측정 결과에 불복하여 혈액을 채취하였으나 채취한 혈액이 분실, 오염 등의 사유로 감정이 불가능하게 된 경우, 음주측정기에 의한 측정 결과만으로 음주운전 사실 및 그 주취 정도를 증명할 수 있는지 여부

운전자가 음주측정기에 의한 측정 결과에 불복하면서 혈액채취 방법에 의한 측정을 요구한 때에는 경찰공무원은 반드시 가까운 병원 등에서 혈액을 채취하여 감정을 의뢰하여야 하고, 이를 위하여 채취한 혈액에 대한 보존 및 관리 등을 철저히 하여야 하는데, 만일 채취한 혈액이 분실되거나 오염되는 등의 사유로 감정이 불능으로 된 때에는 음주측정기에 의한 측정 결과가 특히 신빙할 수 있다고 볼 수 있는 때에 한하여 음주측정기에 의한 측정 결과만으로 음주운전 사실 및 그 주취 정도를 증명할 수 있다.[58]

27. 도로교통법 제41조 제2항에서 말하는 '측정'의 의미(=호흡측정기에 의한 측정) 등

도로교통법 제41조 제2항에 의하여 경찰공무원이 운전자가 술에 취하였는지의 여부를 알아보기 위하여 실시하는 측정은 호흡을 채취하여 그로부터 주취의 정도를 객관적으로 환산하는 측정방법 즉, 호흡측정기에 의한 측정으로 이해하여야 한다. 그러므로 운

---

56) 대법원 2004. 12. 10. 선고 2004도6480 판결.
57) 대법원 2004. 11. 12. 선고 2003두12042 판결.
58) 대법원 2002. 10. 11. 선고 2002두6330 판결.

전자가 경찰공무원에 대하여 호흡측정기에 의한 측정결과에 불복하고 혈액채취의 방법에 의한 측정을 요구할 수 있는 것은 경찰공무원이 운전자에게 호흡측정의 결과를 제시하여 확인을 구하는 때로부터 상당한 정도로 근접한 시점에 한정된다 할 것이고(경찰청의 교통단속처리지침에 의하면, 운전자가 호흡측정 결과에 불복하는 경우에 2차, 3차 호흡측정을 실시하고 그 재측정결과에도 불복하면 운전자의 동의를 얻어 혈액을 채취하고 감정을 의뢰하도록 되어 있고, 한편 음주측정 요구에 불응하는 운전자에 대하여는 음주측정 불응에 따른 불이익을 10분 간격으로 3회 이상 명확히 고지하고 이러한 고지에도 불구하고 측정을 거부하는 때 즉, 최초 측정요구시로부터 30분이 경과한 때에 측정거부로 처리하도록 되어 있는바, 이와 같은 처리지침에 비추어 보면 위 측정결과의 확인을 구하는 때로부터 30분이 경과하기까지를 일응 상당한 시간 내의 기준으로 삼을 수 있을 것이다), 운전자가 정당한 이유 없이 그 확인을 거부하면서 시간을 보내다가 위 시점으로부터 상당한 시간이 경과한 후에야 호흡측정 결과에 이의를 제기하면서 혈액채취의 방법에 의한 측정을 요구하는 경우에는 이를 정당한 요구라고 할 수 없으므로, 이와 같은 경우에는 경찰공무원이 혈액채취의 방법에 의한 측정을 실시하지 않았다고 하더라도 호흡측정기에 의한 측정의 결과만으로 음주운전 사실을 증명할 수 있다.[59)]

28. 구 도로교통법 제2조 제호 소정의 도로의 개념인 '일반교통에 사용되는 모든 곳'의 의미

도로교통법(1999. 1. 29. 법률 제5712호로 개정되기 전의 것) 제2조 제1호, 제19호에 의하면 '운전'이라 함은 도로에서 차를 본래의 사용방법에 따라 사용하는 것을 말하고, '도로'라 함은 도로법에 의한 도로, 유료도로법에 의한 유료도로 그 밖의 일반교통에 사용되는 모든 곳을 말한다고 규정하고 있는데, 여기서 '일반교통에 사용되는 모든 곳'이라 함은 현실적으로 불특정 다수의 사람 또는 차량의 통행을 위하여 공개된 장소로서 교통질서유지 등을 목적으로 하는 일반 교통경찰권이 미치는 공공성이 있는 곳을 의미하고, 특정인들 또는 그들과 관련된 특정한 용건이 있는 자들만이 사용할 수 있고 자주적으로 관리되는 장소는 이에 포함되지 않는다.[60)]

---

59) 대법원 2002. 3. 15. 선고 2001도7121 판결.
60) 대법원 2001. 7. 13. 선고 2000두6909 판결.

29. 연습운전면허 취득자가 준수사항을 어겨서 운전한 경우, 무면허운전죄에 해당하는 지 여부

구 도로교통법(1999. 1. 29. 법률 제5712호로 개정되기 전의 것) 제68조의2 제2항은 "연습운전면허를 받은 사람이 운전할 수 있는 자동차의 종류, 그 밖의 필요한 사항은 내무부령으로 정한다."라고 규정하고, 그 위임을 받은 구 도로교통법시행규칙(1999. 1. 5. 행정자치부령 제31호로 개정되기 전의 것) 제26조의2는 연습운전면허를 받은 사람이 도로에서 주행연습을 하는 때에 지켜야 할 준수사항을 규정하면서 제1호에서 운전면허를 받은 날부터 2년이 경과한 사람과 함께 타서 그의 지도를 받아야 한다고 규정하고 있는바, 연습운전면허를 받은 사람이 도로에서 주행연습을 함에 있어서 위와 같은 준수사항을 지키지 않았다고 하더라도 준수사항을 지키지 않은 데에 따른 제재를 가할 수 있음은 별론으로 하고 그 운전을 무면허운전이라고 할 수는 없다.[61]

30. 행정청이 행정처분을 한 후 자의로 그 행정처분을 취소할 수 있는지 여부

행정청이 일단 행정처분을 한 경우에는 행정처분을 한 행정청이라도 법령에 규정이 있는 때, 행정처분에 하자가 있는 때, 행정처분의 존속이 공익에 위반되는 때, 또는 상대방의 동의가 있는 때 등의 특별한 사유가 있는 경우를 제외하고는 행정처분을 자의로 취소(철회의 의미를 포함한다)할 수 없다. 따라서 운전면허 취소사유에 해당하는 음주운전을 적발한 경찰관의 소속 경찰서장이 사무착오로 위반자에게 운전면허정지처분을 한 상태에서 위반자의 주소지 관할 지방경찰청장이 위반자에게 운전면허취소처분을 한 것은 선행처분에 대한 당사자의 신뢰 및 법적 안정성을 저해하는 것으로서 허용될 수 없다.[62]

31. 운전면허취소처분을 받은 후 자동차를 운전하였으나 위 취소처분이 행정쟁송절차에 의하여 취소된 경우, 무면허운전의 성립 여부

피고인이 행정청으로부터 자동차 운전면허취소처분을 받았으나 나중에 그 행정처분 자

---

61) 대법원 2001. 4. 10. 선고 2000도5540 판결.
62) 대법원 2000. 2. 25. 선고 99두10520 판결.

체가 행정쟁송절차에 의하여 취소되었다면, 위 운전면허취소처분은 그 처분시에 소급하여 효력을 잃게 되고, 피고인은 위 운전면허취소처분에 복종할 의무가 원래부터 없었음이 후에 확정되었다고 봄이 타당할 것이고, 행정행위에 공정력의 효력이 인정된다고 하여 행정소송에 의하여 적법하게 취소된 운전면허취소처분이 단지 장래에 향하여서만 효력을 잃게 된다고 볼 수는 없다.63)

32. 구 도로교통법시행령 제53조의 법적 성질(효력 규정) 및 구 도로교통법시행규칙 제53조 제2항을 위반한 방법에 의한 통지의 효력(무효)

구 도로교통법시행령(1997. 12. 6. 대통령령 제15531호로 개정되기 전의 것) 제53조 제1항이 정하는 통지나 그에 대한 예외로서 제2항이 정하는 공고는 운전면허의 취소나 정지처분의 효력발생요건임이 명백하므로, 면허관청이 운전면허를 취소하였다고 하더라도 위 규정에 따른 적법한 통지나 공고가 없으면 그 효력을 발생할 수 없으며, 나아가 구 도로교통법시행규칙(1997. 12. 6. 내무부령 제724호로 개정되기 전의 것) 제53조 제2항에 위반되는 방법에 의한 통지는 특별한 사정이 없는 한 효력이 없다.64)

33. 도로교통법시행규칙 제53조 제1항 [별표 16]상의 운전면허행정처분기준의 대외적 기속력 유무(소극) 및 그 기준 중 하나인 벌점의 법적 성질

도로교통법시행규칙 제53조 제1항이 정한 [별표 16]의 운전면허행정처분기준은 관할 행정청이 운전면허의 취소 및 운전면허의 효력정지 등의 사무처리를 함에 있어서 처리 기준과 방법 등의 세부사항을 규정한 행정기관 내부의 처리지침에 불과한 것으로서 대외적으로 국민이나 법원을 기속하는 효력이 없으므로, 자동차운전면허취소처분의 적법 여부는 위 운전면허행정처분기준만에 의하여 판단할 것이 아니라 도로교통법의 규정 내용과 취지에 따라 판단되어야 하며, 위 운전면허행정처분기준의 하나로 삼고 있는 벌점이란 자동차운전면허의 취소·정지처분의 기초자료로 활용하기 위하여 법규 위반 또

---

63) 대법원 1999. 2. 5. 선고 98도4239 판결.
64) 대법원 1998. 9. 8. 선고 98두9653 판결.

는 사고야기에 대하여 그 위반의 경중, 피해의 정도 등에 따라 배점되는 점수를 말하는
것으로서, 이러한 벌점의 누산에 따른 처분기준 역시 행정청 내의 사무처리에 관한
재량준칙에 지나지 아니할 뿐 법규적 효력을 가지는 것은 아니다.[65]

34. 구 도로교통법 제78조 제1항 제8호 소정의 "음주측정불응"이 성립하기 위한 요건

구 도로교통법(1997. 8. 30. 법률 제5405호로 개정되기 전의 것) 제78조 제1항 제8호
소정의 음주측정거부를 이유로 운전면허를 취소하려면, 같은 법 제41조 제2항의 규정
에 위반하여 술에 취한 상태에 있다고 인정할 만한 상당한 이유가 있음에도 불구하고
경찰공무원의 측정에 불응하여야 하고, 한편 같은 법 제41조 제2항에서 규정하는 경찰
공무원의 음주측정은 "교통안전과 위험방지를 위하여 필요하다고 인정하거나" 또는 "같
은 법 제41조 제1항의 규정에 위반하여 술에 취한 상태에서 자동차를 운전하였다고 인
정할 만한 상당한 이유가 있는 때"로 규정되어 있으므로, 경찰공무원은 교통안전과 위
험방지의 필요성이 인정되지 아니한 경우에도 음주측정 요구 당시의 객관적 사정을 종
합하여 볼 때 운전자가 술에 취한 상태에서 자동차 등을 운전하였다고 인정할 만한 상
당한 이유가 있고 운전자의 주취운전 여부를 확인하기 위하여 필요한 경우에는 사후의
음주측정에 의하여 주취운전 여부를 확인할 수 없음이 명백하지 않는 한 당해 운전
자에 대하여 음주측정을 여전히 요구할 수 있다.[66]

35. 운전면허취소에 있어서의 행정청의 재량행위 기준

오늘날 자동차가 급증하고 자동차운전면허도 대량으로 발급되어 교통상황이 날로 혼잡
하여 감에 따라 교통법규를 엄격히 지켜야 할 필요성은 더욱 커진다 할 것인바, 교통법
규를 위반하거나 교통사고를 일으킨 자 등에 대한 운전면허에 대하여 당국이 행하는 운
전면허정지처분과 같은 행정처분은 교통상의 모든 위험과 장해를 방지·제거하여 안전
하고 원활한 교통을 확보하기 위한 필수적인 법적 제재라 할 것이므로 반드시 실효성이
확보되어야 할 것인데, 운전면허정지처분기간 중 운전행위를 한 것은 위와 같은 목적의

---

65) 대법원 1998. 3. 27. 선고 97누20236 판결.
66) 대법원 1998. 3. 27. 선고 97누20755 판결.

당국의 처분을 정면으로 위반하여 그 처분의 실효성을 소멸시키는 것으로서 그와 같은 행위자에 대한 운전면허의 취소에 있어서는 일반의 수익적 행정행위의 취소와는 달리 그 취소로 인하여 입게 될 당사자의 불이익보다는 이를 방지하여야 하는 일반 예방적 측면이 더욱 강조되어야 한다. 따라서 운전면허정지처분기간 중의 운전행위를 방지할 공익상의 필요에 비추어 보면 자기 소유의 승용차를 운전한 약품영업사원이 운전면허를 정지당하게 된 경위, 위 운전의 동기, 당해 처분으로 위 영업사원이 입게 될 경제적 불이익 등을 감안하더라도 지방경찰청장의 위 영업사원에 대한 당해 운전면허취소처분으로 달성하고자 하는 공익목적이 위 영업사원이 이로 인하여 입게 될 불이익보다 결코 가볍다고 볼 수 없어 당해 처분이 재량권의 범위를 일탈·남용한 것이라고 본 원심을 파기하였다.[67]

36. 교통사고를 야기하지 않은 음주운전자에 대한 자동차운전면허취소처분에 있어 운전자의 불이익과 공익목적 실현의 비교·교량

오늘날 자동차가 급증하고 자동차운전면허도 대량으로 발급되어 교통상황이 날로 혼잡하여 감에 따라 교통법규를 엄격히 지켜야 할 필요성은 더욱 커지고, 음주운전으로 인한 교통사고 역시 빈번하고 그 결과가 참혹한 경우가 많아 음주운전을 엄격하게 단속하여야 할 필요가 절실하다는 점에 비추어 볼 때 자동차운전면허취소처분으로 교통사고를 야기하지 않은 음주운전자가 입게 되는 불이익보다는 공익목적의 실현이라는 필요가 더욱 크다. 따라서 서울 근교에서 채소재배업에 종사하면서 주취운전으로 인하여 운전면허가 취소된 전력이 있는 자가 혈중알콜농도 0.109%의 주취상태에서 승용차를 운전한 경우, 자동차운전면허취소처분으로 교통사고를 야기하지 않은 음주운전자가 입게 되는 불이익보다는 공익목적의 실현이라는 필요가 더욱 크다고 보아 면허취소사유에 해당한다고 하여, 이와 달리 당해 처분이 재량권의 일탈·남용이라고 본 원심판결을 파기하였다.[68]

---

67) 대법원 1997. 12. 26. 선고 97누17216 판결.
68) 대법원 1997. 11. 14. 선고 97누13214 판결.

37. 음주운전으로 운전면허가 취소된 후 새로이 운전면허를 취득하여 개인택시 영업을 계속하여 온 자에 대하여 그 후 위 운전면허 취소를 이유로 운송사업면허취소를 한 경우, 재량권의 일탈 여부

개인택시 운송사업자가 혈중알콜농도 0.22%의 상태에서 그 소유의 개인택시를 운전하다가 단속경찰관에 적발되어 같은 날 자동차운전면허가 취소된 후 새로이 자동차운전면허를 취득한 다음 위 개인택시를 직접 운전하면서 운송사업을 계속하여 왔는데, 지방자치단체장이 그 후 위 자동차운전면허 취소를 이유로 당해 운송사업면허를 취소하는 행정처분을 한 경우, 교통질서의 확립과 사고예방을 위하여 음주운전을 하지 아니하여야 할 운전자로서의 기본적 의무 및 대중교통의 원활을 기하여야 할 개인택시 운송사업자로서의 사명을 저버리고 음주운전을 함으로써 자동차운전면허를 취소당한 사정을 고려하여 볼 때, 비록 당해 운송사업면허취소처분 당시에는 이미 위 개인택시 운송사업자가 새로이 자동차운전면허를 취득하여 개인택시를 직접 운전하고 있었다고 하더라도, 이러한 개인택시 운송사업면허자의 면허를 박탈함으로써 개인택시 운송사업의 질서를 확립하여야 할 공익상의 필요가 위 개인택시 운송사업자가 입게 될 불이익에 비하여 결코 가볍다고 보이지 아니하므로 당해 운송사업면허취소처분이 재량권의 범위를 일탈한 것으로는 볼 수 없다.[69]

38. 2종보통운전면허로 12인승 승합차를 운전한 것이 자동차종합보험보통약관상의 무면허운전에 해당하는지 여부

12인승 승합차는 주운전자가 소지한 2종보통운전면허로는 이를 운전할 수 없고, 따라서 주운전자가 그 자동차를 운전한 것은 업무용자동차종합보험보통약관 제10조 제1항 제6호에 정한 무면허운전에 해당한다.[70]

---

69) 대법원 1997. 11. 14. 선고 97누11461 판결.
70) 대법원 1997. 10. 10. 선고 96다19079 판결.

39. 도로교통법상 주차와 정차의 구별 기준 및 운전면허 없는 화물차의 운전자가 그 화물차를 일시 주차시킨 상태에서 추돌사고가 발생한 경우, 그 사고를 자동차공제약관상의 '무면허운전중에 발생한 사고'라고 볼 수 있는지 여부

도로교통법 제2조 제17호와 제18호의 규정에 의하면 운전자가 운전을 위하여 차 안에 탑승한 채 차가 움직이지 아니하는 상태에 이르거나, 운전자가 정지된 차에서 이탈하였지만 객관적으로 보아 즉시 운전할 수 있는 상태에 있는 경우에 그 차의 정지 상태가 5분 이내이면 '정차'에 해당하고, 객관적으로 보아 운전자가 차에서 이탈하여 즉시 운전할 수 없는 상태에 이르면 차가 정지된 시간의 경과와는 관계없이 바로 '주차'에 해당한다. 한편, 자동차공제약관에서 말하는 '운전'이라 함은, 특별한 사정이 없는 한 도로교통법 제2조 제19호에서 규정하고 있는 바와 같이 '도로에서 차를 그 본래의 사용 방법에 따라 사용하는 것(조종을 포함한다)'을 의미하는 것이므로, 적어도 '주차'는 '운전'에 포함되지 아니한다고 할 것인바, 화물차의 운행 목적에 비추어 볼 때, 화물차의 운전자가 사고가 없었더라면 일시 주차하였다가 다시 무면허 상태에서 화물차를 운전하여 최종 목적지로 진행할 것임을 예상할 수 있기는 하지만, 그러한 사정이 있다고 하여 주차 상태에서 일어난 사고를 가지고 일련의 운행 과정을 전체적으로 보아 공제약관에서 말하는 무면허'운전'중에 발생한 사고라고 볼 수는 없다.[71]

40. 처분청이 당초의 운전면허 취소처분을 철회하고 정지처분을 한 경우, 당초의 취소처분을 대상으로 한 소의 이익 유무(소극)

처분청이 당초의 운전면허 취소처분을 신뢰보호의 원칙과 형평의 원칙에 반하는 너무 무거운 처분으로 보아 이를 철회하고 새로이 265일간의 운전면허 정지처분을 하였다면, 당초의 처분인 운전면허 취소처분은 철회로 인하여 그 효력이 상실되어 더 이상 존재하지 않는 것이고 그 후의 운전면허 정지처분만이 남아 있는 것이라 할 것이며, 한편 존재하지 않는 행정처분을 대상으로 한 취소소송은 소의 이익이 없어 부적법하다.[72]

---

71) 대법원 1997. 9. 30. 선고 97다24412 판결.
72) 대법원 1997. 9. 26. 선고 96누1931 판결.

41. 면허운전면책규정의 적용 범위 및 무면허운전면책규정이 운전면허가 정지되거나 취소된 경우에도 적용되는지 여부 및 무면허운전과 사고 사이에 인과관계가 있는 경우에만 적용되는지 여부

무면허운전면책규정은 무면허운전의 주체가 누구이든 제한이 없는 것이나, 그 무면허운전에 대한 보험계약자나 피보험자의 지배 또는 관리 가능성이 없는 경우까지 위 규정이 적용된다고 보는 경우에는 위 규정은 신의성실의 원칙에 반하여 공정을 잃은 조항으로서 약관의규제에관합법률 제6조 제1, 2항, 제7조 제2, 3호의 각 규정에 비추어 무효라고 볼 수밖에 없기 때문에, 그 무면허운전면책조항은 이러한 무효인 경우를 제외하고 무면허운전이 보험계약자나 피보험자 등의 명시적 또는 묵시적 승인하에 이루어진 경우에 한하여 보험자의 면책을 정한 규정이라고 해석하는 한도 내에서는 유효하다고 해석하여야 한다. 따라서 무면허운전면책조항은 사고 발생의 원인이 무면허운전에 있음을 이유로 한 것이 아니라 사고 발생시에 무면허운전 중이었다는 법규위반 상황을 중시하여 이를 보험자의 보험 대상에서 제외하는 사유로 규정한 것이므로 운전자의 운전면허가 정지되거나 취소된 경우에도 위 면책규정상의 무면허운전에 해당된다고 보아야 할 것이고, 위 면책조항이 무면허운전과 보험사고 사이에 인과관계가 있는 경우에 한하여 적용되는 것으로 제한적으로 해석할 수는 없다.[73]

42. 도로교통법시행규칙 소정의 운전면허행정처분기준의 대외적 기속력 유무 및 운전면허취소처분의 적법 여부에 대한 판단기준

도로교통법시행규칙 제53조 제1항이 정한 [별표 16]의 운전면허행정처분기준은 부령의 형식으로 되어 있으나, 그 규정의 성질과 내용이 운전면허의 취소처분 등에 관한 사무처리기준과 처분절차 등 행정청 내부의 사무처리준칙을 규정한 것에 지나지 아니하므로 대외적으로 국민이나 법원을 기속하는 효력이 없으므로, 자동차운전면허취소처분의 적법 여부는 그 운전면허행정처분기준만에 의하여 판단할 것이 아니라 도로교통법의 규정 내용과 취지에 따라 판단되어야 한다. 한편, 개인택시 운전사가 자동차운전면허취소처분으로 인하여 입게 될 불이익이라 함은 개인택시 운전사 및 그 가족의 생계에

---

73) 대법원 1997. 9. 12. 선고 97다19298 판결.

대한 위협이라 할 것인데, 이는 운전면허취소처분으로 인한 직접적인 것이 아니고 개인택시 운전사의 운전면허 취소에 따라 개인택시운송사업면허가 취소됨으로 인하여 입게 되는 불이익으로서 운전면허취소처분과는 간접적인 관계에 있을 뿐이다.[74]

43. 음주운전을 단속한 경찰관 명의로 행한 운전면허정지처분의 효력(무효)

운전면허에 대한 정지처분권한은 경찰청장으로부터 경찰서장에게 권한위임된 것이므로 음주운전자를 적발한 단속 경찰관으로서는 관할 경찰서장의 명의로 운전면허정지처분을 대행처리할 수 있을지는 몰라도 자신의 명의로 이를 할 수는 없다 할 것이므로, 단속 경찰관이 자신의 명의로 운전면허행정처분통지서를 작성ㆍ교부하여 행한 운전면허정지처분은 비록 그 처분의 내용ㆍ사유ㆍ근거"등이 기재된 서면을 교부하는 방식으로 행하여졌다고 하더라도 권한 없는 자에 의하여 행하여진 점에서 무효의 처분에 해당한다.[75]

44. 자동차를 이용한 범죄행위가 이루어진 경우, 직접 자동차를 운전하지 아니한 공범자의 운전면허도 취소할 수 있는지 여부

도로교통법 제78조 제1항 제5호, 같은법시행규칙 제53조 제1항 [별표 16] 규정의 취지는 자동차를 직접 운전하여 국가보안법을 위반한 범죄, 살인, 사체유기, 강도, 강간, 방화, 유괴 및 불법감금의 범죄행위를 한 자의 운전면허를 취소함으로써 다시 자동차를 이용하여 범죄행위를 하지 못하도록 하려는 것이지, 자동차를 직접 운전하여 불법감금 등의 범죄행위를 한 자가 따로 있는 경우에 공범자의 운전면허까지 취소하려는 것은 아니다.[76]

---

74) 대법원 1997. 5. 30. 선고 96누5773 판결.
75) 대법원 1997. 5. 16. 선고 97누2313 판결.
76) 대법원 1997. 1. 24. 선고 96누12863 판결.

45. 운전면허의 효력 발생시기 및 그 판단 기준 및 운전면허의 효력을 정지당할 지위에 있거나 그 정지처분기간 중에 새롭게 취득한 운전면허의 효력

운전면허의 효력은 운전면허신청인이 운전면허시험에 합격하기만 하면 발생한다고는 할 수 없지만, 지방경찰청장으로부터 운전면허증을 현실적으로 교부받아야만 발생하는 것은 아니고, 운전면허증이 작성권자인 지방경찰청장에 의하여 작성되어 운전면허신청인이 이를 교부받을 수 있는 상태가 되면 운전면허의 효력이 발생한다고 보아야 하며, 그 경우에 운전면허신청인이 운전면허증을 교부받을 수 있는 상태가 되었는지의 여부는 특별한 사정이 없는 한 운전면허증에 기재된 교부일자를 기준으로 결정함이 상당하다. 따라서 운전면허신청인이 벌점의 초과로 운전면허의 효력을 정지당할 지위에 있다든가 운전면허의 효력의 정지처분기간 중이어서 운전면허를 취득할 자격이 없는데도 운전면허를 신청하여 이를 취득하였다고 하더라도 이는 새로운 운전면허처분의 단순한 취소 내지 정지사유에 불과할 뿐이어서 그 운전면허가 당연히 무효라고는 할 수 없으므로, 지방경찰청장이 그 새로운 운전면허의 효력을 정지 또는 취소할 때까지는 여전히 효력을 발생한다.[77]

46. 도로교통법시행규칙 제53조 제2항의 성질 및 면허관청이 임의로 출석한 상대방의 편의를 위하여 구두로 면허정지사실을 알린 경우 면허정지처분으로서의 효력이 있는지 여부

도로교통법 제78조, 같은 법 시행령 제53조 제1항, 같은 법 시행규칙 제53조 제2항(1995. 7. 1. 내무부령 제651호로 개정되기 전의 것)은, 면허관청이 운전면허를 취소하거나 그 효력을 정지한 때에는 운전면허를 받은 사람에게 그 처분의 내용, 사유, 근거가 기재되어 있는 별지 52호 서식의 자동차운전면허 취소 · 정지 통지서에 의하여 그 사실을 통지하되, 정지처분의 경우에는 처분집행예정일 7일 전까지 이를 발송하여야 한다고 규정하고 있는바, 이는 상대방에게 불이익한 운전면허정지처분을 미리 서면으로 알림으로써 운전면허정지로 인하여 상대방이 입게 될 불이익을 최소화하고 차량의 입고 등 사전 대비(택시운전자의 경우에는 배차조정, 업무인수인계 등)는 물론 그 처분에 대

---

77) 대법원 1997. 1. 21. 선고 96다40127 판결.

한 집행정지의 신청이나 행정쟁송 등 불복의 기회를 보장하기 위한 데에 그 규정취지가 있고, 운전면허정지처분의 경우 면허관청으로 하여금 일정한 서식의 통지서에 의하여 처분집행일 7일 전까지 발송하도록 한 같은법시행규칙 제53조 제2항의 규정은 효력규정이다. 따라서 면허관청이 운전면허정지처분을 하면서 별지 52호 서식의 통지서에 의하여 면허정지사실을 통지하지 아니하거나 처분집행예정일 7일 전까지 이를 발송하지 아니한 경우에는 특별한 사정이 없는 한 위 관계 법령이 요구하는 절차·형식을 갖추지 아니한 조치로서 그 효력이 없고, 이와 같은 법리는 면허관청이 임의로 출석한 상대방의 편의를 위하여 구두로 면허정지사실을 알렸다고 하더라도 마찬가지이다.[78]

47. 음주운전으로 인한 운전면허 취소요건

도로교통법 제78조 제1항 제8호 소정의 음주운전으로 인한 운전면허 취소처분은 그 성질상 행정청의 재량행위에 속하는 것이므로 행정청이 운전면허를 취소하는 행정처분을 함에 있어서는 그 위반행위의 정도를 감안하여 운전면허를 취소하고자 하는 공익목적과 그 취소처분에 의하여 운전자가 입게 될 불이익을 비교 형량하여야 할 것이다. 따라서 혈중알콜농도 0.28%의 만취상태에서 택시를 운전하다가 교통사고로 물적 피해까지 입힌 운전자가 운전 이외에는 별다른 기술이 없어 개인택시를 운전하여 얻는 수입으로 가족을 부양하고 있는데 운전면허를 취소당하여 운전을 할 수 없게 되면 개인택시운송사업면허까지 취소당하게 되어 가족들의 생계가 어려워지는 사정을 고려한다고 하더라도 운전면허취소처분이 재량권의 범위를 일탈한 위법이 없다.[79]

48. 아파트단지 내 건물 사이의 통로 한 쪽에 주차구획선을 그어 차량이 주차할 수 있도록 한 주차구역이 도로교통법 소정의 도로인지 여부

아파트단지 내 건물 사이의 통로 한 쪽에 주차구획선을 그어 차량이 주차할 수 있는 주차구역을 만들었다면 이는 주차장법 및 주택건설촉진법 등의 관계 규정에 의하여 설치

---

78) 대법원 1996. 6. 14. 선고 95누17823 판결.
79) 대법원 1995. 9. 15. 선고 95누8362 판결.

된 아파트부설주차장이라고 보아야 하고, 주차구획선 밖의 통로부분이 일반교통에 사용되는 곳으로서 도로교통법 제2조 제1호 소정의 도로에 해당하는지의 여부는 아파트의 관리 및 이용상황에 비추어 그 부분이 현실적으로 불특정 다수의 사람이나 차량의 통행을 위하여 공개된 장소로서 교통질서유지 등을 목적으로 하는 일반경찰권이 미치는 곳으로 볼 것인가 혹은 특정인들 또는 그들과 관련된 특정한 용건이 있는 자들만이 사용할 수 있고 자주적으로 관리되는 장소로 볼 것인가에 따라 결정할 것이나, 주차구획선 내의 주차구역은 도로와 주차장의 두 가지 성격을 함께 가지는 곳으로서 주차장법과 주택건설촉진법 등의 관계 규정이 우선 적용되므로 이를 도로교통법 소정의 도로라고 할 수는 없다.[80)]

49. 음주측정기의 신뢰성을 문제삼아 음주측정을 거부한 운전자에 대한 운전면허 취소처분을 재량권 일탈로 본 원심판결을 파기한 사례

운전면허의 취소 여부가 행정청의 재량행위라 하여도 오늘날 자동차가 대중적인 교통수단이고 그에 따라 대량으로 자동차운전면허가 발급되고 있는 상황이나 음주운전으로 인한 교통사고의 증가 및 그 결과의 참혹성 등에 비추어 볼 때, 음주운전으로 인한 교통사고를 방지할 공익상의 필요는 매우 크다고 아니할 수 없으므로, 음주운전 내지 그 제재를 위한 음주측정요구의 거부 등을 이유로 한 자동차운전면허의 취소에 있어서는 일반의 수익적 행정행위의 취소와는 달리 그 취소로 인하여 입게 될 당사자의 개인적인 불이익 보다는 위 공익상 필요의 측면이 더욱 강조되어야 한다. 따라서 운전자에게 음주측정을 요구한 경찰공무원이 가지고 있던 바로 그 음주측정기가 고장이 났거나 이상이 있다는 구체적인 사정이 있었다면 그 음주측정기에 의한 측정을 거부하고 정상적으로 작동되는 다른 음주측정기로 측정하여 줄 것을 요구할 수 있지만, 그러한 구체적인 사정이 없는데도 불구하고 일반적으로 음주측정기에 의한 음주측정을 믿을 수 없다면서 음주측정을 거부할수 없고, 또한 운전자가 술을 거의 마시지 않았다면 오히려 적극적으로 음주측정을 하여 자신이 법에서 금하고 있는 정도의 혈중알코올농도의 상태에 있지 않았다는 것을 입증할 수도 있으므로, 마신 술의 양이 적다는 사유도 음주측정을

---

80) 대법원 1995. 7. 28. 선고 94누9566 판결.

거부할 합리적인 사유에 해당한다고 볼 수 없다는 이유로, 음주측정을 거부한 운전자에 대한 운전면허 취소처분을 재량권 일탈로 본 원심판결을 파기하였다.[81]

50. 자동차운행정지처분 기간이 지난 경우에도 그 처분의 취소를 구할 법률상이익이 있는지 여부

자동차운수사업법제31조의규정에의한사업면허의취소등의처분에관한규칙 제3조 제3항 제1호는 그 별표 1, 2의 처분기준을 적용하는 것이 현저하게 불합리하다고 인정되는 경우에는 위반횟수 등을 참작하여 운행정지의 경우에는 처분기준일수의 2분의 1 범위 안에서 가중하거나 감경할 수 있고, 다만 처분의 총일수가 6월을 초과하여서는 안 된다고 되어 있고, 별표 2의 비고 1은 사업정지 또는 운행정지처분을 받은 날로부터 1년 이내에 동일한 내용의 위반행위를 다시 한 경우에는 처분기준량의 2분의 1을 가산하여 처분한다고 되어 있으므로, 비록 택시운전기사에 대한 자동차운행정지처분 기간이 지났다고 하여도 택시운전기사로서는 이 때문에 행정청으로부터 가중된 제재처분을 받게 될 우려가 있을 수 있어 그 처분의 취소를 구할 법률상 이익이 없다고 할 수 없다.[82]

51. 상대방에게 고지되지 아니한 중기조종사면허 정지처분의 효력 및 주취운전으로 인한 교통사고를 내고 교통경찰관에게 운전면허증을 반납한 경우 면허에 관한 행정처분사실을 객관적으로 인식할 수 있었다고 볼 수 있는지 여부

중기조종사면허의 효력을 정지하는 처분이 그 상대방에게 고지되지 아니하였고, 상대방이 그 정지처분이 있다는 사실을 알지 못하고 굴삭기를 조종하였다면 이는 중기관리법의 조종면허에 관한 규정에 위반하는 조종을 하였다고 할 수 없을 것이고 중기관리법에 도로교통법시행령 제53조와 같은 운전면허의 취소 정지에 대한 통지에 관한 규정이 없다고 하여 중기조종사면허의 취소나 정지는 상대방에 대한 통지를 요하지 아니한다고 할 수 없고, 오히려 반대의 규정이 없다면 행정행위의 일반원칙에 따라 이를 상대방에게 고지하여야 효력이 발생한다고 볼 것이다. 따라서 주취운전으로 인한 교통사고를

---

81) 대법원 1995. 7. 28. 선고 95누3602 판결.
82) 대법원 1993. 12. 21. 선고 93누21255 판결.

내고 이로 인하여 중기조종사면허에 대한 행정처분이 있을 것을 전제로 교통경찰관에게 그의 운전면허증을 반납한 사실만으로는 행정청에서 위 중기조종사면허에 대하여 어떠한 종류의 처분을 할 것인지 여부와 특히 면허정지의 경우에는 그 기간 및 시기와 종기를 알 수 없는 상태이므로 위 교통사고의 발생으로 인하여 사고운전자가 앞으로 그의 중기조종사면허에 대하여 행정처분이 내려질 것으로 예상할 수 있다거나 단순히 면허증을 반납하였다 하여 바로 구체적인 행정처분사실을 객관적으로 인식할 수 있는 상태에 있다고는 볼 수 없다.[83]

52. 승용자동차를 음주운전한 사유만으로 특수면허의 취소나 정지를 할 수 있는지 여부

승용차는 제1종 보통, 대형면허로는 운전이 가능하나 특수면허로는 운전할 수 없는 것이고 따라서 승용자동차의 운전과 특수면허와는 아무런 관련이 없으므로 승용자동차를 음주운전한 사유만 가지고서는 특수면허의 취소나 정지를 할 수 없다.[84]

53. 이륜자동차를 음주운전한 사유만으로 제1종 대형면허나 보통면허의 취소나 정지를 할 수 있는지 여부

한 사람이 여러 종류의 자동차운전면허를 취득하는 경우뿐 아니라 이를 취소 또는 정지함에 있어서도 서로 별개의 것으로 취급하는 것이 원칙이라 할 것이고 그 취소나 정지의 사유가 특정의 면허에 관한 것이 아니고 다른 면허와 공통된 것이거나 운전면허를 받은 사람에 관한 경우에는 여러 운전면허 전부를 취소 또는 정지할 수도 있다고 보는 것이 상당할 것이지만, 이륜자동차로서 제2종 소형면허를 가진 사람만이 운전할 수 있는 오토바이는 제1종 대형면허나 보통면허를 가지고서도 이를 운전할 수 없는 것이어서 이와 같은 이륜자동차의 운전은 제1종 대형면허나 보통면허와는 아무런 관련이 없는 것이므로 이륜자동차를 음주운전한 사유만 가지고서는 제1종 대형면허나 보통면허의 취소나 정지를 할 수 없다.[85]

---

83) 대법원 1993. 6. 29. 선고 93다10224 판결.
84) 대법원 1993. 5. 11. 선고 93누4229 판결.
85) 대법원 1992. 9. 22. 선고 91누8289 판결.

54. 운전면허취소사유의 하나로 규정된 도로교통법 제78조 제3호의 "허위 또는 부정한 수단으로 운전면허를 받은 사실이 드러난 때"의 의미

운전면허취소사유의 하나로 규정된 도로교통법 제78조 제3호의 "허위 또는 부정한 수단으로 운전면허를 받은 사실이 드러난 때"라 함은 운전면허를 취득한 사람이 주관적으로 허위 또는 부정한 수단임을 인식하면서 그 방법으로 운전면허를 받았음이 밝혀진 경우를 말한다.[86]

55. 개인택시운전자가 음주운전의 내용을 직접인정한 경우 그 운송사업면허의 취소에 있어서 청문절차의 이행요부

개인택시운전자가 음주측정 결과에 의하여 음주운전의 내용을 직접 확인한 이상, 관할 관청이 이를 이유로 개인택시운송사업면허를 취소함에 있어서 운전자의 의견을 듣지 아니하였다 하여 그 절차에 위법이 있다고 할 수 없다.[87]

56. 유효기간이 만료된 운전면허증을 지니고 자동차를 운전한 행위가 도로교통법 제77조 소정의 운전면허증의 휴대 및 제시의무 위반죄에 해당하는지 여부

도로교통법 제77조가. 자동차 등의 운전자에 대하여 운전면허증의 휴대의무 및 경찰공무원에 대한 제시의무를 지우고 있는 취지에 비추어 볼 때 여기서 말하는 운전면허증이란 적법한 운전면허의 존재를 추단케 할 수 있는 운전면허증 그. 자체를 가리키는 것이지 운전자가 면허를 가지고 있음을 입증할 수 있는 증명수단까지를 포함하는 것이라고는 볼 수 없는 것인바, 유효기간이 만료된 운전면허증은 운전면허의 효력과 관계없이 실효된 것으로 보아야 할 것이므로 이미 유효기간이 만료된 운전면허증을 지니고 운행한 행위는 결국 위 법 제77조의 운전면허증의 휴대 및 제시 의무를 위반한 것이 된다고 할 것이다.[88]

---

86) 대법원 1991. 11. 8. 선고 91누4584 판결.
87) 대법원 1989. 12. 26. 선고 89누5669 판결.
88) 대법원 1990. 8. 14. 선고 89도1396 판결.

57. 자동차운수사업법 제31조 제1항 제5호 소정의 "중대한 교통사고"인지 여부의 판단기준

자동차운수사업법 제31조 제1항 제5호 소정의 "중대한 교통사고"에 해당하는지의 여부는 단순히 사상자의 숫자만을 기준으로 하여 판단할 것이 아니라, 교통사고를 일으킨 사람의 과실정도는 물론, 피해자의 과실, 사고의 경위, 피해상황 그 사고가 일반사회에 미친 영향 등 교통사고의 내용과 결과를 고루 살펴보아 그와 같은 교통사고가 통상 발생할 수 있는 것이 아니라, 자동차운송업자로 하여금 운송사업을 계속하게 하거나 면허나 등록을 그대로 보유하게 하는 것이 부적당하다고 인정될 정도로 "중대한" 것인지의 여부에 따라 판단하여야 할 것이다.[89]

58. 운전면허취소의 통지가 없는 동안의 차량운전이 무면허운전인지 여부

시·도지사가 운전면허를 취소한 때에는 도로교통법시행령 제53조, 동 시행규칙 제53조 제2항에 의하여 그 운전면허를 받은 사람에게 통지하여야 하는 바, 이러한 통지가 없는 동안은 운전면허취소의 효력이 생길 수 없으므로 그 동안의 차량운전을 무면허운전이라고 할 수 없다.[90]

59. 자동차운수사업법시행규칙 제15조 제1항 제1호 소정의 무사고운전 경력의 의미

자동차운수사업법시행규칙 제15조 제1항 제1호 소정의 무사고운전경력이라 함은 그에 대한 처벌사실의 유무에 불구하고 운전자의 책임있는 사유에 의한 사고가 없었다는 운전경력을 말하므로 사안경미나 정상참작 등을 이유로 한 불기소처분 또는 교통사고처리특례법 제3조 제2항에 의한 불기소처분에 의하여 운전자에 귀책하는 사고는 있으나 다만 처벌은 받지 않은 경우 등은 이를 무사고운전경력에 포함시킬 수 없다.[91]

60. 운전면허 취소사유로서의 " 면허대여" 의 의미

운전면허 취소사유로서의 '면허대여'라 함은 자신의 면허증을 타인에게 현실적으로 대

---

89) 대법원 1990. 1. 25. 선고 89누3564 판결.
90) 대법원 1989. 3. 28. 선고 88도1738 판결.
91) 대법원 1983. 10. 11. 선고 83누343 판결.

여 교부하여 그로 하여금 운전하게 하는 경우만을 의미하고 자신이 운전하는 차를 타인에게 운전하게 하거나 자신이 운전대 옆에 타고 면허없는 자로 하여금 운전하게 하는, 소위 운전대의 대여의 경우까지를 포함한다고 볼 수 없다.[92]

61. 자동차운전면허점수제행정처분사무처리규칙에 의한 운전면허취소처분에 대한 이의신청이 행정소송의 전치요건인 행정심판청구에 해당하는지 여부

지방경찰청의 자동차운전면허점수제행정처분사무처리규칙 소정의 이의신청 제도와 행정심판법에 의한 행정심판 제도는 모두 행정처분의 취소·변경을 구하는 제도로서 서면에 의하여 제기하여야 하고, 또 이의신청 또는 행정심판청구에 대하여 처분청 스스로 이유가 있다고 인정할 경우 당해 처분을 취소·변경할 수 있으며, 그 서면의 기재 내용이나 제출기관이 동일·유사하기 때문에 전문적 법률지식을 갖고 있지 못한 사람에게는 양자를 구별하기 쉽지 아니하고, 또 이의신청에 대한 심사 결과를 기다리는 동안 행정심판청구기간이 도과될 수도 있는 점, 행정심판전치주의는 국민의 신속한 권리구제를 저해하는 측면도 있으므로 법률이 규정한 경우에만 허용하여야 할 것이지 행정청의 내부규정으로 법률이 규정한 외에 별도의 행정심판 절차를 마련한다면 국민의 신속한 재판을 받을 권리를 침해할 우려가 있고, 신청서를 별도로 작성·제출함으로 인하여 이중의 부담을 초래하며, 널리 알려지지 아니한 제도의 설정으로 오히려 국민이 적법한 심판청구를 함에 있어 혼란만 초래하므로 행정청이 비록 국민의 권리구제를 목적으로 하더라도 임의로 행정심판에 유사한 제도를 설정할 수는 없다고 해석되는 점 등에 비추어, 같은 규칙 소정의 자체민원처리 제도에 기한 운전면허취소처분에 대한 이의신청은 행정소송의 전치요건인 행정심판청구에 해당하는 것으로 보는 것이 옳다.[93]

62. 적성검사를 받지 아니하여 운전면허가 취소된 사람이 무면허운전을 한 경우 도로교통법 제70조 제7호에 의하여 2년간 운전면허발급이 제한되는지 여부

운전면허의 결격사유를 열거하고 있는 도로교통법 제70조 제5호에서 운전면허가 취소

---

92) 대법원 1982. 3. 23. 선고 81누297 판결.
93) 대구고등법원 1997. 4. 3. 선고 96구6449 판결 : 확정.

된 날로부터 1년이 지나지 아니한 사람은 운전면허를 받을 자격이 없다고 하면서 다만 적성검사를 받지 아니하여 운전면허가 취소된 사람의 경우에는 그러하지 아니하다고 하고, 같은 조 제7호에서는 제40조의 무면허운전금지규정을 위반한 경우 그 위반한 날로부터 2년이 지나지 아니한 사람은 운전면허를 받을 자격이 없다고 하면서 무면허운전 중 운전면허의 효력이 정지된 기간 중 운전한 경우는 제외하도록 규정하고 있는 점, 적성검사제도의 취지, 적성검사미필은 단순한 부주의로 인하여 비교적 쉽게 발생되는 위반사유이고 적성검사미필로 취소된 운전면허를 재발급받는 데에는 신체검사 외에 시험을 치른다든가 하는 등의 별다른 노력을 요하지 않는 점 등에 비추어 보면, 적성검사미필로 인하여 운전면허가 취소된 상태에서의 운전은 순수한 무면허운전이 아니라 같은 조 제7호 단서의 운전면허의 효력이 정지된 기간 중의 운전과 마찬가지로 2년간의 면허발급제한이 적용되지 않는다고 보아야 한다.[94]

63. 도로교통법 제2조 제19호 소정의 운전에 해당하지 아니한다고 본 사례

운전이라 함은 도로에서 차를 그 본래의 사용방법에 따라 사용하는 것을 말한다고 규정하고 있는 도로교통법 제2조 제19호의 취지에 의하면 자동차 운전경험이 전혀 없는 자가 호기심에서 자기집 앞길에 시동이 걸린 채로 정차되어 있는 자동차의 운전석에 앉아 가속기를 밟으면서 자동변속장치를 임의로 조작하여 자동차를 출발, 진행하게 한 행위는 자동차의 본래의 용법에 따른 운전에 해당한다고 볼 수 없다.[95]

64. 자동차운전면허시험에 합격하였으나 면허증을 교부받지 아니한 자로 하여금 운전을 하게 하던 버스운전사가 버스진행중 방향조작을 위해 핸들을 낚아채 꺾음으로써 발생한 사고와 자동차종합보험보통약관 소정의 무면허운전으로 인한 사고

자동차운전면허시험에 합격하였으나 면허증을 교부받지 아니한 갑으로 하여금 버스를 운전하게 하고 자신은 조수석에 앉아 그 운전을 도와주던 버스운전사가 버스진행중 사고발생의 위험을 느끼고 핸들을 낚아채 우측으로 45도 가량 꺾음으로써 사고가 발생하였다면 버스운전사의 행위는 갑이 버스를 운전함에 있어 일시적으로 방향조작을 도와

---

94) 서울고등법원 1991. 1. 23. 선고 90구8864 제8특별부판결 : 상고기각.
95) 서울고등법원 1989. 12. 5. 선고 89나25948 제9민사부판결 : 상고허가 신청기각.

준 데 불과한 행위로서 도로교통법 제2조 제19호 소정의 차량의 운전행위라 할 수 없고 위 사고가 갑과 버스운전사가 운전행위를 분담하여 운행중 발생한 사고라고도 할 수 없으며 이는 어디까지나 갑에 의한 자동차종합보험보통약관 소정의 무면허운전으로 인한 사고라고 보아야 한다.[96]

65. 자동차를 정차시킨 후 시동열쇠를 꽂아둔 채 운전석을 떠난 운전사의 책임

자동차의 운행은 특별한 기능을 가진 사람이 아니면 제3자의 생명, 재산 등에 위험을 가져오므로 그 운전사나 관리자는 제3자가 이를 함부로 운전할 수 없도록 방지할 의무가 있고 이를 태만이 하여 제3자가 무단운행중 사고가 발생하였다면 자동차의 소유자와 운전사는 그로 인한 손해배상 책임을 면할 수 없다.[97]

66. 운전면허증에 사진을 바꾸어 붙인 행위자의 죄책

타인의 운전면허증에 붙은 사진을 떼어내고 그 자리에 자기의 사진을 붙인 행위는 공문서변조죄에 해당하고 공문서위조죄에 해당하지는 않는다.[98]

67. 음주운전 경력이 있는 운전자가 운전면허 취소사유에 해당하는 호흡측정기의 측정 결과에 불복하면서 혈액채취에 의한 측정을 요구하였는데, 담당 경찰관이 운전자의 음주운전 경력을 확인하지 않은 채 호흡측정기의 측정 결과만을 보고서 운전면허 정지대상자라고 알려주어 운전자가 혈액채취에 의한 측정을 포기한 경우, 호흡측정기의 측정 결과만으로는 운전자의 음주운전 사실을 증명할 수 없다고 한 사례

운전자가 호흡측정기에 의한 측정의 결과에 불복하고 혈액채취에 의한 측정을 요구하는 경우에 경찰공무원은 이에 응하여야 하며, 경찰공무원이 운전자의 정당한 요구에도 불구하고 혈액채취에 의한 측정을 실시하지 않았다면 호흡측정기에 의한 측정의 결과만으로 운전자의 음주운전 사실을 증명할 수는 없으므로, 음주운전 경력이 있는 운전자가 운전면허 취소사유에 해당하는 호흡측정기의 측정결과에 불복하면서 혈액채취에 의

---

96) 서울고등법원 1989. 9. 26. 선고 89가합15248 제5민사부판결 : 확정.
97) 서울고등법원 1982. 2. 1. 선고 81나3317 제9민사부판결 : 확정.
98) 대구고등법원 1973. 2. 1. 선고 72노1192 형사부판결 : 확정.

한 측정을 요구하였는데, 담당 경찰관이 운전자의 음주운전 경력을 확인하지 않은 채 호흡측정기의 측정결과만을 보고서 운전면허 정지대상자라고 알려주어 운전자가 혈액 채취에 의한 측정을 포기한 경우, 호흡측정기의 측정 결과만으로는 운전자의 음주 운전 사실을 증명할 수 없다고 판시하였다.[99]

68. 미합중국 운전면허를 교부받은 주한 미군이 대한민국 내에서 주한미군규정에 의한 '양국어로 된 운전면허증'을 발급받지 않고 운전한 경우, 무면허운전에 해당하는지 여부

주한미군규정 190-1 (USFK Reg 190-1) '차량 교통 관리' 2-2는 '한국에서 개인 소유 차량을 운전하는 모든 주한 미군 등은 주한 미군 양식 134EK(양국어로 된 운전 면허 증)를 발급받아야 한다.'고 규정하고 있으나, 이는 '대한민국과아메리카합중국간의상호 방위조약제4조에의한시설과구역및대한민국에서의합중국군대의지위에관한협정(SOFA) ' 제24조의 규정 내용 및 위 '주한미군규정'의 법적 성격 등에 비추어 주한 미군의 내부적인 규율에 불과하다고 봄이 상당하므로, 합중국이나 그 하부 행정 기관이 발급한 운전 면허를 가지고 있는 합중국 군대의 구성원 등이 위 주한미군규정에 위반하여 위 양식에 의한 운전 면허증을 발급받지 않고 운전한 행위에 대해서는, 주한 미군 내에서 위 규정 위반으로 징계를 하는 것은 별론으로 하고, 위 협정 제24조의 명문 규정에 반하여 무면허 운전으로 처벌할 수 없다.[100]

69. 주취상태에서 차의 시동을 걸지 않은 채 핸드브레이크를 풀고 브레이크 페달을 조작하여 자동차를 움직이게 한 것이 도로교통법 제41조 제1항 소정의 '술에 취한 상태에서 자동차 등을 운전'한 경우에 해당하는지 여부

도로교통법 제41조 제1항에 의하면 술에 취한 상태에서 '자동차 등'{자동차와 원동기장 치자전거(같은 법 제15조 제1항) 및 건설기계관리법 제26조 제1항 단서의 규정에 의한 건설기계 외의 건설기계를 포함한다}을 운전하는 것을 금지하고 있는바, 도로교통법 제 2조 제14호에 의하면 '자동차'라고 함은 철길 또는 가설된 선에 의하지 아니하고 원동

---

99) 대전지방법원 2005. 11. 8. 선고 2005구단1140 판결 : 항소.
100) 서울지방법원 2003. 12. 19. 선고 2002고단9804 판결: 항소.

기를 사용하여 운전되는 차를 말하고 있고, 같은 조 제19호에 의하면 '운전'이라 함은 도로에서 차를 그 본래의 사용방법에 따라 사용하는 것을 말한다고 규정하고 있으므로, 결국 같은 법 제41조 제1항에서 말하는 자동차를 운전한다는 것은 원동기를 사용하여 운전하는 것이 본래의 사용방법으로 되어 있는 차를 그 본래의 사용방법에 따라 즉 원동기의 시동을 걸고 핸들이나 가속기 또는 브레이크 등을 손이나 발로 다루어 일정한 방향과 속도로 움직이게 하여 발진하거나 적어도 발진조작을 완료하는 것을 가리키는 것이라 할 것이고, 따라서 비록 술에 취한 상태에서 자동차의 핸드브레이크를 풀고 브레이크 페달을 조작하여 움직이게 하였다 하더라도 차의 엔진을 시동하지 아니하였다면 같은 법 제41조 제1항에서 말하는 '주취중 운전'에는 해당하지 않는다.[101]

70. 최종 음주시간을 확인하여 20분이 경과된 후에 측정하거나 피측정자의 입을 물로 헹구게 한 다음 측정하지 아니한 음주측정수치를 근거로 한 운전면허취소처분이 위법하다고 한 사례

음주측정기는 음주자로 하여금 측정기의 불대를 불게 하여 이 때 나오는 호흡중에 포함된 알코올의 농도에 의하여 혈중 알코올의 정도를 측정하는 것이어서 만약 피측정자의 입속에 알코올이 잔류한 상태에서 측정할 경우에는 그 잔류 알코올의 영향으로 인하여 실제의 혈중 알코올농도보다 훨씬 높은 측정수치가 나타나도록 되어 있다는 이유로, 최종 음주시간을 확인하여 20분이 경과된 후에 측정하거나 피측정자의 입을 물로 헹구게 한 다음 측정하지 아니한 음주측정수치를 근거로 한 운전면허취소처분이 위법하다.[102]

71. 한 쪽이 막혀 있고 진입하기 위하여는 경계석을 넘어야 하는 등 일반차량이 통행할 수 없는 구조이어서 주차장으로밖에 이용할 수 없는 공터가 도로교통법 제2조 제1호 소정의 '일반교통에 사용되는 모든 곳'에 해당하는지 여부

한 쪽이 막혀 있고 진입하기 위하여는 경계석을 넘어야 하는 등 일반차량이 통행할 수 없는 구조이어서 주차장으로밖에 이용할 수 없는 공터가 도로교통법 제2조 제1호 소정

---

101) 서울행정법원 1999. 3. 18. 선고 98구23641 판결 : 확정.
102) 서울행정법원 1999. 1. 27. 선고 98구19222 판결 : 확정.

의 '일반교통에 사용되는 모든 곳'에 해당하지 않는다고 한 사례.[103]

72. 음주측정 직전에 구강청결제를 입안에 뿌린 운전자에 대한 혈중알코올 농도 0.5%의 음주측정 결과가 측정 당시 운전자의 상태 및 알코올이 생리반응에 미치는 정도 등에 비추어 신빙성이 없다는 이유로, 위 측정 결과에 기한 운전면허취소처분이 위법하다고 본 사례 및 위드마크 공식에 의한 음주 정도 측정 결과를 운전면허 취소 기준으로 삼을 수 있는지 여부

음주측정 직전에 구강청결제를 입안에 뿌린 운전자에 대한 혈중 알코올농도 0.5%의 음주측정 결과가 측정 당시 운전자의 상태 및 알코올이 생리반응에 미치는 정도 등에 비추어 신빙성이 없다는 이유로, 위 측정결과에 기한 운전면허취소처분이 위법하다고 보았다. 따라서 운전자의 음주 정도를 계산하는데 사용한 위드마크 공식이 음주 정도를 정확히 측정할 수 있는 객관적이고도 합리적인 검증방법임을 뒷받침할 증거가 없을 뿐만 아니라 위 공식에 따라 운전자의 음주 정도를 계산한 근거인 운전 당시 운전자의 음주 정도, 신체조건 및 술에 대한 내성 정도 등이 모두 정확하다는 증거도 없고, 만일 이러한 방식에 의한 측정결과를 쉽사리 인정한다면 정확도가 확실하지도 아니한 산술결과에 따라 사후에 소급적으로 처벌 또는 단속될 수 있어 그 남용의 위험성도 배제할 수 없다고 할 것이어서 이를 자동차운전면허의 취소기준으로 삼을 수도 없다.[104]

73. 도로교통법 제107조의2 제2호의 음주측정불응죄의 성립요건

도로교통법 제107조의2 제2호의 음주측정불응죄는 술에 취한 상태에 있었다고 인정할 만한 상당한 이유가 있는 사람이 같은 법 제41조 제2항의 규정에 의한 경찰공무원의 측정에 응하지 아니한 경우에 성립하는 것인바, 같은 법 제41조 제2항은 경찰공무원이 교통안전과 위험방지를 위하여 필요하다고 인정하거나 제1항의 규정에 위반하여 술에 취한 상태에서 자동차 등을 운전하였다고 인정할 만한 상당한 이유가 있는 때에는 운전자가 술에 취하였는지 여부를 측정할 수 있으며 운전자는 이러한 경찰공무원의 측정에 응

---

103) 제주지방법원 1998. 11. 5. 선고 98구406 판결 : 확정.
104) 서울행정법원 1998. 9. 24. 선고 98구9300 판결 : 항소취하.

하여야 한다고 규정하고 있으므로, 교통안전과 위험방지를 위하여 필요한 경우가 아니라고 하더라도 음주측정 요구당시의 객관적 사정을 종합하여 볼 때 운전자가 술에 취한 상태에서 자동차 등을 운전하였다고 인정할 만한 상당한 이유가 있고 운전자의 음주운전 여부를 확인하기 위하여 필요한 경우에는 사후의 음주측정에 의하여 음주운전 여부를 확인할 수 없음이 명백하지 않는 한 경찰공무원은 당해 운전자에 대하여 음주측정을 요구할 수 있고, 당해 운전자가 이에 불응한 경우에는 같은 법 제107조의2 제2호 소정의 음주측정불응죄가 성립한다.[105]

74. 신빙성 없는 음주측정수치를 기초로 면허취소처분을 내린 경찰관의 행위가 직무상 불법행위를 구성한다고 본 사례

음주측정기에 의하여 최초로 측정한 결과와 2차, 3차 측정 결과가 아주 다르게 나온 경우, 최초의 측정 결과는 잘못된 것이었을 개연성이 높았다고 할 것이므로 음주운전자를 적발한 경찰관으로서는 최초 측정 결과에 대하여 의심을 품고 최초 측정에 사용하였던 음주측정기가 정상적으로 작동되는 것인지 여부를 확인하거나 채혈검사를 시행하여 보는 등으로 그 측정수치가 올바른 것인지의 여부를 확인하기 위한 필요조치를 취하였어야 함이 마땅함에도, 이러한 조치를 취하지 아니한 채 최초 측정 수치만을 경신한 나머지 이를 기초로 면허취소처분을 내린 잘못이 있다고 할 것이어서 국가는 소속공무원인 경찰관들의 잘못으로 인하여 면허취소를 당하게된 피해자가 입은 손해를 배상할 책임이 있다.[106]

75. 음주상태로 건물에 부설된 주차장 내에서 차의 주차위치를 옮기기 위하여 한 운전은 도로교통법 소정의 "주취중 운전"이라고 볼 수 없다고 한 사례

피고인은 보훈복지공단 사무국 주임(5급)으로 근무하는 자로서 서울 1종 보통운전면허를 받고 서울 (차량번호 생략) 스텔라 승용차를 운전하던 자인바, 1991. 4. 18. 23:45경 서울 강남구 논현동 141 소재 대남빌딩 주차장 입구에서 혈중 알콜농도 0.14%의 술에

---

105) 전주지방법원 1997. 9. 4. 선고 97노610 판결 : 확정.
106) 서울지방법원 1995. 11. 17. 선고 94가단151823 판결 : 항소.

취한 상태로 약 4미터가량 위 자동차를 후진한 것이다라고 함에 있는바, 피고인은 이 법정에서, 공소사실 기재 일시에 술을 마신 채 일반도로 위에서 자동차를 운전한 것이 아니라 피고인이 근무하는 사무실이 입주해 있는 대남빌딩의 주차장 내에서 원래 주차되어 있던 피고인 소유의 공소사실 기재 자동차의 주차위치를 옮기기 위하여 약 4미터 가량 위 자동차를 후진한 것뿐이므로 이는 도로교통법 소정의 주취운전에 해당되지 아니한다는 취지로 변소하므로 살피건대, 피고인 및 증인의 이 법정에서의 각 진술과 사법경찰리 작성의 실황조사서 및 공판기록에 편철된 주차장 차량배치도의 각 기재를 종합하면, 피고인은 1991. 4. 18. 공소사실 기재 대남빌딩 내에 있는 피고인의 사무실에 출근하면서 위 자동차를 위 주차장의 가운데 통로부분에 주차해 두었다가 퇴근 무렵 직장 동료들과 회식을 하면서 술을 마신 후 같은 날 22:00경 위 주차장으로 와 보니 피고인의 자동차 안쪽으로 이중주차되어 있던 타인의 자동차가 빠져나가지 않은 채 그대로 주차되어 있어 피고인이 자신의 차를 그대로 두고 퇴근하는 경우 위 자동차가 빠져나갈 수 없다고 판단하여 피고인 차의 주차위치를 옮기기 위하여 약 4미터 가량 위 자동차를 후진하다가 마침 주차되어 있던 증인의 자동차의 뒷 범퍼에 부딪히는 바람에 시비가 생기고 그로 인하여 음주운전으로 단속된 사실을 인정할 수 있다.

한편 검사는 이 건 공소사실에 대하여 도로교통법 제107조의2 제1호 , 제41조 제1항을 의율하고 있는바, 도로교통법 제41조 제1항은 운전면허를 받은 사람이라 할지라도 술에 취한 상태에서는 자동차 등을 운전해서는 아니된다라고 규정하고 있고, 같은 법 제2조 제19호는 "운전"이라 함은 도로에서 차를 그 본래의 사용방법에 따라 사용하는 것(조종을 포함한다)을 말한다라고, 또 같은 법 제2조 제1호는 "도로"라고 함은 도로법에 의한 도로, 유료도로법에 의한 유료도로, 그 밖에 일반교통에 사용하는 모든 곳을 말한다고 각 규정하고 있다.

이러한 규정들과 도로교통법의 입법취지에 비추어 보건대, 위 인정사실과 같이 피고인이 건물에 부설된 주차장 내에서 단순히 주차된 차의 위치를 옮기기 위하여 자동차를 운행한 경우에는 도로교통법 제2조 제1호 소정의 "도로"에서 차를 사용했다고 보기는 어렵다 할 것이고, 따라서 이를 전제로 하는 같은 법 제2조 제19호 소정의 "운전"에 해당한다고 할 수 없다 할 것이므로, 결국 같은 법 제41조 제1항에 규정된 주취중 운전이

라고 볼 수도 없다 할 것이다.107)

76. 자동차의 소유자 또는 보유자가 음주 등으로 인하여 일시적으로 타인에게대리운전을 시킨 경우 자동차의 운행지배와 운행이익을 상실하는지 여부

자동차의 소유자 또는 보유자가 주점에서의 음주 기타 운전장애 사유 등으로 인하여 일시적으로 타인에게 자동차의 열쇠를 맡겨 대리운전을 시킨 경우, 위 대리운전자의 과실로 인하여 발생한 차량사고의 피해자에 대한 관계에서는 자동차의 소유자 또는 보유자가 객관적, 외형적으로 위 자동차의 운행지배와 운행이익을 가지고 있다고 보는 것이 상당하고, 대리운전자가 그 주점의 지배인 기타 종업원이라 하여 달리 볼 것은 아니다.108)

77. 음주측정 결과를 유죄의 증거로 삼기 위한 요건 및 혈중알코올농도 측정치가 0.058%로 나왔다는 사실만으로는 음주운전의 법정 최저 기준치인 혈중알코올농도 0.05% 이상의 상태에서 자동차를 운전하였다고 단정할 수 없다고 한 원심의 판단을 수긍한 사례

구 도로교통법(2005. 5. 31. 법률 제7545호로 전문 개정되기 전의 것) 제41조 제2항의 규정에 의하여 실시한 음주측정 결과는 그 결과에 따라서는 운전면허를 취소하거나 정지하는 등 당해 운전자에게 불이익한 처분을 내리게 되는 근거가 될 수 있고 향후 수사와 재판에 있어 중요한 증거로 사용될 수 있는 것이므로, 음주측정을 함에 있어서는 음주측정 기계나 운전자의 구강 내에 남아 있는 잔류 알코올로 인하여 잘못된 결과가 나오지 않도록 미리 필요한 조치를 취하는 등 음주측정은 그 측정결과의 정확성과 객관성이 담보될 수 있는 공정한 방법과 절차에 따라 이루어져야 하고, 만약 당해 음주측정 결과가 이러한 방법과 절차에 의하여 얻어진 것이 아니라면 이를 쉽사리 유죄의 증거로 삼아서는 아니 될 것이다. 한편, 피고인에 대한 음주측정시 구강 내 잔류 알코올 등으로 인한 과다측정을 방지하기 위한 조치를 전혀 취하지 않았고, 1개의 불대만으로 연속적으

---

107) 서울형사지방법원 1992. 1. 30. 선고 91고단5797 판결 : 상고기각.
108) 대법원 1994. 4. 15. 선고 94다5502 판결.

로 측정한 점 등의 사정에 비추어, 혈중알코올농도 측정치가 0.058%로 나왔다는 사실 만으로는 피고인이 음주운전의 법정 최저 기준치인 혈중알코올농도 0.05% 이상의 상태에서 자동차를 운전하였다고 단정할 수 없다고 한 원심의 판단을 수긍하였 다.109)

---

109) 대법원 2006. 5. 26. 선고 2005도7528 판결.

Ⅴ. 자동차운전면허구제 최신 재결례

1. 택시운전자격취소처분취소 – 기각결정

(금고이상의 실형을 선고받고 집행이 끝나거나 면제된 날로부터 20년이 경과하지 아니한 자)

사 건 명	**택시운전자격 취소처분 취소 심판청구**
사건번호	행심 2014-55
재결일자	2014.3.31.
재결결과	기각

재결 요지

여객자동차운수사업법 제24, 제87조 및 같은 법 시행령 제16조의 규정에 의하면 마약류 관리에 관한 법률 위반으로 금고이상의 실형을 선고받고 집행이 끝나거나 면제된 날로부터 20년이 경과하지 아니한 자는 택시운전자격을 취득할 수 없고, 택시운전자격을 취득 한 후 이에 해당하게 된 경우 그 자격을 취소하여야 한다고 규정하고 있는바, 이 사건 처분 당시 청구인이 2012. 3. 30. 마약류 관리에 관한 법률 위반으로 징역 6월의 형을 선고받고 집행이 종료한 이후 20년이 경과하지 아니한 사실이 인정되며 이는 여객자동차운수사업법 제24조 및 제87조가 규정하는 택시운전자격 취소 요건에 해당하는 것이어서 피청구인이 청구인에게 한 이 사건 처분에 달리 위법함은 있어 보이지 아니한다. 나아가 청구인은 마약류관리에 관한 법률 위반으로 징역 6월을 선고받고 출소한 이후 택시회사에 취업한 사실이 있고 택시 운전을 하는 동안 손님을 친절하게 모시고 마약 퇴치운동에도 앞장 서 온 점 등을 주장하나 이를 이유로 청구인에게 택시운전자격을 부여하여야 한다고 할 수는 없는 것이고, 이 사건 처분으로 인해 청구인이 겪게 되는 생계 곤란 등을 살핀다 하더라도 법이 정한 자격요건은 엄격하게 해석하여야 할 것이어서 이 사건 처분으로 달성하고자 하는 공익이 이 사건 처분으로 인하여 청구인이 입게 되는 불이익에 비하여 가볍다고 할 수는 없는 것이라 할 것이다.

주문

청구인의 청구를 기각한다.

청구 취지

피청구인이 청구인에 대하여 2013. 12. 30.자로 한 택시운전자격 취소 처분은 이를 취소한다.

이유

1. 사건개요

가. 피청구인은 2013. 12. 2.○○시로부터 청구인이 2012. 3. 30 마약류 관리에 관한 법률 위반으로 징역 6월의 형을 선고받은 사실을 통보받았다.

나. 이에 피청구인은 2013. 12. 5. 처분사전통지, 같은 달 12. ~ 27. 공시송달 공고를 거친 후 같은 달 30. 여객자동차 운수사업법 제24조, 제87조 등에 의거 청구인의 택시운전자격 취소 처분(이하 '이 사건 처분'이라 한다.)을 하였다.

2. 청구인 주장

가. 청구인은 마약류관리에 관한 법률 위반으로 징역 6월을 선고받고 출소한 이후, 2013. 3. 22. 교통안전공단 운전적성 정밀검사 종합판정표를 받아 ○○택시, ○○택시에 취업한 사실이 있다. 처음 법인택시 운행시부터 술취한 승객을 집 문까지 태워주고, 늦은 밤 여성승객이 집안으로 안전하게 들어가는 것을 확인하며 영업을 하였다. 법인택시 영업 중 승차거부, 불친절 등 어떤 이유로도 처분을 받은 전력이 없다.

나. 2013. 4. 24. 마약판매자를 신고하는 등 마약 판매자를 끊임없이 신고하여 마약

퇴치운동에 앞장서고 있다. 청구인이 단지 마약 실형전과가 있다는 이유로 택시운전 자격을 취소하는 것은 인간의 존엄과 직업선택의 자유를 보장한 헌법정신에 반하는 위법한 처분이다. 다른 일을 한 경험이 없고 유일하게 택시운전 자격증만 소지한 60세의 나이로 생계가 달린 문제다. 선처를 바란다.

3. 피청구인 주장

가. 범죄경력 통보자료에 의하면 청구인은 마약류관리에 관한 법률 위반으로 2012. 3. 30. 징역 6월의 처분을 받은 사실이 있다. 마약류관리에 관한 법률 위반 죄에 대하여 자격취소 처분을 하도록 한 것은 교통안전을 보호하기 위한 것이다.

나. 청구인은 다른 일을 한 경험이 없고 생계문제를 이유로 선처를 바라나, 처분청은 개인의 어려운 환경을 감안하여 처분할 수는 없는 것이다. 처분청은 법이 정한 절차와 처분기준에 따라 처분하는 것으로 이 사건 처분은 정당한 처분이다.

4. 이 사건 처분의 위법·부당 여부

가. 관계법령

여객자동차운수사업법 제24조, 제87조

여객자동차운수사업법시행령 제16조

- 마약류 관리에 관한 법률 위반으로 금고이상의 실형을 선고받고 집행이 끝나거나 면제된 날로부터 20년이 경과하지 아니한 경우 : 택시운전자격 취소

나. 판 단

(1) 청구인과 피청구인이 제출한 문서의 기재사실과 관련법규 등에 의하면 다음 사실을 인정할 수 있다.

(가) 피청구인은 2013. 12. 2. ○○시로부터 청구인이 2012. 3. 30 마약류 관리에 관한 법률 위반으로 징역 6월의 형을 선고받은 사실을 통보받았다.

(나) 피청구인은 2013. 12. 5. 청구인에 대하여 처분사전통지를 하였고 처분사전통지서가 수취인 불명으로 청구인에게 송달되지 못하였다.

(다) 이에 따라 피청구인은 2013. 12. 12. ~ 27. 공시송달 공고를 거쳐 같은 달 3
0. 여객자동차 운수사업법 제24조, 제87조 등에 의거 이 사건 처분을 하였다.

(2) 살피건대, 여객자동차운수사업법 제24, 제87조 및 같은 법 시행령 제16조의 규정
에 의하면 마약류 관리에 관한 법률 위반으로 금고이상의 실형을 선고받고 집행이
끝나거나 면제된 날로부터 20년이 경과하지 아니한 자는 택시운전자격을 취득할
수 없고, 택시운전자격을 취득 한 후 이에 해당하게 된 경우 그 자격을 취소하여야
한다고 규정하고 있는 바,

(가) 청구인과 피청구인이 제출한 자료에 의하면, 이 사건 처분 당시 청구인이 201
2. 3. 30. 마약류 관리에 관한 법률 위반으로 징역 6월의 형을 선고받고 집행
이 종료한 이후 20년이 경과하지 아니한 사실이 인정되며 이는 여객자동차운
수사업법 제24조 및 제87조가 규정하는 택시운전자격 취소 요건에 해당하는
것이어서 피청구인이 청구인에게 한 이 사건 처분에 달리 위법함은 있어 보이
지 아니한다.

(나) 나아가 청구인은 마약류관리에 관한 법률 위반으로 징역 6월을 선고받고 출소
한 이후 택시회사에 취업한 사실이 있고 택시 운전을 하는 동안 손님을 친절하
게 모시고 마약 퇴치운동에도 앞장 서 온 점 등을 주장하나 이를 이유로 청구
인에게 택시운전자격을 부여하여야 한다고 할 수는 없는 것이고, 이 사건 처분
으로 인해 청구인이 겪게 되는 생계 곤란 등을 살핀다 하더라도 법이 정한 자
격요건은 엄격하게 해석하여야 할 것이어서 이 사건 처분으로 달성하고자 하
는 공익이 이 사건 처분으로 인하여 청구인이 입게 되는 불이익에 비하여 가볍
다고 할 수는 없는 것이라 할 것이다.

5. 결 론

그렇다면, 청구인의 청구는 이유 없다고 할 것이므로 이를 기각하기로 하여 주문과 같
이 재결한다.

2. 자동차운전면허 취소처분 취소청구 – 인용(결격기간 계산)

사 건 명	**자동차운전면허 취소처분 취소청구**
사건번호	2013-16651
재결일자	2013. 10. 15.
재결결과	인용

재결 요지

이 사건 처분의 원인이 되는 이 사건 무면허운전이 2013년 6월경 적발되었다고 하더라도 청구인은 위 제1종 보통운전면허 취득일(2011. 5. 9.)까지 벌금 이상의 형의 선고를 받은 사실이 없는 점, 청구인이 무면허운전에 대하여 벌금 이상의 형의 선고를 받은 경우 그 때 청구인의 운전면허를 취소하고 결격기간을 적용할 수 있는지는 별론으로 하더라도 그 이전까지는 청구인에게 운전면허취득 결격기간을 적용할 수 없다 할 것인 점, 청구인이 위 제1종 보통운전면허를 취득한 2011. 5. 9.에는 무면허운전으로 적발된 상태에 있지도 않아 운전면허의 결격기간을 적용할 수 없으므로 운전면허의 취득이 가능했다고 할 것인 점 등을 종합적으로 고려할 때, 청구인이 허위 또는 부정한 방법으로 운전면허를 취득(결격기간 중 운전면허 취득)했다고 하기는 어려우므로 피청구인의 이 사건 처분은 위법·부당함

주문

피청구인이 2013. 8. 5. 청구인에게 한 2013. 8. 25.자 제1종 보통운전면허 취소처분을 취소한다.

청구 취지

피청구인이 2013. 8. 5. 청구인에게 한 2013. 8. 25.자 제1종 보통운전면허 취소처분을 취소한다.

이유

1. 사건개요

청구인이 허위·부정한 방법으로 운전면허를 취득(결격기간 중 운전면허 취득)했다는 이유로 피청구인이 2013. 8. 5. 청구인의 운전면허를 취소(이하 '이 사건 처분'이라 한다)하였다.

2. 관계법령

도로교통법 제93조제1항제8호

도로교통법 시행규칙 제91조제1항 별표 28 중 2. 취소처분 개별기준의 일련번호란 11

3. 인정사실

청구인과 피청구인이 제출한 자료에 따르면 다음과 같은 사실을 인정할 수 있다.

가. 청구인은 이 사건 당시 전자제품 제조업체 직원이던 자로서, 2002. 1. 8. 제1종 보통운전면허를 취득하여 2010. 4. 2. 음주운전 중 인적 피해가 있는 교통사고를 일으켜 운전면허가 취소된 후 2011. 5. 9. 제1종 보통운전면허를 다시 취득하였는바, 최초로 운전면허를 취득한 이래 1회의 교통사고전력(2010. 2. 21. 중상 1명·경상 2명·물적 피해)과 3회의 교통법규위반전력(2010. 7. 13. 무면허운전 등)이 있다.

나. 청구인은 2010. 2. 21. 음주운전(혈중알코올농도 0.098%) 중 인적 피해가 있는 교통사고를 일으켜 2010. 4. 2.자로 운전면허가 취소됨으로써 청구인의 운전면허 취득 결격기간은 2010. 4. 2.부터 2011. 4. 1.까지로 되었다.

다. 위와 같이 운전면허가 취소된 상태에서 청구인이 2010. 7. 13. 01:15경 승용차를

운전(이하 '이 사건 무면허운전'이라 한다)하다가 ○○○○시 ○○구 ○○동 36-1
번지에 있는 ○○부대사거리에서 박○○이 운전하던 화물차량을 충격하여 박○○
과 동승자 김○○에게 각각 전치 2주의 인적 피해와 62만원의 물적 피해가 있는
교통사고를 일으킨 후 보험처리만 하고 경찰에 신고하지 않았다.

라. 청구인의 기존 운전면허취득 결격기간(2010. 4. 2. - 2011. 4. 1.)이 경과한 201
1. 5. 9. 청구인이 제1종 보통운전면허를 취득하였다.

마. 피청구인이 2013. 6. 22. 이 사건 무면허운전을 이유로 공부에 청구인의 운전면허
취득 결격기간을 2010. 7. 13.부터 2011. 7. 12.까지로 기재하였다.

바. 피청구인이 2013. 8. 5. 청구인이 2011. 5. 9. 제1종 보통운전면허를 취득한 것은
허위·부정한 방법으로 운전면허를 취득한 행위에 해당한다는 이유로 피청구인이
청구인에게 이 사건 처분을 하였다.

4. 이 사건 처분의 위법·부당 여부

「도로교통법」 제82조제2항제1호에 따르면, 운전면허를 받지 아니하고 자동차를 운전
하여 벌금 이상의 형(집행유예를 포함한다)의 선고를 받은 사람은 위반한 날부터 1년
이 지나지 아니하면 운전면허를 받을 수 없다고 되어 있고, 같은 법 제93조 제1항 제8
호에 따르면, 제82조에 의하여 운전면허를 받을 수 없는 사람이 운전면허를 받거나 허
위 그 밖의 부정한 수단으로 운전면허를 받은 때에는 운전면허를 취소할 수 있다고 되
어 있다.

위 인정사실에 따르면, 청구인이 2010. 4. 2. 운전면허가 취소된 후 무면허 상태에서
2010. 7. 13. 승용차를 운전한 사실과 2011. 5. 9. 제1종 보통운전면허를 취득한 사실
은 인정된다.

그러나 이 사건 처분의 원인이 되는 이 사건 무면허운전이 2013년 6월경 적발되었다
고 하더라도 청구인은 위 제1종 보통운전면허 취득일(2011. 5. 9.)까지 벌금 이상의 형
의 선고를 받은 사실이 없는 점, 청구인이 무면허운전에 대하여 벌금 이상의 형의 선
고를 받은 경우 그 때 청구인의 운전면허를 취소하고 결격기간을 적용할 수 있는지는
별론으로 하더라도 그 이전까지는 청구인에게 운전면허취득 결격기간을 적용할 수 없

다 할 것인 점, 청구인이 위 제1종 보통운전면허를 취득한 2011. 5. 9.에는 무면허운전으로 적발된 상태에 있지도 않아 운전면허의 결격기간을 적용할 수 없으므로 운전면허의 취득이 가능했다고 할 것인 점 등을 종합적으로 고려할 때, 청구인이 허위 또는 부정한 방법으로 운전면허를 취득(결격기간 중 운전면허 취득)했다고 하기는 어려우므로 피청구인의 이 사건 처분은 위법·부당하다.

5. 결   론

그렇다면 청구인의 주장을 인정할 수 있으므로 청구인의 청구를 받아들이기로 하여 주문과 같이 재결한다.

3. 자동차운전면허 취소처분 취소청구 - 일부인용(강제추행)

사 건 명	**자동차운전면허 취소처분 취소청구**
사건번호	중앙행심2013-09961
재결일자	2013.08.13.
재결결과	일부인용

재결 요지

청구인은 청구인이 운전하는 택시에 탄 피해자에게 음담패설을 하면서 피해자의 허벅지를 손가락으로 2회 툭툭 쳐서 피해자에게 심한 모욕감을 느끼게 했으므로 청구인의 위 행위가 순간적인 행위에 불과하더라도 피해자의 의사에 반하여 행하여진 유형력의 행사에 해당하고 피해자의 성적 자유를 침해할 뿐만 아니라 일반인의 입장에서도 추행 행위로 평가될 수 있다. 또한 피의자신문시의 답변에 비추어 청구인도 자신의 행위가 「형법」상 강제추행에 해당됨을 인정하였다고 볼 수 있다.

그러나 청구인이 운전면허를 취득한 이래 36년 3개월 동안 사고 없이 운전한 점, 청구인이 피해자와 합의하였고 검찰에서도 피해자가 고소를 취소하였음을 이유로 불기소로 결정한 점, 청구인이 개인택시를 운전하여 생계를 유지하고 있는 점 등을 고려할 때, 도로교통법 제93조 제1항 제11호, 도로교통법 시행규칙 제9조 제1항 별표 28중 2. 취소처분 개별기준의 일련번호란 13, 「형법」 제298조(강제추행)에 근거한 이 사건 자동차운전면허 취소처분은 다소 가혹하다.

주문

피청구인이 2013. 4. 17. 청구인에게 한 2013. 5. 19.자 제1종 대형, 제1종 보통 운전면허 취소처분을 110일의 제1종 대형, 제1종 보통 운전면허 정지처분으로 변경한다.

청구 취지

피청구인이 2013. 4. 17. 청구인에게 한 2013. 5. 19.자 제1종 대형, 제1종 보통 운전
면허 취소처분을 취소한다.

이유

1. 사건 개요
청구인이 2013. 4. 2. 자동차를 이용하여 범죄행위(강제추행)를 하였다는 이유로 피청
구인이 2013. 4. 17. 청구인의 운전면허를 취소하였다.

2. 관계법령
도로교통법 제93조 제1항 제11호
도로교통법 시행규칙 제9조 제1항 별표28 중 2. 취소처분 개별기준의 일련번호란 13

3. 인정사실
청구인과 피청구인이 제출한 자료에 따르면, 다음과 같은 사실을 인정할 수 있다.

가. 청구인은 이 사건 당시 개인택시 운전기사이던 자로서, 1975. 6. 4. 제1종 보통운
　　전면허를 취득하여 1994. 3. 25. 음주운전으로 운전면허가 취소된 후 1995. 7. 2
　　8. 제1종 보통운전면허를 다시 취득하였는데, 최초로 운전면허를 취득한 이래 교
　　통사고전력은 없고, 4회의 교통법규위반전력(2011. 4. 25. 주정차방법 및 시간제
　　한 위반 등)이 있다.

나. 신○○(여, 만 27세, 이하 '피해자'라 한다)은 청구인이 2013. 4. 2. 택시 승객인

피해자를 강제추행 했다는 이유로 같은 날 ○○경찰서장에게 청구인을 고소했고, 고소장의 주요내용은 아래와 같다.

○ ○○동 ○○교 건너편에서 개인택시를 타고 ○○사거리까지 가는 중 허벅다리를 툭툭 건들면서 "가슴이 크다. 맛있게 생겼다. 술 한잔 하면서 마음 맞으면 엔조이 하자."고 하면서 명함을 주었음.

다. 피해자에 대한 2013. 4. 2.자 진술조서의 주요내용은 아래와 같다.

○ 택시 뒷좌석에 승차하여 목적지로 가던 중 ○○시 ○○동 ○○여고 부근에서 담배를 피우고 싶다고 말하고 차에서 내려 담배를 한 대 피우고 다시 뒷좌석에 승차하려고 하니까 그냥 앞좌석에 승차하라고 하여 아무 생각없이 앞좌석에 승차했는데 갑자기 "가슴이 크다. 신랑이 밑에 잘 빨아주냐"고 하여 피해자가 밑에 빨아주는 것이 싫다고 하자 다시 청구인이 "밑에 빨아주는 것이 싫으냐, 그럼 가슴을 빨아주는 것이 좋냐"고 하여 가만히 있으니까 재차 청구인이 "애무를 잘 해주는 남자를 만나면 3-4회 싼다. 맛있게 생겼다. 술 한잔 하면서 마음 맞으면 엔조이 하자"고 하면서 손으로 피해자의 허벅지 부위를 계속 쿡쿡 찌르면서 청구인의 명함을 꺼내 주었음.

○ 신랑을 만나 청구인과 있었던 일에 대하여 이야기를 했더니 신랑이 신고를 해야 한다고 하여 같이 파출소로 오게 되었음.

○ 피해자가 가만히 있는데 청구인이 갑자기 음담패설을 하면서 오른손으로 허벅지를 툭툭 건드렸으며 청구인이 음담패설을 하면서 다리를 만져 심한 모욕감과 더러운 생각이 들었음.

라. 청구인이 서명·무인한 2013. 4. 5.자 피의자신문조서의 주요내용은 아래와 같다.

○ 피해자를 추행하지 않았고 피해자의 허벅지를 2회 정도 툭툭 친 후 "몸이 좋다. 그런 여자를 남자들이 좋아한다. 남자들과 속궁합이 맞아야 살 수 있다"는 식의 음담패설을 하였으며 가슴이 큰 것을 남자들이 좋아한다는 뜻으로 가슴이 크다는 말은 하였으나 엔조이를 하자고는 하지 않았음.

○ 피해자가 담배를 피워서 순간적으로 음담패설을 한 것 같음.

○ 청구인의 말과 행동이 피해자에게 성적 수치심을 주었다고 생각하지 않냐는 경찰의 질문에 그렇다고 생각하고 인정한다고 답변함.

○ 피해자의 허벅지를 손가락으로 2회 툭툭 쳤을 때 피해자는 아무 말도 하지 않았음.

○ 택시 뒷자리에 탄 피해자가 담배를 피운다고 하여 택시를 정차한 후 피해자가 담배를 피우고 다시 택시 뒷좌석에 타려고 하자 앞좌석에 타라고 한 것은 사실이나 피해자의 몸을 만지려고 일부러 앞으로 타라고 한 것은 아님.

마. 전남○○경찰서의 수사결과보고서의 주요내용은 아래와 같다.

○ 범죄사실: 청구인은 택시 승객인 피해자를 태우고 운전 하던 중 피해자에게 "가슴이 크다. 신랑이 밑에서 잘 빨아주냐, 가슴이 흥분이 잘 되냐, 애무를 잘 해주는 남자를 만나면 3-4회 싼다. 맛있게 생겼다. 술 한잔 하면서 마음 맞으면 엔조이 하자."는 등 음담패설을 하면서 우측 손으로 피해자의 좌측 허벅지를 2회 가량 툭툭 치는 등 피해자가 목적지에 도착하기까지 약 20분에 걸쳐 피해자를 추행함.

○ 수사결과 및 의견: 청구인이 범행을 자백하고 고소장, 피해자 진술 등으로 보아 혐의가 인정되므로 기소 의견으로 송치하고자 함.

바. 피해자는 2013. 4. 6. 청구인으로부터 350만원을 지급받고 민·형사상 이의를 제기하지 않기로 한다는 내용의 합의서를 작성하였고, 2013. 4. 16. 청구인과 원만히 합의하여 청구인에 대한 형사처벌을 원치 않기 때문에 고소를 취소한다는 내용의 고소취소장을 여수경찰서장에게 제출하였으며, 광주지방검찰청 순천지청에서는 2013. 4. 17. 이 사건 강제추행에 대하여 피해자가 고소를 취소했다는 이유로 '공소권 없음'으로 결정했다.

사. 피청구인은 2013. 4. 17. 청구인에게 이 사건 처분을 하였다.

4. 이 사건 처분의 위법·부당 여부

가. 「도로교통법」 제93조 제1항 제11호에 따르면, 지방경찰청장은 운전면허를 받은 사람이 자동차 등을 이용하여 살인 또는 강간 등 안전행정부령이 정하는 범죄행위를 한 때에는 운전면허를 취소할 수 있다고 규정되어 있고, 같은 법 시행규칙 제91조 제1항 및 별표 28의 2. 취소처분 개별기준의 일련번호란 13에 따르면, 자동차 등을 이용하여 범죄행위를 한 때라 함은 「형법」을 위반한 살인, 사체유기, 방화, 강도, 강간, 강제추행, 약취·유인·감금, 상습절도, 교통방해의 범죄에 이용된 때라고 규정되어 있으며, 「형법」 제298조(강제추행)에 따르면, 폭행 또는 협박으로 사람에 대하여 추행을 한 자는 10년 이하의 징역 또는 1천500만원 이하의 벌금에 처한다고 규정되어 있다.

나. 강제추행죄는 상대방에 대하여 폭행 또는 협박을 가하여 항거를 곤란하게 한 뒤에 추행행위를 하는 경우뿐만 아니라 폭행행위 자체가 추행행위라고 인정되는 경우도 포함되는 것이며, 이 경우에 있어서의 폭행은 반드시 상대방의 의사를 억압할 정도의 것임을 요하지 않고 상대방의 의사에 반하는 유형력의 행사가 있는 이상 그 힘의 대소강약을 불문하고, 추행이라 함은 객관적으로 일반인에게 성적 수치심이나 혐오감을 일으키게 하고 선량한 성적 도덕관념에 반하는 행위로서 피해자의 성적 자유를 침해하는 것인데(대법원 2002. 4. 26. 선고 2001도2417 판결), 위 인정사실에 따르면, 청구인은 청구인이 운전하는 택시에 탄 피해자에게 음담패설을 하면서 피해자의 허벅지를 손가락으로 2회 툭툭 쳐서 피해자에게 심한 모욕감을 느끼게 했으므로 청구인의 위 행위가 순간적인 행위에 불과하더라도 피해자의 의사에 반하여 행하여진 유형력의 행사에 해당하고 피해자의 성적 자유를 침해할 뿐만 아니라 일반인의 입장에서도 추행행위로 평가될 수 있다. 또한 청구인도 2013. 4. 5. 피의자신문 당시 청구인의 말과 행동이 피해자에게 성적 수치심을 주었다고 생각하지 않느냐는 경찰의 질문에 그렇다고 생각하고 인정한다고 답변한 점에 비추어 청구인도 택시를 운전하면서 한 자신의 행위가 「형법」상 강제추행에 해당됨을 인정하였다고 볼 수 있다.

다. 그러나 청구인이 운전면허를 취득한 이래 36년 3개월 동안 사고 없이 운전한 점, 청구인이 피해자와 합의하였고 검찰에서도 피해자가 고소를 취소하였음을 이유로 불기소로 결정한 점, 청구인이 개인택시를 운전하여 생계를 유지하고 있는 점 등을 고려할 때 이 사건 처분은 다소 가혹하다.

5. 결   론

그렇다면 청구인의 주장을 일부 인정할 수 있으므로 이 사건 처분을 감경하기로 하여 주문과 같이 재결한다.

참조 조문

도로교통법 제93조 제1항 제11호,   도로교통법 시행규칙 제9조 제1항 별표 28중 2. 취소처분 개별기준의 일련번호란 13, 형법 제298조(강제추행)

참조 판례

대법원 2002. 4. 26. 선고 2001도2417 판결

4. 자동차운전면허 취소처분 취소청구(강제추행)

사 건 명	**자동차운전면허 취소처분 취소청구**
사건번호	중앙행심2013-09126
재결일자	2013.08.13.
재결결과	기각

재결 요지

「형법」제299조에서 준강제추행을 한 자는 같은 법 제298조의 강제추행의 예에 의하여 처벌하도록 되어 있으며, 「도로교통법」의 입법취지상 운전면허를 받은 사람이 자동차 등을 이용하여 「형법」을 위반해 강제추행 등의 범죄행위를 한 때에는 준강제추행도 포함된다고 할 것이다.

청구인은 피해자에게 강제추행을 한 사실이 없다는 취지로 주장하나, 이 사건 인정사실에 따르면 청구인이 청구인의 개인택시 안에서 잠을 자고 있어 항거불능인 상태에 있는 피해자를 강제추행한 사실이 인정된다. 따라서, 청구인이 자동차를 이용하여 범죄행위(준강제추행)를 하였다는 이유로 한 피청구인의 이 사건 처분이 위법·부당하다고 할 수 없다.

주문

청구인의 청구를 기각한다.

청구 취지

피청구인이 2013. 5. 15. 청구인에게 한 2013. 5. 28.자 제1종 대형, 제1종 보통 운전면허 취소처분을 취소한다.

이유

1. 사건개요
청구인이 2012. 10. 31. 자동차를 이용하여 범죄행위(준강제추행)를 했다는 이유로 피청구인이 2013. 5. 15. 청구인의 운전면허를 취소하였다.

2. 관계법령
도로교통법 제93조제1항제11호
도로교통법 시행규칙 별표 28 중 2. 취소처분 개별기준의 일련번호란 13

3. 인정사실
청구인과 피청구인이 제출한 자료에 의하면, 다음과 같은 사실을 인정할 수 있다.

가. 청구인은 이 사건 당시 개인택시 운전기사이던 자로서, 1982. 4. 15. 제1종 보통운전면허를 취득하여 1990. 8. 31. 음주운전으로 운전면허가 취소된 후 1991. 11. 8. 제1종 보통운전면허를 재취득하였는바, 최초로 운전면허를 취득한 이래 이 사건처분 전까지 1회의 교통사고전력(1983. 9. 23. 경상 1인)이 있고, 6회의 교통법규 위반전력(2004. 6. 30. 음주운전 등)이 있다.

나. 피해자 장○○(여, 이하 '피해자'라 한다)가 서명·무인한 2012. 10. 31.자 진술조서에는 다음과 같은 내용이 기재되어 있다.

1) 피해자는 2012. 10. 31. 08:35경 인천광역시 ○○구 ○○동에 있는 ○○의 거리 앞길에서 남자친구를 만나러 가기 위해 택시에 탑승하게 되었는데, 택시기

사에게 정확한 목적지를 알려주기 위해 조수석에 앉아 택시에 장착된 네비게이션에 직접 주소를 입력해준 후 남자친구에게 택시에 탔다며 전화를 걸고는 택시 안에서 잠이 들었다.

2) 피해자는 잠결에 이상한 느낌이 들어 깨어보니 청구인이 피해자의 치마를 걷어 올리고 속바지 속으로 손을 깊숙히 넣은 채 음부를 마구 주무르는 등 강제로 추행하면서 "기분좋아? 오빠야!"라고 하여 너무 놀랍고 무서워 택시를 세워 달라고 소리쳤고, 이에 기사가 택시를 세우는 틈을 이용해 지갑과 휴대폰이 든 쇼핑백을 놔두고서 어딘지도 모른 채 가방만 들고 급히 택시에서 내렸더니 그 택시는 그대로 가버렸다.

3) 피해자는 택시에서 내린 후 무작정 걸어갔더니 부동산중개업소가 나와 거기에 있던 어떤 아주머니에게 부탁하여 2012. 10. 31. 09:18경 남자친구에게 다시 전화를 걸었고, 남자친구를 통해 같은 날 09:25경 경찰에 신고하고 경찰관과 파출소로 임의동행하였으며, 그 당시 택시기사가 피해자에게 강제추행과 함께 한 말이 귀에 맴돌아 계속 눈물이 나고 성적 수치심에 너무 불쾌하였고, 경황이 없어 그런지 그 택시의 차량번호도 기억나지 않았다.

다. 청구인이 서명·무인한 2013. 1. 27.자 피의자신문조서에는 청구인은 2012. 10. 31. 08:30경부터 09:10경까지의 사이에 이 사건 현장에서 개인택시 영업을 한 사실이 있는지 여부를 묻는 경찰의 신문에 기억이 나지 않는다고 하였으나 경찰이 제시한 동영상 자료, GPS자료 등을 보고는 청구인이 위 시각 이 사건 현장에서 직접 개인택시 영업을 한 사실 및 CCTV 영상자료와 GPS자료의 기록일치 등을 인정하면서도 피해자를 강제추행하거나 피해자의 지갑 및 스마트폰 등의 절취에 대하여는 기억이 없다거나 모른다고 진술한 것으로 기재되어 있다.

라. 인천ㅇㅇ경찰서의 2013. 2. 20.자 수사결과보고서에는 다음과 같은 내용이 기재

되어 있다.

1) 경찰에서는 이 사건 현장(○○역→○○동) 부근의 CCTV 영상자료를 확보·분석한 결과 ○○동에 진입하여 목적지 없이 골목길을 돌아다니다가 ○○초등학교 옆 골목길에 몇 분 동안 이유 없이 정차하였다가 행인이 출현하자 급히 출발하는 '개인택시 나조 은색 NF소나타 ○○콜택시'를 우선 지목하고 ○○콜택시 회사를 상대로 압수수색 검증영장을 집행하여 이 사건 당일의 GPS자료의 기록을 확보·분석을 통해 피해자의 택시 승하차 시간 및 장소 등이 일치하는 청구인 소유 개인택시를 범죄차량으로 특정하였다.

2) 피해자는 청구인에게 강제추행의 피해를 당한 후 2012. 10. 31. 09:13경 청구인이 택시를 세우는 틈을 이용해 쇼핑백[지갑(현금 8만원, 외국환 지폐 3매, 카드 2매 등), 스마트폰(90만원 상당)]을 놔둔 채 가방만 들고 급히 청구인의 택시에서 내렸다고 하면서 강제추행 및 절도를 이유로 청구인에 대한 처벌을 요구하였다.

3) 청구인은 인천광역시 ○○구 ○○동에 있는 ○○초등학교 부근 등 여러 곳에서 확보된 CCTV자료에서 경찰이 특정한 택시의 뒷유리 등에 부착된 '색소폰동호회', '백마상조회' 등의 스티커를 보고는 이 사건 당일 범죄현장에 있었던 청구인의 개인택시가 맞다고 진술하면서도 피해자를 강제추행하거나 피해자의 지갑 및 스마트폰을 절취한 사실에 대하여는 청구인이 전혀 기억이 나지 않는다고 진술하였다.

4) 경찰은 청구인이 범행을 부인하나 주거가 일정하고 출석요구에 순순히 응하였으므로 불구속 기소의견을 제시하였다.

4. 이 사건 처분의 위법·부당 여부

가. 관계법령

「도로교통법」 제93조제1항제11호, 같은 법 시행규칙 별표 28 중 2. 취소처분 개별기준의 일련번호란 13에 따르면 운전면허를 받은 사람이 자동차를 이용하여 강도, 강간, 강제추행 등의 범죄행위를 한 때에는 운전면허를 취소하여야 한다고 되어 있다.

한편,「형법」 제299조에 따르면 사람의 심신상실 또는 항거불능의 상태를 이용하여 간음 또는 추행을 한 자는 같은 법 제297조(강간), 제298조(강제추행)의 예에 의한다고 되어 있다.

나. 판단

1) 청구인은 피해자에게 강제추행을 한 사실이 없다는 취지로 주장하나, 위 인정사실에 따르면, 청구인이 이 사건 당시 강제추행 및 절도에 대하여만 부인할 뿐 청구인이 이 사건 현장의 CCTV 영상자료 및 청구인의 개인택시의 GPS자료의 운행기록을 보면서 피해자가 진술한 강제추행 등을 당한 시각에 이 사건 현장에서 개인택시 영업을 한 사실 및 CCTV 영상자료와 GPS자료의 기록이 일치한다고 인정한 점, 경찰조사과정에서 청구인은 기억이 없다거나 모른다고 답변한데 반해 피해자는 그 당시 청구인으로부터 강제추행의 피해를 입고 있었던 상황을 눈 앞에 보이는 듯 상당히 구체적이고 일목요연하게 진술하면서 적극적으로 청구인에 대하여 처벌을 요구한 점, 피해자가 굳이 청구인으로부터 강제추행을 당하였다고 거짓으로 진술할 만한 특별한 사정이 있어 보이지도 않는 점 등을 고려할 때 청구인은 청구인의 개인택시 안에서 잠을 자고 있어 항거불능인 상태에 있는 피해자를 강제추행한 사실이 인정된다.

2) 또한 「형법」 제299조에서 사람의 심신상실 또는 항거불능의 상태를 이용하여 추행을 한 자, 즉 준강제추행을 한 자는 같은 법 제298조의 강제추행의 예에 의하여 처벌하도록 되어 있으며, 「도로교통법」의 입법취지상 운전면허를 받은 사

람이 자동차 등을 이용하여 「형법」을 위반해 강제추행 등의 범죄행위를 한 때에는 사람의 심실상실 또는 항거불능의 상태를 이용하여 간음하거나 추행하는 범죄행위도 포함된다고 할 것이다.

3) 따라서, 청구인이 자동차를 이용하여 범죄행위(준강제추행)를 하였다는 이유로 한 피청구인의 이 사건 처분이 위법·부당하다고 할 수 없다.

5. 결 론
그렇다면 청구인의 주장을 인정할 수 없으므로 청구인의 청구를 받아들이지 않기로 하여 주문과 같이 재결한다.

참조 조문
도로교통법 제93조 제1항 제11호, 도로교통법 시행규칙 별표 28 중 2. 취소처분 개별기준의 일련번호란 13, 형법 제299조

5. 자동차운전면허 정지처분 취소청구(운전 중 휴대용 전화사용 등)

사 건 명	**자동차운전면허 정지처분 취소청구**
사건번호	중앙행심2013-10810
재결일자	2013.08.06.
재결결과	기각

재결 요지

청구인은 운전 중 휴대용 전화 사용금지 위반, 신호 또는 지시 위반, 음주운전으로 인해 처분벌점이 130점이 된 사실이 인정되고, 달리 정상을 참작할 만한 특별한 사정이 있었던 것도 아니므로 직업여건 및 생계유지상 운전면허가 필요하다는 개인적인 사정만으로 도로교통법 제93조 제1항 제1호, 도로교통법 시행규칙 제91조 제1항 별표 28 중 1. 일반기준 다.의(2)에 근거한 피청구인의 이 사건 처분이 위법·부당하다고 할 수 없다.

주문

청구인의 청구를 기각한다.

청구 취지

피청구인이 2013. 6. 17. 청구인에게 한 130일(2013. 7. 27. – 2013. 12. 3.)의 제1종 보통운전면허정지처분을 취소한다.

이유

1. 사건 개요

청구인이 2013. 6. 16. 음주운전으로 벌점 100점을 부과받아 처분벌점이 130점이 되었다는 이유로 피청구인이 2013. 6. 17. 청구인에게 130일(2013. 7. 27. – 2013. 12. 3.)의 운전면허정지처분을 하였다.

2. 관계법령

도로교통법 제93조 제1항 제1호

도로교통법 시행규칙 제91조 제1항 별표 28 중 1. 일반기준 다.의(2)

3. 인정사실

청구인과 피청구인이 제출한 자료에 따르면 다음과 같은 사실을 인정할 수 있다.

가. 청구인은 이 사건 당시 자영업자이던 자로서, 2006. 4. 10. 제1종 보통운전면허를 취득한 이래 교통사고전력은 없고, 이 사건 처분과 관련된 교통법규위반 외에 5회의 교통법규위반전력(2012. 4. 16. 끼어들기금지 위반 등)이 있다.

나. 청구인은 2012. 5. 30. 운전 중 휴대용 전화 사용금지 위반으로 벌점 15점을, 2013. 4. 4. 신호 또는 지시 위반으로 벌점 15점을 각각 부과받고, 2013. 6. 16. 00:51경 술에 취한 상태에서 자동차를 운전하다가 경기도 ○○시 ○○동 269-3번지 앞길에서 단속경찰관에게 적발되어 음주측정을 한 결과 혈중알코올농도가 0.063%로 측정되어 벌점 100점을 부과받았다.

4. 이 사건 처분의 위법 · 부당 여부

청구인은 직업여건 및 생계유지상 이 사건 처분이 가혹하다고 주장하나, 위 인정사실에 따르면, 청구인은 운전 중 휴대용 전화 사용금지 위반, 신호 또는 지시 위반, 음주운전으로 인해 처분벌점이 130점이 된 사실이 인정되고, 달리 정상을 참작할 만한 특별한 사정이 있었던 것도 아니므로 직업여건 및 생계유지상 운전면허가 필요하다는 개인적인 사정만으로 피청구인의 이 사건 처분이 위법·부당하다고 할 수 없다.

5. 결 론

그렇다면 청구인의 주장을 인정할 수 없으므로 청구인의 청구를 받아들이지 않기로 하여 주문과 같이 재결한다.

참조 조문

도로교통법 제93조 제1항 제1호, 도로교통법 시행규칙 제91조 제1항 별표 28 중 1. 일반기준 다.의(2)

6. 자동차운전면허 정지처분 취소청구(주취상태 운행)

사 건 명	**자동차운전면허 정지처분 취소청구**
사건번호	중앙행심2013-11064
재결일자	2013.08.06.
재결결과	기각

재결 요지

청구인은 운전면허 정지처분의 기준치를 넘어 술에 취한 상태에서 자동차를 운전한 사실이 인정되고, 달리 정상을 참작할 만한 사정이 있었던 것도 아니므로 아버지가 쓰러졌다는 연락을 받고 급히 귀가하기 위해 음주운전을 하였다는 등의 개인적인 사정만으로 도로교통법 제93조 제1항 제1호, 도로교통법 시행규칙 제91조 제1항 별표 28 중 1. 일반기준 다.의(2)에 근거한 피청구인의 이 사건 처분이 위법·부당하다고 할 수 없다.

주문

청구인의 청구를 기각한다.

청구 취지

피청구인이 2013. 6. 8. 청구인에게 한 80일(2013. 7. 18. ~ 2013. 10. 5.)의 제1종 보통, 제2종 보통 운전면허 정지처분을 취소한다.

이유

1. 사건개요

청구인이 2013. 6. 5. 혈중알코올농도 0.052%의 술에 취한 상태에서 운전했다는 이유로 피청구인이 2013. 6. 8. 청구인에게 80일(2013. 7. 18. ~ 2013. 10. 5.)의 운전면허 정지처분을 하였다.

2. 관계법령

도로교통법 제93조 제1항 제1호

도로교통법 시행규칙 제91조 제1항 별표 28 중 1. 일반기준 다.의(2)

3. 인정사실

청구인과 피청구인이 제출한 자료에 따르면 다음과 같은 사실을 인정할 수 있다.

가. 청구인은 이 사건 당시 유통업에 종사하던 자로서, 1994. 8. 25. 제2종 보통운전면허를 취득한 이래 교통사고전력은 없고, 3회의 교통법규위반전력(2008. 10. 3. 좌석안전띠 미착용 등)이 있다.

나. 청구인은 2013. 6. 5. 23:45경 술에 취한 상태에서 승용차를 운전하다가 서울특별시 ○○○구 ○○○동 331-1 앞길에서 단속경찰관에게 적발되어 음주측정을 한 결과 혈중알코올농도가 0.052%로 측정되었다.

4. 이 사건 처분의 위법·부당 여부

청구인은 아내로부터 아버지가 쓰러졌다는 연락을 받고 급히 귀가하기 위해 음주운전을 하였던 점, 직업상 업무수행을 위해 운전면허가 필요한 점 등을 이유로 이 사건 처분이 가혹하다고 주장하나, 위 인정사실에 따르면, 청구인은 운전면허 정지처분의 기준치를 넘어 술에 취한 상태에서 자동차를 운전한 사실이 인정되고, 달리 정상을 참작할 만한 사정이 있었던 것도 아니므로 아버지가 쓰러졌다는 연락을 받고 급히 귀가하기 위해 음주운전을 하였다는 등의 개인적인 사정만으로 피청구인의 이 사건 처분이 위법·부당하다고 할 수 없다.

5. 결 론
그렇다면 청구인의 주장을 인정할 수 없으므로 청구인의 청구를 받아들이지 않기로 하여 주문과 같이 재결한다.

참조 조문
도로교통법 제93조 제1항 제1호, 도로교통법 시행규칙 제91조 제1항 별표 28 중 1. 일반기준 다.의(2)

7. 자동차운전면허 취소처분 취소청구(피해자 고의충돌)

사 건 명	**자동차운전면허 취소처분 취소청구**
사건번호	중앙행심2013-06863
재결일자	2013. 8. 6.
재결결과	기각

재결 요지

이 사건 교통사고실황조사서와 수사결과보고를 보면 청구인은 승용차로 피해자를 고의로 충격해 사망에 이르게 함으로써 자동차를 이용하여 범죄행위(살인)를 한 것으로 보이므로 도로교통법 제93조 제1항 제11호와 도로교통법 시행규칙 별표 28중 2. 취소처분 개별기준의 일련번호란 13에 의한 피청구인의 이 사건 처분이 위법·부당하다고 할 수 없다.

그리고 행정처분과 형사처벌은 그 규율목적, 주체, 효과 등에 있어서 별개의 것으로 행정청으로서는 처분의 사유가 되는 범죄행위에 대하여 유죄의 확정판결이 있기 전이라도 독자적으로 처분의 사유가 되는 범죄행위가 있었는지의 여부를 판단하여 행정처분을 할 수 있는 것이므로, 살인 혐의에 대해 형사재판이 진행중임에도 이 사건 처분을 한 것은 무죄추정의 원칙에 위배된다는 청구인의 주장은 받아들일 수 없다.

주문

청구인의 청구를 기각한다.

<h1 style="text-align: center;">청구 취지</h1>

피청구인이 2013. 1. 14. 청구인에게 한 2013. 1. 14.자 제2종 보통, 제2종 원동기장치자전거 운전면허 취소처분을 취소한다.

<h1 style="text-align: center;">이유</h1>

1. 사건개요

청구인이 2012. 10. 17. 자동차를 이용하여 범죄행위(살인)를 하였다는 이유로 피청구인이 2013. 1. 14. 청구인의 운전면허를 취소하였다.

2. 관계법령

도로교통법 제93조 제1항 제11호

도로교통법 시행규칙 별표 28중 2. 취소처분 개별기준의 일련번호란 13

3. 인정사실

청구인과 피청구인이 제출한 자료에 따르면, 다음과 같은 사실을 인정할 수 있다.

가. 청구인은 이 사건 당시 핸드폰 판매점을 하던 자로서, 1994. 2. 1. 제1종 보통운전면허를 취득하여 2002. 9. 21. 벌점초과로 운전면허가 취소된 후 2005. 8. 19. 제2종 보통운전면허를 취득하였는데, 최초로 운전면허를 취득한 이래 3회의 교통사고전력(2012. 10. 15. 경상 1명, 물적 피해)과 3회의 교통법규위반전력(2008. 9. 9. 음주운전 등)이 있다.

나. 2012. 10. 17.자 교통사고실황조사서서를 보면 청구인이 2012. 10. 17. 19:15경 강원도 ○○시 ○면 ○○리에 있는 ○○삼거리에서 ○○산 방면 편도 2차로 도로에서 청구인이 운전하던 승용차에서 내려 ○○산전망대로 걸어 올라가던 피해자 황

○○(여, 22세)을 청구인이 운전하던 승용차 앞 범퍼 부분으로 충격하여 사망하게 한 것으로 기재되어 있다.

다. 강원○○경찰서의 2013. 1. 1.자 수사결과보고를 보면 다음과 같은 내용이 기재되어 있다.

다 음

ㅇ 범죄사실
- 청구인은 전 부인 사이에 1남 1녀를 둔 이혼남으로 2011년 1월경 피해자 황○○을 만나 약 1년 8개월간 동거를 하다 19살 나이차가 나고 이혼전력이 있으며 슬하에 자녀가 있다는 등의 이유로 피해자가 청구인과 헤어질 것을 마음먹고 주거지를 옮겨 혼자 생활하고 있는 것에 불만을 품고 있었음.
- 청구인은 2012. 10. 15. 발생한 교통사고로 ○○시 ○○동에 있는 ○○병원에서 입원치료 중 2012. 10. 17. 18:20경 피해자가 병원으로 찾아와 새로운 남자친구가 생겼다며 헤어지자고 통보한 후 택시를 타고 가려고 하자, 피해자에게 새 남자친구인 한명(37세)이 있는 곳으로 태워 주겠다고 속여 승용차 조수석에 승차케 한 후 차량을 운전하여 ○○산전망대 쪽으로 가는 동안 헤어지려고 하는 피해자 마음을 돌리려고 계속 대화를 시도하였으나 피해자가 계속 차에서 내리려고 하는 등 말을 듣지 아니하자, 19:15경 차량 통행량이 많지 않고 인적이 드문 ○○산전망대 방면 외곽순환도로 우측 도로변에 차량을 세운 후 피해자가 한명에게 전화하며 급하게 차에서 내려 구봉산전망대 쪽으로 뛰어올라가는 것에 격분한 나머지 살해하기로 마음먹고,
- 피해자가 걸어 가는 쪽으로 차량을 진행하여 앞범퍼 부분으로 피해자를 충격 후 바닥에 쓰러진 피해자를 재차 약 23미터 가량을 차량 하부로 끌고 가 그 자리에서 다발성 장기손상으로 사망하게 하여 피해자를 살해함

ㅇ 수사결과 및 의견
- 청구인은 시력이 좋지 않아 피해자를 보지 못하여 사고가 난 것이라며 살인의 범의가 없었다고 주장하나,

- 피해자가 청구인과 헤어질 것을 마음먹고 사건 당일 청구인을 찾아와 헤어지자고 한다는 이유로 차량에서 다투던 중 피해자가 대화를 거부하며 차에서 내린 직후에 사고가 발생한 점,

- 청구인이 이 사건 전에도 차량 운전을 하고 다녔고, 사고장소가 통행량이 많지 않고 인적이 드문 직선 오르막 도로이고 특별한 시야 장애가 없는 도로인 점,

- 사고 당시 제동조치를 전혀 취하지 않은 채 바닥에 쓰러진 피해자를 그대로 23미터 끌고 간 점,

- 고의사고 부분에 대한 거짓말탐지기 분석 결과 거짓 반응이 나왔고, 국립과학수사연구원의 차량 감정 및 사체 부검, 교통사고 분석 결과 피해자가 차량 전방에 있던 상태에서 차량 앞범퍼 부분에 의해 충격되며 바닥에 전도된 후 차량 하부에 끌리며 역과된 것 같다는 소견 등을 고려할 때

- 피해자를 충격하는 느낌이 전혀 없었고 비명소리조차 듣지 못한 상태에서 단지 차량 하부에서 드르륵 소리가 나는 것을 듣고 차량을 세운 것이라는 청구인의 주장은 납득하기 어려움

- ○○산전망대 쪽으로 가는 것을 알고 피해자가 차에서 내리려고 하는 것을 제지하며 피해자 의사에 반해 사고장소까지 간 점, 피해자가 소지품이 든 가방을 차량에 둔 채 차량에서 급하게 내린 후 새남자친구인 한명에게 전화하여 '○○오빠한테 도망쳐 나왔어'라고 표현한 점에 볼 때 피해자가 상당한 위협을 받는 상태에서 급하게 차에서 내린 것으로 보여지고, 사고 직후 피해자 상태가 사망에 이를 정도로 심각함에도 감정의 표현 없이 현장에서 태연하게 행동한 점 등에 비추어 볼 때도 청구인이 피해자를 살해하기로 마음먹고 차량으로 고의로 충격해 사망하게 하여 살해한 점이 인정되므로 기소 의견으로 송치함

4. 이 사건 처분의 위법 · 부당 여부

가.「도로교통법」제93조 제1항 제11호에 따르면 지방경찰청장은 운전면허를 받은 사람이 자동차 등을 이용하여 살인 또는 강간 등 안전행정부령이 정하는 범죄행위를 한 때에는 운전면허를 취소할 수 있도록 규정되어 있고, 같은 법 시행규칙 제92조 및 별표 28의 2. 취소처분 개별기준의 일련번호란 13에 따르면 자동차 등을 이용하여

범죄행위를 한 때라 함은 「형법」을 위반한 살인, 사체유기, 방화, 강도, 강간, 강제추행, 약취·유인·감금, 상습절도, 교통방해의 범죄에 이용된 때라고 규정되어 있다.

나. 위 인정사실에 따르면 청구인의 살인 혐의에 대한 경찰의 수사 과정에서 밝혀진 청구인과 피해자의 관계, 사고 당일 정황 및 교통사고 경위, 사고발생 장소, 사고 후 청구인의 태도, 국립과학수사연구원의 사고차량 감정 및 사체 부검, 교통사고 분석 결과, 고의 사고 여부에 대한 거짓말탐지기 검사 결과 등을 고려할 때 청구인이 자신과 헤어질 것을 요구하는 피해자 황○○에게 격분하여 승용차로 황○○을 고의로 충격해 사망에 이르게 함으로써 자동차를 이용하여 범죄행위(살인)를 한 것으로 보이므로 피청구인의 이 사건 처분이 위법·부당하다고 할 수 없다.

다. 이에 대해 청구인은 살인 혐의에 대해 형사재판이 진행중임에도 이 사건 처분을 한 것은 무죄추정의 원칙에 위배된다고 주장하나, 행정처분과 형사처벌은 그 규율 목적, 주체, 효과 등에 있어서 별개의 것으로 행정청으로서는 처분의 사유가 되는 범죄행위에 대하여 유죄의 확정판결이 있기 전이라도 독자적으로 처분의 사유가 되는 범죄행위가 있었는지의 여부를 판단하여 행정처분을 할 수 있는 것이므로 이에 대한 청구인의 주장은 받아들일 수 없다.

5. 결 론
그렇다면 청구인의 주장을 인정할 수 없으므로 청구인의 청구를 받아들이지 않기로 하여 주문과 같이 재결한다.

참조 조문
도로교통법 제93조 제1항 제11호,   도로교통법 시행규칙 별표 28중 2. 취소처분 개별기준의 일련번호란 13

8. 자동차운전면허 정지처분 취소청구(주행거리 1.5m)

사 건 명	**자동차운전면허 정지처분 취소청구**
사건번호	중앙행심2013-10587
재결일자	2013.07.16.
재결결과	기각

재결 요지

「도로교통법」제2조 제24호에 따르면 '운전'이란 도로에서 차를 본래의 사용 방법에 따라 사용하는 것을 말하는바, 도로에서 자동차의 시동을 걸어 이동했다면 그것이 짧은 거리를 운전한 것이라고 하더라도 차량을 그 본래의 사용방법에 따라 사용하는 것으로서 법에서 말하는 운전에 해당한다.

비록 이동주차를 하기 위하여 1.5m 정도 운전한 것에 불과하더라도, 청구인은 운전면허정지처분기준치를 넘어 술에 취한 상태에서 자동차를 운전한 사실이 인정되고, 달리 정상을 참작할 만한 사정이 있었던 것도 아니므로, 청구인의 업무특성상 운전면허가 필요하다는 개인적인 사정만으로 피청구인의 이 사건 처분이 위법·부당하다고 할 수 없다.

주문

청구인의 청구를 기각한다.

청구 취지

피청구인이 2013. 5. 8. 청구인에게 한 100일(2013. 6. 17. - 2013. 9. 24.)의 제1종 보통, 제2종 보통 운전면허 정지처분을 취소한다.

이유

1. 사건개요

청구인이 2013. 4. 21. 혈중알코올농도 0.065%의 술에 취한 상태에서 운전했다는 이유로 피청구인이 2013. 5. 8. 청구인에게 100일(2013. 6. 17. - 2013. 9. 24.)의 운전면허 정지처분을 하였다.

2. 관계법령

도로교통법 제93조 제1항 제1호

도로교통법 시행규칙 제91조 제1항 별표 28 중 1. 일반기준 다.의(2)

3. 인정사실

청구인과 피청구인이 제출한 자료에 따르면 다음과 같은 사실을 인정할 수 있다.

가. 청구인은 이 사건 당시 주택재건축정비조합의 조합장이던 자로서, 1977. 6. 10. 제1종 보통운전면허를 취득하여 2001. 6. 27. 음주운전을 이유로 운전면허가 취소된 후 2002. 7. 25. 제2종 보통운전면허를 취득하였는바, 최초로 운전면허를 취득한 이래 1회의 교통사고전력(1991. 1. 30. 물적 피해)과 2회의 교통법규위반 전력(2001. 10. 22. 무면허·음주운전 등)이 있다.

나. 청구인은 2013. 4. 21. 23:30경 술에 취한 상태에서 승용차를 운전하다가 인천광역시 ○구 ○○동에 있는 ○○초등학교 정문 앞길에서 단속경찰관에게 적발되어

음주측정을 한 결과 혈중알코올농도가 0.065%로 측정되었다.

4. 이 사건 처분의 위법·부당 여부

청구인은 이동주차를 하기 위하여 1.5m 정도 운전한 것에 불과하기 때문에 이 사건 처분이 부당하다고 주장하나, 「도로교통법」 제2조제24호에 따르면 '운전'이란 도로에서 차를 본래의 사용 방법에 따라 사용하는 것을 말하는바, 도로에서 자동차의 시동을 걸어 이동했다면 그것이 짧은 거리를 운전한 것이라고 하더라도 차량을 그 본래의 사용 방법에 따라 사용하는 것으로서 법에서 말하는 운전에 해당하므로, 이에 대한 청구인의 주장은 받아들일 수 없고, 또한, 청구인은 차를 운전하여 업무를 보아야 할 일이 많아 운전면허가 필요하므로 이 사건 처분이 가혹하다고 주장하나, 위 인정사실에 따르면, 청구인은 운전면허정지처분기준치를 넘어 술에 취한 상태에서 자동차를 운전한 사실이 인정되고, 달리 정상을 참작할 만한 사정이 있었던 것도 아니므로, 청구인의 업무특성상 운전면허가 필요하다는 개인적인 사정만으로 피청구인의 이 사건 처분이 위법·부당하다고 할 수 없다.

5. 결 론

그렇다면 청구인의 주장을 인정할 수 없으므로 청구인의 청구를 받아들이지 않기로 하여 주문과 같이 재결한다.

참조 조문

도로교통법 제2조 제24호·제93조 제1항 제1호, 도로교통법 시행규칙 제91조 제1항 별표 28 중 1. 일반기준 다.의(2)

9. 자동차운전면허 취소처분 취소청구(결격기간 중 운전면허 취득)

사 건 명	**자동차운전면허 취소처분 취소청구**
사건번호	중앙행심2013-02055
재결일자	2013.03.05.
재결결과	각하

재결 요지

청구인이 거짓이나 부정한 수단으로 운전면허를 취득(결격기간 중 운전면허 취득)했다는 이유로 피 청구인이 2003. 7. 11. 청구인의 운전면허를 취소하였는데, 청구인은 2013. 1. 18. 이 사건 처분에 대한 행정심판을 청구하였다.

「행정심판법」 제27조 제3항에 따르면, 행정심판은 처분이 있었던 날부터 180일이 지나면 청구하지 못한다고 되어 있는바, 청구인은 운전면허 취소처분을 받은 날로부터 180일이 훨씬 도과한 2013. 1. 18. 이 사건 처분에 대한 행정심판을 청구한 사실이 인정되므로, 청구인의 이 사건 심판청구는 「행정심판법」 제27조 제3항을 위반하여 제기된 부적법한 청구이다.

주문

청구인의 청구를 각하한다

청구 취지

피청구인이 2003. 7. 11. 청구인에게 한 제1종 보통운전면허 취소처분을 취소한다.

이유

1. 사건개요

청구인이 거짓이나 부정한 수단으로 운전면허를 취득(결격기간 중 운전면허 취득)했다는 이유로 피청구인이 2003. 7. 11. 청구인의 운전면허를 취소하였다.

2. 관계법령
행정심판법 제27조 제1항

3. 인정사실
청구인과 피청구인이 제출한 자료에 따르면, 청구인이 2003. 2. 20. 13:55경 운전면허를 받지 않은 상태에서 원동기장치자전거를 운전하다가 적발되어 피청구인이 청구인에게 2년(2003. 2. 20. ~ 2005. 2. 19.)의 자동차운전면허 취득 결격기간을 부여한 사실, 청구인이 위 운전면허 취득 결격기간 중인 2003. 3. 11. 제1종 보통운전면허를 취득한 사실, 피청구인이 2003. 7. 11. 청구인이 거짓이나 부정한 수단으로 운전면허를 취득했다는 이유로 청구인의 운전면허를 취소한 사실, 청구인이 2013. 1. 18. 이 사건 운전면허취소처분에 대한 행정심판을 청구한 사실을 각각 인정할 수 있다.

4. 이 사건 심판청구의 적법 여부
「행정심판법」 제27조 제3항에 따르면, 행정심판은 처분이 있었던 날부터 180일이 지나면 청구하지 못한다고 되어 있는바, 위 인정사실에 따르면, 피청구인은 청구인이 거짓이나 부정한 수단으로 운전면허를 취득했다는 이유로 2003. 7. 11. 청구인의 운전면허를 취소한 사실, 청구인은 그로부터 180일이 훨씬 도과한 2013. 1. 18. 이 사건 처분에 대한 행정심판을 청구한 사실이 인정되므로, 청구인의 이 사건 심판청구는 「행정심판법」 제27조 제3항을 위반하여 제기된 부적법한 청구이다.

5. 결 론
그렇다면, 이 사건 심판청구는 심판청구요건을 갖추지 못한 부적법한 청구이므로 이를 각하하기로 하여 주문과 같이 재결한다.

참조 조문
「행정심판법」 제27조 제3항

10. 자동차운전면허 취소처분 취소청구(교통단속경찰관 폭행)

사 건 명	**자동차운전면허 취소처분 취소청구**
사건번호	중앙행심2013-04075
재결일자	2013.04.02.
재결결과	기각

재결 요지

청구인은 교통단속 임무를 수행하는 경찰공무원을 폭행한 사실이 인정되므로 도로교통법 제93조 제1항 제14호, 도로교통법 시행규칙 제91조 제1항 별표 28 중 2. 취소처분 개별기준의 일련번호란 16에 따른 이 사건 처분은 정당하며, 청구인의 직업특성 및 생계유지상 운전면허가 필요하다는 등의 개인적인 사정만으로는 이 사건 처분이 위법·부당하다고 할 수 없다.

주문

청구인의 청구를 기각한다.

청구 취지

피청구인이 2013. 2. 18. 청구인에게 한 2013. 3. 20.자 제1종 보통, 제2종 원동기장치자전거 운전면허 취소처분을 취소한다.

이유

1. 사건개요

청구인이 2013. 1. 18. 단속경찰관을 폭행하였다는 이유로 피청구인이 2013. 2. 18. 청구인의 운전면허를 취소하였다.

2. 관계법령

도로교통법 제93조 제1항 제14호

도로교통법 시행규칙 제91조 제1항 별표28 중 2. 취소처분 개별기준의 일련번호란 16

3. 인정사실

청구인과 피청구인이 제출한 자료에 따르면 다음과 같은 사실을 인정할 수 있다.

가. 청구인은 이 사건 당시 법인택시 운전기사이던 자로서, 1984. 11. 13. 제1종 보통 운전면허를 취득한 이래 1회의 교통사고전력(2006. 3. 4. 경상 1인·물적 피해)과 16회의 교통법규위반전력(2010. 4. 12. 제한속도 위반, 2010. 11. 1. 교차로통행방법 위반 등)이 있다.

나. 청구인이 2013. 1. 18. 11:12경 법인택시를 운전하다가 광주광역시 ○○구 ○○동에 있는 ○○○○아파트 앞길에서 단속경찰관에게 신호위반으로 적발되어 위반사실을 고지받고 운전면허증 제시를 요구받자 머리로 단속경찰관의 이마를 들이받고 손으로 머리를 잡아 흔들며 발로 낭심과 무릎 부위를 폭행하는 등 단속경찰관에게 폭력을 행사하여 정당한 공무집행을 방해하였다.

다. 광주광산경찰서에서 작성한 2013. 1. 23.자 수사결과보고서를 보면, 청구인은 동 경찰서 소속의 모○○ 경사(이하 '피해자'라 한다)에게 신호위반으로 적발되자 벌점이 없고 범칙금이 싼 것으로 끊어달라고 하였다가 들어주지 아니하자 욕설을 하면서 머리로 피해자의 이마를 들이받고 손으로 머리채를 잡아 흔들며 발로 낭심과 무릎을 수회 폭행하였다는 취지의 범죄사실이 기재되어 있다.

라. 청구인이 서명·무인한 2013. 1. 24.자 피의자신문조서를 보면, 청구인은 신호위반으로 적발된 후 PDA에 서명을 하고 가려는데 피해자가 다시 서명을 하라면서 붙잡길래 피해자에게 머리를 갖다 대었다는 취지의 진술을 한 것으로 기재되어 있다.

4. 이 사건 처분의 위법·부당 여부

청구인은 직업특성 및 생계유지상 운전면허가 필요하므로 이 사건 처분이 가혹하다고 주장하나, 위 인정사실에 따르면, 청구인은 교통단속 임무를 수행하는 경찰공무원을 폭행한 사실이 인정되므로, 청구인의 직업특성 및 생계유지상 운전면허가 필요하다는 등의 개인적인 사정만으로는 이 사건 처분이 위법·부당하다고 할 수 없다.

5. 결   론

그렇다면 청구인의 주장을 인정할 수 없으므로 청구인의 청구를 받아들이지 않기로 하여 주문과 같이 재결한다.

참조 조문

도로교통법 제93조 제1항 제14호, 도로교통법 시행규칙 제91조 제1항 별표 28 중 2. 취소처분 개별기준의 일련번호란 16

11. 자동차운전면허 취소처분 취소청구(대마흡연 후 운행)

사 건 명	**자동차운전면허 취소처분 취소청구**
사건번호	중앙행심2013-04966
재결일자	2013.04.16.
재결결과	기각

재결 요지

「도로교통법」 제93조 제1항 제4호에 따르면, 약물의 영향으로 인하여 정상적으로 운전하지 못할 염려가 있는 상태에서 자동차 등을 운전한 때는 운전면허를 취소할 수 있도록 되어 있는바, 청구인은 「마약류 관리에 관한 법률」 제2조 제1호에 따른 마약류인 대마를 흡연하고 자동차를 운전한 사실이 인정되고, 달리 정상을 참작할 만한 사정이 있었던 것도 아니므로, 피청구인의 이 사건 처분이 위법·부당하다고 할 수 없다.

주문

청구인의 청구를 기각한다.

청구 취지

피청구인이 2013. 3. 19. 청구인에게 한 2013. 4. 21.자 제1종 대형, 제1종 특수(트레일러) 운전면허 취소처분을 취소한다.

이유

1. 사건개요

청구인이 2013. 2. 25. 마약류인 대마를 흡연한 상태에서 자동차를 운전했다는 이유로 피청구인이 2013. 3. 19. 청구인의 운전면허를 취소하였다.

2. 관계법령

도로교통법 제45조, 제93조 제1항 제4호
도로교통법 시행규칙 제93조, 별표 28. 취소처분 개별기준의 일련번호란 6

3. 인정사실

청구인과 피청구인이 제출한 자료에 따르면, 다음과 같은 사실을 인정할 수 있다.

가. 청구인은 이 사건 당시 버스운전기사이던 자로서, 1982. 10. 29. 제1종 특수(트레일러) 운전면허를 취득한 이래 4회의 교통사고전력(2006. 12. 28. 경상 1명 등)과 4회의 교통법규위반전력(2010. 1. 23. 인명보호장구 미착용 등)이 있다.

나. 청구인은 2013. 2. 25. 18:00경 경부고속도로 안성휴게소에서 가스를 충전하고 나오면서 대마를 흡연한 후 경기도 ○○시 ○○구 ○○동 37-5번지에 있는 청구인의 집까지 약 40분 가량 승용차를 운전하였다.

다. 청구인이 서명·무인한 피의자신문조서를 보면, 청구인은 2013. 2. 25. 18:00경 대마를 흡연한 후 약 40분 가량 승용차를 운전하였다는 취지의 진술을 한 것으로 기재되어 있다.

4. 이 사건 처분의 위법·부당 여부

「도로교통법」 제93조 제1항 제4호에 따르면, 약물의 영향으로 인하여 정상적으로 운전하지 못할 염려가 있는 상태에서 자동차 등을 운전한 때는 운전면허를 취소할 수 있도록 되어 있는바, 위 인정사실에 따르면, 청구인은「마약류 관리에 관한 법률」제2조 제1호에 따른 마약류인 대마를 흡연하고 자동차를 운전한 사실이 인정되고, 달리 정상을 참작할 만한 사정이 있었던 것도 아니므로, 피청구인의 이 사건 처분이 위법·부당하다고 할 수 없다.

5. 결 론

그렇다면 청구인의 주장을 인정할 수 없으므로 청구인의 청구를 받아들이지 않기로 하여 주문과 같이 재결한다.

참조 조문

도로교통법 제45조, 제93조 제1항 제4호,　도로교통법 시행규칙 제93조, 별표 28,
취소처분 개별기준의 일련번호란 6,「마약류 관리에 관한 법률」제2조 제1호

12. 자동차운전면허 취소처분 취소청구(음주측정 불복)

사 건 명	**자동차운전면허 취소처분 취소청구**
사건번호	2013-06673
재결일자	2013. 5. 14.
재결결과	기각

재결 요지

청구인은 측정 전 알콜감지장치에서 알콜성분을 완전히 제거하는 등의 조치를 하지 않았으므로 이 사건 처분이 위법·부당하다고 주장하나, 피청구인이 청구인에 대하여 사용한 음주측정기는 매 측정시마다 이전에 측정된 알코올성분을 감지기가 자동적으로 정화하여 현재 측정되고 있는 음주수치와 이전에 측정된 수치가 합산되는 것을 방지하도록 되어 있고, 달리 음주측정기 자체에 오류가 있어 수치가 높게 나왔다고 볼만한 객관적인 사정이 없으므로, 이에 반하는 청구인의 주장은 받아들일 수 없음

주문

청구인의 청구를 기각한다.

청구 취지

피청구인이 2013. 2. 5. 청구인에게 한 2013. 3. 9.자 제2종 보통운전면허 취소처분을 취소한다.

이유

1. 사건개요

청구인이 2013. 1. 26. 혈중알코올농도 0.130%의 술에 취한 상태에서 운전하다가 교통사고를 일으키자 음주운전을 이유로 피청구인이 2013. 2. 5. 청구인의 운전면허를 취소하였다.

2. 관계법령

도로교통법 제93조제1항제1호

도로교통법 시행규칙 제91조제1항, 별표 28 중 2. 취소처분 개별기준 일련번호란 2

3. 인정사실

청구인과 피청구인이 제출한 자료에 따르면 다음과 같은 사실을 인정할 수 있다.

가. 청구인은 이 사건 당시 회사원이던 자로서, 2008. 12. 18. 제2종 보통운전면허를 취득하였다.

나. 청구인은 2013. 1. 26. 01:00경 술에 취한 상태에서 승용차를 운전하다가 ㅁㅁㅁ ㅁ시 ㅁㅁ구 ㅁㅁ동 371-71번지에 있는 ㅁㅁ교 앞길에서 연석을 충격하여 1만원의 물적 피해가 있는 교통사고를 일으켰고, 위 사고를 조사하는 과정에서 음주운전사실이 드러나 같은 날 01:38경 음주측정을 한 결과 청구인의 혈중알코올농도가 0.130%로 측정되었다.

4. 이 사건 처분의 위법·부당 여부

청구인은 측정 전 알콜감지장치에서 알콜성분을 완전히 제거하는 등의 조치를 하지 않았으므로 이 사건 처분이 위법·부당하다고 주장하나, 피청구인이 청구인에 대하여 사용한 음주측정기는 매 측정시마다 이전에 측정된 알코올성분을 감지기가 자동적으로 정화하여 현재 측정되고 있는 음주수치와 이전에 측정된 수치가 합산되는 것을 방지하도록 되어 있고, 달리 음주측정기 자체에 오류가 있어 수치가 높게 나왔다고 볼만한 객관적인 사정이 없으므로, 이에 반하는 청구인의 주장은 받아들일 수 없다.

또한 청구인은 업무특성 및 생계유지상 운전면허가 필요하므로 이 사건 처분이 가혹하다고 주장하나, 위 인정사실에 따르면, 청구인은 운전면허취소기준치를 훨씬 넘어 술에 취한 상태에서 자동차를 운전하다가 교통사고를 일으킨 사실이 인정되므로, 청구인의 업무특성 및 생계유지상 운전면허가 필요하다는 등의 개인적인 사정만으로 피청구인의 이 사건 처분이 위법·부당하다고 할 수 없다.

5. 결   론

그렇다면 청구인의 주장을 인정할 수 없으므로 청구인의 청구를 받아들이지 않기로 하여 주문과 같이 재결한다.

13. 자동차운전면허 취소처분 취소청구(음주측정 등 절차상 하자)

사 건 명	**자동차운전면허 취소처분 취소청구**
사건번호	2013-06654
재결일자	2013. 5. 14.
재결결과	기각

재결 요지

청구인은 경찰공무원이 청구인에게 삼진아웃으로 운전면허취소처분에 해당한다는 사실을 알리면서 채혈 여부를 물어보았더라면 채혈에 의한 음주측정을 하였을 것인데 경찰공무원이 위와 같은 통지를 하지 않아 채혈에 의한 음주측정기회를 가지지 못하였기 때문에 이 사건 처분이 부당하다고 주장하나, 청구인이 무인한 주취운전자정황진술서를 보면, 청구인이 음주측정 결과를 인정하고 채혈할 수 있음을 고지받았으나 이를 원하지 않은 것으로 기재되어 있고, 호흡측정에 의한 혈중알코올농도에 불복하여 혈액채취의 방법에 의한 측정을 요구할 것인지에 대한 최종적인 의사결정은 결국 청구인 본인의 책임과 판단 하에 하여야 하는 것으로서, 청구인이 자신의 판단 하에 혈액채취에 의한 측정을 포기한 이상 이 사건 처분에 절차상 하자가 있어 위법하다고 볼 수 없으므로, 이에 대한 청구인의 주장은 받아들일 수 없음

주문

청구인의 청구를 기각한다.

청구 취지

피청구인이 2013. 3. 6. 청구인에게 한 2013. 4. 4.자 제1종 보통운전면허 취소처분을 취소한다.

이유

1. 사건개요
청구인이 2013. 2. 20. 혈중알코올농도 0.064%의 술에 취한 상태에서 운전하다 적발되어 3회 이상 음주운전을 했다는 이유로 피청구인이 2013. 3. 6. 청구인의 운전면허를 취소하였다.

2. 관계법령
도로교통법 제93조제1항제2호
도로교통법 시행규칙 제91조제1항 별표 28 중 2. 취소처분 개별기준 일련번호란 2

3. 인정사실
청구인과 피청구인이 제출한 자료에 따르면 다음과 같은 사실을 인정할 수 있다.

가. 청구인은 이 사건 당시 회사원이던 자로서, 2003. 2. 6. 제1종 보통운전면허를 취득하여 2009. 9. 30. 음주운전을 이유로 운전면허가 취소된 후 2010. 12. 3. 제1종 보통운전면허를 다시 취득하였는바, 최초로 운전면허를 취득한 이래 교통사고 전력은 없고, 2회의 교통법규위반전력(2009. 8. 21. 음주운전 등)이 있다.

나. 청구인은 2013. 2. 20. 00:03경 술에 취한 상태에서 승용차를 운전하다가 ㅁㅁ도 ㅁㅁ시 ㅁㅁ동에 있는 ㅁㅁ공업사 앞길에서 단속경찰관에게 적발되어 음주측정을 한 결과 혈중알코올농도가 0.064%로 측정되었고, 이 사건 적발 전인 2006. 2. 17. 음주운전(혈중알코올농도 0.088%)으로 적발되어 운전면허 정지처분을 받았으며, 2009. 8. 21. 음주운전(혈중알코올농도 0.150%)으로 적발되어 운전면허 취소처분을 받았다.
다. 청구인이 서명·무인한 주취운전자정황진술보고서를 보면, 청구인은 측정결과에 인정하고 부당할 경우 혈액채취를 할 수 있음을 고지받았으나 이를 원하지 않은 것으로 기재되어 있다.

4. 이 사건 처분의 위법·부당 여부

「도로교통법」 제44조제1항에 따르면, 누구든지 술에 취한 상태에서는 자동차등을 운전할 수 없도록 되어 있고, 같은 조 제2항 후단에 따르면, 운전자는 경찰공무원의 음주측정에 응하도록 되어 있으며, 같은 법 제93조제1항제2호에 따르면, 법 제44조제1항 또는 제2항 후단을 2회 이상 위반한 사람이 다시 제44조제1항을 위반하여 운전면허 정지사유에 해당된 때에는 반드시 운전면허를 취소하도록 되어 있다.

청구인은 경찰공무원이 청구인에게 삼진아웃으로 운전면허취소처분에 해당한다는 사실을 알리면서 채혈 여부를 물어보았더라면 채혈에 의한 음주측정을 하였을 것인데, 경찰공무원이 위와 같은 통지를 하지 않아 채혈에 의한 음주측정기회를 가지지 못하였기 때문에 이 사건 처분이 부당하다고 주장하나, 청구인이 무인한 주취운전자정황진술서를 보면, 청구인이 음주측정 결과를 인정하고 채혈할 수 있음을 고지받았으나 이를 원하지 않은 것으로 기재되어 있고, 호흡측정에 의한 혈중알코올농도에 불복하여 혈액채취의 방법에 의한 측정을 요구할 것인지에 대한 최종적인 의사결정은 결국 청구인 본인의 책임과 판단 하에 하여야 하는 것으로서, 청구인이 자신의 판단 하에 혈액채취에 의한 측정을 포기한 이상 이 사건 처분에 절차상 하자가 있어 위법하다고 볼 수 없으므로, 이에 대한 청구인의 주장은 받아들일 수 없다.

또한 위 인정사실에 따르면, 청구인은 과거 두 차례에 걸쳐 음주운전으로 운전면허 정지처분과 운전면허 취소처분을 각각 받은 사실이 있음에도 불구하고 또다시 2013. 2. 20. 술에 취한 상태에서 자동차를 운전한 사실이 인정되므로 피청구인의 이 사건 처분이 위법·부당하다고 할 수 없다.

5. 결 론

그렇다면 청구인의 주장을 인정할 수 없으므로 청구인의 청구를 받아들이지 않기로 하여 주문과 같이 재결한다.

14. 자동차운전면허 취소처분 취소청구(자동차이용범죄 - 강간)

사 건 명	**자동차운전면허 취소처분 취소청구**
사건번호	중앙행심2013-07562
재결일자	2013. 5. 28.
재결결과	기각

재결 요지

청구인은 함께 술을 마신 피해자를 청구인 소유의 승용차 조수석에 태운 후 운전하다가 강간하였다. 청구인이 서명·무인한 피의자신문조서를 보면, 청구인은 자신의 승용차에 부착된 CCTV 녹화내용을 본 후 술을 많이 마셔서 자신의 감정을 이성적으로 제어를 못했기 때문에 잘못을 한 것 같다는 취지의 진술을 한 것으로 기재되어 있다.

「도로교통법」 제93조 제1항 제11호, 같은 법 시행규칙 별표 28 중 2. 취소처분 개별기준의 일련번호란 13.에 따르면, 운전면허를 받은 사람이 자동차 등을 이용하여 「형법」을 위반해 강간·강제추행 등의 범죄행위를 한 때에는 운전면허를 취소시킬 수 있도록 되어 있는 바, 위 인정사실에 따르면, 청구인은 자동차를 운전하던 중 조수석에 의식이 없이 앉아있던 피해자를 강간함으로써 자동차 등을 이용하여 「형법」상의 강간의 범죄행위를 한 사실이 인정되므로, 피청구인의 이 사건 처분이 위법·부당하다고 할 수 없다.

주문

청구인의 청구를 기각한다.

청구 취지

피청구인이 2013. 4. 1. 청구인에게 한 2013. 4. 29.자 제2종 보통운전면허 취소처분을 취소한다.

이유

1. 사건 개요
청구인이 2013. 2. 19. 자동차를 이용하여 범죄행위(강간)를 하였다는 이유로 피청구인이 2013. 4. 1. 청구인의 운전면허를 취소하였다.

2. 관계법령
도로교통법 제93조 제1항 제11호
도로교통법 시행규칙 제9조제1항 별표 28 중 2. 취소처분 개별기준의 일련번호란 13

3. 인정사실
청구인과 피청구인이 제출한 자료에 따르면, 다음과 같은 사실을 인정할 수 있다.

가. 청구인은 이 사건 당시 의류제조업체를 운영하던 자로서, 1998. 7. 28. 제2종 보통운전면허를 취득한 이래 교통사고전력과 교통법규위반전력이 없다.

나. 청구인은 2013. 2. 19. 01:42경 함께 술을 마신 김○○(이하 '피해자'라 한다)을 청구인 소유의 승용차 조수석에 태운 후 운전하다가 서울특별시 ○○○구 ○○동에 있는 번지 미상의 장소에서 조수석에 의식이 없이 앉아있던 피해자의 팬티스타킹을 벗기고 강간을 하였다.

다. 청구인이 서명·무인한 피의자신문조서를 보면, 청구인은 자신의 승용차에 부착된

CCTV 녹화내용을 본 후 술을 많이 마셔서 자신의 감정을 이성적으로 제어를 못했기 때문에 잘못을 한 것 같고, 뭐라 할 말이 없다는 취지의 진술을 한 것으로 기재되어 있다.

4. 이 사건 처분의 위법·부당 여부

「도로교통법」 제93조 제1항 제11호, 같은 법 시행규칙 별표 28 중 2. 취소처분 개별기준의 일련번호란 13.에 따르면, 운전면허를 받은 사람이 자동차 등을 이용하여 「형법」을 위반해 강간·강제추행 등의 범죄행위를 한 때에는 운전면허를 취소시킬 수 있도록 되어 있는 바, 위 인정사실에 따르면, 청구인은 자동차를 운전하던 중 조수석에 의식이 없이 앉아있던 피해자를 강간함으로써 자동차 등을 이용하여 「형법」상의 강간의 범죄행위를 한 사실이 인정되므로, 피청구인의 이 사건 처분이 위법·부당하다고 할 수 없다.

5. 결 론

그렇다면 청구인의 주장을 인정할 수 없으므로 청구인의 청구를 받아들이지 않기로 하여 주문과 같이 재결한다.

참조 조문

도로교통법 제93조 제1항 제11호, 도로교통법 시행규칙 제9조제1항 별표 28 중 2. 취소처분 개별기준의 일련번호란 13

15. 자동차운전면허 취소처분 취소청구 – 자동차를 이용하여 범죄행위(살인)

사 건 명	**자동차운전면허 취소처분 취소청구**
사건번호	중앙행심2013-08727
재결일자	2013.06.18.
재결결과	기각

재결 요지

청구인은 자동차를 이용하여 범죄행위(살인)를 한 사실이 인정되므로, 도로교통법 제93조 제1항 제11호, 도로교통법 시행규칙 제91조제1항·별표 28중 2.취소처분의 개별기준 일련번호란 13에 근거한 피청구인의 이 사건 처분이 위법 부당하다고 할 수 없다.

주문

청구인의 청구를 기각한다.

청구 취지

피청구인이 2012. 12. 5. 청구인에게 한 2012. 12. 3.자 제1종 보통운전면허 취소처분을 취소한다.

이유

1. 사건개요

청구인이 2012. 10. 13. 자동차를 이용하여 범죄행위(살인)를 하였다는 이유로 피청구인이 2012. 12. 5. 청구인의 운전면허를 소급하여 취소하였다.

2. 관계법령

도로교통법 제93조 제1항 제11호

도로교통법 시행규칙 제91조 제1항 별표28 중 2. 취소처분의 개별기준 일련번호란 13.

3. 인정사실

가. 청구인은 이 사건 당시 개인택시 운전기사이던 자로서, 1986. 12. 31. 제1종 보통 운전면허를 취득한 이래 교통사고전력과 교통법규위반전력이 없다.

나. 청구인은 2012. 10. 13. 21:00경 대전광역시 ○구 ○○동 188-6번지에 있는 ○○다이어트에서 피해자 김○○(여, 50세)의 머리를 당구 큐대로 1회 내려쳐 쓰러트린 후 청구인의 개인택시에 태우고 대전광역시 ○구 ○○동에 있는 한전변압기 앞길까지 이동하여 피해자가 누워 있는 뒷좌석 문을 열고 당구 큐대의 양쪽 끝을 손으로 잡은 후 목에 대고 눌러서 졸라 그 자리에서 질식하여 사망하게 하였다는 이유로 경찰의 조사를 받았다.

다. 청구인이 서명·무인한 피의자신문조서를 보면, 청구인은 ○○다이어트를 찾아가 피해자 김○○의 머리를 당구 큐대로 1대 때리고, 차 뒷좌석에 피해자를 싣고 한전변압기 근처로 가서 차 뒷 문을 열고 당구 큐대로 피해자의 목을 눌러 사망하게 하였다고 진술한 것으로 기재되어 있다.

4. 이 사건 처분의 위법·부당 여부

「도로교통법」 제93조 제1항 제11호에 따르면, 지방경찰청장은 운전면허를 받은 사람이 자동차 등을 이용하여 살인 또는 강간 등 행정안전부령이 정하는 범죄행위를 한 때에는 운전면허를 취소할 수 있도록 규정되어 있고, 같은 법 시행규칙 제92조 및 별표 28

의 2. 취소처분 개별기준의 일련번호란 13에 따르면, 자동차 등을 이용하여 범죄행위를 한 때라 함은「형법」을 위반한 살인, 사체유기, 방화, 강도, 강간, 강제추행, 약취·유인·감금, 상습절도, 교통방해의 범죄에 이용된 때라고 규정되어 있는바, 위 인정사실에 따르면, 청구인은 자동차를 이용하여 범죄행위(살인)를 한 사실이 인정되므로, 피청구인의 이 사건 처분이 위법 부당하다고 할 수 없다.

5. 결 론

그렇다면 청구인의 주장을 인정할 수 없으므로 청구인의 청구를 받아들이지 않기로 하여 주문과 같이 재결한다.

참조 조문

도로교통법 제93조 제1항 제11호,   도로교통법 시행규칙 제91조제1항·별표 28중 2. 취소처분의 개별기준 일련번호란 13

16. 자동차운전면허 정지처분 취소청구

– 승객의 차내 음주가무로 인한 소란행위를 방치

사 건 명	**자동차운전면허 정지처분 취소청구**
사건번호	중앙행심2013-09963
재결일자	2013.07.09.
재결결과	기각

재결 요지

청구인은 관광버스 운전기사로 근무하여 생계를 유지하기 위해서는 이 사건 처분이 가혹하다고 주장하나,   청구인은 승객의 차내 음주가무로 인한 소란행위를 방치하여 처분별점이 40점이 된 사실이 분명하므로 직업특성 및 생계유지상 운전면허가 필요하다는 개인적인 사정만으로 도로교통법 제93조 제1항 제1호, 도로교통법 시행규칙 별표28 중 1. 일반기준 다. 의(2)에 근거한 피청구인의 이 사건 처분이 위법·부당하다고 할 수 없다.

주문

청구인의 청구를 기각한다.

청구 취지

피청구인이 2013. 5. 7. 청구인에게 한 40일(2013. 6. 16. – 2013. 7. 25.)의 제1종 대형, 제1종 보통 운전면허 정지처분을 취소한다.

이유

1. 사건개요

청구인이 2013. 4. 2. 버스를 운전하다가 승객의 차내소란행위를 방치했다는 이유로 피청구인이 2013. 5. 7. 청구인에게 40일(2013. 6. 16. ~ 2013. 7. 25.)의 운전면허 정지처분을 하였다.

2. 관계법령

도로교통법 제93조 제1항 제1호
도로교통법 시행규칙 별표28중 1. 일반기준 다.의(2)

3. 인정사실

청구인과 피청구인이 제출한 자료에 의하면 다음과 같은 사실을 인정할 수 있다.

가. 청구인은 이 사건 당시 관광버스 운전기사이던 자로서, 1979. 11. 8. 제1종 보통운전면허를 취득한 이래 3회의 교통사고전력(1993. 4. 15. 중상 1명 등)과 2회의 교통법규위반전력(2010. 3. 28. 신호 또는 지시 위반 등)이 있다.

나. 청구인은 2013. 4. 2. 20:51경 관광버스를 운전하다가 대전광역시 ○○동에 있는 순천완주고속도로 완주방향 42km 지점에서 승객의 차내소란행위를 방치했다는 이유로 벌점 40점을 부과받았다.

다. 단속경찰관인 고속도로순찰대 제5지구대 소속 경위 김○○의 2013. 6. 4.자 단속경위서를 보면, 2013. 4. 2. 20:35경 순천완주고속도로 완주방향 구례나들목 부근에서 순찰근무 중 2차로로 진행하는 충북71바****호 버스내에서 오색불빛과 함께 차량 내에서 승객들 10여명이 춤을 추고 있어 순찰차량의 문을 열어보니 음악소리가 들려 음주가무행위로 판단되어 버스가 정차하기는 비좁아 약 2km를 더 진행하여 천마산터널 앞 터널사무소 입구 안전지대에 정차를 한 이후에 청구인이 하차하여 왜 그러냐며 묻기에 버스차량 내에서 음주가무행위를 하지 않았냐고 하니 절대 하지 않았다고 주장하기에 버스에 승차하여 소속 및 관등성명과 함께 버스를 정차하게 한 이유에 대하여 설명을 하고 사실 확인하여 본바, 버스 내에는 술 냄새가 진동을 하고 승객 대부분이 안전벨트를 착용하지 않고 있어 승객들에게 주의를 주고 나니 청구인이 미안하다며 사실은 가무행위를 하였는데 요즘 그렇게 하지 않는 버스가 어디에 있느냐며 봐달라고 하여 음주가무행위에 대하여 단속을 한다고 하니 더 싼 것으로 끊어주라며 그럴 수 없다고 하니 청구인이 너무한다고 하였다는 취지로 기재되어 있다.

4. 이 사건 처분의 위법·부당 여부

청구인은 관광버스 운전기사로 근무하여 생계를 유지하기 위해서는 이 사건 처분이 가혹하다고 주장하나, 위 인정사실에 따르면, 청구인은 승객의 차내 소란행위를 방치하여 처분벌점이 40점이 된 사실이 분명하므로 직업특성 및 생계유지상 운전면허가 필요하다는 개인적인 사정만으로 피청구인의 이 사건 처분이 위법·부당하다고 할 수 없다.

5. 결 론

그렇다면 청구인의 주장을 인정할 수 없으므로 청구인의 청구를 받아들이지 않기로 하여 주문과 같이 재결한다.

참조 조문

도로교통법 제93조 제1항 제1호, 도로교통법 시행규칙 별표28 중 1. 일반기준 다. 의(2)

17. 자동차운전면허 취소처분 취소청구

(두차례 음주운전으로 인한 면허정지 후 주취운행)

사 건 명	**자동차운전면허 취소처분 취소청구**
사건번호	중앙행심2012-23430
재결일자	2013. 3. 5.
재결결과	기각

재결 요지

「도로교통법」 제44조 제1항에 따르면, 누구든지 술에 취한 상태에서는 자동차등을 운전할 수 없도록 되어 있고, 같은 법 제93조 제1항 제2호에 따르면, 법 제44조 제1항을 2회 이상 위반한 사람이 다시 제44조 제1항을 위반하여 운전면허 정지사유에 해당된 때에는 반드시 운전면허를 취소하도록 되어 있다. 청구인은 과거 두 차례에 걸쳐 음주운전으로 운전면허 정지처분을 각각 받은 사실이 있음에도 불구하고 또다시 술에 취한 상태에서 자동차를 운전한 사실이 인정되므로, 피청구인의 이 사건 처분이 위법·부당하다고 할 수 없다.

주문

청구인의 청구를 기각한다.

청구 취지

피청구인이 2012. 10. 17. 청구인에게 한 2012. 11. 15.자 제2종 보통운전면허 취소처분을 취소한다.

이유

1. 사건개요

청구인이 2012. 9. 4. 혈중알코올농도 0.066%의 술에 취한 상태에서 운전하다 적발되어 3회 이상 음주운전을 했다는 이유로 피청구인이 2012. 10. 17. 청구인의 운전면허를 취소하였다.

2. 관계법령

도로교통법 제93조 제1항 제2호

도로교통법 시행규칙 제91조 제1항 별표 28 중 2. 취소처분 개별기준 일련번호란 2

3. 인정사실

청구인과 피청구인이 제출한 자료에 따르면 다음과 같은 사실을 인정할 수 있다.

가. 청구인은 이 사건 당시 일용직 근로자이던 자로서, 2004. 8. 24. 제2종 보통운전면허를 취득한 이래 교통사고전력은 없고, 9회의 교통법규위반전력(2004. 12. 30. 음주운전, 2009. 2. 12. 음주운전 등)이 있다.

나. 청구인은 2012. 9. 4. 01:07경 술에 취한 상태에서 승용차를 운전하다가 서울특별시 ○○구 ○○동 690번지 앞길에서 단속경찰관에게 적발되어 음주측정을 한 결과 혈중알코올농도가 0.051%로 측정되었으나, 청구인이 이에 불복하고 채혈측정을 요구하여 같은 날 01:20경 혈액을 채취하여 국립과학수사연구원에 감정을 의뢰한 결과 혈중알코올농도가 0.066%로 측정되었고, 이 사건 적발 전인 2004. 12. 30. 서울○○경찰서 관내에서 음주운전(혈중알코올농도 0.061%)으로 적발되어 운전면허 정지처분을 받았으며, 2009. 2. 12. ○○○경찰서 관내에서 음주운전(혈중

알코올농도 0.084%)으로 적발되어 운전면허 정지처분을 받았다.

4. 이 사건 처분의 위법 · 부당 여부

「도로교통법」제44조 제1항에 따르면, 누구든지 술에 취한 상태에서는 자동차등을 운전할 수 없도록 되어 있고, 같은 조 제2항 후단에 따르면, 운전자는 경찰공무원의 음주측정에 응하도록 되어 있으며, 같은 법 제93조 제1항 제2호에 따르면, 법 제44조제1항 또는 제2항 후단을 2회 이상 위반한 사람이 다시 제44조제1항을 위반하여 운전면허 정지사유에 해당된 때에는 반드시 운전면허를 취소하도록 되어 있다.

위 인정사실에 따르면, 청구인은 과거 두 차례에 걸쳐 음주운전으로 운전면허 정지처분을 각각 받은 사실이 있음에도 불구하고 또다시 2012. 9. 4. 술에 취한 상태에서 자동차를 운전한 사실이 인정되므로, 피청구인의 이 사건 처분이 위법 · 부당하다고 할 수 없다.

5. 결 론

그렇다면 청구인의 주장을 인정할 수 없으므로 청구인의 청구를 받아들이지 않기로 하여 주문과 같이 재결한다.

참조 조문

도로교통법 제44조 제1항 · 제2항 · 제93조 제1항 제2호,   도로교통법 시행규칙 제91조 제1항 별표 28 중 2. 취소처분 개별기준 일련번호란 2

18. 자동차운전면허 취소처분 취소청구- 일부인용(주취운전, 12년 무사고)

사 건 명	**자동차운전면허 취소처분 취소청구**
사건번호	중앙행심2013-02846
재결일자	2013. 03. 05.
재결결과	일부인용

재결 요지

청구인이 운전면허취소기준치를 넘어 술에 취한 상태에서 자동차를 운전한 사실은 인정되나, 운전면허를 취득한 이래 12년 동안 사고 없이 운전한 점, 이 사건 음주운전으로 피해가 발생한 것도 아닌 점 등을 고려할 때 이 사건 자동차운전면허 취소처분은 다소 가혹하므로 110일의 제1종 보통운전면허 정지처분으로 변경한다.

주문

피청구인이 2012. 12. 26. 청구인에게 한 2013. 1. 21.자 제1종 보통운전면허 취소처분을 110일의 제1종 보통운전면허 정지처분으로 변경한다.

청구 취지

피청구인이 2012. 12. 26. 청구인에게 한 2013. 1. 21.자 제1종 보통운전면허 취소처분을 취소한다.

이유

1. 사건개요

청구인이 2012. 12. 11. 혈중알코올농도 0.107%의 술에 취한 상태에서 운전했다는 이유로 피청구인이 2012. 12. 26. 청구인의 운전면허를 취소하였다.

2. 관계법령

도로교통법 제93조 제1항 제1호

도로교통법 시행규칙 제91조 제1항, 별표 28 중 2. 취소처분 개별기준 일련번호란 2

3. 인정사실

청구인과 피청구인이 제출한 자료에 따르면 다음과 같은 사실을 인정할 수 있다.

가. 청구인은 이 사건 당시 회사원이던 자로서, 2000. 12. 4. 제1종 보통운전면허를 취득한 이래 교통사고전력은 없고, 4회의 교통법규위반전력(2008. 12. 31. 신호 또는 지시 위반 등)이 있다.

나. 청구인은 2012. 12. 11. 23:20경 술에 취한 상태에서 승용차를 운전하다가 경기도 ○○시 ○○○구 ○○동에 있는 ○○백화점 앞길에서 단속경찰관에게 적발되어 음주측정을 한 결과 혈중알코올농도가 0.107%로 측정되었다.

4. 이 사건 처분의 위법 · 부당 여부

청구인이 운전면허취소기준치를 넘어 술에 취한 상태에서 자동차를 운전한 사실은 인정되나, 운전면허를 취득한 이래 12년 동안 사고 없이 운전한 점, 이 사건 음주운전으로 피해가 발생한 것도 아닌 점 등을 고려할 때 이 사건 처분은 다소 가혹하다

5. 결   론

그렇다면 청구인의 주장을 일부 인정할 수 있으므로 이 사건 처분을 감경하기로 하여

주문과 같이 재결한다.

참조 조문

도로교통법 제93조 제1항 제1호,　도로교통법 시행규칙 제91조 제1항, 별표 28 중 2.
취소처분 개별기준 일련번호란 2

19. 자동차운전면허 취소처분 취소청구 - 구호조치 및 신고의무 위반

사 건 명	**자동차운전면허 취소처분 취소청구**
사건번호	중앙행심2013-02845
재결일자	2013.03.05.
재결결과	기각

재결 요지

청구인은 자동차를 운전하다가 인적 피해가 있는 교통사고를 일으킨 후「도로교통법」제54조 제1항 및 제2항에 따라 요구되는 구호조치와 신고의무를 이행하지 않은 사실이 인정되므로, 피청구인의 이 사건 처분이 위법·부당하다고 할 수 없다.

주문

청구인의 청구를 기각한다.

청구 취지

피청구인이 2012. 10. 23. 청구인에게 한 2012. 11. 14.자 제1종 보통운전면허 취소처분을 취소한다.

이유

1. 사건개요

청구인이 2012. 9. 7. 자동차를 운전하다가 교통사고를 일으켜 사람을 다치게 하고

도 구호조치와 신고의무를 이행하지 않았다는 이유로 피청구인이 2012. 10. 23. 청구인의 운전면허를 취소하였다.

2. 관계법령
도로교통법 제93조 제1항 제6호
도로교통법 시행규칙 제91조 제1항 별표 28 중 2. 취소처분 개별기준 일련번호란 1

3. 인정사실
청구인과 피청구인이 제출한 자료에 따르면 다음과 같은 사실을 인정할 수 있다.

가. 청구인은 이 사건 당시 택시기사이던 자로서, 1982. 8. 20. 제1종 보통운전면허를 취득한 이래 1회의 교통사고전력(1988. 8. 18. 경상 1명)과 3회의 교통법규 위반전력(2009. 12. 9. 인명보호장구 미착용 등)이 있다.

나. 청구인은 2012. 9. 7. 01:22경 서울특별시 ○○구 ○○로 129번지 앞길에서 자동차를 운전하다가 보행자인 이○○을 충격하여 이○○에게 전치 6주의 인적피해가 있는 교통사고를 일으킨 후 영동대교 방면으로 그냥 운전하여 갔고, 피해자의 신고를 받은 경찰에서는 차적조회를 통해서 청구인에게 출석을 요구하여 위 사고를 조사하게 되었다.

다. 청구인이 서명·무인한 피의자신문조서를 보면, 청구인은 피해자 이○○과 채무관계가 있었는데 돈을 갚지 못한 상태여서 피하려고 현장을 벗어났고, 청구인은 사고 당시는 몰랐으나 영상자료에서 보니 피해자가 사고로 인하여 넘어진 것이 분명히 확인되는데도 사고처리를 하지 않은 것은 잘못이라는 취지의 진술을 한 것으로 기재되어 있다.

4. 이 사건 처분의 위법·부당 여부
「도로교통법」 제54조 제1항에 따르면 차의 교통으로 인하여 사람을 사상하거나 물건을 손괴한 때에는 그 차의 운전자 그 밖의 승무원은 곧 정차하여 사상자를 구호하는 등 필요한 조치를 하여야 한다고 되어 있고, 같은 조 제2항에 따르면 제1항의 경우 그 차의 운전자 등은 경찰공무원 또는 경찰관서에 지체 없이 사고내용에 관하여 신고하여야 한다고 되어 있으며, 같은 법 제93조 제1항 제6호는 교통사고로 사람을 사상한 후 제54조 제1항 또는 제2항에 의한 필요한 조치 또는 신고를 하지 아니한 때에는 운전면허를 취소할 수 있도록 하고 있는데, 교통사고 발생시의 구호조치의무와 신고의무는 차의 교통으로 인해 사람을 사상하거나 물건을 손괴한 때에 운전자 등으로 하여금 교통사고로 인한 사상자를 구호하는 등 필요한 조치를 신속히 취하게 하고, 속히 경찰관에게 교통사고의 발생을 알려서 피해자의 구호, 교통질서의 회복 등에 관하여 적절한 조치를 취하게 하기 위한 방법으로 부과된 것이므로 교통사고의 결과 피해자의 구호 및 교통질서의 회복을 위한 조치가 필요한 이상 그 의무는 교통사고를 발생시킨 차량의 운전자에게 그 사고발생에 있어서 고의·과실 혹은 유책·위법의 유무에 관계 없이 부과된 의무라고 할 것이다.

청구인은 교통사고를 일으킨 사실을 몰랐다고 주장하나, 위 인정사실에 따르면, 청구인은 자동차를 운전하다가 인적 피해가 있는 교통사고를 일으킨 후「도로교통법」제54조 제1항 및 제2항에 따라 요구되는 구호조치와 신고의무를 이행하지 않은 사실이 인정되므로, 피청구인의 이 사건 처분이 위법·부당하다고 할 수 없다.

5. 결 론
그렇다면 청구인의 주장을 인정할 수 없으므로 청구인의 청구를 받아들이지 않기로 하여 주문과 같이 재결한다.

참조 조문
도로교통법 제54조 제1항·제2항·제93조 제1항 제6호, 도로교통법 시행규칙 제91조 제1항 별표 28 중 2. 취소처분 개별기준 일련번호란 1

20. 자동차운전면허 취소처분 취소청구(짧은 거리 운행)

사 건 명	**자동차운전면허 취소처분 취소청구**
사건번호	중앙행심2013-02842
재결일자	2013.03.05.
재결결과	기각

재결 요지

「도로교통법」 제2조 제24호에 따르면, '운전'이란 도로에서 차를 본래의 사용 방법에 따라 사용하는 것을 말하는바, 도로에서 자동차의 시동을 걸어 이동했다면 짧은 거리를 운전한 것이라고 하더라도 차량을 그 본래의 사용방법에 따라 사용하는 것으로서 동 법에서 말하는 운전에 해당한다. 또한 청구인의 업무특성 및 생계유지상 운전면허가 필요하다는 등의 개인적인 사정만으로 피청구인의 이 사건 처분이 위법·부당하다고 할 수 없다.

주문

청구인의 청구를 기각한다.

청구 취지

피청구인이 2012. 12. 26. 청구인에게 한 2013. 1. 21.자 제1종 보통운전면허 취소처분을 취소한다.

이유

1. 사건 개요

청구인이 2012. 12. 3. 음주운전으로 벌점 100점을 부과받아 1년간 누산점수가 121점 이상이 되었다는 이유로 피청구인이 2012. 12. 26. 청구인의 운전면허를 취소하였다.

2. 관계법령

도로교통법 제93조 제2항

도로교통법 시행규칙 제91조 제1항 별표 28 중 1. 일반기준 다.의(1)

3. 인정사실

청구인과 피청구인이 제출한 자료에 따르면 다음과 같은 사실을 인정할 수 있다.

가. 청구인은 이 사건 당시 회사원이던 자로서, 2006. 6. 1. 제1종 보통운전면허를 취득한 이래 교통사고전력은 없고, 이 사건 처분과 관련된 교통법규위반 외에 교통법규위반전력이 없다.

나. 청구인은 2012. 6. 1. 음주운전으로 벌점 100점을, 2012. 8. 24. 신호 또는 지시위반으로 벌점 15점을 각각 부과받고, 2012. 12. 3. 23:00경 술에 취한 상태에서 승용차를 운전하다가 경기도 ○○시 ○○읍 ○○길 43-4번지 앞길에서 단속경찰관에게 적발되어 음주측정을 한 결과 청구인의 혈중알코올농도가 0.055%로 측정되자 음주운전으로 벌점 100점을 부과받아 청구인의 1년간 누산점수가 215점이 되었다.

4. 이 사건 처분의 위법·부당 여부

청구인은 식당에서 차를 조금 빼주기 위해 짧은 거리를 운전한 것에 불과하기 때문에 이 사건 처분이 부당하다고 주장하나, 「도로교통법」 제2조 제24호에 따르면, '운전' 이란 도로에서 차를 본래의 사용 방법에 따라 사용하는 것을 말하는바, 도로에서 자동차의 시동을 걸어 이동했다면 짧은 거리를 운전한 것이라고 하더라도 차량을 그 본래의 사용방법에 따라 사용하는 것으로서 동 법에서 말하는 운전에 해당하므로, 이에 대한 청구인의 위 주장은 받아들일 수 없다.

또한 청구인은 업무특성 및 생계유지상 운전면허가 필요하므로 이 사건 처분이 가혹하다고 주장하나, 위 인정사실에 따르면, 이 사건 신호 또는 지시 위반 및 두 차례의 음주운전으로 인하여 청구인의 1년간 누산점수가 215점이 되어 운전면허취소기준치(121점)를 훨씬 넘은 사실이 인정되므로, 청구인의 업무특성 및 생계유지상 운전면허가 필요하다는 등의 개인적인 사정만으로 피청구인의 이 사건 처분이 위법·부당하다고 할수 없다.

5. 결 론

그렇다면 청구인의 주장을 인정할 수 없으므로 청구인의 청구를 받아들이지 않기로 하여 주문과 같이 재결한다.

참조 조문

도로교통법 제2조 제24호·제93조 제2항, 도로교통법 시행규칙 제91조 제1항 별표 28 중 1. 일반기준 다. 의(1)

21. 자동차운전면허 취소처분 취소청구－음주측정 불응

사 건 명	**자동차운전면허 취소처분 취소청구**
사건번호	중앙행심2013-02259
재결일자	2013. 3. 5.
재결결과	기각

재결 요지

적발당시 작성된 주취운전자정황진술보고서상 청구인의 언행·보행상태와 혈색, 청구인이 서명·무인한 피의자신문조서의 기재에 의하면 청구인은 술에 취한 상태에서 운전했다고 인정할 만한 상당한 이유가 있었다고 보인다. 이에 따라 경찰관이 청구인에게 음주측정을 요구했음에도 불구하고 청구인이 정당한 사유 없이 이에 불응한 사실이 인정되므로, 도로교통법 제93조 제1항 제3호, 도로교통법 시행규칙 제91조 제1항, 별표 28 중 2.취소처분 개별기준 일련번호란 3에 따라 운전면허를 취소하여야 한다. 따라서 청구인의 직업여건 및 생계유지상 운전면허가 필요하다는 등의 개인적인 사정만으로 피청구인의 이 사건 처분이 위법·부당하다고 할 수 없다.

주문

청구인의 청구를 기각한다.

청구 취지

피청구인이 2012. 10. 26. 청구인에게 한 2012. 11. 13.자 제1종 보통운전면허 취소처분을 취소한다.

이유

1. 사건 개요

청구인이 2012. 9. 28. 음주측정에 불응했다는 이유로 피청구인이 2012. 10. 26. 청구인의 운전면허를 취소하였다.

2. 관계법령

도로교통법 제93조 제1항 제3호

도로교통법 시행규칙 제91조 제1항, 별표 28 중 2.취소처분 개별기준 일련번호란 3

3. 인정사실

청구인과 피청구인이 제출한 자료에 따르면 다음과 같은 사실을 인정할 수 있다.

가. 청구인은 이 사건 당시 ○○노동조합 조합원이던 자로서, 1993. 4. 29. 제1종 보통운전면허를 취득한 이래 1회의 교통사고전력(2004. 6. 27. 음주운전·물적 피해)과 1회의 교통법규위반전력(1998. 8. 5. 지정차로 위반)이 있다.

나. 청구인은 2012. 9. 28. 09:38경 술에 취한 상태에서 승용차를 운전하다가 인천광역시 ○구 ○○동 627번지 앞길에서 구○○가 운전하던 승용차를 충격하여 54만 8,000원의 물적 피해가 있는 교통사고를 일으켰고, 위 사고를 조사하는 과정에서 음주운전사실이 적발되어 같은 날 1차 10:17경, 2차 10:29경, 3차 10:41경 등 3차례에 걸쳐 음주측정을 요구받았으나 이에 불응하였다.

다. 청구인이 서명·무인한 피의자신문조서를 보면, 청구인은 술을 마신 후 음주운전을 하였고, 경찰관이 음주측정요구를 한 번 요구한 것은 기억이 나지만 그 이후 상황은 술에 취해 전혀 기억이 나지 않는다는 취지의 진술을 한 것으로 기재되어 있고, 음주운전적발 당시 작성한 주취운전자정황진술보고서에는 청구인의 언행상태는 '혀가 꼬여 말투가 어눌함'으로, 보행상태는 '비틀거림'으로, 운전자의 혈색은 '홍조'로 기재되어 있다.

4. 이 사건 처분의 위법·부당 여부

「도로교통법」제44조제2항에 따르면, 경찰공무원은 교통안전과 위험방지를 위하여 필요하다고 인정하거나 술에 취한 상태에서 자동차를 운전하였다고 인정할 만한 상당한 이유가 있는 때에는 운전자가 술에 취하였는지 여부를 측정할 수 있으며, 운전자는 이러한 경찰공무원의 측정요구에 응하여야 한다고 되어 있고, 같은 법 제93조 제1항 제3호에 따르면, 제44조 제2항에 의한 경찰공무원의 측정에 응하지 아니한 때에는 그 운전면허를 반드시 취소하도록 되어 있다.

청구인은 직업여건 및 생계유지상 운전면허가 필요하므로 이 사건 처분이 가혹하다고 주장하나, 위 인정사실에 따르면, 적발당시 작성된 주취운전자정황진술보고서상 청구인의 언행상태는 '혀가 꼬여 말투가 어눌함'으로, 보행상태는 '비틀거림'으로, 운전자의 혈색은 '홍조'로 기재되어 있고, 청구인이 서명·무인한 피의자신문조서에 청구인이 술을 마신 후 음주운전을 했고 경찰관이 음주측정요구를 한 번 요구한 것은 기억이 나지만 그 이후 상황은 술에 취해 전혀 기억이 나지 않는다는 취지의 진술을 한 것으로 기재되어 있으므로, 청구인은 술에 취한 상태에서 운전했다고 인정할 만한 상당한 이유가 있었다고 보이고, 이에 따라 경찰관이 청구인에게 음주측정을 요구했음에도 불구하고 청구인이 정당한 사유 없이 이에 불응한 사실이 인정되므로, 청구인의 직업여건 및 생계유지상 운전면허가 필요하다는 등의 개인적인 사정만으로 피청구인의 이 사건 처분이 위법·부당하다고 할 수 없다.

5. 결 론

그렇다면 청구인의 주장을 인정할 수 없으므로 청구인의 청구를 받아들이지 않기로 하여 주문과 같이 재결한다.

참조 조문

도로교통법 제93조 제1항 제3호,   도로교통법 시행규칙 제91조 제1항, 별표 28 중 2. 취소처분 개별기준 일련번호란 3

22. 자동차운전면허 취소처분 취소청구-주취운행, 인적피해발생

사 건 명	**자동차운전면허 취소처분 취소청구**
사건번호	중앙행심2013-02238
재결일자	2013. 3. 5.
재결결과	기각

재결 요지

청구인은 도로교통법 제93조 제1항 제1호, 도로교통법 시행규칙 제91조 제1항 별표 28 중 2. 취소처분 개별기준의 일련번호란 2에 따른 운전면허행정처분기준치를 넘어 술에 취한 상태에서 자동차를 운전하다가 인적 피해가 있는 교통사고를 일으킨 사실이 인정된다. 따라서 청구인의 직업여건 및 생계유지상 운전면허가 필요하다는 등의 개인적인 사정만으로 피청구인의 이 사건 처분이 위법·부당하다고 할 수 없다.

주문

청구인의 청구를 기각한다.

청구 취지

피청구인이 2012. 12. 31. 청구인에게 한 2013. 1. 18.자 제1종 보통, 제2종 원동기장치자전거 운전면허 취소처분을 취소한다.

이유

1. 사건개요

청구인이 2012. 12. 2. 혈중알코올농도 0.083%의 술에 취한 상태에서 운전하다가 사람을 다치게 했다는 이유로 피청구인이 2012. 12. 31. 청구인의 운전면허를 취소하였다.

2. 관계법령

도로교통법 제93조 제1항 제1호

도로교통법 시행규칙 제91조 제1항, 별표 28 중 2. 취소처분 개별기준의 일련번호란 2

3. 인정사실

청구인과 피청구인이 제출한 자료에 따르면 다음과 같은 사실을 인정할 수 있다.

가. 청구인은 이 사건 당시 자영업자이던 자로서, 2009. 3. 20. 제1종 보통운전면허를 취득한 이래 교통사고전력 및 교통법규위반전력이 없다.

나. 청구인은 2012. 12. 2. 22:00경 술에 취한 상태에서 화물차를 운전하다가 전라북도 ○○시 ○○동에 있는 ○○주공아파트 앞길에서 중앙선을 넘어가 보행자인 손○○을 충격하여 손○○에게 전치 8주의 인적 피해가 있는 교통사고를 일으켰고, 위 사고를 조사하는 과정에서 음주운전사실이 적발되어 같은 날 23:10경 음주측정을 한 결과 청구인의 혈중알코올농도가 0.083%로 측정되었다.

4. 이 사건 처분의 위법 · 부당 여부

청구인은 직업여건 및 생계유지상 운전면허가 필요하므로 이 사건 처분이 가혹하다고 주장하나, 위 인정사실에 따르면, 청구인은 운전면허행정처분기준치를 넘어 술에 취한 상태에서 자동차를 운전하다가 인적 피해가 있는 교통사고를 일으킨 사실이 인정되므로, 청구인의 직업여건 및 생계유지상 운전면허가 필요하다는 등의 개인적인 사정만으로 피청구인의 이 사건 처분이 위법 · 부당하다고 할 수 없다.

5. 결 론

그렇다면 청구인의 주장을 인정할 수 없으므로 청구인의 청구를 받아들이지 않기로 하여 주문과 같이 재결한다.

참조 조문

도로교통법 제93조 제1항 제1호, 도로교통법 시행규칙 제91조 제1항 별표 28 중 2. 취소처분 개별기준의 일련번호란 2

23. 자동차운전면허 취소처분 취소청구—운전면허취소기준치 도과 주취운전

사 건 명	**자동차운전면허 취소처분 취소청구**
사건번호	중앙행심2012-23867
재결일자	2013. 3. 5.
재결결과	기각

재결 요지

청구인은 도로교통법 제93조 제1항 제1호, 도로교통법 시행규칙 제91조 제1항, 별표 28 중 2. 취소처분 개별기준 일련번호란 2에 따른 운전면허취소기준치를 훨씬 넘어 술에 취한 상태에서 자동차를 운전한 사실이 인정되므로, 청구인의 업무특성상 운전면허가 필요하다는 등의 개인적인 사정만으로 피청구인의 이 사건 처분이 위법·부당하다고 할 수 없다.

주문

청구인의 청구를 기각한다.

청구 취지

피청구인이 2012. 9. 19. 청구인에게 한 2012. 10. 23.자 제1종 보통운전면허 취소처분을 취소한다.

이유

1. 사건개요

청구인이 2012. 9. 12. 혈중알코올농도 0.186%의 술에 취한 상태에서 운전했다는 이유로 피청구인이 2012. 9. 19. 청구인의 운전면허를 취소하였다.

2. 관계법령

도로교통법 제93조 제1항 제1호

도로교통법 시행규칙 제91조 제1항, 별표 28 중 2. 취소처분 개별기준 일련번호란 2

3. 인정사실

청구인과 피청구인이 제출한 자료에 따르면 다음과 같은 사실을 인정할 수 있다.

가. 청구인은 이 사건 당시 회사원이던 자로서, 1991. 12. 12. 제1종 보통운전면허를 취득하였다.

나. 청구인은 2012. 9. 12. 05:31경 술에 취한 상태에서 승용차를 운전하다가 서울특별시 ○○구 ○○동 640-3번지 앞길에서 단속경찰관에게 적발되어 음주측정을 한 결과 혈중알코올농도가 0.186%로 측정되었다.

4. 이 사건 처분의 위법·부당 여부

청구인은 업무특성상 운전면허가 필요하므로 이 사건 처분이 가혹하다고 주장하나, 위 인정사실에 따르면, 청구인은 운전면허취소기준치를 훨씬 넘어 술에 취한 상태에서 자동차를 운전한 사실이 인정되므로, 청구인의 업무특성상 운전면허가 필요하다는 등의 개인적인 사정만으로 피청구인의 이 사건 처분이 위법·부당하다고 할 수 없다.

5. 결 론

그렇다면 청구인의 주장을 인정할 수 없으므로 청구인의 청구를 받아들이지 않기로 하여 주문과 같이 재결한다.

참조 조문

도로교통법 제93조 제1항 제1호, 도로교통법 시행규칙 제91조 제1항, 별표 28 중 2. 취소처분 개별기준 일련번호란 2

24. 자동차운전면허 정지처분 취소청구-벌점초과

사 건 명	**자동차운전면허 정지처분 취소청구**
사건번호	중앙행심2012-23424
재결일자	2013. 3. 5.
재결결과	기각

재결 요지

청구인은 과거 음주운전으로 운전면허가 취소되었다가 행정심판을 청구하여 중앙행정심판위원회의 재결로써 110일의 운전면허 정지처분으로 감경을 받은 전력이 있는 자로서 교통법규준수에 더욱 주의를 기울여야 함에도 불구하고 또다시 음주운전으로 적발되어 청구인의 2년간 누산점수가 210점이 되어 운전면허취소기준치(201점)를 넘은 사실이 인정되므로, 청구인의 업무특성상 운전면허가 필요하다는 등의 개인적인 사정만으로 피청구인의 이 사건 처분이 위법·부당하다고 할 수 없다.

주문

청구인의 청구를 기각한다.

청구 취지

피청구인이 2012. 10. 23. 청구인에게 한 2012. 11. 22.자 제1종 보통운전면허 취소처분을 취소한다.

이유

1. 사건 개요

청구인이 2012. 10. 5. 음주운전으로 벌점 100점을 부과 받아 2년간 누산점수가 201점 이상이 되었다는 이유로 피청구인이 2012. 10. 23. 청구인의 운전면허를 취소하였다.

2. 관계법령

도로교통법 제93조 제2항

도로교통법 시행규칙 제91조 제1항 별표 28 중 1. 일반기준 다. 의(1)

3. 인정사실

청구인과 피청구인이 제출한 자료에 따르면 다음과 같은 사실을 인정할 수 있다.

가. 청구인은 이 사건 당시 회사원이던 자로서, 2001. 9. 27. 제1종 보통운전면허를 취득하여 2011. 10. 14. 음주운전으로 운전면허가 취소되었다가 행정심판을 청구하여 110일의 운전면허 정지처분으로 감경되었는바, 최초로 운전면허를 취득한 이래 교통사고전력은 없고, 이 사건 처분과 관련된 교통법규위반 외에 2회의 교통법규위반전력(2010. 12. 18. 제한속도 위반 등)이 있다.

나. 청구인은 2011. 9. 1. 수원○○경찰서 관내에서 음주운전(혈중알코올농도 0.10 6%)으로 적발되어 2011. 10. 14. 운전면허가 취소되었다가 행정심판을 청구하여 2011. 12. 13. 중앙행정심판위원회의 재결로써 110일의 운전면허 정지처분으로 감경받아 벌점 110점을 부과받고, 2012. 10. 5. 21:40경 술에 취한 상태에서 승용차를 운전하다가 경기도 ○○시 ○○구 ○○동에 있는 ○○○사거리 앞길에서 이○○가 운전하던 승용차에 의해 충격되는 교통사고를 당한 후 위 사고에 대해 조사하는 과정에서 음주운전사실이 적발되어 음주측정을 한 결과 청구인의 혈중알코올농도가 0.059%로 측정되자 음주운전으로 벌점 100점을 부과받아 청구인의 2

년간 누산점수가 210점이 되었다.

4. 이 사건 처분의 위법·부당 여부

청구인은 업무특성상 운전면허가 필요하므로 이 사건 처분이 가혹하다고 주장하나, 위 인정사실에 따르면, 청구인은 과거 음주운전으로 운전면허가 취소되었다가 행정심판을 청구하여 중앙행정심판위원회의 재결로써 110일의 운전면허 정지처분으로 감경을 받은 전력이 있는 자로서 교통법규준수에 더욱 주의를 기울여야 함에도 불구하고 또다시 음주운전으로 적발되어 청구인의 2년간 누산점수가 210점이 되어 운전면허취소기준치(201점)를 넘은 사실이 인정되므로, 청구인의 업무특성상 운전면허가 필요하다는 등의 개인적인 사정만으로 피청구인의 이 사건 처분이 위법·부당하다고 할 수 없다.

5. 결 론

그렇다면 청구인의 주장을 인정할 수 없으므로 청구인의 청구를 받아들이지 않기로 하여 주문과 같이 재결한다.

참조 조문

도로교통법 제93조 제2항, 도로교통법 시행규칙 제91조 제1항 별표 28 중 1. 일반기준 다. 의(1)

25. 자동차운전면허 취소처분 취소청구—운전면허취득 후 얼마 안 돼 음주운전

사건 명	자동차운전면허 취소처분 취소청구
사건번호	중앙행심2012-23406
재결일자	2013. 3. 5.
재결결과	기각

재결 요지

청구인은 운전면허를 취득한 지 얼마 되지 않은 자로서 안전운전과 교통법규준수에 더욱 주의를 기울여야 함에도 불구하고, 도로교통법 제93조 제1항 제1호, 도로교통법 시행규칙 제91조 제1항, 별표 28 중 2. 취소처분 개별기준 일련번호란 2에 따른 운전면허취소기준치를 훨씬 넘어 술에 취한 상태에서 자동차를 운전한 사실이 인정되므로, 청구인의 업무특성상 운전면허가 필요하다는 등의 개인적인 사정만으로 피청구인의 이 사건 처분이 위법·부당하다고 할 수 없다.

주문

청구인의 청구를 기각한다.

청구 취지

피청구인이 2012. 10. 30. 청구인에게 한 2012. 11. 27.자 제1종 보통운전면허 취소처분을 취소한다.

이유

참조 조문

도로교통법 제93조 제1항 제1호,　도로교통법 시행규칙 제91조 제1항, 별표 28 중 2.
취소처분 개별기준 일련번호란 2

26. 자동차운전면허 취소처분 취소청구 - 구호조치 등 위반

사 건 명	**자동차운전면허 취소처분 취소청구**
사건번호	중앙행심2012-24929
재결일자	2013.03.05.
재결결과	각하

재결 요지

피청구인은 2012. 8. 31. 청구인의 인적 피해 교통사고 야기 후 구호조치 및 신고의무 불이행을 이유로 한 운전면허취소처분통지서를 등기우편으로 발송하였고, 청구인은 2012. 9. 4. 청구인의 운전면허대장상 주소지에서 위 처분통지서를 수령한 후 2012. 12. 4. 이 사건 운전면허취소처분에 대한 행정심판을 청구하였다.

「행정심판법」 제27조 제1항에 따르면, 행정심판은 처분이 있음을 알게 된 날부터 90일 이내에 청구하여야 한다고 되어 있고, 이 경우 '처분이 있음을 알게 된 날'이란 처분의 상대방이 처분이 있음을 실제로 안 날 뿐만 아니라 객관적으로 알 수 있는 상태에 이른 날도 포함한다고 할 것이다. 청구인은 운전면허취소처분통지서를 수령한 2012. 9. 4. 이 사건 처분이 있음을 알았다고 보아야 할 것인데, 청구인은 그로부터 90일이 지난 2012. 12. 4. 이 사건 처분에 대한 행정심판을 청구하였으므로, 청구인의 이 사건 심판 청구는 「행정심판법」 제27조 제1항을 위반하여 제기된 부적법한 청구이므로 각하한다.

주문

청구인의 청구를 각하한다

<h1 align="center">청구 취지</h1>

피청구인이 2012. 8. 24. 청구인에게 한 2012. 9. 8.자 제1종 보통운전면허 취소처분을 취소한다.

<h1 align="center">이유</h1>

1. 사건개요

청구인이 2012. 7. 17. 술에 취한 상태에서 자동차를 운전하다가 교통사고를 일으켜 사람을 다치게 하고도 구호조치와 신고의무를 이행하지 않았다는 이유로 피청구인이 2012. 8. 24. 청구인의 운전면허를 취소하였다.

2. 관계법령

행정심판법 제27조 제1항

3. 인정사실

청구인과 피청구인이 제출한 자료에 따르면, 피청구인은 2012. 8. 31. 청구인의 인적 피해 교통사고 야기 후 구호조치 및 신고의무 불이행을 이유로 한 운전면허취소처분통지서를 등기우편으로 발송한 사실, 청구인이 2012. 9. 4. 청구인의 운전면허대장상 주소지에서 위 처분통지서를 수령한 사실, 청구인이 2012. 12. 4. 이 사건 운전면허취소처분에 대한 행정심판을 청구한 사실을 각각 인정할 수 있다.

4. 이 사건 처분의 행정심판 적격 여부

「행정심판법」 제27조 제1항에 따르면, 행정심판은 처분이 있음을 알게 된 날부터 90일 이내에 청구하여야 한다고 되어 있고, 이 경우 '처분이 있음을 알게 된 날'이란 처분의 상대방이 처분이 있음을 실제로 안 날 뿐만 아니라 객관적으로 알 수 있는 상태에 이른 날도 포함한다고 할 것인바, 위 인정사실에 따르면, 청구인은 운전면허취소처분통지서를 수령한 2012. 9. 4. 이 사건 처분이 있음을 알았다고 보아야 할 것인데, 청구인은 그로부터 90일이 지난 2012. 12. 4. 이 사건 처분에 대한 행정심판을 청구하였으므로, 청구인의 이 사건 심판청구는 「행정심판법」 제27조 제1항을 위반하여 제기된 부적법한 청구이다.

5. 결 론

그렇다면, 이 사건 심판청구는 심판청구요건을 갖추지 못한 부적법한 청구이므로 이를 각하하기로 하여 주문과 같이 재결한다.

27. 자동차운전면허 취소처분 취소청구 - 면허정지처분 후 음주운전

사 건 명	**자동차운전면허 취소처분 취소청구**
사건번호	중앙행심2013-02474
재결일자	2013.03.05.
재결결과	기각

재결 요지

청구인은 과거 두 차례에 걸쳐 음주운전으로 운전면허정지처분을 각각 받은 사실이 있음에도 불구하고 또다시 술에 취한 상태에서 자동차를 운전한 사실이 인정되므로, 도로교통법 제44조 제1항·제2항·제93조 제1항 제2호에 의한 피청구인의 이 사건 처분이 위법·부당하다고 할 수 없다.

주문

청구인의 청구를 기각한다.

청구 취지

피청구인이 2013. 1. 14. 청구인에게 한 2013. 2. 17.자 제1종 보통운전면허 취소처분을 취소한다.

이유

1. 사건개요

청구인이 2012. 12. 27. 혈중알코올농도 0.071%의 술에 취한 상태에서 운전하다 적발되어 3회 이상 음주운전을 했다는 이유로 피청구인이 2013. 1. 14. 청구인의 운전면허를 취소하였다.

2. 관계법령

도로교통법 제93조제1항제2호

도로교통법 시행규칙 제91조제1항 별표 28 중 2. 취소처분 개별기준 일련번호란 2

3. 인정사실

청구인과 피청구인이 제출한 자료에 따르면 다음과 같은 사실을 인정할 수 있다.

가. 청구인은 이 사건 당시 자영업자이던 자로서, 1991. 2. 8. 제1종 보통운전면허를 취득한 이래 교통사고전력은 없고, 5회의 교통법규위반전력(2010. 10. 8. 좌석안전띠 미착용 등)이 있다.

나. 청구인은 2012. 12. 27. 20:43경 술에 취한 상태에서 승용차를 운전하다가 경기도 ○○시 ○○구 ○○동 937번지에 있는 ○○○○아파트 앞길에서 단속경찰관에게 적발되어 음주측정을 한 결과 혈중알코올농도가 0.053%로 측정되었으나, 청구인이 이에 불복하고 채혈측정을 요구하여 같은 날 21:05경 청구인의 혈액을 채취하여 국립과학수사연구원에 감정을 의뢰한 결과 혈중알코올농도가 0.071%로 측정되었고, 이 사건 적발 전인 2002. 8. 7. 음주운전(혈중알코올농도 0.084%)으로 적발되어 운전면허 정지처분을 받았으며, 2006. 5. 12. 음주운전(혈중알코올농도 0.074%)으로 적발되어 운전면허 정지처분을 받았다.

4. 이 사건 처분의 위법·부당 여부

「도로교통법」 제44조 제1항에 따르면, 누구든지 술에 취한 상태에서는 자동차등을 운전할 수 없도록 되어 있고, 같은 조 제2항 후단에 따르면, 운전자는 경찰공무원의 음주측정에 응하도록 되어 있으며, 같은 법 제93조 제1항 제2호에 따르면, 법 제44조 제1항 또는 제2항 후단을 2회 이상 위반한 사람이 다시 제44조 제1항을 위반하여 운전면허 정지사유에 해당된 때에는 반드시 운전면허를 취소하도록 되어 있다.

위 인정사실에 따르면, 청구인은 과거 두 차례에 걸쳐 음주운전으로 운전면허정지처분을 각각 받은 사실이 있음에도 불구하고 또다시 2012. 12. 27. 술에 취한 상태에서 자동차를 운전한 사실이 인정되므로, 피청구인의 이 사건 처분이 위법·부당하다고 할 수 없다.

5. 결   론

그렇다면 청구인의 주장을 인정할 수 없으므로 청구인의 청구를 받아들이지 않기로 하여 주문과 같이 재결한다.

참조 조문

도로교통법 제44조 제1항·제2항·제93조 제1항 제2호,   도로교통법 시행규칙 제91조 제1항 별표 28 중 2. 취소처분 개별기준 일련번호란 2

28. 자동차운전면허 취소처분 취소청구-음주측정 불응

사 건 명	**자동차운전면허 취소처분 취소청구**
사건번호	중앙행심2013-02406
재결일자	2013.03.05.
재결결과	기각

재결 요지

청구인은 술에 취한 상태에서 운전했다고 인정할 만한 상당한 이유가 있었다고 보이고, 이에 따라 경찰관이 청구인에게 음주측정을 요구했음에도 불구하고 청구인이 정당한 사유 없이 이에 불응한 사실이 인정되므로, 청구인의 업무특성 및 생계유지상 운전면허가 필요하다는 등의 개인적인 사정만으로 피청구인의 이 사건 처분이 위법·부당하다고 할 수 없다.

주문

청구인의 청구를 기각한다.

청구 취지

피청구인이 2012. 11. 26. 청구인에게 한 2012. 12. 24.자 제1종 보통, 제2종 보통 운전면허 취소처분을 취소한다.

이유

1. 사건 개요

청구인이 2012. 10. 27. 음주측정에 불응했다는 이유로 피청구인이 2012. 11. 26. 청구인의 운전면허를 취소하였다.

2. 관계법령

도로교통법 제93조 제1항 제3호

도로교통법 시행규칙 제91조 제1항, 별표 28 중 2. 취소처분 개별기준의 일련번호란 3

3. 인정사실

청구인과 피청구인이 제출한 자료에 따르면 다음과 같은 사실을 인정할 수 있다.

가. 청구인은 이 사건 당시 전자부품 도소매업자이던 자로서, 1999. 9. 22. 제2종 보통운전면허를 취득한 이래 1회의 교통사고전력(2004. 2. 14. 물적 피해)과 4회의 교통법규위반전력(2007. 3. 3. 음주운전, 2010. 4. 13. 신호위반 등)이 있다.

나. 청구인은 2012. 10. 27. 17:10경 술에 취한 상태에서 승용차를 운전하던 중 경기도 ○○시 ○○구 ○○동에 있는 ○○촌 앞길 차 안에서 잠을 자다가 신고를 받고 출동한 경찰관에게 음주운전사실이 적발되어 같은 날 1차 17:57경, 2차 18:07경, 3차 18:17경 등 3차례에 걸쳐 음주측정을 요구받았으나 이에 불응하였다.

다. 청구인이 서명·무인한 피의자신문조서를 보면, 청구인은 술을 마신 후 운전석에서 잠을 자다가 경찰관이 음주측정을 요구하였으나 이를 거부하였다는 취지의 진술을 한 것으로 기재되어 있고, 음주운전적발 당시 작성한 주취운전자정황진술보고서에는 청구인의 언행상태는 '발음 및 억양이 흐림'으로, 운전자의 혈색은 '눈이 충혈되고, 얼굴색이 붉음'으로 기재되어 있다.

라. 경기○○○○경찰서에서 작성한 2012. 11. 15.자 수사보고서를 보면, 청구인의 여동생인 이○○은 청구인이 적발된 장소가 자신이 자동차를 최종 주차한 곳이 아니어서 청구인이 음주운전을 한 것 같다는 취지의 진술을 한 것으로 기재되어 있다.

4. 이 사건 처분의 위법 · 부당 여부

「도로교통법」제44조 제2항에 따르면, 경찰공무원은 교통안전과 위험방지를 위하여 필요하다고 인정하거나 술에 취한 상태에서 자동차를 운전하였다고 인정할 만한 상당한 이유가 있는 때에는 운전자가 술에 취하였는지 여부를 측정할 수 있으며, 운전자는 이러한 경찰공무원의 측정요구에 응하여야 한다고 되어 있고, 같은 법 제93조 제1항 제3호에 따르면, 제44조 제2항에 의한 경찰공무원의 측정에 응하지 아니한 때에는 그 운전면허를 반드시 취소하도록 되어 있다.

청구인은 음주운전을 한 사실이 없으므로 음주운전을 전제로 한 이 사건 처분이 위법·부당하다는 취지의 주장을 하나, 위 인정사실에 따르면, 청구인의 동생인 이지은도 청구인이 음주운전으로 적발된 장소가 자신이 자동차를 최종 주차한 곳이 아니어서 청구인이 음주운전을 한 것 같다는 취지의 진술을 한 사실이 인정되고, 이러한 진술에 대하여 청구인이 해명한 바도 없으며, 달리 청구인의 주장을 뒷받침할 수 있는 자료가 있는 것도 아니므로, 청구인의 위 주장은 받아들일 수 없고, 또한, 청구인은 업무특성 및 생계유지상 운전면허가 필요하므로 이 사건 처분이 가혹하다고 주장하나, 적발당시 작성된 주취운전자정황진술보고서에 청구인의 언행상태는 '발음 및 억양이 흐림'으로, 운전자의 혈색은 '눈이 충혈되고, 얼굴색이 붉음'으로 기재되어 있고, 청구인이 서명 · 무인한 피의자신문조서에도 청구인은 술을 마신 후 운전석에서 잠을 자다가 경찰관이 음주측정을 요구하였으나 이를 거부하였다는 취지의 진술을 한 것으로 기재되어 있으므로, 청구인은 술에 취한 상태에서 운전했다고 인정할 만한 상당한 이유가 있었다고 보이고, 이에 따라 경찰관이 청구인에게 음주측정을 요구했음에도 불구하고 청구인이 정당한 사유 없이 이에 불응한 사실이 인정되므로, 청구인의 업무특성 및 생계유지상 운전면허가 필요하다는 등의 개인적인 사정만으로 피청구인의 이 사건 처분이 위법·부당하다고 할 수 없다.

5. 결 론

그렇다면 청구인의 주장을 인정할 수 없으므로 청구인의 청구를 받아들이지 않기로 하여 주문과 같이 재결한다.

참조 조문

도로교통법 제44조 제2항·제93조 제1항 제3호,   도로교통법 시행규칙 제91조 제1항, 별표 28 중 2. 취소처분 개별기준의 일련번호란 3

29. 자동차운전면허 취소처분 취소청구 - 구호조치 등 위반

사 건 명	**자동차운전면허 취소처분 취소청구**
사건번호	중앙행심2013-02309
재결일자	2013. 3. 5.
재결결과	기각

재결 요지

청구인은 운전면허 행정처분기준치를 넘어 술에 취한 상태에서 자동차를 운전하다가 인적 피해가 있는 교통사고를 일으킨 후 「도로교통법」제54조제1항 및 제2항에 따라 요구되는 구호조치와 신고의무를 이행하지 않은 사실이 인정되므로, 청구인의 업무특성상 운전면허가 필요하다는 등의 개인적인 사정만으로 피청구인의 이 사건 처분이 위법·부당하다고 할 수 없다.

주문

청구인의 청구를 기각한다.

청구 취지

피청구인이 2013. 1. 24. 청구인에게 한 2013. 2. 28.자 제2종 보통운전면허 취소처분을 취소한다.

이유

1. 사건개요

청구인이 2013. 1. 8. 술에 취한 상태에서 자동차를 운전하다가 교통사고를 일으켜 사람을 다치게 하고도 구호조치와 신고의무를 이행하지 않았다는 이유로 피청구인이 2013. 1. 24. 청구인의 운전면허를 취소하였다.

2. 관계법령

도로교통법 제93조 제1항 제6호

도로교통법 시행규칙 제91조 제1항 별표 28 중 2. 취소처분 개별기준 일련번호란 1

3. 인정사실

청구인과 피청구인이 제출한 자료에 따르면 다음과 같은 사실을 인정할 수 있다.

가. 청구인은 이 사건 당시 회사원이던 자로서, 2012. 9. 27. 제2종 보통운전면허를 취득한 이래 교통사고전력과 교통법규위반전력이 없다.

나. 청구인은 2013. 1. 8. 23:22경 술에 취한 상태에서 승용차를 운전하다가 서울특별시 ○○구 ○○동 419-19번지 앞길에서 박○○이 운전하던 승용차를 충격하여 운전자 박○○과 동승자 1명에게 각각 전치 2주의 인적 피해와 피해액 미상의 물적 피해가 있는 교통사고를 일으킨 후 아무런 조치 없이 사고현장을 이탈하였고, 청구인의 뒤를 쫓아간 피해자에게 붙잡혀 신고를 받고 출동한 경찰관에게 인계되어 위 사고에 대해 조사받는 과정에서 음주운전사실이 적발되어 다음 날 00:10경 음주측정을 한 결과 청구인의 혈중알코올농도가 0.072%로 측정되었으며, 피청구인이 음주측정에 의한 혈중알코올농도에 최종음주 후 90분이 경과한 때부터 측정시까지의 시간경과(10분)에 따른 혈중알코올농도감소분(위드마크공식을 적용하여 산출한 것)을 합산하여 사고당시 청구인의 혈중알코올농도를 0.073%로 추정하였다.

다. 청구인이 서명 · 무인한 피의자신문조서를 보면, 사고직후 술 마신 것이 두려워 사고현장에서 ○○동까지 7킬로미터 가량 도망가다 피해자에게 붙잡혔다는 진술을 한 것으로 기재되어 있다.

4. 이 사건 처분의 위법 · 부당 여부

「도로교통법」 제54조 제1항에 따르면, 차의 교통으로 인하여 사람을 사상하거나 물건을 손괴한 때에는 그 차의 운전자 그 밖의 승무원은 곧 정차하여 사상자를 구호하는 등 필요한 조치를 하여야 한다고 되어 있고, 같은 조 제2항에 따르면, 제1항의 경우 그 차의 운전자 등은 경찰공무원 또는 경찰관서에 지체 없이 사고내용에 관하여 신고하여야 한다고 되어 있으며, 같은 법 제93조 제1항 제6호는 교통사고로 사람을 사상한 후 제54조 제1항 또는 제2항에 의한 필요한 조치 또는 신고를 하지 아니한 때에는 운전면허를 취소할 수 있도록 하고 있는데, 교통사고 발생시의 구호조치의무와 신고의무는 차의 교통으로 인해 사람을 사상하거나 물건을 손괴한 때에 운전자 등으로 하여금 교통사고로 인한 사상자를 구호하는 등 필요한 조치를 신속히 취하게 하고, 속히 경찰관에게 교통사고의 발생을 알려서 피해자의 구호, 교통질서의 회복 등에 관하여 적절한 조치를 취하게 하기 위한 방법으로 부과된 것이므로 교통사고의 결과 피해자의 구호 및 교통질서의 회복을 위한 조치가 필요한 이상 그 의무는 교통사고를 발생시킨 차량의 운전자에게 그 사고발생에 있어서 고의 · 과실 혹은 유책 · 위법의 유무에 관계 없이 부과된 의무라고 할 것이다.

청구인은 납품을 해야 하는 업무특성상 운전면허가 필요하므로 이 사건 처분이 가혹하다고 주장하나, 위 인정사실에 따르면, 청구인은 운전면허 행정처분기준치를 넘어 술에 취한 상태에서 자동차를 운전하다가 인적 피해가 있는 교통사고를 일으킨 후 「도로교통법」제54조제1항 및 제2항에 따라 요구되는 구호조치와 신고의무를 이행하지 않은 사실이 인정되므로, 청구인의 업무특성상 운전면허가 필요하다는 등의 개인적인 사정만으로 피청구인의 이 사건 처분이 위법 · 부당하다고 할 수 없다.

5. 결   론

그렇다면 청구인의 주장을 인정할 수 없으므로 청구인의 청구를 받아들이지 않기로 하여 주문과 같이 재결한다.

참조 조문

「도로교통법」 제54조 제1항·2항·제93조 제1항 제6호, 동법 시행규칙 제91조 제1항 별표 28 중 2. 취소처분 개별기준 일련번호란 1

30. 자동차운전면허 취소처분 취소청구—운전면허정지기간 중 운행

사 건 명	**자동차운전면허 취소처분 취소청구**
사건번호	중앙행심2013-02398
재결일자	2013.03.05.
재결결과	기각

재결 요지

청구인은 운전면허정지기간 중에 운전한 사실이 인정되고, 달리 정지기간 중에 운전하여야 할 만큼 불가피한 사유가 있었던 것도 아니므로, 청구인의 출퇴근 여건 및 생계유지상 운전면허가 필요하다는 등의 개인적인 사정만으로 피청구인의 이 사건 처분이 위법·부당하다고 할 수 없다.

주문

청구인의 청구를 기각한다.

청구 취지

피청구인이 2013. 1. 16. 청구인에게 한 2013. 1. 30.자 제1종 보통운전면허 취소처분을 취소한다.

<h1>이 유</h1>

1. 사건개요

청구인이 2012. 12. 17. 운전면허정지기간(2012. 10. 17. ~ 2013. 1. 14.) 중에 운전했다는 이유로 피청구인이 2013. 1. 16. 청구인의 운전면허를 취소하였다.

2. 관계법령

도로교통법 제93조 제1항 제19호

도로교통법 시행규칙 제91조 제1항 별표 28 중 2. 취소처분 개별기준의 일련번호란 10

3. 인정사실

청구인과 피청구인이 제출한 자료에 따르면 다음과 같은 사실을 인정할 수 있다.

가. 청구인은 이 사건 당시 간호사이던 자로서, 2006. 6. 2. 제1종 보통운전면허를 취득한 이래 교통사고전력은 없고, 3회의 교통법규위반전력(2012. 9. 5. 음주운전 등)이 있다.

나. 청구인은 2012. 9. 5. 인천○○경찰서 관내에서 음주운전으로 적발되어 벌점 100점을 부과받고 교통소양교육의 이수로 20일이 감경되어 80일(2012. 10. 17. ~ 2013. 1. 14.)의 운전면허 정지처분을 받았고, 위 운전면허정지기간 중인 2012. 12. 17. 22:33경 승용차를 운전하다가 인천광역시 ○구 ○○동 340-7번지 앞길에서 단속경찰관에게 운전면허정지기간 중의 운전으로 적발되었다.

4. 이 사건 처분의 위법 · 부당여부

청구인은 출퇴근 여건 및 생계유지상 운전면허가 필요하므로 이 사건 처분이 가혹하다 주장하나, 위 인정사실에 따르면, 청구인은 운전면허정지기간 중에 운전한 사실이 인정되고, 달리 정지기간 중에 운전하여야 할 만큼 불가피한 사유가 있었던 것도 아니므로, 청구인의 출퇴근 여건 및 생계유지상 운전면허가 필요하다는 등의 개인적인 사정만으로 피청구인의 이 사건 처분이 위법·부당하다고 할 수 없다.

5. 결 론

그렇다면 청구인의 주장을 인정할 수 없으므로 청구인의 청구를 받아들이지 않기로 하여 주문과 같이 재결한다.

참조 조문

도로교통법 제93조 제1항 제19호, 도로교통법 시행규칙 제91조 제1항 별표 28 중 2. 취소처분 개별기준의 일련번호란 10

사 건 명	**자동차운전면허 정지처분 취소청구**
사건번호	중앙행심2013-02342
재결일자	2013. 3. 5.
재결결과	기각

재결 요지

청구인은 도로교통법 제93조 제1항 제1호, 도로교통법 시행규칙 제91조 제1항 별표 28 중 1. 일반기준 다.의(2)에 따른 한 사실이 인정되고, 달리 정상을 참작할 만한 사정이 있었던 것도 아니므로, 청구인의 업무특성상 운전면허가 필요하다는 개인적인 사정만으로 피청구인의 이 사건 처분이 위법·부당하다고 할 수 없다.

주문

청구인의 청구를 기각한다.

청구 취지

피청구인이 2012. 11. 2. 청구인에게 한 100일(2012. 11. 22. - 2013. 3. 1.)의 제1종 보통운전면허 정지처분을 취소한다.

이유

1. 사건개요

청구인이 2012. 10. 11. 혈중알코올농도 0.064%의 술에 취한 상태에서 운전했다는 이유로 피청구인이 2012. 11. 2. 청구인에게 100일(2012. 11. 22. - 2013. 3. 1.)의 운전면허 정지처분을 하였다.

2. 관계법령

도로교통법 제93조 제1항 제1호

도로교통법 시행규칙 제91조 제1항 별표 28 중 1. 일반기준 다.의(2)

3. 인정사실

청구인과 피청구인이 제출한 자료에 따르면 다음과 같은 사실을 인정할 수 있다.

가. 청구인은 이 사건 당시 은행원이던 자로서, 1992. 7. 5. 제2종 보통운전면허를 취득한 이래 교통사고전력은 없고, 2회의 교통법규위반전력(2008. 5. 21. 옆 좌석 이외의 안전띠 미착용 등)이 있다.

나. 청구인은 2012. 10. 11. 23:30경 술에 취한 상태에서 승용차를 운전하다가 서울특별시 ○○구 ○○동 639번지 앞길에서 단속경찰관에게 적발되어 음주측정을 한 결과 혈중알코올농도가 0.052%로 측정되었으나, 청구인이 이에 불복하고 채혈측정을 요구하여 다음 날 00:08경 청구인의 혈액을 채취하여 국립과학수사연구원에 감정을 의뢰한 결과 혈중알코올농도가 0.064%로 측정되었다.

4. 이 사건 처분의 위법 · 부당 여부

청구인은 고객유치를 위한 영업활동을 해야 하는 업무특성상 운전면허가 필요하므로 이 사건 처분이 가혹하다고 주장하나, 위 인정사실에 따르면, 청구인은 운전면허정지처분기준치를 넘어 술에 취한 상태에서 자동차를 운전한 사실이 인정되고, 달리 정상을 참작할 만한 사정이 있었던 것도 아니므로, 청구인의 업무특성상 운전면허가 필요하다는 개인적인 사정만으로 피청구인의 이 사건 처분이 위법·부당하다고 할 수 없다.

5. 결 론

그렇다면 청구인의 주장을 인정할 수 없으므로 청구인의 청구를 받아들이지 않기로 하여 주문과 같이 재결한다.

참조 조문

도로교통법 제93조 제1항 제1호, 도로교통법 시행규칙 제91조 제1항 별표 28 중 1. 일반기준 다. 의(2)

32. 자동차운전면허 취소처분 취소청구 - 일부인용(기준치초과 운전)

사 건 명	**자동차운전면허 취소처분 취소청구**
사건번호	중앙행심2013-02337
재결일자	2013.03.05.
재결결과	일부인용

재결 요지

청구인은 운전면허정지기준치를 넘어 술에 취한 상태에서 자동차를 운전하여 1년간 누산점수가 130점이 되어 운전면허취소기준치(121점)를 넘은 사실이 인정되나, 이 사건 중앙선침범 및 음주운전으로 피해가 발생한 것도 아닌 점, 청구인이 운전면허를 취득한 이래 약 10년 11개월 동안 교통사고전력이 없는 점 등을 고려할 때 이 사건 처분은 다소 가혹하다. 따라서 피청구인이 청구인에게 한 제1종 보통운전면허 취소처분을 110일의 제1종 보통운전면허 정지처분으로 변경한다.

주문

피청구인이 2013. 1. 17. 청구인에게 한 2013. 2. 22.자 제1종 보통운전면허 취소처분을 110일의 제1종 보통운전면허 정지처분으로 변경한다.

청구 취지

피청구인이 2013. 1. 17. 청구인에게 한 2013. 2. 22.자 제1종 보통운전면허 취소처분을 취소한다.

이유

1. 사건 개요

청구인이 2012. 12. 17. 음주운전으로 벌점 100점을 부과받아 1년간 누산점수가 121점 이상이 되었다는 이유로 피청구인이 2013. 1. 17. 청구인의 운전면허를 취소하였다.

2. 관계법령

도로교통법 제93조제2항

도로교통법 시행규칙 제91조제1항 별표 28 중 1. 일반기준 다.의(1)

3. 인정사실

청구인과 피청구인이 제출한 자료에 따르면 다음과 같은 사실을 인정할 수 있다.

가. 청구인은 이 사건 당시 회사원이던 자로서, 2001. 12. 28. 제1종 보통운전면허를 취득한 이래 교통사고전력은 없고, 이 사건 처분과 관련된 교통법규위반 외에 2회의 교통법규위반전력(2009. 9. 8. 좌석안전띠 미착용 등)이 있다.

나. 청구인은 2012. 4. 24. 중앙선침범으로 벌점 30점을 부과받고, 2012. 12. 17. 23:43경 술에 취한 상태에서 승용차를 운전하다가 경기도 ○○시 ○○구 ○○○동에 있는 ○○여자정보산업학교 앞길에서 단속경찰관에게 적발되어 음주측정을 한 결과 청구인의 혈중알코올농도가 0.098%로 측정되자 음주운전으로 벌점 100점을 부과받아 청구인의 1년간 누산점수가 130점이 되었다.

4. 이 사건 처분의 위법·부당 여부

청구인은 운전면허정지기준치를 넘어 술에 취한 상태에서 자동차를 운전하여 1년간 누산점수가 130점이 되어 운전면허취소기준치(121점)를 넘은 사실이 인정되나, 이 사건 중앙선침범 및 음주운전으로 피해가 발생한 것도 아닌 점, 청구인이 운전면허를 취득한 이래 약 10년 11개월 동안 교통사고전력이 없는 점 등을 고려할 때 이 사건 처분은 다소 가혹하다.

5. 결 론

그렇다면 청구인의 주장을 일부 인정할 수 있으므로 이 사건 처분을 감경하기로 하여 주문과 같이 재결한다.

참조 조문

도로교통법 제93조 제2항,   도로교통법 시행규칙 제91조 제1항 별표 28 중 1. 일반 기준 다.의(1)

33. 자동차운전면허 취소처분 취소청구(미등록차량 운전)

사 건 명	**자동차운전면허 취소처분 취소청구**
사건번호	중앙행심2012-23860
재결일자	2013.03.05.
재결결과	기각

재결 요지

청구인은 등록이 말소된 미등록 차량을 운전하여「도로교통법」제93조 제1항 제16호에 의하여 운전면허가 취소된 것인 바, 청구인의 직업여건 및 생계유지상 운전면허가 필요하다는 등의 개인적인 사정만으로 피청구인의 이 사건 처분이 위법·부당하다고 할 수 없다.

주문

청구인의 청구를 기각한다

청구 취지

피청구인이 2012. 10. 26. 청구인에게 한 2012. 11. 18.자 제1종 대형, 제1종 보통 운전면허 취소처분을 취소한다.

이유

1. 사건개요

청구인이 2012. 5. 18. 등록되지 않은 자동차를 운전했다는 이유로 피청구인이 2012. 10. 26. 청구인의 운전면허를 취소하였다.

2. 관계법령

도로교통법 제93조 제1항 제16호

도로교통법 시행규칙 제91조제1항 별표 28중 2. 취소처분 개별기준 일련번호란 12

3. 인정사실

청구인과 피청구인이 제출한 자료에 따르면 다음과 같은 사실을 인정할 수 있다.

가. 청구인은 이 사건 당시 관광버스 운전기사이던 자로서, 1982. 2. 6. 제1종 보통운전면허를 취득하여 1985. 5. 6. 적성검사미필로 운전면허가 취소된 후 1985. 5. 18. 제1종 보통운전면허를 취득하였다.

나. 청구인은 2012. 5. 18. 12:55경 경상남도 ○○군 ○○면 ○○리에 있는 ○○연륙교치안센터 앞길에서 2011. 11. 30. 등록이 말소된 경기73아****호 차량을 운전하다가 단속경찰관에게 미등록차량 운전으로 적발되었다.

4. 이 사건 처분의 위법·부당 여부

「도로교통법」 제93조 제1항 제16호에 따르면, 지방경찰청장은 운전면허를 받은 사람이 「자동차관리법」에 의하여 등록되지 아니하거나 임시운행허가를 받지 아니한 자동차를 운전한 때에는 반드시 운전면허를 취소하도록 되어 있다.

청구인은 직업여건 및 생계유지상 운전면허가 필요하므로 이 사건 처분이 가혹하다고 주장하나, 위 인정사실에 따르면, 청구인은 자동차등록원부에 등록되지 않은 자동차를 운전한 사실이 인정되므로, 청구인의 직업여건 및 생계유지상 운전면허가 필요하다는 등의 개인적인 사정만으로 피청구인의 이 사건 처분이 위법·부당하다고 할 수 없다.

5. 결 론

그렇다면 청구인의 주장을 인정할 수 없으므로 청구인의 청구를 받아들이지 않기로 하여 주문과 같이 재결한다.

참조 조문

도로교통법 제93조 제1항 제16호,   도로교통법 시행규칙 제91조제1항 별표 28중 2. 취소처분 개별기준 일련번호란 12

34. 자동차운전면허 취소처분 취소청구-기준치 초과 운행

사 건 명	**자동차운전면허 취소처분 취소청구**
사건번호	중앙행심2012-23848
재결일자	2013. 3. 5.
재결결과	기각

재결 요지

청구인은 도로교통법 제93조 제1항 제1호, 도로교통법 시행규칙 제91조 제1항, 별표 28 중 2. 취소처분 개별기준 일련번호란 2에 따른 운전면허취소기준치를 훨씬 넘어 술에 취한 상태에서 자동차를 운전한 사실이 인정되므로, 청구인의 업무특성상 운전면허가 필요하다는 등의 개인적인 사정만으로 피청구인의 이 사건 처분이 위법·부당하다고 할 수 없다.

주문

청구인의 청구를 기각한다.

청구 취지

피청구인이 2012. 11. 12. 청구인에게 한 2012. 12. 14.자 제1종 대형, 제1종 보통, 제2종 소형 운전면허 취소처분을 취소한다.

이유

1. 사건개요

청구인이 2012. 10. 27. 혈중알코올농도 0.132%의 술에 취한 상태에서 운전했다는 이유로 피청구인이 2012. 11. 12. 청구인의 운전면허를 취소하였다.

2. 관계법령

도로교통법 제93조 제1항 제1호

도로교통법 시행규칙 제91조 제1항, 별표 28 중 2. 취소처분 개별기준 일련번호란 2

3. 인정사실

청구인과 피청구인이 제출한 자료에 따르면 다음과 같은 사실을 인정할 수 있다.

가. 청구인은 이 사건 당시 회사원이던 자로서, 2006. 5. 17. 제1종 보통운전면허를 취득하였다.

나. 청구인은 2012. 10. 27. 03:08경 술에 취한 상태에서 승용차를 운전하다가 인천광역시 ○○구 ○○동 246번지 앞길에서 행인과 시비가 되어 말다툼을 하였고, 신고를 받고 출동한 경찰관에게 적발되어 음주측정을 한 결과 혈중알코올농도가 0.132%로 측정되었다.

4. 이 사건 처분의 위법·부당 여부

청구인은 업무특성상 운전면허가 필요하므로 이 사건 처분이 가혹하다고 주장하나, 위 인정사실에 따르면, 청구인은 운전면허취소기준치를 훨씬 넘어 술에 취한 상태에서 자동차를 운전한 사실이 인정되므로, 청구인의 업무특성상 운전면허가 필요하다는 등의 개인적인 사정만으로 피청구인의 이 사건 처분이 위법·부당하다고 할 수 없다.

5. 결 론

그렇다면 청구인의 주장을 인정할 수 없으므로 청구인의 청구를 받아들이지 않기로 하여 주문과 같이 재결한다.

참조 조문

도로교통법 제93조 제1항 제1호,　도로교통법 시행규칙 제91조 제1항, 별표 28 중 2. 취소처분 개별기준 일련번호란 2

35. 자동차운전면허 취소처분 취소청구-부적법한 청구

사 건 명	**자동차운전면허 취소처분 취소청구**
사건번호	중앙행심2012-23460
재결일자	2013.03.05.
재결결과	각하

재결 요지

청구인은 2012. 10. 11. 이 사건 자동차운전면허 취소처분에 대하여 행정심판을 청구하였고, 2012. 11. 13. 중앙행정심판위원회는 청구인의 청구를 기각하는 재결을 하였으며, 2012. 11. 23. 청구인은 이 사건 처분에 대하여 다시 심판청구를 하였다. 청구인의 이 사건 심판청구는 중앙행정심판위원회가 청구인의 청구를 기각한다는 재결을 한 사건에 대하여 다시 행정심판을 청구한 것이므로,「행정심판법」 제51조를 위반하여 제기된 부적법한 청구이므로 각하한다.

주문

청구인의 청구를 각하한다

청구 취지

피청구인이 2012. 8. 20. 청구인에게 한 2012. 9. 11.자 제2종 원동기장치자전거 운전면허 취소처분을 취소한다.

이유

1. 사건개요

청구인이 2012. 6. 14. 운전면허정지기간(2012. 6. 5. - 2012. 7. 14.) 중에 운전했다는 이유로 피청구인이 2012. 8. 20. 청구인의 운전면허를 취소하였다.

2. 관계법령

행정심판법 제51조

3. 인정사실

청구인과 피청구인이 제출한 자료에 의하면, 청구인은 2012. 10. 11. 이 사건 자동차 운전면허 취소처분에 대하여 행정심판을 청구하였고, 2012. 11. 13. 중앙행정심판위원회는 청구인의 청구를 기각하는 재결을 하였으며, 2012. 11. 23. 청구인은 이 사건 처분에 대하여 다시 심판청구를 하였다.

4. 이 사건 심판청구의 적법 여부

「행정심판법」 제51조에 따르면, 심판청구에 대한 재결이 있으면 같은 처분 또는 부작위에 대하여 다시 행정심판을 청구할 수 없다고 하여 재심판청구를 금지하고 있는바, 위 인정사실에 따르면, 청구인의 이 사건 심판청구는 2012. 11. 13. 중앙행정심판위원회가 청구인의 청구를 기각한다는 재결을 한 사건에 대하여 다시 행정심판을 청구한 것이므로, 청구인의 이 사건 심판청구는 「행정심판법」 제51조를 위반하여 제기된 부적법한 청구이다.

5. 결 론

그렇다면, 이 사건 심판청구는 심판청구요건을 갖추지 못한 부적법한 청구이므로 이를 각하하기로 하여 주문과 같이 재결한다.

36. 자동차운전면허 취소처분 취소청구 - 기준치초과 운행

사 건 명	**자동차운전면허 취소처분 취소청구**
사건번호	중앙행심2012-23435
재결일자	2013. 3. 5.
재결결과	기각

재결 요지

청구인은 도로교통법 제93조 제1항 제1호, 도로교통법 시행규칙 제91조 제1항 별표 2
8 중 2. 취소처분 개별기준 일련번호란 2에 따른 운전면허취소기준치를 훨씬 넘어 술
에 취한 상태에서 자동차를 운전하다가 인적 피해가 있는 교통사고를 일으킨 사실이
인정된다. 따라서 청구인의 직업여건상 운전면허가 필요하다는 등의 개인적인 사정만
으로 피청구인의 이 사건 처분이 위법·부당하다고 할 수 없다.

주문

청구인의 청구를 기각한다.

청구 취지

피청구인이 2012. 10. 23. 청구인에게 한 2012. 11. 14.자 제1종 보통, 제2종 보통 운
전면허 취소처분을 취소한다.

이유

1. 사건개요

청구인이 2012. 9. 21. 혈중알코올농도 0.161%의 술에 취한 상태에서 운전하다가 사람을 다치게 했다는 이유로 피청구인이 2012. 10. 23. 청구인의 운전면허를 취소하였다.

2. 관계법령

도로교통법 제93조 제1항 제1호

도로교통법 시행규칙 제91조 제1항, 별표 28 중 2. 취소처분 개별기준 일련번호란 2

3. 인정사실

청구인과 피청구인이 제출한 자료에 따르면 다음과 같은 사실을 인정할 수 있다.

가. 청구인은 이 사건 당시 자영업자이던 자로서, 2002. 2. 15. 제2종 보통운전면허를 취득하였다.

나. 청구인은 2012. 9. 21. 00:51경 술에 취한 상태에서 화물차를 운전하다가 경기도 ○○시 ○○○구 ○○로에 있는 ○○성당사거리 앞길에서 최○○이 운전하던 승용차를 충격하여 최○○에게 전치 1일의 인적 피해가 있는 교통사고를 일으켰고, 위 사고를 조사하는 과정에서 음주운전사실이 적발되어 같은 날 01:20경 음주측정을 한 결과 청구인의 혈중알코올농도가 0.161%로 측정되었다.

4. 이 사건 처분의 위법 · 부당 여부

청구인은 직업여건상 운전면허가 필요하므로 이 사건 처분이 가혹하다고 주장하나, 위 인정사실에 따르면, 청구인은 운전면허취소기준치를 훨씬 넘어 술에 취한 상태에서 자동차를 운전하다가 인적 피해가 있는 교통사고를 일으킨 사실이 인정되므로, 청구인의 직업여건상 운전면허가 필요하다는 등의 개인적인 사정만으로 피청구인의 이 사건 처분이 위법·부당하다고 할 수 없다.

5. 결 론

그렇다면 청구인의 주장을 인정할 수 없으므로 청구인의 청구를 받아들이지 않기로 하여 주문과 같이 재결한다.

참조 조문

도로교통법 제93조 제1항 제1호, 도로교통법 시행규칙 제91조 제1항, 별표 28 중 2. 취소처분 개별기준 일련번호란 2

37. 자동차운전면허 취소처분 취소청구–음주측정 절차하자

사 건 명	**자동차운전면허 취소처분 취소청구**
사건번호	2012-02328
재결일자	2012. 3. 13.
재결결과	기각

재결 요지

호흡측정에 의한 혈중알코올농도에 불복하여 혈액채취의 방법에 의한 측정을 요구할 것인지에 대한 최종적인 의사결정은 운전자 본인의 책임과 판단 하에 하여야 하는 것인데, 위 인정사실에 따르면, 적발당시 작성된 주취운전자정황진술보고서에 청구인이 측정결과를 인정하고 부당할 경우 혈액채취할 수 있음을 고지받았으나 이를 원하지 않은 것으로 기재되어 있고, 통상 채혈 결과가 호흡측정치보다 혈중알코올농도가 높게 측정되는 경우가 상당히 빈번한 상황에서 청구인의 주장만으로 단속경찰관이 청구인의 채혈 기회를 박탈하였다고 볼 정도로 청구인의 의사결정에 부당하게 간섭하였다고 보기는 어려운 점, 호흡측정 결과에 불복하는 운전자에 대하여는 그 운전자의 동의를 얻어 혈액채취 등의 방법으로 다시 측정할 수 있다고 하더라도 청구인이 호흡측정 등 조사를 마치고 귀가하여 경찰통제권을 벗어나 있다가 상당한 시간이 경과한 뒤에 다시 채혈을 요구하여 채혈을 하게 되었으므로 위와 같은 경우까지 채혈측정치를 처분의 근거로 삼을 수 없는 점 등을 고려할 때 호흡측정치에 근거하여 이 사건 음주운전 당시 청구인의 혈중알코올농도를 확정한 피청구인의 조치는 수긍할 만함

주문

청구인의 청구를 기각한다.

청구 취지

피청구인이   피청구인이 2011. 12. 20. 청구인에게 한 2012. 1. 21.자 제2종 보통운전면허 취소처분을 취소한다.

이유

1. 사건 개요
청구인이 2011. 11. 29. 음주운전으로 벌점 100점을 부과받아 2년간 누산점수가 201점 이상이 되었다는 이유로 피청구인이 2011. 12. 20. 청구인의 운전면허를 취소하였다.

2. 관계법령
도로교통법 제93조제2항
도로교통법 시행규칙 별표 28 중 1. 일반기준 다.의(1)

3. 인정사실
청구인과 피청구인이 제출한 자료에 따르면 다음과 같은 사실을 인정할 수 있다.

가. 청구인은 이 사건 당시 증권회사 직원이던 자로서, 1994. 5. 7. 제1종 보통운전면허를 취득하여 1999. 9. 9. 음주운전으로 운전면허가 취소된 후 2000. 9. 27. 제2종 보통운전면허를 취득하였는데, 최초로 운전면허를 취득한 이래 2회의 교통사고 전력(2006. 1. 14. 경상 2명·물적 피해)이 있고, 이 사건 처분과 관련된 교통법규위반전력 외에 3회의 교통법규위반전력(2009. 8. 5. 신호 또는 지시 위반 등)이 있다.

나. 청구인은 2009. 12. 3. 신호 또는 지시 위반으로 벌점 15점, 2010. 10. 30. 음주

운전으로 벌점 100점을 각각 부과받았다.

다. 청구인은 2011. 11. 29. 23:35경 술에 취한 상태에서 승용차를 운전하다가 서울특별시 ○○○구 ○○○동 55-2번지에 있는 ○○○○○ 대사관 앞길에서 경찰관에게 음주운전으로 적발되어 음주측정을 한 결과 청구인의 혈중알코올농도가 0.074%로 측정되었으며, 청구인이 채혈을 요구하여 다음 날 08:47경 청구인의 혈액을 채취하여 국립과학수사연구원에 감정을 의뢰한 결과 청구인의 혈중알코올농도가 0.010% 미만으로 측정되었다.

라. 피청구인은 청구인이 호흡측정 후 30분이 경과하여 채혈을 요구해 채혈을 하게 되었으므로 채혈측정치를 적용하지 않고 호흡측정치를 적용하기로 하여 호흡측정치 0.074%를 근거로 청구인에게 이 사건 음주운전에 대한 벌점 100점을 부과하였으며, 종전 벌점과 합산한 청구인의 2년간 누산점수는 215점이 되었다.

마. 적발당시 청구인이 서명·무인한 주취운전자정황진술보고서 하단을 보면, "본인은 면허(취소·정지) 대상자로서 위 기재내용이 사실과 같음을 확인하였으며, 측정결과에 인정하고 부당할 경우 혈액채취할 수 있음을 고지받았으나 원하지 않음을 서명합니다"라고 기재되어 있다.

바. 청구인에 대한 2011. 12. 12.자 피의자신문조서를 보면, 다음과 같은 청구인의 진술내용이 기재되어 있다.

- 다   음 -

○ 운전을 하다 신호대기를 하던 중 깜빡 잠이 들었는데 누군가 신고를 하여 경찰관이 출동하였고 음주측정을 하게 되었음
○ 적발 당일 19:30경부터 23:00경까지 지인들과 회식을 하면서 소주 한잔과 와인 반병 정도를 마셨음
○ 단속될 당시 지구대에서 채혈을 요청하였는데, 담당경찰관이 청구인에게 음주 사실

을 인정하고 어차피 면허정지에 해당하는 수치인데 채혈을 하면 통상적으로 수치가
높아진다며 굳이 채혈을 하지 말라고 말렸으며, 그래도 다시 요청을 하였으나 또다
시 말려 100일만 운전하지 않으면 될 것으로 생각하여 채혈을 하지 않겠다고 일단
결정을 하였음

○ 경찰관들에 의해 경찰서로 간 후에 사고조사계에서 조사관에게 다시 채혈을 하는게
낫지 않겠는지 물으니 그 조사관이 수치가 더 나올 수 있다고 말해주고 청구인을
데려온 지구대 경찰관이 지구대에서 끝난 이야기를 다시 번복하느냐며 채혈하면 10
0% 더 나온다고 이야기를 하여 마지막으로 채혈을 포기하게 되었음

○ 아침에 인터넷을 검색하다 누산점수 제도를 알게 되었고, 2년간 누산점수 초과로
청구인의 운전면허가 취소된다는 사실을 알게 되어 지구대 경찰관에게 전화를 걸
어 "정지라고 했는데 알아보니 운전면허가 취소되는데 왜 채혈을 하지 못하게 했느
냐"고 물었고, 그 경찰관이 지금이라도 채혈을 하겠냐고 물어서 채혈을 못한 것이
억울하여 지금이라도 하겠다고 하니 확인해서 전화를 주겠다고 한 뒤 조금 있다 다
시 전화가 와서 채혈을 해 주겠다며 오라고 하였고 당시 대화내용을 저장해 두었음

○ 지구대에서 최종적으로 채혈을 하지 않기로 결정하기 전까지 누산점수 초과로 면허
가 취소되는 줄 알지 못하였고, 경찰관이 채혈을 말리는 행동이나 말에 강제성은
없었으나 경찰관이 과거 사례를 예로 들며 하는 말에 설득당한 것이며, 당시 지구
대가 시끄러웠는데 번거롭게 해드리는 것에 대한 미안한 마음도 있었음

사. 국립과학수사연구원의 2011. 12. 6.자 감정의뢰회보서를 보면, 청구인의 혈중알코
농도가 "0.010%미만"으로 기재되어 있고, 참고사항 다.에 "혈중알코올농도가 0.0
10%미만이거나 채혈대상자가 현장에서 사망한 경우 시간경과에 따른 환산을 하여
서는 안 됨"이라고 기재되어 있다.

아. ○○○경찰서 ○○○지구대 소속 경사 이주동의 진술서를 보면, 다음과 같은 내
용이 기재되어 있다.

— 다   음 —

○ 2011. 11. 29. 23:23경 순찰 중 음주운전자가 차량을 세워두고 잠을 자고 있다는 1
12신고를 접하고 현장에 도착하여 확인하니 청구인이 잠을 자고 있어 깨워 음주운
전사실 고지하고 지구대로 임의동행하였음

○ 음주측정 결과 0.074%로 측정되어 확인시키고 주취운전자정황진술보고서를 작성
하면서 음주경위, 음주량, 운전거리를 확인하고 채혈여부를 고지하였으나 청구인
이 채혈을 하지 않겠다고 서명을 하였고, 한참 누군가와 전화를 하더니 물을 억지
로 마시면서 화장실에서 억지로 토하고는 채혈을 해야겠다고 주장하여 당사자를 11
2 순찰차에 태워 교통사고조사반으로 데려갔음

○ 채혈을 하러 왔다고 하니 사고조사반 당직자가 채혈에 관해 상세하게 설명을 해주
자 청구인이 알았다고 하고는 채혈을 하지 않고 귀가하였고, 청구인이 다음 날 아
침 08:00경 지구대로 전화를 하여 다시 채혈을 하겠다고 주장하므로 어제는 하지
않고 왜 오늘 하겠다고 하냐고 반문하자 자기가 벌점이 있어서 면허가 취소된다며
다짜고짜 채혈을 요구하여 교통안전계로 문의하니 당사자가 원하면 채혈을 하도록
해주라고 하여 ○○○병원에서 채혈하였음

○ 청구인이 사고조사반 당직자의 설명을 듣고 수긍하여 채혈을 하지 않고 귀가한 것
임

4. 이 사건 처분의 위법·부당 여부

청구인은 적발 당시 채혈을 하려고 하였으나 단속경찰관이 채혈을 하면 수치가 더 나
올 수 있다며 그냥 운전면허 정지처분을 받으라고 하여 그 말을 믿고 채혈받을 수 있는
기회를 포기하였다가 누산점수로 인해 운전면허가 취소된다는 사실을 알고 나서 다시
채혈을 요구하여 채혈하게 된 것으로 호흡측정치를 근거로 이 사건 음주운전에 대해
벌점을 부과하여 이 사건 처분을 한 것이 위법하다는 취지로 주장한다. 그러나, 호흡
측정에 의한 혈중알코올농도에 불복하여 혈액채취의 방법에 의한 측정을 요구할 것인
지에 대한 최종적인 의사결정은 운전자 본인의 책임과 판단 하에 하여야 하는 것인데,
위 인정사실에 따르면, 적발당시 작성된 주취운전자정황진술보고서에 청구인이 측정

결과를 인정하고 부당할 경우 혈액채취할 수 있음을 고지받았으나 이를 원하지 않은 것으로 기재되어 있고, 통상 채혈 결과가 호흡측정치보다 혈중알코올농도가 높게 측정되는 경우가 상당히 빈번한 상황에서 청구인의 주장만으로 단속경찰관이 청구인의 채혈 기회를 박탈하였다고 볼 정도로 청구인의 의사결정에 부당하게 간섭하였다고 보기는 어려운 점, 호흡측정 결과에 불복하는 운전자에 대하여는 그 운전자의 동의를 얻어 혈액채취 등의 방법으로 다시 측정할 수 있다고 하더라도 청구인이 호흡측정 등 조사를 마치고 귀가하여 경찰통제권을 벗어나 있다가 상당한 시간이 경과한 뒤에 다시 채혈을 요구하여 채혈을 하게 되었으므로 위와 같은 경우까지 채혈측정치를 처분의 근거로 삼을 수 없는 점 등을 고려할 때 호흡측정치에 근거하여 이 사건 음주운전 당시 청구인의 혈중알코올농도를 확정한 피청구인의 조치는 수긍할 만하고 이에 반하는 청구인의 위 주장은 받아들일 수 없다.

한편, 청구인은 회사 마케팅부 과장으로 근무하고 있는데 승진을 앞두고 있는 중요한 시점에서 업무수행을 위해 운전면허가 반드시 필요한 점, 경제적으로 어려운 형편인 점 등을 고려하지 않은 이 사건 처분이 가혹하다고 주장하나, 위 인정사실에 따르면, 청구인이 최근 2년간 두 번의 음주운전과 신호 또는 지시 위반으로 인해 2년간 누산점수가 215점이 되어 운전면허취소기준치(201점)를 넘은 사실이 인정되므로, 청구인의 업무상 운전면허가 필요하다는 등의 개인적인 사정만으로 피청구인의 이 사건 처분이 위법·부당하다고 할 수 없다.

5. 결 론

그렇다면 청구인의 주장을 인정할 수 없으므로 청구인의 청구를 받아들이지 않기로 하여 주문과 같이 재결한다.

38. 자동차운전면허 취소처분 취소청구-인용(미등록차량 운행)

사 건 명	**자동차운전면허 취소처분 취소청구**
사건번호	중앙행심2013-02834
재결일자	2013.03.05.
재결결과	기각

재결 요지

청구인은 교통사고가 발생한 사실을 몰랐으므로 이 사건 처분이 부당하다는 취지의 주장을 하나, 청구인이 서명·무인한 피의자신문조서 및 수사결과보고서에 목격자가 청구인에게 교통사고가 발생한 사실을 알려준 것으로 되어 있으므로, 이에 반하는 청구인의 주장은 받아들일 수 없고, 또한 위 인정사실에 따르면, 청구인은 자동차를 운전하다가 인적 피해가 있는 교통사고를 일으킨 후 「도로교통법」제54조 제1항 및 제2항에 따라 요구되는 구호조치와 신고의무를 이행하지 않은 사실이 인정되므로, 피청구인의 이 사건 처분이 위법·부당하다고 할 수 없다.

주문

청구인의 청구를 기각한다.

청구 취지

피청구인이 2013. 1. 9. 청구인에게 한 2013. 2. 1.자 제1종 보통, 제2종 보통 운전면허 취소처분을 취소한다.

이유

1. 사건개요

청구인이 2012. 11. 30. 자동차를 운전하다가 교통사고를 일으켜 사람을 다치게 하고도 구호조치와 신고의무를 이행하지 않았다는 이유로 피청구인이 2013. 1. 9. 청구인의 운전면허를 취소하였다.

2. 관계법령

도로교통법 제93조제1항제6호

도로교통법 시행규칙 제91조제1항 별표 28 중 2. 취소처분 개별기준 일련번호란 1

3. 인정사실

청구인과 피청구인이 제출한 자료에 따르면 다음과 같은 사실을 인정할 수 있다.

가. 청구인은 이 사건 당시 자영업자이던 자로서, 1994. 6. 30. 제2종 보통운전면허를 취득하여 1997. 2. 24. 음주운전으로 운전면허가 취소되었고, 1998. 10. 20. 제2종 보통운전면허를 다시 취득하여 2000. 11. 10. 음주운전으로 운전면허가 취소된 후 2002. 2. 1. 제2종 보통운전면허를 다시 취득하였는바, 최초로 운전면허를 취득한 이래 1회의 교통사고전력(1997. 2. 24. 중상 1명, 경상 4명·음주운전)과 4회의 교통법규위반전력(2000. 11. 10. 음주운전 등)이 있다.

나. 청구인은 2012. 11. 30. 00:20경 경기도 ○○시 ○○구 ○동 1097번지 앞길에서 자동차를 운전하다가 김○○가 운전하던 승용차를 충격하여 김○○에게 전치 2주의 인적 피해와 190만 4,000원의 물적 피해가 있는 교통사고를 일으킨 후 ○○○ 사거리 방면으로 그냥 운전하여 갔고, 피해자의 신고를 받은 경찰에서는 차적조회

를 통해서 청구인에게 출석을 요구하여 위 사고를 조사하게 되었다.

다. 청구인이 서명·무인한 피의자신문조서를 보면, 청구인은 사고가 발생한 것을 몰라서 조치 없이 그냥 갔고, 옆의 택시 승객이 창문을 열고 청구인에게 '뒤에 사고 났는데요'라고 말을 하였지만 청구인은 자신의 차가 아니라고 생각해서 그냥 갔다는 취지의 진술을 한 것으로 기재되어 있다.

라. 피청구인 소속 직원이 작성한 2012. 12. 27.자 수사결과보고서를 보면, 목격자는 직장 동료들과 택시를 타고 정차를 하고 있던 중 사고를 목격하였는데, 청구인 차량이 우회전하다가 피해차량을 충돌한 후 후진을 하더니 다시 전진하면서 그대로 도망갔고, 택시로 쫓아가서 '아저씨 뒤에 차 박았어요'라고 말을 하였으나 신호가 바뀌자 청구인이 우회전하여 또 도망을 가버렸다는 취지의 진술을 한 것으로 기재되어 있다.

4. 이 사건 처분의 위법·부당 여부

「도로교통법」 제54조 제1항에 따르면, 차의 교통으로 인하여 사람을 사상하거나 물건을 손괴한 때에는 그 차의 운전자 그 밖의 승무원은 곧 정차하여 사상자를 구호하는 등 필요한 조치를 하여야 한다고 되어 있고, 같은 조 제2항에 따르면, 제1항의 경우 그 차의 운전자 등은 경찰공무원 또는 경찰관서에 지체 없이 사고내용에 관하여 신고하여야 한다고 되어 있으며, 같은 법 제93조 제1항 제6호는 교통사고로 사람을 사상한 후 제54조 제1항 또는 제2항에 의한 필요한 조치 또는 신고를 하지 아니한 때에는 운전면허를 취소할 수 있도록 하고 있는데, 교통사고 발생시의 구호조치의무와 신고의무는 차의 교통으로 인해 사람을 사상하거나 물건을 손괴한 때에 운전자 등으로 하여금 교통사고로 인한 사상자를 구호하는 등 필요한 조치를 신속히 취하게 하고, 속히 경찰관에게 교통사고의 발생을 알려서 피해자의 구호, 교통질서의 회복 등에 관하여 적절한 조치를 취하게 하기 위한 방법으로 부과된 것이므로 교통사고의 결과 피해자의 구호 및 교통질서의 회복을 위한 조치가 필요한 이상 그 의무는 교통사고를 발생시킨 차량의 운전자에게 그 사고발생에 있어서 고의 · 과실 혹은 유책 · 위법의 유무에 관계 없이 부과된 의무라고 할 것이다.

청구인은 교통사고가 발생한 사실을 몰랐으므로 이 사건 처분이 부당하다는 취지의 주장을 하나, 청구인이 서명 · 무인한 피의자신문조서 및 수사결과보고서에 목격자가 청구인에게 교통사고가 발생한 사실을 알려준 것으로 되어 있으므로, 이에 반하는 청구인의 주장은 받아들일 수 없고, 또한 위 인정사실에 따르면, 청구인은 자동차를 운전하다가 인적 피해가 있는 교통사고를 일으킨 후 「도로교통법」제54조제1항 및 제2항에 따라 요구되는 구호조치와 신고의무를 이행하지 않은 사실이 인정되므로, 피청구인의 이 사건 처분이 위법 · 부당하다고 할 수 없다.

5. 결 론

그렇다면 청구인의 주장을 인정할 수 없으므로 청구인의 청구를 받아들이지 않기로 하여 주문과 같이 재결한다.

참조 조문

도로교통법 제54조 제1항 · 제93조 제1항 제6호,   도로교통법 시행규칙 제91조 제1항 별표 28 중 2. 취소처분 개별기준 일련번호란 1

39. 자동차운전면허 취소처분 취소청구-구호조치 등 위반

사 건 명	**자동차운전면허 취소처분 취소청구**
사건번호	2012-12751
재결일자	2012. 9. 11.
재결결과	인용

재결 요지

청구인이 신규등록이 되어 있는 자동차를 매입한 후 청구인 명의로 이전등록을 하지 않고 자동차를 운전한 경우 「도로교통법」제93조제1항제16호에 따라 미등록 자동차를 운전했다는 이유로 자동차운전면허를 취소할 수 없음

주문

피청구인이 2012. 6. 25. 청구인에게 한 2012. 7. 23.자 제1종 보통, 제2종 보통 운전면허 취소처분을 취소한다.

청구 취지

피청구인이 2012. 6. 25. 청구인에게 한 2012. 7. 23.자 제1종 보통, 제2종 보통 운전면허 취소처분을 취소한다.

이유

1. 사건개요
청구인이 2012. 3. 21. 등록되지 않은 자동차를 운전했다는 이유로 피청구인이 2012. 6. 25. 청구인의 운전면허를 취소하였다.

2. 관계법령
도로교통법 제93조제1항제16호

도로교통법 시행규칙 제91조제1항 별표 28 중 2. 취소처분 개별기준의 일련번호란 12

3. 인정사실
청구인과 피청구인이 제출한 자료에 따르면 다음과 같은 사실을 인정할 수 있다.

가. 청구인은 이 사건 당시 자영업자이던 자로서, 2008. 12. 23. 제2종 보통운전면허를 취득한 이래 교통사고전력과 교통법규위반전력이 없다.

나. 청구인은 2011년 3월경 ○○도 ○○시 ○○동 ○○번지에 있는 냉동공장에서 망이○○(이하 '망인'이라 한다)의 모로부터 이 사건 체어맨 승용차(××오××××)를 300만원에 매수하여 2011년 11월경 ○○도 ○○시에 있는 병원 공사현장까지 운전한 후 보관하였고, 2012. 3. 21. 13:40경 청구인의 직원인 이해용에게 위 병원 공사현장에서부터 ○○도 ○○시 ○○동 ○○번지에 있는 ○○ 지하3층 주차장까지 이 사건 승용차를 운전하게 하였다.

다. ○○시장의 2012. 6. 29.자 자동차등록원부(갑)를 보면, 자동차등록번호에 '××오××××'로, 차명에 '체어맨'으로, 최종소유자에 '이○○'로 각각 기재되어 있고, 사항란에 2003. 1. 24.부터 2012. 6. 11.까지 과태료체납 등으로 약 90회의 압류등록이 된 것으로 기재되어 있다.

라. 청구인이 서명·무인한 피의자신문조서를 보면, 청구인은 이 사건 승용차는 선배인 망인이 2011년 1월경 사망하기 전부터 운전하였고, 위 망인이 사망한 후 위 망인의 모로부터 이 사건 승용차를 매입하여 ○○도 ○○시의 병원 공사현장에 세워 두었다가 직원인 이○○에게 운전하도록 하였으며, 이 사건 자동차의 번호판을 임의로 조작하지 않고 매입 당시 부착된 번호판을 계속해서 사용하였고, 이 사건 승용차를 매입한 후 망인의 모와 연락도 안되고 등록에 필요한 서류를 주지 않아 등록을 하지 못하였다는 취지의 진술을 한 것으로 기재되어 있다.

마. ○○경찰서의 2012. 7. 4.자 수사보고서를 보면, 청구인은 2011년 3월경 망인의 모로부터 이 사건 승용차를 300만원에 구입하여 2011년 11월경 ○○도 ○○시에 있는 ○○토건이라는 회사까지 운행하고 그 후 청구인의 직원인 이○○에게 ○○까지 운행하도록 하였다는 취지의 내용이 기재되어 있고, 위 수사보고서에 '××오××××'로 기재된 번호판을 촬영한 사진을 위조번호판 사진으로 첨부하였다.

4. 이 사건 처분의 위법·부당여부

「도로교통법」 제93조제1항제16호에 따르면, 지방경찰청장은 운전면허를 받은 사람이 「자동차관리법」에 의하여 등록되지 아니하거나 임시운행허가를 받지 아니한 자동차를 운전한 때에는 반드시 운전면허를 취소하도록 되어 있고, 한편 「자동차관리법」 제5조 및 제6조에 따르면, 자동차는 임시운행허가를 받아 허가 기간 내에 운행하는 경우를 제외하고는 자동차등록원부에 등록한 후가 아니면 이를 운행할 수 없고, 자동차 소유권의 득실변경은 등록을 하여야 그 효력이 생긴다고 되어 있으며, 같은 법 제8조, 제11조 및 제12조를 보면, 신규로 자동차등록원부에 등록하는 신규등록, 등록원부의 기재사항이 변경된 경우에 하는 변경등록, 등록원부에 등록된 자동차를 양수받는 경우에 하는 이전등록에 관하여 규정하고 있고, 같은 법 제80조, 제81조 및 제84조를 보면, 자동차등록에 관한 사항을 위반한 경우의 형벌 또는 과태료에 관하여 규정하고 있다.

피청구인은 청구인이 이 사건 승용차의 등록번호판을 위·변조하여 부착된 ××오×××× 체어맨 차량을 운전하였으므로 미등록 자동차를 운전한 사실이 인정된다고 주장하나, 「도로교통법」 제93조제1항제16호의 '「자동차관리법」에 의하여 등록되지 아니한 자동차'란 「자동차관리법」 제8조의 신규등록을 하지 아니한 자동차를 말하는 것인바, 위 인정사실에 따르면, 청구인이 비록 이 사건 승용차를 매입한 후 청구인 명의로 이전등록을 하지 않은 사실은 인정되나 이 사건 승용차는 등록번호 '××오××××'로 자동차등록원부에 등록되어 있으므로, 청구인에게 이전등록을 하지 않았다는 이유로 「자동차관리법」에 따른 형벌을 부과할 수 있는지 여부는 별론으로 하고, 청구인이 미등록 자동차를 운전했다는 이유로 한 피청구인의 이 사건 처분은 위법·부당하다.

5. 결   론

그렇다면 청구인의 주장을 인정할 수 있으므로 청구인의 청구를 받아들이기로 하여 주문과 같이 재결한다.

40. 자동차운전면허 취소처분 취소청구-일부인용(기준치초과 운행)

사 건 명	**자동차운전면허 취소처분 취소청구**
사건번호	중앙행심2013-02813
재결일자	2013.03.05.
재결결과	일부인용

재결 요지

청구인이 운전면허취소기준치를 넘어 술에 취한 상태에서 자동차를 운전한 사실은 인정되나, 최근 18년 5개월 동안 사고 없이 운전한 점, 이 사건 음주운전으로 피해가 발생한 것도 아닌 점, 음주운전 당시 청구인의 술에 취한 정도 등을 고려할 때 이 사건 처분은 다소 가혹하다.

주문

피청구인이 2013. 1. 2. 청구인에게 한 2013. 2. 2.자 제1종 대형, 제1종 보통 운전면허 취소처분을 110일의 제1종 대형, 제1종 보통 운전면허 정지처분으로 변경한다.

청구 취지

피청구인이 2013. 1. 2. 청구인에게 한 2013. 2. 2.자 제1종 대형, 제1종 보통 운전면허 취소처분을 취소한다.

이유

1. 사건개요

청구인이 2012. 12. 21. 혈중알코올농도 0.101%의 술에 취한 상태에서 운전했다는 이유로 피청구인이 2013. 1. 2. 청구인의 운전면허를 취소하였다.

2. 관계법령

도로교통법 제93조 제1항 제1호

도로교통법 시행규칙 제91조 제1항, 별표 28 중 2. 취소처분 개별기준 일련번호란 2

3. 인정사실

청구인과 피청구인이 제출한 자료에 따르면 다음과 같은 사실을 인정할 수 있다.

가. 청구인은 이 사건 당시 주류업체 직원이던 자로서, 1991. 2. 1. 제1종 보통운전면허를 취득한 이래 1회의 교통사고전력(1994. 6. 27. 중상 1명)과 3회의 교통법규 위반전력(2010. 3. 26. 적재물 추락방지조치 위반 등)이 있다.

나. 청구인은 2012. 12. 21. 01:04경 술에 취한 상태에서 승용차를 운전하다가 서울특별시 ○○구 ○○동 534번지 앞길에서 단속경찰관에게 적발되어 음주측정을 한 결과 혈중알코올농도가 0.101%로 측정되었다.

4. 이 사건 처분의 위법·부당 여부

청구인이 운전면허취소기준치를 넘어 술에 취한 상태에서 자동차를 운전한 사실은 인정되나, 최근 18년 5개월 동안 사고 없이 운전한 점, 이 사건 음주운전으로 피해가 발생한 것도 아닌 점, 음주운전 당시 청구인의 술에 취한 정도 등을 고려할 때 이 사건 처분은 다소 가혹하다.

5. 결 론

그렇다면 청구인의 주장을 일부 인정할 수 있으므로 이 사건 처분을 감경하기로 하여 주문과 같이 재결한다.

참조 조문

도로교통법 제93조 제1항 제1호,   도로교통법 시행규칙 제91조 제1항, 별표 28 중 2. 취소처분 개별기준 일련번호란 2

41. 자동차운전면허 취소처분 취소청구

- 종전 운전면허 취소 경력자 음주운행

사 건 명	**자동차운전면허 취소처분 취소청구**
사건번호	중앙행심2013-02798
재결일자	2013. 3. 5.
재결결과	기각

재결 요지

청구인은 과거 두 차례에 걸쳐 음주운전으로 운전면허가 취소된 전력이 있는 자로서 교통법규준수에 더욱 주의를 기울여야 할 것임에도 불구하고 또 다시 도로교통법 제93조 제1항 제1호, 도로교통법 시행규칙 제91조 제1항, 별표 28 중 2. 취소처분 개별기준 일련번호란 2에 따른 운전면허취소기준치를 넘어 술에 취한 상태에서 자동차를 운전한 사실이 인정된다. 따라서 청구인이 직업여건 및 생계유지상 운전면허가 필요하다는 개인적인 사정만으로 피청구인의 이 사건 처분이 위법·부당하다고 할 수 없다.

주문

청구인의 청구를 기각한다.

청구 취지

피청구인이 2012. 11. 9. 청구인에게 한 2012. 12. 12.자 제1종 보통운전면허 취소처분을 취소한다.

이유

1. 사건개요

청구인이 2012. 10. 17. 혈중알코올농도 0.116%의 술에 취한 상태에서 운전했다는 이유로 피청구인이 2012. 11. 9. 청구인의 운전면허를 취소하였다.

2. 관계법령

도로교통법 제93조 제1항 제1호

도로교통법 시행규칙 제91조 제1항, 별표 28 중 2. 취소처분 개별기준 일련번호란 2

3. 인정사실

청구인과 피청구인이 제출한 자료에 따르면 다음과 같은 사실을 인정할 수 있다.

가. 청구인은 이 사건 당시 음식점 운영자이던 자로서, 2000. 6. 27. 제1종 보통운전면허를 취득하여 2001. 12. 24. 음주운전으로 운전면허가 취소되었고, 2002. 10. 22. 제1종 보통운전면허를 다시 취득하여 2005. 6. 6. 음주운전으로 운전면허가 취소된 후 2007. 3. 19. 제1종 보통운전면허를 다시 취득하였는바, 최초로 운전면허를 취득한 이래 1회의 교통사고전력(2001. 12. 24. 중상 1명·음주운전)과 4회의 교통법규위반전력(2005. 6. 6. 음주운전 등)이 있다.

나. 청구인은 2012. 10. 17. 01:46경 술에 취한 상태에서 승용차를 운전하다가 인천광역시 ○○동에 있는 ○○병원 앞길에서 단속경찰관에게 적발되어 음주측정을 한 결과 혈중알코올농도가 0.116%로 측정되었다.

4. 이 사건 처분의 위법·부당 여부

청구인은 직업여건 및 생계유지 운전면허가 필요하므로 이 사건 처분이 가혹하다고 주장하나, 위 인정사실에 따르면, 청구인은 과거 두 차례에 걸쳐 음주운전으로 운전면허가 취소된 전력이 있는 자로서 교통법규준수에 더욱 주의를 기울여야 할 것임에도 불구하고 또다시 운전면허취소기준치를 넘어 술에 취한 상태에서 자동차를 운전한 사실이 인정되므로, 피청구인의 이 사건 처분이 위법·부당하다고 할 수 없다.

5. 결 론

그렇다면 청구인의 주장을 인정할 수 없으므로 청구인의 청구를 받아들이지 않기로 하여 주문과 같이 재결한다.

참조 조문

도로교통법 제93조 제1항 제1호, 도로교통법 시행규칙 제91조 제1항, 별표 28 중 2. 취소처분 개별기준 일련번호란 2

42. 자동차운전면허 취소처분 취소청구 – 기준치초과 운행

사 건 명	**자동차운전면허 취소처분 취소청구**
사건번호	중앙행심2013-02791
재결일자	2013. 3. 5.
재결결과	기각

재결 요지

청구인은 도로교통법 제93조 제1항 제1호, 도로교통법 시행규칙 제91조 제1항 별표 2 8 중 2. 취소처분 개별기준 일련번호란 2에 따른 운전면허취소기준치를 훨씬 넘어 술에 취한 상태에서 자동차를 운전한 사실이 인정된다. 따라서 청구인의 직업여건 및 생계유지상 운전면허가 필요하다는 등의 개인적인 사정만으로 피청구인의 이 사건 처분이 위법·부당하다고 할 수 없다

주문

청구인의 청구를 기각한다.

청구 취지

피청구인이 2012. 12. 3. 청구인에게 한 2013. 1. 5.자 제1종 보통, 제2종 보통 운전면허 취소처분을 취소한다.

이유

1. 사건개요

청구인이 2012. 11. 5. 혈중알코올농도 0.127%의 술에 취한 상태에서 운전했다는 이유로 피청구인이 2012. 12. 3. 청구인의 운전면허를 취소하였다.

2. 관계법령

도로교통법 제93조 제1항 제1호

도로교통법 시행규칙 제91조 제1항 별표 28 중 2. 취소처분 개별기준 일련번호란 2

3. 인정사실

청구인과 피청구인이 제출한 자료에 따르면 다음과 같은 사실을 인정할 수 있다.

가. 청구인은 이 사건 당시 회사원이던 자로서, 1989. 1. 23. 제2종 보통운전면허를 취득한 이래 교통사고전력은 없고, 1회의 교통법규위반전력(2000. 10. 11. 제한속도 위반)이 있다.

나. 청구인은 2012. 11. 5. 23:34경 술에 취한 상태에서 카니발 차량을 운전하다가 제주특별자치도 ○○○시 ○○동에 있는 ○○삼거리 앞길에서 단속경찰관에게 적발되어 음주측정을 한 결과 혈중알코올농도가 0.127%로 측정되었다.

4. 이 사건 처분의 위법·부당 여부

청구인은 직업여건 및 생계유지상 운전면허가 필요하므로 이 사건 처분이 가혹하다고 주장하나, 위 인정사실에 따르면, 청구인은 운전면허취소기준치를 훨씬 넘어 술에 취한 상태에서 자동차를 운전한 사실이 인정되므로, 청구인의 직업여건 및 생계유지상 운전면허가 필요하다는 등의 개인적인 사정만으로 피청구인의 이 사건 처분이 위법·

부당하다고 할 수 없다.

5. 결 론

그렇다면 청구인의 주장을 인정할 수 없으므로 청구인의 청구를 받아들이지 않기로 하여 주문과 같이 재결한다.

참조 조문

도로교통법 제93조 제1항 제1호, 도로교통법 시행규칙 제91조 제1항 별표 28 중 2. 취소처분 개별기준 일련번호란 2

43. 자동차운전면허 취소처분 취소청구-일부인용(기준치초과 운행)

사 건 명	**자동차운전면허 취소처분 취소청구**
사건번호	중앙행심2013-02787
재결일자	2013.03.05.
재결결과	일부인용

재결 요지

청구인이 운전면허취소기준치를 넘어 술에 취한 상태에서 자동차를 운전한 사실은 인정되나, 운전면허를 취득한 이래 11년 6개월 동안 사고 없이 운전한 점, 이 사건 음주운전으로 피해가 발생한 것도 아닌 점 등을 고려할 때 이 사건 처분은 다소 가혹하다. 따라서 이 사건 제1종 보통운전면허 취소처분을 110일의 제1종 보통운전면허 정지처분으로 변경한다.

주문

피청구인이 2012. 11. 23. 청구인에게 한 2012. 12. 24.자 제1종 보통운전면허 취소처분을 110일의 제1종 보통운전면허 정지처분으로 변경한다.

청구 취지

피청구인이 2012. 11. 23. 청구인에게 한 2012. 12. 24.자 제1종 보통운전면허 취소처분을 취소한다.

<h1>이유</h1>

1. 사건개요

청구인이 2012. 11. 8. 혈중알코올농도 0.111%의 술에 취한 상태에서 운전했다는 이유로 피청구인이 2012. 11. 23. 청구인의 운전면허를 취소하였다.

2. 관계법령

도로교통법 제93조 제1항 제1호

도로교통법 시행규칙 제91조 제1항 별표 28 중 2. 취소처분 개별기준 일련번호란 2

3. 인정사실

청구인과 피청구인이 제출한 자료에 따르면 다음과 같은 사실을 인정할 수 있다.

가. 청구인은 이 사건 당시 자영업자이던 자로서, 2001. 4. 14. 제1종 보통운전면허를 취득한 이래 교통사고전력이 없고, 1회의 교통법규위반전력(2009. 9. 15. 정기적성검사 기간경과)이 있다.

나. 청구인은 2012. 11. 8. 22:58경 술에 취한 상태에서 승용차를 운전하다가 서울특별시 ○○구 ○○동 97번지 앞길에서 단속경찰관에게 적발되어 음주측정을 한 결과 혈중알코올농도가 0.111%로 측정되었다.

4. 이 사건 처분의 위법 · 부당 여부

청구인이 운전면허취소기준치를 넘어 술에 취한 상태에서 자동차를 운전한 사실은 인정되나, 운전면허를 취득한 이래 11년 6개월 동안 사고 없이 운전한 점, 이 사건 음주운전으로 피해가 발생한 것도 아닌 점 등을 고려할 때 이 사건 처분은 다소 가혹하다.

5. 결 론

그렇다면 청구인의 주장을 일부 인정할 수 있으므로 이 사건 처분을 감경하기로 하여 주문과 같이 재결한다.

참조 조문

도로교통법 제93조 제1항 제1호, 도로교통법 시행규칙 제91조 제1항 별표 28 중 2. 취소처분 개별기준 일련번호란 2

44. 자동차운전면허 취소처분 취소청구- 기준치초과 운행

사 건 명	**자동차운전면허 취소처분 취소청구**
사건번호	중앙행심2013-02764
재결일자	2013.03.05.
재결결과	기각

재결 요지

청구인은 과거 두 차례에 걸쳐 음주운전으로 운전면허가 취소된 전력이 있는 자로서 교통법규준수에 더욱 주의를 기울여야 함에도 불구하고 운전면허취소기준치를 넘어 술에 취한 상태에서 자동차를 운전하다가 인적 피해와 물적 피해가 있는 교통사고를 일으킨 사실이 인정되므로, 피청구인의 이 사건 처분이 위법·부당하다고 할 수 없다.

주문

청구인의 청구를 기각한다.

청구 취지

피청구인이 2013. 1. 21. 청구인에게 한 2013. 2. 17.자 제1종 보통운전면허 취소처분을 취소한다.

이유

1. 사건개요

청구인이 2013. 1. 6. 혈중알코올농도 0.117%의 술에 취한 상태에서 운전하다가 사람을 다치게 했다는 이유로 피청구인이 2013. 1. 21. 청구인의 운전면허를 취소하였다.

2. 관계법령

도로교통법 제93조 제1항 제1호

도로교통법 시행규칙 제91조 제1항 별표 28 중 2. 취소처분 개별기준 일련번호란 2

3. 인정사실

청구인과 피청구인이 제출한 자료에 따르면 다음과 같은 사실을 인정할 수 있다.

가. 청구인은 이 사건 당시 자영업자이던 자로서, 1999. 11. 26. 제1종 보통운전면허를 취득하여 2001. 11. 22. 음주운전으로 운전면허가 취소되었고, 2003. 9. 8. 제1종 보통운전면허를 취득하여 2007. 8. 23. 음주운전으로 운전면허가 취소된 후 2008. 7. 14. 제1종 보통운전면허를 다시 취득하였는데, 최초로 운전면허를 취득한 이래 1회의 교통사고전력(2001. 11. 12. 음주사고·물적 피해)과 3회의 교통법규위반전력(2007. 7. 14. 음주운전 등)이 있다.

나. 청구인은 2013. 1. 6. 04:50경 술에 취한 상태에서 승용차를 운전하다가 인천광역시 ○○군 ○○면 ○○로 2120에 있는 ○○타일 앞길에서 정차 중인 이상민 운전의 시외버스를 충격하여 이○○에게 전치 2주의 인적 피해와 피해액 미상의 물적 피해가 있는 교통사고를 일으켰고, 신고를 받고 출동한 경찰관이 위 사고를 조사하는 과정에서 음주운전사실이 드러나 같은 날 05:08경 음주측정을 한 결과 청구인의 혈중알코올농도가 0.117%로 측정되었다.

4. 이 사건 처분의 위법·부당 여부

청구인은 직업여건 및 생계유지상 운전면허가 필요하므로 이 사건 처분이 가혹하다고 주장하나, 위 인정사실에 따르면, 청구인은 과거 두 차례에 걸쳐 음주운전으로 운전면허가 취소된 전력이 있는 자로서 교통법규준수에 더욱 주의를 기울여야 함에도 불구하고 운전면허취소기준치를 넘어 술에 취한 상태에서 자동차를 운전하다가 인적 피해와 물적 피해가 있는 교통사고를 일으킨 사실이 인정되므로, 피청구인의 이 사건 처분이 위법·부당하다고 할 수 없다.

5. 결 론

그렇다면 청구인의 주장을 인정할 수 없으므로 청구인의 청구를 받아들이지 않기로 하여 주문과 같이 재결한다.

참조 조문

도로교통법 제93조 제1항 제1호, 도로교통법 시행규칙 제91조 제1항 별표 28 중 2. 취소처분 개별기준 일련번호란 2

45. 자동차운전면허 취소처분 취소청구-제소기간도과 후 청구

사 건 명	**자동차운전면허 취소처분 취소청구**
사건번호	중앙행심2013-02755
재결일자	2013. 3. 5.
재결결과	각하

재결 요지

「행정심판법」제27조 제1항에 따르면, 행정심판은 처분이 있음을 알게 된 날부터 90일 이내에 제기하여야 한다고 되어 있다. 이 경우 '처분이 있음을 알게 된 날'이란 처분의 상대방이 처분이 있음을 실제로 안 날 뿐만 아니라 객관적으로 알 수 있는 상태에 이른 날도 포함한다고 할 것이다. 청구인은 운전면허취소처분통지서를 수령한 2012. 10. 31. 이 사건 처분이 있음을 알게 되었다고 보아야 할 것인데, 청구인은 그로부터 90일이 도과한 2013. 1. 31. 이 사건 처분에 대한 행정심판을 청구하였으므로, 청구인의 이 사건 심판청구는「행정심판법」제27조 제1항을 위반하여 제기된 부적법한 청구이다.

주문

이 사건 심판청구를 각하한다.

청구 취지

피청구인이 2012. 10. 22. 청구인에게 한 2012. 11. 20.자 제1종 대형, 제1종 특수(트레일러) 운전면허 취소처분을 취소한다.

이유

1. 사건개요
청구인이 2012. 10. 9. 혈중알코올농도 0.163%의 술에 취한 상태에서 운전했다는 이유로 피청구인이 2012. 10. 22. 청구인의 운전면허를 취소하였다.

2. 관계법령
행정심판법 제27조 제1항

3. 인정사실
청구인과 피청구인이 제출한 자료에 따르면, 피청구인은 2012. 10. 30. 청구인의 음주운전을 이유로 한 운전면허취소처분통지서를 등기우편으로 발송한 사실, 청구인 본인이 2012. 10. 31. 청구인의 운전면허대장상 주소지에서 위 운전면허취소처분통지서를 수령한 사실, 청구인이 2013. 1. 31. 이 사건 운전면허 취소처분에 대한 행정심판을 청구한 사실을 각각 인정할 수 있다.

4. 이 사건 심판청구의 적법 여부
「행정심판법」 제27조 제1항에 따르면, 행정심판은 처분이 있음을 알게 된 날부터 90일 이내에 제기하여야 한다고 되어 있으며, 이 경우 '처분이 있음을 알게 된 날'이란 처분의 상대방이 처분이 있음을 실제로 안 날 뿐만 아니라 객관적으로 알 수 있는 상태에 이른 날도 포함한다고 할 것인바, 위 인정사실에 따르면, 청구인은 운전면허취소처분통지서를 수령한 2012. 10. 31. 이 사건 처분이 있음을 알게 되었다고 보아야 할 것인데, 청구인은 그로부터 90일이 도과한 2013. 1. 31. 이 사건 처분에 대한 행정심판을 청구하였으므로, 청구인의 이 사건 심판청구는 「행정심판법」 제27조 제1항을 위반하여 제기된 부적법한 청구이다.

5. 결론
그렇다면, 이 사건 심판청구는 심판청구요건을 갖추지 못한 부적법한 청구이므로 이를 각하하기로 하여 주문과 같이 재결한다.

46. 자동차운전면허 취소처분 취소청구-일부인용(벌점초과 등)

사 건 명	**자동차운전면허 취소처분 취소청구**
사건번호	중앙행심2013-02654
재결일자	2013.03.05.
재결결과	일부인용

재결 요지

청구인은 운전면허정지기준치를 넘어 술에 취한 상태에서 자동차를 운전하여 1년간 누산벌점이 125점이 되어 운전면허취소기준치(121점)를 넘은 사실이 인정되나, 청구인이 운전면허를 취득한 이래 이 사건 처분과 관련된 교통사고를 제외하고는 21년 11개월 동안 교통사고전력이 없는 점, 음주운전 당시 청구인의 술에 취한 정도 등을 고려할 때 이 사건 처분은 다소 가혹하다. 따라서 피청구인이 청구인에게 한 제1종 보통, 제2종 소형 운전면허 취소처분을 110일의 제1종 보통, 제2종 소형 운전면허 정지처분으로 변경한다.

주문

피청구인이 2012. 12. 10. 청구인에게 한 2013. 1. 8.자 제1종 보통, 제2종 소형 운전면허 취소처분을 110일의 제1종 보통, 제2종 소형 운전면허 정지처분으로 변경한다.

청구 취지

피청구인이 2012. 12. 10. 청구인에게 한 2013. 1. 8.자 제1종 보통, 제2종 소형 운전면허 취소처분을 취소한다.

이유

1. 사건 개요

청구인이 2012. 11. 29. 음주운전으로 벌점 100점을 부과받아 1년간 누산점수가 121점 이상이 되었다는 이유로 피청구인이 2012. 12. 10. 청구인의 운전면허를 취소하였다.

2. 관계법령

도로교통법 제93조제2항

도로교통법 시행규칙 제91조제1항 별표 28 중 1. 일반기준 다.의(1)

3. 인정사실

청구인과 피청구인이 제출한 자료에 따르면 다음과 같은 사실을 인정할 수 있다.

가. 청구인은 이 사건 당시 회사원이던 자로서, 1990. 4. 3. 제1종 보통운전면허를 취득한 이래 이 사건 처분과 관련된 교통사고 및 교통법규위반 외에 교통사고전력과 교통법규위반전력이 없다.

나. 청구인은 2012. 3. 4. 울산○○경찰서 관내에서 안전운전의무 위반으로 46만 4,000원의 물적 피해가 있는 교통사고를 일으킨 후 조치 불이행으로 벌점 25점을 부과받고, 2012. 11. 29. 22:14경 술에 취한 상태에서 승용차를 운전하다가 서울특별시 ○○구 ○○동에 있는 ○○빌라 앞길에서 단속경찰관에게 음주운전으로 적발되어 음주측정을 한 결과 청구인의 혈중알코올농도가 0.081%로 측정되자 음주운전으로 벌점 100점을 부과받아 청구인의 1년간 누산점수가 125점이 되었다.

4. 이 사건 처분의 위법·부당 여부

청구인은 운전면허정지기준치를 넘어 술에 취한 상태에서 자동차를 운전하여 1년간 누산벌점이 125점이 되어 운전면허취소기준치(121점)를 넘은 사실이 인정되나, 청구인이 운전면허를 취득한 이래 이 사건 처분과 관련된 교통사고를 제외하고는 21년 11개월 동안 교통사고전력이 없는 점, 음주운전 당시 청구인의 술에 취한 정도 등을 고려할 때 이 사건 처분은 다소 가혹하다.

참조 조문

도로교통법 제93조 제2항, 도로교통법 시행규칙 제91조 제1항 별표 28 중 1. 일반기준 다.의(1)

47. 자동차운전면허 취소처분 취소청구-인용(채혈측정치 이례적인 수치)

사 건 명	**자동차운전면허 취소처분 취소청구**
사건번호	2011-25882
재결일자	2012. 1. 17.
재결결과	인용

재결 요지

청구인이 평소 주량에도 미치지 않는 양의 음주를 한 상태였고 더욱이 최종 음주 이후 약 5시간이나 경과한 같은 날 20:45경 음주운전으로 적발된 점, 적발당시 작성된 주취운전자정황진술보고서의 내용을 보면 운전 당시 청구인의 보행 및 언행상태는 지극히 정상적이었던 것으로 보이는데 이는 주취 단계에 따른 임상적 증후와 상당한 차이를 보이는 점, 최초 호흡 측정치는 0.065%로 채혈 측정치와 5배 가까이 차이가 나는 것은 상당히 이례적인 경우로 보이는 점 등을 고려할 때, 비록 청구인에 대한 채혈과정에 특별한 하자가 있었음을 확인할 수 있는 객관적인 자료가 없다고 하더라도 청구인의 운전 당시 신체 상태와 전혀 부합되지 않는 위 채혈측정치를 그대로 신뢰하기 어려움

주문

피청구인이 2011. 9. 28. 청구인에게 한 2011. 11. 1.자 제1종 보통운전면허 취소처분을 취소한다.

청구 취지

피청구인이 2011. 9. 28. 청구인에게 한 2011. 11. 1.자 제1종 보통운전면허 취소처분을 취소한다.

이유

1. 사건개요

청구인이 2011. 9. 13. 혈중알코올농도 0.317%의 술에 취한 상태에서 운전했다는 이유로 피청구인이 2011. 9. 28. 청구인의 운전면허를 취소하였다.

2. 관계법령

도로교통법 제93조제1항제1호

도로교통법 시행규칙 별표 28 중 2. 취소처분 개별기준의 일련번호란 2

3. 인정사실

청구인과 피청구인이 제출한 자료에 따르면 다음과 같은 사실을 인정할 수 있다.

가. 청구인은 이 사건 당시 건설회사 직원이던 자로서, 2001. 2. 21. 제1종 보통운전면허를 취득한 이래 교통사고전력은 없고, 2회의 교통법규위반전력(2009. 11. 22. 신호 또는 지시 위반 등)이 있다.

나. 청구인은 2011. 9. 13. 20:42경 술에 취한 상태에서 승용차를 운전하다가 서울특별시 ○○구 ○동 242-8번지 앞길에서 단속경찰관에게 적발되어 음주측정을 한 결과 혈중알코올농도가 0.065%로 측정되자 이에 불복하고 채혈측정을 요구하여 같은 날 21:20경 ○○병원 응급실에서 청구인의 혈액을 채취하여 국립과학수사연구원에 감정을 의뢰하였고, 최초 감정의뢰된 혈액이 응고 상태여서 감정이 불가능한 것으로 회신되자 다시 ○○병원에 남아 있던 청구인의 혈액을 국립과학수사연구원에 송부하여 감정을 의뢰한 결과 청구인의 혈중알코올농도가 0.317%로 측정되었다.

다. 적발 당시 작성된 주취운전자정황진술보고서를 보면, 술의 종류 및 음주량이 "소주 반병"으로, 청구인의 언행상태는 "양호"로, 보행상태는 "양호"로, 운전자혈색은 "약간 붉음"으로 기재되어 있다.

라. 주취운전자적발보고서에는 최종음주일시가 "2010. 9. 13. 15:50 이전"으로 기재되어 있다.

마. 청구인에 대한 2011. 9. 13.자 피의자신문조서를 보면, 청구인의 주량은 소주 1병 반 정도인데 적발 당일 15:00경 이전에 석계역 부근에 있는 고기집에 여자친구와 함께 들어가 같은 날 15:45경까지 둘이서 소주 1병을 마셨고, 이후에 추가로 술을 마신 사실은 없으며, 술을 마신 뒤 집에 있다가 여자친구 집까지 거리가 가깝고 술을 마신 시간이 오래 되어서 여자친구 집까지 가려고 운전을 하게 되었고, 전날인 12일에는 술을 많이 마시지 않았으나 11일에는 많이 마셨다고 진술한 내용이 기재되어 있다.

바. 청구인에 대한 2011. 9. 22.자 피의자신문조서를 보면, 적발 당일 조사경찰관이 채혈하여 보낸 피의 샘플이 응고되어 ○○병원에 남아 있던 채혈 시료를 다시 보내서 감정하였다는 이야기를 들었고, 단속 전날은 추석날이어서 술을 많이 마시지 않았으며, 추석 전날에는 12일 새벽 1시까지 소주 약 2병 정도 마셨고, 평소 지병으로 약을 복용하고 있지는 않다고 진술한 내용이 기재되어 있다.

사. 국립과학수사연구원장이 2011. 10. 28. 서울○○경찰서장에게 회신한 감정의뢰회보서를 보면, 최초 국립과학수사연구원에 의뢰된 혈액 1점, 두 번째로 의뢰된 혈액 1점, 청구인의 혈액 1점의 동일 혈액 여부를 감정한 결과 위 감정의뢰 혈액의 디엔에이형이 모두 일치하는 것으로 기재되어 있다.

아. 도로교통안전관리공단에서 발간한 전문가 토론회의 자료에 의하면, 혈중알코올농도 0.180%~0.300%는 혼동상태인 단계로서 방향감각 상실, 어지러움증, 비틀거리는 걸음걸이, 혀 꼬부라짐, 무감각, 무기력 등의 임상적 증후를 보이며, 0.250~0.400%는 무감각상태인 단계로서 운동기능 상실에 근접, 자극에 대한 반응의 현저한 저하, 자제력 상실, 의식 없음, 수면 또는 무감각 상태 등의 임상적 증후를 보인다고 기재되어 있다.

4. 이 사건 처분의 위법·부당 여부

피청구인은 국립과학수사연구원의 채혈감정 결과를 보면 청구인의 운전 당시 혈중알코올농도가 운전면허취소기준치를 훨씬 초과하고 있으므로 이 사건 처분이 적법하다고 주장한다. 위 인정사실에 따르면, 국립과학수사연구원에서 청구인의 혈액을 감정한 결과 혈중알코올농도가 0.317%로 측정된 사실은 인정되나, 일반적으로 혈중알코올농도가 0.180%이상인 경우 비틀거리는 걸음걸이, 혀 꼬부라짐, 무감각, 무기력의 임상적 증후를 보이고, 0.250% 이상이 되면 방향감각 상실, 자극에 대한 반응의 현저한 저하, 수면 또는 무감각 상태의 임상적 증후가 나타나는 것으로 알려져 있는데, 위 인정사실에 따르면, 청구인의 평소 주량은 소주 1병 반 정도인데 적발 당일 15:45경까지 소주 1병을 여자친구와 나누어 마셨다는 것이므로 청구인이 평소 주량에도 미치지 않는 양의 음주를 한 상태였고 더욱이 최종 음주 이후 약 5시간이나 경과한 같은 날 20:45경 음주운전으로 적발된 점, 적발당시 작성된 주취운전자정황진술보고서의 내용을 보면 운전 당시 청구인의 보행 및 언행상태는 지극히 정상적이었던 것으로 보이는데 이는 앞에서 본 주취 단계에 따른 임상적 증후와 상당한 차이를 보이는 점, 최초 호흡측정치는 0.065%로 채혈 측정치와 5배 가까이 차이가 나는 것은 상당히 이례적인 경우로 보이는 점 등을 고려할 때, 비록 청구인에 대한 채혈과정에 특별한 하자가 있었음을 확인할 수 있는 객관적인 자료가 없다고 하더라도 청구인의 운전 당시 신체 상태와 전혀 부합되지 않는 위 채혈측정치를 그대로 신뢰하기 어렵다.

다만, 청구인이 음주 상태에서 자동차를 운전한 사실이 인정되고, 호흡측정결과가 0.065%로서 운전면허 행정처분 기준치를 초과하고 있는 이상 음주운전을 한 청구인에 대한 제재조치는 불가피하다고 보이므로, 호흡측정 결과를 신뢰할 수 없다고 볼 만한 다른 객관적인 사정은 보이지 않는 이 사건의 경우 호흡측정치인 혈중알코올농도 0.065%를 근거로 하여 청구인에게 행정처분을 할 수 있음은 별론으로 하고, 청구인의 적발 당일 음주량, 적발 당시 청구인의 신체 상태와 전혀 부합하지 않는 채혈 결과를 근거로 하여 청구인의 운전면허를 취소한 이 사건 처분은 부당하다고 할 것이다.

5. 결 론
그렇다면 청구인의 주장을 인정할 수 있으므로 청구인의 청구를 받아들이기로 하여 주문과 같이 재결한다.

48. 자동차운전면허 취소처분 취소청구-감금행위

사 건 명	**자동차운전면허 취소처분 취소청구**
사건번호	2011-25555
재결일자	2012. 1. 17.
재결결과	인용

재결 요지

청구인과 피해자와의 관계, 피해자의 언동, 피해자가 차량에서 내린 경위 등 당시 상황을 종합적으로 고려하여 볼 때, 청구인이 차량 안에서 피해자를 폭행하여 상해에 이르게 한 사실 외에 청구인에게 피해자를 감금할 의사가 있었다거나 피해자를 차량에 태운 뒤 실제 밖으로 나가는 것을 불가능하게 하거나 심히 곤란하게 하였다고 볼 수 있는 감금행위를 하였다고 인정하기는 어려움

주문

피청구인이 2011. 10. 31. 청구인에게 한 2011. 12. 4.자 제1종 보통, 제2종 보통 운전면허 취소처분을 취소한다.

청구 취지

피청구인이 2011. 10. 31. 청구인에게 한 2011. 12. 4.자 제1종 보통, 제2종 보통 운전면허 취소처분을 취소한다.

이유

1. 사건개요

청구인이 2011. 3. 16. 자동차를 이용하여 범죄행위(감금)를 하였다는 이유로 피청구인이 2011. 10. 31. 청구인의 운전면허를 취소하였다.

2. 관계법령

도로교통법 제93조제1항제11호

도로교통법 시행규칙 별표 28중 2. 취소처분 개별기준의 일련번호란 13

3. 인정사실

청구인과 피청구인이 제출한 자료에 따르면, 다음과 같은 사실을 인정할 수 있다.

가. 청구인은 이 사건 당시 일정한 직업이 없던 자로서, 2002. 1. 30. 제2종 보통운전면허를 취득한 이래 교통사고전력은 없고, 1회의 교통법규위반전력(2005. 8. 19. 즉결심판불응)이 있다.

나. 강원○○경찰서의 2011. 5. 26.자 수사결과보고를 보면, 범죄사실에 다음과 같이 기재되어 있다.

- 다 음 -

○ 청구인은 피해자 ○○○(28세, 여)과 연인 사이로 2011. 3. 15. 23:00경 ○○시 ○○동에 있는 ○○교육대학교 앞길에서 청구인 소유 차량에 피해자를 탑승시켜 ○○리에 있는 ○○교 노상에 도착하여 대화를 하던 중 피해자가 휴대폰을 잘 받지 않는다는 이유로 말다툼을 하였고, 다시 차량을 출발하여 ○○동에 있는 ○○초등학교 앞 편의점에서 식수를 구입하고 다시 ○○동에 있는 ○○경찰서 남부지구대 앞 공터에 정차하였음

○ 청구인은 2011. 3. 16. 01:34경 위 공터 노상에 세워둔 차량 내에서 피해자에게 "청구인에게 잘 하겠다"는 말을 녹음하자고 제의하였으나 피해자가 거절하였다는

이유로 "너 죽고 나 죽자, 동해에 간다"며 차량의 시동을 걸어 주행을 하였고, 피해자가 "잘 하겠다, 동해에는 가지 않겠다"고 하였음에도 이를 묵살한 채 계속하여 "동해에 간다"며 같은 날 01:40경까지 ○○동 971번지에 있는 ○○브래뉴 아파트 앞 노상까지 약 1.6킬로미터를 그대로 질주하여 피해자로 하여금 차에서 내리지 못하게 함으로써 약 6분간 피해자를 감금함

○ 그 무렵 겁을 먹은 피해자가 감금 상태에서 벗어나기 위해 주행 중인 차량의 조수석 문을 열자 차량을 정차시키고 주먹으로 차량에서 내리려고 하는 피해자의 머리 부위를 수회 때리고 손으로 가슴 부위 옷을 잡아 폭행함으로써 피해자로 하여금 약 21일간의 치료를 요하는 뇌진탕, 두피부 타박상, 구순부 표재성 열상, 요추부 염좌 등의 상해를 입게 함

다. 청구인에 대한 2011. 3. 18.자 피의자신문조서에 기재된 피해자의 진술내용을 보면 다음과 같다.

– 다 음 –

○ ○○교에서 시내방향으로 차량을 진행하다 청구인이 잘 할거냐고 물어 피해자가 잘 하겠다고 하였는데, 청구인이 잘 하겠다는 말을 녹음하자고 해서 피해자가 그렇게까지는 못하겠다고 하였고, 청구인이 "너 죽고 나 죽자, 너 출근도 안 시킬 거고... 동해 가자"고 하면서 ○○초등학교 앞 편의점으로 갔음

○ 우석초등학교 앞 편의점에서 물을 산 후 계속 진행하여 ○○경찰서 남부지구대 맞은 편 공터에서 피해자가 물을 마시고 가자고 하여 5분간 머무르다 다시 출발하여 ○○브레뉴 아파트까지 진행하게 되었는데, 청구인이 진짜 동해로 가려 한다고 피해자가 생각하게 된 것은 공터에서 물을 마시고 나서 피해자가 잘하겠다고 하였으나 청구인이 이를 받아들이지 않고 교대 쪽으로 방향을 틀 때부터이며, 그 때부터 불안해 하다가 ○○브레뉴 아파트 앞에서 달리는 차량의 조수석 문을 확 열게 되었고, 청구인이 차를 세우고는 문 닫으라고 하는 것을 피해자가 "여기서 죽나, 동해 가서 죽나 다 마찬가지다"라고 하였더니 청구인이 주먹으로 피해자의 얼굴을 3대 정도 때리고 손으로 피해자의 가슴 쪽을 잡아 당겼으며, 이에 뒤도 돌아보지 않고

근처 편의점으로 들어가서 알바생에게 도움을 요청하여 그 알바생이 신고를 하였음

○ 처음 만났을 때부터 휴대폰을 꺼놓으라고 하고 시내로 들어오면서부터 차 안에서 피해자의 얼굴을 손으로 잡아흔들기도 해서 무서워 청구인에게 내려달라는 말을 하지 않았음

○ 공터에서부터부터 차량에서 내린 ○○브레뉴 아파트까지 대략 6-7분에서 10분 정도 차량에 타고 있었음

○ 공터에서 물을 마실 때 청구인이 화가 난 것을 풀어주려고 청구인과 입으로 물을 옮겨 마신 사실은 있으며, 청구인이 차량을 진행하면서 계속 너 죽고 나죽자. 동해에 간다고 하였던 것은 아니며, 공터에서 출발하면서 동해에 간다고 하고는 아무 말 없이 운전을 하던 것을 피해자가 안되겠다 싶어서 문을 불쑥 열어버린 것임

라. ○○지방검찰청 검사 ○○○는 청구인의 감금치상죄에 대해 2011. 8. 9. 피의사실은 인정되나, 청구인이 피해자와 교제하던 중 말다툼 끝에 우발적으로 범행에 이르게 된 점, 피해자가 청구인의 처벌을 원하지 않은 점, 피해자의 피해회복을 위한 형사조정이 성립된 점 등을 참작하여 기소유예로 처분하였다.

4. 이 사건 처분의 위법·부당 여부

가. 구 「도로교통법」(2010. 1. 18. 법률 제9932호로 개정되기 전의 것) 제93조제1항 제11호, 같은 법 시행규칙 제91조제1항, 별표 28의 규정에 따르면, 자동차를 이용하여 감금 등 형법을 위반한 범죄행위를 한 때에는 반드시 운전면허를 취소하여야 한다고 되어 있고, 여기서 '감금'이란 사람이 특정한 구역에서 나가는 것을 불가능하게 하거나 심히 곤란하게 하는 것으로서 이와 같은 장해는 물리적, 유형적 장해뿐만 아니라 심리적, 무형적 장해에 의해서도 가능하며, 그 본질은 사람의 행동의 자유를 구속하는 것으로 그 수단과 방법에는 유형적인 것이든 또는 무형적인 것이든 관계가 없다고 할 것이다.

나. 피청구인은 청구인이 사건 당일 ○○브레뉴 아파트 앞길까지 ○○○을 차량에서 내리지 못하게 하는 방법으로 ○○○을 감금하였으므로 이 사건 처분이 적법하다고 주장한다. 그러나, 위 인정사실에 따르면, 청구인과 ○○○은 애인 관계인 사

이였고, 당초 ○○○은 본인의 의사에 따라 청구인 차량에 탑승하였던 점, 차량 안에서 말다툼을 하기도 하였으나 ○○경찰서 남부지구대 맞은 편 공터에서는 그 전에 들렀던 편의점에서 샀던 물을 마시면서 청구인과 서로 입으로 물을 교환해서 마시기도 하였으므로 당시까지 ○○○이 청구인의 언동에 겁에 질려 차량 안에 머물러 있을 수 밖에 없었던 것으로 보기는 어려운 점, 위 공터에서 ○○브레뉴 아파트 앞 ○○○이 최종 하차한 지점까지 이동하는 상황에서도 청구인에게 잘하겠다는 ○○○의 말을 녹음하고 싶다는 청구인의 제안을 ○○○이 거절하자 둘 사이에 분위기가 좋지 않았던 것으로 보이기는 하나, 반면 ○○○○이 달리던 차량의 조수석 문을 갑자기 열면서 청구인이 차량을 정차하게 되기까지 동해로 간다며 차량을 운전하던 청구인에게 ○○○이 차량에서 내리겠다는 의사를 정확히 표시한 사실이 없었고, 실제 ○○○이 겁에 질려 있어 그와 같은 의사를 표시하지 못했던 것으로 단정하기 어려운 점, ○○○이 차량이 주행 중에 있는 상태에서 청구인에게 아무런 말도 하지 않고 갑자기 차량 문을 연 행위 자체로 이를 차량에서 내리겠다는 의사의 표현이었다고 보기 어렵고, 그와 같은 ○○○의 행동에 청구인이 당황하였을 것으로 추정되며, 이후 청구인이 ○○○의 얼굴을 때리고 가슴 쪽을 잡아당긴 것은 자신에게 화를 내는 ○○○에게 우발적으로 폭행을 가한 행위로는 볼 수 있으나 그와 같은 행위 자체를 감금행위로 볼 수는 없으며, ○○○은 폭행을 당한 직후 청구인을 피해 바로 차량에서 내려 버린 점 등 청구인과 피해자와의 관계, 피해자의 언동, 피해자가 차량에서 내린 경위 등 당시 상황을 종합적으로 고려하여 볼 때, 청구인이 차량 안에서 피해자를 폭행하여 상해에 이르게 한 사실 외에 청구인에게 ○○○을 감금할 의사가 있었다거나 ○○○을 차량에 태운 뒤 실제 밖으로 나가는 것을 불가능하게 하거나 심히 곤란하게 하였다고 볼 수 있는 감금행위를 하였다고 인정하기는 어려우므로, 이에 반하는 피청구인의 이 사건 처분은 위법·부당하다.

5. 결론
그렇다면 청구인의 주장을 인정할 수 있으므로 청구인의 청구를 받아들이기로 하여 주문과 같이 재결한다.

49. 자동차운전면허 취소처분 취소청구-인용(감금 등)

사 건 명	**자동차운전면허 취소처분 취소청구**
사건번호	2011-25555
재결일자	2012. 1. 17.
재결결과	인용

재결 요지

청구인과 피해자와의 관계, 피해자의 언동, 피해자가 차량에서 내린 경위 등 당시 상황을 종합적으로 고려하여 볼 때, 청구인이 차량 안에서 피해자를 폭행하여 상해에 이르게 한 사실 외에 청구인에게 피해자를 감금할 의사가 있었다거나 피해자를 차량에 태운 뒤 실제 밖으로 나가는 것을 불가능하게 하거나 심히 곤란하게 하였다고 볼 수 있는 감금행위를 하였다고 인정하기는 어려움

주문

피청구인이 2011. 10. 31. 청구인에게 한 2011. 12. 4.자 제1종 보통, 제2종 보통 운전면허 취소처분을 취소한다.

청구 취지

피청구인이 2011. 10. 31. 청구인에게 한 2011. 12. 4.자 제1종 보통, 제2종 보통 운전면허 취소처분을 취소한다.

이유

1. 사건개요

청구인이 2011. 3. 16. 자동차를 이용하여 범죄행위(감금)를 하였다는 이유로 피청구인이 2011. 10. 31. 청구인의 운전면허를 취소하였다.

2. 관계법령

도로교통법 제93조제1항제11호
도로교통법 시행규칙 별표 28중 2. 취소처분 개별기준의 일련번호란 13

3. 인정사실

청구인과 피청구인이 제출한 자료에 따르면, 다음과 같은 사실을 인정할 수 있다.

가. 청구인은 이 사건 당시 일정한 직업이 없던 자로서, 2002. 1. 30. 제2종 보통운전면허를 취득한 이래 교통사고전력은 없고, 1회의 교통법규위반전력(2005. 8. 19. 즉결심판불응)이 있다.

나. 강원○○경찰서의 2011. 5. 26.자 수사결과보고를 보면, 범죄사실에 다음과 같이 기재되어 있다.

- 다 음 -

○ 청구인은 피해자 ○○○(28세, 여)과 연인 사이로 2011. 3. 15. 23:00경 ○○시 ○○동에 있는 ○○교육대학교 앞길에서 청구인 소유 차량에 피해자를 탑승시켜 ○○리에 있는 ○○교 노상에 도착하여 대화를 하던 중 피해자가 휴대폰을 잘 받지 않는다는 이유로 말다툼을 하였고, 다시 차량을 출발하여 ○○동에 있는 ○○초등학교 앞 편의점에서 식수를 구입하고 다시 ○○동에 있는 ○○경찰서 남부지구대 앞 공터에 정차하였음

○ 청구인은 2011. 3. 16. 01:34경 위 공터 노상에 세워둔 차량 내에서 피해자에게 "청구인에게 잘 하겠다"는 말을 녹음하자고 제의하였으나 피해자가 거절하였다는 이유로 "너 죽고 나 죽자, 동해에 간다"며 차량의 시동을 걸어 주행을 하였고, 피해자가 "잘 하겠다, 동해에는 가지 않겠다"고 하였음에도 이를 묵살한 채 계속하여 "동해에 간다"며 같은 날 01:40경까지 ○○동 971번지에 있는 ○○브래뉴 아파트

앞 노상까지 약 1.6킬로미터를 그대로 질주하여 피해자로 하여금 차에서 내리지 못하게 함으로써 약 6분간 피해자를 감금함

○ 그 무렵 겁을 먹은 피해자가 감금 상태에서 벗어나기 위해 주행 중인 차량의 조수석 문을 열자 차량을 정차시키고 주먹으로 차량에서 내리려고 하는 피해자의 머리 부위를 수회 때리고 손으로 가슴 부위 옷을 잡아 폭행함으로써 피해자로 하여금 약 21일간의 치료를 요하는 뇌진탕, 두피부 타박상, 구순부 표재성 열상, 요추부 염좌 등의 상해를 입게 함

다. 청구인에 대한 2011. 3. 18.자 피의자신문조서에 기재된 피해자의 진술내용을 보면 다음과 같다.

– 다 음 –

○ ○○교에서 시내방향으로 차량을 진행하다 청구인이 잘 할거냐고 물어 피해자가 잘 하겠다고 하였는데, 청구인이 잘 하겠다는 말을 녹음하자고 해서 피해자가 그렇게까지는 못하겠다고 하였고, 청구인이 "너 죽고 나 죽자, 너 출근도 안 시킬 거고... 동해 가자"고 하면서 ○○초등학교 앞 편의점으로 갔음

○ 우석초등학교 앞 편의점에서 물을 산 후 계속 진행하여 ○○경찰서 남부지구대 맞은 편 공터에서 피해자가 물을 마시고 가자고 하여 5분간 머무르다 다시 출발하여 ○○브레뉴 아파트까지 진행하게 되었는데, 청구인이 진짜 동해로 가려 한다고 피해자가 생각하게 된 것은 공터에서 물을 마시고 나서 피해자가 잘하겠다고 하였으나 청구인이 이를 받아들이지 않고 교대 쪽으로 방향을 틀 때부터이며, 그 때부터 불안해 하다가 ○○브레뉴 아파트 앞에서 달리는 차량의 조수석 문을 확 열게 되었고, 청구인이 차를 세우고는 문 닫으라고 하는 것을 피해자가 "여기서 죽나, 동해 가서 죽나 다 마찬가지다"라고 하였더니 청구인이 주먹으로 피해자의 얼굴을 3대 정도 때리고 손으로 피해자의 가슴 쪽을 잡아 당겼으며, 이에 뒤도 돌아보지 않고 근처 편의점으로 들어가서 알바생에게 도움을 요청하여 그 알바생이 신고를 하였음

○ 처음 만났을 때부터 휴대폰을 꺼놓으라고 하고 시내로 들어오면서부터 차 안에서 피해자의 얼굴을 손으로 잡아흔들기도 해서 무서워 청구인에게 내려달라는 말을

하지 않았음

○ 공터에서부터부터 차량에서 내린 ○○브레뉴 아파트까지 대략 6~7분에서 10분 정도 차량에 타고 있었음

○ 공터에서 물을 마실 때 청구인이 화가 난 것을 풀어주려고 청구인과 입으로 물을 옮겨 마신 사실은 있으며, 청구인이 차량을 진행하면서 계속 너 죽고 나죽자..동해에 간다고 하였던 것은 아니며, 공터에서 출발하면서 동해에 간다고 하고는 아무말 없이 운전을 하던 것을 피해자가 안되겠다 싶어서 문을 불쑥 열어버린 것임

라. ○○지방검찰청 검사 ○○○는 청구인의 감금치상죄에 대해 2011. 8. 9. 피의사실은 인정되나, 청구인이 피해자와 교제하던 중 말다툼 끝에 우발적으로 범행에 이르게 된 점, 피해자가 청구인의 처벌을 원하지 않은 점, 피해자의 피해회복을 위한 형사조정이 성립된 점 등을 참작하여 기소유예로 처분하였다.

4. 이 사건 처분의 위법·부당 여부

가. 구「도로교통법」(2010. 1. 18. 법률 제9932호로 개정되기 전의 것) 제93조제1항 제11호, 같은 법 시행규칙 제91조제1항, 별표 28의 규정에 따르면, 자동차를 이용하여 감금 등 형법을 위반한 범죄행위를 한 때에는 반드시 운전면허를 취소하여야 한다고 되어 있고, 여기서 '감금'이란 사람이 특정한 구역에서 나가는 것을 불가능하게 하거나 심히 곤란하게 하는 것으로서 이와 같은 장해는 물리적, 유형적 장해 뿐만 아니라 심리적, 무형적 장해에 의해서도 가능하며, 그 본질은 사람의 행동의 자유를 구속하는 것으로 그 수단과 방법에는 유형적인 것이든 또는 무형적인 것이든 관계가 없다고 할 것이다.

나. 피청구인은 청구인이 사건 당일 ○○브레뉴 아파트 앞길까지 ○○○을 차량에서 내리지 못하게 하는 방법으로 ○○○을 감금하였으므로 이 사건 처분이 적법하다고 주장한다. 그러나, 위 인정사실에 따르면, 청구인과 ○○○은 애인 관계인 사이였고, 당초 ○○○은 본인의 의사에 따라 청구인 차량에 탑승하였던 점, 차량 안에서 말다툼을 하기도 하였으나 ○○경찰서 남부지구대 맞은 편 공터에서는 그전에 들렀던 편의점에서 샀던 물을 마시면서 청구인과 서로 입으로 물을 교환해서

마시기도 하였으므로 당시까지 ○○○이 청구인의 언동에 겁에 질려 차량 안에 머물러 있을 수 밖에 없었던 것으로 보기는 어려운 점, 위 공터에서 ○○브레뉴 아파트 앞 ○○○이 최종 하차한 지점까지 이동하는 상황에서도 청구인에게 잘하겠다는 ○○○의 말을 녹음하고 싶다는 청구인의 제안을 ○○○이 거절하자 둘 사이에 분위기가 좋지 않았던 것으로 보이기는 하나, 반면 ○○○○이 달리던 차량의 조수석 문을 갑자기 열면서 청구인이 차량을 정차하게 되기까지 동해로 간다며 차량을 운전하던 청구인에게 ○○○이 차량에서 내리겠다는 의사를 정확히 표시한 사실이 없었고, 실제 ○○○이 겁에 질려 있어 그와 같은 의사를 표시하지 못했던 것으로 단정하기 어려운 점, ○○○이 차량이 주행 중에 있는 상태에서 청구인에게 아무런 말도 하지 않고 갑자기 차량 문을 연 행위 자체로 이를 차량에서 내리겠다는 의사의 표현이었다고 보기 어렵고, 그와 같은 ○○○의 행동에 청구인이 당황하였을 것으로 추정되며, 이후 청구인이 ○○○의 얼굴을 때리고 가슴 쪽을 잡아당긴 것은 자신에게 화를 내는 ○○○에게 우발적으로 폭행을 가한 행위로는 볼 수 있으나 그와 같은 행위 자체를 감금행위로 볼 수는 없으며, ○○○은 폭행을 당한 직후 청구인을 피해 바로 차량에서 내려 버린 점 등 청구인과 피해자와의 관계, 피해자의 언동, 피해자가 차량에서 내린 경위 등 당시 상황을 종합적으로 고려하여 볼 때, 청구인이 차량 안에서 피해자를 폭행하여 상해에 이르게 한 사실 외에 청구인에게 ○○○을 감금할 의사가 있었다거나 ○○○을 차량에 태운 뒤 실제 밖으로 나가는 것을 불가능하게 하거나 심히 곤란하게 하였다고 볼 수 있는 감금행위를 하였다고 인정하기는 어려우므로, 이에 반하는 피청구인의 이 사건 처분은 위법·부당하다.

5. 결 론
그렇다면 청구인의 주장을 인정할 수 있으므로 청구인의 청구를 받아들이기로 하여 주문과 같이 재결한다.

50. 자동차운전면허 취소처분 취소청구―인용(처분절차 하자 : 1년 후 통보)

사 건 명	**자동차운전면허 취소처분 취소청구**
사건번호	2011-23886
재결일자	2012. 2. 21.
재결결과	인용

재결 요지

피청구인이 정당한 사유 없이 적발일로부터 1년이나 지나 이 사건 처분을 행하게 된 상황임에도 그에 대한 아무런 고려 없이 2011. 10. 16.자로 처분의 효력발생일자를 정하여 청구인으로 하여금 위 효력발생일부터 1년간 운전면허 취득을 제한하는 것은 지나치게 행정편의적인 조처로서 피청구인이 가지는 처분 재량을 남용한 것으로 보이므로, 피청구인이 처분의 효력발생일자를 조정하여 다시 재처분을 하는 것은 별론으로 하고, 이 사건 처분은 위법·부당함

주문

피청구인이 2011. 9. 21. 청구인에게 한 2011. 10. 16.자 제1종 보통운전면허 취소처분을 취소한다.

청구 취지

피청구인이 2011. 9. 21. 청구인에게 한 2011. 10. 16.자 제1종 보통운전면허 취소처분을 취소한다.

이유

1. 사건개요

청구인이 2010. 9. 30. 혈중알코올농도 0.150%의 술에 취한 상태에서 운전하다가 사람을 다치게 했다는 이유로 피청구인이 2011. 9. 21. 청구인의 운전면허를 취소하였다.

2. 관계법령

도로교통법 제93조제1항제1호

도로교통법 시행규칙 별표 28 중 2. 취소처분 개별기준의 일련번호란 2

3. 인정사실

청구인과 피청구인이 제출한 자료에 따르면 다음과 같은 사실을 인정할 수 있다.

가. 청구인은 이 사건 당시 군인(해군 중사)이던 자로서, 2003. 9. 8. 제1종 보통운전면허를 취득한 이래 교통사고전력은 없고, 1회의 교통법규위반전력(2009. 8. 22. 제한속도 위반)이 있다.

나. 청구인은 2010. 9. 30. 22:50경 술에 취한 상태에서 승용차를 운전하다가 인천광역시 ○○구 ○○동 1409번지에 있는 인천지방경찰청 앞길에서 신호대기 중이던 ○○○ 운전의 승용차를 충격하여 ○○○에게 3주간의 치료를 요하는 인적 피해와 250만원의 물적 피해가 있는 교통사고를 일으켰고, 위 사고를 조사하는 과정에서 음주운전사실이 적발되어 같은 날 23:46경 음주측정을 한 결과 혈중알코올농도가 0.150%로 측정되었으며, 인천○○경찰서장은 2010. 10. 1. 청구인의 사건을 관할 기관인 해군○○방역사령부에 인계하였고, 해군제○함대사령부 보통군사법원에서 2010. 12. 17. 청구인에게 벌금 250만원을 선고한 후 동 벌금형이 2010. 1

2. 29.자로 확정되자 청구인이 2011. 1. 19. 이를 납부하였다.

다. ○○경찰서장은 2011. 8. 17. 운전면허 취소처분 사전통지를 ○○경찰서 게시판에 14일간 공고하였고, 인천○○경찰서에서는 2011. 9. 14. 해군○함대사령부에 청구인 관련 사건 서류의 등사를 요청하여 같은 달 16일 이를 수령하였으며, 피청구인은 2011. 9. 21. 청구인에게 이 사건 처분을 하였다.

라. 청구인이 음주운전 당시 운전한 아반테 차량의 자동차등록원부를 보면, 동 차량의 등록명의가 2010. 11. 2.자로 청구인의 모친 ○○○으로부터 주식회사 ○○○모터스로 이전된 것으로 되어 있다.

4. 이 사건 처분의 위법 · 부당 여부

피청구인은 청구인이 2010. 9. 30. 음주운전으로 적발된 날부터 거의 1년이 경과한 2011. 9. 21.이 되어서야 이 사건 처분을 하면서 취소처분의 효력발생일자를 2011. 10. 16.자로 정해 이 사건 처분을 하였다. 살피건대, 운전면허 취소처분의 대상이 되는 사실을 적발하여 취소처분을 하고 그 처분시 취소일자(취소처분의 효력발생일자)를 결정하는 것은 원칙적으로 피청구인의 재량에 속하는 사항이나, 특별한 사정이 없는 한 처분청인 피청구인으로서는 처분의 전제가 되는 사실관계가 확정되면 상당한 기한 내에 처분을 함으로써 당해 법률관계를 조속히 확정하는 것이 타당하다고 할 것이다. 이 사건의 경우 청구인이 2010. 9. 30. 음주운전 중 인적 피해가 있는 교통사고를 일으켜 경찰에 적발되었고 음주운전이나 사고 발생에 대해 청구인이 특별히 다투고 있지도 않았으므로 청구인의 위반행위에 대하여 바로 제재처분 절차를 진행할 수 있었을 것으로 보이는데, 위 처분 절차가 지연된 것에 대한 정당한 사유를 찾을 수 없으므로, 결국 이 사건 처분절차가 통상의 경우보다 지연된 것에 대하여는 처분청인 피청구인의 과실이 개입한 것으로 보이는 점, 비록 이 사건 처분 전까지 청구인의 운전면허 효력은 그대로 유효하여 청구인이 운전을 하는데 법률적인 장애는 없었으나 청구인이 이 사건 발생 이후인 2010. 11. 2. 운전했던 차량을 처분하였고 군 법원에서 벌금형을 받고 그 벌금까지 납부하였으므로 법령에 정통하지 못한 청구인으로서는 이 사건 발생일 이후로 운전이 금지되는 것으로 생각하여 실제 운전을 하지 않았을 가능성을 배제할 수 없는 점, 따라서 피청구인이 처분을 행함에 있어서 처분이 상당기간 지연된 사정 등을 감안하여 처분의 효력발생일자를 조정함으로써 청구인이 실제로 운전을 하지 못했을 기간이 결격기간에 반영될 수 있도록 할 필요가 있는 점 등을 고려할 때, 피청구인이 정당한 사유 없이 적발일로부터 1년이나 지나 이 사건 처분을 행하게 된 상황임에도 그에 대한 아무런 고려 없이 2011. 10. 16.자로 처분의 효력발생일자를 정하여 청구인으로 하여금 위 효력발생일부터 1년간 운전면허 취득을 제한하는 것은 지나치게 행정편의적인 조처로서 피청구인이 가지는 처분 재량을 남용한 것으로 보이므로, 피청구인이 처분의 효력발생일자를 조정하여 다시 재처분을 하는 것은 별론으로 하고, 이 사건 처분은 위법·부당하다 할 것이다.

5. 결 론

그렇다면 청구인의 주장을 인정할 수 있으므로 청구인의 청구를 받아들이기로 하여 주문과 같이 재결한다.

51. 자동차운전면허 취소처분 취소청구-인용(음주측정 불응)

사 건 명	**자동차운전면허 취소처분 취소청구**
사건번호	2012-00412
재결일자	2012. 2. 21.
재결결과	인용

재결 요지

「도로교통법」제44조제2항의 해석상 음주측정 요구 당시의 객관적인 사정을 종합하여 볼 때 운전자가 술에 취한 상태에서 자동차를 운전하였다고 인정할 만한 상당한 이유가 있고 운전자의 음주운전 여부를 확인하기 위하여 필요한 경우에는 사후의 음주측정에 의하여 음주운전 여부를 확인할 수 없음이 명백하지 않는 한 경찰공무원은 당해 운전자에 대하여 음주측정을 요구할 수 있으며, 당해 운전자가 이에 불응한 경우에는 음주측정불응이 성립하는데, 운전자가 술에 취한 상태에서 자동차 등을 운전하였다고 인정할 만한 상당한 이유가 있는지 여부는 음주측정 요구 당시 개별 운전자마다 그의 외관·태도·운전 행태 등 객관적인 사정을 종합하여 판단하여야 함어떤 사람이 자동차를 움직이게 할 의도 없이 다른 목적을 위하여 자동차의 원동기(모터)의 시동을 걸었는데 실수로 기어 등 자동차의 발진에 필요한 장치를 건드려 원동기의 추진력에 의하여 자동차가 움직이거나 또는 불안전한 주차상태나 도로여건 등으로 인하여 자동차가 움직이게 된 경우는 자동차의 운전에 해당하지 아니한다 할 것임사고장소에서 차량이 움직이게 된 것은 차량 운전석에 앉아 있던 청구인의 의지와 무관하게 청구인이 처와 다투던 중 무심결에 차량의 주행장치를 건드린 까닭에 진행하였던 것으로 보이므로, 이를 두고 청구인이 차량을 운전하였다고 볼 수는 없고 청구인이 음주측정에 불응했다 하더라도 음주측정불응으로 단속할 수 없음

주문

피청구인이 2011. 11. 4. 청구인에 대하여 한 2011. 12. 7.자 제1종 보통운전면허 취소처분을 취소한다.

청구 취지

피청구인이 2011. 11. 4. 청구인에 대하여 한 2011. 12. 7.자 제1종 보통운전면허 취소처분을 취소한다.

이유

1. 사건 개요

청구인이 2011. 10. 19. 음주측정에 불응했다는 이유로 피청구인이 2011. 11. 4. 청구인의 운전면허를 취소하였다.

2. 관계법령

도로교통법 제93조제1항제3호

도로교통법 시행규칙 별표 28 중 2. 취소처분 개별기준의 일련번호란 3

3. 인정사실

청구인과 피청구인이 제출한 자료에 따르면 다음과 같은 사실을 인정할 수 있다.

가. 청구인은 이 사건 당시 수산물 도·소매업자이던 자로서, 1996. 3. 23. 제1종 보통운전면허를 취득한 이래 교통사고전력은 없고, 11회의 교통법규위반전력(2011. 8. 9. 즉결심판불응 등)이 있다.

나. 교통사고실황조사서를 보면, 청구인이 2011. 10. 19. 23:35경 서울특별시 ○○구 ○○○동 ○○○-○번지에 있는 ○○○슈퍼 앞길에 정차되어 있던 청구인의 처

○○○ 소유의 승용차 안에서 조수석에 앉아 있던 ○○○과 다투던 중 차량 기어 가 주행(D)에 놓여지고 청구인이 아무런 조치 없이 차량에서 내리자 위 차량이 앞 으로 진행하여 우측에 있던 ○○○슈퍼 가게 문을 충격한 것으로 되어 있다.

다. 신고를 받고 출동한 경찰관이 사고에 대해 조사하는 과정에서 청구인이 음주운전 을 하였음을 이유로 청구인에게 1차 2011. 10. 20. 00:32경 2차 같은 날 0:42경, 3차 같은 날 00:52경 등 3차례에 걸쳐 음주측정을 요구하였으나 청구인이 이에 불응하였다.

라. 적발당시 작성된 주취운전자정황진술보고서를 보면, 청구인의 언행상태는 "입에서 술냄새가 남"으로, 보행상태는 "약간 비틀"로, 운전자 혈색은 "약간 홍조"로 기재 되어 있다.

마. 서울○○경찰서의 2011. 10. 28.자 수사보고서를 보면, 다음과 같은 내용이 기재 되어 있다.

– 다 음 –

○ 목격자 진술에 대한 수사

목격자 진술에 의하면, 정차 중인 차량에 청구인이 운전석에 앉아 있고, ○○○은 조 수석에 앉아 있었는데 차 안에서 둘이 다투다가 청구인이 운전석에서 내린 후 갑자기 차량이 앞으로 움직였고, 전방 슈퍼 쪽으로 계속 움직이는 것을 본 목격자가 뛰어가 서 차량에 타 브레이크를 밟고 차량 기어를 주차(P)로 바꾸는 조치를 했으나 이미 차 량이 전방의 슈퍼 가게 문을 충돌하였다고 함

○ 청구인에 대한 수사

- 청구인은 자신이 운전을 하지 않았고, 자신의 처가 음주운전하여 사고장소까지 온 것이며, 처의 연락을 받고 차량이 주차된 곳까지 왔고 운전석에 타서 소주 한병을 마 시고 처와 말다툼을 하다가 몸싸움까지 하던 중 차량 기어가 주행(D) 상태에 놓여지 게 된 것이며, 자신은 화가 나서 중간에 차량에서 내렸는데 다른 곳을 쳐다보고 있었

기 때문에 차량이 움직여 슈퍼 쪽으로 가는 것을 보지 못했다고 함

- 사고 후 경찰서에 와서 조사 중 입에서 술냄새가 나고 얼굴에 홍조를 띠는 등 음주운 전의 의심이 있어 음주측정을 하려고 하였으나, 30분간 음주측정을 거부함

○ ○○○에 대한 수사

- ○○○은 청구인의 처로서 사고 전 자신은 조수석에 앉아 있었으나 사고장소까지는 자신이 음주운전하여 온 것이 맞다며 자신이 처벌을 받겠다고 하여 음주측정기로 음 주측정을 요구하였으나 음주측정을 거부하여 음주측정거부로 입건조치 하였음

바. 청구인에 대한 2011. 10. 25.자 피의자신문조서를 보면, 청구인의 처 ○○○이 음 주운전을 하여 정류장 인도쪽에 차량을 세워두고 있었는데, ○○○이 위 장소로 나오라고 청구인에게 전화를 하여 걸어서 차량이 있는 장소로 갔고, ○○○이 이 미 술에 취한 상태로 운전을 하고 왔길래 ○○○에게 조수석으로 옮겨타라고 한 뒤 운전석에 앉았으며, 차량 안에 소주 한 병이 있어 그걸 마시고 ○○○과 다투 었고, 다투다 보니 몸싸움까지 이어져 한참을 싸우다가 화가 나서 차량에서 내렸 는데 그 과정에서 차량 기어가 주행 상태로 옮겨졌는지 차량이 슈퍼쪽으로 움직여 가게문을 들이받게 되었으며, 청구인이 처음 차량에 탑승했을 때 차량 기어는 주 차(P) 상태에 있었고, 청구인이 기어를 주행(D) 상태로 변경한 사실은 없으나 ○ ○○과 몸싸움을 하다 기어가 변경된 것 같으며, 차량에서 내린 후 차쪽을 보지 않 았기 때문에 차량이 움직이는 줄 몰랐고, 경찰관의 음주측정요구를 받았으나 청구 인이 음주운전을 한 게 아니고 단지 운전석에 앉아만 있었기 때문에 음주측정을 할 이유가 없다고 생각하여 측정을 거부하였다고 진술한 내용이 기재되어 있다.

4. 이 사건 처분의 위법·부당 여부

가. 「도로교통법」제44조제2항에 따르면, 경찰공무원은 교통안전과 위험방지를 위하 여 필요하다고 인정하거나 술에 취한 상태에서 자동차를 운전하였다고 인정할 만 한 상당한 이유가 있는 때에는 운전자가 술에 취하였는지 여부를 측정할 수 있으 며, 운전자는 이러한 경찰공무원의 측정요구에 응하여야 한다고 되어 있고, 같은

법 제93조제1항 제3호에 따르면, 제44조제2항에 의한 경찰공무원의 측정에 응하지 아니한 때에는 그 운전면허를 반드시 취소하도록 되어 있다.

나. 「도로교통법」 제44조제2항의 해석상 음주측정 요구 당시의 객관적인 사정을 종합하여 볼 때 운전자가 술에 취한 상태에서 자동차를 운전하였다고 인정할 만한 상당한 이유가 있고 운전자의 음주운전 여부를 확인하기 위하여 필요한 경우에는 사후의 음주측정에 의하여 음주운전 여부를 확인할 수 없음이 명백하지 않는 한 경찰공무원은 당해 운전자에 대하여 음주측정을 요구할 수 있으며, 당해 운전자가 이에 불응한 경우에는 음주측정불응이 성립하는데, 운전자가 술에 취한 상태에서 자동차 등을 운전하였다고 인정할 만한 상당한 이유가 있는지 여부는 음주측정 요구 당시 개별 운전자마다 그의 외관·태도·운전 행태 등 객관적인 사정을 종합하여 판단하여야 할 것이다.

피청구인은 사고조사 과정에서 청구인의 입에서 술 냄새가 나고 약간 비틀거리는 보행상태와 얼굴에 홍조를 띠는 등 음주운전이 의심되어 음주측정을 요구하였다면 청구인이 이에 당연히 응했어야 하므로 이 사건 처분이 적법하다고 주장한다.

그러나 「도로교통법」 제44조제1항의 규정을 위반하여 술에 취한 상태에서 자동차 등을 운전하였다고 인정할 만한 상당한 이유가 있음을 이유로 경찰관의 음주측정 요구에 응하여야 할 사람은 당해 자동차의 '운전자'이고 당해 자동차의 운전자가 아닌 때에는 같은 법 제44조제1항의 주취운전금지 규정을 위반하였다고 볼 여지가 없어 같은 조 제2항의 음주측정에 응하지 아니한 경우에 해당한다고 할 수는 없다(대법원 2007. 10. 11. 선고 2005도8594 판결 참조). 한편, 「도로교통법」 제2조 제24호에서 '운전'이란 도로에서 차마를 그 본래의 사용방법에 따라 사용하는 것(조종을 포함한다)을 말한다고 규정하고 있는데 '운전'의 개념은 위 규정의 내용에 비추어 목적적 요소를 포함하는 것이므로 고의의 운전행위만을 의미하고 자동차 안에 있는 사람의 의지나 관여 없이 자동차가 움직인 경우에는 운전에 해당하지 아니한다고 할 것이며(대법원 2004. 4. 23. 선고 2004도1109판결 참조), 어떤 사람이 자동차를 움직이게 할 의도 없이 다른 목적을 위하여 자동차의 원동기(모터)

의 시동을 걸었는데 실수로 기어 등 자동차의 발진에 필요한 장치를 건드려 원동기의 추진력에 의하여 자동차가 움직이거나 또는 불안전한 주차상태나 도로여건 등으로 인하여 자동차가 움직이게 된 경우는 자동차의 운전에 해당하지 아니한다 할 것이다. 이 사건의 경우, 위 인정사실에 따르면, 청구인의 처 ○○○은 사고장소까지는 자신이 음주운전을 했다고 진술하고 있고 달리 청구인이 사고장소까지 운전해 왔음을 인정할 자료는 없는 점, 목격자는 사고장소에서 운전석에 앉아 있던 청구인이 차량에서 내리자 차량이 움직였다고 하고 있을 뿐 청구인이 차량을 운전하여 진행하는 것을 본 것은 아닌 점, 청구인은 당시 차량 안에서 조수석에 있던 ○○○과 몸싸움까지 하면서 심하게 다투다가 차량 기어가 주행(D) 상태로 변경된 것 같다며 직접 운전한 사실을 부인하고 있는데 청구인이 차량에서 하차한 뒤에야 차량이 가게가 위치한 인도쪽으로 진행을 하다 가게 문을 충격하게 된 정황 등을 종합해 보면, 사고장소에서 차량이 움직이게 된 것은 차량 운전석에 앉아 있던 청구인의 의지와 무관하게 청구인이 ○○○과 다투던 중 무심결에 차량의 주행장치를 건드린 까닭에 진행하였던 것으로 보이므로, 이를 두고 청구인이 차량을 운전하였다고 볼 수는 없다.

따라서 청구인은 음주측정을 요구받을 당시 차량의 운전자가 아니어서 경찰관의 음주측정요구에 응하여야 할 사람에 해당하지 않는다고 할 것이므로, 청구인에게 음주측정요구에 응할 의무가 있음을 전제로 한 피청구인의 이 사건 처분은 위법·부당하다.

5. 결 론

그렇다면 청구인의 주장을 인정할 수 있으므로 청구인의 청구를 받아들이기로 하여 주문과 같이 재결한다.

52. 자동차운전면허 취소처분 취소청구–짧은 거리 운행

사 건 명	**자동차운전면허 취소처분 취소청구**
사건번호	2012-02568
재결일자	2012. 2. 28.
재결결과	기각

재결 요지

「도로교통법」제2조제24호에 따르면, '운전'이란 도로에서 차를 본래의 사용 방법에 따라 사용하는 것을 말하므로 도로에서 자동차의 시동을 걸어 이동했다면 그것이 주차시켜 놓았던 차량을 똑바로 정렬하기 위해 짧은 거리를 운전한 것이라고 하더라도 차량을 그 본래의 사용방법에 따라 사용하는 것으로서 법에서 말하는 운전에 해당됨

주문

청구인의 청구를 기각한다.

청구 취지

피청구인이 2012. 1. 2. 청구인에게 한 2012. 1. 27.자 제2종 보통운전면허 취소처분을 취소한다.

이유

1. 사건개요

청구인이 2011. 12. 8. 혈중알코올농도 0.191%의 술에 취한 상태에서 운전했다는 이유로 피청구인이 2012. 1. 2. 청구인의 운전면허를 취소하였다.

2. 관계법령

도로교통법 제93조제1항제1호

도로교통법 시행규칙 별표 28 중 2. 취소처분 개별기준의 일련번호란 2

3. 인정사실

청구인과 피청구인이 제출한 자료에 따르면 다음과 같은 사실을 인정할 수 있다.

가. 청구인은 이 사건 당시 ○○이던 자로서, 1992. 10. 9. 제2종 보통운전면허를 취득하여 2006. 7. 22. 음주사고로 운전면허가 취소된 후 2007. 8. 27. 제2종 보통운전면허를 다시 취득했는데, 최초로 운전면허를 취득한 이래 1회의 교통사고전력(2006. 6. 11. 음주운전, 물적피해)과 2회의 교통법규위반전력(2005. 2. 11. 안전운전의무 위반 등)이 있다.

나. 청구인은 2011. 12. 8. 01:50경 술에 취한 상태에서 승용차를 운전하다가 경기도 ○○시 ○○구 ○○동 36-4번지 앞길에서 단속경찰관에게 적발되어 음주측정을 한 결과 혈중알코올농도가 0.167%로 측정되었으나, 청구인이 이에 불복하고 채혈측정을 요구하여 같은 날 03:00경 청구인의 혈액을 채취하여 국립과학수사연구원에 감정을 의뢰한 결과 혈중알코올농도가 0.191%로 측정되었다.

다. 경기○○○○경찰서에서 작성한 2011. 12. 8.자 및 2011. 12. 22.자 수사보고서를 보면 다음과 같은 취지의 내용이 기재되어 있다.

1) 신고자 진술에 대하여

주차장에서 술취한 사람이 차를 들이받으며 벽돌을 던지고 난동을 피운다는 시고내용이었으며 신고자는 현장 앞집에 거주하고 있는 사람으로 '쿵'하는 소리가 나서 나와봤더니 술취한 사람이 운전하는 것을 목격하였다는 진술을 하였다.

2) 현장주변 피의자 검거당시 상황에 대하여
피의자는 현장주변에 주차된 승용차 기사에게 ○○을 들이대며 차에서 내리라며 행패를 부리고 있던 상황이며 피의자가 소지하고 있던 ○○은 사진으로 첨부하였음

3) 피의자 진술에 대하여
피의자는 자신이 주차장 입구까지 대리운전으로 왔으나 주차를 위해 자신이 주차장 안에서 운전을 한 사실은 인정한다는 진술을 하였음

4) 대리운전 경위에 대하여
피의자는 자신과 술을 같이 마셨던 후배가 대리를 불러주었다는 진술을 한 바, 전화로 후배에게 확인을 하니 같이 술을 마신 것은 사실이나 자신이 대리를 불러주지는 않았으며 식당에서 불러준 것이어서 대리기사 연락처는 모른다는 진술을 하였음

5) 주차장 현장 확인
피의자가 공영주차장에서 운전하였다는 진술에 따라, 2011. 12. 17. 17:50경 피의자 동행하여 현장을 확인한 바, 그곳은 공사가 마무리된 상태에서 시험중에 있으며, 주차장 출입구는 주택가 이면도로와 접한 상태로 출입구에 설치된 차단기로 외부 차량들을 통제하지 않아, 현재는 불특정 다수의 차량들이 수시로 이용할 수 있는 장소였음

4. 이 사건 처분의 위법 · 부당 여부

청구인은 공영주차장 내에서 주차를 위해 5m 정도 이동한 것에 불과하고, 경찰관들의 암묵적인 묵인하에 운전하였으므로, 당시 음주상태에서 운전을 하는 데에도 경찰관이 제지하지 않았다는 사실은 음주운전으로 인한 위험인자가 전혀 없었다는 점을 반증하는 것이어서 이 사건 처분이 부당하다고 주장하나, 「도로교통법」 제2조제24호에 따르

면, '운전' 이란 도로에서 차를 본래의 사용 방법에 따라 사용하는 것을 말하므로 도로에서 자동차의 시동을 걸어 이동했다면 그것이 주차시켜 놓았던 차량을 똑바로 정렬하기 위해 짧은 거리를 운전한 것이라고 하더라도 차량을 그 본래의 사용방법에 따라 사용하는 것으로서 법에서 말하는 운전에 해당된다는 점, 신고자가 청구인의 음주운전행위를 목격하고 신고를 하였고 출동한 경찰관에게 운전자로서 청구인을 지목하였다는 점, 청구인이 음주운전한 장소인 공영주차장은 공사가 마무리된 상태로 현재 시험 중에 있고, 출입구에 설치된 차단기로 외부 차량들을 통제하지 않아, 현재는 불특정 다수의 차량들이 수시로 이용할 수 있도록 공개되어 있으므로, 청구인이 「도로교통법」상의 도로가 아닌 곳에서 운전했다고 볼 수 없는 점 등에 비추어 볼 때 이에 반하는 청구인의 주장은 받아들일 수 없다.

한편, 청구인은 직업여건상 운전면허가 필요하므로 이 사건 처분이 가혹하다 주장하나, 위 인정사실에 따르면, 청구인은 과거 음주운전전력이 있는 자로서 교통법규준수에 더욱 주의를 기울여야 할 것임에도 불구하고 운전면허취소기준치를 훨씬 넘어 술에 취한 상태에서 자동차를 운전한 사실이 인정되므로, 청구인의 직업여건상 운전면허가 필요하다는 등의 개인적인 사정만으로 피청구인의 이 사건 처분이 위법·부당하다고 할 수 없다.

5. 결 론

그렇다면 청구인의 주장을 인정할 수 없으므로 청구인의 청구를 받아들이지 않기로 하여 주문과 같이 재결한다.

53. 자동차운전면허 취소처분 취소청구-하자의 치유

사 건 명	**자동차운전면허 취소처분 취소청구**
사건번호	2011-07291
재결일자	2011. 5. 31.
재결결과	기각

재결 요지

피청구인이 처분을 하기 전에 미리 행정심판을 청구하여 심판청구 당시에는 심판의 대상인 '처분'이 존재하지 않는 하자있는 심판청구에 해당하나, 행정심판청구요건의 구비 여부는 재결시를 기준으로 판단함이 타당하고, 심판청구 이후 피청구인이 처분을 행하여 하자가 치유되었으므로 적법한 청구로 보아야 함

주문

청구인의 청구를 기각한다.

청구 취지

피청구인이 2011. 3. 24. 청구인에게 한 2011. 4. 8.자 제1종 보통운전면허 취소처분을 취소한다.

이유

1. 사건개요

청구인이 2011. 2. 27. 혈중알코올농도 0.121%의 술에 취한 상태에서 운전했다는 이유로 피청구인이 2011. 3. 24. 청구인의 운전면허를 취소하였다.

2. 관계법령

행정심판법 제3조, 제27조제1항

도로교통법 제93조제1항제1호

도로교통법 시행규칙 별표 28 중 2. 취소처분 개별기준의 일련번호란 2

3. 인정사실

청구인과 피청구인이 제출한 자료에 따르면 다음과 같은 사실을 인정할 수 있다.

가. 청구인은 이 사건 당시 회사원이던 자로서, 1994. 8. 30. 제1종 보통운전면허를 취득한 이래 1회의 교통사고전력(2001. 5. 30. 물적 피해)과 2회의 교통법규위반 전력(2010. 10. 13. 제한속도위반 등)이 있다.

나. 청구인은 2011. 2. 27. 20:39경 술에 취한 상태에서 쏘렌토 승용차를 운전하다가 경기도 ○○시 ○○동에 있는 ○○9 트 앞길에서 단속경찰관에게 적발되어 음주측정을 한 결과 혈중알코올농도가 0.121%로 측정되었다.

4. 이 사건 심판청구의 적격 여부 및 이 사건 처분의 위법·부당 여부

가. 이 사건 심판청구의 적격 여부

직권으로 이 사건 심판청구가 청구요건을 갖춘 적법한 청구인지 본다. 「행정심판법」 제

3조, 제27조제1항에 의하면, 행정청의 '처분'에 대하여 행정심판을 청구할 수 있으며, 행정심판은 처분이 있음을 알게 된 날부터 90일 이내에 청구하여야 한다고 되어 있는 바, 이 사건에서 청구인은 피청구인이 운전면허 취소처분을 하기 전에 미리 이 사건 행정심판을 청구하여 심판청구 당시에는 행정심판의 대상인 '처분'이 존재하지 않는 하자있는 심판청구에 해당하였다. 그러나, 행정심판제도는 준사법절차라는 점, 국민의 권리구제를 도모하고자 마련된 행정심판제도의 목적과 취지, 분쟁의 일회적이고 효율적인 해결의 필요성 등을 고려할 때 행정심판 청구요건의 구비여부는 재결시를 기준으로 판단함이 타당하다 할 것이고, 이 사건에서 심판청구 이후 피청구인이 이 사건 운전면허 취소처분을 하였으므로 위 하자는 치유되었다 할 것이어서 이 사건 심판청구는 청구요건을 갖춘 적법한 청구에 해당한다.

나. 이 사건 처분의 위법·부당 여부

청구인은 회사에서 건설자재를 운반하는 운전기사로 일하여 운전면허가 필요하므로 이 사건 처분이 가혹하다고 주장하나, 위 인정사실에 따르면 청구인은 운전면허취소기준치를 넘어 술에 취한 상태에서 자동차를 운전한 사실이 인정되고, 달리 정상을 참작할 만한 사정이 있었던 것도 아니므로 청구인의 업무상 운전면허가 필요하다는 등의 개인적인 사정만으로 이 사건 처분이 위법·부당하다고 할 수 없다.

5. 결론

그렇다면 청구인의 주장을 인정할 수 없으므로 청구인의 청구를 받아들이지 않기로 하여 주문과 같이 재결한다.

사 건 명	**자동차운전면허 취소처분 취소청구**
사건번호	2011-07834
재결일자	2011. 6. 14.
재결결과	인용

재결 요지

「도로교통법」이 2010. 7. 23. 법률 제10382호로 개정(2011. 1. 1. 시행)되어 지방경찰청장의 운전면허취소처분에 대한 사전통지가 경찰서장에게 위임된 것과 관련하여, 의견제출기한이 지나기 전에 한 운전면허취소처분은 당사자에게 의견제출기회를 주도록 규정하고 있는 같은 법 제93조제4항 및 「행정절차법」 제21조에 위반됨.

주문

피청구인이 2011. 3. 10. 청구인에게 한 2011. 4. 12.자 제1종 보통운전면허 취소처분을 취소한다.

청구 취지

피청구인이 2011. 3. 10. 청구인에게 한 2011. 4. 12.자 제1종 보통운전면허 취소처분을 취소한다.

<h1 align="center">이유</h1>

1. 사건개요

청구인이 2011. 2. 12. 혈중알코올농도 0.224%의 술에 취한 상태에서 운전했다는 이유로 피청구인이 2011. 3. 10. 청구인의 운전면허를 취소하였다.

2. 관계법령

도로교통법 제93조제1항제1호

도로교통법 시행규칙 별표 28 중 2. 취소처분 개별기준의 일련번호란 2

3. 인정사실

청구인과 피청구인이 제출한 자료에 따르면 다음과 같은 사실을 인정할 수 있다.

가. 청구인은 이 사건 당시 자영업을 하던 자로서, 2001. 2. 9. 제1종 보통운전면허를 취득한 이래 교통사고전력은 없고, 1회의 교통법규위반전력(2008. 8. 8. 음주운전)이 있다.

나. 청구인은 2011. 2. 12. 23:27경 술에 취한 상태에서 승용차를 운전하다가 경기도 의정부시 의정부동에 있는 예술의 전당 뒷길에서 단속경찰관에게 적발되어 음주측정을 한 결과 혈중알코올농도가 0.162%로 측정되었고, 청구인이 이에 불복하고 채혈측정을 요구하여 같은 날 23:50경 청구인의 혈액을 채취하여 국립과학수사연구원에 감정을 의뢰한 결과 혈중알코올농도가 0.224%로 측정되었다.

다. 의정부경찰서장의 2011. 3. 3.자 운전면허취소처분사전통지서에 따르면, 위 사전통지서에는 청구인이 무인을 했고, 출석요구일은 "2011. 3. 18."로, 행정처분내용은 "운전면허취소"로, 행정처분사유는 "2011. 2. 12. 음주만취운전"으로 각각 기재되어 있고, 그 아래에 "위 기한 내에 의견제출을 하지 않을 경우 의견이 없는 것으로 간주합니다."라는 기재사항이 있다.

4. 이 사건 처분의 위법·부당 여부

가. 「도로교통법」 제93조제4항에 따르면, 지방경찰청장은 운전면허의 취소처분을 하고자 하는 때에는 행정안전부령이 정하는 바에 의하여 처분의 당사자에게 처분의 내용 및 의견제출의 기한 등을 미리 통지하여야 한다고 규정되어 있고, 같은 법 제147조제3항 및 같은 법 시행령 제86조제3항에 따르면, 위 제93조제4항에 따른 운전면허 취소처분을 위한 사전 통지에 대한 지방경찰청장의 권한은 관할 경찰서장에게 위임되어 있다.

나. 「도로교통법 시행규칙」 제93조제2항에 따르면, 운전면허취소처분사전통지를 받은 처분의 상대방 또는 그 대리인은 지정된 일시에 출석하거나 서면으로 이의를 제기할 수 있고, 처분의 상대방 또는 그 대리인이 지정된 기일까지 이의를 제기하지 아니한 때에는 이의가 없는 것으로 본다고 규정되어 있다.

다. 「행정절차법」 제21조제1항에 따르면, 행정청은 당사자에게 의무를 과하거나 권익을 제한하는 처분을 하는 경우에는 미리 ①처분의 제목(같은 항 제1호), ②당사자의 성명 또는 명칭과 주소(같은 항 제2호), ③처분하고자 하는 원인이 되는 사실과 처분의 내용 및 법적 근거(같은 항 제3호), ④제3호에 대하여 의견을 제출할 수 있다는 뜻과 의견을 제출하지 아니하는 경우의 처리방법(같은 항 제4호), ⑤의견제출기관의 명칭과 주소(같은 항 제5호), ⑥의견제출기한(같은 항 제6호) 및 ⑦기타 필요한 사항(같은 항 제7호)을 당사자에게 통지하여 당사자에게 의견진술의 기회를 주도록 하고 있다.

라. 「행정절차법」 제21조제4항에 따르면, ①공공의 안전 또는 복리를 위하여 긴급히

처분을 할 필요가 있는 경우(같은 항 제1호), ②법령 등에서 요구된 자격이 없거나 없어지게 되면 반드시 일정한 처분을 하여야 하는 경우에 그 자격이 없거나 없어지게 된 사실이 법원의 재판 등에 의하여 객관적으로 증명된 때(같은 항 제2호) 및 ③당해 처분의 성질상 의견청취가 현저히 곤란하거나 명백히 불필요하다고 인정될 만한 상당한 이유가 있는 경우(같은 항 제3호)에 해당할 때에는 같은 조 제1항에 의한 처분의 사전통지를 하지 아니할 수 있도록 되어 있다.

마. 위 인정사실에 따르면, 의정부경찰서장이 2011. 3. 3. 청구인에게 2011. 3. 18.까지 의견제출을 하지 않을 경우 의견이 없는 것으로 간주한다는 내용의 운전면허취소처분사전통지를 하였고, 피청구인은 위 의견제출기한이 지나지 않은 2011. 3. 10.에 이 사건 처분을 하였는데, 피청구인이 위와 같이 의견제출기한이 지나기 전에 이 사건 처분을 한 것은 피청구인과 같은 행정청이 침해적 행정처분을 할 경우에 당사자에게 의견제출의 기회를 주도록 규정하고 있는 「도로교통법」 제93조제4항, 같은 법 시행규칙 제93조제1항·제2항 및 「행정절차법」 제21조를 위반한 것이므로 이 사건 처분은 위법·부당하다.

5. 결 론
그렇다면 청구인의 주장을 인정할 수 있으므로 청구인의 청구를 받아들이기로 하여 주문과 같이 재결한다.

55. 자동차운전면허 정지처분 취소청구-인용(무단횡단)

사 건 명	**자동차운전면허 정지처분 취소청구**
사건번호	2011-10986
재결일자	2011. 6. 21.
재결결과	인용

재결 요지

운전자가 도로를 무단횡단하던 보행자를 충격하여 사망에 이르게 한 경우, 사고시각이나 도로 여건상 피해자를 미리 발견하고 대처하기가 쉽지 않았던 점이 인정되는 반면, 피해자가 정상 진행 중인 청구인의 차를 발견하지 못하고 편도 3차선 도로를 무단횡단한 과실도 인정되므로 청구인이 부과받은 벌점은 2분의 1로 감경하고 그 감경된 벌점을 기초로 정지처분을 하여야 할 것임

주문

피청구인이 2011. 4. 28. 청구인에게 한 100일(2011. 6. 7. - 2011. 9. 14.)의 제1종 보통, 제2종 보통 운전면허 정지처분을 취소한다.

청구 취지

피청구인이 2011. 4. 28. 청구인에게 한 100일(2011. 6. 7. - 2011. 9. 14.)의 제1종 보통, 제2종 보통 운전면허 정지처분을 취소한다.

이유

1. 사건개요

청구인이 2011. 3. 21. 자동차를 운전하다가 교통사고를 일으켜 사람을 사망하게 했다는 이유로 피청구인이 2011. 4. 28. 청구인에게 100일(2011. 6. 7. - 2011. 9. 14.)의 운전면허정지처분을 하였다.

2. 관계법령

도로교통법 제93조제1항제1호

도로교통법 시행규칙 별표 28 중 1. 일반기준 다.의(2)

3. 인정사실

청구인과 피청구인이 제출한 자료에 따르면 다음과 같은 사실을 인정할 수 있다.

가. 청구인은 이 사건 당시 개인택시 운전기사이던 자로서, 1994. 1. 26. 제2종 보통 운전면허를 취득한 이래 1회의 교통사고전력(2001. 6. 24. 중상 1명, 경상 1명)과 13회의 교통법규위반전력(2010. 8. 11. 좌석안전띠 미착용 등)이 있다.

나. 청구인은 2011. 3. 21. 05:18경 개인택시를 운전하다가 ○○광역시 ○○구 ○○동에 있는 ○○○○ 앞길에서 도로를 무단보행 중이던 ○○○(남, ○○세)을 충격하여 사망에 이르게 하는 교통사고를 일으켜 벌점 100점(안전운전의무 위반 10점, 사망 1명 90점)을 부과받았다.

다. 교통사고실황조사서에 의하면, 사고일시 및 장소는 '2011. 3. 21. 05:18, ○○광역시 ○○구 ○○동 ○○○○ 앞'으로, 피해자 상해 정도는 '3일 이내 사망'으로, 기상상태는 '맑음'으로, 사고차로는 '2차로'로, 중앙분리시설은 '방지책등(높이 약 84

cm의 철구조)'으로, 보차도분리시설은 '연석'으로, 사고직전 속도는 '41km−50km'로, 사고유발요인으로 '전방주시 태만, 보행자 부주의'로 기재되어 있다.

라. 청구인이 서명·무인한 2011. 3. 22.자 및 2011. 4. 11.자 피의자신문조서에 의하면, 청구인은 약간 오르막 경사의 편도 3차선 직선도로 1차로로 시속 약 54km의 속도로 직진하다가 중앙분리대쪽에서 검정색 계통의 옷을 입고 모자를 쓴 채로 차량진행방향을 등지고 45도의 각도로 도로를 횡단하던 보행자를 늦게 발견하고 핸들을 2차로로 돌리면서 제동을 하였으나 보행자를 피하지 못하고 좌측 앞범퍼로 보행자의 뒷부분을 충격했다고 진술한 것으로 기재되어 있다.

4. 이 사건 처분의 위법·부당 여부

가. 「도로교통법 시행규칙」 제91조제1항 및 별표28 '운전면허 취소·정지처분 기준' 3. 정지처분 개별기준 나.목에 의하면, 인적피해교통사고 중 3주 이상의 치료를 요하는 의사의 진단이 있는 중상 사고를 일으킨 경우 중상 1명마다 벌점 15점을 부과하고, 교통사고발생원인이 불가항력이거나 피해자의 명백한 과실인 때에는 행정처분을 하지 아니하며, 자동차 대 사람 교통사고의 경우 쌍방과실인 때에는 그 벌점을 2분의 1로 감경한다고 규정하고 있다.

나. 피청구인은 청구인이 앞쪽을 주시하고 안전운전을 하였다면 충분히 예방할 수 있는 사고이기 때문에 이 사건 처분은 적법하다고 주장하나, 위 인정 사실에 의하면, 청구인은 안전운전의무를 위반하여 사망사고를 일으켰다는 이유로 벌점 100점을 부과받았으나, 사고 당시는 이른 새벽이어서 도로상의 물체를 제대로 식별할 수 없는 상황인데다 사고 당시 피해자가 검은 색 옷을 착용하고 있었고, 청구인은 철구조로 된 약 84cm 높이의 중앙분리대가 설치되어 있는 편도 3차선 도로의 안쪽 차로를 주행하고 있었던 점에 점에 비추어 볼 때, 사고시각이나 도로 여건상 피해자를 미리 발견하고 대처하기가 쉽지 않았던 점이 인정되므로, 비록 청구인이 사고 발생과 관련하여 안전운전의무를 다하지 못한 과실이 인정된다 하더라도 피해

자가 정상적으로 진행하던 청구인의 차량을 발견하지 못하고 「도로교통법」을 위반하여 편도 3차선의 도로 상에서 무단횡단한 과실도 인정되므로, 결국 이 사건 사고는 청구인이 전방주시를 태만히 한 과실과 피해자가 도로를 무단횡단하면서 진행하는 자동차의 유무를 제대로 확인하지 아니한 채 건넌 과실이 경합하여 발생된 것이라고 할 것이므로 위 관계법령에 따라 이 사건 사고로 청구인이 부과받은 벌점은 이를 2분의 1로 감경하여 청구인에게 부과하는 것이 타당할 것이다. 따라서 이 사건 사고 중 사망으로 인한 벌점 90점을 2분의 1로 감경하여 부과하는 경우 청구인의 처분벌점이 100점에 미달함이 분명하므로 청구인의 처분벌점이 100점이라는 이유로 한 피청구인의 이 사건 처분은 위법·부당하다고 할 것이다.

5. 결 론

그렇다면 청구인의 주장을 인정할 수 있으므로 청구인의 청구를 받아들이기로 하여 주문과 같이 재결한다.

56. 자동차운전면허 취소처분 취소청구-강제추행

사 건 명	**자동차운전면허 취소처분 취소청구**
사건번호	2011-09124
재결일자	2011. 8. 23.
재결결과	기각

재결 요지

아동·청소년의 성 보호에 관한 법률」에 따르면, 위계 또는 위력에 의한 여자 아동·청소년 추행죄는 아동·청소년에 대한 「형법」상의 강제추행죄의 예에 따라 처벌하도록 규정하고 있는 점에 비추어 위력 및 위계에 의한 간음 또는 추행도 형법상 강제추행으로 보아야하고, 청구인은 자동차를 범죄의 도구나 장소로 이용하여 청소년인 피해자를 피해자 의사에 반하여 추행행위를 한 사실이 인정되므로 청구인에 대한 자동차 운전면허취소처분은 적법·타당함

주문

청구인의 청구를 기각한다.

청구 취지

피청구인이 2011. 3. 3. 청구인에게 한 2011. 3. 17.자 제1종 보통, 제2종 보통 운전면허 취소처분을 취소한다.

이유

1. 사건개요

청구인이 자동차를 이용하여 범죄행위(강제추행)를 했다는 이유로 피청구인이 2011. 3. 3. 청구인의 운전면허를 취소하였다.

2. 관계법령

도로교통법 제93조제1항제11호

도로교통법 시행규칙 제92조

도로교통법 시행규칙 별표 28중 2. 취소처분 개별기준의 일련번호란 13

3. 인정사실

청구인과 피청구인이 제출한 자료에 따르면, 다음과 같은 사실을 인정할 수 있다.

가. 청구인은 이 사건 당시 교회 장로이던 자로서, 1988. 9. 15. 제2종 보통운전면허를 취득하였다.

나. ○○지방검찰청 검사는 2010. 11. 26. 청구인을 구「청소년의 성 보호에 관한 법률」위반(청소년강간등) 및 「아동·청소년의 성 보호에 관한 법률」위반의 죄명으로 공소를 제기하였는데, 공소사실(6가지) 중 이 사건 자동차를 이용한 범죄행위(강간 또는 강제추행)에 해당되는 것만 발췌하면 다음과 같다.

① 피고인 ○○○은 ○○○도 ○○시에 있는 신○○○교회 장로로서, 인근마을에 거주하며 같은 교회에 다니는 청소년인 피해자 최○○(여, 1994. 9. 3.생)이 피고인을 믿고 잘 따르며 지능이 낮고 인지능력이 떨어지는 점을 이용하여 피해자를 추행하기로 마음을 먹었다. 피고인은 2009년 3월 초순경 20:00 − 21:00경 사이 ○○○

도 ○○시 ○○면 ○○리 ○○마을 앞 모정에서 수요예배를 마치고 피해자를 집까지 태워주겠다고 유인하여 피고인의 렉스턴 차량에 태운 후 위 장소에 이르러 위 차량을 주차한 후 피해자가 앉아 있는 뒷좌석으로 옮겨 타 피해자가 피고인의 행동을 거부하지 못하고 뜻을 거스르지 못한 점을 이용하여 피해자의 바지 지퍼를 내리고 손을 피해자의 팬티 속으로 집어 넣어 피해자의 음부를 만지고 손가락을 성기에 집어넣고 키스를 하여 피해자를 추행함으로써 위력 및 위계로 청소년인 피해자를 추행하였다.(「청소년의 성 보호에 관한 법률」위반)

② 피고인 ○○○은 2009년 7월 일자불상 14:00경 ○○○도 ○○시 ○○동에 있는 ○○농공단지 내 오폐수처리장 앞길에서 물건을 사러 가기 위해 ○○시내로 가던 중 우연히 피해자를 발견하고 피해자를 피고인의 차량에 태우고 위 장소에 이르러 위 차 안에서 하의와 팬티를 벗기고 손가락을 피해자의 성기에 집어넣고, 상의와 브래지어를 올린 후 입으로 피해자의 가슴을 빠는 등 피해자를 추행함으로써 피고인은 위력 및 위계로 청소년인 피해자를 추행하였다.(「청소년의 성 보호에 관한 법률」위반)

③ 피고인 ○○○은 2010. 11. 9. 17:00경 ○○○도 ○○시 ○○면 ○○리에 있는 둑방길에서 학교를 마친 피해자를 자신의 차량에 태우고 집 방향으로 가던 중 위 장소에 이르러 갑자기 조수석에 앉아 있던 피해자에게 다가가 손을 피해자의 교복치마 속으로 넣어 허벅지를 만지고, 피해자가 싫다며 피고인의 손을 쳐내자 다시 교복 위로 피해자의 가슴을 만지는 등 피해자를 추행하였다.(「아동·청소년의 성 보호에 관한 법률」위반)

다. 위 공소사건(2010고합○○○)에 대하여 1심인 ○○지방법원 제2형사부는 2011. 5. 24. 공소사실 위 가. ③에 대하여 유죄(징역 2년 6개월, 성폭력프로그램 40시간 이수, 5년간 정보통신망 공개)를 선고하였으나, ①, ②에 대해서는 추행한 사실은 인정되나 위력 또는 위계를 행사한 점은 인정할 수 없다는 이유로 무죄를 선고

하였고 이에 대해 검사와 피고인 쌍방이 항소를 제기하여 현재 이 사건은 ○○고 등법원에 계류 중이다.

라. ○○경찰서 수사기록에 따르면, 피해자는 ○○고등학교 1학년에 재학중인 자로 학 교 상담교사인 ○○○에게 청구인과 청구인의 아들 ○○○으로부터 강간 등을 당 하였다고 신고하였고, 원스톱지원센터에서의 진술 및 2회 진술에서 일관되게 진술 을 하고 있다고 기재되어 있다.

마. 청구인에 대한 2010. 11. 15.자 및 2010. 11. 18.자 피의자신문조서에 따르면, 청 구인은 차안에서 피해자를 끌어안고 뽀뽀하고 가슴을 만지는 정도로 성접촉을 하 는 등 성추행 사실은 인정하고 있으나, 피해자의 성기를 만졌다거나 성관계를 한 사실은 없다는 취지로 진술하였다.

4. 이 사건 처분의 위법·부당 여부

가. 「도로교통법」 제93조제1항제11호에 따르면, 운전면허를 받은 사람이 자동차 등을 이용하여 살인 또는 강간 등 행정안전부령이 정하는 범죄행위를 한 때에는 반드시 운전면허를 취소하여야 한다고 되어 있고, 같은 법 시행규칙 제92조에 따르면, 법 제93조제1항제11호에서 운전면허 취소사유로서 행정안전부령이 정하는 범죄행위 라 함은 자동차등을 범죄의 도구나 장소로 이용하여 「국가보안법」을 위반한 범죄 또는 「형법」등을 위반한 살인·사체유기 또는 방화, 강도·강간 또는 강제추행, 약 취·유인 또는 감금, 상습절도(절취한 물건을 운반한 경우에 한한다), 교통방해(단 체에 소속되거나 다수인에 포함되어 교통을 방해한 경우에 한한다)를 범한 때를 말한다고 규정되어 있다. 한편, 「아동·청소년의 성 보호에 관한 법률」 제7조제3 항에 따르면 아동·청소년에 대하여 「형법」 제298조의 강제추행죄를 범한 자는 1 년 이상의 유기징역 등에 처한다고 되어 있고, 제7조제5항에는 위계 또는 위력으 로써 여자 아동·청소년을 추행한 자는 위 제3항의 아동·청소년에 대한 「형법」상

강제추행죄의 예에 따른다고 규정되어 있다.

나. 청구인은 이 사건 범죄는 위력 및 위계에 의한 간음 또는 추행이지 강제추행이 아니라는 취지로 주장하나, 「아동·청소년의 성 보호에 관한 법률」에 따르면, 위계 또는 위력에 의한 여자 아동·청소년 추행죄는 아동·청소년에 대한 「형법」상의 강제추행죄의 예에 따라 처벌하도록 규정하고 있는 점에 비추어 볼 때 청구인의 위 주장은 받아들일 수 없다.

다. 또한 청구인은 「도로교통법 시행규칙」의 강간 또는 강제추행에 위계 또는 위력에 의한 간음이나 추행이 포함된다고 할지라도 이 사건 범행은 우연한 기회에 자동차 내에서 발생된 것에 불과하고 자동차를 이용하여 즉, 자동차를 수단으로 사용하여 범죄행위를 한 것은 아니라고 주장하나, 위에서 상술한 바와 같이 「도로교통법 시행규칙」 제92조에 따르면, 법에서 운전면허 취소사유로서 행정안전부령이 정하는 범죄행위라 함은 자동차 등을 범죄의 도구나 장소로 이용하여 범죄행위를 한 때를 말한다고 명시되어 있는바, 위 인정사실에 따르면 청구인은 자동차를 범죄의 도구나 장소로 이용하여 청소년인 피해자를 피해자의 의사에 반하여 허벅지와 가슴을 만지는 등의 추행행위를 한 사실이 인정되므로 이에 대한 청구인의 주장도 받아들일 수 없다.

라. 따라서, 청구인이 자동차를 이용하여 범죄행위(강제추행)를 했다는 이유로 청구인의 운전면허를 취소한 피청구인의 이 사건 처분이 위법·부당하다고 할 수 없다.

5. 결 론
그렇다면 청구인의 주장을 인정할 수 없으므로 청구인의 청구를 받아들이지 않기로 하여 주문과 같이 재결한다.

57. 자동차운전면허 정지처분 취소청구-인용(음주측정 절차상 하자)

사 건 명	**자동차운전면허 정지처분 취소청구**
사건번호	중앙행심2010-28433
재결일자	2010. 12. 21.
재결결과	인용

재결 요지

청구인이 술에 취한 상태에서 승용차를 운전하다가 단속경찰관에게 적발되어 음주측정을 한 결과 혈중알코올농도가 0.053%로 측정되었고, 청구인이 이에 불복하고 채혈측정을 요구하여 다음 날 병원에서 채혈하여 국립과학수사연구소에 감정을 의뢰한 결과 혈중알코올농도가 0.026%로 측정되었으나, 피청구인은 호흡측정치(0.053%)를 근거로 이 사건 처분을 하였다.

그러나 「도로교통법」 제44조 제3항에 의하여, 청구인이 호흡측정치에 불복하여 채혈측정을 하였다면 일응 호흡측정치는 처분의 근거자료로서 배척되었다고 할 것이어서 혈액측정의 결과를 믿지 못할 만한 특별한 사정이 없는 한, 혈액측정치에 근거하여 운전면허취소처분을 하여야 할 것이다. 따라서 호흡측정치에 의하여 청구인의 운전면허를 정지한 이 사건 처분은 부당하므로 청구인의 청구를 인용한다.

주문

피청구인이 2010. 11. 11. 청구인에게 한 115일(2010. 12. 21. ~ 2011. 4. 14.)의 제1종 보통운전면허정지처분을 취소한다

청구 취지

피청구인이 2010. 11. 11. 청구인에게 한 115일(2010. 12. 21. ~ 2011. 4. 14.)의 제1
종 보통운전면허정지처분을 취소한다.

이유

1. 사건 개요

청구인이 2010. 9. 24. 혈중알코올농도 0.053%의 술에 취한 상태에서 운전했다는 이
유로 피청구인이 2010. 11. 11. 청구인에게 115일(2010. 12. 21. ~ 2011. 4. 14.)의 운
전면허정지처분(이하 '이 사건 처분'이라 한다)을 하였다.

2. 관계법령

도로교통법 제93조 제1항 제1호
도로교통법 시행규칙 별표28 중 1. 일반기준 다.의(2)

3. 인정사실

청구인과 피청구인이 제출한 자료에 의하면 다음과 같은 사실을 인정할 수 있다.

가. 청구인은 이 사건 당시 회사원이던 자로서, 1991. 5. 10. 제1종 보통운전면허를 취
　득하였다.

나. 청구인은 2010. 4. 7. 신호위반으로 적발되어 벌점 15점을 부과받은 후, 2010. 9.
　24. 21:20경 술에 취한 상태에서 승용차를 운전하다가 대구광역시 ㅇ구 ㅇㅇ로ㅇ
　가에 있는 시민회관 앞길에서 단속경찰관에게 적발되어 같은 날 21:33경 음주측정
　을 한 결과 혈중알코올농도가 0.053%로 측정되었고, 청구인이 이에 불복하고 채

혈측정을 요구하여 다음 날 00:28경 병원에서 채혈하여 국립과학수사연구소에 감정을 의뢰한 결과 혈중알코올농도가 0.026%로 측정되었으나, 피청구인은 호흡측정치(0.053%)를 근거로 이 사건 처분을 하였다.

4. 이 사건 처분의 위법·부당 여부

「도로교통법」제44조 제3항에 의하면 술에 취하였는지 여부를 측정한 결과에 불복하는 운전자에 대하여는 그 운전자의 동의를 얻어 혈액채취 등의 방법으로 다시 측정할 수 있다고 되어 있는바, 청구인이 호흡측정치에 불복하여 채혈측정을 하였다면 일응 호흡측정치는 처분의 근거자료로서 배척되었다고 할 것이어서 혈액측정의 결과를 믿지 못할 만한 특별한 사정이 없는 한, 혈액측정치에 근거하여 운전면허취소처분을 하여야 할 것이므로, 호흡측정치에 의하여 청구인의 운전면허를 정지한 이 사건 처분은 부당하다.

5. 결 론

그렇다면 청구인의 주장을 인정할 수 있으므로 청구인의 청구를 받아들이기로 하여 주문과 같이 재결한다.

참조 조문

도로교통법 제44조 제3항·제93조 제1항 제1호, 도로교통법 시행규칙 별표28 중 1. 일반기준 다.의(2)

58. 자동차운전면허 정지처분 취소청구-벌금부과

사 건 명	**자동차운전면허 정지처분 취소청구**
사건번호	중앙행심2010-27782
재결일자	2010. 12. 21.
재결결과	기각

재결 요지

이 사건 목격자들이 일관성 있게 진술하고 있는 점, 달리 청구인이 신호위반을 하지 않았다는 것을 확인할만한 구체적이고 객관적인 입증자료가 보이지 않는 점 등을 종합적으로 고려해 볼 때, 청구인이 이 사건 사고가 발생한 교차로에서 신호위반으로 인적 피해가 있는 교통사고를 야기하여 처분벌점이 45점이 된 사실이 인정되므로, 피청구인의 이 사건 처분이 위법 · 부당하다고 할 수 없다.

주문

청구인의 청구를 기각한다.

청구 취지

피청구인이 2010. 10. 4. 청구인에게 한 45일(2010. 11. 13. – 2010. 12. 27.)의 제1종 보통운전면허 정지처분을 취소한다.

이유

1. 사건개요

청구인이 2009. 7. 28. 자동차를 운전하다가 교차로에서 신호위반으로 교통사고를 일으켜 사람을 다치게 했다는 이유로 피청구인이 2010. 10. 4. 청구인에게 45일(2010. 11. 13. – 2010. 12. 27.)의 운전면허 정지처분을 하였다.

2. 관계법령

도로교통법 제93조 제1항 제1호
도로교통법 시행규칙 별표28 중 1. 일반기준 다.의(2)

3. 인정사실

청구인과 피청구인이 제출한 자료에 의하면 다음과 같은 사실을 인정할 수 있다.

가. 청구인은 이 사건 당시 회사원이던 자로서, 1998. 5. 18. 제1종 보통운전면허를 취득한 이래 교통사고전력은 없고, 4회의 교통법규위반전력(2008. 10. 3. 신호위반 등)이 있다.

나. 청구인은 2009. 7. 28. 01:00경 승용차를 운전하다가 경기도 ○○시 ○○구 ○○동에 있는 ○○초등학교 앞 삼거리 교차로에서 농수산시장 방향으로 좌회전 하던 중 ○○ 방향에서 ○○역 방향으로 직진하던 ○○기가 운전하는 승용차를 충격하여 김○○에게 12주, 동승자 이○○에게 3주의 치료를 요하는 인적 피해와 6,456만 1,000원의 물적 피해가 있는 교통사고를 일으켜 벌점 45점(신호위반 15점, 중상 2인 30점)을 부과받았다.

다. 수원○○경찰서의 교통사고보고(1,2) 실황조사서에 의하면, 청구인의 차량은 #1차량으로, 김○○의 차량은 #2차량으로 기재되어 있고, "#1차량이 ○○역 방면에서 농수산시장 방면으로 좌회전 신호를 위반하여 진행하던 중 ○○ 방면에서 ○○역 방면으로 직진하던 #2차량을 충격한 것임"이라고 기재되어 있다.

라. #2차량 운전자 김○○가 서명·무인한 2009. 8. 19.자 피의자신문조서에 의하면, "김○○는 술에 취한 상태(혈중알코올농도 0.085%)에서 운전하다가 이 사건 사고

장소에서 ○○ 방향에서 ○○역 방향으로 직진하던 중 상대방이 신호를 위반하여 좌회전하여 사고가 발생하였다"는 취지로 기재되어 있다.

마. 청구인이 서명·무인한 2009. 10. 15.자 피의자신문조서에 의하면, "청구인이 고가 에서 내려오면서 좌회전차로로 진입할 당시에 정지선에서 좌회전을 이미 하고 있 었던 차량이 1대 있었고, 이 차량을 따라 좌회전 하던 중 상대방 승용차가 술을 마 시고 빠른 속도로 달려 신호를 위반하였기 때문에 이 사건 사고가 발생하였으며, 청구인은 신호를 위반하지 않았다"는 취지로 기재되어 있다.

바. 목격자 이○○의 2009. 7. 28.자 진술조서에 의하면, 이 사건 사고가 발생한 삼거 리 교차로에서 농수산시장 방면에서 영통 방면으로 좌회전하려고 신호대기 중에 이 사건 사고를 목격하였는바, #1차량이 좌회전 신호가 끝났는데도 꼬리를 물면서 급하게 좌회전하다가 ○○ 방향에서 수원역 방향으로 상당히 빠른 속도로 질주하 던 #2차량과 충돌하였다는 취지로 기재되어 있다.

사. 목격자 권○○의 2009. 7. 30.자 진술조서에 의하면, 이 사건 사고장소에서 ○○ 역 방향에서 ○○ 방향으로 직진 신호 대기중에 이 사건 사고를 목격하였는바, 신 호 대기 중에 왼편에서 좌회전하는 것을 보았고, 약 2~3초 가량 뒤에 직진신호가 들어와서 직진하여 교차로를 막 벗어나려고 할 때 교통사고가 발생하는 소리가 크 게 들렸다는 취지로 기재되어 있다.

아. 목격자 고○○의 2009. 8. 18.자 진술조서에 의하면, 이 사건 사고장소에서 ○○ 역 방향에서 ○○ 방향으로 우측에 있는 햄버거 가게 앞에서 이 사건 사고를 목격 하였는바, 햄버거를 먹고 있던 중 "쿵"소리를 듣고 곧바로 쳐다보았는데, 먼지가 자욱하게 일고 있었고, 신호등을 보니 ○○ 방향에서 ○○역 방향으로 가는 신호 가 파란색 신호였다는 취지로 기재되어 있다.

자. 경기지방경찰청장의 2009. 10. 23.자 교통사고 재조사 결과하달에 의하면, 청구 인은 사고당시 전방신호인 좌회전 신호에 따라 좌회전하다가 신호를 위반하여 직

진하는 #2차량과 충돌하는 교통사고를 당하였다고 주장하나, 사고당시 목격자들의 진술이 청구인 차량의 신호위반 부분에 대하여 일관되게 진술하고 있는 점 등으로 보아 직접적인 사고원인이 청구인 차량의 신호위반에 있다는 수원남부경찰서의 최초 조사는 잘못이 없는 것으로 판단된다는 취지로 기재되어 있다.

4. 이 사건 처분의 위법 · 부당 여부

청구인은 사고 당시 신호위반을 하지 않았으므로 이 사건 처분이 부당하다고 주장하나, 위 인정사실에 의하면, 이 사건 사고의 목격자들이 사고 당시 청구인 차량이 좌회전 신호를 위반하여 급하게 좌회전을 하였고, 상대방 차량의 진행방향 신호가 파란색 직진신호였다고 일관성 있게 진술하고 있는 점, 그 외에 달리 청구인이 신호위반을 하지 않았다는 것을 확인할만한 구체적이고 객관적인 입증자료가 보이지 않는 점 등을 종합적으로 고려해 볼 때, 청구인의 위 주장은 받아들일 수 없고, 청구인이 이 사건 사고가 발생한 교차로에서 신호위반으로 인적 피해가 있는 교통사고를 야기하여 처분벌점이 45점이 된 사실이 인정되므로, 피청구인의 이 사건 처분이 위법 · 부당하다고 할 수 없다.

5. 결 론

그렇다면 청구인의 주장을 인정할 수 없으므로 청구인의 청구를 받아들이지 않기로 하여 주문과 같이 재결한다.

참조 조문

도로교통법 제93조 제1항 제1호, 도로교통법 시행규칙 별표28중 1. 일반기준 다. 의(2)

사 건 명	**자동차운전면허 정지처분 취소청구**
사건번호	중앙행심2011-00496
재결일자	2011.01.25.
재결결과	기각

재결 요지

청구인은 이 사건 자동차운전면허 정지처분의 원인이 된 단속 경찰공무원에 대한 폭행이 수사 중에 있으므로 이에 대해 법원으로부터 유죄판결을 받을 때까지 청구인의 운전면허를 취소하는 것은 위법·부당하다는 취지의 주장을 하나, 무죄추정의 원칙은 형사법에 관한 원칙으로 행정처분과 형사처벌은 그 규율목적, 주체, 효과 등에 있어서 별개의 것으로서 이 사건 처분사유가 되는 범죄행위에 대하여 추후 법원의 확정판결에 따라 행정처분이 변경될 수도 있음은 별론으로, 법원에서 유죄로 확정판결이 나기 전이라도 피청구인은 처분청으로서 위반행위에 대하여 행정처분을 할 수 있고, 또한 행정심판 심리과정에서 위 범죄행위에 대하여 법원의 무죄판결이 있을 가능성을 고려하여 청구인의 주장을 인용할 의무는 없다. 따라서 피청구인의 이 사건 처분이 위법·부당하다고 할 수 없다.

주문

청구인의 청구를 기각한다

청구 취지

피청구인이 2010. 11. 23. 청구인에게 한 120일(2010. 1. 2. ~ 2010. 5. 1.)의 제1종

보통, 제2종 보통 운전면허 정지처분을 취소한다.

이유

1. 사건개요

청구인이 2010. 3. 21. 신호 또는 지시 위반으로 벌점 15점을 부과받은 상태에서 2010. 8. 28. 교통단속임무를 수행하는 경찰공무원에 대한 폭행으로 형사입건 되어 벌점 90점과 신호 또는 지시 위반으로 벌점 15점을 부과받아 처분벌점이 40점 이상이 되었다는 이유로 피청구인이 2010. 11. 23. 청구인에게 120일(2010. 1. 2. ~ 2010. 5. 1.)의 운전면허 정지처분(이하 '이 사건 처분'이라 한다)을 하였다.

2. 관계법령

도로교통법 제93조 제1항 제14호

3. 인정사실

청구인과 피청구인이 제출한 자료에 의하면 다음과 같은 사실을 인정할 수 있다.

가. 청구인은 이 사건 당시 인테리어업에 종사하던 자로서, 1996. 7. 12. 제2종 보통 운전면허를 취득한 이래 교통사고전력은 없고 이 사건 처분과 관련된 교통법규위반전력 외에 9회의 교통법규위반전력(2003. 1. 11. 중앙선 침범 등)이 있다.

나. 2010. 8. 28. 단속 경찰공무원 등에 대한 폭행으로 형사입건 되어 벌점 90점을 부과받아 처분벌점이 40점 이상이 되었다는 이유로 피청구인이 2010. 11. 23. 이 사건 처분을 하였다.

다. 경기ㅇㅇㅇ경찰서 소속 오ㅇㅇ이 서명·무인한 2010. 8. 28.자 피해자 진술조서에 따르면, '위 오ㅇㅇ은 2010. 8. 28. 19:50경 경기도 ㅇㅇㅇ시 ㅇㅇ읍 974번지 앞 길에서 신호위반을 하는 18도****호 마르샤 차량을 발견하고 차량을 우측 안전한 곳으로 정차시킨 후 위반사실을 고지하고 면허증 제시를 요구하였으나 운전자는 계속 봐달라고 할 뿐 면허증을 제시하지 않았고, 정상적인 방법으로는 단속이 어려워 PDA를 활용하여 차적조회를 한 바 운전자 본인이 확인되었고, 이에 면허증을 제시하지 않으면 차량조회 후 통고처분 하여도 되냐고 묻자, 그렇게 하라며 동의하여 재차 차량조회 후 소유자를 확인하여 PDA를 활용하여 신호위반으로 통고처분을 발부하려고 조작 중 차량번호를 재차 입력하기 위하여 차량 앞 번호판 쪽으로 가자 차량을 후진하더니 본직을 추월하려 하였고, 차량 정면에 위치하고 있던 본직은 급히 차량을 진행하지 못하게 하기 위하여 차량 운전석쪽으로 돌아가려 하였으나 차량 운전석 앞 범퍼로 본직의 우측 다리부위를 1회 충격하였고, 이에 차량을 멈출 것을 소리를 지르며 요구하였으나 계속하여 밀어 부쳐 운전석 앞 본네트 부위로 본직을 밀어 태운 후 약 20m 가량을 진행하였고, 위 차량은 계속 진행하여 차량 앞에 위치한 112순찰차 차량까지 왔고, 이를 목격한 경위 조○○가 급히 내려 차량 운전석쪽으로 달려가 차량을 정지시켰다'는 취지로 기재되어 있다.

라. 2010. 8. 29. 경기○○○경찰서의 범죄인지보고서에 의하면, 다음과 같이 기재되어 있다.

1) 범죄사실

- 피의자(황○○)는 2010. 8. 28. 19:50경 경기도 ○○○시 ○○읍 974번지 앞길에서 순찰중이던 ○○○경찰서 소속 경장 오○○에게 교통신호를 위반하여 18도****호 마르샤 승용차를 운행하였다는 이유로 단속을 당하였다.

- 피의자는 위 오○○으로부터 운전면허증을 제시해 달라는 요구를 받자 신호위반 사실을 몰랐다며 한 번만 봐달라고 했으나 이를 거절했다는 이유로 피의자 소유의 위 승용차량 운전석 앞 범퍼로 위 오○○의 오른쪽 다리 부위를 1회 충격하고, 현장에서 벗어 나려는 피의자의 차량을 가로 막자 계속 진행하여 오○○을 차량 본네트 위로 태운채 약 20m가량을 진행하여 멈추는 등 지역경찰관의 교통단속에 관한 정당한 직무집행을 방해함과 동시에 피해자 오○○에게 치료일수 미상의 다발성좌상의 상해를 가하였다.

2) 인지경위

- 현행범으로 체포된 피의자 신병을 인계받아 조사한바, 피의자가 범행을 전면 부인하였으나, 피의자와 동승했던 참고인 진술조서 등으로 보아 그 범증이 인정됨이 충분하므로 인지한 것임.

마. 경기도 ○○○시에 있는 ○○병원의 2010. 8. 31.자 진단서에 따르면, 환자의 성명은 '오○○'으로, 병명은 '우측 팔꿈치 부위 타박 및 찰과상, 우측 슬관절 부위 타박 및 염좌'로, 향후치료의견은 '상기 환자는 상기 진단하에 경과 관찰중인 자로 수상 후 2주간 안정 가료를 요할 것으로 사료되며 치료효과는 추후 재판정을 요할 것으로 사료됨'으로 기재되어 있다.

바. 2010. 9. 24.자 경기○○○경찰서의 수사지휘건의서에 따르면, '참고인 차○○은 당시 피의자가 운행하던 차량 조수석에 승차했던 자로 피의자의 신호위반으로 인해 경찰관의 정지신호에 따라 갓길에 정차를 했고, 경찰관이 피의자 옆에서 무엇인가를 적는데 봐달라고 수 차례 얘기를 했었으나 잘 되지 않자 피의자가 그냥 차량을 진행 시켰으며, 이에 경찰관은 차량을 정지하라고 뒷걸음치며 피의자에게 말을 했고, 자신도 피의자에게 차를 세울 것을 말했었으며, 피의자가 운행한 거리는 약 15m가량 서행으로 운행했다'는 취지로 기재되어 있다.

4. 이 사건 처분의 위법·부당 여부

가. 「도로교통법」 제93조 제1항 제14호·제147조 제3항, 같은 법 시행령 제86조 제3항 및 같은 법 시행규칙 별표 28 중 1. 일반처분 다.의(2)에 의하면, 처분벌점 초과로 인한 운전면허 정지처분은 1회의 위반·사고로 인한 벌점 또는 처분벌점이 40점 이상이 된 때부터 결정하여 경찰서장이 집행하되, 원칙적으로 1점을 1일로 계산하여 집행하도록 되어 있다.

나. 청구인은 단속 경찰공무원을 폭행하지 않았고, 이 사건 처분의 원인이 된 단속 경찰공무원에 대한 폭행이 수사중에 있으므로 이에 대해 법원으로부터 유죄판결을

받을 때까지 청구인의 운전면허를 취소하는 것은 위법·부당하다는 취지의 주장을 하나, 무죄추정의 원칙은 형사법에 관한 원칙으로 행정처분과 형사처벌은 그 규율 목적, 주체, 효과 등에 있어서 별개의 것으로서 이 사건 처분사유가 되는 범죄행위에 대하여 추후 법원의 확정판결에 따라 행정처분이 변경될 수도 있음은 별론으로 하고, 법원에서 유죄로 확정판결이 나기 전이라도 피청구인은 처분청으로서 위반행위에 대하여 행정처분을 할 수 있고, 또한 행정심판 심리과정에서 위 범죄행위에 대하여 법원의 무죄판결이 있을 가능성을 고려하여 청구인의 주장을 인용할 의무는 없다 할 것이므로 이에 관한 청구인의 주장은 받아들일 수 없고, 경기○○○ 경찰서의 수사지휘건의서 상 이 사건 당시 청구인 차량 조수석에 동승했던 차○○이 '청구인이 신호위반으로 인해 경찰관의 정지신호에 따라 갓길에 정차를 했고, 경찰관이 청구인 옆에서 무언가를 적고 있는데 봐달라고 수 차례 얘기를 했으나 잘 되지 않자 청구인이 그냥 차량을 진행 시켰으며, 경찰관은 차량을 정지하라고 뒷걸음치며 피의자에게 말을 했고, 자신도 피의자에게 차를 세울 것을 말했는데 청구인이 약 15m가량 서행으로 운행했다'는 취지로 진술한 점, 피해자인 단속경찰관인 오○○이 이로 인해 2주의 치료를 요하는 상해를 입었고, 이러한 행위로 인해 당시 교통단속입무를 수행중인 경찰공무원에 대한 폭행으로 형사입건 되어 벌점 90점을 부과받아 청구인의 처분벌점이 120점이 된 사실이 인정되므로 피청구인의 이 사건 처분이 위법 · 부당하다고 할 수 없다.

5. 결 론

그렇다면 청구인의 주장을 인정할 수 없으므로 청구인의 청구를 받아들이지 않기로 하여 주문과 같이 재결한다.

참조 조문

도로교통법 제93조 제1항 제14호 · 제147조 제3항, 동법 시행령 제86조 제3항 및 동법 시행규칙 별표 28 중 1. 일반처분 다. 의(2)

60. 자동차운전면허 취소처분 취소청구-벌점부과(절차상 하자)

사 건 명	**자동차운전면허 취소처분 취소청구**
사건번호	2011-06889
재결일자	2011. 3. 15.
재결결과	인용

재결 요지

벌점초과를 이유로 한 자동차운전면허취소처분에 있어서 벌점 40점이 위법하게 부과되었고, 나머지 벌점 130점은 적법한 경우, 처분서에 처분사유가 '벌점초과'로만 기재되어 있다 하더라도 사전에 진행된 절차에서 청구인에게 구체적인 벌점 내역을 제시했다면 그 사유가 처분사유에 해당하므로 벌점 중 위법하게 부과된 벌점이 있다면 처분사유를 인정할 수 없어 나머지 벌점만으로 운전면허취소기준치에 해당한다 하더라도 당해 처분은 위법함(단순히 '벌점 초과'로만 처분을 행한 것이 사실이라면 처분의 근거와 이유를 제시하도록 규정하고 있는 「행정절차법」제23조에 반하는 처분이어서 위법함)

주문

피청구인이 2011. 1. 19. 청구인에게 한 2011. 2. 26.자 제2종 보통운전면허 취소처분을 취소한다.

청구 취지

피청구인이 2011. 1. 19. 청구인에게 한 2011. 2. 26.자 제2종 보통운전면허 취소처분을 취소한다.

<h1 align="center">이유</h1>

1. 사건개요

청구인이 2010. 11. 30.과 2010. 12. 7. 즉결심판불응(범칙금미납)으로 각각 벌점 40점을 부과 받아 1년간 누산점수가 121점 이상이 되었다는 이유로 피청구인이 2011. 1. 19. 청구인의 운전면허를 취소하였다.

2. 관계법령

도로교통법 제93조제2항

도로교통법 시행규칙 별표 28 중 1. 일반기준 다.의(1)

3. 인정사실

청구인과 피청구인이 제출한 자료에 따르면 다음과 같은 사실을 인정할 수 있다.

가. 청구인은 이 사건 당시 회사원이던 자로서, 2003. 11. 17. 제2종 보통운전면허를 취득한 이래 교통사고전력은 없고, 이 사건 처분과 관련된 교통법규위반전력 외에 7회의 교통법규위반전력(2009. 10. 10. 좌석안전띠미착용 등)이 있다.

나. 청구인은 2010. 5. 25.과 2010. 8. 13. 각 신호 또는 지시 위반으로 벌점 15점, 2010. 6. 8.과 2010. 7. 29. 고속도로 버스전용차로 위반으로 각 벌점 30점을 부과받은 상태에서 2010. 11. 30.과 2010. 12. 7. 즉결심판불응(범칙금미납)으로 각 벌점 40점을 부과받아 청구인의 1년간 누산점수가 170점이 되었다.

다. 2010. 11. 5.자 즉결심판출석 최고 및 범칙금납부통지서는 청구인의 주소지에서 청구인의 친지 ○○○이 수령하였고, 청구인이 즉결심판에 출석하지 아니하고 범칙금도 납부하지 아니하여 2010. 11. 30. 즉결심판불응(범칙금미납)으로 벌점 40점이 부과되었으나, 2010. 11. 17.자 즉결심판출석 최고 및 범칙금납부통지서는 수취인부재로 송달되지 않았음에도 2010. 12. 7. 즉결심판불응(범칙금미납)으로 벌점 40점이 부과되었다.

라. 청구인에 대한 2011. 1. 17.자 운전면허취소처분사전통지서에는 도로교통법 제93
조제2항에 따라 벌점 초과로 운전면허를 취소한다는 취지가 기재되어 있고, 같은
날 청구인이 서명한 진술서에는 취소사유고지란에 "벌점초과", 진술내용은 "위 취
소사실을 고지받음"으로 기재되어 있으며, 청구인에 대한 운전면허취소결정통지
서에 따르면 처분사유는 "도로교통법 제93조제2항 / 벌점초과"로 기재되어 있다.

마. 우리 위원회 직원 ○○○이 조사한 바에 따르면, 피청구인측은 벌점초과로 운전면
허를 취소하는 경우 출석한 당사자에게 벌점의 세부내역을 고지하고 취소진술서를
제출받고 있다.

4. 이 사건 처분의 위법·부당 여부

청구인은 2010년 4월 이후 우편물을 제대로 수령하지 못했다고 주장하고, 위 인정사
실에 따르면, 청구인에게 2010. 11. 17. 발송한 즉결심판출석 최고 및 범칙금납부통지
서는 수취인불명으로 송달되지 않았음에도 2010. 12. 7. 청구인에게 즉결심판불응(범
칙금미납)으로 벌점 40점이 부과되었는바, 청구인이 즉결심판통지서를 수령하지 못한
이상 즉결심판에 불응했다고 볼 수 없으므로 2010. 12. 7.자 벌점은 위법한 벌점 부과
에 해당한다.

먼저 이 사건 처분서에는 처분사유가 '벌점초과'로만 기재되어 있으며, 위 2010. 12.
7.자 벌점 40점을 제외하더라도 청구인의 벌점은 130점으로 1년간 누산점수 121점을
초과하여 여전히 처분사유인 '벌점초과'에 해당하므로 이 사건 처분에는 아무런 하자가
없다는 주장이 있을 수 있겠으나, 피청구인이 청구인에게 구체적으로 어떤 법규위반으
로 각각 몇 점의 벌점을 부과받아 총 벌점이 몇 점으로 1년간 누산점수를 초과했는지,
즉 처분의 구체적인 사유를 제시하지 않은 채 단순히 '벌점 초과'로만 이 사건 처분을
행한 것이 사실이라면, 이 사건 처분은 처분의 근거와 이유를 제시하도록 규정하고 있
는「행정절차법」제23조에 반하는 위법한 처분으로서 취소를 면할 수 없을 것이다.

한편,「행정절차법」제23조에서 행정청으로 하여금 처분을 하는 때에는 그 근거와 이
유를 제시하도록 규정하고 있는 것은 행정처분의 상대방에게 처분 이유를 알려줌으로
써 그 처분의 내용을 이해할 수 있게 하는 한편, 그에 대한 불복의 기회를 보장하도록
하는 데에 그 취지가 있는 것이므로 의견진술절차, 청문절차 등을 거쳐 행정처분이 이

루어짐으로써 처분의 상대방이 당해 행정처분의 구체적인 사유와 그 근거를 알 수 있는 경우에는 처분서 자체에 처분사유가 상세하게 기재되어 있지 않다 하더라도 그러한 처분이 위법하다고는 볼 수 없고(서울행정법원 2007. 7. 12.선고 2006구합34760 판결 참조), 처분의 상대방에게 알린 당해 사유와 근거에 따라 처분이 행하여졌다고 보아야 할 것인바, 피청구인은 이 사건 처분에 대하여 청구인에게 사전통지하고 경찰서에 출석한 청구인에게 운전면허취소처분에 대한 진술서를 받은 사실이 인정되고, 피청구인은 통상 벌점초과 취소의 경우에 출석한 당사자에게 벌점의 세부내역을 알려준 후 진술서를 받고 있으며, 일반인의 사회통념상 벌점초과로 운전면허취소처분을 당하는 당사자가 벌점의 세부내역도 모른 채 진술서에 서명할 것으로는 생각되지 않는 점에 비추어 이 사건에 있어서도 피청구인은 출석한 청구인의 벌점 내역을 구체적으로 고지하고 진술서를 제출받았을 것으로 추단할 수 있고, 따라서 이 사건 처분의 사유는 청구인이 2010. 5. 25.과 2010. 8. 13. 각 신호 또는 지시 위반으로 벌점 15점, 2010. 6. 8.과 2010. 7. 29. 고속도로 버스전용차로 위반으로 각 벌점 30점을 부과받은 상태에서 2010. 11. 30.과 2010. 12. 7. 즉결심판불응(범칙금미납)으로 각 벌점 40점을 부과받아 청구인의 1년간 누산점수가 170점이 되어 운전면허취소기준치인 121점을 초과했다는 이유로 행해진 것으로 볼 수 있으며, 그렇다면 위 벌점 170점 중 2010. 12. 7.자 벌점 40점이 위에서 본 바와 같이 위법하게 부과된 벌점인 이상 청구인의 벌점이 170점에 해당한다는 이유로 행한 이 사건 처분은 위법하다.

결국 이 사건 처분은 처분의 구체적인 사유를 제시하지 않은 것으로서 위법하거나 그렇지 않다 하더라도 청구인의 1년간 누산점수는 130점임에도 위법한 벌점부과에 기초하여 170점이라는 이유로 행한 것이어서 위법하다.

5. 결 론
그렇다면 청구인의 주장을 인정할 수 있으므로 청구인의 청구를 받아들이기로 하여 주문과 같이 재결한다.

61. 자동차운전면허 취소처분 취소청구—음주측정방법

사 건 명	**자동차운전면허 취소처분 취소청구**
사건번호	2011-06024
재결일자	2011. 5. 31.
재결결과	기각

재결 요지

경찰관의 권유에 의해 채혈측정을 한 결과 채혈측정치가 호흡측정치보다 높게 나왔더라도 호흡측정결과에 불복하여 혈액채취의 방법에 의한 측정을 할 것인지 여부의 최종적 의사결정은 청구인의 책임과 판단 하에 하여야 할 것이고 청구인이 호흡측정치에 불복하여 채혈측정을 하였다면 호흡측정치는 처분의 근거자료로서 배척되었다고 할 것이어서, 채혈측정의 결과를 믿지 못할 만한 특별한 사정이 없는 한 채혈측정 결과에 근거해야 함

주문

청구인의 청구를 모두 기각한다.

청구 취지

주위적 청구 : 피청구인이 2011. 3. 11. 청구인에게 한 2011. 3. 31.자 제2종 보통운전면허 취소처분을 취소한다.

예비적 청구 : 피청구인이 2011. 3. 11. 청구인에게 한 2011. 3. 31.자 제2종 보통운전

면허 취소처분을 제2종 보통운전면허 정지처분으로 변경한다.

이유

1. 사건개요

청구인이 2011. 3. 11. 혈중알코올농도 0.186%의 술에 취한 상태에서 운전했다는 이유로 피청구인이 2011. 3. 31. 청구인의 운전면허를 취소하였다.

2. 관계법령

도로교통법 제93조제1항제1호
도로교통법 시행규칙 별표 28 중 2. 취소처분 개별기준의 일련번호란 2

3. 인정사실

청구인과 피청구인이 제출한 자료에 따르면 다음과 같은 사실을 인정할 수 있다.

가. 청구인은 이 사건 당시 회사원이던 자로서, 1997. 12. 20. 제2종 보통운전면허를 취득하였다.

나. 청구인은 2011. 2. 13. 22:36경 술에 취한 상태에서 승용차를 운전하다가 인천광역시 ○○구 ○○동 192-7번지에 있는 ○○파출소 앞길에서 단속경찰관에게 적발되어 같은 날 22:38경 음주측정을 한 결과 혈중알코올농도가 0.108%로 측정되었으나, 청구인이 이에 불복하고 채혈측정을 요구하여 같은 날 22:58경 청구인의 혈액을 채취하여 국립과학수사연구원에 감정을 의뢰한 결과 혈중알코올농도가 0.186%로 측정되었다.

다. 음주 적발 당시 작성된 주취운전자정황보고서에 따르면, 면허취소·정지사유 고지란에 '청구인은 혈중알코올농도 0.108%로 음주측정기 수치상 운전면허 취소대상자이나 채혈을 요구하여 국립과학수사연구원 채혈결과에 따라 운전면허가 행정처분됨을 알린다'로, 운전자란에 '측정결과를 인정하고 부당할 경우 혈액채취할 수 있음을 고지 받아 혈액채취를 실시하였기에 서명한다'라는 취지의 내용으로 기재되어 있다.

라. 청구인의 2011. 2. 14.자 피의자신문조서에 따르면, 청구인은 "채취한 혈액을 국립과학수사연구원에 감정 의뢰할 예정인데 이 결과에 대하여는 인정할 것인가요"라는 조사관의 질문에 "예, 결과에 대하여는 인정하겠습니다"라고 진술을 한 것으로 기재되어 있다.

4. 이 사건 처분의 위법 · 부당 여부

청구인은 호흡측정치로는 경찰청에 이의신청도 할 수 있는 수치로 감경대상의 요건에 충족되었으나, 경찰관의 권유에 의해 채혈측정을 한 결과 채혈측정치가 호흡측정치보다 높게 나와 결과적으로 이의신청도 할 수 없는 결과를 초래하였으므로 이 사건 처분이 재량권을 일탈 또는 남용한 위법·부당한 처분이라고 주장하나, 「도로교통법」 제44조 제3항에 의하면 술에 취하였는지 여부를 측정한 결과에 불복하는 운전자에 대하여는 그 운전자의 동의를 얻어 혈액채취 등의 방법으로 다시 측정할 수 있다고 되어 있는바, 호흡측정결과에 불복하여 혈액채취의 방법에 의한 측정을 할 것인지 여부의 최종적 의사결정은 청구인의 책임과 판단 하에 하여야 할 것이고, 위 인정사실에 의하면, 청구인은 혈중알코올농도 0.108%로 음주측정기 수치상 운전면허 취소대상자로서 호흡측정 결과가 부당하다는 이유로 채혈을 요구했으며 국립과학수사연구원의 채혈측정 결과에 따라 운전면허가 행정처분된다는 고지를 받았고, 청구인의 2011. 2. 14.자 피의자신문조서에 청구인은 국립과학수사연구원의 채혈측정 결과에 대하여 인정하겠다고 진술한 점, 청구인이 호흡측정치에 불복하여 채혈측정을 하였다면 호흡측정치는 처분의 근거자료로서 배척되었다고 할 것이어서, 채혈측정의 결과를 믿지 못할 만한 특별한 사정이 없는 한 채혈측정 결과에 근거하여 운전면허취소처분을 한 것은 정당한 점 등에 비추어 볼 때 이에 대한 청구인의 주장은 모두 받아들이기 어렵다.

또한, 청구인은 회사에서 영업팀 사원으로 근무하고 있으며, 1톤 화물차량을 운전하는 납품업무를 담당하고 있어 운전면허가 필요하므로 이 사건 처분이 가혹하다고 주장하나, 위 인정사실에 따르면, 청구인은 운전면허취소기준치를 훨씬 넘어 술에 취한 상태에서 자동차를 운전한 사실이 인정되므로, 업무상 운전면허가 필요하다는 등의 개인적인 사정만으로 이 사건 처분이 위법·부당하다고 할 수 없으므로 이 사건 처분의 취소를 구하는 청구인의 주위적 청구를 받아들일 수 없고, 이 사건 처분을 정지처분으로 변경하여 달라는 청구인의 예비적 청구도 받아들일 수 없다.

5. 결 론
그렇다면 청구인의 주장을 인정할 수 없으므로 청구인의 청구를 모두 받아들이지 않기로 하여 주문과 같이 재결한다.

62. 자동차운전면허 취소처분 취소청구-인용(절차상 하자 : 통지)

사 건 명	**자동차운전면허 취소처분 취소청구**
사건번호	중앙행심2010-04206
재결일자	2010.04.20.
재결결과	인용

재결 요지

도로교통법 제93조 제1항 제8호, 동법 시행령 제56조 및 동법 시행규칙 제84조·제93조 제1항·별표 28중 2. 취소처분 개별기준의 일련번호란 8

주문

피청구인이 2009. 10. 6. 청구인에게 한 2009. 10. 25.자 제1종 보통운전면허 취소처분을 취소한다.

청구 취지

피청구인이 2009. 10. 6. 청구인에게 한 2009. 10. 25.자 제1종 보통운전면허 취소처분을 취소한다.

이유

1. 사건 개요

청구인이 수시적성검사 기간 내에 수시적성검사를 받지 않았다는 이유로 피청구인이 2009. 10. 6. 청구인의 운전면허를 취소(이하 '이 사건 처분'이라 한다)하였다.

2. 관계법령

도로교통법 제93조 제1항 제8호

도로교통법 시행규칙 별표 28 중 2. 취소처분 개별기준의 일련번호란 8

3. 인정사실

청구인과 피청구인이 제출한 자료에 의하면 다음과 같은 사실을 인정할 수 있다.

가. 청구인은 이 사건 당시 페인트 도장공이던 자로서, 1987. 11. 27. 제1종 보통운전
면허를 취득한 이래 6회의 교통사고전력(2009. 6. 29. 경상 1인·물적 피해 등)과 1
7회의 교통법규위반전력(2009. 10. 13. 신호위반 등)이 있다.

나. 청구인은 2007. 6. 6. 신체장애(12급 7호)를 이유로 수시적성검사 대상자로 분류
되었고, 인천운전면허시험장장이 2008. 10. 31.과 2008. 11. 13. 2회에 걸쳐 1차
수시적성검사통지서를 청구인의 주민등록상 주소지인 인천광역시 ○○구 ○○동
426-7번지로 등기우편으로 발송하였으나, 2008. 11. 7.과 2008. 11. 17. 위 통지
서가 각각 반송되자, 2008. 11. 24. 용인운전면허시험장 게시판에 2008. 11. 25.
부터 2008. 12. 8.까지 14일간 공고(수시적성검사기간: 2008. 12. 15. ~ 2009.
3. 15.)하였다.

다. 인천운전면허시험장장이 2009. 3. 16.과 2009. 3. 26. 2회에 걸쳐 2차 수시적성
검사통지서를 위 나.의 주소지로 등기우편으로 다시 발송하였으나, 2009. 3. 20.
과 2009. 4. 1. 위 통지서가 "폐문부재" 등으로 각각 반송되자, 2009. 4. 9. 용인
운전면허시험장 게시판에 2009. 4. 9.부터 2009. 4. 22.까지 14일간 공고(수시적
성검사기간: 2009. 4. 30. ~ 2009. 7. 30.)함으로써 통지에 갈음하였다.

라. 인천○○경찰서장은 청구인이 정해진 기간 내에 수시적성검사를 받지 않았다는 이
유로 2009. 8. 10. 청구인의 운전면허취소결정 사전통지서를 청구인의 주소지인
인천광역시 ○○구 ○○동 426-7번지로 발송하였으나, 청구인이 출석하지 아니
하자, 2009. 8. 25. 인천○○경찰서 게시판에 2009. 8. 25.부터 2009. 9. 7.까지
14일간 이를 공고하여 통지에 갈음하였고, 피청구인은 2009. 10. 6. 청구인에게
이 사건 처분을 하였다.

마. 청구인의 자동차운전면허대장과 주민등록초본에 따르면, 청구인은 2004. 9. 23.
자로 인천광역시 ○○구 ○○동 426-7번지에 전입하여 현재까지 위 주소지에 거
주하고 있는 것으로 기재되어 있다.

4. 이 사건 처분의 위법 · 부당 여부

가. 「도로교통법」 제93조 제1항 제8호, 같은 법 시행령 제56조 및 같은 법 시행규칙 제
84조, 제93조 제1항 및 별표 28중 2. 취소처분 개별기준의 일련번호란 8에 의하
면, 운전면허를 받은 사람이 안전운전에 장애가 되는 후천적 신체장애 등의 사유
에 해당하여 운전면허시험기관의 장이 실시하는 수시적성검사를 수시적성검사기
간이 초과하도록 받지 않은 경우 지방경찰청장은 그 운전면허를 취소하여야 하되,
운전면허시험장장은 수시적성검사를 받아야 할 사람에게 20일전까지 통지하여야
하고, 그 대상자의 주소 등을 통상적인 방법으로 확인할 수 없거나 발송이 불가능
한 경우에는 운전면허대장에 기재된 그 대상자의 주소지를 관할하는 경찰관서의
게시판에 14일간 이를 공고함으로써 통지에 대신할 수 있다고 규정되어 있으나,
수시적성검사통지서 등의 통지를 공고로써 갈음하도록 하는 것은 운전면허를 받은
사람이 객관적으로 소재불명이라고 볼 수 있을 정도의 사정이 있는 경우에 한하여
예외적으로 인정되어야 할 것이다.

나.

1) 위 인정사실에 따르면, 인천운전면허시험장장이 2008. 10. 31.과 2008. 11. 13, 20
09. 3. 16.과 2009. 3. 26. 총 4회에 걸쳐 청구인의 주소지인 "인천광역시 ○○구
○○동 426-7번지"로 수시적성검사통지서를 발송하였으나, 각각 반송되자, 청구인
이 수시적성검사대상자임을 2차례에 걸쳐 공고하여 수시적성검사통지에 갈음하였
는바, 수시적성검사통지서 발송 전후로 위 주소지가 변경된 사실이 없고, 달리 청구
인이 위 주소지에서 거주하지 아니하였다는 것을 입증할 수 있는 자료도 보이지 않
는다.

2) 또한, 수시적성검사를 받지 아니한 것이 운전면허의 필요적 취소사유인 점, 수시적
성검사는 정기적성검사와 달리 운전면허시험기관의 장이 수시적성검사를 받아야

하는 사람에게 수시적성검사의 기간 등에 대한 통지를 하도록 되어 있고, 이러한 통지를 하지 아니한다면 그 대상자는 검사기간 등을 알기 어렵게 되는 점 등을 고려할 때, 피청구인은 공고를 함으로써 수시적성검사 대상자에 대한 통지에 갈음할 수 있는 경우에 해당되는지를 판단할 때에는 더욱 주의를 기울여야 할 것임에도 불구하고, 청구인이 위 주소지에서 실제 거주하고 있는지에 대한 확인도 하지 아니한 채 청구인이 수시적성검사를 받지 않았다거나 청구인에 대한 수시적성검사통지서가 "폐문부재" 등으로 반송되었다는 이유만으로 공고로써 수시적성검사의 통지에 갈음하였다.

3) 위와 같은 사실을 종합하여 볼 때, 피청구인은 수시적성검사통지에 있어 공고의 요건을 충족하지 못했음에도 불구하고 통지에 갈음한 공고절차를 통하여 이 사건 처분을 한 것이므로, 피청구인의 이 사건 처분은 그 과정상 하자가 있는 위법·부당한 처분이라 할 것이다.

5. 결 론
그렇다면 청구인의 주장을 인정할 수 있으므로 청구인의 청구를 받아들이기로 하여 주문과 같이 재결한다.

참조 조문
도로교통법 제93조 제1항 제8호, 동법 시행령 제56조 및 동법 시행규칙 제84조 · 제93조 제1항 · 별표 28중 2. 취소처분 개별기준의 일련번호란 8

63. 단순음주사건에서 청구인의 개인적 사정보다는 공익을 우선시하여 심판청구를 기각한 사례

○ 식당을 운영하는 청구인(운전경력 7년10월, 1회 교통사고전력 및 1회 교통법규 위반전력)이혈중알코올농도 0.106%의 술에 취한 상태에서 운전하여 운전면허가 취소된 사건

○ 화물차 운전기사인 청구인(운전경력 14년8월, 2회 교통사고전력(사망1인, 중상 및 경상 각 1인) 및 4회 교통법규위반전력)이 혈중알코올농도 0.107%의 술에 취한 상태에 운전하여 운전면허가 취소된 사건

○ 회사원인 청구인(운전경력 7년11월, 3회 법규위반전력)이 혈중알코올농도 0.110%의 술에 취한 상태에 운전하여 운전면허가 취소된 사건

○ 자영업을 하는 청구인(운전경력 24년5월, 2년6월전 경상 1인의 교통사고전력, 4회 교통법규 위반전력)이 혈중알코올농도 0.114%의 술에 취한 상태에서 운전하여 운전면허가 취소된 사건

○ 일용직 근로자인 청구인(운전경력 13년, 4회 교통법규 위반전력)이 혈중알코올농도 0.116%의 술에 취한 상태에 운전하여 운전면허가 취소된 사건

○ 식당운영을 하는 청구인(운전경력 10년1월, 교통사고전력 및 법규위반전력 없음)이 혈중알코올농도 0.119%의 술에 취한 상태에서 운전하여 운전면허가 취소된 사건

○ 개인택시 운전기사인 청구인(운전경력 32년10월, 2회 교통사고전력 및 11회 교통법규위반전력)이 혈중알코올농도 0.124%의 술에 취한 상태에 운전하다 물적 피해가 있는 교통사고를 일으켜 운전면허가 취소된 사건

○ 회사원인 청구인(운전경력 10년3월)이 혈중알코올농도 0.128%의 술에 취한 상태에서 운전하다 운전면허가 취소된 사건

○ 운전기사인 청구인(운전경력 14년3월)이 혈중알코올농도 0.131%의 술에 취한 상태에 운전하다 운전면허가 취소된 사건

○ 자동차매매원인 청구인(2001년 적성검사 미필로 면허취소)이 혈중알코올농도 0.14

3%의 술에 취한상태에서 운전하다 승용차 추돌사고를 일으켜 운전면허가 취소된 사건

○ 교사인 청구인은 혈중알코올농도 0.129%의 술에 취한 상태에서 운전 중 좌회전하다 렌트카를 충격하여 1만원의 물적피해를 발생 후 운전면허가 취소된 사건

○ 중상사고 포함 2회(2007.12.31. 중상 1명, 2011.8.17. 경상 1명)의 교통사고전력이 있던 청구인이 음주운전으로 운전면허가 취소된 사건

○ 4회의 교통법규위반전력(2011.4.9 신호 또는 지시위반 등)이 있던 청구인이 음주운전(0.118%)으로 운전면허가 취소된 사건

○ 운전면허취득 전에 1회 교통법규위반전력(무면허운전)이 있고, 운전면허취득 후에는 교통사고전력 및 교통법규위반전력이 없는 청구인으로 음주운전(0.107%)으로 면허가 취소된 사건

○ 청구인이 음주운전(0.106%)을 하던 중 중앙선 침범으로 교통사고를 일으켜 운전면허가 취소된 사건

○ 신호 또는 지시위반(2011.3.29.)으로 벌점이 있던 청구인이 음주운전으로 운전면허가 취소된 사건

○ 인명보호장구 미착용(2011.10.1.)등 다수의 법규위반 전력(17회)이 있던 청구인이 음주운전으로 운전면허가 취소된 사건

○ 청구인이 음주운전(0.072%)으로 인적피해(1명, 전치 2주)가 있는 교통사고를 일으켜 운전면허가 취소된 사건

○ 청구인이 중상사고를 야기하여 벌점초과(130점)로 운전면허가 취소된 사건

○ 직업자료 등 허위자료 제출사실이 확인된 경우

○ 운전경력이 짧은 경우

64. 청구인의 위반행위가 「도로교통법」제93조제1항상 반드시 취소하도록 규정하고 있는 유형인 경우

○ 삼진아웃에 해당 하는 자

○ 음주측정 불응자

○ 결격자가 운전면허를 취득한 경우

○ 허위 또는 부정한 방법으로 운전면허를 취득한 자

○ 정지기간 중 운전면허증 또는 운전면허증을 갈음하는 증명서를 발급받은 자

○ 수시 또는 정기 적성검사 미필 또는 불합격

○ 자동차나 원동기 장치 자전거를 훔치거나 빼앗은 자

○ 단속 중인 경찰공무원 등을 폭행한 자

○ 미등록 자동차를 운전한 자

○ 연습운전면허의 취소사유가 있었던 자

○ 다른 법률에 따라 다른 행정기관의 장이 운전면허의 취소처분을 요청한 자

65. 행정심판 청구 시 청구요건을 충족하지 못하여 행정심판 대상이 되지 못하는 대표적인 각하 사례

○ 청구기간이 도과한 경우(일반적으로 안 날로부터 90일, 있은 날로 부터 180일)

- 처분이 있음을 안 날이란 처분의 상대방이 처분이 있음을 실제로 안 날 뿐만 아니라 객관적으로 알 수 있는 상태에 이른 날(운전면허취소처분통지서 수령한 날 등)을 말함

○ 처분성이 없는 경우

- 단순 벌점부과는 처분이 아님

○ 다른 불복절차가 있는 경우

- 벌금(7일 이내에 소관 법원에 정식재판 청구 가능)

- 과태료 부과처분(이의신청을 하면 즉결심판에 회부)

○ 취소 또는 변경을 구할 법률상 이익이 없을 경우

- 면허정지 기간 도과 후 심판청구 등

66. 단순음주사건에서 청구인의 개인적 사정보다는 공익을 우선시하여 심판청구를 기각한 사례

○ 식당을 운영하는 청구인(운전경력 7년10월, 1회 교통사고전력 및 1회 교통법규 위반전력)이 혈중알코올농도 0.106%의 술에 취한 상태에서 운전하여 운전면허가 취소된 사건

○ 화물차 운전기사인 청구인{운전경력 14년8월, 2회 교통사고전력(사망1인, 중상 및 경상 각 1인) 및 4회 교통법규위반전력}이 혈중알코올농도 0.107%의 술에 취한 상태에 운전하여 운전면허가 취소된 사건

○ 회사원인 청구인(운전경력 7년11월, 3회 법규위반전력)이 혈중알코올농도 0.110%의 술에 취한 상태에 운전하여 운전면허가 취소된 사건

○ 자영업을 하는 청구인(운전경력 24년5월, 2년6월전 경상 1인의 교통사고전력, 4회 교통법규 위반전력)이 혈중알코올농도 0.114%의 술에 취한 상태에서 운전하여 운전면허가 취소된 사건

○ 일용직 근로자인 청구인(운전경력 13년, 4회 교통법규 위반전력)이 혈중알코올농도 0.116%의 술에 취한 상태에 운전하여 운전면허가 취소된 사건

○ 식당운영을 하는 청구인(운전경력 10년1월, 교통사고전력 및 법규위반전력 없음)이 혈중알코올농도 0.119%의 술에 취한 상태에서 운전하여 운전면허가 취소된 사건

○ 개인택시 운전기사인 청구인(운전경력 32년10월, 2회 교통사고전력 및 11회 교통법규위반전력)이 혈중알코올농도 0.124%의 술에 취한 상태에 운전하다 물적 피해가 있는 교통사고를 일으켜 운전면허가 취소된 사건

○ 회사원인 청구인(운전경력 10년3월)이 혈중알코올농도 0.128%의 술에 취한 상태에서 운전하다 운전면허가 취소된 사건

○ 운전기사인 청구인(운전경력 14년3월)이 혈중알코올농도 0.131%의 술에 취한 상태에 운전하다 운전면허가 취소된 사건

○ 자동차매매원인 청구인(2001년 적성검사 미필로 면허취소)이 혈중알코올농도 0.14

3%의 술에 취한상태에서 운전하다 승용차 추돌사고를 일으켜 운전면허가 취소된 사건

○ 교사인 청구인은 혈중알코올농도 0.129%의 술에 취한 상태에서 운전 중 좌회전하다 렌트카를 충격하여 1만원의 물적피해를 발생 후 운전면허가 취소된 사건

○ 중상사고 포함 2회(2007.12.31. 중상 1명, 2011.8.17. 경상 1명)의 교통사고전력이 있던 청구인이 음주운전으로 운전면허가 취소된 사건

○ 4회의 교통법규위반전력(2011.4.9 신호 또는 지시위반 등)이 있던 청구인이 음주운전(0.118%)으로 운전면허가 취소된 사건

○ 운전면허취득 전에 1회 교통법규위반전력(무면허운전)이 있고, 운전면허취득 후에는 교통사고전력 및 교통법규위반전력이 없는 청구인으로 음주운전(0.107%)으로 면허가 취소된 사건

○ 청구인이 음주운전(0.106%)을 하던 중 중앙선 침범으로 교통사고를 일으켜 운전면허가 취소된 사건

○ 신호 또는 지시위반(2011.3.29.)으로 벌점이 있던 청구인이 음주운전으로 운전면허가 취소된 사건

○ 인명보호장구 미착용(2011.10.1.)등 다수의 법규위반 전력(17회)이 있던 청구인이 음주운전으로 운전면허가 취소된 사건

○ 청구인이 음주운전(0.072%)으로 인적피해(1명, 전치 2주)가 있는 교통사고를 일으켜 운전면허가 취소된 사건

○ 청구인이 중상사고를 야기하여 벌점초과(130점)로 운전면허가 취소된 사건

○ 직업자료 등 허위자료 제출사실이 확인된 경우

○ 운전경력이 짧은 경우

67. 청구인의 법규위반 정도가 중대하여 심판청구를 기각한 사례

○ 음주운전으로 2006년 면허정지, 2009년 면허취소처분을 받은 전력이 있는 자가 음주운전(0.064%)으로 면허가 취소된 사건

○ 5회의 교통법규위반 전력(음주운전전력, 2007.9.8. 등)이 있던 청구인이 음주운전으로 면허가 취소된 사건

○ 사망사고전력(2010.9.24.)이 있던 청구인이 음주운전으로 면허가 취소된 사건

○ 자동차를 이용한 범죄(2004.8.16.)로 면허가 취소된 전력이 있는 청구인이 음주운전으로 면허가 취소된 사건

○ 4회의 교통법규 위반전력(무면허운전전력, 2002.12.13. 등)이 있던 청구인이 음주운전으로 면허가 취소된 사건

○ 인적피해가 있는 교통사고 야기 도주전력(2005.6.11.)이 있던 청구인이 음주운전으로 운전면허가 취소된 사건

○ 청구인이 운전면허정지기간 중의 운전으로 적발되어 운전면허가 취소된 사건

○ 청구인이 자동차를 이용한 범죄(강간)를 이유로 운전면허가 취소된 사건

○ 청구인이 운전면허증 대여를 이유로 운전면허가 취소된 사건

○ 청구인이 음주운전(0.192%) 중 인피사고(전치 2주)를 일으킨 경우

○ 청구인이 혈중알코올농도(0.150%)가 높은 경우

○ 청구인이 음주운전(0.185%)을 하던 중 교통사고를 야기하여 피해액 미상의 물피사고를 일으킨 경우

Ⅵ. 운전면허취소 및 정지취소심판 처리절차 및 구제 서식

1. 처리절차

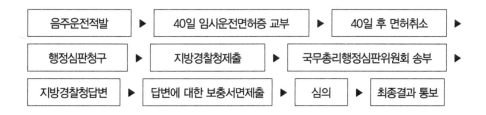

*참고: 운전면허정지·취소처분을 안날부터 90일 이내(처분통지를 직접받지 못한 경우 180일 이내)에 심판청구서 2부를 처분청 또는 행정심판위원회에 접수

▶ 접수를 받은 처분청은 10일 이내에 상급행정청에 심판청구서와 답변서 송부

▶ 행정심판위원회에서는 처분청으로부터 수령한 답변서를 청구인에게 발송

▶ 답변서를 송부받은 청구인은 1주일 이내에 행정심판 보충서면 2부를 행정 심판위원회에 발송(필요시)

▶ 행정심판위원회는 행정심판청구를 접수한 후 약 2개월 내에 행정심판위원 회 개최

▶ 행정심판위원회의 재결서는 재결일로부터 1주일 후 청구인에게 우편으로 발송(행정심판의 효력은 재결서가 송달되어야 발생)

법 : 행정심판법, 영 : 행정심판법 시행령

> 청구인 : 피청구인 또는 행정심판위원회에 행정심판 청구서 제출
>
> 〈법 제23조 제1항, 제28조〉
>
> ※ 청구서를 위원회로 제출하면 피청구인으로 송부하여 답변서 제출을 요구하는 과정이 추가됨〈법 제26조〉
>
> ※ 법 제27조에 따른 심판청구기간 계산〈법 제23조 제4항〉

- 청구인 행정심판청구서 도달
  * 답변서 작성 시간의 여유를 위하여 청구서는 수령 즉시 피청구인에게 팩스로 송부
- 행정심판청구서 접수 : 청구요지 파악하여 위원장에 보고

> 피청구인은 청구서를 접수한 후 10일 이내에 답변서를 작성하여 행정심판위원회로 제출
>
> ※ 청구서를 피청구인이 제출받은 경우 청구서 원본을 위원회로 함께 송부함〈법 제24조〉

- 답변서 제출 요구 : 피청구인에게 위원들에게 줄 총 부수를 아예 제출토록 알려줌
- 피청구인 접수
- 답변서 도달
  * 최종 답변서 제출받기 전에 보정할 내용은 없는지 초안을 가지고 방문, 혹은 초안을 미리 제출하도록 할 수도 있음

> 행정심판위원회는 청구인에게 답변서 부본 송부〈법 제26조〉
>
> ※ 답변서는 행정심판청구의 상대방인 피청구인의 의견으로 행정심판위원회의 의견이나 판단내용이 아님

- 청구인에게 답변서 부본 송부

사건심리

- 행정심판위원회는 관련된 사실 조사 및 확인, 법률검토 등
※ 청구된 사건에 대해 60일 이내에 재결하지 못할 부득이한 사유가 잇는 경우 동 기간 종료의 7일 전까지 연장통지
- 청구인은 필요한 경우 각종 제출, 신청, 신고 등(보충서면, 증거서류, 집행정지 신청, 청구변경 신청, 구술심리 신청, 주소변경신고, 대표자선정 신고, 대리인선임 신고 등) ※ 제출, 신청, 신고 등은 심판청구시부터 가능함

청구인이 재결 결과에 불복할 경우 재결서를 받은 날로부터 90일 이내에 피청구인을 관할하는 행정법원에 행정소송 제기 가능(최소소송 기준)

- 답변서 확인 검토
- 피청구인측(교육청) 및 사건 현장 방문
- 청구인의 보충서면 도달하면 보충서면 위원장 결재, 피청구인에게 송부
- (현장)조사 보고서 결재

보충서면과 반박서면

당사자는 주장한 사실을 보충하고 다른 당사자의 주장을 다시 반박하기 위하여 필요하면 위원회에 보충서면을 제출할 수 있다. 이 경우 다른 당사자의 수만큼 보충서면 부본을 제출하여야 한다.

위원회는 보충서면의 제출기한을 정할 수 있으며, 보충서면을 받으면 지체없이 다른 당사자에게 그 부본을 송달하여야 한다.

〈법 제33조〉

청구인의 보충서면 접수

청구인 보충서면을 피청구인에게 송부

청구인 보충서면에 대한 피청구인의 반박서면(보충서면) 접수

피청구인의 반박서면(보충서면) 청구인에게 송부

참석 가능한 위원 사전 연락하여 구성

행정심판위원회는 위원장과 위원장이 회의마다 지정하는 8명의 위원 : 총 9명

위원장이 공무원일 경우에는 위촉위원을 6명이상으로 하여야 함

〈법 제7조 제5항〉

- 행정심판위원회 개최 내부결재

(내부결재 시 검토위원을 포함한 위원 구성 현황이 포함되어야 함)

위원회는 검토위원 지정하여 보고를 받을 수 있음

〈영 제4조 제2항〉

검토위원 지정 알림

- 심리기일 결정 및 통지 : 결정된 심리기일을 7일전까지 당사자에게 통지

〈영 제26조〉

심리기일 3일전까지 구술심리 신청

〈법 제40조 제1항, 영 제27조〉

대리인 허가 신청

〈법 제18조,〉

심리기일 통지 시 구술심리 신청과 대리인 선임 신청에 대하여 알림

양 당사자에게 심리 기일 알림 :

> 회의 통지, 회의 개최 5일전까지 각 위원에게 '서면'으로 알려야 함
> 〈영 제10조〉

행정심판위원회 개최 알림

> **구술심리 여부 통보**
> 구술심리 신청을 받으면 그 허가 여부를 신청인에게 알려야 함, 간이통지 가능
> **구술심리 시 출석 통지**
> 〈법 제40조 제2항〉
> 대리인 허가
> 대리인 허가 신청을 받으면 이를 심사하여 허가 여부를 지체없이 신청인에게 알려야 함
> 〈영 제16조 제2항,〉

신청자에게 대리인 선임 허가 알림

> 심리 재결에 따라 재결서를 작성하여 당사자에게 송달
> ※ 재결 효력은 청구인이 재결서를 받은 때 발생

> 재결 : 회의구성원 과반수 출석과 출석위원 과반수 찬성으로 재결함

– 재결서는 정본 3부 작성 : 청구인, 피청구인, 위원회 보관용

청구인이 경제적 능력으로 인해 대리인을 선임할 수 없는 경우는 다음 중 어느 하나에 해당하는 사람으로 위원회에 심리기일 전까지 국선대리인을 선임하여 줄 것을 신청할 수 있습니다(「행정심판법」 제18조의2제1항, 「행정심판법 시행령」 제16조의2제1항 및 제2항).

「국민기초생활 보장법」 제2조제2호에 따른 수급자

규제 「한부모가족지원법」 제5조 및 제5조의2에 따른 지원대상자

「기초연금법」 제2조제3호에 따른 기초연금 수급자

「장애인연금법」 제2조제4호에 따른 수급자

「북한이탈주민의 보호 및 정착지원에 관한 법률」 제2조제2호에 따른 보호대상자

그 밖에 위원장이 경제적 능력으로 인하여 대리인을 선임할 수 없다고 인정하는 사람

2. 운전면허취소심판

가. 심판취지 기재례

> 피신청인이 2016. 11. 19. 청구인에게 한 자동차운전면허(서울 제1종 0000-000000-10호)의 취소처분을 취소한다.
> 라는 결정을 구합니다.

> 피청구인이 2008.12.10.청구인에 대하여 한 자동차운전면허(경기 00-027001-12)의 취소처분(취소일자 : 2009.1.11.)을 취소한다.
> 라는 재결을 구합니다.

나. 운전면허취소, 정지 구제가능성 체크리스트

운전면허취소 등 구제 행정심판(생계형 운전자의 이의신청 포함)은 그러한 행정처분으로 인하여 업무상 또는 생계상 막대한 지장을 초래하는 상황을 막기 위하여 도입된 약식구제수단이다.

이때 행정심판의 재결기간은 대략 2~3개월 내(대략 60~70일)이며, 구제시 혈중알콜농도, 음주전력, 사고전력, 교통법규위반전력(벌점 등), 직업, 직업상생계상 등 운전면허의 필요성 등의 자료를 종합적으로 검토하여 인용여부를 결정하게 된다.

(1) 혈중알콜농도가 어느 정도인지

혈중알콜농도가 0.10% 이상이면 행정심판이나 이의신청을 통한 구제는 불가능 하다. 따라서 행정심판 등으로 구제신청을 준비하는 경우라면 최소한 0.10% 이하라야 구제가능성이 높다. 물론 간혹 0.10%를 넘는 경우에도 구제된 사례가 있기는 하지만 윤창호법이 시행된 이후 보다 강화된 처벌기준에서는 사실상 불가능하다고 보아야 할 것이다.

(2) 운전경력

면허취소의 경우 운전면허를 언제 취득하였는지 즉, 운전경력이 길수록 구제에 유리하다.

(3) 인적피해의 유무

음주운전으로 인하여 인적피해가 발생한 경우 구제는 거의 불가능하다. <u>음주운전을 하였지만 그로 인해 어떠한 피해도 발생치 아니할 경우 구제의 가능성이 높으며</u>, 인적피해가 없는 단독사고나 물적피해만 발생할 경우 구제의 가능성은 떨어진다.

(4) 음주운전 전력의 유무

과거에 음주운전으로 적발되어 어떠한 처분도 받은 사실이 없는 경우, 즉 <u>음주운전으로 인한 처분이 처음인 경우에 구제의 가능성이 있다.</u> 과거 음주운전으로 처벌을 받은 전력이 있을 경우 특별한 사유가 존재하지 아니하는 한 구제의 가능성은 현저히 떨진다.

(5) 벌점여부

최근 5년간 도로교통법을 위반한 사실이 없고 그로 인한 벌점이 없다면 구제의 가능성이 높다.

즉, 음주운전으로 면허가 취소되어 행정심판 등을 구제를 받을 경우 면허취서에서 면허정지 110일(처분 벌점 110점)을 감경되는데, 만일 이때 기존의 벌점이 11점 이상 누적되어 있을 때에는 누산 벌점이 121점이 되어 벌점초과로 인한 운전면허취소사유에 해당하기 때문이다. 이런 경우 구제를 받더라도 다시 벌점 초과로 취소되기 때문에 구제가능성이 낮다.

(6) 무사고경력

<u>무사고 운전경력이 최소 5년 이상인 경우 구제의 가능성이 높으므로</u>, 그 기간이 길수록 구제가능성은 더 높아 진다.

(7) 운전면허와 생계의 관련성

운전면허가 생계와 직결되는 것인지 여부 또한 구제가능성 여하를 판단하는 중요한 요소이다. 일반운전자에 비하여 생계형운자의 구제가능성이 좀더 높은 이유이다.

다. 실제 법원의 판결사례 및 행정심판위원회의 재결사례 보기

(1) 법원의 사례

「도로교통법 시행규칙」제91조 제1항 [별표28]에 의한 취소처분개별기준을 보면, 혈중알코올농도 0.1% 이상에서 운전한 경우에는 사고를 야기(惹起)시키지 않았어도 면허취소가 가능하도록 되어 있다.

운전면허를 받은 사람이 음주운전을 하다가 적발된 경우 운전면허의 취소 또는 정지여부는 행정청의 재량행위라 할 것인데, **그 기준은 일률적으로 정할 수 없으나 보통 음주운전의 동기, 음주정도, 무사고운전경력, 음주 후의 운전거리 및 사고 여부, 운전면허의 취소로 입게 될 불이익(생계수단 등)등을 참작하여 판단하고 있다.**

다만, 위 운전면허행정처분기준은 그 규정의 성질과 내용이 운전면허의 취소처분 등에 관한 행정청 내부의 사무처리기준준칙을 규정한 것에 지나지 아니하여 대외적으로 법원이나 국민을 기속(羈束)하는 효력은 없다(대법원 1991. 6. 11. 선고 91누2083 판결). 위와 같은 행정처분에 대한 불복방법과 관련하여 「도로교통법」제142조는 "이 법에 의한 처분으로서 해당 처분에 대한 행정소송은 행정심판의 재결을 거치지 아니하면 이를 제기할 수 없다."라고 규정하고 있다.

한편, 운전면허취소처분과 관련하여 판례는 "가구점 운전기사가 자신의 집에 도착하여 주차할 장소를 찾기 위하여 돌아다니다가 경찰관에게 적발되었고 음주운전으로 인하여 아무런 사고를 일으키지 아니한 경우, 자동차운전면허가 취소되면 그의 생계에 막대한 지장을 입게 되는데 주취운전이 운전면허행정처분의 기준에 해당한다는 점만을 내세워 그 운전면허를 취소까지 한 것은 도로교통법에 의하여 달성하고자 하는 공익목적의 실현보다는 그로 인하여 운전기사가 입게 될 불이익이 너무 커서 이익교량의 원칙에 위배된다."라고 한 판례(대법원 1995. 9. 29. 선고 95누9686 판결)가 있는 반면, "음주운전으로 인한 교통사고를 방지할 공익상의 필요가 크고 운전면허 취소에 있어서는 일반의 수익적 행정행위의 취소와는 달리 그로 인한 당사자의 불이익보다는 교통사고 등을 방지하여야 하는 일반 예방적 측면이 더욱 강조되어야 하는바, 특히 운전자가 자동차운전을 생업으로 삼고 있는 경우에는 더욱 더 그러하다."라고 한 판례(대법원 1996. 2. 27.

선고 95누16523 판결)도 있다.

그러므로 운전면허취소처분이 정당한지 여부는 위 처분기준을 고려하여 구체적으로 법원의 판단에 달려있다고 할 것이나, 최근의 판례는 "화물운송업에 종사하며 가족의 생계를 책임지고 있는 장애인운전자가 음주운전으로 적발된 전력이 없다고 하더라도 음주운전으로 인한 교통사고를 방지할 공익상의 필요가 크므로 행정청의 운전면허취소처분은 정당하다."라고 판시한 사례가 있다(2006. 2. 9. 선고 2005두13087 판결). 이러한 점에 유의하여 생계형운전자 이의신청 등을 진행하여야 할 것이다.

(2) 행정심판위원회의 사례

(가) 중앙행심위 사건번호 2019-20432 사건의 판단

인정사실에 따르면 청구인이 운전면허 취소기준치 이상에 해당하는 술에 취한 상태에서 운전한 사실은 인정되나, **운전면허를 취득한 이래 16년 3개월 이상의 기간 동안 사고 없이 운전한 점, 음주운전으로 피해가 발생하지 않은 점, 이 사건 운전 동기, 운전면허와 직업·생계 관련성 등** 제반 정상관계를 종합적으로 고려할 때 이 사건 처분은 다소 가혹하다.

(나) 중앙행심위 2019-19689 사건의 판단

인정사실에 따르면 이 사건 음주운전으로 인하여 청구인의 1년간 누산벌점이 130점이 되어 운전면허 취소기준치 이상에 해당하는 사실은 인정되나, 이 사건 속도로 버스전용차로, 다인승전용차로 통행위반 및 음주운전으로 피해가 발생하지 않은 점, 청구인이 운전면허를 취득한 이래 19년 1개월 이상의 기간 동안 사고 없이 운전한 점, 이 사건 운전 동기, 운전면허와 직업·생계 관련성 등 제반 정상관계를 종합적으로 고려하여 일부 인용 여부를 결정할 수 있다.

(다) 중앙행심위 2017-23192 사건의 판단

청구인은 이 사건 당시 우유배달원이던 자로서 1989. 8. 16. 제1종 보통운전면허를 취득한 이래 교통사고전력은 없고, 2회의 교통법규위반전력이 있다. 청구인은 2017.

6. 18. 20:30경 술에 취한 상태에서 아베오 승용차를 운전하다가 시내버스를 충격하여 물적 피해가 있는 교통사고를 일으켰고, 위 사고를 조사하는 과정에서 음주운전한 사실이 적발되어 같은 날 20:54경 음주측정을 한 결과 청구인의 혈중알코올농도가 0.111%로 측정되었다. 피 청구인은 청구인이 혈중알코올농도 0.111%의 술에 취한 상태에서 운전하다가 물적 피해가 있는 교통사고를 일으키자 음주운전을 이유로 청구인의 운전면허를 취소하였다.「도로교통법」 제93조제1항제1호, 같은 법 시행규칙 제91조제1항 및 별표 28 중 2. 취소처분 개별기준의 일련번호란 2에 따르면, 지방경찰청장은 운전면허를 받은 사람이 술에 만취한 상태(혈중알코올농도 0.1% 이상)에서 운전한 경우에는 운전면허를 취소할 수 있다고 되어 있다.

인정사실에 따르면 청구인은 운전면허 취소기준치 이상에 해당하는 술에 취한 상태에서 자동차를 운전하다가 물적 피해가 있는 교통사고를 일으킨 사실은 인정되나, 운전면허를 취득한 이래 27년 10개월 이상의 기간 동안 사고 없이 운전한 점 등을 고려할 때 이 사건 처분은 다소 가혹하여 제1종 보통운전면허 취소처분을 110일의 제1종 보통운전면허 정지처분으로 변경한다.

(라) 중앙행심위 2017-19352

청구인은 이 사건 당시 회사원 영업사원이던 자로서 2000. 4. 27. 제1종 보통운전면허를 취득한 이래 교통사고전력은 없으며, 2회의 교통법규위반전력이 있다. 청구인은 2017. 5. 8. 23:00경 술에 취한 상태에서 쏘렌토 승용차를 운전하다가 단속 경찰공무원에게 적발되어 음주측정을 한 결과 혈중알코올농도가 0.118%로 측정되었다. 피 청구인은 청구인이 혈중알코올농도 0.118%의 술에 취한 상태에서 운전했다는 이유로 청구인의 운전면허를 취소하였다.「도로교통법」 제93조제1항제1호, 같은 법 시행규칙 제91조제1항 및 별표 28 중 2. 취소처분 개별기준의 일련번호란 2에 따르면, 지방경찰청장은 운전면허를 받은 사람이 술에 만취한 상태(혈중알코올농도 0.1% 이상)에서 운전한 경우에는 운전면허를 취소할 수 있다고 되어 있다. 인정사실에 따르면 청구인은 운전면허 취소기준치 이상에 해당하는 술에 취한 상태에서 자동차를 운전한 사실은 인정되나, 운전면허를 취득한 이래 17년 이상의 기간 동안 사고 없이 운전한 점, 이 사건 음주운전으로 피해가 발생하지 않은 점 등을 고려할 때 이 사건 처분은 다소 가혹하여 제1종 대형, 제1종 보통 운전면허 취소처분을 110일의 제1종 대형, 제1종 보통 운전면허 정지처분으로 변경한다.

3. 운전면허취소심판 서식

[서식] 자동차 운전면허취소처분 취소심판 청구서

행 정 심 판 청 구 서

청 구 인   ㅇ ㅇ ㅇ

00 00시 00로 100

피청구인   ㅇㅇㅇㅇ지방경찰청장

자동차 운전면허 취소처분 취소 청구

청 구 취 지

피청구인이 2000. 00. 0.자 청구인에 대하여 한 자동차 운전면허 취소처분은 이를 취소한다는 재결을 구합니다.

청 구 원 인

1. 당사자 관계

가. 청구인

청구인은 2000. 00. 00. 00:00경 혈중 알코올 농도 0.072%의 주취 상태로 운전하다

가 적발되었고 피청구인으로부터 도로교통법 제93조 제1항 제2호 위반으로 운전면허 취소처분(이하 '이 사건 처분'이라 합니다)을 받은 자입니다.

나. 피청구인

피청구인은 청구인에 대하여 2000. 00. 00. 이 사건 처분을 내린 행정청입니다.

2. 이 사건 처분의 경위

청구인은 2006년경 음주운전으로 인하여 면허취소처분을 받았던 전력이 있습니다.

청구인은 2000. 0. 00. 00:00경부터 다음날 00:30경까지 맥주 3캔 정도를 마시고 300M~500M 정도의 거리를 운행하고 시동을 끈 상태로 담배를 피우며 서성이고 있었는데 경찰공무원이 다가와서 음주측정을 하였습니다.

측정 결과 혈중 알코올 농도가 0.072%가 나와 면허정지사유에 해당한다는 설명을 들었습니다. 그러나 그 후 경찰 조사 과정에서 2006년에 음주운전으로 면허취소처분을 받았던 전력이 밝혀지자 속칭 '투스트라이크 아웃'에 해당되어 운전면허 취소처분을 받게 되었습니다.

3. 이 사건 처분의 부당성

가. 음주 운전을 하게 된 경위

청구인이 음주 운전을 하게 된 경위는 다음과 같습니다.

청구인의 여자 친구가 음식점을 운영하고 있는데 2019. 6. 25.이 청구인의 생일이라서 청구인은 여자 친구가 장사가 끝날 무렵 간단하게 이야기를 나누면서 술을 한 잔 하고 싶어서 여자 친구가 운영하는 음식점 주위에 차를 세우게 되었습니다.

하지만 장사가 조금 지연되었고 마감을 기다리는 도중 근처 편의점에서 맥주 캔을 구입하여 조금씩 마시면서 기다리게 되었습니다.

그러던 중 청구인의 여자 친구가 영업이 마무리가 되었으니 음식점 안으로 들어오라는 문자를 보냈고 청구인은 음식점에 들어갔습니다.

하지만 음식점 영업은 마무리가 되었지만 여자 친구는 술을 마실 수 있는 상황이 전혀 아니었습니다.

여자 친구는 며칠 전부터 가슴통증을 호소하였는데 하루도 쉬지 않고 장사를 해야 하는 입장이라서 참아가며 운영을 하여왔습니다.

그러나 2000. 00. 00.에는 유독 가슴통증이 더욱 더 심하다고 호소하였습니다. <u>이에 청구인은 아픔을 호소하는 여자 친구를 집에 빨리 데려다 주어야 한다는 일념으로 음주운전을 하게 된 것입니다.</u>

나. 적발된 음주운전 수치의 부정확성
이번에 음주수치 검사에서 측정된 청구인의 혈중알코올농도는 0.072%이지만 실제로 청구인이 마셨던 술의 양은 불과 맥주 2캔 정도였다는 점을 고려한다면 <u>혈중알코올농도가 지나치게 높게 측정된 것임을 알 수 있습니다.</u>

다. 신청인의 직업의 특성
청구인은 10여년 이상 자동차 정비 기사로 일을 하여 왔습니다.
언젠가는 청구인의 이름으로 조그만 가게라도 열겠다는 일념으로 렉카 견인 자격증도 취득하였고 현재는 자동차 정비 기능사 자격증을 취득하기 위하여 준비 중에 있습니다. 따라서 청구인에게는 운전면허가 너무나도 절실합니다.

라. 청구인의 건강상태

청구인은 현재 건강이 좋지 않은 상태입니다.

2018. 10. 중순경 목과 어깨의 통증이 너무 심해 잠시 동안 일을 쉬어야만 했고 그 후에도 간헐적인 통증은 지속되고 있습니다.

마. 청구인의 경제 상황

청구인은 홀로 계신 아버지를 부양하면서 생업에 종사하고 있습니다. 청구인은 일찍 어머니가 돌아가셨고 청구인의 형은 결혼 후 분가하였기 때문에 홀로 계신 아버지의 부양은 온전히 청구인의 몫이 되었습니다.

청구인의 아버지는 연로하시고 요즘 부쩍 기억력이 감퇴하여 깜빡깜빡 잊어버리는 경우가 많습니다. 또한 허리와 다리도 아프셔서 거동도 불편한 상황입니다.

그러나 청구인은 변변하게 모아 놓은 재산이 없습니다.
만약 청구인이 운전면허 취소를 받게 된다면 당장 아버지를 어떻게 모셔야 할지 두 식구의 생계가 막막해지는 것이 현실입니다.

바. 청구인은 준법정신이 투철함

청구인은 2006년 음주 단속에 적발되어 면허 취소 처분을 받은 이후 정신을 차리고 정말로 열심히 살았습니다.

만약 술자리에 참석을 하게 되면 자동차 키는 집에 두고 대중교통만을 이용하였습니다. 2006년 이후에는 항상 안전운전을 하였고 신호위반, 과속 등 위반을 단 한 번도 하지 않았으며 교통사고 또한 물론 없었습니다.

사. 개정 도로교통법의 적용을 받는 것은 청구인에게 부당함

청구인이 면허취소처분을 받게 된 것은 2번의 음주운전만으로도 곧바로 운전면허가 취소되도록 도로교통법이 개정되었기 때문입니다. 예전의 속칭 '삼진 아웃'제도가 '투 스트라이크 아웃' 제도로 변경된 것은 음주운전을 줄이기 위한 정책이지만 <u>청구인과 같이 개정 도로교통법 시행 전 1회 음주운전으로 면허 정지 처분을 받은 자들에게는 아래와 같이 가혹한 결과가 발생합니다.</u>

① 개정도로교통법 시행 전에 2회의 음주운전 전력이 있었던 자가 개정도로교통법 시 행 후 다시 음주운전을 하게 되었다면 이미 시행 전 도로교통법에 의하더라도 속칭 '삼 진 아웃'에 해당하기 때문에 면허취소처분을 받는다고 하더라도 부당하다고 볼 수 없 습니다.

② 개정도로교통법 시행 전에는 음주운전의 전력이 없었던 자가 개정도로교통법 시행 후 2차례 음주운전을 하여 속칭 '투스트라이크 아웃'에 해당하여 면허취소처분을 받는 다고 하더라도 첫 번째 음주운전을 하였을 당시 수사기관이나 행정청으로부터 앞으로 한 번만 더 음주운전을 하면 운전면허가 취소된다는 경고를 듣게 될 것이므로 부당하 다고 볼 수 없습니다.

그러나 청구인처럼 개정도로교통법 시행 전 1회의 음주운전 전력만 있는 자들은 개정 도로교통법 시행 후 음주운전을 단 1번만 더 하더라도 무조건 운전면허취소에 해당한 다는 점에 대한 충분한 경고를 받지 못하였습니다.
더욱이 청구인이 개정도로교통법 시행 전 음주운전을 한 시기는 2006년으로 무려 13 년 전의 일입니다.

<u>따라서 청구인에게 개정도로교통법을 적용하여 운전면허를 취소시키는 것은 헌법상 평등원칙, 과잉금치원칙에 위배되는 처분이라 할 것입니다.</u>

4. 결론

청구인은 2006년 음주운전이후 완전히 새로운 삶을 살았습니다.

이번에 음주운전을 하게 된 것은 불가피한 상황이었지만 청구인은 진심으로 반성하고 있습니다.

부디 이러한 점들을 참작해 주셔서 청구인에게 마지막 기회를 주시기 바랍니다.

첨 부 서 류

운전면허취소처분 결정통지서	1부
가족관계증명서	1부
주민등록등본	1부
진단서	1부
입 · 퇴원증명서	1부
자동차정비기능사 수험표	1부

2000. 00. 00.

청구인 0 0 0박 진 용

000도지방경찰청장 귀중

[서식] 자동차 운전면허취소처분 취소심판 청구서

행정심판청구서

청 구 인   나 00(600000-1000000)

　　　　　　서울 강북구 길음동 1283 길음뉴타운 601-502

　　　　　　소송대리인 법무법인 00

　　　　　　담당변호사 김00, 한00

　　　　　　서울 000 000 1700-00 00빌딩 1층

　　　　　　(전화 : 02-500-5000 / 팩스 : 02-500-40000)

피청구인   서울지방경찰청

　　　　　　서울 종로구 내자동길 20 (내자동202-11)

신 청 취 지

피청구인이 2008.12.10. 청구인에 대하여 한 자동차운전면허(경기 86-027361-12)의 최소처분(취소일자 : 2009.1.11.)을 취소한다.

라는 재결을 구합니다.

1. 피청구인의 행정처분 및 그 경위

청구인은 2000. 00. 00. 00:50경 00머0000 카렌스 승용차(이하 '이 사건 차량'이라고만 합니다)을 운전하여 남양주시 00면 00리 000번지 00주공아파트 302동 앞 단지 내에서 같은 아파트 303동 방면에서 정문 방면으로 시속 약 10㎞로 좌회전 진행함에 있어 전방 좌우를 잘 살펴청구인 안전하게 진행하여야 함에도 불구하고 이를 위반한 채 그대로 좌회전 진행한 업무상 과실로 마주 오던 피해자 이OO(당6세) 운전의 자전거 전면 부분을 이 사건 차량 좌측전면 부분으로 들이받아 피해자에게 약 2주간의 치료를 요하는 우측하퇴부 좌상 등을 입게 함과 동시에 피해 자전거 수리비 금 115,000원 상당이 들도록 손괴하고 피해자를 구호하는 등 필요한 조치 없이 도주하였다는 이유로 공소가 제기되었습니다.

그 후 피청구인은 2008.12.10.경 청구인에게 자동차운전면허(OO OO-OOOOOO-12)를 2000.O.OO.자로 취소한다는 내용의 자동차운전면허 취소결정통지서를 발송하여 2008.12.16.경 송달되게 함으로써 운전면허취소 처분(이하 '이 사건 처분'이라 합니다)을 하였습니다(갑 제1호증 : 자동차운전면허 취소결정통지서 참조).

청구인은 경기지방경찰청장으로부터 2008.12.2.부터 2009.1.10.까지 운전할 수 있다는 내용의 임시운전증명서를 발급받아 현재 운전을 하고 있습니다(갑 제2호증 : 임시 운전증명서 참조).

2. 이 사건의 경위 등
가. 이 사건의 경위
청구인은 이 사건 당시 서울 OO구 OO동소재에 서'OOO'라는 상호로 컴퓨터 주변기기 도소매 및 컴퓨터설치 및 수리서비스업을 영위하면서 가족들을(처 OOO, 38세 주부, 자 OOO 15세 OOO중학교 재학, 자 OOO 8세 초등학교 재학)부양하고, 연로하신 노부모님들의 생계비를 지원하며 성실히 생활해 온 한집안의 가장입니다(갑 제3호증 : 사업자등록증, 갑 제4호증 : 주민등록등본 참조).

한편, 청구인이 운영하고 있는'컴 OOO'는, 사업자등록증상에는 사업장소재지가 서울OO구 OO동 OOO-24 OO벤처빌딩 604호로 등록되어 있지만, 그 곳은 청구인이 사업자등록을 할 당시 잠시 임차하여 사용하였던 곳이고, 실제는 경제적 여건 때문에 점포없이

114안내 전화에 매월 광고비를 내고그곳을통하여연결된소비자의가정과매장등을직접 방문하여수리하는출장수리를전문으로운영되는형태입니다(갑 제5호증 : 전화요금납부 고지서 참조).

청구인은 이 사건 당일도 평소와 같이 114 안내전화를 통하여 연결된 고객의 전화를 받고서 고장 난 컴퓨터의 출장수리를 위하여 남양주시 별내면 청학리 소재의 청학주공 아파트를 방문하였던 것이고, 그 곳에서 출장수리를 모두 마친 후에는 계속해서 서울 성북구 길음동에 다음 출장수리가 예정된 상태였습니다.

그래서 청구인은 그 곳에서 예정된 출장수리를 모두 마친 후 다음 출장 수리가 예정된 서울로 돌아가고자 이 사건 차량이 주차되어 있었던 위 아파트 302동 앞 단지 내에서 위 차량을 운전하여 같은 아파트 303동 방면을 지나 정문 방면으로 향하였습니다.

그런데 청구인이 위 아파트 303동에서 정문방면으로 나가기 위해서는 에스자 모양으로 굽어있는 단지 내 길을 돌아서 나가야만 하였기에 그 곳을 약 시속 10㎞로 정도로 좌회전 진행하여 에스자 모양의 도로 끝을 막 지나 정문방향 직선 길로 접어든 순간 청구인의 진행방향 정면에서 자전거를 타고 달려 오던 피해자를 미처 발견치 못하고 이 사건 사고가 발생하였습니다.

당시 청구인은 전혀 예상치 못하였던 사고라 다소 놀라고 경황도 없었지만, 곧바로 피해자의 구호조치를 위하여 이 사건 차량에서 하차한 후 추가적인 위험방지 등을 위하여 자전거와 함께 넘어져 있던 피해자를 일으켜 세운 다음 길 가장자리로 나갔습니다.

그리고 그 곳에서 우선 피해자를 안정시킨 후, 피해자에게 "어디 아픈 데는 없느냐"고 물어 보면서 외관을 살펴보기도 하였지만 아무런 이상이 없어 보이기에 곧바로 피해자의 팔과 다리부분도 직접 손으로 만져 보았고, 혹 눈에 보이지 않는 상처가 있을까 싶어 상의와 하의를 올려 팔과 다리부분을 살펴 보기도 하였지만 아무런 상처도 확인할 수가 없었습니다.

이에 청구인은 다시 한 번 피해자에게 "어디 아픈 데는 없느냐, 정말 괜찮냐"고 물어보았지만 피해자는 여전히 "괜찮다, 아픈 데가 없다"고 하였고, 청구인이 보기에도 피해자의 거동에 아무런 문제도 없을 정도로 외관상으로는 굳이 치료가 필요치 아니한 아주 경미한 사고로 생각되었습니다. 그래서 청구인은 사고로 인하여 피해자의 자전거 체인이 빠져 있는 것을 보고 이를 고쳐주기까지 한 후 다음 출장수리가 예정된 서울로 향하였던 것이 결국 이 사건에까지 이르게 된 것입니다(피해자가 사고 당시 아픈데 없이 괜찮다고 진술한 사실은 수사기록에 그대로 나타나 있습니다(갑 제6호증 : 진술조서 참조)}.

나. 청구인은 이 사건 사고 후 도주의 이유가 전혀 없었습니다
청구인은 앞서 말씀 드린 바와 사고 후 곧바로 피해자의 구호조치를 위하여 이 사건 차량을 정차한 후 피해자의 상태를 직접 확인하였고, 심지어는 사고로 인하여 피해자의 자전거 체인이 빠져 있는 것을 확인하고 이를 고쳐주기까지 하였을 정도로 처음부터 도주하려는 의사는 전혀 없었습니다.

그렇다면 이 사건은 결국 청구인이 약 12년이 넘는 기간 동안 업무상 차량을 운전해 왔지만 여태껏 방어적이고 안전한 운전만을 한 결과 교통사고를 단 한 건도 내지 않았던 탓에, 그에 따른 사고처리의 미숙 및 법률의 무지에서 비롯된 것일 뿐입니다.

이를 뒷받침해줄 구체적인 근거로는 아래와 같습니다.

① 우선 이 사건 사고는 10개 항목 위반 사고도 아닌 단순 안전운전의무 불이행 사고이고, ② 가해차량이 종합보험에 가입되어 있어 사고접수만 되면 공소권 없음 처분을 받을만한 사항이며, ③ 청구인이 사고 장소 아파트 주차장에 차량을 주차한 후 그 곳에서 컴퓨터 출장수리를 하였기 때문에 아파트단지 내 CCTV에 청구인의 인상 및 가

해차량 차종 등이 모두 녹화되어 있는 상태였고, ④ 사고 당시 인근에 있던 노부부가 사고현장을 모두 목격한 사실이 있으며, ⑤ 사고 시간이 일몰 전으로 노부부 외에도 다른 아파트주민들이 사고를 충분히 목격할 수 있었던 상황이었던 점 등의 사유 때문에 만일 청구인이 도주를 하였더라도 곧바로 검거될 수밖에 없는 상황이었습니다.

그와 같은 상황에서 청구인이 사고 후 도주하려는 의사가 있었다고 하는 것은 일반의 경험과 상식에도 반하는 것입니다.

3. 청구인은 생계를 위하여 운전면허증이 반드시 필요합니다.

위 제2항에서 말씀 드린 바와 같이 청구인은 경제적인 여건 때문에 점포도없이 114 안내 전화에 광고비를 내고그곳에서안내해준고객들을대상으로출장수리를전문적으로하고있습니다.

그렇기 때문에 청구인의 업무는 차량이 없이는 전혀 불가능 한 것이고, 특히 점포 없이 이를 운영하다 보니, 이 사건 차량은 청구인이 그 곳에서 대기하며 114 안내를 통하여 걸려 온 전화를 받는 사무실의 역할 및 컴퓨터수리와 관련 된 모든 부품들을 쌓아둔 창고 역할까지 하다 보니 청구인의 업무상 차량의 필요성은 절대적입니다.

위와 같은 상황에서 만에 하나 청구인이 생계의 근간인 운전면허를 잃게 된다면 그 것은 곧 직장을 잃는 것을 의미합니다.

그렇게 된다면 그 것은 비단 청구인 개인만의 문제로 그치지 않고, 그 동안 생계의 모든 것을 전적으로 청구인에게 의존하며 살아온 가족들의 생계에도 많은 영향을 미칠 수 밖에 없는 것이고, 자칫 한 가정이 경제적인 이유 때문에 파탄에 까지 이르게 할 수도 있는 중대한 사유가 되기도 합니다.

그러한 연유로 청구인의 가족들 및 주변지인들은 청구인이 처한 현 상황을 매우 안타

까워하면서 청구인에 대한 선처를 호소하고 있는 실정입니다(갑 제7호증의 1, 2 : 각 탄원서 각 참조).

이렇듯 청구인은 전형적인 '생계형 운전자'에 해당하기에 이번 사건을 겪은 청구인의 운명은 풍전등화와 같은 상황입니다.

4. 청구인은 피해자와 원만한 합의를 이루었을 뿐만 아니라, 피해자는 청구인이 가입한 보험회사로부터도 사고인한 피해상당의 손해배상금을 수령하여 그 손해가 충분히 보전된 상태입니다.

가. 피해자와의 합의 및 피해자의 처벌불원의 의사표시

청구인은 이 사건의 경위야 어찌되었던 피해자와의 합의가 최선이라는 것을 잘 알기에, 이 사건 직후부터 피해자의 부모님을 찾아가 자신의 잘못을 머리 숙여 백배사죄하는 등 합의를 위한 최선을 노력을 다하였고, 그러한 노력의 결과 2008.12.7.피해자측과 원만한 합의를 도출하였습니다.

그와 같이 청구인이 합의를 위하여 최선을 다하는 모습을 보이자, 피해자측은 그러한 청구인의 처벌을 원치 않는다며 관련 수사기관에 탄원을 하기도 하였습니다.

나. 피해자의 보험금 수령

청구인 소유의 이 사건 차량은 청구인이 이를 소유, 사용, 관리하는 동안 생긴 교통사고로 발생한 모든 손해를 배상하여 주기로 하는 자동차종합보험(현대하이카다이렉트 보험)에 가입되어 있습니다.

그렇기 때문에 피해자는 위 보험사의 지급보증에 의하여 이 사건 사고로 인한 온전한 치료 및 손해배상이 보장된 상태였습니다.

실제로 피해자는 이 사건 사고 후 2008.10.29. 위 보험사로부터 손해배상금으로 명목으로 금 800,000원을 수령하여, 그 피해가 모두 보전된 상태입니다(갑 제8호증 : 합의서 참조).

5. 피해자는 이 사건 사고로 어떠한 치료도 필요치 아니할 정도의 아주 경미한 부상을 당하였습니다.

피해자는 이 사건 사고로 인하여 약 2주간의 치료를 요하는 우측하퇴부 좌상 등을 입은 것으로 되어있습니다.

그러나 피해자는 사고 당시 스스로 "괜찮다"고 말하였고 이는 수사기록에 나타나 있습니다. 또한 피해자는 이 사건 사고 후 병원에서 단순 검진만 받고 단 하루 입원치료를 받지 아니하였을 만큼 실제로는 어떠한 치료도 필요치 아니할 정도의 아주 경미한 부상을 당한 사고였습니다.

참고로, 이 사건과 같은 아주 경미한 사고의 경우, 교통사고 가경위에 비추어 극히경미하고, 피해자들이 입었다는 통증은 굳이 치료를 받지 않더라도 일상생활을 하는데 아무런 지장이 없고 시일이 경과함에 따라 자연적으로 치유될 수 있는 정도라고 보이며, 그와 같은 통증으로 인하여 신경체의 완전성이 손상되고 생활기능에 장애가 왔다거나 건강상태가 불량하게 변경되었다고 보기는 어렵다면 이를 형법성 '상해'에 해당한다고 할 수 없다.

피청구인이 비록 사고 후 피해자에 대한 구호조치를 취하지 않은 채 사고현장을 이탈하였다고 하더라도 위와 같이 형법상 '상해'가 발생하지 아니하였다면 그러한 행위는 도주운전죄에 해당하지 않는다(전주지방법원 2008. 9. 19. 선고 2008고정78호 특정범죄가중처벌 등에 관한 법률위반(도주차량) 사건]는 이유로 무죄를 선고한 선례도 있습니다(갑 제9호증 : 판결문 참조).

6. 이 사건 처분은 재량권의 한계를 일탈하였거나 재량권을 남용한 것으로 위법합니다.

그 이유는 다음과 같습니다.

통상, 피청구인과 같은 행정청은 청구인에게 이 사건과 같은 행정처분을 하기로 결정하기에 앞서 청구인이 도주운전을 하게 된 경위, 위반의 정도와 내용, 청구인의 위반행위 전력 유무, 그 처분으로 인한 청구인이 입게 될 불이익 등을 그 처분으로 달성하고자 하는 공익목적과 충분히 비교형량하여 결정하여야 합니다.

위에서 말씀드린 것처럼 청구인은 약 12년이 넘는 오랜 기간 동안 운전을 해오면서 단한 차례의 교통사고를 낸 적도 없고, 특히 이 사건 사고와 같은 인적 사고는 난생처음겪는 일입니다.

또한, 청구인은 이 사건 사고 후 곧바로 피해자의 구호조치를 위하여 이 사건 차량을 정차한 후 피해자의 상태를 직접 확인하였고, 심지어는 사고로 인하여 피해자의 자전거 체인이 빠져 있는 것을 확인하고 이를 고쳐주기까지 하였을 정도로 처음부터 도주하려는 의사는 전혀 없었을 만큼, 이 사건 사고는 청구인의 사고처리의 미숙 및 법률의 무지에서 비롯된 것일 뿐입니다.

이러한 청구인이 단 한 번의 실수로 인해 운전면허를 잃게 된다는 것은 아주 부당한 일입니다.

그 밖에도 청구인이 피해자와 원만한 합의를 이루었고, 이와 별도로 피해자는 청구인이 가입한 보험회사로부터도 사고로 인한 피해상당의 손해배상금을 수령하여 그 손해가 모두 보전된 점, 피해자가 청구인의 처벌을 불원하는 점, 피해자의 부상의 정도가 사고 후 단순 검진만 받고 단 하루도 입원치료를 받지 아니하였을 만큼 아주 경미한 사고였던 점, 청구인이 현재의 직업을 계속 유지하기 위해서는 자동차운전이 필수적인 점, 청구인이 생계의 근간인 운전면허를 잃게 된다면 청구인의 가족들 모두가 막대한 타격을 입게 되고 생계마저 위협받게 되는 점 등 기타 이 사건에 나타난 여러 사정들을 종합적으로 고려할 때,

청구인에 대한 이 사건 처분은 그에 의하여 실현하고자 하는 공익적 목적을 감안하더라도 제반 사정에 비추어 지나치게 가혹하여 행정법상의 비례의 원칙이나 과잉금지의 원칙에 반하는 것으로 볼 수 밖에 없습니다.

따라서 청구인은 피청구인의 이 사건 처분이 재량권의 한계를 일탈하였거나 재량권을 남용한 것으로 위법합니다.

7. 결   론

그러므로 청구인은 피청구인의 이 사건 처분이 위와 같이 위법함을 이유로 그 취소를 구하기 위하여 이 사건 심판청구에 이른 것입니다

입 증 방 법

1. 갑 제1호증		자동차운전면허 취소결정통지서
1. 갑 제2호증		임시운전증명서
1. 갑 제3호증		사업자등록증
1. 갑 제4호증		주민등록등본
1. 갑 제5호증		전화요금납부고지서
1. 갑 제6호증		진술조서
1. 갑 제7호증의 1, 2		각 탄원서
1. 갑 제8호증		합의서
1. 갑 제9호증		판결문
1. 갑 제10호증		반성문

첨 부 서 류

1. 위 각 입증방법   각 1부
1. 심판청구서 부본   1부
1. 소송위임장   1부
1. 담당변호사지정서   1부

2000. 12. .

청구인의 변호인

법무법인 00

담당변호사   김 00

한 00

국무총리행정심판위원회   귀중

[서식] 자동차 운전면허취소처분 취소심판 청구서

행 정 심 판 청 구

청 구 인	이 름	○○○	주민등록 번 호	111111-1111111
	주 소	○○시 ○○구 ○○길 ○○		
선정대표자, 관리인 또는 대리인	○○○ (또는 대리인 변호사 ○○○) ○○시 ○○구 ○○길 ○○(우편번호 ○○○ - ○○○)			
피 청 구 인	△△지방경찰청장	재 결 청	경 찰 청 장	
청구대상인 처분내용 (부작위의 전제가 되는 신청내용일자)	피청구인이 20○○. ○. ○. 청구인에 대하여 한 자동차 운전면허 취소처분			
처분 있음을 안 날	20○○년 ○월 ○일			
심판청구취지 이유	별지기재와 같음			
피청구인의 행정심판 고지유무	20○○년 ○월 ○일	고 지 내 용	자동차면허 취소	
증거서류	재직증명서, 경력증명서, 전세계약서, 주민등록등본 (또는 1. 별지기재와 같음)			
근거법조	행정심판법 제28조, 동법시행령 제20조			

위와 같이 행정심판을 청구합니다.

20○○년 ○월 ○일
청 구 인 ○ ○ ○ (인)
(또는 대리인 변호사 ○ ○ ○ ㊞)

△△ 지방경찰청장 귀하

첨부서류	청구서부본		수 수 료	없 음

청 구 취 지

피청구인이 20○○. ○. ○. 청구인에 대하여 한 자동차운전면허(면허번호 : 서울○○
-○○-○○○○○-○)의 취소처분을 취소한다.
라는 재결을 구합니다.

청 구 원 인

1. 청구인의 운전면허취득 및 피청구인의 운전면허취소처분 청구인은 1990. 5. 31. 서
   울특별시 지방경찰청장으로부터 제1종 보통 자동차운전면허(면허번호 : 서울○○-
   ○○-○○○○○-○)를 취득한 후 10년 동안 음주운전 전력 없이 운전을 하여 오
   던 중 20○○. ○. ○. 23:00경 경찰관의 음주측정요구에 불응하였다는 이유로 피
   청구인은 20○○. ○. ○. 도로교통법 제93조의 규정을 들어 청구인의 위 운전면허
   를 취소하는 처분을 하였습니다.

2. 이 사건의 경위
   가. 청구인은 농민들이 생산하는 유기 농산물을 중간 유통과정을 거치지 않고 도시
       소비자들에게 직거래 공급하는 "사단법인 ☆☆"의 기획관리부 부장으로 근무하
       고 있습니다.
   나. 청구인은 20○○. ○. ○. 19:30경 사직원을 제출한 부하직원 □□□을 설득하
       여 사표제출의 철회를 권유하였으나 주장을 굽히지 않기에 저녁을 먹으면서 설
       득시켜 보려고 외투와 가방을 사무실에 두고 식당으로 자리를 옮겨 저녁식사를
       하면서 사표철회를 계속 설득하였습니다.
   다. 청구인과 위 □□□은 저녁식사를 하면서 소주 1병과 맥주 1병을 시켜 나누어 마
       시면서 사표철회를 종용하였으나 설득이 되지 않아 "가족들과 상의한 후 내일 다
       시 의논하자"고 말하고 22:00경 식당을 나왔으며, 식당을 나온 후 위 □□□을

먼저 보내려고 택시를 잡으려고 하였지만 20분이상이 지나도 택시를 잡을 수가 없었습니다.

라. 그날따라 날씨가 너무 추운데다가 길거리에서 20분이상 서성거리다보니 직원 ㅁㅁㅁ이 춥고 한기가 든다고 하면서 청구인에게 회사차량으로 전철역까지만 태워 줄 것을 부탁하기에 청구인은 춥고 한기가 든다는 위 ㅁㅁㅁ의 말을 거절할 수가 없어 100미터 정도 떨어진 도로 건너편 사무실에 가서 골목에 세워 둔 회사 업무용 차량을 운전하여 위 ㅁㅁㅁ을 태우고 ○○전철역까지 바래다주러 가다가 약 100미터 정도 운행한 ○○사거리 부근 현대아파트 신호등 앞에서 신호대기 중 경찰관으로부터 음주측정요구를 받았습니다.

마. 청구인은 경찰관으로부터 음주측정을 요구받고 3차례에 걸쳐 입에 대고 불면서 측정에 응하였으나 너무 당황하고 놀란 나머지 기준대로 음주측정을 하지 못함으로서 측정거부로 입건되어 운전면허가 취소된 것입니다.

바. 청구인은 위 ㅁㅁㅁ을 ○○전철역까지 태워주고 다시 사무실로 돌아와서 외투와 가방을 가지고 좌석버스를 타고 가려고 위 외투와 가방을 사무실에 그대로 두고 가던 중이었기 때문에 청구인의 집인 분당까지 운전할 의사는 당초부터 전혀 없는 상태였습니다.

3. 운전면허취소처분의 위법부당성

가. 피청구인의 청구인에 대한 이건 면허취소처분은 도로교통법 제93조의 규정에 의하여 마련된 동법 시행규칙 제91조 제1항 [별표 28]의 운전면허행정처분의 기준의 "2항 취소처분개별기준 중 3"에 의하고 있고, 위 [별표 28] 운전면허행정처분의 2. 취소처분개별기준 중 3 기준에 의하면 "술에 취한 상태에서 운전하거나 술에 취한 상태에서 운전하였다고 인정할 만한 상당한 이유가 있음에도 불구하고 경찰공무원의 측정요구에 불응한 때"에는 운전자의 운전면허를 취소하도록 규정하고 있습니다.

나. 그런데 위 시행규칙 제91조 제1항 [별표 28]의 운전면허행정처분 기준은 그 규정의 성질과 내용으로 보아 운전면허의 취소처분 등에 관한 행정청 내부의 사무처

리준칙을 규정한 것으로 행정조직 내부의 관계행정기관이나 직원을 기속함에 그치고 법원이나 국민을 기속하는 효력은 없다고 보아야 한다는 것이 대법원 판례(1990. 10. 16. 선고 대법원 90누4297호 판결, 1989. 11. 24. 선고 대법원 89누4055호 판결 등)임에도 피청구인은 청구인이 도로교통법 제44조 제1항을 위반하고 위 [별표 28]의 운전면허취소처분의 개별기준(음주측정불응)에 해당된다는 사유만으로 곧바로 이건 처분을 하였고, 또한 피청구인의 이건 취소처분을 하기에 앞서서 그로써 달성하려는 공익목적과 개인이 입는 피해의 정도 등 제반사정을 마땅히 비교형량하여 판단하여야 함에도 불구하고 아래와 같은 청구인의 특별한 사정을 전혀 고려함이 없이 일방적으로 행하여진 이건 취소처분은 재량권을 일탈 내지 남용한 위법이 있다 할 것입니다.

4. 청구인의 특별한 사정

가. 청구인은 ◎◎대학교 대학원에서 식품자원 경제학을 전공하고 현재 박사과정을 밟으면서 이론을 실무에 접목시키기 위해 농민과 소비자간의 유기농산물 직거래운동을 통해 도시와 농촌간의 삶의 연대폭을 넓혀 가는 일을 추진하는 농수산부인가 비영리 사단법인 ☆☆이란 법인체에 근무하면서 사회활동을 해오고 있습니다.

나. 청구인은 대학원에서 전공한 학문을 현실에 접목시키는 사회운동을 하느라고 전국 방방곡곡의 농촌을 다니면서 유기농업 또는 무농약농업을 하는 농민들을 발굴하고 또 이들이 생산한 유기농산물 및 환경농산물을 도시소비자 회원들에게 적극 홍보하여 도시와 농촌의 교류를 통해 친환경적인 농업생산기반과 안전한 먹거리 문화를 만드는 운동을 해왔습니다.

다. 청구인은 이와 같은 사회운동을 하느라고 1개월에 20일 이상을 유기농산물, 환경농산물을 재배하는 농민들을 발굴하기 위해 전국 방방곡곡을 돌아다니고 있으며, 현재 사단법인 한 살림의 전국 회원 수는 33,000가구가 되며, 이들이 생산한 유기농산물을 직원들과 함께 차량으로 운반하여 이를 도시소비자들에게 공급하는 일까지 겸하고 있습니다.

라. 그러므로 청구인은 단 한시라도 차량 없이는 활동할 수가 없는 실정에 있으며 또

한 운전면허가 취소되면 직장에서도 해고될 처지에 있습니다.

마. 청구인은 처와 딸 1명을 그리고 시골의 노부모를 부양하고 있는데 면허취소로 직장에서 해고될 경우 생계가 막막할뿐더러 박사학위논문 준비에 많은 지장을 초래케 됩니다.

바. 이 사건 음주운전은 인명 피해나 대물 피해가 없는 단순 음주운전으로서 경찰관의 음주측정요구를 받고 너무 당황하여 후후하면서 3번이나 불었으나, 수치가 정확히 나오지 않자 담당 경찰관이 소극적으로 불었다는 이유로 경찰서로 연행하여 측정거부로 입건한 것입니다.

사. 청구인은 당시 술을 조금 마셨기 때문에 음주측정을 정확히 했을 경우에도 면허정지에 해당하는 수치가 나왔을 정도였으며, 당시 청구인은 우봉진을 전철역까지 태워주고 사무실로 다시 돌아와서 주차해 두고 가려고 외투와 박사학위논문 작성에 필요한 자료가 들어 있는 가방을 사무실에 두고 갔습니다.

아. 청구인이 운전한 거리는 약100미터 정도밖에 되지 않는 짧은 거리였습니다.

자. 청구인은 음주운전 전력이 없습니다.

5. 결론

위에서 보는 바와 같이 청구인의 이 사건 음주운전의 경위, 음주량, 음주운전거리, 음주운전 전력이 없는 점, 박사과정을 밟으면서 한편으로 유기농산물 재배농가를 발굴하기 위해 1개월에 20일간 전국 방방곡곡을 찾아다니고 있는 점, 운전면허가 취소되면 직장에서 해고되는 점, 해고될 경우 생계가 막막한 점 등을 참작할 때에 이 사건 운전면허취소처분은 그로 인하여 달성하려는 공익목적보다는 청구인 및 그 가족이 받게 되는 불이익이 더욱 크다 할 것이어서 이는 법에 의하여 부여된 재량권의 범위를 일탈하거나 남용한 위법한 처분이므로 그 취소를 구하고자 청구에 이르렀습니다.

입 증 방 법

1. 소갑 제1호증　　　　　　　　　면허취소결정통지서

1. 소갑 제2호증	재직증명서
1. 소갑 제3호증	운전경력증명서
1. 소갑 제4호증	음주경위서(○○○)
1. 소갑 제5호증	주민등록증 사본
1. 소갑 제6호증	자술서
1. 소갑 제7호증	탄원서
1. 소갑 제8호증	주민등록증 사본

첨 부 서 류

1. 위 입증방법	각 1통
1. 심판청구서부본	1통
1. 위임장	1통

20○○년   ○월   ○일

위 청구인의 대리인

변호사   ○   ○   ○ (인)

△△지방경찰청장 귀중

[참고] 1. 제출기관 : 피청구인 또는 행정심판위원회(행정심판법 23조)

　　　　2. 청구기간 : 처분이 있음을 안 날로부터 90일, 처분이 있은 날로부터 180일

　　　　3. 피청구인 : 처분을 행한 행정청

　　　　4. 청구인 : 피처분자

　　　　5. 제출부수 : 청구서 및 부본 각 1부

[서식] 자동차 운전면허취소처분 취소심판 청구서

<table>
<tr><td colspan="5" align="center">행 정 심 판 청 구</td></tr>
<tr><td rowspan="2">청 구 인</td><td>이 름</td><td>○ ○ ○</td><td>주민등록
번 호</td><td>111111-1111111</td></tr>
<tr><td>주 소</td><td colspan="3">○○시 ○○구 ○○길 ○○</td></tr>
<tr><td>선정대표자, 관리인
또는 대리인</td><td colspan="4">○ ○ ○ (또는 대리인 변호사 ○ ○ ○)
○○시 ○○구 ○○길 ○○(우편번호 ○○○ - ○○○)</td></tr>
<tr><td>피 청 구 인</td><td>△△지방경찰청장</td><td colspan="2">재 결 청</td><td>경 찰 청 장</td></tr>
<tr><td>청구대상인 처분내용
(부작위의 전제가 되는
신청내용일자)</td><td colspan="4">피청구인이 20○○. ○. ○. 청구인에 대하여 한 자동차 운
전면허 취소처분</td></tr>
<tr><td>처분 있음을 안 날</td><td colspan="4">20○○년 ○월 ○일</td></tr>
<tr><td>심판청구취지 이유</td><td colspan="4">별지기재와 같음</td></tr>
<tr><td>피청구인의 행정심판
고지유무</td><td colspan="2">20○○년 ○월 ○일</td><td>고 지 내 용</td><td>자동차면허 취소</td></tr>
<tr><td>증거서류</td><td colspan="4">재직증명서, 경력증명서, 전세계약서, 주민등록등본
(또는 1. 별지기재와 같음)</td></tr>
<tr><td>근거법조</td><td colspan="4">행정심판법 제28조, 동법시행령 제20조</td></tr>
<tr><td colspan="5" height="80"></td></tr>
<tr><td colspan="5">위와 같이 행정심판을 청구합니다.

 20○○년 ○월 ○일
청 구 인 ○ ○ ○ (인)
(또는 대리인 변호사 ○ ○ ○ ㊞)
△△ 지방경찰청장 귀하

</td></tr>
<tr><td>첨부서류</td><td colspan="2">청구서부본</td><td>수 수 료</td><td>없 음</td></tr>
</table>

(별지)

심 판 청 구 취 지

피청구인이 청구인에 대하여 한 20○○년 ○월 ○일자 제○○○호 자동차운전면허(서울 ○종보통, 면허번호 : ○○○호)를 취소한다라는 운전면허취소처분을 취소한다.
라는 재결을 구합니다.

심 판 청 구 이 유

1. 사건개요

청구인은 20○○. ○월경 서울에서 자동차운전면허(○종 보통)를 취득하고 그 뒤 계속해서 청구인 소유 자동차를 스스로 운전해 오던 중 20○○년 ○월 ○일 ○○시경 ○○시 ○○구 ○○길 ○○번지 앞도로에서 음주운전(혈중알콜농도 ○퍼센트)을 했다는 이유로 피청구인에 의해 같은 해 ○월 ○일 운전면허를 취소당하였고 다음날 취소처분통지를 받았습니다.

2. 피청구인의 처분의 위법 및 부당성

(1) 청구인은 20○○년 ○월 ○일 ○○시경 친구인 청구외 ㅁㅁㅁ집에서 소주1잔을 마시고 청구인의 자동차를 운전하여 귀가를 하던 중 경찰관에 의해 음주측정을 당하였습니다.

(2) 당시 음주측정을 하여 혈중알콜농도가 ○○%로 나타났는데, 음주측정결과는 청구인이 마신 술의 양, 음주후에 경과된 시간, 주취상태 및 음주후 운전태도, 운전거리 및 음주운정으로 인해 사고가 없던 점 등에 비춰볼 때 위 수치는 믿기 어려운 수치입니다.

(3) 한편, 청구인은 운전업에 종사하는 자로 20○○년 ○월 ○일 ○○지역의 어민들이 생산한 생선 등을 매일 ○○지역까지 운반해 주기로 계약을 체결한 상태인데,

만일 피청구인의 청구인에 대한 이건 운전면허취소처분이 취소되지 않는다면, 1년간 운전면허를 취득하지 못하여 생업에 막대한 지장을 받는 것은 변론하고 위 운송계약을 파기하게 되어 막대한 손해배상을 부담해야할 처지에 있습니다.

(4) 따라서 청구인의 이러한 제반 사정들을 잘 알고 있으면서 단지 음주측정기의 기계적인 수치만을 믿고 청구인의 운전면허를 취소한 피청구인의 이건 운전면허취소처분은 위와 같은 제반 사정에 비추어 볼 때 너무 가혹하며 적절한 재량권의 범위를 벗어난 위법, 부당한 처분이라 할 것입니다.

3. 따라서 위와 같은 제반 사정에 비춰볼 때 피청구인의 청구인에 대한 이건 운전면허취소는 재량권의 범위를 벗어난 위법, 부당한 처분이라 할 것이므로, 청구인은 신청취지와 같은 결정을 구하고자 부득이 이건 청구에 이르게 되었습니다.

입 증 방 법

1. 소갑 제1호증   자동차운전면허취소통지서
1. 소갑 제2호증   인우보증서

첨 부 서 류

1. 위 입증방법   각 1통
1. 심판청구서부본   1통

△ △ 지 방 경 찰 청 장

[서식] 자동차 운전면허정지처분 취소심판 청구서

<table>
<tr>
<td colspan="5" align="center">행 정 심 판 청 구</td>
</tr>
<tr>
<td rowspan="2">청 구 인</td>
<td>이 름</td>
<td>ㅇ ㅇ ㅇ</td>
<td>주민등록번호</td>
<td>111111-1111111</td>
</tr>
<tr>
<td>주 소</td>
<td colspan="3">ㅇㅇ시 ㅇㅇ구 ㅇㅇ길 ㅇㅇ</td>
</tr>
<tr>
<td>선정대표자, 관리인 또
는 대리인</td>
<td colspan="4">ㅇ ㅇ ㅇ (또는 대리인 변호사 ㅇ ㅇ ㅇ)
ㅇㅇ시 ㅇㅇ구 ㅇㅇ길 ㅇㅇ</td>
</tr>
<tr>
<td>피 청 구 인</td>
<td colspan="2">△△지방경찰청장</td>
<td>재 결 청</td>
<td>경 찰 청 장</td>
</tr>
<tr>
<td>청구대상인 처분내용
(부작위의 전제가 되는
신청내용·일자)</td>
<td colspan="4">피청구인이 20ㅇㅇ. ㅇ. ㅇ. 청구인에 대하여 한 자동차 운전면
허 정지처분</td>
</tr>
<tr>
<td>처분있음을 안날</td>
<td colspan="4">20ㅇㅇ. ㅇ. ㅇ.</td>
</tr>
<tr>
<td>심판청구취지·이유</td>
<td colspan="4">(별지 기재와 같음)</td>
</tr>
<tr>
<td>피청구인의 행정심판
고지유무</td>
<td colspan="2">20ㅇㅇ년 ㅇ월 ㅇ일</td>
<td>고지내용</td>
<td>자동차면허 정지</td>
</tr>
<tr>
<td>증거서류(증거물)</td>
<td colspan="4">재직증명서, 경력증명서, 전세계약서, 주민등록등본
(또는 1. 별지기재와 같음)</td>
</tr>
<tr>
<td>근거법조</td>
<td colspan="4">행정심판법 제28조, 동법시행령 제20조</td>
</tr>
<tr>
<td colspan="5">

위와 같이 행정심판을 청구합니다.

　　　　　　　20ㅇㅇ년　ㅇ월　ㅇ일

　　　　　　　위 청구인　ㅇ ㅇ ㅇ　(인)

　　　　　　　(또는 대리인 변호사　ㅇ ㅇ ㅇ ㉑)

△ △ 지방경찰청장　　　　　귀하

</td>
</tr>
<tr>
<td colspan="4" rowspan="2">※ 첨부서류 : 청구서부본</td>
<td>수수료</td>
</tr>
<tr>
<td>없 음</td>
</tr>
</table>

심 판 청 구 취 지

피청구인이 20○○. ○. ○. 청구인에 대하여 한 자동차 운전면허 정지처분을 취소한다. 라는 재결을 구합니다.

심 판 청 구 이 유

1. 청구인은 19○○. ○. ○. ○○북도 지사로부터 제1종 보통 운전면허증을 취득하여 ○○정기화물주식회사에서 8ton 화물자동차를 운전한 것을 시작으로 현재까지 줄곧 자동차 운전으로 생업을 유지해 왔으며 주식회사 ○○화학의 화물자동차 운전기사로 재직하고 있었습니다.

2. 청구인의 음주경위
   가. 청구인은 20○○. ○. ○. ○○:○○경 ○○동 소재 형님집에서 형님과 함께 맥주 3홉들이 2병을 나눠 마시고 새벽 0시 20분경 가족들을 태우고 귀가하던 도중 집근처 대로변에서 간이검문소를 설치하고 운전자의 음주측정을 실시하고 있는 경찰관의 지시에 따라 음주측정에 응하였습니다.
   나. 당시 청구인은 형님집에 가족들과 함께 차로 갔기 때문에 맥주컵으로 1잔반 정도밖에 마시지 않았고 또한, 술 마신 후 3~4시간을 보냈으므로 이전의 경험에 비추어 음주측정을 받아도 아무 문제가 없으리라 생각하여 순순히 측정에 응하였던 것입니다. 또한 측정결과도 단속기준에 해당하지 않았던지, 측정결과를 확인하던 경찰관은 고개를 갸우뚱하며 "또 기계가 잘못됐나…"하고 혼잣말하며 다시 측정해보자고 하여 이에 응하였습니다. 그런데도 음주측정수치가 생각했던 것만큼 나오지 않았던지 재차 측정을 요구하였습니다.
   다. 3차 측정결과 그 수치가 0.085%가 나왔다고 기계를 청구인에게 내밀며 운전면허정지사유에 해당한다고 하였습니다. 이에 대해 본인은 그 측정결과를 인정할 수 없으므로 재차 공정하고 정확한 측정을 요구하였습니다. 단속경찰관은 종전에 사용하였던 측정기를 가지고 재차 2회 측정하며 단속기준인 면허정지에 해당한다는 말만 반복하였습니다. 청구인은 이 결과는 도저히 인정할 수 없다고 항변하였으나, 이는 받아들여지지 않았습니다.

라. 그후 청구인은 경찰서에서도 이러한 측정결과를 도저히 인정할 수 없다고 하였음에도 청구인의 주장은 끝내 받아들여지지 않았습니다.

3. 이상과 같이 이건 음주측정 결과는 공정하고 정확한 측정결과가 아니므로 이를 근거로 피청구인이 청구인의 운전면허를 정지함은 부당하며, 또한 가사 실제 음주측정치가 0.085%라 하더라도 청구인이 운전을 하게된 경위, 음주의 정도 기타 제반 사정을 고려한다면 피청구인의 운전면허 정지처분은 재량권을 일탈 혹은 남용한 행위라 보여지므로 그 처분을 취소하여 주시기 바랍니다.

입 증 방 법

1. 소갑 제1호증	자동차운전면허정지통지서
1. 소갑 제2호증	재직증명서
1. 소갑 제3호증	경력증명서
1. 소갑 제4호증	주민등록등본
1. 소갑 제5호증	탄원서(회사동료)

첨 부 서 류

1. 위 입증방법	각 1통
1. 심판청구서부본	1통
1. 위임장(변호사선임시)	1통

20○○년 ○월 ○일

위 청구인의 대리인

변호사 ○ ○ ○ (인)

△△광역시 △△경찰청장 귀하

[서식] 자동차 운전면허취소처분 취소심판 청구서

<table>
<tr><td colspan="4" align="center">행 정 심 판 청 구</td></tr>
<tr><td rowspan="2">청 구 인</td><td>이 름</td><td>○ ○ ○</td><td>주민등록번호</td><td>111111-1111111</td></tr>
<tr><td>주 소</td><td colspan="3">○○시 ○○구 ○○길 ○○</td></tr>
<tr><td>선정대표자, 관리인 또
는 대리인</td><td colspan="4">○ ○ ○ (또는 대리인 변호사 ○ ○ ○)
○○시 ○○구 ○○길 ○○</td></tr>
<tr><td>피 청 구 인</td><td colspan="2" align="center">△△지방경찰청장</td><td align="center">재 결 청</td><td align="center">경 찰 청 장</td></tr>
<tr><td>청구대상인처분내용
(부작위의 전제가 되는
신청내용·일자)</td><td colspan="4">피청구인이 20○○. ○. ○. 청구인에 대하여 한 자동차 운전면
허 취소처분</td></tr>
<tr><td>처분있음을 안날</td><td colspan="4">20○○. ○. ○.</td></tr>
<tr><td>심판청구취지·이유</td><td colspan="4">(별지 기재와 같음)</td></tr>
<tr><td>피청구인의 행정심판
고지유무</td><td colspan="2">20○○년 ○월 ○일</td><td>고지내용</td><td>자동차면허 취소</td></tr>
<tr><td>증거서류(증거물)</td><td colspan="4">재직증명서, 경력증명서, 전세계약서, 주민등록등본
(또는 1. 별지기재와 같음)</td></tr>
<tr><td>근거법조</td><td colspan="4">행정심판법 제28조, 동법시행령 제20조</td></tr>
<tr><td colspan="5">

위와 같이 행정심판을 청구합니다.

        20○○년　○월　○일

        위 청구인　○　○　○　(인)

        (또는 대리인 변호사　○　○　○　㊞)

△ △ 지방경찰청장　　　　　귀하

</td></tr>
<tr><td colspan="3" rowspan="2">※ 첨부서류 : 청구서부본</td><td colspan="2">수수료</td></tr>
<tr><td colspan="2">없 음</td></tr>
</table>

청 구 취 지

피청구인이 20○○. ○. ○. 청구인에 대하여 한 자동차운전면허취소처분을 취소한다.
라는 재결을 구합니다.

청 구 이 유

1. 처분의 경위

청구인은 20○○. ○. ○. ○○시장으로부터 1종보통 자동차운전면허(면허번호 ○○
○○○○-○○○-○○)을 취득하였는데, 20○○. ○. ○. 23:50경 서울 ○○구 ○
○길 소재 ☆☆단란주점 앞길에서 같은 구 ○○길 ○○번지 소재 ★★슈퍼 앞까지 약
300m 상당 거리를 청구인 소유의 서울 ○가○○○○호 ○○○승용차를 운전하여 가
다가 단속경찰관에게 적발되었으며 당시의 음주측정결과 주취정도는 혈중알콜농도
0.125%로 나타났습니다. 이에 피청구인은 20○○. ○. ○. 청구인에 대하여 도로교
통법 제93조 제1항 제1호, 제44조 제1항, 도로교통법시행규칙 제91조 제1항 별표 28
을 적용하여 위 1종 보통 자동차운전면허를 취소하는 내용의 처분을 하였습니다.

2. 처분의 적법 여부

청구인은 소외 ○○주식회사에서 근무하는 사람으로서 회사동료들과 같이 20○○.
○. ○. 19:30경부터 서울 ○○구 ○○길 소재 ○○갈비집에서 오랜만에 회식을 하
면서 맥주 몇 잔을 마시고, 인근 ○○단란주점에서 다시 맥주와 양주 몇 잔을 마시고
2~3시간이 경과한 후 밖으로 나와 보니 시간이 너무 늦어 택시를 잡기도 어려운 지
역이라 같은 방향의 동료들을 태우고 약 300m를 운전하여 가던 중 위 서울 ○○구
○○길 ○○번지 앞 노상에서 음주운전 단속중인 경찰관에게 적발되었던 것입니다.
그런데 청구인은 1971. 12. 12. 생으로서 ○○대학 ○○과를 졸업하고 19○○년경부
터 위 회사에 입사하여 영업업무를 하여 왔으며, 청구인의 전세금 ○○○원의 전세

집에서 월급만으로 처와 1명의 자녀를 부양하여 오고 있습니다. 한편 청구인은 20○○. ○. ○. 제1종 보통자동차운전면허를 취득한 이래 운전업무에 종사하여 오면서 이 사건 이외에는 음주운전을 한 사실이 없고, 영업업무의 속성상 출장이 빈번하여 기동성이 필요하므로 자가운전이 직업상 필수적입니다.

따라서 청구인이 이 사건 음주운전을 하게 된 동기 및 경위, 당시의 주취정도, 음주운전한 거리, 청구인이 영업업무에 종사하는 자로서 직업속성상 자가운전이 필수적인 점 등에 비추어 보면, 이 사건 취소처분은 그 위반의 정도에 비하여 청구인에게 미치는 불이익이 너무 가혹하여 재량권을 남용하였거나 그 범위를 일탈한 위법이 있으므로 취소되어야 할 것입니다.

입 증 방 법

1. 소갑 제1호증	자동차운전면허취소통지서
1. 소갑 제2호증	재직증명서
1. 소갑 제3호증	경력증명서
1. 소갑 제4호증	주민등록등본
1. 소갑 제5호증	전세계약서
1. 소갑 제6호증	탄원서(회사동료)

첨 부 서 류

1. 위 입증방법	각 1통
1. 심판청구서부본	1통
1. 위임장(변호사선임시)	1통

△ △ 지 방 경 찰 청 장

[서식] 자동차 운전면허정지처분 취소심판 청구서

행 정 심 판 청 구				
청 구 인	이 름	○○○	주민등록번호	111111-1111111
	주 소	○○시 ○○구 ○○길 ○○		
선정대표자 관 리 인 또 는 대 리 인				
피 청 구 인	○○지방경찰청장		재 결 청	경 찰 청 장
청구대상인 처분내용 (부작위의 전체가 되는 신 청 내 용 일 자)	자동차운전면허정지처분			
처분 있음을 안 날	20 ○○. ○. ○.			
심판청구취지 이유	(별지 기재와 같음)			
처분청의 고지유무	있 음		고 지 내 용	자동차운전면허정지
증 거 서 류 (증 거 류)	(별지 기재와 같음)			
근 거 법 조	행정심판법 제19조, 동법시행령 제18조			

위와 같이 행정심판을 청구합니다.

20○○년 ○월 ○일

위 청구인 ○ ○ ○ (인)

○ ○ 지 방 경 찰 청 장 귀 하

첨부서류	청구서부본		수 수 료	없 음

심 판 청 구 취 지

피청구인이 20○○. ○. ○.자로 음주운전을 사유로 청구인에 대하여 한 자동차운전면허 정지처분은 이를 취소한다.
라는 재결을 구합니다.

심 판 청 구 이 유

1. 청구인은 19○○.경 제1종 보통운전면허를 취득하여 운전해오다가 19○○. ○. ○. ○○시장으로부터 개인택시 운송사업면허를 발급받아 운전으로 생계를 이어가고 있는 개인택시 운전자입니다.

2. 청구인은 20○○. ○. ○.경 친구의 아들 결혼식에 참석했다가 친구들과 식사를 하면서 약간의 술을 마시고 있던 중 당시 예식장 주차장에 공간이 없어 골목에 주차를 해두었는데 안쪽에 있던 차량의 소유자가 차를 빼달라고 요구하여 골목길이고 약간만 움직이면 될 것 같아 약 7미터정도 운전하여 차를 빼주게 되었는데 그때 마침 골목 바깥을 지나던 승용차와 접촉하게 되어 음주측정을 하게 된 것이고 전혀 운행을 하기 위한 운전이 아니었습니다.

3. 이와 같이 청구인은 단지 주차중인 차를 다른 차량의 운행을 위하여 비켜주는 과정이었지 결코 차를 운행하기 위한 운전이 아니었으며, 평생 운전으로 생계를 유지해오고 있어 ○○○일간의 운전면허정지처분은 당장 생계를 위협하고 있는 바, 청구인이 음주하게 된 동기 기타 제반 정상을 참작할 때 피청구인으로부터의 행정처분은 부당하므로 20○○. ○. ○. 정지한 운전면허 행정처분을 취소하여 주시기 바랍니다.

입 증 방 법

1. 소갑 제1호증　　　　　　　자동차운전면허취소 통지서
1. 소갑 제2호증　　　　　　　　　　　　청첩장
1. 소갑 제3호증　　　　　　　　　　주민등록등본
1. 소갑 제4호증　　　　　　　　　　진술서(본인)
1. 소갑 제5호증　　　　　사실확인서(결혼식 혼주)

첨 부 서 류

1. 위 입증방법　　　　　　　　　　　각 1통
1. 심판청구서부본　　　　　　　　　　　1통

△ △ 지 방 경 찰 청 장 귀 중

[서식] 자동차 운전면허취소처분 취소심판 청구서

행 정 심 판 청 구

청 구 인	이 름	○ ○ ○	주민등록 번 호	111111–1111111
	주 소	○○시 ○○구 ○○길 ○○		

선정대표자, 관리인 또는 대리인	○ ○ ○ (또는 대리인 변호사 ○ ○ ○) ○○시 ○○구 ○○길 ○○(우편번호 ○ ○ ○ – ○ ○ ○)		
피 청 구 인	△△지방경찰청장	재 결 청	경 찰 청 장
청구대상인 처분내용 (부작위의 전제가 되는 신청내용일자)	피청구인이 20○○. ○. ○. 청구인에 대하여 한 자동차 운전면허 취소처분		
처분 있음을 안 날	20○○년 ○월 ○일		
심판청구취지 이유	별지기재와 같음		
피청구인의 행정심판 고지유무	20○○년 ○월 ○일	고 지 내 용	자동차면허 취소
증거서류	재직증명서, 경력증명서, 전세계약서, 주민등록등본 (또는 1. 별지기재와 같음)		
근거법조	행정심판법 제28조, 동법시행령 제20조		

위와 같이 행정심판을 청구합니다.

20○○년 ○월 ○일

청 구 인 ○ ○ ○ (인)

(또는 대리인 변호사 ○ ○ ○ ㉑)

△△ 지방경찰청장 귀하

첨부서류	청구서부본	수 수 료	없 음

심 판 청 구 취 지

피청구인이 20○○. ○. ○. 청구인에 대하여 한 자동차운전면허 (대구 제1종 보통
○-○○○○○○-○○호)의 취소처분을 취소한다.
라는 재결을 구합니다.

심 판 청 구 원 인

1. 청구인은 1995. 6.경 ○○운전면허시험장에서 자동차운전면허(1종보통)를 취득하
   고 그 뒤 계속해서 원고 소유 승용차를 스스로 운전해 오던 중 20○○. ○. ○○. 1
   9:00경 음주운전을 하였다는 이유로 20○○. ○. ○. 피청구인에 의하여 운전면허
   를 취소당하였습니다.

2. 그러나 피청구인에 대한 운전면허취소처분은 피청구인이 운전을 하지 않고는 생계
   를 유지할 수 없는 차량을 이용하여 배달을 하는 업종에 종사하는 점에서 볼 때 너
   무나 과다한 처분으로 처분과 청구인의 행위와의 사이에 비례관계에 위반한 부당한
   처분이라 사료되는 바 이에 대한 취소를 구하고자 이 건 청구에 이른 것입니다.

입 증 방 법

1. 소갑 제1호증	자동차운전면허취소통지서
1. 소갑 제2호증	사업자등록증 사본서
1. 소갑 제3호증	주민등록등본

첨 부 서 류

1. 위 입증방법   각 1통
1. 심판청구서부본   1통

20〇〇년 〇월 〇일

위 청구인 〇 〇 〇 (인)

△△ 지방경찰청장 귀중

3. 자동차운전면허처분 효력정지신청

가. 효력정지신청취지 기재례

피신청인이 20 ○○년 ○○월 ○○일에 신청인에 대하여 한 자동차운전면허(서울 ○ 종보통, 면허번호 : ○○○호)취소처분의 효력은 ○○행정법원 ○○구 ○○호 자동차 운전면허취소처분 취소청구사건의 본안판결 확정시까지 이를 정지한다.

라는 결정을 구합니다.

나. 효력정지신청 서식

[서식] 자동차운전면허취소처분 효력정지 신청

자동차 운전면허취소처분 효력정지신청

신 청 인   ○ ○ ○(주민등록번호)

　　　　　○○시 ○○구 ○○길 ○○ (우편번호 ○○○ - ○○○)

피 신 청 인   △△지방경찰청장

　　　　　○○시 ○○구 ○○길 ○○ (우편번호 ○○○ - ○○○)

자동차운전면허취소처분 효력정지 신청

신 청 취 지

피신청인이 20 ○○년 ○○월 ○○일에 신청인에 대하여 한 자동차운전면허(서울 ○ 종보통, 면허번호 : ○○○호)취소처분의 효력은 ○○행정법원 ○○구 ○○호 자동차

운전면허취소처분 취소청구사건의 본안판결 확정시까지 이를 정지한다.
라는 결정을 구합니다.

신 청 이 유

1. 사건개요

   신청인은 20○○. ○○월경 서울에서 자동차운전면허(○종 보통)를 취득하고
   그 뒤 계속해서 신청인 소유 자동차를 스스로 운전해 오던 중 20○○년 ○○
   월 ○○일 ○○시경 서울시 서초구 ○○길 ○○번지 앞도로에서 음주운전(혈중알콜
   농도 ○퍼센트)을 했다는 이유로 피신청인에 의해 같은 해 ○○월 ○○
   일 운전면허를 취소당하였고 다음날 취소처분통지를 받았으며, 현재 ○○지방
   법원에 이건 운전면허취소처분 취소소송이 계류중입니다.

2. 피신청인의 처분의 위법 및 부당성

   (1) 신청인은 20○○년 ○○월 ○○일 ○○시경 친구인 신청외 ○○○집에서 소주1
      잔을 마시고 신청인의 자동차를 운전하여 귀가를 하던 중 경찰관에 의해 음주측
      정을 당하였습니다.

   (2) 당시 음주측정을 하여 혈중알콜농도가 ○○%로 나타났는데, 음주측정결과는 신
      청인이 마신 술의 양, 음주후에 경과된 시간, 주취상태 및 음주후 운전 태도, 운
      전거리 및 음주운전으로 인해 사고가 없던 점 등에 비춰볼 때 위 수치는 믿기
      어려운 수치입니다.

   (3) 한편, 신청인은 운전업에 종사하는 자로 20○○년 ○○월 ○○일 ○○지역의 어
      민들이 생산한 생선 등을 매일 ○○지역까지 운반해 주기로 계약을체결한 상태
      인데, 만일 피신청인의 신청인에 대한 이건 운전면허취소처분이 취소되지 않는
      다면, 1년간 운전면허를 취득하지 못하여 생업에 막대한 지장을 받는 것은 변론
      하고 위 운송계약을 파기하게 되어 막대한 손해 배상을 부담해야할 처지에 있
      습니다.

(4) 따라서 신청인의 이러한 제반 사정들을 잘 알고 있으면서 단지 음주측정기의 기계적인 수치만을 믿고 신청인의 운전면허를 취소한 피신청인의 이건 운전면허취소처분은 위와 같은 제반 사정에 비추어 볼 때 너무 가혹하며적절한 재량권의 범위를 벗어난 위법, 부당한 처분이라 할 것입니다.

3. 운전면허집행정지의 필요성

위에서 보듯이, 만일 피신청인의 신청인에 대한 이건 운전면허취소처분의 효력이 그대로 유지된다면, 후일 신청인이 ○○지방법원의 운전면허취소처분 취소소송의 본안판결에서 승소하더라도 신청인이 막대한 피해를 입을 것이 명백하다 할 것이므로, 신청인은 ○○지방법원의 본안판결확정시까지 신청인이 입을 피해를 미연에 방지하고자 부득이 이건 신청에 이르게 되었습니다.

4. 결론

따라서, 피신청인의 신청인에 대한 이건 운전면허취소처분은 위에서 보듯이 너무 가혹하며 적절한 재량권의 범위를 벗어난 위법, 부당한 처분으로 취소되어야 마땅한 처분이라 할 것인바,

만일 피신청인의 이러한 처분이 계속하여 효력을 유지한다면 신청인은 피할 수 없는 막대한 손해를 입게 되므로, 부득이 ○○지방법원에서 계류중인 이건 운전 면허취소처분의 효력을 정지시키고자 이건 신청에 이르게 되었습니다.

첨 부 서 류

1. 자동차운전면허취소통보서	1통
1. 계약서	1통
1. 진술서 및 인우보증서	1통
1. 소장접수증명원	1통

20○○년 ○월 ○일

신 청 인 ○ ○ ○ (인)

○ ○ 행 정 법 원 귀 중

[서식] 자동차 운전면허취소처분 효력정지신청서

자동차 운전면허취소처분 효력정지신청

신 청 인 　○ ○ ○(주민등록번호)

　　　　　○○시 ○○구 ○○길 ○○

　　　　　신청대리인 변호사 □ □ □

　　　　　○○시 ○○구 ○○길 ○○ (우편번호 ○○○-○○○)

피신청인 　○○시 ○○경찰청장

　　　　　○○시 ○○구 ○○길 ○○ (우편번호 ○○○ - ○○○)

자동차운전면허취소처분 효력정지신청

신 청 취 지

피신청인이 20○○. ○. ○자로 신청인에 대하여 한 자동차운전면허 취소처분의 효력은 신청인, 피신청인 사이의 귀원 20○○행 ○○○호 사건의 본안판결 확정시까지 이를 정지한다.

라는 결정을 구합니다.

신 청 이 유

1. 처분의 경위

피신청인은 200○. ○. ○ 신청인이 같은 해 ○. ○. ○○:○○경 서울 강남구 ○○길 강남주유소 앞 도로상에서 혈중 알콜농도 0.105%의 주취상태에서 신청인 소유의 소나타승용차를 운전한 사유로 인해 도로교통법 제78조의 규정에 의하여 신청인의 자동차운전면허 (2종 보통 경기○○-○○○○○-○○)를 취소하는 처분을 하였습니다 (신청인은 위 처분을 같은 해 ○. ○○. 수령하였습니다.)

2. 처분의 위법성

신청인이 위 일자에 음주운전을 한 사실은 인정합니다. 그러나 이 사건 처분은 다음과 같은 점에 비추어 재량권을 일탈하거나 남용한 처분으로 위법하다고 할 것입니다.

먼저 음주운전을 한 경위는 다음과 같습니다

신청인은 190○. ○. ○부터 현재까지 소외 ㅁㅁ주식회사(법인의 목적을 전기용품 도매업, 소방공사설비업 등을 하는 회사입니다)에서 판매과 기능직사원(운전담당)으로 근무하여 왔는 바, 200○. ○. ○. ○○:○○경 일과를 마치고 직장동료 김ㅁㅁ, 이ㅁㅁ의 권유에 의하여 ○○구 ○○길 소재 ○○식당에서 식사를 하고 소주 2홉들이 3병을 나누어 마시었습니다. 당시 신청인은 다음 날인 ○일 ○○시 ○○길에 거주하고 있는 신청인 부친의 생신이어서 저녁 늦게 승용차로 내려갈 계획으로 동료들이 권유하는 술을 사양하고 소주 3잔정도 마시고 같은 날 ○○:○○경 위 식당부근의 노래방에서 노래를 부르며 즐겁게 시간을 가지면서 사이다 등을 마시면서 술이 깨기를 기다렸습니다. 술기가 없다고 느낀 같은 날 ○○:○○경 ○○으로 내려가기 위해 운전하다가 바리케이드를 치고 음주 단속하는 경찰단속반에 바로 적발되었습니다.

당시 단속경찰관은 신청인의 말씨나 보행상태로 보아 음주정도가 가볍다고 판단 됨에도 불구하고 수치 측정상으로 문제될 수밖에 없다고 하면서 입건하였습니다.

신청인은 고향인 ○○에서 농업고등학교를 졸업하고 집안에서 농사일을 돕다가 군복무를 마치고 서울로 올라와 위 주식회사에 운전직원으로 취직이 되어 현재의 처와 혼인신고는 하였으나 결혼식을 올리지 못하고 위 회사에 입사하여 직장생활을 하면서 월 110만원의 보수로 반지하 전세집(1,800만원보증금)으로 7개월된 딸과 함께 넉넉하지는 못하지만 단란한 가정을 이루고 있으며 시골에 교통사고로 입원중인 아버님과 간호하고 있는 어머님에게 매월 40만원씩 입원비와 생활비를 송금하면서 어렵게 생활하고 있습니다.

이 사건 운전면허 취소처분으로 인해 신청인은 운전을 할 수 없는 상태가 되어 위 회사에서 강제로 퇴직당할 입장에 있어, 신청인의 생계는 물론이고 부모님의 병원치료비 송금도 어렵게 되었습니다. 더욱이 신청인의 딸이 생후 7개월 정도로 부인이 별도로 직업을 갖기도 어려운 실정입니다.

비록 신청인이 음주운전을 하였다고는 하나 음주운전으로 인하여 어떠한 사고도 낸 사실이 없으며, 음주 후 상당시간이 지난 후에 운전을 시작하였고 음주량 및 취한 정도도 매우 경미하고 운전면허 취소로 인하여 신청인이 직업을 잃어 가족을 부양하는 것이 매우 곤란하게 된 점을 감안해볼 때 이 사건 처분은 형식적인 음주측정 수치에 의존한 채 지나치게 가혹하여 재량권을 일탈하거나 남용한 처분이라 할 것이므로 위법하여 취소되어야 할 것입니다.

3. 정지의 필요성

신청인은 앞의 내용과 같이 이 사건 처분이 위법하여 취소하여야 할 것으로 판단하고 이를 다투는 본안소송을 이미 제기 하였으나 본안판결시 까지는 상당한 기간이 소요될 것이 예상되고 한편 이 사건 운전면허취소의 효력은 유지된다고 볼 것이므로 신청인이 본안소송에서 승소한다하더라도 처분의 효력이 그때까지 유지된다면 신청인에게 회복하기 어려운 손해가 생길 염려가 있으므로 그 효력의 정지를 구하기 위해 이 사건 신청에 이르렀습니다.

입 증 방 법

1. 소갑 제1호증   처분서

1. 소갑 제2호증	적발보고서
1. 소갑 제3호증	재직증명서
1. 소갑 제4호증	법인등기부 등본
1. 소갑 제5호증	주민등록등본
1. 소갑 제6호증	전세계약서 사본
1. 소갑 제7호증	확인서

첨 부 서 류

1. 위 입증방법	각 1부
1. 소송위임장	1부

20○○년 ○월 ○일

신청인 대리인 변호사 ○ ○ ○ (인)

○ ○ 행 정 법 원 귀 중

4. 운전면허정지처분취소

가. 면허정지처분취소 기재례

1. 피고가 2010. 6. 3.자로 원고에 대하여 한 2010. 6. 12.부터 같은 해 2010. 7. 11. 까지의 자동차운전면허정지처분은 이를 취소한다.
2. 소송비용은 피고의 부담으로 한다.

피청구인이 2010. 6. 12.자로 음주운전을 사유로 청구인에 대하여 한 자동차운전면허 정지처분은 이를 취소한다.
라는 재결을 구합니다.

나. 자동차운전면허정지처분취소심판 서식

[서식] 자동차 운전면허정지처분 취소심판 청구서

<table>
<tr><th colspan="5">행 정 심 판 청 구</th></tr>
<tr><td rowspan="2">청 구 인</td><td>이 름</td><td>○ ○ ○</td><td>주민등록번호</td><td>111111-1111111</td></tr>
<tr><td>주 소</td><td colspan="3">○○시 ○○구 ○○길 ○○</td></tr>
<tr><td>선정대표자, 관리인 또는 대리인</td><td colspan="4">○ ○ ○ (또는 대리인 변호사 ○ ○ ○)
○○시 ○○구 ○○길 ○○</td></tr>
<tr><td>피 청 구 인</td><td colspan="2">△△지방경찰청장</td><td>재 결 청</td><td>경 찰 청 장</td></tr>
<tr><td>청구대상인 처분내용
(부작위의 전제가 되는
신청내용·일자)</td><td colspan="4">피청구인이 20○○. ○. ○. 청구인에 대하여 한 자동차 운전면허 정지처분</td></tr>
<tr><td>처분있음을 안날</td><td colspan="4">20○○. ○. ○.</td></tr>
</table>

심판청구취지·이유	(별지 기재와 같음)		
피청구인의 행정심판 고지유무	20○○년 ○월 ○일	고지내용	자동차면허 정지
증거서류(증거물)	재직증명서, 경력증명서, 전세계약서, 주민등록등본 (또는 1. 별지기재와 같음)		
근거법조	행정심판법 제28조, 동법시행령 제20조		

위와 같이 행정심판을 청구합니다.

20○○년   ○월   ○일

위 청구인 ○ ○ ○   (인)

(또는 대리인 변호사 ○ ○ ○ ㉛)

△ △ 지방경찰청장   귀하

※ 첨부서류 : 청구서부본	수수료
	없 음

심 판 청 구 취 지

피청구인이 20○○. ○. ○. 청구인에 대하여 한 자동차 운전면허 정지처분을 취소한다.

라는 재결을 구합니다.

심 판 청 구 이 유

1. 청구인은 19○○. ○. ○. ○○북도 지사로부터 제1종 보통 운전면허증을 취득하여 ○○정기화물주식회사에서 8ton 화물자동차를 운전한 것을 시작으로 현재까지 줄곧

자동차 운전으로 생업을 유지해 왔으며 주식회사 ㅇㅇ화학의 화물자동차 운전기사로 재직하고 있었습니다.

2. 청구인의 음주경위

가. 청구인은 20ㅇㅇ. ㅇ. ㅇ. ㅇㅇ:ㅇㅇ경 ㅇㅇ동 소재 형님집에서 형님과 함께 맥주 3홉들이 2병을 나눠 마시고 새벽 0시 20분경 가족들을 태우고 귀가하던 도중 집근처 대로변에서 간이검문소를 설치하고 운전자의 음주측정을 실시하고 있는 경찰관의 지시에 따라 음주측정에 응하였습니다.

나. 당시 청구인은 형님집에 가족들과 함께 차로 갔기 때문에 맥주컵으로 1잔반 정도 밖에 마시지 않았고 또한, 술 마신 후 3～4시간을 보냈으므로 이전의 경험에 비추어 음주측정을 받아도 아무 문제가 없으리라 생각하여 순순히 측정에 응하였던 것입니다. 또한 측정결과도 단속기준에 해당하지 않았던지, 측정결과를 확인하던 경찰관은 고개를 갸우뚱하며 "또 기계가 잘못됐나…"하고 혼잣말하며 다시 측정해보자고 하여 이에 응하였습니다. 그런데도 음주측정수치가 생각했던 것만큼 나오지 않았던지 재차 측정을 요구하였습니다.

다. 3차 측정결과 그 수치가 0.085%가 나왔다고 기계를 청구인에게 내밀며 운전면허정지사유에 해당한다고 하였습니다. 이에 대해 본인은 그 측정결과를 인정할 수 없으므로 재차 공정하고 정확한 측정을 요구하였습니다. 단속경찰관은 종전에 사용하였던 측정기를 가지고 재차 2회 측정하며 단속기준인 면허정지에 해당한다는 말만 반복하였습니다. 청구인은 이 결과는 도저히 인정할 수 없다고 항변하였으나, 이는 받아들여지지 않았습니다.

라. 그후 청구인은 경찰서에서도 이러한 측정결과를 도저히 인정할 수 없다고 하였음에도 청구인의 주장은 끝내 받아들여지지 않았습니다.

3. 이상과 같이 이건 음주측정 결과는 공정하고 정확한 측정결과가 아니므로 이를 근거로 피청구인이 청구인의 운전면허를 정지함은 부당하며, 또한 가사 실제 음주측정치가 0.085%라 하더라도 청구인이 운전을 하게된 경위, 음주의 정도 기타 제반

사정을 고려한다면 피청구인의 운전면허 정지처분은 재량권을 일탈 혹은 남용한 행위라 보여지므로 그 처분을 취소하여 주시기 바랍니다.

입 증 방 법

1. 소갑 제1호증   자동차운전면허정지통지서
1. 소갑 제2호증   재직증명서
1. 소갑 제3호증   경력증명서
1. 소갑 제4호증   주민등록등본
1. 소갑 제5호증   탄원서(회사동료)

첨 부 서 류

1. 위 입증방법   각 1통
1. 심판청구서부본   1통
1. 위임장(변호사선임시)   1통

20○○년 ○월 ○일

위 청구인의 대리인

변호사 ○ ○ ○ (인)

00광역시 00경찰청장 귀하

[참고] 1. 제출기관 : 피청구인 또는 행정심판위원회(행정심판법 23조)
2. 청구기간 : 처분이 있음을 안 날로부터 90일, 처분이 있은 날로부터 180일
3. 청구인 : 피처분자
4. 피청구인 : 처분을 한 행정청
5. 제출부수 : 청구서 및 부본 각 1부
6. 수수료 : 없음

[서식] 자동차 운전면허정지처분 취소심판 청구서

행 정 심 판 청 구

청 구 인	이 름	○○○	주민등록번호	111111-1111111
	주 소	○○시 ○○구 ○○길 ○○		

선정대표자 관 리 인 또 는 대 리 인	

피 청 구 인	○○지방경찰청장	재 결 청	경 찰 청 장

청구대상인 처분내용 (부작위의 전체가 되는 신 청 내 용 일 자)	자동차운전면허정지처분

처분 있음을 안 날	20 ○○. ○. ○.

심판청구취지 이유	(별지 기재와 같음)

처분청의 고지유무	있 음	고 지 내 용	자동차운전면허정지

증 거 서 류 (증 거 류)	(별지 기재와 같음)

근 거 법 조	행정심판법 제19조, 동법시행령 제18조

위와 같이 행정심판을 청구합니다.

20○○년 ○월 ○일

위 청구인 ○ ○ ○ (인)

○ ○ 지 방 경 찰 청 장   귀 하

첨부서류	청구서부본		수 수 료	없 음

심 판 청 구 취 지

피청구인이 20○○. ○. ○.자로 음주운전을 사유로 청구인에 대하여 한 자동차운전면
허 정지처분은 이를 취소한다.
라는 재결을 구합니다.

심 판 청 구 이 유

1. 청구인은 19○○.경 제1종 보통운전면허를 취득하여 운전해오다가 19○○. ○. ○.
   ○○시장으로부터 개인택시 운송사업면허를 발급받아 운전으로 생계를 이어가고
   있는 개인택시 운전자입니다.

2. 청구인은 20○○. ○. ○.경 친구의 아들 결혼식에 참석했다가 친구들과 식사를 하
   면서 약간의 술을 마시고 있던 중 당시 예식장 주차장에 공간이 없어 골목에 주차
   를 해두었는데 안쪽에 있던 차량의 소유자가 차를 빼달라고 요구하여 골목길이고
   약간만 움직이면 될 것 같아 약 7미터정도 운전하여 차를 빼주게 되었는데 그때 마
   침 골목 바깥을 지나던 승용차와 접촉하게 되어 음주측정을 하게 된 것이고 전혀
   운행을 하기 위한 운전이 아니었습니다.

3. 이와 같이 청구인은 단지 주차중인 차를 다른 차량의 운행을 위하여 비켜주는 과정
   이었지 결코 차를 운행하기 위한 운전이 아니었으며, 평생 운전으로 생계를 유지해
   오고 있어 ○○○일간의 운전면허정지처분은 당장 생계를 위협하고 있는 바, 청구
   인이 음주하게 된 동기 기타 제반 정상을 참작할 때 피청구인으로부터의 행정처분
   은 부당하므로 20○○. ○. ○. 정지한 운전면허 행정처분을 취소하여 주시기 바랍
   니다.

입 증 방 법

1. 소갑 제1호증   자동차운전면허취소 통지서
1. 소갑 제2호증   청첩장
1. 소갑 제3호증   주민등록등본
1. 소갑 제4호증   진술서(본인)
1. 소갑 제5호증   사실확인서(결혼식 혼주)

첨 부 서 류

1. 위 입증방법   각 1통
1. 심판청구서부본   1통

00 지 방 경 찰 청 장 귀 중

5. 운전면허취소 청구의 소

가. 청구취지 기재례

1. 피고가 2008. 12. 12. 원고에 대하여 한 운전면허(제1종 보통)취소처분을 취소한다.
2. 소송비용은 피고가 부담한다.

라는 판결을 구합니다.

나. 운전면허취소 청구의 소 서식

[서식] 자동차운전면허취소처분취소 청구의 소

소 장

원 고 :   000(000000-1000000)

00시 00구 00동 000-000

소송대리인   법무법인 장백

담당변호사   함00, 김00

서울 00구 00동 1000-17 00빌딩 1층

(우:137-885, 전화:500-5000, 팩스:500-4000)

피 고 :   경기지방경찰청장

청구의 대상 :   자동차운전면허취소 처분

처분이 있음을 안 날 : 2000. 00. 00.

처분청의 고지 : 문서로 함

청 구 취 지

1. 피고가 2000. 00 14. 자로 원고에 대하여 한 자동차운전면허취소처분은 이를 취소
   한다.
2. 소송비용은 피고의 부담으로 한다.

라는 판결을 구합니다.

청 구 원 인

1. 피고의 원고에 대한 운전면허취소처분

가. 피고는 2008.8.14.원고에 대하여 원고가 2008.7.2802:30경에 도로교통법 제93
   조 제1항 5호 소정의 '인피사고야기 후 조치 및 신고의무불이행(이하 '이 사건 사
   고'라 합니다)'을 이유로 도로교통법 제93조에 따라 4년간의 운전면허를 취소하는
   처분(이하 '이 사건처분'이라 합니다)을 하였습니다.

나. 그러나 피고의 이러한 행정처분은 원고의 위법성에 비하여 지나치게 무거운 것으
   로 이 사건 처분은 과잉금지의 원칙 또는 비례의 원칙을 위반한 위법한 처분이므
   로 마땅히 취소되어야 합니다.

2. 이 사건 사고의 경위와 피해의 경미성

가. 원고는 2000. 18년간 다니던 상장기업인 00시멘트 주식회사에서 부장으로 명예퇴
   직을 하고, 부동산중개업, 조그만 음식점등을 개업하였으나 여의치 않아 현재는
   전에 다니던 00시멘트의 자회사인 채권추심회사인 00파이낸셜 주식회사에서 계약
   직으로 법인추심업무를 하고 있습니다. 원고가 00파이내셜에서 관리하고 있는 업
   체는 약 300여 개로 전국에 산재해 있습니다. 원고는 매일 전국에 있는 2-5개의

거래업체를 찾아다니며 채무자회사의 자금상황에 따른 변제계획을 협의하고, 계획에 따른 추심이 여의치 않을 경우 법적 절차를 진행 후 손실처리를 하고 있습니다.

나. 원고는 이 사건 사고가 난 2008. 7. 28.도 그 전날이 일요일임에도 불구하고 경인 지역에있는 여러 거래업체를 찾아가 거래처 면담을 하고 늦은 시간에 귀가를 하다가 졸음으로 교통신호를 잘못 보아 신호대기 중이던 택시를 들이 받아 일어난 것입니다.

다. 이 사건 사고 난 즉시 원고는 차에서 내려 원고의 과실을 인정한 후 피해차량의 운전자인 소외 OOO의 부상여부를 확인하였습니다. 그러자 OOO은 특별한 이상은 없지만 차량이 파손되었으니 그냥 보험처리 하는 것보다는 확실하게 경찰에 신고 후에 보험처리를 하자며 경찰에 연락을 하였고, 원고는 OOO의 차량 옆에 서서 경찰이 오기를 기다렸습니다. 그렇게 한 20분을 기다리는 동안에 견인차가 먼저 도착을 하였습니다. 이에 원고는 견인차 운전자에게 차를 어디로 견인하려고 하느냐고 물으니, 견인차 운전자는 OO경찰서로 가지고 간다는 것이었습니다. 당시 원고의 차 안에는 거래업체와 관련된 서류가 있었고, 차의 전면 유리창에는 원고의 휴대폰 연락처가 기재되어 있었습니다. 이에 원고는 차에 휴대폰연락처와 서류봉투가 있으니 나중에 경찰서에서 연락이 올 테니 별 문제는 없겠지 하는 마음에 몸도 피곤하고 사지가 쑤시는 느낌이 들어 인근의 연세정형외과 응급실을 찾았으나, 문이 닫혀 있어 근처 찜질방에서 잤습니다.

라. 그 다음 날은 일요일 근무후 비번이라 아침 6: 30.경에 보험회사에 사고 신고를 하고, 집에서 쉬면서 경찰에서 연락이 오기를 기다리던 중 직상 상사가 원고에게 전화를 하여 **뺑소니범**으로 수배가 내려졌으니 빨리 OO경찰서에 연락을 하라는 것이었습니다. 원고는 평소 **뺑소니**는 사고 후 사고를 은폐하기 위해서 차량을 가지고 도주하는 것으로 알고 있었는데, 이 사건 사고 당시 원고는 피해자의 피해현황을 점검하고 경찰서로 견인된 원고의 차량에 휴대폰 연락처, 회사 서류 봉투까지 있

있는데 뺑소니라니 어이가 없고, 사건이 원고가 생각한 것보다 커지는 것 같아 황망한 마음에 7. 28. 9:00에 00경찰서에 전화를 하니. 일단 경찰서로 들어와서 진술서를 쓰라는 것이었습니다.

마. 원고는 집에서 5분 거리에 있는 경찰서에 출두하여 간단한 진술서를 쓰고, 자세한 진술서는 다음 날 피해자와 같이 작성하자고 하여 다음 날 진술서를 작성하였습니다. 원고가 조사 경찰관에게 차에 서류와 연락처가 있는데 표현조차 거북한 뺑소니라니 억울하다고 호소하자, 경찰관은 원고의 차량에 연락처가 있다는 것을 인정하면서도 피해자에게 응급조치를 취하지 아니하고 경찰에 신고를 하지 않았으니 뺑소니는 틀림없지만 죄질이 경미하여 구속은 되지 않을 것이라는 것이었습니다.

바. 원고는 뺑소니라는 말도 소름이 끼치는데 구속여부까지 문제가 된다니 앞이 깜깜하였습니다. 경찰진술을 마치고 견인차 주차장에 가보니 원고의 차만 있고, 피해 택시는 없었습니다. 이에 택시회사를 방문하여 피해자가 입원한 병원을 방문하여 피해자에게 사죄를 하고, 원고가 사는 형편을 말하니, 피해자 000은 아무 조건 없이 흔쾌히 합의를 하여 주었습니다. 그리고 000은 피해보상과 관련하여서는 원고가 보험을 가입하여 놓았으니 보험회사와 합의하면 되니 걱정하지 말라는 것이었습니다. 원고가 후에 확인하여 보니 000은 보험회사와 대물피해에 대하여는 1,974,000원, 대인손해 1,437,760원에 합의 후 사고 5일후인 2008.8.2.에 퇴원을 하였습니다.

사. 위와 같이 이 사건 사고로 인한 피해자의 손해가 경매할 뿐 아니라 이 사건 사고의 경위를 통하여 원고의 준법의식이 낮지 않음을 알 수 있습니다.

3. 원고에게는 운전면허가 생계 수단임.
가. 원고는 2000. 18년간 근무하였던 동양시멘트 주식회사에서 관리직으로 근무하다 명예퇴직 후 부동산중개사 사무실, 일반음식점 등을 개업하였으나, 세상물정에 어

두워 결국 실패하고, 2005. 전에 근무하던 회사의 자회사에서 1년마다 계약이 갱신되는 계약직 직원으로 일하고 있습니다.

나. 원고는 거래처인 300여개의 법인사업체를 관리하는 바, 수도권인 경우 하루 평균 3-5곳 300Km, 지방인 경우 1-2 곳 300km에서 심지어 500Km까지 자동차로 거래업체를 방문하고 있습니다.

다. 원고가 관리하는 거래업체는 제1금융권에 담보를 제공하여 대출을 받은 후, 연체가 되면 제1금융권에서 담보권을 실행 후 담보가 없는 잔여 대출금을 원고가 근무하는 회사에 회사에 매도를 하면 원고의 회사가 나머지 잔액을 추심하는 방법으로 회수를 하게 됩니다. 따라서 원고가 관리하는 업체는 부도직전의 회사가 아니라 대부분 정상적으로 영업을 하고 있으나, 자금이 모자라 대출금 채무를 하고 갚지 못하는 경우가 대부분이어서 원고가 채권추심을 하기 위해서는 채무자 회사 관계자를 만나 회사의 자금사정과 이에 바탕한 변제계획을 듣고 이에 따라 채권을 추심하기 때문에 거래업체를 방문하는 것이 필수입니다.

라. 원고의 거래처가 신규이든 그 동안 관리하는 업체이든 거래처 방문이 필수여서 자동차운전면허는 원고가 직장에 근무하기 위한 필수 불가결한 조건이고, 회사에서도 직원을 선발할 경우 기업체에서 자금관리 또는 영업을 한 사람으로 운전면허소지를 필수로 하고 있습니다. 원고가 운전면허를 취소당할 경우 직장에서의 퇴직은 명약관화한 것이고, 더욱이 원고가 계약직 근로자여서 더욱 그렇습니다.

마. 원고가 생존에 필수인 운전면허를 취소 당함으로 인하여 직장에서 재계약이 거부당할 경우 모아 놓은 돈도 사업실패로 모두 탕진하고, 마땅한 기술도 없는 상태라 생계가 막막하고, 현재 부인과 이혼소송 중인데다가 잦은 치료를 요하는 병약한 아들이 있어 자칫 낙망하여 노숙자로 전락할 위험도 있습니다.

바. 한마디로 현재 원고의 입장에서 운전면허는 생계 뿐 아니라 생존의 필수요소입니다.

4. 원고에게는 별다른 교통관련 전과가 없음

가. 원고에게는 유일하게 약 15년 전인 2000. 직장에서 회식을 하고 운전한 낮은 수치의 음주운전전과만 있을 뿐 다른 음주운전의 전과는 없습니다. 또한 교통사고를 야기하여 사람을 다치게 하였다는 등의 전과도 없습니다.

나. 또한 원고는 이번 일을 계기로 준법의식을 한층 더 고양시킬 것을 다짐하고 있습니다.

5. 원고에게는 잦은 치료를 요하는 병약한 아들이 있습니다.

가. 원고에게는 가족으로 처 김00, 두 아들 000과 000이있습니다. 처와는 처가 외도 후 가출을 하였음에도 도리어 원고가 폭행을 하였다는 이유로 00부지방법원원 2007드단 8734호로 이혼소송 중이고, 큰 아들 000은 군복무중에 있으며, 작은 아들 000은 중학교 3학년에 재학 중에 있어 원고는 현재 작은 아들과 단 둘이 생활을 하고 있습니다.

나. 그런데 작은 아들 000은 심장기형이어서 수술만 해도 태어난지 며칠안 된 1993. 3.8.1회, 1998.11.26.2회, 2003.7.24.3회 2008.4.4.4회, 총 4회의 심장수술을 받았고, 경미한 심장경련으로 병원치료를 받은 것은 한 두번이 아니어서 이루 셀 수도 없습니다.

다. 그런데 원고가 처와 이혼소송을 하는 처지라서 처의 부조를 받기 힘든 상태에서 이 사건 처분으로 원고의 운전면허가 취소되면 원고가 직장생활을 할 수 없게 되어 생계가 막연하게 되어 아들인 000의건강도 위협받을 처지에 놓이게 됩니다.

6. 이 사건 처분의 취소

가. 이처럼 원고의 직업상, 생계상 승용차 운전면허가 필수적인 데다가 이 사건 사고로 인한 피해가 경미한 상태에서 원고가 차량안에 연락처와 연락이 가능한 서류까지 놓고 온 상태에서 피해자의 안위를 살핀 후 잠시 자리를 떳다는 이유만으로 원고의 운전면허를 그 것도 4년간이나 면허를 취소하는 것은 도로교통법이 보호하고자 하는 공익보다는 원고가 입게 되는 손해가 지나치게 크다고 하지 않을 수 없습니다. 따라서 이 사건 처분은 행정상 비례의 원칙 내지 과잉금지의 원칙에 위배되는 위법한 처분입니다.

나. 위와 같이 이 사건 처분은 행정상 비례의 원칙 내지 과잉금지의 원칙에 위배되는 하자 있는 행정행위이나, 하자 있는 행정행위가 무효냐, 아니면 단순 취소 사유냐에 관하여 대법원의 기준인 중대·명백설에 의할 때 이 사건 처분의 하자는 중대하기는 하지만 객관적으로 명백한 것은 아니므로 취소사유에 불과 하다 할 것이므로 이 사건 처분은 마땅히 취소되어야 할 것입니다.

7. 결 론

위와 같은 이유로 이 사건 청구에 이르렀으니 저간의 사정과 관련자료를 면밀히 검토하시고, 더불어 원고의 여러 딱한 사정을 참작하여 원고의 청구를 인용하여 주시기 바랍니다.

입 증 방 법

1. 갑 제1호증		자동차운전면허취소결정통지서
1. 갑 제2호증의	1	형사사건기록 표지
	2	의견서
	3	범죄인지보고서
	4	교통사고실황조사서
	5	수사보고서

	7	교통사고관련자 진술서(피해자)
	8	수사보고서
	9	교통사고관련자 진술서(원고)
	10	참고인진술조서
	11	피의자진술조서
	12	수사과정확인서
	13	합의서
	14	진단서
	15	수사결과보고
	16	수사지휘건의서
	18	탄원서(피해자)
	19	진술서
	20	공소장
1. 갑 제3호증		업무대행위촉증명서
1. 갑 제4호증의	1	자동차사고보상처리결과안내서
	2	물차손해사정내역서
1. 갑 제5호증		주민등록표 등본
1. 갑 제6호증		소송사건인터넷 출력물
1. 갑 제7호증		각서
1. 갑 제8호증		약식명령서
1. 갑 제9호증		관리업체 내역서
1. 갑 제10호증의	1	의료기록사본 증명서
	2	의료기록사본
1. 갑 제11호증		탄원서
1. 갑 제12호증의	1내지 12	사진

첨 부 서 류

1. 소장 부본
1. 위 입증방법   각 1 부
1. 위임장   1 부
1. 담당변호사지정서   1 부

2003. 9. .

위 원고의   소송대리인

법무법인 00

담당변호사 함 00

담당변호사 김 00

00지방법원 귀중

[참고] 1. 한 사람이 여러 종류의 자동차운전면허를 취득하는 경우뿐만 아니라, 이를 취소 또는 정지할 때도 서로 별개의 처분으로 취급한다. 복수의 운전면허는 각 면허마다 별개의 면허처분이 있는 것이므로, 복수 면허취소처분의 취소를 구하는 소송은 청구의 단순병합이다. 다만, 단일한 음주운전행위로 인하여 소지하고 있던 복수의 운전면허가 취소되어 그 각 취소처분의 취소를 구하는 경우에는 실질적으로 1개의 처분으로 보아 흡수법칙을 적용한다.

       2. 운전면허취소의 취소 및 개인택시운송사업면허취소의 취소를 함께 구하는 경우에는 각 별개의 처분에 대한 소송이고, 청구의 목적이 하나의 법률관계에 해당하지 않으므로 합산한다.

       3. 소가 : 20,000,100원을 기준을 계산한다(=20,000,100원×0.0045+5,000원 = 95,000원)

[서식] 자동차운전면허취소처분취소 청구의 소

소　장

　원고　　　김 길 동(주민등록번호)
　　　　　　서울시 ○○구 ○○동 ○번지
　피고　　　서울특별시지방경찰청장
　자동차운전면허취소처분취소

청구취지

1. 피고가 2008. 12. 12. 원고에 대하여 한 운전면허(제1종 보통)취소처분을 취소한다.
2. 소송비용은 피고가 부담한다.
라는 판결을 구합니다.

청구원인

1. 처분의 경위
(1) 원고는 2008. 12. 8. 20-21시경 인천에 있는 ○○○음식점에서 친구 3명과 함께 술을 마신 후 대리운전기사 황○○를 불러 ○○○ 차량을 운전하여 22:30경 서울 ○○구 ○○동 ○○○에 있는 자택 앞에 도착하였습니다.

(2) 황○○는 원고의 집 앞에 도착하여 원고의 거주자 우선주차구역에 위 차량을 주차하려고 하였는데 이미 성명불상자가 주차를 하고 있었다. 이에 황○○가 경적을 울렸고 이로 인하여 황○○와 성명불상자 사이에 시비가 붙었다. 그러자 원고가 시비를 말리고 시비가 커지는 것을 방지하기 위하여 대리운전기사인 황○○를 돌려보냈습니다.

(3) 이후 성명불상자가 원고의 거주자 우선주차구역에서 차를 빼주어 원고가 2-3m 정도 운전하여 차량을 주차하였다. 성명불상자는 위와 같이 시비가 된 것에 화가 나 경찰에 원고가 음주운전을 하였다고 신고하였고, 원고는 출동한 경찰관에 의하여 2008. 12. 8. 22:58경 서울 ○○구 ○○동 ○○ 앞 도로에서 혈중알콜농도 0.166% 상태로 ○○○호 차량을 음주운전하였다는 이유로 단속되었습니다.

(4) 피고는 2008. 12. 12. 위와 같이 원고가 음주운전하였다는 이유로 도로교통법 제93조 제1항 제1호에 의해 원고의 운전면허(제1종 보통)를 취소하는 이 사건 처분을 하였습니다.

2. 처분의 위법성

음주운전을 하게 된 경위, 생계를 위하여 운전이 필수적인 점 등을 고려하면, 이 사건 처분은 원고에게 지나치게 가혹한 것으로 재량권을 일탈남용한 것입니다.

3. 결론

위와 같이 피고의 처분은 위법하므로 이의 취소를 구하는 본 건 행정소송에 이르게 되었습니다.

입증방법

1. 갑 제1호증
2. 갑 제2호증

첨부서류

1. 위 각 입증방법   각 1부

2. 송달료 납부서

3. 소장부본

20 .   .   .

위 원고   (날인 또는 서명)

서울행정법원   귀중

2009구단 5438

원고는 음주운전을 하지 않기 위하여 인천에서 대리운전기사를 불러 차를 운전하여 자택 앞까지 운전하여 온 점, 원고가 음주운전을 하게 된 것은 거주자 우선주차구역 안에 차를 주차하기 위하여 부득이 하게 한 것으로 보이는 점, 그 운전거리도 불과 2-3m에 불과한 점, 원고는 ○○○회에서 운영하고 있는 조명기구사업소 소장으로 근무하면서 각 거래처에 직접 배달을 하여야 하고 나아가 오랜 기간 위 차량을 이용하여 고엽제 환자를 후송하는 봉사활동을 수행하여 왔던바, 그의 업무수행과 위와 같은 봉사활동을 지속하기 위하여는 차량 운전이 필요한 점, 원고가 비록 이전에 음주로 인하여 운전면허가 취소된 적이 있지만 이는 이미 10여 전(1997. 4. 12.)의 일에 불과한 점 등을 고려하면, 원고의 운전면허를 취소함으로써 달성하려는 공익에 비하여 그로 인하여 원고가 입게 될 불이익이 막대하여 원고에게 지나치게 가혹하다고 보인다. 따라서 피고의 이 사건 처분은 운전면허취소에 관한 재량권을 남용한 위법이 있다.

[서식] 자동차운전면허취소처분 취소청구의 소

소　　장

원　고　　　　　○　○　○(주민등록번호)

○○시 ○○구 ○○길 ○○ (우편번호 ○○○-○○○)

피　고　　　　　△△지방경찰청장

○○시 ○○구 ○○길 ○○ (우편번호 ○○○-○○○)

자동차운전면허취소처분 취소청구의 소

청 구 취 지

1. 피고가 20○○. ○. ○. 원고에 대하여 한 자동차운전면허취소처분을 취소한다.
2. 소송비용은 피고가 부담한다.
라는 판결을 구합니다.

청 구 원 인

1. 피고의 운전면허취소처분 경위

원고는 19○○. ○. ○. 제2종 원동기장치자전거 운전면허를, 19○○. ○. ○. 제1종 보통면허를, 19○○. ○. ○. 제1종 대형면허를, 19○○. ○. ○. 제1종 특수(추레라) 면허를 각 취득하였습니다.

원고가 20○○. ○. ○. 06:10경 소외 전국화물자동차운수주식회사 소유의 인천 ○○사○○○○호 18톤 화물차를 운전하다가 ○○시 ○○구 ○○길 ○○ 소재 하색철

교 앞 노상에서 중앙선 침범에 의한 교통사고(사망 1인, 중상 4인 등)를 일으켜 이로 인한 벌점 초과를 이유로, 피고는 20○○. ○. ○. 원고가 소지한 위 4종의 운전면허를 모두 취소하였습니다.

2. 전심절차 경유

원고는 20○○. ○. ○. 행정심판을 청구하였고, 20○○. ○. ○. 경찰청 재결로 원고의 심판청구는 기각되었습니다.

3. 피고 처분의 위법성

도로교통법시행규칙 제53조 [별표 18]에 의하면, 원고가 운전한 18톤 화물차는 제1종 대형면허로는 운전이 가능하나, 제1종 특수(추레라)면허나 제1종 보통면허, 제2종 원동기장치자전거 운전면허로는 운전할 수 없는 것이므로 원고는 자신이 가지고 있는 면허 중 제1종 대형면허만으로 위 18톤의 화물차를 운전한 것이 되고, 제1종 특수면허나 제1종 보통면허, 제2종 원동기장치자전거 운전면허는 아무런 관계가 없다 할 것입니다.

한 사람이 여러 종류의 자동차 운전면허를 취득하는 경우뿐만 아니라 이를 취소 또는 정지함에 있어서도 서로 별개의 것으로 취급하여야 할 것입니다. 따라서 원고의 위 운전행위에 의한 사고로 인한 벌점초과는 원고가 가지고 있는 면허 중 제1종 대형면허에 대한 취소 사유가 될 수 있을 뿐 제1종 특수면허나 보통면허, 제2종 원동기장치자전거 운전면허에 대한 취소사유는 되지 않는다고 보아야 할 것입니다.

4. 예비적 주장

가사 자동차운전면허가 대인적인 것으로 서로 관련이 있으므로 사고로 인한 벌점 초과로 인해 원고가 소지한 운전면허를 모두 취소할 수 있다고 하더라도, 이 사건 처분의 근거가 된 사고가, 당시 원고가 커브길에서 감속을 하였음에도 철근의 무게로 인해 빗길에서 미끄러져 불가항력에 의하여 발생한 것이며, 원고가 지체장애 5급의 장애인으로서 운전이 유일한 생계의 수단으로 처와 딸아이를 부양해야 하며, 신장

병으로 혈액 투석을 받는 2급의 장애인인 형의 가족까지 부양해야 하는 등 사고경위나 원고의 가정 환경 등 여러 사정을 참작해 보면, 피고의 이 사건 처분은 그에 의하여 달성하려고 하는 공익상의 필요에 비하여 원고에게 미치는 불이익이 지나치게 큰 것으로서 재량권의 범위를 벗어난 위법한 처분이라 할 것입니다.

5. 결론

그러므로 피고의 원고에 대한 자동차운전면허취소처분 중 제1종 대형면허이외에 제1종 특수면허나 보통면허, 제2종 원동기장치자전거 운전면허에 대한 취소처분은 위법하다고 할 것이므로 이 사건 청구에 이르게 되었습니다.

입 증 방 법

1. 갑 제1호증	자동차운전면허대장
1. 갑 제2호증	교통사고사실확인원
1. 갑 제3호증	자동차운전면허취소통지서
1. 갑 제4호증	경찰청 재결

첨 부 서 류

1. 위 입증방법	각 1통
1. 소장부본	1통
1. 납부서	1통

20○○년 ○월 ○일

원 고 ○ ○ ○ (인)

○ ○ 행 정 법 원 귀중

[서식] 자동차 운전면허취소처분 취소청구의 소

소　　장

원　고　　　　　　ㅇ　ㅇ　ㅇ(주민등록번호)

　　　　　　　　　ㅇㅇ시 ㅇㅇ구 ㅇㅇ길 ㅇㅇ (우편번호 ㅇㅇㅇ-ㅇㅇㅇ)

피　고　　　　　　ㅇㅇ지방경찰청장

　　　　　　　　　ㅇㅇ시 ㅇㅇ구 ㅇㅇ길 ㅇㅇ (우편번호 ㅇㅇㅇ-ㅇㅇㅇ)

자동차운전면허취소처분 취소청구의 소

청 구 취 지

1. 피고가 20ㅇㅇ. ㅇ. ㅇ. 원고에 대하여 한 자동차운전면허(제1종 보통 인천 ㅇㅇ-
   ㅇㅇㅇㅇㅇ-ㅇㅇ) 취소처분을 취소한다.
2. 소송비용은 피고가 부담한다.

라는 판결을 구합니다.

청 구 원 인

1. 원고는 19ㅇㅇ년 제1종 자동차운전면허(제1종 보통 인천 ㅇㅇ-ㅇㅇㅇㅇㅇ-ㅇㅇ)를
   취득하였습니다.
2. 그런데 원고는 20ㅇㅇ. ㅇ. ㅇ. 22:56 경 ㅇㅇ시 ㅇㅇ구 ㅇㅇ길 ㅇㅇ 소재 ☆☆가
   게 정문앞에서 음주운전단속을 하고 있던 경찰관으로부터 음주측정요구를 받게 되
   어 이에 응하게 되었는데 그 결과 원고의 혈중알콜농도가 0.109%로 나왔습니다.

그리하여 피고는 같은 해 ○. ○. 위 운전면허를 취소하는 처분을 하였습니다.

3. 그러나 피고의 위 행정처분은 다음에서 보는 이유와 같이 원고에게 너무나 가혹하여 재량권을 일탈하거나 남용한 처분으로서 위법한 처분입니다.

　가. 원고는 ○○시 ○○구 ○○길 소재 금속제품 도장업체인 ☆☆산업에서 영업과장이라는 직함을 가지고, 주로 위 업체의 납품업무와 영업을 담당하고 있습니다. 그런데 위 ☆☆산업은 직원이 총 4명으로 그 중 3명은 현장근로자들로서 이들을 제외하면 회사의 납품을 담당할 직원은 원고뿐입니다.
　게다가 위 ☆☆산업의 거래처는 ○○, ○○ 등 위 ☆☆산업과 먼 거리에 위치하고 있어 위 ☆☆산업의 납품과 영업을 담당하고 있는 원고에게는 운전이 필수적입니다. 그러므로 만약 원고가 운전을 할 수 없게 된다면 원고는 현재의 직장에 다닐 수 없는 형편입니다.

　나. 원고는 중학교를 졸업한 후 가정형편이 어려워 상급학교로의 진학을 포기하고 중소기업체 생산부에 취직을 하여 생활을 하여 왔으며 아내는 과일 노점상을 하면서 생활하고 있고 고등학교 3학년과 중학교 3학년의 자식이 있으며 이제 큰애는 대학을 들어가야 하는데 자식등록금을 마련할 걱정이 큰 형편입니다.

　다. 원고가 음주운전을 하게 된 것도 사건 당일 13:00경 거래업체인 ☆☆시에 위치한 ★★산업의 직원인 박□□ 대리와 ○○시 소재 일식집에서 점심식사를 하면서 소주 2명을 먹고 15:00경 나왔으며 음주운전을 하면 안된다는 생각에 당구를 치면서 저녁때가 되기를 기다려 술기운이 더 이상 느껴지지 아니하여 본 사건의 자동차를 운전하여 귀가하다가 음주단속에 걸린 것입니다.

4. 원고가 술을 마시고 바로 운전을 한 것이 아니라 술을 깨기 위하여 7시간이 경과한 후에 운전을 한 것이며, 여태까지 아무런 음주운전의 전과가 없었다는 점 및 가족

의 생계를 담당하고 있는 가장이라는 점을 참작하면 본 건 운전면허처분의 취소는 재량권을 일탈하거나 남용한 처분으로서 위법한 처분이므로   원고는 그 취소를 구하고자 이건 소송에 이른 것입니다.

입 증 방 법

1. 갑 제1호증	주취운전자 적발내용
1. 갑 제2호증	자동차운전면허취소결정통지서
1. 갑 제3호증	임시운전증명서
1. 갑 제4호증	사업자등록증
1. 갑 제5호증	재직증명서
1. 갑 제6호증	진술서
1. 갑 제7호증	탄원서
1. 갑 제8호증	주민등록증사본

첨 부 서 류

1. 위 입증방법	각 1통
1. 소장부본	1통
1. 납부서	1통

20○○년 ○월 ○일

원 고 ○ ○ ○ (인)

○ ○ 행 정 법 원 귀 중

[서식] 자동차 운전면허취소처분 취소청구의 소

소   장

원 고   ○ ○ ○(주민등록번호)

○○시 ○○구 ○○길 ○○ (우편번호 ○○○-○○○)

피 고   △△시 지방경찰청장

○○시 ○○구 ○○길 ○○ (우편번호 ○○○-○○○)

자동차운전면허취소처분 취소청구의 소

청 구 취 지

1. 피고가 20○○. ○. ○. 원고에 대하여 한 제1종 보통 자동차 운전면허 취소처분은 이를 취소한다.
2. 소송비용은 피고가 부담한다.

라는 판결을 구합니다.

청 구 이 유

1. 원고는 19○○년 ㅁㅁ지방경찰청장으로부터 면허번호 서울 ○○-○○○○○- ○
   ○호로 운전면허를 취득하여 22년여 동안 오직 운전만을 하여 왔습니다.

2. 원고는 수십년간 운전을 하면서 타 운전사들의 모범이 되어 왔고 모범 운전사로 선정되어 20○○. ○. ○. ○○시장으로부터 개인택시 운송사업면허를 발급 받아 별다른 사고 없이 착실하게 운전업무에 종사하였습니다.

3. 그런데 원고는 19○○년 상처를 하여 재혼하지도 않고 원고가 운전을 하면서 5남매를 키우고 아이들의 교육과 아울러 뒷바라지를 하면서도 남들보다 더 열심히 살아왔으며, 가족들의 생계를 위하여 참고 개인택시를 운전하여 왔습니다.

4. 원고가 음주운전을 하게 된 동기

가. 원고는 200○○. ○. ○. 영업을 하다 가까운 친척인 소외 김ㅁㅁ의 장남 결혼식에 참석한 후 친지들과 위 소외인의 집에서 피로연을 하게되어 원고는 자신의 개인택시를 운전하여 골목길(차량이 교행을 할 수 없는 길로서 뒷차가 차도로 나가려면 앞차를 차도까지 빼내야만 나올 수 있는 주택가의 좁은 길임) 집 앞에 주차한 후 오랜만에 만난 친지들과 어울려 평소에 잘 마시지 않던 술을 마시게 되었습니다.

나. 그러던 중 같은 날 17:30경 원고의 차 뒤에 주차해 있던 사람이 차도로 나가기 위하여 원고의 차를 빼달라고 하여 원고는 비록 술을 마셨지만 차도로 운행하는 것도 아니고 골목길에서 다른 차의 통행을 위하여 원고의 차를 차도로 빼내는 것인 만큼 설마하는 생각에 운전하다가 마침 골목길을 지나가던 영업용 택시와 가벼운 접촉사고가 있어 경찰관들의 단속을 받게 되었고 그 과정에서 음주측정을 하게 되었습니다.

다. 원고가 운전한 장소는 차도가 아닌 주택가 좁은 골목길이었고, 원고는 차도로 운행하기 위하여 운전한 것이 아니고 단지 원고의 차뒤에 주차한 차의 통행을 위하여 차를 빼내기 위해 운전한 것이었으며, 원고가 음주한 채 운전한 거리는 불과

2미터 정도에 불과하였습니다.

5. 원고는 23년여 동안 아무런 사고 없이 모범운전사로 관계기관으로부터 표창까지 받은 사실이 여러 번 있으며 좁은 골목길에서 다른 차의 통행을 위하여 불과 2미터 정도 운전한 것이 범법행위를 한 것이라면 벌금은 낼 정도인지는 모르지만 생계 수단인 운전면허가 취소되리라고는 상상조차 할 수 없었습니다.

6. 원고는 운전면허증이 취소된다면 23년여 동안 오직 운전만을 하여 오면서 어렵게 취득한 개인택시운송사업 면허마저도 취소될 위기에 처해 당장 가족들의 생계마저 위협당할 처지에 놓이게 될 것입니다.

7. 이상과 같이 원고는 단지 주차된 원고의 차를 다른 차의 통행을 위하여 다른 장소로 옮기는 과정에서 짧은 순간 술을 마신 채 운전하였으며, 운전면허증을 발급받은 이후 지금까지 23년여 동안 아무런 사고 없이 운전하여 왔고, 모범운전사로서 개인택시 운송사업 면허까지 발급 받아 개인택시를 운전해 왔습니다.

따라서 원고가 술을 마신 채 2미터 정도 운전을 한 것은 사실이나 원고가 그 날 운전하게 된 동기, 원고의 연령, 원고가 처한 가정환경 등 기타 제반 정상을 참작할 때 이러한 한 가지 사정만으로 원고의 운전면허를 취소까지 한 것은 피고가 재량권을 남용하거나 일탈한 행위로 여겨집니다.

8. 따라서 원고는 청구취지와 같은 판결을 구하기 위하여 이건 청구에 이른 것입니다.

입 증 방 법

1. 갑 제1호증	행정심판 접수증
1. 갑 제2호증	자동차 운전면허 취소통지서

1. 갑 제3호증	자동차 등록증
1. 갑 제4호증	사업자 등록증
1. 갑 제5호증	청첩장(혼주 ○○○)
1. 갑 제6호증	본인 진술서
1. 갑 제7호증	사실확인서(혼주 및 친지들)
1. 갑 제8호증의 1, 2	주민등록등본
1. 갑 제9호증	제적등본(원고의 처)

(2008. 1. 1. 이후 사망한 경우 기본증명서)

1. 갑 제10호증	가족관계증명서
1. 갑 제11호증	표창장(○○택시)
1. 갑 제12호증	표창장(○○시장)
1. 갑 제13호증	개인택시운송사업면허취소에따른청문실시

첨 부 서 류

1. 위 입증서류	각 1통
1. 소장부본	1통
1. 납부서(송달료)	1통

20○○년 ○월 ○일

원 고 ○○○ (인)

○ ○ 행 정 법 원 귀중

[서식] 자동차 운전면허취소처분 취소청구의 소

소　장

원　고　　　　　○○○(주민등록번호)

○○시 ○○구 ○○길 ○○(우편번호 ○○○-○○○)

전화·휴대폰번호:

팩스번호, 전자우편(e-mail)주소:

피　고　　　　　서울특별시 지방경찰청장

○○시 ○○구 ○○길 ○○(우편번호 ○○○-○○○)

자동차운전면허취소처분 취소청구의 소

청 구 취 지

1. 피고가 20○○. ○. ○. 원고에 대하여 한 자동차운전면허 (서울 제2종보통 ○○○○-○○○○○-○○호)의 취소처분을 취소한다.
2. 소송비용은 피고의 부담으로 한다.
 라는 판결을 구합니다.

청 구 원 인

1. 원고는 20○○. ○. ○.경 서울 ○○운전면허시험장에서 자동차운전면허(2종보통)를 취득하고 그 뒤 계속해서 원고 소유 승용차를 스스로 운전해 오던 중 20○○. ○. ○. ○○:○○ 경 음주운전을 하였다는 이유로 20○○. ○. ○. 피고에 의하여 운전면허를 취소 당하였습니다.

2. 그러나 피고의 원고에 대한 위 운전면허취소처분은 다음과 같이 가혹하며 적절한 재량권의 범위를 벗어난 위법한 처분이라 할 것입니다.

   (1) 원고는 같은 날 ○○:○○경 원고의 주거지 자택에서 친구인 소외 ◎◎◎외 3인 이 만나서 소주 3홉 정도를 나누어 마셨으며, 약간 취기가 있어서 술을 마신 다 음 약 30분 정도 지나서 친구들이 돌아가겠다고 하여서 본인의 승용차에 태우고 집에서 입고 있던 옷 그대로의 상태로 약 300미터 정도 떨어져 있는 올림픽공원 남문 앞 버스정류장까지 태워다주고 돌아오는 길에 검문경찰관에 의하여 음주측 정을 당하였습니다.

   (2) 음주측정을 하였으나 처음에는 아무런 취한 증상이 나타나지 아니하자, 다시 불 으라고 하여서 불었더니, 혈중알콜농도가 0.17%라고 하였는데, 원고는 마신 술 의 양, 술을 마신 뒤 상당한 시간이 경과한 점 및 원고가 느낀 주취상태 등에 비 추어 믿을 수 없는 수치입니다.

   (3) 원고는 운전을 하고 주거지 부근 버스정류장까지 가까운 거리를 운전하였으며 운 전하는 동안 아무런 사고도 일으키지 아니하였습니다.

   (4) 원고는 부동산소개업 등에 종사하고 있으며 직업상 자동차의 소유 및 운행을 극 히 필요로 하고 있습니다. 앞으로 1년 동안 다시 운전면허시험도 볼 수 없으며 1 년 동안 운전을 하지 못한다면 생업에 큰 지장을 받을 것입니다

   (5) 원고는 앞으로 어떠한 경우에도 음주한 뒤에는 절대로 자동차를 운전하지 않겠다 고 굳게 다짐하고 있습니다.

3. 위와 같은 제반 사정에 비추어 볼 때 피고의 원고에 대한 이 사건 운전면허취소처분 은 너무 가혹하며 적절한 재량권의 범위를 벗어난 위법한 처분이라 할 것이므로 그 취소를 구하고자 합니다.

입 증 방 법

1. 갑 제1호증   자동차운전면허취소통지서
1. 갑 제2호증   주민등록등본
1. 갑 제3호증   사실확인서

첨 부 서 류

1. 위 입증방법   각 1통
1. 소장부본   1통
1. 송달료납부서   1통

20○○. ○. ○.

위 원고   ○○○ (서명 또는 날인)

○○행정법원 귀중

[서식] 자동차운전면허정지처분 취소청구의 소

소 장

원 고   ○ ○ ○(주민등록번호)

　　　　　　○○시 ○○구 ○○길 ○○ (우편번호 ○○○-○○○)

피 고   ○○지방경찰청장

　　　　　　○○시 ○○구 ○○길 ○○ (우편번호 ○○○-○○○)

자동차운전면허정지처분 취소청구의 소

청 구 취 지

1. 피고가 20○○. ○. ○. 원고에게 한 20○○. ○. ○.부터 같은 해 ○. ○까지의 자동차운전면허정지처분은 이를 취소한다.
2. 소송비용은 피고가 부담한다.

라는 판결을 구합니다.

청 구 원 인

1. 원고는 19○○년 서울 ○○-○○○○○○-○○호로 운전면허를 취득하여 현재까지 오직 운전만을 하여 왔습니다. 원고는 21년간 운전을 하면서 타 운전사들의 모범이 되어 왔고 별다른 사고 없이 착실하게 운전업무에 종사하였습니다.

2. 원고가 음주운전을 하게 된 동기

　　원고는 20○○. ○. ○. 영업을 하다 가까운 친척인 소외 김ㅁㅁ의 장남 결혼식에 참석한 후 친지들과 피로연을 위 소외인의 집에서 하게되어 자신의 개인택시를 운전하여 골목길 집 앞에 주차한 후 오랜만에 만난 친지들과 어울려 자신의 처지를 이야기하며 평소에 잘 마시지 않던 술을 마시게 되었습니다. 그러던 중 같은 날 17:30 경 원고의 차 뒤에 주차해 있던 사람이 차도로 나가기 위하여 원고의 차를 빼달라고 하여 원고는 비록 술을 마셨지만 차도로 운행하는 것도 아니고 골목길에서 다른 차의 통행을 위하여 원고의 차를 차도로 빼내는 것인 것만큼 설마하는 생각에 운전하다 마침 ◎◎극장 방면에서 ◎◎길 방면으로 가던 영업용 택시와 가벼운 접촉사고가 있어 경찰관들의 단속을 받게 되었고 그 과정에서 음주측정을 하게 된 것으로서

3. 원고가 운전한 거리가 차도가 아닌 주택가 좁은 골목길이고 차도로 운행을 위하여 운전한 것도 아니고 단지 원고의 차 뒤에 주차한 차의 통행을 위하여 빼내는 과정에서 빚어진 것으로서 원고가 음주한 채 운전한 거리가 불과 10여 미터 정도로 차도로의 운행을 위하여 운전한 것은 절대로 아니었습니다.

4. 원고는 21년 동안 아무런 사고 없이 모범운전사로 관계기관으로부터 표창까지 받은 사실이 여러 번 있으며 좁은 골목길에서 다른 차의 통행을 위하여 불과 10여 미터 운전한 것이 범법행위를 한 것이라면 벌금은 낼 정도일지는 모르지만 생계수단인 운전면허가 180일간 정지되리라고는 상상조차 할 수 없었습니다.

5. 원고는 21년여 동안 운전만을 하여 오면서 어렵게 취득한 개인택시 운송사업 면허가 180일간 정지된다면 당장 가족들의 생계마저 위협을 당하게 됩니다.
   이상과 같이 원고는 단지 주차된 원고의 차를 다른 차의 통행을 위하여 다른 장소로 옮기는 과정에서 짧은 순간 술을 마신 채 운전하였으며 10여미터 정도 운전을 한 것은 사실이나 원고가 그 날 운전하게된 동기, 원고의 연령, 원고가 처한 가정환경 등 기타 제반 정상을 참작할 때 이러한 한가지 사정만으로 원고의 운전면허를 상기와 같이 장기간동안 정지하는 것은 피고가 재량권을 남용하거나 일탈한 행위로 여겨집니다.

6. 따라서 원고는 청구취지와 같은 판결을 구하고자 이건 청구에 이른 것입니다.

입 증 방 법

1. 갑 제1호증	자동차 운전면허 정지통지서
1. 갑 제2호증	자동차등록증
1. 갑 제3호증	사업자등록증
1. 갑 제4호증	청첩장
1. 갑 제5호증	사실확인서
1. 갑 제6호증	본인진술서

첨 부 서 류

1. 위 입증방법	1통
1. 재결서	1통
1. 소장부본	1통
1. 납부서	1통

20○○년 ○월 ○일

원 고 ○ ○ ○ (인)

○○행정법원 귀중

[서식] 자동차운전면허취소처분 취소청구의 소

소   장

원 고   ○ ○ ○(주민등록번호)

　　　　　　　　○○시 ○○구 ○○길 ○○ (우편번호 ○○○-○○○)

피 고   △△지방경찰청장

　　　　　　　　○○시 ○○구 ○○길 ○○ (우편번호 ○○○-○○○)

자동차운전면허취소처분 취소청구의 소

청 구 취 지

1. 피고가 20○○. ○. ○. 원고에 대하여 한 자동차운전면허취소 처분은 이를 취소한다.
2. 소송비용은 피고가 부담한다.
라는 판결을 구합니다.

청 구 원 인

1. 이 사건의 경위

　가. 20○○. ○. ○. 07:20경 원고는 ○○시 ○○구 ○○길 ○○ 소재 2공단에서 ○○방면으로 1톤 화물트럭을 운행하여 2차선이 공사 중으로 폐쇄되어 있는 상태에서 1차선으로 진행하던 중이었습니다. 그런데 바로 뒤에서 진행하여 오던 크레도스승용차를 운전하던 소외 정ㅁㅁ은 원고가 빨리 가지 않는다는 이유로 중앙 분리선을 넘어 갑자기 추월하여 1차선으로 들어오더니 1미터 정도 앞에서 급정지하였습니다. 이에

원고는 충돌을 막기 위하여 피하여 진행하려다가 위 크레도스 승용차량과 스치게 되어 이건 사고가 발생하였던 것입니다.

나. 원고는 당시 정지할 시간적 여유도 없이 다급한 상황에서 핸들을 조작하다보니 위 크레도스 승용차에 스쳐 지나간 것을 나중에서야 알게 되었습니다.

그런데 다시 위 크레도스승용차가 따라오게 되었고 당시 도로상에 정차할 수가 없어 같이 인근 회사의 정문 앞 공터에 세우고서 보니 조금 스친 흔적이 있었던 것입니다.

다. 원고로서는 크레도스 승용차량이 추월하기 위하여 중앙선을 넘어서 이건 사고가 발생된 것으로 생각하고서 자신에게는 죄가 되지 않는 것으로 생각하고서 크게 문제삼지 않았습니다. 그런데, 조사기관에서는 원고가 그냥 진행한 거리가 300 미터 가량이 된다고 하였으며, 또한 위 정ㅁㅁ이 상해진단서를 제출하는 등으로 결국에는 원고가 특가법상 도주차량으로 인정되었습니다.

라. 이에 원고는 검찰 등 수사기관에 항의를 하고 진정서를 제출하였으나, 이미 사고 현장의 조사가 모두 끝난 상태라는 이유로 더 이상 원고의 진정을 받아 주지 않고 특가법상의 도주로 인정하여 기소유예처분을 내리게 되었던 것입니다.

2. 한편 위 크레도스 승용차에 동승하였던 소외 김ㅁㅁ도 원고의 주장내용을 나중에서야 그대로 인정을 하였습니다. 즉, 크레도스가 추월하기 위하여 중앙선을 넘어서 반대 차선쪽으로 진행하다가 다시 1차선으로 들어가서 급정지를 하였다고 진술을 하고 있을 뿐만 아니라 특별하게 다친 데가 없음에도 병원에 요구하여 상해진단서를 발급받게 된 경위 등에 대해서도 인정하고 있는 것입니다.

3. 결국 원고의 입장으로 보건대 실제 도주라고 인정하기는 어려운 상황임에도 불구하고 특가법상의 도주가 인정되어 운전면허가 취소되었을 뿐만 아니라 4년간 운전

면허시험에까지 응시하지 못하게 되는 불이익을 당한 것입니다.

4. 원고는 현재 ○○시 ○○구 ○○길에서 ☆☆분식이라는 상호로 식당을 하고 있습니다. 위 식당을 경영하기 위해서는 화물트럭의 운행이 필수적으로 요구되고 있습니다. 또한 원고는 성실하게 생활을 하여 왔을 뿐만 아니라, 1991년경에는 범인을 검거하는데 협조하여 ○○경찰서장으로부터 표창장을 받기까지 하였습니다.
피고인은 그 이전에 음주운전이나 교통사고 전력이 전혀 없이 건전하게 사회생활을 영위하여 왔던 것입니다.
한편 위 정ㅁㅁ과는 원만히 합의를 하였습니다.

5. 이상과 같이 원고가 특가법상의 도주로 인정된 것은 억울한 면이 있으며, 그 동안 사회생활을 하면서 성실하게 모범적으로 생활하여 왔던 점, 식당을 하는데 있어 운전면허가 필수적이라는 점 등 원고의 제반상황을 고려할 경우, 피고가 행한 자동차운전면허취소 처분은 재량권을 일탈 남용한 위법, 부당한 처분으로 보여집니다.

6. 따라서 원고는 청구취지와 같은 판결을 받고자 이건 청구에 이르게 된 것입니다.

입 증 방 법

1. 갑 제1호증	자동차운전면허취소결정통지서
1. 갑 제2호증	기소유예통보서
1. 갑 제3호증	합의서
1. 갑 제4호증	접수증
1. 갑 제5호증	탄원서
1. 갑 제6호증	표창장
1. 갑 제7호증	교통사고 현장상황도
1. 갑 제8호증	녹취문

첨 부 서 류

1. 위 입증방법   각 1통
1. 소장부본   1통
1. 납부서   1통

20○○년 ○월 ○일

원 고 ○ ○ ○ (인)

○○행정법원 귀중

소 장

원 고   ○○○(주민등록번호)

○○시 ○○구 ○○길 ○○ (우편번호 ○○○-○○○)

피 고   △△지방경찰청장

○○시 ○○구 ○○길 ○○ (우편번호 ○○○-○○○)

자동차운전면허취소처분 취소청구의 소

청 구 취 지

1. 피고가 20○○. ○. ○. 원고에 대하여 한 자동차운전면허(제2종 보통 경기 ○○-○○○○○-○○) 취소처분을 취소한다.
2. 소송비용은 피고의 부담으로 한다.

라는 판결을 구합니다.

청 구 원 인

1. 원고는 19○○년 제2종 자동차운전면허(제1종 보통 경기 ○○-○○○○○-○○)를 취득하였습니다.
2. 그런데 원고는 20○○. ○. ○. 01:56 경 ○○시 ○○구 ○○길 ○○호텔 앞에서 음주운전단속을 하고 있던 경찰관으로부터 음주측정요구를 받게 되어 이에 응하게 되었는데 그 결과 원고의 혈중알콜농도가 0.11%가 나왔습니다. 그리하여 피고는

같은 해 ○. ○. 위 운전면허를 취소하는 처분을 하였습니다.

3. 그러나 피고의 위 행정처분은 다음에서 보는 이유와 같이 원고에게 너무나 가혹하여 재량권을 일탈하거나 남용한 처분으로서 위법한 처분입니다.

　가. 원고는 ○○시 ○○구 소재 ☆☆회사에서 경리직원으로 근무하는 직원인바 사건 전날 ○○시 ○○구 소재한 거래처인 ★★회사의 사장의 아버지가 심근경색으로 사망하자 위 ☆☆회사의 사장 김ㅁㅁ이 원고에게 부의금을 주면서 직접 전달하라고 하여 이에 원고는 자신의 소유인 서울 ○○거 ○○○○ 승용차량을 운전하여 20:00경 ○○으로 내려갔습니다.

그리하여 ○○○에 위치한 ○○○ 부속병원에 21:50 경 도착하여 부조금을 건네주고 문상을 드린 후 잠시 앉아 있자 마침 우연히 ○○에 있던 지사에서 회사동기인 신ㅁㅁ이 문상을 드리러 와서 반가운 마음에 만나서 소주를 1병정도 나누어 먹었습니다.

○○시로 올라와야 했기 때문에 한 시간 가량 있은 후 서울로 출발하여 사건 당일 1:30경 ○○시로 들어 왔습니다. 그리하여 집으로 향하던 중 음주단속에 걸리게 된 것입니다.

　나. 원고가 개인적인 일로서 대전에 간 것이 아니었으며 업무상 상관의 지시로 내려가서 둘이서 소주 1병을 마셨는데 어찌된 연유인지 혈중알콜농도가 0.1%가 넘었던 것입니다. 상가에 문상을 가서 술을 몇 잔 정도 먹었던 것이었으나 원고가 장시간 운전을 하고 피곤한 상태이었기 때문에 알콜이 미처 다 분해되지 못하였던 점도 있다고 할 것입니다.

　다. 원고는 이제 30살의 나이로서 직장에 입사한 지 1년 반밖에 되지 아니하며 신입사원으로서 차량을 운전해야 할 일이 많은 관계로 운전면허가 취소된다면 회사에서 퇴직해야 할 수도 있습니다.

4. 원고가 여태까지 아무런 음주와 관련한 전력이 없는데다가 회사의 일로 인하여 어

쩔 수 없이 문상을 갔다 오던 중에 본 건 음주운전이 있었던 점 등을 고려하면 피고가 이 사건 운전면허처분취소를 한 것은 재량권을 남용하거나 일탈한 위법한 처분이라고 할 것이어서 이의 취소를 구하기 위하여 본 소송을 제기합니다.

입 증 방 법

1. 갑 제1호증	주취운전자 적발내용
1. 갑 제2호증	자동차운전면허취소결정통지서
1. 갑 제3호증	임시운전증명서
1. 갑 제4호증	사업자등록증
1. 갑 제5호증	재직증명서
1. 갑 제6호증	진술서
1. 갑 제7호증	탄원서
1. 갑 제8호증	주민등록증사본

첨 부 서 류

1. 위 입증방법	각 1부
1. 소장부본	1부
1. 납부서	1부

20○○년 ○월 ○일

원 고 ○ ○ ○ (인)

○ ○ 행 정 법 원 귀 중

6. 자동차운전면허취소처분무효 청구

가. 기재례

1. 피고가 2000. 2. 4. 원고에 대하여 한 자동차운전면허(경기 제1종 보통 1234 -01 2345-12)의 취소처분은 무효임을 확인한다.
2. 소송비용은 피고의 부담으로 한다.
라는 판결을 구합니다.

나. 자동차운전면허취소처분무효 청구의 소

소 장

원   고   O   O   O (000000-0000000)

　　　　　　OO시 OO구 OO로 12(OO동)

　　　　　　소송대리인 변호사 O O O

　　　　　　OO시 OO구 OO로 23(OO동)　　　　(우 : 000-000)

　　　　　　(전화 : 000-0000, 팩스 : 000-0000)

피   고   OO지방경찰청장

자동차운전면허취소처분무효 청구의 소

청 구 취 지

1. 피고가 2000. 2. 4. 원고에 대하여 한 자동차운전면허(경기 제1종 보통 1234 -01 2345-12)의 취소처분은 무효임을 확인한다.

---

2. 소송비용은 피고의 부담으로 한다.

라는 판결을 구합니다.

청 구 원 인

1. 처분의 경위

 가. 원고는 2000. 8. 7. ㅇㅇ지방경찰청장으로부터 제1종보통 자동차운전면허(면허
  번호 경기 1234-012345-12)를 취득하여 운전을 하다가 적성검사기간인 200
  0. 11. 4.부터 2000. 2. 3.까지 사이에 적성검사를 받지 아니하고 1년이 경과
  하였습니다.

 나. 그러나 피고는 원고가 적성검사기간으로부터 1년이 경과할 때까지 적성검사를
  받지 아니하였다 하여 2000. 2. 4.에 도로교통법 제93조에 의하여 원고에 대
  하여 운전면허를 취소하는 처분을 하고, 원고의 종전 주소지인 ㅇㅇ시 ㅇㅇ구 ㅇㅇ
  로 34(ㅇㅇ동)로 원고의 운전면허취소통지를 하였으나 원고가 위 주소지에서 이
  사갔다는 사유로 반송되자 그 주소지를 관할하는 ㅇㅇ경찰서 게시판에 10일간
  공고함으로써 그 통지에 갈음하였습니다.

2. 처분의 위법

 원고는 2000. 7. 8. 당시에는 ㅇㅇ시 ㅇㅇ구 ㅇㅇ로 45(ㅇㅇ동)에 거주하고 있었으나
2000. 5. 1.에 ㅇㅇ시 ㅇㅇ구 ㅇㅇ로 56(ㅇㅇ동)호 이사를 사였다가 다시 2000. 11. 1
8. ㅇㅇ시 ㅇㅇ구 ㅇㅇ로 67(ㅇㅇ동)로 이사를 한 후 그 때마다 주민등록상 전입신고를
하고 자동차운전면허증의 주소변경신고를 하였습니다. 그런데 피고는 2000. 2. 4.
경 원고의 운전면허를 취소함에 있어서 같은법시행규칙 제93조에 의하여 그 취소사
실을 당시 원고의 주소지인 ㅇㅇ시 ㅇㅇ구 ㅇㅇ로 78(ㅇㅇ동)로 통보하여야 함에도 불
구하고 운전면허대장상 주소지가 변경기재되지 아니한 탓으로 원고의 종전 주소지
인 ㅇㅇ시 ㅇㅇ구 ㅇㅇ로 89(ㅇㅇ동)로 통보한 후 반송되자 10일간 공고함으로서 통보

에 갈음한 것인 바 이는 위법하다 할 것이고 나아가 그 하자가 중대 명백하여 무효라 할 것입니다.

3. 따라서 위 처분은 무효이므로 그 확인을 구하기 위하여 본 소 청구에 이르렀습니다.

입 증 방 법

1. 갑 제1호증   자동차 운전면허취소통지서 사본
1. 갑 제2호증   재직증명서 사본
1. 갑 제3호증   진술서

첨 부 서 류

1. 위 입증서류   각 1통
1. 주민등록초본   1통
1. 소장 부본   1통
1. 위임장   1통

20 . . .

위 원고 소송대리인 변호사 ○ ○ ○ (인)

○○행정법원 귀중

7. 기타 관련서식 − 행정심판법 시행규칙 제5조 관련

가. 심판참가 요구서

[별지 제8호서식]

<table>
<tr><td colspan="4" style="text-align:center">○○○행정심판위원회
심판참가 요구서</td></tr>
<tr><td>① 사 건</td><td colspan="3">행심

　　　　　　　　　　심판청구사건</td></tr>
<tr><td>② 청 구 인</td><td></td><td>③ 피청구인</td><td></td></tr>
<tr><td>④ 참가를 요구
　 받은 자</td><td colspan="3"></td></tr>
<tr><td>⑤ 근거 법조문</td><td colspan="3">「행정심판법」 제21조제1항, 같은 법 시행령 제18조</td></tr>
<tr><td colspan="4">위 사건의 심리 결과에 대하여 이해관계가 있다고 판단되어 참가를 요구하오니
. 　 . 　 .까지 참가 여부를 우리 위원회에 알려 주시기 바랍니다.

　　　　　　　.　　　　.　　　　.

○○○행정심판위원회 위원장 (인)

　　　귀하</td></tr>
</table>

210mm×297mm

[일반용지 60g/㎡(재활용품)]

나. 보정요구서

[별지 제9호서식]

○○○행정심판위원회 보정요구서		
① 사 건	행심 심판청구사건	
② 청 구 인		③ 피청구인
④ 보정할 사항		
⑤ 보정이 필요한 이유		
⑥ 그 밖에 필요한 사항		
⑦ 근거 법조문	「행정심판법」 제32조제1항, 같은 법 시행령 제24조제1항	

　　위와 같이 보정할 것을 요구하오니　.　.　.까지 「행정심판법 시행규칙」 별지 제36호서식에 따른 보정서를 작성하여 제출하시기 바랍니다.

.　　　.　　　.

○○○행정심판위원회 위원장 (인)
　　　귀하

210mm × 297mm
[일반용지 60g/㎡(재활용품)]

다. 감정의뢰서

[별지 제12호서식]

○○○행정심판위원회 감정의뢰서		
① 사 건	행심 심판청구사건	
② 청 구 인		③ 피청구인
④ 감정의 대상		
⑤ 감 정 사 항		
⑥ 참 고 사 항		
⑦ 근거 법조문	「행정심판법」제36조제1항	

위와 같이 감정을 의뢰하오니 「행정심판법 시행규칙」별지 제13호서식에 따른 감정통보서를 작성하여 　.　　.　　.까지 그 결과를 알려 주시기 바랍니다.

.　　.　　.

○○○행정심판위원회 (인)
　　　　귀하

210mm×297mm
[일반용지 60g/㎡(재활용품)]

라. 제척, 기피신청서

■ 행정심판법 시행규칙 [별지 제18호서식] 〈개정 2012.9.20〉

행정심판위원회 위원 [ ] 제척 신청서
[ ] 기피

접수번호		접수일	
사건명			
청구인	성명		
	주소		
피청구인			
신청 취지			
신청 원인			
소명 방법			

「행정심판법」 제10조 및 같은 법 시행령 제12조에 따라 위와 같이 신청합니다.

년   월   일

신청인   (서명 또는 인)

○○행정심판위원회 귀중

첨부서류	없음	수수료 없음

처리 절차

신청서 작성	→	접수	→	결정	→	송달
신청인		○○행정심판위원회		○○행정심판위원장		

210mm×297mm[백상지 80g/㎡]

마. 선정대표자 선정서

■ 행정심판법 시행규칙 [별지 제19호서식] 〈개정 2012.9.20〉

선정대표자 선정서

접수번호	접수일	
사건명		
청구인	○○○외 ○명	
피청구인		

	성명	
	주소	
선정대표자	성명	
	주소	
	성명	
	주소	

「행정심판법」 제15조제1항에 따라 위와 같이 선정대표자를 선정합니다.

년　　월　　일

선정인　　　　　　　　　(서명 또는 인)

○○행정심판위원회 귀중

첨부서류	없음	수수료 없음

처리 절차		
선정서 작성	→	접수
선정인		○○행정심판위원회

210mm×297mm[백상지 80g/㎡]

바. 심판참가신청서

■ 행정심판법 시행규칙 [별지 제29호서식] 〈개정 2012.9.20〉

심판참가 허가신청서

접수번호		접수일	
사건명			

청구인	성명		
	주소		
피청구인			
참가 신청인	성명		
	주소		
	주민등록번호(외국인등록번호)		

신청 취지	
신청 이유	

「행정심판법」 제20조제2항에 따라 위와 같이 심판참가 허가를 신청합니다.

년   월   일

신청인   (서명 또는 인)

○○행정심판위원회 귀중

첨부서류	없음	수수료 없음

처리 절차

신청서 작성	→	접수	→	결정	→	통지
신청인		○○행정심판위원회		○○행정심판위원회		

210mm×297mm[백상지 80g/㎡]

사. 청구변경신청서

■ 행정심판법 시행규칙 [별지 제31호서식] 〈개정 2012.9.20〉

청구변경신청서

접수번호	접수일	
사건명		

청구인	성명	
	주소	
피청구인		

변경 대상	[ ] 청구 취지　　[ ] 청구 이유
변경 내용	

「행정심판법」 제29조에 따라 위와 같이 청구변경을 신청합니다.

년　　월　　일

신청인　　　　　　　(서명 또는 인)

○○행정심판위원회 귀중

첨부서류	없음	수수료 없음

처리 절차			

신청서 작성	→	접수	→	결정	→	송달
신청인		○○행정심판위원회		○○행정심판위원회		

210mm×297mm[백상지 80g/㎡]

아. 집행정지신청서

■ 행정심판법 시행규칙 [별지 제33호서식] 〈개정 2012.9.20〉

집행정지신청서

접수번호		접수일		
사건명				

신청인	성명	
	주소	
피신청인		

신청 취지	
신청 원인	
소명 방법	

「행정심판법」 제30조제5항 및 같은 법 시행령 제22조제1항에 따라 위와 같이 집행정지를 신청합니다.

년   월   일

신청인   (서명 또는 인)

○○행정심판위원회 귀중

첨부서류	1. 신청의 이유를 소명하는 서류 또는 자료 2. 행정심판청구와 동시에 집행정지 신청을 하는 경우에는 심판청구서 사본과 접수증명서	수수료 없음

처리 절차						
신청서 작성	→	접수	→	결정	→	송달
신청인		○○행정심판위원회		○○행정심판위원회		

210mm×297mm[백상지 80g/㎡]

자. 집행정지취소신청서

■ 행정심판법 시행규칙 [별지 제32호서식] 〈개정 2012.9.20〉

집행정지결정 취소신청서

접수번호	접수일	
사건명		

청구인	성명	
	주소	
피청구인		

집행정지 결정일		
신청인	성명	
	주소	
신청 취지		
신청 원인		
소명 방법		

「행정심판법」 제30조제5항에 따라 위와 같이 집행정지결정의 취소를 신청합니다.

년 월 일

신청인 (서명 또는 인)

○○행정심판위원회 귀중

첨부서류	신청의 이유를 소명하는 서류 또는 자료	수수료 없음

처리 절차			

신청서 작성 → 접수 → 결정 → 송달

신청인　　　　　○○행정심판위원회　　　○○행정심판위원회

210mm×297mm[백상지 80g/㎡]

차. 임시처분신청서

■ 행정심판법 시행규칙 [별지 제34호서식] 〈개정 2012.9.20〉

임시처분 신청서

접수번호	접수일
사건명	

신청인	성명	
	주소	
피신청인		

신청 취지	
신청 원인	
소명 방법	

「행정심판법」 제31조제2항에 따라 위와 같이 임시처분을 신청합니다.

년   월   일

신청인   (서명 또는 인)

○○행정심판위원회 귀중

첨부서류	1. 신청의 이유를 소명하는 서류 또는 자료 2. 행정심판청구와 동시에 임시처분 신청을 하는 경우에는 심판청구서 사본과 접수증명서	수수료 없음

처리 절차

신청서 작성	→	접수	→	결정	→	송달
신청인		○○행정심판위원회		○○행정심판위원회		

210mm×297mm[백상지 80g/㎡]

카. 증거서류 등 반환신청서

■ 행정심판법 시행규칙 [별지 제43호서식] 〈개정 2012.9.20〉

증거서류 등 반환신청서

접수번호		접수일	
사건명			
청구인	성명		
	주소		
피청구인			
제출인	성명		
	주소		
반환신청 물건 (품목, 수량)			

「행정심판법」 제55조에 따라 위와 같이 위와 같이 반환을 신청합니다.

년　월　일

신청인　　　　　(서명 또는 인)

○○행정심판위원회 귀중

첨부서류	없음	수수료 없음

처리 절차

신청서 작성	→	접수
신청인		○○행정심판위원회

210mm×297mm[백상지 80g/㎡]

타. 증거조사 신청서

■ 행정심판법 시행규칙 [별지 제38호서식] 〈개정 2012.9.20〉

증거조사 신청서

접수번호	접수일	
사건명		
청구인	성명	
	주소	
피청구인		
증명할 사실		
증거 방법		

「행정심판법」 제36조제1항 및 같은 법 시행령 제25조제1항에 따라 위와 같이 증거조사를 신청합니다

년   월   일

신청인   (서명 또는 인)

○○행정심판위원회 귀중

첨부서류	증거조사 관련 서류	수수료 없음

처리 절차		
신청서 작성	➡	접수
신청인		○○행정심판위원회

210mm×297mm[백상지 80g/㎡]

파. 합의서

<h1 style="text-align:center">합 의 서</h1>

피 해 자   사망자 　　　　이 00

사망자의 부 　　　　　　이 00

서울 관악구 보라매동 600-1

가 해 자 　 박 00

서울 강서구 화곡동 896-992

2016년 ○○월 ○○일 11시경 서울 관악구 보라매동 330-11번지 앞 노상에서 서울 라0000호 차량이 후진을 하다가 안전운전의 부주의로 위 이00을 사망케 한 교통사고에 관하여 위 가해자 차량이 가입한 ○○화재 해상보험(주) 자동차종합보험 손해배상 규정에 의하여 위 이00의 장례비를 포함한 위자료등 일체의 손해배상을 하기로 위 이00·박00 간 합의를 하고, 위와는 별도로 위 박00은 위 보호자 이00에 대한 위로금조로 일금 500만 원정을 지불하고 피해자 이00은 이를 수령하여 상호 원만히 합의하였으므로 피해자 이00은 차후 본 사고건에 어떠한 이의도 제기하지 않겠음은 물론 민·형사상의 소를 제기치 않을 것으로 이에 확약하고 후일을 증하기 위하여 본 합의서에 서명날인(무인)합니다.

　　　　　　　　　　　　　　피해자 이00의 법정대리인

　　　　　　　　　　　　　　이순신의 부 　 이 00

　　　　　　　　　　　　　　가 해 자 　　　박00

교통사고처벌 "불원"확인서

피 의 자   이 ○○
서울 관악구 보라매동 337-1

2016년 ○○월 ○○일경 서울 관악구 보라매동 피의자가 운전하는 택시로부터 교통사고를 당하였는바, 본인은 피의자의 형사상 처벌을 원치 않으며 다음 사항을 명백히 밝히는 바입니다.

1. 이후 피의자가 형사상 아무런 처벌을 받지 않게 되더라도 경찰은 물론 검찰, 법원 단계에서도, 이의를 제기치 않겠습니다.
2. 모든 인명, 재산의 피해는 본건 수사와는 별도로 민사상 손해배상청구는 보험으로 처리하겠습니다.
3. 일단 처벌불원 의사를 표시한 후에는 이를 철회할 수 없다는 사실을 잘 알고 있습니다.
4. 본 사실을 확인하기 위하여 가해자에게는 본 확인서 1부를 보관시킴에 동의합니다.

위 사실을 확인함
피해자   최○○ (인)
위에 동의함
피해자 법정대리인   정 ○ ○ (인)
위 확인서 1부를 지참함
가해자   이 ○○ (인)

거. 개인택시 운송사업면허 거부취소청구의 소

(1) 청구취지 기재례

1. 피고가 20○○. ○. ○. 원고에 대하여 개인택시 운송사업면허를 거부한 처분은 이
   를 취소한다.
2. 소송비용은 피고의 부담으로 한다.
라는 재판을 구합니다.

(2) 서식

소　　장

원　고　　　　○　○　○(주민등록번호)

○○시 ○○구 ○○길 ○○ (우편번호 ○○○-○○○)

피　고　　　　△　△ 시장

○○시 ○○구 ○○길 ○○ (우편번호 ○○○-○○○)

개인택시운송사업면허거부 취소청구의 소

청 구 취 지

1. 피고가 20○○. ○. ○. 원고에 대하여 개인택시 운송사업면허를 거부한 처분은
   이를 취소한다.
2. 소송비용은 피고의 부담으로 한다.

라는 재판을 구합니다.

청 구 원 인

1. 원고는 개인택시운송사업면허를 받고자 하는 자로서 ○○시가 20○○. ○. ○. 공고한 개인택시운송사업면허공고일정에 따라 20○○. ○. ○. 면허신청을 한 사실이 있습니다.
2. 원고는 개인택시면허신청자동차운수사업법시행규칙 제13조 제1항의 규정에 의한 시설등의 기준외, 개인택시면허신청공고일로부터 기산하여 과거 6년간 ○○시에서 미군, 군속 및 그 가족 등만을 대상으로 하여 영업을 하도록 면허를 받은 택시회사 소속 운전원으로 위 같은 기간 무사고로 운전한 경력이 있습니다. 따라서 원고는 개인택시 운송사업 면허를 득하는데 아무런 결격사유가 없습니다.
3. 그런데 피고는 원고가 근무하였던 위 택시회사의 운임의 결정방법이나 처우조건이 일반택시와 다르다는 사실만으로 원고의 자격을 불리하게 산정하여, 원고는 개인택시운송사업면허를 거부당하게 되었습니다.
4. 그러나 위와 같은 ○○시 행위는 합리적인 이유가 없는 재량권 일탈행위이므로 원고는 본 청구에 이른 것입니다.

입 증 방 법

1. 갑 제1호증   재직증명서

첨 부 서 류

1. 위 입증방법   1통
1. 소장부본   1통

```
   1. 납부서                                                  1통


                    20○○년 ○월 ○일
                    원 고  ○ ○ ○   (인)



   ○ ○ 행 정 법 원    귀중
```

너. 개인택시 면허신청 제외처분 취소심판 청구서

```
                  심 판 청 구 서


청 구 인        ○  ○  ○(주민등록번호)

               ○○시 ○○구 ○○길 ○○ (우편번호 ○○○ – ○○○)


피청구인        △△도지사


심판청구의 대상이 되는 처분의 내용

피청구인이 청구인에 대하여 20○○.○.○.자로 한 개인택시 면허신청 제외처분


처분이 있는 것을 안 날

20○○.  ○.  ○.
```

심판청구의 취지

피청구인이 청구인에 대하여 20ㅇㅇ. ㅇ. ㅇ.자로 한

개인택시면허신청의 제외처분을 취소한다.

라는 재결을 구합니다.

심판청구의 이유

별지기재와 같음

고지의 유무 및 그 내용

받았음.

첨부서류

별지기재와 같음

20ㅇㅇ년　ㅇ월　ㅇ일

위 청구인　ㅇㅇㅇ (인)

△ △ 도 지 사　귀중

심판청구의 이유

1. 청구인은 20ㅇㅇ. ㅇ. ㅇ. 피청구인에게 개인택시 운송사업 면허신청을 하였던바,
   피청구인은 같은 해 ㅇㅇ. ㅇㅇ. 청구인을 그 면허발급대상자에서 제외한다는 통
   보를 청구인에게 보내왔습니다. 그러나 피청구인의 위와 같은 처분은 다음과 같은

이유로 위법 부당한 처분이라고 할 것입니다.

2. 첫째로 청구인은 5년간 무사고 운전경력을 증명 받았으므로 여객자동차운수 사업법 시행규칙 제17조 제1항 1호 가목에 해당하여 개인택시운수사업면허를 받을 수 있는 자격을 갖추었고, 피청구인이 청구인의 면허신청 제출 후에 발생한 경미한 교통사고를 이유로 면허대상에서 제외시킨 것은 여객자동차 운수사업법 시행규칙 제17조 제8항의 규정에 위반하는 위법한 처분에 해당합니다.

3. 둘째로 피청구인은 청구인과 똑같은 처지에 있는 청구외 김ㅁㅁ 및 이ㅁㅁ에게는 면허를 발급하면서 청구인만을 제외시켰습니다. 따라서 피청구인의 이 사건 처분은 형평의 원칙에 어긋나는 부당한 처분이라고 아니할 수 없습니다.

첨 부 서 류

1. 소갑제 1호증   처분통지서 사본
1. 소갑제 2호증   무사고운전경력증명

20ㅇㅇ년 ㅇ월 ㅇ일

위 청구인   ㅇㅇㅇ (인)

△ △ 도 지 사 귀중

더. 개인택시 자동차 운송사업자 면허취소처분 취소심판 청구서

<table>
<tr><td colspan="5" align="center">행 정 심 판 청 구</td></tr>
<tr><td rowspan="2" align="center">청 구 인</td><td align="center">이 름</td><td align="center">○ ○ ○</td><td align="center">주민등록
번 호</td><td align="center">111111-1111111</td></tr>
<tr><td align="center">주 소</td><td colspan="3">○○시 ○○구 ○○길 ○○</td></tr>
<tr><td align="center">선정대표자, 관리인
또는 대리인</td><td colspan="4">○ ○ ○ (또는 대리인 변호사 ○ ○ ○)
○○시 ○○구 ○○길 ○○(우편번호 ○○○ - ○○○)</td></tr>
<tr><td align="center">피 청 구 인</td><td colspan="2">△△특별시 △△구청장</td><td align="center">재 결 청</td><td align="center">ㅁㅁ특별시장</td></tr>
<tr><td align="center">청구대상인 처분내용
(부작위의 전제가 되는
신청내용일자)</td><td colspan="4">피청구인이 20○○. ○. ○. 청구인에 대하여 한 개인택시
자동차운수사업자 면허 취소 처분</td></tr>
<tr><td align="center">처분 있음을 안 날</td><td colspan="4">20○○년 ○월 ○일</td></tr>
<tr><td align="center">심판청구취지 이유</td><td colspan="4">별지기재와 같음</td></tr>
<tr><td align="center">피청구인의 행정심판
고지유무</td><td colspan="2">20○○년 ○월 ○일</td><td align="center">고 지 내 용</td><td>개인택시 자동차운
수사업자 면허 취소</td></tr>
<tr><td align="center">증거서류</td><td colspan="4">재직증명서, 경력증명서, 전세계약서, 주민등록등본
(또는 1. 별지기재와 같음)</td></tr>
<tr><td align="center">근거법조</td><td colspan="4">행정심판법 제28조, 동법시행령 제20조</td></tr>
<tr><td colspan="5">위와 같이 행정심판을 청구합니다.

20○○년 ○월 ○일
청 구 인 ○ ○ ○ (인)
(또는 대리인 변호사 ○ ○ ○ ㉑)

△△ 특별시 △△ 구청장 귀하</td></tr>
<tr><td align="center">첨부서류</td><td colspan="2">청구서부본</td><td align="center">수 수 료</td><td align="center">없 음</td></tr>
</table>

청 구 취 지

피청구인이 20○○. ○. ○. 청구인에 대하여 한 개인택시 자동차운수사업자 면허취소
처분을 취소한다.
라는 재결을 구합니다.

청 구 원 인

청구인은 택시운전사로서 20○○. ○. ○. 피청구인에게 개인택시자동차운송사업자
면허를 신청하여 그 면허를 취득한 후 운전업무에 종사하던 중, 피청구인은 청구인이
20○○. ○. ○. 13:20분경 서울특별시 ○○구 ○○길 ○○앞 도로에서 인사 사고를
내고 도주하였다는 이유로 청구인의 개인택시자동차운송사업자면허를 취소하였습니
다. 그러나 청구인은 피청구인의 위 처분이 다음과 같은 점에서 위법 · 부당하다고 주
장합니다.

- 중략(피청구인의 처분이 위법 · 부당하다는 이유를 항목별로 나누어 구체적으로 주
  장할 것)-

 따라서 청구인은 피청구인의 이 사건 개인택시 자동차운송사업자면허취소처분의 취
소를 구하기 위하여 이 청구에 이르렀습니다.

입 증 방 법

    1. 소갑 제1호증   통지서사본
    1. 소갑 제2호증   허가증사본

첨 부 서 류

1. 위 입증방법   각 1통
1. 심판청구서부본   1통

20○○년 ○월 ○일

위 청구인 ○ ○ ○ (인)

△△특별시 △△구청장 귀중

러. 개인택시 운송사업면허 발급신청 거부처분 취소심판 청구서

행 정 심 판 청 구

청 구 인	이 름	○○○	주민등록번호	111111-1111111
	주 소	○○시 ○○구 ○○길 ○○		
선정대표자 관 리 인 또 는 대 리 인				
피 청 구 인	△△도지사		재 결 청	건설교통부장관
청구대상인 처분내용 (부작위의 전체가 되는 신 청 내 용 일 자)	개인택시면허예정자결정제외 처분			
처분 있음을 안 날	20○○. ○. ○.			
심판청구취지 이유	(별지 기재와 같음)			
처분청의 고지유무			고 지 내 용	
증 거 서 류 (증 거 류)	(별지 기재와 같음)			
근 거 법 조	행정심판법 제19조, 동법시행령 제18조			

위와 같이 행정심판을 청구합니다.

20○○년 ○월 ○일

위 청구인 ○ ○ ○ (인)

△ △ 도 지 사 귀 하

첨부서류	청구서부본		수 수 료	없 음

심 판 청 구 취 지

피청구인이 20○○. ○. ○.자로 청구인이 제출한 개인택시운송사업면허 발급신청서를 면허예정자 및 확정자 결정에서 제외한 처분은 이를 취소한다.
라는 재결을 구합니다.

심 판 청 구 이 유

1. 청구인은 20○○. ○. ○. ○○시장의 개인택시 운송사업면허 대상자 모집에서 개인택시면허발급 우선순위 제 2순위 사항 3호의 대통령, 국무총리, 행정자치부, 건설교통부, 노동부장관의 표창을 받은 자에 해당되어 관계서류를 첨부하여 면허신청을 하였습니다.

2. 이에 ○○시장은 청구인의 개인택시운송사업면허 신청에 대하여 청구인이 행정자치부장관으로부터 표창을 받은 시점은 운전경력기간중이 아니라는 이유로 면허예정자 및 확정자 결정에서 제외시켰습니다.

   그러나 이는 다음과 같은 이유에서 부당한 판단입니다.

   즉 개인택시 면허발급 우선순위 제 2순위 사항 3호에서는 「면허신청일로부터 기산하여 과거 4년간 국내에서 사업용 자동차를 운전한 경력이 3년 이상 있는자로서 최종운전종사일로부터 기산하여 과거 3년간 무사고 운전경력이 있는 자중에서 대통령, 국무총리, 행정자치부, 건설교통부, 노동부장관의 표창을 받은 자, 단 1985. 5. 31. 이전에 받은 타 국무위원의 표창도 포함되며 운전경력기간중에 받은 표창으로서 표창을 받은 후 1년이상 경과되어야 한다」라고 되어 있는데, 여기서 말하는[운전경력기간중]이란 운전면허를 소지하고 사업용 택시나 버스회사에 취업한 경력이 있고, 또 운전업무에 종사하는 것을 본래의 업무(생업)로 하는 경우를 말하는 것으로서 즉 운전업무와 관계없는 기간에 받은 표창을 제외한다는 취지로 해석하여야 할 것입니다. 따라서 전직을 위한 잠시의 공백기간 등은 그 기간 내라고 해석해야 옳을 것인바, 청구인은 표창수상 당시 새로운 직장으로 옮기는 과정에서 약 1개월간 새 회사에서 견습운전을 하고 있었습니다.

현실적으로 운전직에 있어서 전직하는 경우 상당기간 견습을 하는 것이 관례이며 표창 시상일은 표창받은 행위를 한 후 일정하지 않은 임의 시점에 이루어진다는 사실을 볼 때 표창일을 기준으로 판단하는 것은 타당하지 않다고 할 것입니다.

3. 위와 같이 처분청에서는[운전경력기간중]이라는 자구해석을 너무나 좁은 의미로 해석한 잘못으로 결과적으로 청구인에게 불이익을 준 것이므로 합리적으로 해석하여 줄 것을 바라면서 청구취지와 같은 재결을 구하고자 본 청구에 이른 것입니다.

입 증 방 법

1. 소갑 제1호증	경력증명서
1. 소갑 제2호증	재직증명서
1. 소갑 제3호증	표창장
1. 소갑 제4호증	사실증명
1. 소갑 제5호증	진정서

첨 부 서 류

1. 위 입증방법	각 1통
1. 심판청구서부본	1통

△ △ 도 지 사 귀 중

머. 개인택시운전경력일부불인정취소 청구(기재례)

피청구인이 청구인에 대하여 한 2010년도 개인택시운전경력일부 불인정처분은 이를
취소한다.

버. 자동차운전면허증재발급거부처분취소 청구(기재례)

1. 피고가 2010. 10. 12. 원고에 대하여 한 자동차운전면허증 재발급거부처분은 이를
   취소한다.
2. 소송비용은 피고의 부담으로 한다.

별첨 – 행정심판법

제1장 총칙

제1조(목적) 이 법은 행정심판 절차를 통하여 행정청의 위법 또는 부당한 처분(處分)이나 부작위(不作爲)로 침해된 국민의 권리 또는 이익을 구제하고, 아울러 행정의 적정한 운영을 꾀함을 목적으로 한다.

제2조(정의) 이 법에서 사용하는 용어의 뜻은 다음과 같다.

1. "처분"이란 행정청이 행하는 구체적 사실에 관한 법집행으로서의 공권력의 행사 또는 그 거부, 그 밖에 이에 준하는 행정작용을 말한다.
2. "부작위"란 행정청이 당사자의 신청에 대하여 상당한 기간 내에 일정한 처분을 하여야 할 법률상 의무가 있는데도 처분을 하지 아니하는 것을 말한다.
3. "재결(裁決)"이란 행정심판의 청구에 대하여 제6조에 따른 행정심판위원회가 행하는 판단을 말한다.
4. "행정청"이란 행정에 관한 의사를 결정하여 표시하는 국가 또는 지방자치단체의 기관, 그 밖에 법령 또는 자치법규에 따라 행정권한을 가지고 있거나 위탁을 받은 공공단체나 그 기관 또는 사인(私人)을 말한다.

제3조(행정심판의 대상) ① 행정청의 처분 또는 부작위에 대하여는 다른 법률에 특별한 규정이 있는 경우 외에는 이 법에 따라 행정심판을 청구할 수 있다.

② 대통령의 처분 또는 부작위에 대하여는 다른 법률에서 행정심판을 청구할 수 있도록 정한 경우 외에는 행정심판을 청구할 수 없다.

제4조(특별행정심판 등) ① 사안(事案)의 전문성과 특수성을 살리기 위하여 특히 필요한 경우 외에는 이 법에 따른 행정심판을 갈음하는 특별한 행정불복절차(이하 "특별행정심판"이라 한다)나 이 법에 따른 행정심판 절차에 대한 특례를 다른 법률로 정할 수 없다.

② 다른 법률에서 특별행정심판이나 이 법에 따른 행정심판 절차에 대한 특례를 정한 경우에도 그 법률에서 규정하지 아니한 사항에 관하여는 이 법에서 정하는 바에 따른다.

③ 관계 행정기관의 장이 특별행정심판 또는 이 법에 따른 행정심판 절차에 대한 특례를

신설하거나 변경하는 법령을 제정·개정할 때에는 미리 중앙행정심판위원회와 협의하여야 한다.

제5조(행정심판의 종류) 행정심판의 종류는 다음 각 호와 같다.

1. 취소심판: 행정청의 위법 또는 부당한 처분을 취소하거나 변경하는 행정심판
2. 무효등확인심판: 행정청의 처분의 효력 유무 또는 존재 여부를 확인하는 행정심판
3. 의무이행심판: 당사자의 신청에 대한 행정청의 위법 또는 부당한 거부처분이나 부작위에 대하여 일정한 처분을 하도록 하는 행정심판

제2장 심판기관

제6조(행정심판위원회의 설치) ① 다음 각 호의 행정청 또는 그 소속 행정청(행정기관의 계층구조와 관계없이 그 감독을 받거나 위탁을 받은 모든 행정청을 말하되, 위탁을 받은 행정청은 그 위탁받은 사무에 관하여는 위탁한 행정청의 소속 행정청으로 본다. 이하 같다)의 처분 또는 부작위에 대한 행정심판의 청구(이하 "심판청구"라 한다)에 대하여는 다음 각 호의 행정청에 두는 행정심판위원회에서 심리·재결한다. <개정 2016.3.29.>

1. 감사원, 국가정보원장, 그 밖에 대통령령으로 정하는 대통령 소속기관의 장
2. 국회사무총장·법원행정처장·헌법재판소사무처장 및 중앙선거관리위원회사무총장
3. 국가인권위원회, 그 밖에 지위·성격의 독립성과 특수성 등이 인정되어 대통령령으로 정하는 행정청

② 다음 각 호의 행정청의 처분 또는 부작위에 대한 심판청구에 대하여는 「부패방지 및 국민권익위원회의 설치와 운영에 관한 법률」에 따른 국민권익위원회(이하 "국민권익위원회"라 한다)에 두는 중앙행정심판위원회에서 심리·재결한다. <개정 2012.2.17.>

1. 제1항에 따른 행정청 외의 국가행정기관의 장 또는 그 소속 행정청
2. 특별시장·광역시장·특별자치시장·도지사·특별자치도지사(특별시·광역시·특별자치시·도 또는 특별자치도의 교육감을 포함한다. 이하 "시·도지사"라 한다) 또는 특별시·광역시·특별자치시·도·특별자치도(이하 "시·도"라 한다)의 의회(의장, 위원회의 위원장, 사무처장 등 의회 소속 모든 행정청을 포함한다)
3. 「지방자치법」에 따른 지방자치단체조합 등 관계 법률에 따라 국가·지방자치단체·공공법인 등이 공동으로 설립한 행정청. 다만, 제3항제3호에 해당하는 행정청은 제외한다.

③ 다음 각 호의 행정청의 처분 또는 부작위에 대한 심판청구에 대하여는 시·도지사 소속

으로 두는 행정심판위원회에서 심리·재결한다.

1. 시·도 소속 행정청

2. 시·도의 관할구역에 있는 시·군·자치구의 장, 소속 행정청 또는 시·군·자치구의 의회(의장, 위원회의 위원장, 사무국장, 사무과장 등 의회 소속 모든 행정청을 포함한 다)

3. 시·도의 관할구역에 있는 둘 이상의 지방자치단체(시·군·자치구를 말한다)·공공 법인 등이 공동으로 설립한 행정청

④ 제2항제1호에도 불구하고 대통령령으로 정하는 국가행정기관 소속 특별지방행정기관 의 장의 처분 또는 부작위에 대한 심판청구에 대하여는 해당 행정청의 직근 상급행정기관 에 두는 행정심판위원회에서 심리·재결한다.

제7조(행정심판위원회의 구성) ① 행정심판위원회(중앙행정심판위원회는 제외한다. 이하 이 조에서 같다)는 위원장 1명을 포함하여 50명 이내의 위원으로 구성한다. <개정 2016.3. 29.>

② 행정심판위원회의 위원장은 그 행정심판위원회가 소속된 행정청이 되며, 위원장이 없거 나 부득이한 사유로 직무를 수행할 수 없거나 위원장이 필요하다고 인정하는 경우에는 다 음 각 호의 순서에 따라 위원이 위원장의 직무를 대행한다.

1. 위원장이 사전에 지명한 위원

2. 제4항에 따라 지명된 공무원인 위원(2명 이상인 경우에는 직급 또는 고위공무원단에 속하는 공무원의 직무등급이 높은 위원 순서로, 직급 또는 직무등급도 같은 경우에는 위원 재직기간이 긴 위원 순서로, 재직기간도 같은 경우에는 연장자 순서로 한다)

③ 제2항에도 불구하고 제6조제3항에 따라 시·도지사 소속으로 두는 행정심판위원회의 경우에는 해당 지방자치단체의 조례로 정하는 바에 따라 공무원이 아닌 위원을 위원장으 로 정할 수 있다. 이 경우 위원장은 비상임으로 한다.

④ 행정심판위원회의 위원은 해당 행정심판위원회가 소속된 행정청이 다음 각 호의 어느 하나에 해당하는 사람 중에서 성별을 고려하여 위촉하거나 그 소속 공무원 중에서 지명한 다. <개정 2016.3.29.>

1. 변호사 자격을 취득한 후 5년 이상의 실무 경험이 있는 사람

2. 「고등교육법」 제2조제1호부터 제6호까지의 규정에 따른 학교에서 조교수 이상으로 재직하거나 재직하였던 사람

3. 행정기관의 4급 이상 공무원이었거나 고위공무원단에 속하는 공무원이었던 사람

4. 박사학위를 취득한 후 해당 분야에서 5년 이상 근무한 경험이 있는 사람

5. 그 밖에 행정심판과 관련된 분야의 지식과 경험이 풍부한 사람

⑤ 행정심판위원회의 회의는 위원장과 위원장이 회의마다 지정하는 8명의 위원(그중 제4 항에 따른 위촉위원은 6명 이상으로 하되, 제3항에 따라 위원장이 공무원이 아닌 경우에 는 5명 이상으로 한다)으로 구성한다. 다만, 국회규칙, 대법원규칙, 헌법재판소규칙, 중앙 선거관리위원회규칙 또는 대통령령(제6조제3항에 따라 시ㆍ도지사 소속으로 두는 행정 심판위원회의 경우에는 해당 지방자치단체의 조례)으로 정하는 바에 따라 위원장과 위원 장이 회의마다 지정하는 6명의 위원(그중 제4항에 따른 위촉위원은 5명 이상으로 하되, 제3항에 따라 공무원이 아닌 위원이 위원장인 경우에는 4명 이상으로 한다)으로 구성할 수 있다.

⑥ 행정심판위원회는 제5항에 따른 구성원 과반수의 출석과 출석위원 과반수의 찬성으로 의결한다.

⑦ 행정심판위원회의 조직과 운영, 그 밖에 필요한 사항은 국회규칙, 대법원규칙, 헌법재판 소규칙, 중앙선거관리위원회규칙 또는 대통령령으로 정한다.

제8조(중앙행정심판위원회의 구성) ① 중앙행정심판위원회는 위원장 1명을 포함하여 70명 이내의 위원으로 구성하되, 위원 중 상임위원은 4명 이내로 한다. <개정 2016.3.29. >

② 중앙행정심판위원회의 위원장은 국민권익위원회의 부위원장 중 1명이 되며, 위원장이 없거나 부득이한 사유로 직무를 수행할 수 없거나 위원장이 필요하다고 인정하는 경우에 는 상임위원(상임으로 재직한 기간이 긴 위원 순서로, 재직기간이 같은 경우에는 연장자 순서로 한다)이 위원장의 직무를 대행한다.

③ 중앙행정심판위원회의 상임위원은 일반직공무원으로서 「국가공무원법」 제26조의5 에 따른 임기제공무원으로 임명하되, 3급 이상 공무원 또는 고위공무원단에 속하는 일반 직공무원으로 3년 이상 근무한 사람이나 그 밖에 행정심판에 관한 지식과 경험이 풍부한 사람 중에서 중앙행정심판위원회 위원장의 제청으로 국무총리를 거쳐 대통령이 임명한 다. <개정 2014.5.28. >

④ 중앙행정심판위원회의 비상임위원은 제7조제4항 각 호의 어느 하나에 해당하는 사람 중에서 중앙행정심판위원회 위원장의 제청으로 국무총리가 성별을 고려하여 위촉한다. <개정 2016.3.29. >

⑤ 중앙행정심판위원회의 회의(제6항에 따른 소위원회 회의는 제외한다)는 위원장, 상임 위원 및 위원장이 회의마다 지정하는 비상임위원을 포함하여 총 9명으로 구성한다.

⑥ 중앙행정심판위원회는 심판청구사건(이하 "사건"이라 한다) 중 「도로교통법」에 따른 자동차운전면허 행정처분에 관한 사건(소위원회가 중앙행정심판위원회에서 심리·의결하도록 결정한 사건은 제외한다)을 심리·의결하게 하기 위하여 4명의 위원으로 구성하는 소위원회를 둘 수 있다.

⑦ 중앙행정심판위원회 및 소위원회는 각각 제5항 및 제6항에 따른 구성원 과반수의 출석과 출석위원 과반수의 찬성으로 의결한다.

⑧ 중앙행정심판위원회는 위원장이 지정하는 사건을 미리 검토하도록 필요한 경우에는 전문위원회를 둘 수 있다.

⑨ 중앙행정심판위원회, 소위원회 및 전문위원회의 조직과 운영 등에 필요한 사항은 대통령령으로 정한다.

제9조(위원의 임기 및 신분보장 등) ① 제7조제4항에 따라 지명된 위원은 그 직에 재직하는 동안 재임한다.

② 제8조제3항에 따라 임명된 중앙행정심판위원회 상임위원의 임기는 3년으로 하며, 1차에 한하여 연임할 수 있다.

③ 제7조제4항 및 제8조제4항에 따라 위촉된 위원의 임기는 2년으로 하되, 2차에 한하여 연임할 수 있다. 다만, 제6조제1항제2호에 규정된 기관에 두는 행정심판위원회의 위촉위원의 경우에는 각각 국회규칙, 대법원규칙, 헌법재판소규칙 또는 중앙선거관리위원회규칙으로 정하는 바에 따른다.

④ 다음 각 호의 어느 하나에 해당하는 사람은 제6조에 따른 행정심판위원회(이하 "위원회"라 한다)의 위원이 될 수 없으며, 위원이 이에 해당하게 된 때에는 당연히 퇴직한다.

1. 대한민국 국민이 아닌 사람

2. 「국가공무원법」 제33조 각 호의 어느 하나에 해당하는 사람

⑤ 제7조제4항 및 제8조제4항에 따라 위촉된 위원은 금고(禁錮) 이상의 형을 선고받거나 부득이한 사유로 장기간 직무를 수행할 수 없게 되는 경우 외에는 임기 중 그의 의사와 다르게 해촉(解囑)되지 아니한다.

제10조(위원의 제척·기피·회피) ① 위원회의 위원은 다음 각 호의 어느 하나에 해당하는 경우에는 그 사건의 심리·의결에서 제척(除斥)된다. 이 경우 제척결정은 위원회의 위원장(이하 "위원장"이라 한다)이 직권으로 또는 당사자의 신청에 의하여 한다.

1. 위원 또는 그 배우자나 배우자이었던 사람이 사건의 당사자이거나 사건에 관하여 공동권리자 또는 의무자인 경우

2. 위원이 사건의 당사자와 친족이거나 친족이었던 경우

3. 위원이 사건에 관하여 증언이나 감정(鑑定)을 한 경우

4. 위원이 당사자의 대리인으로서 사건에 관여하거나 관여하였던 경우

5. 위원이 사건의 대상이 된 처분 또는 부작위에 관여한 경우

② 당사자는 위원에게 공정한 심리·의결을 기대하기 어려운 사정이 있으면 위원장에게 기피신청을 할 수 있다.

③ 위원에 대한 제척신청이나 기피신청은 그 사유를 소명(疏明)한 문서로 하여야 한다. 다만, 불가피한 경우에는 신청한 날부터 3일 이내에 신청 사유를 소명할 수 있는 자료를 제출하여야 한다. <개정 2016.3.29.>

④ 제척신청이나 기피신청이 제3항을 위반하였을 때에는 위원장은 결정으로 이를 각하한다. <신설 2016.3.29.>

⑤ 위원장은 제척신청이나 기피신청의 대상이 된 위원에게서 그에 대한 의견을 받을 수 있다. <개정 2016.3.29.>

⑥ 위원장은 제척신청이나 기피신청을 받으면 제척 또는 기피 여부에 대한 결정을 하고, 지체 없이 신청인에게 결정서 정본(正本)을 송달하여야 한다. <개정 2016.3.29.>

⑦ 위원회의 회의에 참석하는 위원이 제척사유 또는 기피사유에 해당되는 것을 알게 되었을 때에는 스스로 그 사건의 심리·의결에서 회피할 수 있다. 이 경우 회피하고자 하는 위원은 위원장에게 그 사유를 소명하여야 한다. <개정 2016.3.29.>

⑧ 사건의 심리·의결에 관한 사무에 관여하는 위원 아닌 직원에게도 제1항부터 제7항까지의 규정을 준용한다. <개정 2016.3.29.>

제11조(벌칙 적용 시의 공무원 의제) 위원 중 공무원이 아닌 위원은 「형법」과 그 밖의 법률에 따른 벌칙을 적용할 때에는 공무원으로 본다.

제12조(위원회의 권한 승계) ① 당사자의 심판청구 후 위원회가 법령의 개정·폐지 또는 제17조제5항에 따른 피청구인의 경정 결정에 따라 그 심판청구에 대하여 재결할 권한을 잃게 된 경우에는 해당 위원회는 심판청구서와 관계 서류, 그 밖의 자료를 새로 재결할 권한을 갖게 된 위원회에 보내야 한다.

② 제1항의 경우 송부를 받은 위원회는 지체 없이 그 사실을 다음 각 호의 자에게 알려야 한다.

1. 행정심판 청구인(이하 "청구인"이라 한다)

2. 행정심판 피청구인(이하 "피청구인"이라 한다)

3. 제20조 또는 제21조에 따라 심판참가를 하는 자(이하 "참가인"이라 한다)

제3장 당사자와 관계인

제13조(청구인 적격) ① 취소심판은 처분의 취소 또는 변경을 구할 법률상 이익이 있는 자가 청구할 수 있다. 처분의 효과가 기간의 경과, 처분의 집행, 그 밖의 사유로 소멸된 뒤에도 그 처분의 취소로 회복되는 법률상 이익이 있는 자의 경우에도 또한 같다.

② 무효등확인심판은 처분의 효력 유무 또는 존재 여부의 확인을 구할 법률상 이익이 있는 자가 청구할 수 있다.

③ 의무이행심판은 처분을 신청한 자로서 행정청의 거부처분 또는 부작위에 대하여 일정한 처분을 구할 법률상 이익이 있는 자가 청구할 수 있다.

제14조(법인이 아닌 사단 또는 재단의 청구인 능력) 법인이 아닌 사단 또는 재단으로서 대표자나 관리인이 정하여져 있는 경우에는 그 사단이나 재단의 이름으로 심판청구를 할 수 있다.

제15조(선정대표자) ① 여러 명의 청구인이 공동으로 심판청구를 할 때에는 청구인들 중에서 3명 이하의 선정대표자를 선정할 수 있다.

② 청구인들이 제1항에 따라 선정대표자를 선정하지 아니한 경우에 위원회는 필요하다고 인정하면 청구인들에게 선정대표자를 선정할 것을 권고할 수 있다.

③ 선정대표자는 다른 청구인들을 위하여 그 사건에 관한 모든 행위를 할 수 있다. 다만, 심판청구를 취하하려면 다른 청구인들의 동의를 받아야 하며, 이 경우 동의받은 사실을 서면으로 소명하여야 한다.

④ 선정대표자가 선정되면 다른 청구인들은 그 선정대표자를 통해서만 그 사건에 관한 행위를 할 수 있다.

⑤ 선정대표자를 선정한 청구인들은 필요하다고 인정하면 선정대표자를 해임하거나 변경할 수 있다. 이 경우 청구인들은 그 사실을 지체 없이 위원회에 서면으로 알려야 한다.

제16조(청구인의 지위 승계) ① 청구인이 사망한 경우에는 상속인이나 그 밖에 법령에 따라 심판청구의 대상에 관계되는 권리나 이익을 승계한 자가 청구인의 지위를 승계한다.

② 법인인 청구인이 합병(合倂)에 따라 소멸하였을 때에는 합병 후 존속하는 법인이나 합병에 따라 설립된 법인이 청구인의 지위를 승계한다.

③ 제1항과 제2항에 따라 청구인의 지위를 승계한 자는 위원회에 서면으로 그 사유를 신

고하여야 한다. 이 경우 신고서에는 사망 등에 의한 권리 · 이익의 승계 또는 합병 사실을 증명하는 서면을 함께 제출하여야 한다.

④ 제1항 또는 제2항의 경우에 제3항에 따른 신고가 있을 때까지 사망자나 합병 전의 법인에 대하여 한 통지 또는 그 밖의 행위가 청구인의 지위를 승계한 자에게 도달하면 지위를 승계한 자에 대한 통지 또는 그 밖의 행위로서의 효력이 있다.

⑤ 심판청구의 대상과 관계되는 권리나 이익을 양수한 자는 위원회의 허가를 받아 청구인의 지위를 승계할 수 있다.

⑥ 위원회는 제5항의 지위 승계 신청을 받으면 기간을 정하여 당사자와 참가인에게 의견을 제출하도록 할 수 있으며, 당사자와 참가인이 그 기간에 의견을 제출하지 아니하면 의견이 없는 것으로 본다.

⑦ 위원회는 제5항의 지위 승계 신청에 대하여 허가 여부를 결정하고, 지체 없이 신청인에게는 결정서 정본을, 당사자와 참가인에게는 결정서 등본을 송달하여야 한다.

⑧ 신청인은 위원회가 제5항의 지위 승계를 허가하지 아니하면 결정서 정본을 받은 날부터 7일 이내에 위원회에 이의신청을 할 수 있다.

제17조(피청구인의 적격 및 경정) ① 행정심판은 처분을 한 행정청(의무이행심판의 경우에는 청구인의 신청을 받은 행정청)을 피청구인으로 하여 청구하여야 한다. 다만, 심판청구의 대상과 관계되는 권한이 다른 행정청에 승계된 경우에는 권한을 승계한 행정청을 피청구인으로 하여야 한다.

② 청구인이 피청구인을 잘못 지정한 경우에는 위원회는 직권으로 또는 당사자의 신청에 의하여 결정으로써 피청구인을 경정(更正)할 수 있다.

③ 위원회는 제2항에 따라 피청구인을 경정하는 결정을 하면 결정서 정본을 당사자(종전의 피청구인과 새로운 피청구인을 포함한다. 이하 제6항에서 같다)에게 송달하여야 한다.

④ 제2항에 따른 결정이 있으면 종전의 피청구인에 대한 심판청구는 취하되고 종전의 피청구인에 대한 행정심판이 청구된 때에 새로운 피청구인에 대한 행정심판이 청구된 것으로 본다.

⑤ 위원회는 행정심판이 청구된 후에 제1항 단서의 사유가 발생하면 직권으로 또는 당사자의 신청에 의하여 결정으로써 피청구인을 경정한다. 이 경우에는 제3항과 제4항을 준용한다.

⑥ 당사자는 제2항 또는 제5항에 따른 위원회의 결정에 대하여 결정서 정본을 받은 날부

터 7일 이내에 위원회에 이의신청을 할 수 있다.

제18조(대리인의 선임) ① 청구인은 법정대리인 외에 다음 각 호의 어느 하나에 해당하는 자를 대리인으로 선임할 수 있다.

1. 청구인의 배우자, 청구인 또는 배우자의 사촌 이내의 혈족
2. 청구인이 법인이거나 제14조에 따른 청구인 능력이 있는 법인이 아닌 사단 또는 재단인 경우 그 소속 임직원
3. 변호사
4. 다른 법률에 따라 심판청구를 대리할 수 있는 자
5. 그 밖에 위원회의 허가를 받은 자

② 피청구인은 그 소속 직원 또는 제1항제3호부터 제5호까지의 어느 하나에 해당하는 자를 대리인으로 선임할 수 있다.

③ 제1항과 제2항에 따른 대리인에 관하여는 제15조제3항 및 제5항을 준용한다.

제19조(대표자 등의 자격) ① 대표자·관리인·선정대표자 또는 대리인의 자격은 서면으로 소명하여야 한다.

② 청구인이나 피청구인은 대표자·관리인·선정대표자 또는 대리인이 그 자격을 잃으면 그 사실을 서면으로 위원회에 신고하여야 한다. 이 경우 소명 자료를 함께 제출하여야 한다.

제20조(심판참가) ① 행정심판의 결과에 이해관계가 있는 제3자나 행정청은 해당 심판청구에 대한 제7조제6항 또는 제8조제7항에 따른 위원회나 소위원회의 의결이 있기 전까지 그 사건에 대하여 심판참가를 할 수 있다.

② 제1항에 따른 심판참가를 하려는 자는 참가의 취지와 이유를 적은 참가신청서를 위원회에 제출하여야 한다. 이 경우 당사자의 수만큼 참가신청서 부본을 함께 제출하여야 한다.

③ 위원회는 제2항에 따라 참가신청서를 받으면 참가신청서 부본을 당사자에게 송달하여야 한다.

④ 제3항의 경우 위원회는 기간을 정하여 당사자와 다른 참가인에게 제3자의 참가신청에 대한 의견을 제출하도록 할 수 있으며, 당사자와 다른 참가인이 그 기간에 의견을 제출하지 아니하면 의견이 없는 것으로 본다.

⑤ 위원회는 제2항에 따라 참가신청을 받으면 허가 여부를 결정하고, 지체 없이 신청인에게는 결정서 정본을, 당사자와 다른 참가인에게는 결정서 등본을 송달하여야 한다.

⑥ 신청인은 제5항에 따라 송달을 받은 날부터 7일 이내에 위원회에 이의신청을 할 수 있다.

제21조(심판참가의 요구) ① 위원회는 필요하다고 인정하면 그 행정심판 결과에 이해관계가 있는 제3자나 행정청에 그 사건 심판에 참가할 것을 요구할 수 있다.

② 제1항의 요구를 받은 제3자나 행정청은 지체 없이 그 사건 심판에 참가할 것인지 여부를 위원회에 통지하여야 한다.

제22조(참가인의 지위) ① 참가인은 행정심판 절차에서 당사자가 할 수 있는 심판절차상의 행위를 할 수 있다.

② 이 법에 따라 당사자가 위원회에 서류를 제출할 때에는 참가인의 수만큼 부본을 제출하여야 하고, 위원회가 당사자에게 통지를 하거나 서류를 송달할 때에는 참가인에게도 통지하거나 송달하여야 한다.

③ 참가인의 대리인 선임과 대표자 자격 및 서류 제출에 관하여는 제18조, 제19조 및 이 조 제2항을 준용한다.

제4장 행정심판 청구

제23조(심판청구서의 제출) ① 행정심판을 청구하려는 자는 제28조에 따라 심판청구서를 작성하여 피청구인이나 위원회에 제출하여야 한다. 이 경우 피청구인의 수만큼 심판청구서 부본을 함께 제출하여야 한다.

② 행정청이 제58조에 따른 고지를 하지 아니하거나 잘못 고지하여 청구인이 심판청구서를 다른 행정기관에 제출한 경우에는 그 행정기관은 그 심판청구서를 지체 없이 정당한 권한이 있는 피청구인에게 보내야 한다.

③ 제2항에 따라 심판청구서를 보낸 행정기관은 지체 없이 그 사실을 청구인에게 알려야 한다.

④ 제27조에 따른 심판청구 기간을 계산할 때에는 제1항에 따른 피청구인이나 위원회 또는 제2항에 따른 행정기관에 심판청구서가 제출되었을 때에 행정심판이 청구된 것으로 본다.

제24조(피청구인의 심판청구서 등의 접수ㆍ처리) ① 피청구인이 제23조제1항ㆍ제2항 또는 제26조제1항에 따라 심판청구서를 접수하거나 송부받으면 10일 이내에 심판청구서(제23조제1항ㆍ제2항의 경우만 해당된다)와 답변서를 위원회에 보내야 한다. 다만, 청구인이

심판청구를 취하한 경우에는 그러하지 아니하다.

② 피청구인은 처분의 상대방이 아닌 제3자가 심판청구를 한 경우에는 지체 없이 처분의 상대방에게 그 사실을 알려야 한다. 이 경우 심판청구서 사본을 함께 송달하여야 한다.

③ 피청구인이 제1항 본문에 따라 심판청구서를 보낼 때에는 심판청구서에 위원회가 표시되지 아니하였거나 잘못 표시된 경우에도 정당한 권한이 있는 위원회에 보내야 한다.

④ 피청구인은 제1항 본문에 따라 답변서를 보낼 때에는 청구인의 수만큼 답변서 부본을 함께 보내되, 답변서에는 다음 각 호의 사항을 명확하게 적어야 한다.

1. 처분이나 부작위의 근거와 이유

2. 심판청구의 취지와 이유에 대응하는 답변

3. 제2항에 해당하는 경우에는 처분의 상대방의 이름·주소·연락처와 제2항의 의무 이행 여부

⑤ 제2항과 제3항의 경우에 피청구인은 송부 사실을 지체 없이 청구인에게 알려야 한다.

⑥ 중앙행정심판위원회에서 심리·재결하는 사건인 경우 피청구인은 제1항에 따라 위원회에 심판청구서 또는 답변서를 보낼 때에는 소관 중앙행정기관의 장에게도 그 심판청구·답변의 내용을 알려야 한다.

제25조(피청구인의 직권취소등) ① 제23조제1항·제2항 또는 제26조제1항에 따라 심판청구서를 받은 피청구인은 그 심판청구가 이유 있다고 인정하면 심판청구의 취지에 따라 직권으로 처분을 취소·변경하거나 확인을 하거나 신청에 따른 처분(이하 이 조에서 "직권취소등"이라 한다)을 할 수 있다. 이 경우 서면으로 청구인에게 알려야 한다.

② 피청구인은 제1항에 따라 직권취소등을 하였을 때에는 청구인이 심판청구를 취하한 경우가 아니면 제24조제1항 본문에 따라 심판청구서·답변서를 보낼 때 직권취소등의 사실을 증명하는 서류를 위원회에 함께 제출하여야 한다.

제26조(위원회의 심판청구서 등의 접수·처리) ① 위원회는 제23조제1항에 따라 심판청구서를 받으면 지체 없이 피청구인에게 심판청구서 부본을 보내야 한다.

② 위원회는 제24조제1항 본문에 따라 피청구인으로부터 답변서가 제출되면 답변서 부본을 청구인에게 송달하여야 한다.

제27조(심판청구의 기간) ① 행정심판은 처분이 있음을 알게 된 날부터 90일 이내에 청구하여야 한다.

② 청구인이 천재지변, 전쟁, 사변(事變), 그 밖의 불가항력으로 인하여 제1항에서 정한 기간에 심판청구를 할 수 없었을 때에는 그 사유가 소멸한 날부터 14일 이내에 행정심판

을 청구할 수 있다. 다만, 국외에서 행정심판을 청구하는 경우에는 그 기간을 30일로 한다.

③ 행정심판은 처분이 있었던 날부터 180일이 지나면 청구하지 못한다. 다만, 정당한 사유가 있는 경우에는 그러하지 아니하다.

④ 제1항과 제2항의 기간은 불변기간(不變期間)으로 한다.

⑤ 행정청이 심판청구 기간을 제1항에 규정된 기간보다 긴 기간으로 잘못 알린 경우 그 잘못 알린 기간에 심판청구가 있으면 그 행정심판은 제1항에 규정된 기간에 청구된 것으로 본다.

⑥ 행정청이 심판청구 기간을 알리지 아니한 경우에는 제3항에 규정된 기간에 심판청구를 할 수 있다.

⑦ 제1항부터 제6항까지의 규정은 무효등확인심판청구와 부작위에 대한 의무이행심판청구에는 적용하지 아니한다.

제28조(심판청구의 방식) ① 심판청구는 서면으로 하여야 한다.

② 처분에 대한 심판청구의 경우에는 심판청구서에 다음 각 호의 사항이 포함되어야 한다.

1. 청구인의 이름과 주소 또는 사무소(주소 또는 사무소 외의 장소에서 송달받기를 원하면 송달장소를 추가로 적어야 한다)

2. 피청구인과 위원회

3. 심판청구의 대상이 되는 처분의 내용

4. 처분이 있음을 알게 된 날

5. 심판청구의 취지와 이유

6. 피청구인의 행정심판 고지 유무와 그 내용

③ 부작위에 대한 심판청구의 경우에는 제2항제1호 · 제2호 · 제5호의 사항과 그 부작위의 전제가 되는 신청의 내용과 날짜를 적어야 한다.

④ 청구인이 법인이거나 제14조에 따른 청구인 능력이 있는 법인이 아닌 사단 또는 재단이거나 행정심판이 선정대표자나 대리인에 의하여 청구되는 것일 때에는 제2항 또는 제3항의 사항과 함께 그 대표자 · 관리인 · 선정대표자 또는 대리인의 이름과 주소를 적어야 한다.

⑤ 심판청구서에는 청구인 · 대표자 · 관리인 · 선정대표자 또는 대리인이 서명하거나 날인하여야 한다.

제29조(청구의 변경) ① 청구인은 청구의 기초에 변경이 없는 범위에서 청구의 취지나 이유

를 변경할 수 있다.

② 행정심판이 청구된 후에 피청구인이 새로운 처분을 하거나 심판청구의 대상인 처분을 변경한 경우에는 청구인은 새로운 처분이나 변경된 처분에 맞추어 청구의 취지나 이유를 변경할 수 있다.

③ 제1항 또는 제2항에 따른 청구의 변경은 서면으로 신청하여야 한다. 이 경우 피청구인과 참가인의 수만큼 청구변경신청서 부본을 함께 제출하여야 한다.

④ 위원회는 제3항에 따른 청구변경신청서 부본을 피청구인과 참가인에게 송달하여야 한다.

⑤ 제4항의 경우 위원회는 기간을 정하여 피청구인과 참가인에게 청구변경 신청에 대한 의견을 제출하도록 할 수 있으며, 피청구인과 참가인이 그 기간에 의견을 제출하지 아니하면 의견이 없는 것으로 본다.

⑥ 위원회는 제1항 또는 제2항의 청구변경 신청에 대하여 허가할 것인지 여부를 결정하고, 지체 없이 신청인에게는 결정서 정본을, 당사자 및 참가인에게는 결정서 등본을 송달하여야 한다.

⑦ 신청인은 제6항에 따라 송달을 받은 날부터 7일 이내에 위원회에 이의신청을 할 수 있다.

⑧ 청구의 변경결정이 있으면 처음 행정심판이 청구되었을 때부터 변경된 청구의 취지나 이유로 행정심판이 청구된 것으로 본다.

제30조(집행정지) ① 심판청구는 처분의 효력이나 그 집행 또는 절차의 속행(續行)에 영향을 주지 아니한다.

② 위원회는 처분, 처분의 집행 또는 절차의 속행 때문에 중대한 손해가 생기는 것을 예방할 필요성이 긴급하다고 인정할 때에는 직권으로 또는 당사자의 신청에 의하여 처분의 효력, 처분의 집행 또는 절차의 속행의 전부 또는 일부의 정지(이하 "집행정지"라 한다)를 결정할 수 있다. 다만, 처분의 효력정지는 처분의 집행 또는 절차의 속행을 정지함으로써 그 목적을 달성할 수 있을 때에는 허용되지 아니한다.

③ 집행정지는 공공복리에 중대한 영향을 미칠 우려가 있을 때에는 허용되지 아니한다.

④ 위원회는 집행정지를 결정한 후에 집행정지가 공공복리에 중대한 영향을 미치거나 그 정지사유가 없어진 경우에는 직권으로 또는 당사자의 신청에 의하여 집행정지 결정을 취소할 수 있다.

⑤ 집행정지 신청은 심판청구와 동시에 또는 심판청구에 대한 제7조제6항 또는 제8조제7

항에 따른 위원회나 소위원회의 의결이 있기 전까지, 집행정지 결정의 취소신청은 심판청구에 대한 제7조제6항 또는 제8조제7항에 따른 위원회나 소위원회의 의결이 있기 전까지 신청의 취지와 원인을 적은 서면을 위원회에 제출하여야 한다. 다만, 심판청구서를 피청구인에게 제출한 경우로서 심판청구와 동시에 집행정지 신청을 할 때에는 심판청구서 사본과 접수증명서를 함께 제출하여야 한다.

⑥ 제2항과 제4항에도 불구하고 위원회의 심리·결정을 기다릴 경우 중대한 손해가 생길 우려가 있다고 인정되면 위원장은 직권으로 위원회의 심리·결정을 갈음하는 결정을 할 수 있다. 이 경우 위원장은 지체 없이 위원회에 그 사실을 보고하고 추인(追認)을 받아야 하며, 위원회의 추인을 받지 못하면 위원장은 집행정지 또는 집행정지 취소에 관한 결정을 취소하여야 한다.

⑦ 위원회는 집행정지 또는 집행정지의 취소에 관하여 심리·결정하면 지체 없이 당사자에게 결정서 정본을 송달하여야 한다.

제31조(임시처분) ① 위원회는 처분 또는 부작위가 위법·부당하다고 상당히 의심되는 경우로서 처분 또는 부작위 때문에 당사자가 받을 우려가 있는 중대한 불이익이나 당사자에게 생길 급박한 위험을 막기 위하여 임시지위를 정하여야 할 필요가 있는 경우에는 직권으로 또는 당사자의 신청에 의하여 임시처분을 결정할 수 있다.

② 제1항에 따른 임시처분에 관하여는 제30조제3항부터 제7항까지를 준용한다. 이 경우 같은 조 제6항 전단 중 "중대한 손해가 생길 우려"는 "중대한 불이익이나 급박한 위험이 생길 우려"로 본다.

③ 제1항에 따른 임시처분은 제30조제2항에 따른 집행정지로 목적을 달성할 수 있는 경우에는 허용되지 아니한다.

제5장 심리

제32조(보정) ① 위원회는 심판청구가 적법하지 아니하나 보정(補正)할 수 있다고 인정하면 기간을 정하여 청구인에게 보정할 것을 요구할 수 있다. 다만, 경미한 사항은 직권으로 보정할 수 있다.

② 청구인은 제1항의 요구를 받으면 서면으로 보정하여야 한다. 이 경우 다른 당사자의 수만큼 보정서 부본을 함께 제출하여야 한다.

③ 위원회는 제2항에 따라 제출된 보정서 부본을 지체 없이 다른 당사자에게 송달하여야 한다.

④ 제1항에 따른 보정을 한 경우에는 처음부터 적법하게 행정심판이 청구된 것으로 본다.

⑤ 제1항에 따른 보정기간은 제45조에 따른 재결 기간에 산입하지 아니한다.

제33조(주장의 보충) ① 당사자는 심판청구서·보정서·답변서·참가신청서 등에서 주장한 사실을 보충하고 다른 당사자의 주장을 다시 반박하기 위하여 필요하면 위원회에 보충서면을 제출할 수 있다. 이 경우 다른 당사자의 수만큼 보충서면 부본을 함께 제출하여야 한다.

② 위원회는 필요하다고 인정하면 보충서면의 제출기한을 정할 수 있다.

③ 위원회는 제1항에 따라 보충서면을 받으면 지체 없이 다른 당사자에게 그 부본을 송달하여야 한다.

제34조(증거서류 등의 제출) ① 당사자는 심판청구서·보정서·답변서·참가신청서·보충서면 등에 덧붙여 그 주장을 뒷받침하는 증거서류나 증거물을 제출할 수 있다.

② 제1항의 증거서류에는 다른 당사자의 수만큼 증거서류 부본을 함께 제출하여야 한다.

③ 위원회는 당사자가 제출한 증거서류의 부본을 지체 없이 다른 당사자에게 송달하여야 한다.

제35조(자료의 제출 요구 등) ① 위원회는 사건 심리에 필요하면 관계 행정기관이 보관 중인 관련 문서, 장부, 그 밖에 필요한 자료를 제출할 것을 요구할 수 있다.

② 위원회는 필요하다고 인정하면 사건과 관련된 법령을 주관하는 행정기관이나 그 밖의 관계 행정기관의 장 또는 그 소속 공무원에게 위원회 회의에 참석하여 의견을 진술할 것을 요구하거나 의견서를 제출할 것을 요구할 수 있다.

③ 관계 행정기관의 장은 특별한 사정이 없으면 제1항과 제2항에 따른 위원회의 요구에 따라야 한다.

④ 중앙행정심판위원회에서 심리·재결하는 심판청구의 경우 소관 중앙행정기관의 장은 의견서를 제출하거나 위원회에 출석하여 의견을 진술할 수 있다.

제36조(증거조사) ① 위원회는 사건을 심리하기 위하여 필요하면 직권으로 또는 당사자의 신청에 의하여 다음 각 호의 방법에 따라 증거조사를 할 수 있다.

1. 당사자나 관계인(관계 행정기관 소속 공무원을 포함한다. 이하 같다)을 위원회의 회의에 출석하게 하여 신문(訊問)하는 방법

2. 당사자나 관계인이 가지고 있는 문서·장부·물건 또는 그 밖의 증거자료의 제출을 요구하고 영치(領置)하는 방법

3. 특별한 학식과 경험을 가진 제3자에게 감정을 요구하는 방법

4. 당사자 또는 관계인의 주소·거소·사업장이나 그 밖의 필요한 장소에 출입하여 당사자 또는 관계인에게 질문하거나 서류·물건 등을 조사·검증하는 방법

② 위원회는 필요하면 위원회가 소속된 행정청의 직원이나 다른 행정기관에 촉탁하여 제1항의 증거조사를 하게 할 수 있다.

③ 제1항에 따른 증거조사를 수행하는 사람은 그 신분을 나타내는 증표를 지니고 이를 당사자나 관계인에게 내보여야 한다.

④ 제1항에 따른 당사자 등은 위원회의 조사나 요구 등에 성실하게 협조하여야 한다.

제37조(절차의 병합 또는 분리) 위원회는 필요하면 관련되는 심판청구를 병합하여 심리하거나 병합된 관련 청구를 분리하여 심리할 수 있다.

제38조(심리기일의 지정과 변경) ① 심리기일은 위원회가 직권으로 지정한다.

② 심리기일의 변경은 직권으로 또는 당사자의 신청에 의하여 한다.

③ 위원회는 심리기일이 변경되면 지체 없이 그 사실과 사유를 당사자에게 알려야 한다.

④ 심리기일의 통지나 심리기일 변경의 통지는 서면으로 하거나 심판청구서에 적힌 전화, 휴대전화를 이용한 문자전송, 팩시밀리 또는 전자우편 등 간편한 통지 방법(이하 "간이통지방법"이라 한다)으로 할 수 있다.

제39조(직권심리) 위원회는 필요하면 당사자가 주장하지 아니한 사실에 대하여도 심리할 수 있다.

제40조(심리의 방식) ① 행정심판의 심리는 구술심리나 서면심리로 한다. 다만, 당사자가 구술심리를 신청한 경우에는 서면심리만으로 결정할 수 있다고 인정되는 경우 외에는 구술심리를 하여야 한다.

② 위원회는 제1항 단서에 따라 구술심리 신청을 받으면 그 허가 여부를 결정하여 신청인에게 알려야 한다.

③ 제2항의 통지는 간이통지방법으로 할 수 있다.

제41조(발언 내용 등의 비공개) 위원회에서 위원이 발언한 내용이나 그 밖에 공개되면 위원회의 심리·재결의 공정성을 해칠 우려가 있는 사항으로서 대통령령으로 정하는 사항은 공개하지 아니한다.

제42조(심판청구 등의 취하) ① 청구인은 심판청구에 대하여 제7조제6항 또는 제8조제7항에 따른 의결이 있을 때까지 서면으로 심판청구를 취하할 수 있다.

② 참가인은 심판청구에 대하여 제7조제6항 또는 제8조제7항에 따른 의결이 있을 때까지 서면으로 참가신청을 취하할 수 있다.

③ 제1항 또는 제2항에 따른 취하서에는 청구인이나 참가인이 서명하거나 날인하여야 한다.

④ 청구인 또는 참가인은 취하서를 피청구인 또는 위원회에 제출하여야 한다. 이 경우 제23조제2항부터 제4항까지의 규정을 준용한다.

⑤ 피청구인 또는 위원회는 계속 중인 사건에 대하여 제1항 또는 제2항에 따른 취하서를 받으면 지체 없이 다른 관계 기관, 청구인, 참가인에게 취하 사실을 알려야 한다.

제6장 재결

제43조(재결의 구분) ① 위원회는 심판청구가 적법하지 아니하면 그 심판청구를 각하(却下)한다.

② 위원회는 심판청구가 이유가 없다고 인정하면 그 심판청구를 기각(棄却)한다.

③ 위원회는 취소심판의 청구가 이유가 있다고 인정하면 처분을 취소 또는 다른 처분으로 변경하거나 처분을 다른 처분으로 변경할 것을 피청구인에게 명한다.

④ 위원회는 무효등확인심판의 청구가 이유가 있다고 인정하면 처분의 효력 유무 또는 처분의 존재 여부를 확인한다.

⑤ 위원회는 의무이행심판의 청구가 이유가 있다고 인정하면 지체 없이 신청에 따른 처분을 하거나 처분을 할 것을 피청구인에게 명한다.

제44조(사정재결) ① 위원회는 심판청구가 이유가 있다고 인정하는 경우에도 이를 인용(認容)하는 것이 공공복리에 크게 위배된다고 인정하면 그 심판청구를 기각하는 재결을 할 수 있다. 이 경우 위원회는 재결의 주문(主文)에서 그 처분 또는 부작위가 위법하거나 부당하다는 것을 구체적으로 밝혀야 한다.

② 위원회는 제1항에 따른 재결을 할 때에는 청구인에 대하여 상당한 구제방법을 취하거나 상당한 구제방법을 취할 것을 피청구인에게 명할 수 있다.

③ 제1항과 제2항은 무효등확인심판에는 적용하지 아니한다.

제45조(재결 기간) ① 재결은 제23조에 따라 피청구인 또는 위원회가 심판청구서를 받은 날부터 60일 이내에 하여야 한다. 다만, 부득이한 사정이 있는 경우에는 위원장이 직권으로 30일을 연장할 수 있다.

② 위원장은 제1항 단서에 따라 재결 기간을 연장할 경우에는 재결 기간이 끝나기 7일 전까지 당사자에게 알려야 한다.

제46조(재결의 방식) ① 재결은 서면으로 한다.

② 제1항에 따른 재결서에는 다음 각 호의 사항이 포함되어야 한다.

1. 사건번호와 사건명

2. 당사자 · 대표자 또는 대리인의 이름과 주소

3. 주문

4. 청구의 취지

5. 이유

6. 재결한 날짜

③ 재결서에 적는 이유에는 주문 내용이 정당하다는 것을 인정할 수 있는 정도의 판단을 표시하여야 한다.

제47조(재결의 범위) ① 위원회는 심판청구의 대상이 되는 처분 또는 부작위 외의 사항에 대하여는 재결하지 못한다.

② 위원회는 심판청구의 대상이 되는 처분보다 청구인에게 불리한 재결을 하지 못한다.

제48조(재결의 송달과 효력 발생) ① 위원회는 지체 없이 당사자에게 재결서의 정본을 송달하여야 한다. 이 경우 중앙행정심판위원회는 재결 결과를 소관 중앙행정기관의 장에게도 알려야 한다.

② 재결은 청구인에게 제1항 전단에 따라 송달되었을 때에 그 효력이 생긴다.

③ 위원회는 재결서의 등본을 지체 없이 참가인에게 송달하여야 한다.

④ 처분의 상대방이 아닌 제3자가 심판청구를 한 경우 위원회는 재결서의 등본을 지체 없이 피청구인을 거쳐 처분의 상대방에게 송달하여야 한다.

제49조(재결의 기속력 등) ① 심판청구를 인용하는 재결은 피청구인과 그 밖의 관계 행정청을 기속(羈束)한다.

② 당사자의 신청을 거부하거나 부작위로 방치한 처분의 이행을 명하는 재결이 있으면 행정청은 지체 없이 이전의 신청에 대하여 재결의 취지에 따라 처분을 하여야 한다.

③ 신청에 따른 처분이 절차의 위법 또는 부당을 이유로 재결로써 취소된 경우에는 제2항을 준용한다.

④ 법령의 규정에 따라 공고하거나 고시한 처분이 재결로써 취소되거나 변경되면 처분을

한 행정청은 지체 없이 그 처분이 취소 또는 변경되었다는 것을 공고하거나 고시하여야
한다.

⑤ 법령의 규정에 따라 처분의 상대방 외의 이해관계인에게 통지된 처분이 재결로써 취소
되거나 변경되면 처분을 한 행정청은 지체 없이 그 이해관계인에게 그 처분이 취소 또는
변경되었다는 것을 알려야 한다.

제50조(위원회의 직접 처분) ① 위원회는 피청구인이 제49조제2항에도 불구하고 처분을 하
지 아니하는 경우에는 당사자가 신청하면 기간을 정하여 서면으로 시정을 명하고 그 기간
에 이행하지 아니하면 직접 처분을 할 수 있다. 다만, 그 처분의 성질이나 그 밖의 불가피
한 사유로 위원회가 직접 처분을 할 수 없는 경우에는 그러하지 아니하다.

② 위원회는 제1항 본문에 따라 직접 처분을 하였을 때에는 그 사실을 해당 행정청에 통보
하여야 하며, 그 통보를 받은 행정청은 위원회가 한 처분을 자기가 한 처분으로 보아 관계
법령에 따라 관리·감독 등 필요한 조치를 하여야 한다.

제51조(행정심판 재청구의 금지) 심판청구에 대한 재결이 있으면 그 재결 및 같은 처분 또는
부작위에 대하여 다시 행정심판을 청구할 수 없다.

제7장 전자정보처리조직을 통한 행정심판 절차의 수행

제52조(전자정보처리조직을 통한 심판청구 등) ① 이 법에 따른 행정심판 절차를 밟는 자는
심판청구서와 그 밖의 서류를 전자문서화하고 이를 정보통신망을 이용하여 위원회에서 지
정·운영하는 전자정보처리조직(행정심판 절차에 필요한 전자문서를 작성·제출·송달
할 수 있도록 하는 하드웨어, 소프트웨어, 데이터베이스, 네트워크, 보안요소 등을 결합하
여 구축한 정보처리능력을 갖춘 전자적 장치를 말한다. 이하 같다)을 통하여 제출할 수 있
다.

② 제1항에 따라 제출된 전자문서는 이 법에 따라 제출된 것으로 보며, 부본을 제출할 의
무는 면제된다.

③ 제1항에 따라 제출된 전자문서는 그 문서를 제출한 사람이 정보통신망을 통하여 전자
정보처리조직에서 제공하는 접수번호를 확인하였을 때에 전자정보처리조직에 기록된 내
용으로 접수된 것으로 본다.

④ 전자정보처리조직을 통하여 접수된 심판청구의 경우 제27조에 따른 심판청구 기간을
계산할 때에는 제3항에 따른 접수가 되었을 때 행정심판이 청구된 것으로 본다.

⑤ 전자정보처리조직의 지정내용, 전자정보처리조직을 이용한 심판청구서 등의 접수와 처리 등에 관하여 필요한 사항은 국회규칙, 대법원규칙, 헌법재판소규칙, 중앙선거관리위원회규칙 또는 대통령령으로 정한다.

제53조(전자서명등) ① 위원회는 전자정보처리조직을 통하여 행정심판 절차를 밟으려는 자에게 본인(本人)임을 확인할 수 있는 「전자서명법」 제2조제3호에 따른 공인전자서명이나 그 밖의 인증(이하 이 조에서 "전자서명등"이라 한다)을 요구할 수 있다.

② 제1항에 따라 전자서명등을 한 자는 이 법에 따른 서명 또는 날인을 한 것으로 본다.

③ 전자서명등에 필요한 사항은 국회규칙, 대법원규칙, 헌법재판소규칙, 중앙선거관리위원회규칙 또는 대통령령으로 정한다.

제54조(전자정보처리조직을 이용한 송달 등) ① 피청구인 또는 위원회는 제52조제1항에 따라 행정심판을 청구하거나 심판참가를 한 자에게 전자정보처리조직과 그와 연계된 정보통신망을 이용하여 재결서나 이 법에 따른 각종 서류를 송달할 수 있다. 다만, 청구인이나 참가인이 동의하지 아니하는 경우에는 그러하지 아니하다.

② 제1항 본문의 경우 위원회는 송달하여야 하는 재결서 등 서류를 전자정보처리조직에 입력하여 등재한 다음 그 등재 사실을 국회규칙, 대법원규칙, 헌법재판소규칙, 중앙선거관리위원회규칙 또는 대통령령으로 정하는 방법에 따라 전자우편 등으로 알려야 한다.

③ 제1항에 따른 전자정보처리조직을 이용한 서류 송달은 서면으로 한 것과 같은 효력을 가진다.

④ 제1항에 따른 서류의 송달은 청구인이 제2항에 따라 등재된 전자문서를 확인한 때에 전자정보처리조직에 기록된 내용으로 도달한 것으로 본다. 다만, 제2항에 따라 그 등재사실을 통지한 날부터 2주 이내(재결서 외의 서류는 7일 이내)에 확인하지 아니하였을 때에는 등재사실을 통지한 날부터 2주가 지난 날(재결서 외의 서류는 7일이 지난 날)에 도달한 것으로 본다.

⑤ 서면으로 심판청구 또는 심판참가를 한 자가 전자정보처리조직의 이용을 신청한 경우에는 제52조·제53조 및 이 조를 준용한다.

⑥ 위원회, 피청구인, 그 밖의 관계 행정기관 간의 서류의 송달 등에 관하여는 제52조·제53조 및 이 조를 준용한다.

⑦ 제1항 본문에 따른 송달의 방법이나 그 밖에 필요한 사항은 국회규칙, 대법원규칙, 헌법재판소규칙, 중앙선거관리위원회규칙 또는 대통령령으로 정한다.

제8장 보칙

제55조(증거서류 등의 반환) 위원회는 재결을 한 후 증거서류 등의 반환 신청을 받으면 신청인이 제출한 문서·장부·물건이나 그 밖의 증거자료의 원본(原本)을 지체 없이 제출자에게 반환하여야 한다.

제56조(주소 등 송달장소 변경의 신고의무) 당사자, 대리인, 참가인 등은 주소나 사무소 또는 송달장소를 바꾸면 그 사실을 바로 위원회에 서면으로 또는 전자정보처리조직을 통하여 신고하여야 한다. 제54조제2항에 따른 전자우편주소 등을 바꾼 경우에도 또한 같다.

제57조(서류의 송달) 이 법에 따른 서류의 송달에 관하여는 「민사소송법」 중 송달에 관한 규정을 준용한다.

제58조(행정심판의 고지) ① 행정청이 처분을 할 때에는 처분의 상대방에게 다음 각 호의 사항을 알려야 한다.
 1. 해당 처분에 대하여 행정심판을 청구할 수 있는지
 2. 행정심판을 청구하는 경우의 심판청구 절차 및 심판청구 기간
 ② 행정청은 이해관계인이 요구하면 다음 각 호의 사항을 지체 없이 알려 주어야 한다. 이 경우 서면으로 알려 줄 것을 요구받으면 서면으로 알려 주어야 한다.
 1. 해당 처분이 행정심판의 대상이 되는 처분인지
 2. 행정심판의 대상이 되는 경우 소관 위원회 및 심판청구 기간

제59조(불합리한 법령 등의 개선) ① 중앙행정심판위원회는 심판청구를 심리·재결할 때에 처분 또는 부작위의 근거가 되는 명령 등(대통령령·총리령·부령·훈령·예규·고시·조례·규칙 등을 말한다. 이하 같다)이 법령에 근거가 없거나 상위 법령에 위배되거나 국민에게 과도한 부담을 주는 등 크게 불합리하면 관계 행정기관에 그 명령 등의 개정·폐지 등 적절한 시정조치를 요청할 수 있다. 이 경우 중앙행정심판위원회는 시정조치를 요청한 사실을 법제처장에게 통보하여야 한다. <개정 2016.3.29.>
 ② 제1항에 따른 요청을 받은 관계 행정기관은 정당한 사유가 없으면 이에 따라야 한다.

제60조(조사·지도 등) ① 중앙행정심판위원회는 행정청에 대하여 다음 각 호의 사항 등을 조사하고, 필요한 지도를 할 수 있다.
 1. 위원회 운영 실태
 2. 재결 이행 상황

3. 행정심판의 운영 현황

② 행정청은 이 법에 따른 행정심판을 거쳐 「행정소송법」에 따른 항고소송이 제기된 사건에 대하여 그 내용이나 결과 등 대통령령으로 정하는 사항을 반기마다 그 다음 달 15일까지 해당 심판청구에 대한 재결을 한 중앙행정심판위원회 또는 제6조제3항에 따라 시・도지사 소속으로 두는 행정심판위원회에 알려야 한다.

③ 제6조제3항에 따라 시・도지사 소속으로 두는 행정심판위원회는 중앙행정심판위원회가 요청하면 제2항에 따라 수집한 자료를 제출하여야 한다.

제61조(권한의 위임) 이 법에 따른 위원회의 권한 중 일부를 국회규칙, 대법원규칙, 헌법재판소규칙, 중앙선거관리위원회규칙 또는 대통령령으로 정하는 바에 따라 위원장에게 위임할 수 있다.

부칙 <제9968호, 2010.1.25.>

제1조(시행일) 이 법은 공포 후 6개월이 경과한 날부터 시행한다. 다만, 제60조제2항 및 제3항의 개정규정은 공포한 날부터 시행한다.

제2조(특별행정심판 신설 등의 사전협의에 관한 적용례) 제4조제3항의 개정규정은 이 법 시행 후 최초로 입법예고를 하는 법령안부터 적용한다.

제3조(위원회 위원의 자격에 관한 적용례) 제7조제4항 및 제8조제4항의 개정규정은 이 법 시행 후 최초로 위촉하는 위원부터 적용한다.

제4조(조사・지도 등에 관한 특례) ① 행정청은 제60조제2항의 개정규정에 따라 최초로 관련 자료를 제출할 때에는 같은 항에도 불구하고 2009년도분의 관련 자료를 2010년 3월 31일까지 제출하여야 한다.

② 제60조제2항 및 제3항의 개정규정을 적용할 때 부칙 제1조 본문에 따른 이 법 시행일의 전날까지는 제60조제2항 및 제3항의 개정규정 중 "중앙행정심판위원회"를 각각 "국무총리행정심판위원회"로 본다.

제5조(위원회에 관한 경과조치) 이 법 시행 당시 종전의 규정에 따른 위원회는 이 법에 따른 위원회로 본다.

제6조(위원에 관한 경과조치) 이 법 시행 당시 종전의 규정에 따른 위원회 위원은 이 법에 따라 위원회 위원으로 임명 또는 위촉된 것으로 본다. 이 경우 위원의 임기는 잔여기간으로 한다.

제7조(계속 중인 사건에 관한 경과조치) ① 이 법은 이 법 또는 다른 법률에 특별한 규정이

없으면 이 법 시행 전에 청구되어 계속 중인 사건에도 적용한다. 다만, 종전의 규정에 따라 이미 효력이 발생한 사항에는 영향을 미치지 아니한다.

② 제1항 본문에도 불구하고 이 법 시행 전에 종전의 제6조제6항 및 제6조의2제7항에 따른 위원회의 의결이 있었던 사건에 대하여는 종전의 위원회에서 재결한다.

③ 제1항 본문에도 불구하고 이 법 시행 전에 청구되어 계속 중인 사건에 대하여 피청구인은 위원회로부터 요청을 받은 경우에만 제24조제2항의 개정규정에 따른 의무를 이행한다.

제8조(다른 법률의 개정) ① 개발이익환수에 관한 법률 일부를 다음과 같이 개정한다.

제26조제2항 중 "「행정심판법」 제5조와 제6조"를 "「행정심판법」 제6조"로 한다.

② 개발제한구역의 지정 및 관리에 관한 특별조치법 일부를 다음과 같이 개정한다.

제27조제2항 중 "「행정심판법」 제6조 및 제6조의2"를 "「행정심판법」 제6조"로 한다.

③ 공직선거법 일부를 다음과 같이 개정한다.

제221조제1항 중 "「행정심판법」 제7조(위원의 제척·기피·회피) (제2항 후단을 제외한다), 제11조(選定代表者), 제13조(피청구인의 적격 및 경정)제2항 내지 제5항, 제14조(대리인의 선임), 제15조(대표자 등의 자격), 제16조(審判參加), 제20조(청구의 변경), 제21조(執行停止)제1항, 제23조(補正), 제25조(주장의 보충), 제26조(심리의 방식), 제27조(증거서류 등의 제출), 제28조(證據調査), 제29조(절차의 병합 또는 분리), 제30조(청구 등의 취하), 제32조(재결의 구분)제1항·제2항, 제39조(재심판청구의 금지), 제40조(증거서류 등의 반환)·제41조(서류의 송달) 및 제44조(권한의 위임)"를 "「행정심판법」 제10조(위원의 제척·기피·회피) (이 경우 "위원장"은 "중앙선거관리위원회 또는 시·도선거관리위원회"로 본다), 제15조(선정대표자), 제16조(청구인의 지위 승계)제2항부터 제4항까지(이 경우 "법인"은 "정당"으로 본다), 제17조(피청구인의 적격 및 경정)제2항부터 제6항까지, 제18조(대리인의 선임), 제19조(대표자 등의 자격), 제20조(심판참가), 제21조(심판참가의 요구), 제22조(참가인의 지위), 제29조(청구의 변경), 제30조(집행정지)제1항, 제32조(보정), 제33조(주장의 보충), 제34조(증거서류 등의 제출), 제35조(자료의 제출 요구 등)제1항부터 제3항까지, 제36조(증거조사), 제37조(절차의 병합 또는 분리), 제38조(심리기일의 지정과 변경), 제39조(직권심리), 제40조(심리의 방식), 제41조(발언 내용 등의 비공개), 제42조(심판청구 등의 취하), 제43조(재결의 구분)제1항·제2항, 제51조(행정심판 재청구의 금지), 제55조

(증거서류 등의 반환), 제56조(주소 등 송달장소 변경의 신고의무), 제57조(서류의 송달) 및 제61조(권한의 위임)"로 한다.

④ 관세법 일부를 다음과 같이 개정한다.

제120조제1항 단서 중 "동법 제11조·제16조·제20조 및 제26조의 규정은 심판청구에 관하여 이를 준용하며"를 "심판청구에 관하여는 같은 법 제15조·제20조부터 제22조까지·제29조·제39조 및 제40조를 준용하며"로 한다.

⑤ 국세기본법 일부를 다음과 같이 개정한다.

제56조제1항 단서 중 "심사청구 또는 심판청구에 대해서는 같은 법 제11조, 제12조, 제16조, 제20조 및 제26조를 준용하며"를 "심사청구 또는 심판청구에 관하여는 같은 법 제15조·제16조·제20조부터 제22조까지·제29조·제39조 및 제40조를 준용하며"로 한다.

제81조의15제6항 전단을 다음과 같이 한다.

과세전적부심사에 관하여는 「행정심판법」 제15조·제16조·제20조부터 제22조까지·제29조·제39조 및 제40조를 준용한다.

⑥ 금융위원회의 설치 등에 관한 법률 일부를 다음과 같이 개정한다.

제70조 중 "국무총리에게 행정심판을"을 "행정심판을"로 한다.

⑦ 수도권정비계획법 일부를 다음과 같이 개정한다.

제17조제2항 중 "「행정심판법」 제5조와 같은 법 제6조"를 "「행정심판법」 제6조"로 한다.

⑧ 지방세법 일부를 다음과 같이 개정한다.

제78조제1항 단서 중 "동법 제11조·제12조·제16조·제20조 및 제26조의 규정은 이의신청 또는 심사청구에 대하여 이를 준용하되"를 "이의신청 또는 심사청구에 관하여는 같은 법 제15조·제16조·제20조부터 제22조까지·제29조·제39조 및 제40조를 준용하되"로 한다.

⑨ 행정대집행법 일부를 다음과 같이 개정한다.

제7조를 다음과 같이 한다.

제7조(행정심판) 대집행에 대하여는 행정심판을 제기할 수 있다.

⑩ 부패방지 및 국민권익위원회의 설치와 운영에 관한 법률 일부를 다음과 같이 개정한다.

제12조제19호 및 제13조제1항 중 "국무총리행정심판위원회"를 각각 "중앙행정심판위원회"로 한다.

제9조(다른 법령과의 관계) ① 이 법 시행 당시 다른 법령에서 종전의 「행정심판법」의 규정을 인용하고 있는 경우 이 법에 그에 해당하는 규정이 있으면 종전의 규정을 갈음하여 이 법의 해당 규정을 인용한 것으로 본다.

② 이 법 시행 당시 다른 법령에서 "국무총리행정심판위원회"를 인용하고 있는 경우에는 이 법에 따른 "중앙행정심판위원회"를 인용한 것으로 본다.

　　　부칙　<제11328호, 2012.2.17. >
이 법은 2012년 7월 1일부터 시행한다.

　　　부칙　<제12718호, 2014.5.28. >
제1조(시행일) 이 법은 공포한 날부터 시행한다.
제2조(공무원의 구분 변경에 따른 경과조치) 이 법 시행 당시 종전의 규정에 따라 중앙행정심판위원회 상임위원으로 재직 중인 별정직공무원은 이 법 시행일에 「국가공무원법」 제26조의5에 따른 임기제공무원으로 임용된 것으로 본다. 이 경우 그 임기는 상임위원으로 임명될 당시 임기의 남은 기간으로 한다.

　　　부칙　<제14146호, 2016.3.29. >
이 법은 공포한 날부터 시행한다.

찾아보기

저자 약력

법학박사
행 정 사 　김 동 근

숭실대학교 법학과 졸업
숭실대학교 대학원 법학과 졸업(행정법박사)

현, 숭실대학교 초빙교수(행정법 강의)
　　중앙법률사무교육원 교수
　　공인행정사협회 법제위원회 위원장
　　행정심판학회 학회장
　　행정법률사무소 청신호 대표행정사
　　YMCA병설 월남시민문화연구소 연구위원
　　내외일보·내외경제신문 논설위원

저서, 사건유형별 행정소송 이론 및 실무(법률출판사)
　　한권으로 끝내는 운전면허 취소 · 정지구제 행정심판(법률출판사)
　　한권으로 끝내는 영업정지 · 취소구제 행정심판(법률출판사)
　　핵심재개발 · 재건축분쟁실무(진원사)
　　건축법 이론 및 실무(진원사)
　　주택법 이론 및 실무(진원사)
　　국토계획법 이론 및 실무(진원사)
　　도시개발법 이론 및 실무(진원사)

감수

변호사 정동근

- 서울대학교 경제학과, 법학과
- 서울대학교 대학원 법학과 (민법 전공)
- 사법연수원 40기
- 회사법, 전자거래법 전공
- 법무법인 조율 구성원 변호사

저서, 출입국관리법이론 및 실무
　　　토지수용 및 손실보상절차 등 외 다수

[개정2판]

한권으로 끝내는 운전면허 취소 · 정지구제 행정심판

2020년 11월 15일 2판 1쇄 인쇄
2020년 11월 20일 2판 1쇄 발행

저   자   김동근
감   수   정동근
발 행 인   김용성
발 행 처   법률출판사
           서울시 동대문구 휘경로2길 3, 4층
           ☎ 02) 962-9154   팩스 02) 962-9156

등 록 번 호   제1-1982호
ISBN   978-89-5821-375-8   13360
e-mail :   lawnbook@hanmail.net

정 가 48,000원